广东旅游年鉴

2008

广东省旅游局
TOURISM ADMINISTRATION OF GUANGDONG PROVINCE, CHINA
WWW.VISITGD.COM

广东旅游出版社

图书在版编目（CIP）数据

广东旅游年鉴.2008/广东省旅游局编.
—广州：广东旅游出版社，2009.5
ISBN 978-7-80766-092-7

Ⅰ.广… Ⅱ.广… Ⅲ.旅游业—广东省—2008—年鉴
Ⅳ.F592.765-54

中国版本图书馆CIP数据核字（2009）第062219号

责任编辑：方敏、陈宇、李瑞宛、刘光焰
装帧设计：冯雪茹

《广东旅游年鉴》编辑部
地址：广州市黄埔大道西463号　邮编：510630
邮购电话：020—88346181
出版发行：广东旅游出版社
地址：广州市中山一路30号之一　邮编：510600
印刷：广州市东扬彩色印刷有限公司
889X1194毫米　16开　31印张　1000千字
2009年第1版第1次印刷
定价：200元

编辑说明

一、《广东旅游年鉴》是全面记录和真实反映广东省旅游业的发展概况及成就的专业年鉴，可为社会各界及海外人士全面系统地了解和研究广东旅游业的发展提供基本资料。创刊于2004年，每年出版一卷，面向全国发行。本期为第五卷。

二、《广东旅游年鉴》2008卷所记载的内容主要反映2007年度广东旅游业的情况，考虑到记载的连贯性个别内容在时间上有所跨越。

三、《广东旅游年鉴》采用分类编辑法。主体内容设篇目、分目、条目三个结构层次，以条目作为表现内容的基本形式。本卷设有17个篇目，即重要图片、文献·讲话、旅游大事记、广东国际旅游文化节、各市旅游业概况、旅游行业管理、旅游资源与市场开发、旅游扶贫与城乡游、政策法规、旅游发展规划、机关作风和旅游行风建设、旅游教育培训、旅游行业协会、旅游调查与研究、全省旅游业统计资料、各级旅游管理机构、名录等。

四、《广东旅游年鉴》"全省旅游业统计资料"篇中所归类的全省旅游业统计数据，已经广东省旅游局规划统计处核准。"各市旅游业概况"中所列举的旅游统计数字，由各地级以上市旅游局提供。由于统计的口径、方法、范围不一，如与本统计资料篇中的数据不一致的，应以本统计资料数据为准。如与以前公布的数据或其他文稿中所列举的数据有差异，以本书为准。

五、本年鉴的编辑出版工作得到省有关部门、各市旅游局的大力支持，谨此致谢。如有疏漏之处，敬请批评指正。

广东旅游年鉴编辑部

2008年12月

《广东旅游年鉴》编纂委员会

朱　力　广州市旅游局局长
李小甘　深圳市旅游局局长
张梅生　珠海市旅游局局长
陈华佳　汕头市旅游局局长
朱粤平　佛山市旅游局局长
王晓梅　韶关市旅游局局长
古敏生　河源市旅游局局长
陈建新　梅州市旅游局局长
崔　爽　惠州市旅游局局长
吕以皆　汕尾市旅游局局长
蒋小莺　东莞市旅游局局长
车　卫　中山市旅游局局长
周锦新　江门市旅游局局长
丁锡丰　阳江市旅游局局长
林　红　湛江市旅游局局长
李　宁　茂名市旅游局局长
郑时广　肇庆市旅游局局长
雷玉春　清远市旅游局局长
谢鸿洲　潮州市旅游局局长
谢锐锋　揭阳市旅游局局长
袁伙月　云浮市旅游局局长

《广东旅游年鉴》2008卷特邀编委

《广东旅游年鉴》编辑部

目 录

重要图片

文献・讲话

旅游大事记

广东国际旅游文化节

各市旅游业概况

旅游行业管理

旅游资源与市场开发

旅游扶贫与城乡游

政策法规

旅游发展规划

机关作风和旅游行风建设

旅游教育培训

旅游行业协会

旅游调查与研究

全省旅游业统计资料

各级旅游管理机构

名　录

旅游企业形象宣传

重要图片

2007年4月5日，正在日本进行国事访问的国务院总理温家宝在日本著名风景区京都岚山遇见来自广东的旅游团。图为温家宝总理与广州广之旅团友亲切握手并致以亲切问候的场景。

2007年11月23日，2007广东国际旅游文化节暨泛珠三角旅游推介大会开幕式在天河体育中心举行。常务副省长汤炳权主持开幕式。国家旅游局副局长王志发宣读国务院副总理吴仪的贺信。图为中共中央政治局委员、广东省委书记张德江宣布大会开幕。

2007年11月23日，广东省省长黄华华在2007广东国际旅游文化节暨泛珠三角旅游推介大会开幕式晚会上致欢迎词。

2007年11月24日，广东省省长黄华华（中）、常务副省长汤炳权（左二）参加2007广东国际旅游文化节暨泛珠三角旅游推介大会——“友城之夜”系列活动。（省外事办提供）

2007年12月27日，广东省常务副省长汤炳权在全省旅游扶贫工作会议上为荣获2006年“广东省旅游强县”的单位授匾。

2007年3月16日，中日旅游交流年闭幕式在广州中山纪念堂举行。国家旅游局局长邵琪伟、日本国土交通大臣冬柴铁三、广东省副省长雷于蓝出席开幕式并致辞。

2007年3月30日，全国旅游纪检监察暨行风建设工作会议在汕头市召开。

2007年12月8日，在广东第一个自驾旅游日暨梅州精彩客都自驾旅游周启动仪式上，广东省常务副省长汤炳权（中）、省政府副秘书长刘晓捷（左二）等领导共同推动启动仪式推杆。（肖根平 摄）

2007年10月21日，由广东省旅游局、广西壮族自治区旅游局和云浮市人民政府共同主办的两广十市区域旅游合作（云浮）联席会议在云浮市召开，会议签署了《两广十市“和谐城乡游”联合推广行动宣言》。

2007年2月11日，在参加澳大利亚新南威尔士州举办的2007年悉尼华人春节大巡游答谢会上，广东省旅游局局长郑通扬（右一）分别与新南威尔士州州长伊曼（左一）、悉尼市市长摩雅（中）互换礼品。

2007年2月9日至2月16日，广东省组织千人旅游代表团赴悉尼参加2007年悉尼华人春节大巡游活动。图为“活力广东”号花车巡游时的场景。

中山市伊泰莲娜DIY地带及咀香园健康食品有限公司通过国家旅游局的验收，获得全国工业旅游示范点的荣誉称号并举行隆重的挂牌仪式。2007年3月6日，广东省旅游局副局长曾维炳（中）到场祝贺。

2007年8月31日，由省纠风办、广东电台、省旅游局、江门市委市政府、开平市委市政府共同主办的《民声热线》大型广播录播活动——“‘活力广东’和谐旅游大家谈”户外大型活动在江门市开平立园碉楼举行。

2007年8月6日，广东省旅游局副局长杨荣森（左二）指导云浮市创建中国优秀旅游城市工作。

2007年11月24日，TPO第三届总会开幕式暨城市旅游论坛在广州市召开。

2007年11月24日，广东省旅游局副局长周开生（左二）参加肇庆市举办的旅游嘉年华启动仪式。

2007年3月11日，广东省旅游局纪检组长、监察专员徐代明（左二）考察潮州市全国农业旅游示范点——潮州绿岛山庄。

2007年12月30日，广东省旅游局纪检组长、监察专员张振林（右一）会见来粤访问的韩国旅游宣传部长Koreantour（右二）。

2007年12月28日，广东省旅游局副巡视员王志红会见日本旅游访粤团的客人。

2007年9月12日，广东省旅游局副巡视员张植林（右一）为参加2007“金穗杯”世界旅游大使冠军总决赛广东赛区的获奖佳丽颁奖。

2007年11月23日，深圳市举办首届国际游艇及设备展，并开展游艇业高峰对话。

2007年1月2日，巴哈马籍“勇士号”国际游轮满载300多名来自英国等国家的游客抵达阳江市。船长马丁（左一）欣然接受了当地政府赠送的一只象征和平友谊的阳江风筝。

2007年11月22日，2007广东国际旅游文化节暨泛珠三角旅游推介大会在广州天河体育场隆重开幕。

2007年11月22日，2007广东国际旅游文化节暨泛珠三角旅游推介大会开幕式大型文艺晚会以“蔚蓝船说”为主题，聚焦“南海Ⅰ号”，对“活力广东”旅游进行了精彩的演绎。

2007年11月29日，2007广东国际旅游文化节暨泛珠三角旅游推介大会在佛山市落下帷幕。（汝百乐）

（以上照片除署名外，均由广东省旅游局和相关市旅游局提供）

文献 · 讲话

致2007广东国际旅游文化节暨泛珠三角旅游推介大会的贺信

国务院副总理　吴　仪

（2007年11月23日）

值此2007广东国际旅游文化节暨泛珠三角旅游推介大会隆重开幕之际，我谨代表国务院表示热烈的祝贺！向来自海内外的嘉宾和朋友们表示诚挚的欢迎！

广东国际旅游文化节创办两年多来，致力于展示广东地方旅游文化特色精品，推进泛珠三角区域各地旅游文化合作，加强东西方旅游文化交流，内容丰富，形象生动，影响日益广泛。希望大家充分利用这一平台，积极宣传促销，加强交流，扩大合作，实现互利共赢。

我相信，广东国际旅游文化节暨泛珠三角旅游推介大会一定会越办越好，办成旅游与文化有机结合的知名节庆品牌，办成精彩难忘的旅游文化盛会！

祝2007广东国际旅游文化节暨泛珠三角旅游推介大会圆满成功！

在2007广东国际旅游文化节暨泛珠三角旅游推介大会开幕式上的欢迎词

组委会主任、广东省省长　黄华华

（2007年11月23日）

尊敬的各位领导、各位嘉宾，女士们、先生们，朋友们：

今日南粤高奏科学发展新曲，今宵花城欢庆旅游文化盛会！

喜乘党的十七大胜利召开和“嫦娥一号”卫星成功奔月的东风，由国家旅游局、广东省人民政府共同主办的2007广东国际旅游文化节暨泛珠三角旅游推介大会即将隆重开幕。我谨代表中共广东省委、广东省人民政府和9000万南粤人民，代表本届国际旅游文化节组委会，向出席盛会的各位领导和嘉宾表示热烈欢迎和衷心感谢！

广东是中国改革开放的先行省、现代化建设的排头兵。千百年来，勤劳智慧勇敢的广东人民创造了灿烂多姿的岭南文化，谱写了壮丽辉煌的奋斗史诗。改革开放特别是近年来，广东经济社会发展又好又快，旅游文化事业蓬勃兴旺，成为当今中国第一经济大省和旅游大省。在新的历史起点上，广东人民正按照党的十七大精神和党中央、国务院的部署，满怀豪情、信心百倍地朝着夺取全面建设小康社会新胜利、率先基本实现现代化的宏伟目标阔步迈进！

旅游沟通世界友谊，文化增添和谐动力。2007广东国际旅游文化节暨泛珠三角旅游推介大会是旅游文化的盛典，友谊交流的盛会，人民欢乐的盛大节日，必将有力推动广东与泛珠三角和全国旅游业发展，为社会主义和谐社会建设，为中外旅游文化交流增光添彩！

情深意浓珠江水，热情好客岭南人！我们诚挚欢迎海内外宾客常来广东，共同分享活力广东、开放广东、和谐广东的无穷魅力，携手共创美好明天！

祝本届国际旅游文化盛会圆满成功！祝各位领导和嘉宾朋友幸福安康、万事如意！

在全省旅游扶贫工作会议上的讲话

广东省常务副省长　汤炳权

（2007年12月27日）

同志们：

今天，省政府召开全省旅游扶贫工作会议，主要任务是认真贯彻党的十七大和省委十届二次全会精神，全面总结5年来我省旅游扶贫工作成绩和经验，研究部署当前和今后一段时期的旅游扶贫工作任务。希望各级政府和旅游等部门按照这次会议的要求，进一步做好旅游扶贫工作，推动山区旅游开发和经济社会又好又快发展。下面，我讲两点意见：

一、旅游扶贫成效显著

我省旅游扶贫工作实施5年来，在省委、省政府的高度重视和正确领导下，在各级政府和旅游、财政等部门的积极推动以及社会各界的共同关心支持下，取得了显著成效。目前，全省共确定了五批192个旅游扶贫重点项目，其中57个属追加资金项目，共投入扶贫资金1.5亿元，资金投向覆盖61个县（市、区）。旅游扶贫工作产生了良好的经济效益和社会效益，为推动山区发展和社会主义新农村建设作出了积极贡献，突出表现在以下七个方面：

一是加快了欠发达地区旅游开发和产业结构调整，促进了县域经济发展

欠发达地区以旅游扶贫开发为契机，多方筹集资金积极推进旅游扶贫工作，将隐藏在偏远农村的山水、温泉、森林、瀑布等生态旅游资源开发出来，培育了一大批旅游业发展的新亮点，并凭借“一业兴、百业旺”的旅游行业优势，带动了餐饮、娱乐、交通、商贸、农副产品加工、房地产等相关行业发展，推动了贫困地区产业结构调整，促进和壮大了县域经济。连南、清新、德庆、东源、龙门等一大批原来经济落后的县市，通过旅游扶贫开发和相关产业发展，实现了跨越式发展。如清新县2006年接待游客453万人次，旅游收入超过16亿元，成为全省第一个“旅游强县”，县域经济实力大大增强。

二是促进了欠发达地区的招商引资

在旅游扶贫项目和资金的带动下，旅游开发已成为欠发达地区新的投资热点。2002年以来，旅游扶贫项目各所在地吸引外资、侨资、民资开发旅游的在建项目与合同协议资金共215亿元，涉及景区建设、旅游住宿、餐饮、旅游商品加工生产、旅游道路等多方面。各种资金的引入不仅加快了欠发达地区旅游资源开发步伐，也促进了整体发展环境的改善，目前一大批大中型景区、中高档酒店、度假村在东西两冀和粤北山区迅速崛起，为欠发达地区经济发展增添了新活力。如和平县在旅游扶贫资金的带动下，成功开发了热水漂流，不但摘下了旅游景区空白县的帽子，还吸引了外地客商投资6亿多元开发旅游项目。

三是开辟了农民就业的新门路

旅游扶贫开发在创造源源不断商机的同时，也为欠发达地区群众提供了大量的就业机会。据不完全统计，前四批旅游扶贫项目已解决直接就业人数31000多人，间接带动贫困地区劳动就业近20万人。如清新温矿泉度假区有2000多名员工，其中1400多名是当地三坑镇的农民；温矿泉的开发还带动了当地第三产业的发展，饮食、服务、酒店、交通等各行各业日趋兴旺，全镇工商户达上千个，围绕旅游服务的人数达6000多人。旅游扶贫开发为景区及周边的农村劳动力提供了新的就业机会，也拓宽了林场工人和渔民的转产转业渠道，稳定了人心，促进了社会和谐。

四是带动了农民脱贫致富

旅游扶贫最直接、最显著的效益就是增加了欠发达地区农民的收入，许多贫困地区、边远山区通过旅游扶贫开发，形成开发一处、致富一方、带动一片的效应。特别是旅游扶贫项目开发为当地及周边地区的农副产品销售提供了一个大市场，原来没人注意的土特产、山货、农家菜、民间艺术、手工艺品等都身价倍增，让贫困群众真正实现“足不出户挣钱”。如龙门县南昆山自2002年旅游扶贫开发以来，带动了一大批家庭旅馆的兴起，现在南昆山的家庭旅馆大部分每年纯收入可达5～6万元；茂名天马山景区开发以后，周边的农民通过从事餐饮、旅业、娱乐和工艺品、土特产品的销售，实现年人均增收3200元左右，3万多贫困农民走上了脱贫致富的道路。

五是改善了农村人居环境

旅游扶贫项目的开发，促进了欠发达地区道路、通讯、供电、供水等基础设施的改善，加快了农村的城镇化进程。如德庆金林水乡在旅游扶贫开发以前，家家都在自家门前养牲畜，村子里脏乱差。旅游扶贫开发以后，金林水乡家家都统一进行了改水改厕、人畜分离，整修了旅游专道，不仅摘掉了贫困的帽子，还被省政府评为“生态文明示范村”，被《中国国家地理》杂志评为广东最美的乡村。旅游扶贫也直接推动了道路建设，2002年以来共解决主干道通往偏远地区的道路180多条，对改变贫困地区落后面貌发挥了重要作用。

六是开发了山区旅游文化

我省在旅游扶贫实践中，注重突出文化特色和文化资源开发，推动旅游与文化的有机结合和互动发展，大力挖掘民俗文化和民间艺术，进一步展现和开发山区和乡村原生的民俗文化、独特的建筑、古老的音乐、歌谣和舞蹈、传统的耕作方法等文化，带动了山区文化、乡村文化建设，丰富了旅游文化内涵，繁荣了岭南文化。

七是提高了农民的综合素质

旅游扶贫项目开发以后，有效地促进了乡村干部群众的思想解放、观念和知识的更新。与此同时，为了搞好旅游接待，农民群众还积极参加各种培训、外出参观学习、参加技能比赛等，整体素质得到明显提高。

回顾近年来我省旅游扶贫工作，之所以能够顺利推进并取得显著成绩，主要有以下四点体会：

首先，是有省委、省政府的高度重视和正确领导。

省委、省政府把推动欠发达地区开发和旅游扶贫放在突出的位置，先后出台《关于进一步加强旅游扶贫工作的意见》、《关于加快旅游业发展的决定》等一系列政策措施扶持欠发达地区开发和旅游业发展，省政府多次召开旅游扶贫工作会议，每年安排3000万元用于扶持贫困地区的旅游基础设施建设，并从今年起增加到5000万元，为旅游扶贫工作指明了方向、提供了重要保证。

第二，是有好的旅游扶贫发展环境。我省这几年开展旅游扶贫工作可谓恰逢其时，宏观环境和微观环境都十分有利。中央和省委、省政府部署加快旅游业等服务业发展、推进区域协调发展、建设社会主义新农村、构建和谐社会等一系列政策，人民生活水平不断提高，旅游日益成为消费热点，为山区旅游业发展和旅游扶贫开发创造了良好环境。山区经济社会迎来加快发展的大好时期，招商引资呈现良好势头，为旅游扶贫开发创造了有利条件。经过多年的建设，山区交通、通讯、电力、水利等基础环境明显改善，全省21个地级以上市全部通高速公路，大部分山区市和珠三角地区处于3小时经济生活圈内，与陆路相邻省区的高速公路通道全部打通，为旅游扶贫开发提供了重要基础。

第三，是有好的旅游扶贫发展思路。我省的旅游扶贫开发坚持以科学发展观为指导，紧紧围绕推动经济社会又好又快发展的中心，走科学开发之路；坚持跳出旅游看旅游，牢固树立“大旅游”的观念，把旅游扶贫开发与社会主义新农村建设、全面建设小康社会、构建和谐社会有机结合，在服务发展大局的同时实现旅游业的持续健康发展；坚持旅游开发与文化开发有机结合，促进旅游与文化的共同发展；坚持用好旅游扶贫专项资金与充分利用外资、民资有机结合，不断加大旅游扶贫开发力度，推动旅游扶贫工作不断取得新成效。

第四，是有好的旅游扶贫发展氛围。全省各级政府对旅游扶贫工作越来越重视，旅游、财政、扶贫、交通、科技、文化、林业、宣传等各相关部门积极协助配合旅游扶贫开发工作，社会各界大力支持旅游扶贫，各旅游企业积极参与旅游扶贫，通过包装线路、组织客源、参与经营等办法与各县或旅游景区建立合作关系，广大旅游系统干部职工默默奉献、辛勤工作，形成了促进欠发达地区旅游开发、推动农民脱贫奔康的强大合力。

借此机会，我代表省政府，对所有为广东旅游扶贫开发和旅游业发展作出贡献的同志们，表示衷心的感谢和亲切的慰问！

二、抓住机遇，开拓创新，努力开创旅游扶贫工作新局面

今后五年是我省全面建设小康社会、率先基本实现社会主义现代化的关键时期，也是我们大力推进旅游扶贫、加快山区和农村旅游开发、促进旅游业大发展的重要时期。随着党的十七大胜利召开，我国全面建设小康社会进入新阶段，广东现代化进程不断加快，CEPA全面实施，大珠三角、泛珠三角区域合作蓬勃开展，为做好旅游扶贫工作带来前所未有的新机遇。

实施旅游扶贫是省委、省政府贯彻落实科学发展观、加快山区发展、推动新农村建设和全面建设小康社会的一项重要决策。省委、省政府高度重视新时期的旅游扶贫开发工作。省第十次党代会明确了今后五年全省实现宽裕型小康的宏伟目标，提出要充分发挥山区的生态优势和后发优势，努力把山区建设成为我省的旅游休闲基地。刚刚胜利闭幕的省委十届二次全会上，汪洋书记提出，要继续解放思想，坚持改革开放，以新一轮的思想大解放推动广东新一轮的大发展，争当实践科学发展观的排头兵，特别是要统筹区域发展，不断加快旅游业等发展，尽快形成发达地区带动欠发达地区的良性互动发展局面，实现共同富裕、共同繁荣。黄华华省长指出，要加快发展旅游业，加大扶贫工作力度。汪洋书记和华华省长的重要讲话，为我们发展旅游业和做好旅游扶贫工

作提供了重要指导，注入了强大动力。各级政府、各有关部门要按照党的十七大、省第十次党代会和二次全会的部署，从落实科学发展观的高度，从建设社会主义新农村、构建和谐广东的大局，充分认识旅游扶贫工作的重要性、紧迫性，增强做好旅游扶贫工作的责任感、使命感，抓住机遇，乘势而上，进一步把旅游扶贫工作抓紧抓实抓好。

当前和今后一段时期，我省旅游扶贫工作如何开创新局面，再创新业绩？我认为必须做到“七个注重”：

（一）注重科学规划，走科学发展之路

山区旅游扶贫开发一定要坚持科学规划、有序发展。为此，旅游扶贫工作一要注重与全省旅游发展规划以及当地经济社会发展规划相结合，把旅游扶贫开发纳入当地经济社会发展规划中，统筹考虑，积极推进。二要注重与社会主义新农村建设相结合，促进农村经济社会全面进步和农民脱贫致富。三要注重从山区实际出发，发展特色旅游，要充分发挥山区自然资源和乡土文化优势，重点开发独具地方特色、风土人情、民俗文化和生态旅游的项目。四要注重处理好旅游开发与生态环境保护的关系，在大力开发旅游资源的同时，注重保护生态环境，防止盲目开发和无序、过度开发，确保山区旅游资源可持续发展。

（二）注重创新旅游扶贫体制、机制，创新旅游扶贫模式

旅游扶贫和山区旅游开发要取得新成效，必须在创新体制机制上下功夫。各地各有关部门要进一步解放思想、开拓创新，积极探索旅游扶贫的新途径、新模式。要采取更加灵活的措施，不断完善政府主导、部门联动、企业和群众共同参与、市场化运作的旅游扶贫模式。要建立旅游扶贫开发工作的激励机制，调动各地开展旅游扶贫、推进旅游发展的积极性和主动性。要在管好、用好有限的旅游扶贫资金的同时，不断探索深化旅游扶贫的新途径、新形式，全面推动市场扶持、新闻扶持、企业对口扶持、技术和智力扶持等，积极推进旅游扶贫与山区工业化、农业产业化和文化建设等有机结合。

（三）注重招商引资，建立多元化旅游扶贫开发投融资体系

各地要把旅游扶贫和招商引资结合起来，按照“谁投资谁受益”的原则，鼓励多种所有制经济共同参与旅游开发，大力吸引国内外资金到贫困山区投资经营旅游业。要加大扶持民营旅游企业发展的力度，降低民间资本进入旅游业的门槛，可以挑选一批旅游景区景点，组织民营企业家考察、洽谈、投资，推动山区旅游业实现跨越式发展。近年来，一些市县在旅游扶贫开发上努力创新，大胆引进专业的旅行社参与旅游扶贫景区景点的经营，引导他们参与投资，如肇庆市怀集县邀请“南湖国旅”进入多个旅游扶贫景点投资经营，德庆县引进了“广之旅”经营盘龙峡、金林水乡等景点，都取得很好的效果。

（四）注重打造旅游品牌，提高旅游扶贫开发项目的影响力和竞争力

增强山区和农村旅游的吸引力，归根到底是要打造旅游精品、形成旅游品牌。旅游扶贫工作开展以来，我省欠发达地区涌现出不少精品项目。各地在旅游扶贫开发中一定要高度重视品牌建设，要打造精品线路，加大宣传推介力度，大力宣传推介新兴景区，提高旅游扶贫项目的市场知名度和吸引力。要充分发挥好广东国际旅游文化节的综合效应，大力宣传推介山区旅游精品。明年11月我省将继续举办国际旅游文化节，除了广州作为主会场之外，还将在粤北和东西两翼布点安排一系列活动，各地要抓住国际旅游文化节的机会，打造和包装一批旅游扶贫的亮点，扩大旅游扶贫项目的知名度，擦亮山区旅游牌子。

（五）注重综合开发，提高旅游扶贫效益

旅游扶贫开发必须以旅游扶贫重点项目为依托，推进旅游资源的综合开发、深度开发，辐射带动周边较大区域内相关产业的发展。要加大对旅游工艺品、旅游土特产和农家食品等旅游购物系列的开发力度，提高旅游产品的附加值。我省广大山区农村物产丰富，土特产品繁多，旅游扶贫开发要有效地利用旅游的综合带动作用，推动旅游产品的深度开发。

（六）注重培养更多的旅游人才

旅游扶贫和旅游业发展的关键在人才。要充分发挥旅游院校和培训中心的作用，通过培训、交流、考察学习等多种形式，努力造就一支业务精、服务好、作风正的旅游人才队伍，提高山区旅游管理水平和市场开拓能力。要充分利用我省大力发展职业技术教育的有利时机，加大对山区旅游专业技能人才的培训力度，旅游部门和劳动部门要密切配合，从贫困家庭招收学员，培训旅游企业员工。在培养引进人才的同时，要十分注重建立完善灵活的用人留人体制机制，让人才能够留得住、用得上，真正发挥作用。

（七）注重加强领导、协调联动，形成旅游扶贫的合力

旅游扶贫是一项社会系统工程，需要各级政府和社会各界的关心和支持。各级政府要进一步加强对旅游扶贫工作的领导，要在实施工业反哺农业、城市支持农村的战略中，加大对旅游扶贫、发展乡村旅游的支持力度，尤其是要注意协调解决制约山区旅游业发展的交通、水电、通讯、公共服务等基础设施瓶颈问题。发改、财政、经贸、旅游、交通、宣传、文化、林业、劳动等部门要充分发挥职能作用，加强协调与合作，寻找不同扶贫途径的结合点，促进旅游扶贫全面、深入开展。各旅游企业尤其是旅行社要积极参与山区旅游扶贫开发，与贫困山区县或旅游景区建立互利合作关系，共同开拓山区旅游市场。

同志们，旅游扶贫成效显著，意义重大，大有可为。希望全省各级政府和旅游等部门按照省委、省政府的工作部署，抓住机遇，开拓进取，扎实工作，全面提高旅游扶贫工作水平，努力开创我省旅游工作的新局面，为我省全面建设小康社会、率先基本实现社会主义现代化作出新贡献！

谢谢大家！

在2008年全省旅游工作会议上的讲话

广东省副省长　万庆良

（2008年2月27日）

同志们：

今天，我非常高兴参加全省旅游工作会议。这是我分管旅游工作后第一次出席旅游工作会议。我今天来有两个目的，一个是看看大家；一个是与同志们一起研究如何认真贯彻落实党的十七大、省委十届二次全会和全国旅游工作会议精神，进一步解放思想，改革创新，谋划部署今年的旅游工作和2008年广东国际旅游文化节筹备工作任务。刚才，通扬同志传达了全国旅游工作会议精神，对去年和今年的旅游工作讲了很好的意见。下面，我讲三点意见：

一、2007年我省旅游业发展成绩显著，为全省经济社会又好又快发展作出重要贡献

刚刚过去的一年，全省旅游系统坚持以科学发展观为统领，认真贯彻省委、省政府和国家旅游局的工作部署，紧紧围绕建设旅游强省的目标，拓宽思路，改革创新，抓住机遇，加快发展，推动全省旅游工作取得显著成绩。突出体现为一个“大提升”、七个“成效明显”：

（一）旅游综合实力大提升

2007年我省旅游业主要指标均创历史最好水平，旅游总收入达2454亿元，同比增长15.8%；旅游外汇收入87.06亿美元，同比增长15.6%，约占全国的1/5强。全省有18个地级以上市和2个县级市被评为中国优秀旅游城市，2个县被评为中国旅游强县，9个县被评为广东省旅游强县。我省尤其是珠三角地区已成为全国旅游经济最发达、旅游吸引力最强的地区之一。

（二）旅游市场开发成效明显

全省旅游系统狠抓市场开发，加强旅游市场推介促销，推动了旅游市场繁荣发展。入境旅游持续升温，2007年全省口岸接待入境旅游者1.03亿人次，同比增长2.8%，其中过夜游客2413.8万人次，增长19.4%。国内旅游保持兴旺，接待过夜国内游客1.29亿人次，增长19.4%。出境旅游增长势头强劲，全省口岸出境游2715万人次，增长20%，其中赴外国旅游人数176万人次，增长14%。

（三）旅游产业体系建设成效明显

各级旅游部门积极推进旅游产业、旅游基础设施和配套设施建设，促进旅游“行、游、住、食、购、娱”六大要素不断改善。到2007年底，全省共有旅行社983家，其中国际社198家；拥有酒店、招待所8000家，其中五星、四星级酒店分别为58家和166家。全省拥有大型旅游景区景点300多家，其中国家5A级旅游区（点）2个、4A级48个。全省形成了以广州、深圳为中心的珠三角至粤东、粤西、粤北三条各具特色的旅游干线，并成功打造了广州长隆集团、深圳华侨城、珠海海泉湾等一批具有较大影响力的旅游拳头产品。

（四）旅游扶贫工作成效明显

截至2007年，全省共确定了6批共262个旅游扶贫重点项目，投入扶贫资金2亿元，资金投向覆盖粤北山区和东西两翼78个县（市、区），打造了德庆金林水乡、河源苏家围、清新温矿泉、茂名天马山等一批著名旅游景区。据统计，旅游扶贫项目直接解决就业人数4万多人，间接带动就业近25万人，吸引外资、侨资、民资开发旅游的在建项目与合同项目资金共215亿元，加快了欠发达地区旅游开发和产业结构调整，促进了县域经济发展和社会主义新农村建设。

（五）粤港澳旅游合作成效明显

全省旅游行业抢抓CEPA先机，大力加强与港澳的旅游合作，粤港澳旅游合作呈现喜人局面。实施“个人游”政策成效显著，至2007年底全省共办理个人赴港澳旅游签注4417万人次，其中香港2376万人次、澳门2041万人次，有力促进了港澳相关行业发展。粤港澳三地联合赴德国、日本、印度等地举行旅游促销活动，共同打造“一江珠水、三颗明珠”旅游品牌。粤港澳旅游信息平台一期工程完成，二期工程建设稳步推进，三地旅游信息实现互联互通。

（六）泛珠三角区域旅游合作成效明显

大力推动与泛珠三角各省区的旅游合作，省旅游局与内地八省区旅游局在泛珠三角区域合作框架协议的基础上，签订了双边旅游合作协议，促进泛珠三角无障碍旅游区逐步形

成。我省旅游企业纷纷与内地8省区企业签订互送客源、共同包机的协议，促进区域内资源共享、客源互动、信息互通，泛珠三角区域旅游合作呈现不断有新亮点的喜人局面。

（七）旅游大环境建设成效明显

引导全省旅游行业推进诚信建设，开展有序竞争。制定并在全省实施《旅行社资质等级划分与评定标准》，从企业规模、服务质量、游客满意率等多方面对旅行社进行综合测评。健全“广深珠联动、相关部门联动、粤港澳联动”打击非法特区游的工作机制，认真开展“零负团费”整治等专项行动，旅游市场秩序得到整顿规范，带动了旅游产业素质和服务质量的全面提高。切实加强旅游安全工作，健全旅游安全责任制，完善旅游安全管理体系，建立了信息通报、应急处理和紧急救援等制度，全省旅游安全形势稳定。

（八）2007广东国际旅游文化节成效明显

本届旅游文化节规模大、思路新、规格高、影响广、反映好，在13个地级以上市设立了主、分会场，共有活动109项，参与的演职人员超过20万人次、境外客商6000余人、海内外嘉宾9000多人、游客800多万人次；招商会签订外商投资项目138宗、金额20.8亿美元；参与大型活动项目赞助的企业超过30家，协办闭幕式的赞助企业20多家，各类赞助折价超过1000万元。经过精心培育和着力打造，历经三届积淀与洗礼，融广东旅游活力与岭南文化魅力于一体，集国际化、市场化、精品化于一身的广东国际旅游文化节，品牌凝聚力、影响力和竞争力不断增强，在海内外获得广泛的赞誉、高度的评价和充分的认可，迅速成长为境内外知名的节庆品牌，经济、社会、文化等综合功能日益显著，在推动经济强省、文化大省、和谐社会建设，加强国内外交流与合作、树立广东良好的国际形象等方面发挥了重要作用。

旅游业的快速健康发展，有力推动了全省经济社会的又好又快发展。2007年，全省生产总值突破3万亿元，约占全国的1/8；财政总收入达7750亿元，占全国的1/7；进出口总额达6340亿美元，占全国近1/3；实际吸收外商直接投资171亿美元，占全国的1/5。今日的广东，经济繁荣，社会和谐，百业兴旺，民生改善，呈现一派欣欣向荣的喜人景象。这些成绩的取得，是省委、省政府正确领导的结果，也离不开全省旅游系统干部职工的努力拼搏。辛勤奋战在旅游发展第一线的同志们，为我省旅游业和经济社会发展作出了重要贡献。借此机会，我代表省政府，向全省旅游战线的干部职工表示衷心的感谢和诚挚的问候！

二、继续解放思想、改革创新，以新一轮思想大解放推动开创我省旅游业发展新局面

当前，广东的发展站在新的历史起点上，正处在推动经济社会全面转入科学发展轨道的关键时期。党的十七大明确提出，要继续解放思想，坚持改革开放，推动科学发展，促进社会和谐。省委十届二次全会上，汪洋书记旗帜鲜明地指出，广东作为改革开放的先行区、科学发展观思想的提出地，要进一步解放思想，坚持改革开放，以新一轮的思想大解放推动广东新一轮的大发展，争当实践科学发展观的排头兵。这为我省经济社会发展特别是旅游业发展提供了重要指导。全省旅游系统必须按照党的十七大和省委十届二次全会的部署，进一步创新旅游发展理念，转变旅游发展方式，破解旅游发展难题，提高旅游发展质量，以新一轮思想大解放推动旅游业新一轮大发展，不断增强旅游综合实力和国际竞争力，为我省争当实践科学发展观排头兵发挥积极作用。

（一）要增强大局观念

充分认识和把握旅游业在全省发展大局中的重要地位和作用。旅游业是带动能力极强的综合性产业，与之相关联行业多达上百个，被誉为“一业兴而百业旺”的产业。据测算，在发达国家，旅游消费支出每增加一个单位，工业产值可扩大2.71倍、国民收入可扩大1.36倍、投资可扩大0.25倍；在发展中国家旅游业的带动作用更大，分别可以扩大3.7倍、2.7倍和0.9倍；旅游业与相关产业的投资带动作用比例是1∶7。党中央、国务院高度重视旅游业发展，省委、省政府强调要把旅游业作为第三产业的龙头来抓，明确要求力争到2010年把我省建设成为辐射全国、影响亚太地区、具有一定国际水准的旅游目的地，成为中国出入境的客流中心和集散地；全省旅游业的总体规模、速度、质量和效益领先全国，国际竞争力位居前列，继续发挥在全国旅游发展中的排头兵作用。各级旅游部门要把思想认识统一到中央和省委、省政府的要求上来，从战略的高度、全局的视野，从全省发展的大局出发，充分认识加快旅游业发展的极端重要性，充分发挥旅游在推动经济发展、增加税收、改善民生、弘扬文化、扩大开放、构建和谐中的重要作用，积极探索旅游与工业、农业、服务业、社会事业等相促进、相融合的切入点，努力推动全省经济社会又好又快发展。

（二）要强化忧患意识

清醒认识和看待我省旅游业发展面临的新挑战。我省是全国的旅游大省，旅游业主要指标多年居全国前列，一些同志听惯了赞扬，容易捧着这块“金字招牌”沾沾自喜，看不到存在的问题，这不利于长远发展。省委十届二次全会特别强调要克服自满思想，增强忧患意识，辨证看待形势和成绩，这对旅游业发展具有很强的针对性。我们面对的形势越好，越要保持清醒头脑；喝彩越多，越要居安思危。同志们必须清醒地看到，当前我省旅游业发展既面临前所未有的新机遇，也面临前所未有的严峻挑战。一方面，我省旅游业的发展存在的问题不容忽视。一是我省旅游业发展仍带有明显

的粗放型特征，内部结构性矛盾突出，旅游产业质量、效益和发展后劲不强；二是旅游整体形象不鲜明，重点景区景点知名度不高；三是旅游管理体制没有完全理顺，旅游企业规模普遍较小，竞争力不强；四是旅游环境建设滞后，旅游市场秩序有待进一步规范；五是区域旅游发展不平衡，欠发达地区旅游经济较薄弱；六是旅游服务质量有待改善，旅游从业人员素质有待提高；七是旅游业抗风险能力不强，安全生产和应急管理亟待加强。特别是今年初我省遭受严重雨雪冰冻灾害，出省交通大面积中断，造成旅行社游客大面积退团，给我省旅游业发展带来严重影响。另一方面，国内旅游市场竞争日益加剧，给我省旅游业发展带来新挑战。近年来，全国旅游发展呈现百花齐放、百舸争流的局面，各兄弟省区市纷纷出台鼓励支持旅游发展的政策措施，尤其是江苏、浙江、山东、北京、上海、四川等省市旅游业发展迅猛，旅游业总收入增幅大大高于我省。上个星期，我陪同汪洋书记、华华省长到上海、江苏、浙江考察，长三角的蓬勃发展势头给我们留下了深刻印象，沪苏浙三省市在发展经济社会事业，包括发展旅游业方面，思想解放，政策配套，办法很多，很多方面做得比我们好，江苏省旅游业总收入去年超过我省，给我省带来强大压力。对此，我们必须高度重视，认真研究，积极应对。

（三）要树立世界眼光

正确认识和把握国际旅游业发展的新趋势。汪洋书记在省委全会上强调，要克服狭隘视野，树立世界眼光，以全球视野、战略思维来谋划未来发展。这对我省旅游业发展具有很强的指导意义。旅游是改革开放的先行领域，具有高度的开放性和国际性，一定程度上说，我省旅游业就是在与国际交流、合作和竞争中产生、发展的。我们必须按照省委的部署要求，坚持用世界眼光来谋划和推动广东旅游业发展，立足广东、着眼全国、放眼世界，全面把握国际旅游业发展新趋势，增强在全球化条件下发展旅游业的能力。从世界旅游业总体发展情况看，随着经济全球化进程加快，各国经济相互融合，旅游业作为新兴产业迎来了新的发展时期，虽然近年来受到世界经济不振和国际局势动荡等因素影响，但旅游业总体发展速度仍高于全球经济总体增长速度，这为我省旅游业发展创造了良好外部环境。从区域旅游发展情况看，欧美旅游业占全世界的份额开始下降，东亚特别是我国旅游业发展势头迅猛，国际旅游业界普遍看好我国，认为我国是“未来最有发展前景的旅游目的地”。随着中国与东盟自由贸易区加速形成，泛北部湾经济合作日渐兴盛，大珠三角、泛珠三角区域合作深入推进，为我省旅游业发展拓展了新的空间。从旅游发展模式和趋势看，国际旅游业更加注重生态环保，强调旅游与自然和谐相处，强调可持续发展；更加注重旅游产品的多元化、特色化、个性化，旅游产品覆盖观光、休闲、度假、健身、求知、求乐、求奇、探险、寻根、考察、商务等各方各面；更加注重硬软件的配套发展，更加强调旅游安全和健康保障，这既给我省旅游业发展带来无限商机，同时也提出了新的更高要求。从旅游竞争方式看，由于世界旅游业已经形成“买方市场”，各国、各地区围绕有效吸引客人前来旅游的现实目标，在旅游促销方面的投入越来越大，手段越来越新，竞争越来越激烈。而且，受到交通、费用等因素限制，绝大多数国家接待的入境旅游者都以周边一定区域内的居民为主，因此各国、各地区更加注重旅游的区域合作，着眼于共同构建、深度开发区域旅游大市场。我们必须顺应国际旅游业发展大势，广泛开展与世界各国、各地区的交流合作，在开放中促进旅游发展，在旅游发展中促开放。

（四）要坚持以人为本

不断提高旅游服务民生、构建和谐的能力水平。坚持以人为本、构建和谐社会是我国我省新世纪新阶段面临的重大战略任务，也是我们发展经济和各项事业的根本目的。省委十届二次全会明确提出要克服“见物不见人”的观念，坚持以人为本，在考虑经济社会发展时不仅要看结构怎么调整、产业如何升级、公共服务怎样改善，还要研究作为生产者和消费者的人。这对我们进一步做好旅游工作很有针对性、指导性。我们在发展旅游业过程中，必须坚持以人为本，促进旅游发展与构建和谐社会相结合，狠抓诚信服务和文明旅游，以游客满意为中心，细处见精，微处见大，提高旅游服务的规范化、个性化水平，努力为广大游客提供更加优质的服务；促进旅游发展与改善民生相结合，使旅游产业在满足人民精神文化需求、促进就业、提高人的整体素质、推动社会全面进步等方面发挥更大的作用；促进旅游发展与环境保护相结合，推行资源保护型开发、资源节约型经营和环境友好型消费，努力建设绿色旅游产业体系。

（五）要坚持改革创新

努力探索我省旅游业发展的新道路。改革开放的实践证明，只有坚持解放思想，才能不断增强发展活力；只有坚持改革开放，才能不断增添发展动力；只有坚持不断创新，才能开拓发展局面。改革开放30年来我省旅游业发展能够取得显著成绩，关键是靠改革创新。多年来，全省旅游系统实事求是、开拓创新，在全国创造了旅游扶贫、旅行社与景区景点联合开发、打造无障碍旅游区等许多新鲜经验，有力地推动了全省旅游业的又好又快发展。今后我省旅游业要实现更好更快发展，关键还是靠改革创新。全省旅游系统同志们要按照省委十届二次全会的部署，以解放思想为先导，加快改革创新，积极探索旅游业发展的新路子、新途径，加快转变旅游业发展方式、发展模式、发展形态，实现由粗放型向集约型发展转变，由注重规模扩张向扩大规模和提升效益并重转变，由注重经济功能向发挥综合功能转变，提升旅游产业素质，提升旅游发展质量效益，提升旅游市场竞争力。

三、明确目标，突出重点，扎实做好2008年旅游工作

今年是贯彻十七大和省委十届二次全会精神的第一年，也是改革开放30周年。做好今年的旅游工作具有重要意义。全省旅游系统必须坚持以科学发展观统领工作全局，继续解放思想，坚持改革创新，以世界的眼光、开放的意识、创新的精神、务实的态度，进一步转变旅游发展方式，提高旅游发展质量，增强旅游发展活力，推动我省旅游业切实转入科学发展轨道，努力加快旅游强省建设。具体要做到“十个新”：

（一）树立旅游发展的新理念

思路决定出路，观念决定行动。形势在变，我们发展旅游的观念、思路、行动必须随之而变。我们要紧密结合省委部署开展的解放思想学习讨论活动，拓宽视野，创新思路，善于在解放思想中统一思想，在更新观念中突破陈规，用真正解放了的思想来指导实践、推动工作，使我们的思路再宽一些，办法再多一些，步子再快一些。当前必须树立四种理念：一是树立大旅游理念。坚持跳出旅游看旅游，把发展旅游的眼光从单纯的吃、喝、玩、乐、住、购、娱上游离出来，自觉地把旅游发展放在全省改革开放和现代化建设大局中来谋划，按照大文化、大市场、大服务、大产业的思路来规划和组织实施大旅游，树立抓旅游就是抓设施、抓文化、抓开放、抓经济、抓发展的全新理念，更好地发挥旅游的综合带动作用，以旅游促开放，以旅游惠民生，以旅游增和谐，以旅游促发展。二是树立旅游文化融合理念。文化离开旅游没有活力，旅游离开文化没有魅力。广东岭南文化博大精深，广府文化、客家文化、潮汕文化和民俗、民间艺术独具特色，是旅游业发展的独特资源。我们必须充分发挥好这些文化优势，丰富旅游的文化内涵，努力打造岭南特色旅游文化。三是树立比较优势理念。旅游资源最大的特色就是比较优势。没有进过城的农村居民，视高楼大厦、商场马路为旅游资源；没有下过乡的城市居民，则视农业生产、农村风貌、农民生活为旅游资源；在沿海平原生活的人，视山脉丘陵、沙漠草原为旅游资源；在山区、草原生活的人，则视海岛沙滩为旅游资源。我们必须突出比较优势，善于寻找商机，敢于率先尝试。四是树立个性服务理念。随着经济发展和人民生活的改善，广大人民群众对旅游的需求也在逐渐发生改变，“规范化”在某种意义上已经成为旅游服务的最低要求，“个性化”日益成为旅游服务追求的新目标，比如厦门市近年来深入挖掘退休群体市场，通过营造良好的大环境、提供周到细致的服务，吸引了大批经济收入较好的老年人到厦门养老或度假。广东作为旅游大省，必须在这方面先行一步，深入研究、大胆尝试、走出新路。

（二）创新旅游发展的新体制

体制机制决定活力，有了好的体制机制，旅游业发展才有动力、才有保障。一要继续深化旅游管理体制改革，进一步转变旅游管理职能，不断完善旅游行政管理部门的公共服务职能，从过去的抓直接管理转到抓宏观产业指导、市场秩序整治、旅游规划落实等上来。二要进一步完善旅游法规体系，加大旅游执法力度。三要创新旅游管理方式，推进旅游行业标准化建设，积极支持旅游协会改革，推动旅游协会加快成长为市场秩序的维护者、行业自律组织和旅游市场的重要中介组织。四要推进旅游投资体制创新，坚持谁投资、谁受益的原则，鼓励多种所有制经济共同参与旅游开发，积极引导国内外资金参与旅游开发，吸引国际大旅游企业和旅游品牌来粤开展旅游业务。要加大扶持民营旅游企业发展的力度，降低民间资本进入旅游业的门槛，可以挑选一批旅游景区、景点，组织民营企业家考察、洽谈、投资。五要深化旅游企业改革，打破传统的经营模式，加快建立完善现代企业管理制度，增强活力、竞争力和综合带动能力。要创新旅行社经营理念、经营模式，把旅行社拥有的组团、客源等优势与地方旅游资源优势结合起来，强强联合，打通产业上下游。

（三）打造旅游发展的新品牌

品牌就是知名度、就是竞争力。我省旅游业发展存在的不足之处就是缺乏类似九寨沟、黄山、丽江等具有广泛国际影响力的知名旅游品牌，简单说就是没有到广东非去不可的旅游区。广东要建设旅游强省，必须在打造旅游精品、形成旅游特色、培育知名品牌上狠下功夫，通过抓品牌带动旅游业整体水平的提高，提升广东旅游目的地的整体形象。一是要树立强烈的品牌意识，全面实施旅游精品战略，高起点定位、高标准规划、高质量建设，在旅游开发、建设中注重打造精品景点和线路，提高旅游发展的质量和效益。二是要集中力量培育、打造一批重点旅游精品，着力打造以商务为主题的会展旅游、以温泉高尔夫美食为主题的休闲度假旅游、以民俗节庆历史遗迹为主题的历史文化旅游和以健身探险自驾车为主题的健康时尚旅游。三是要在巩固、发展和提升传统旅游产业和产品的同时，积极适应新型工业化和农业现代化发展，大力培育和创新旅游产品，发展工业旅游、农业旅游。要注重把我省经济社会发展的丰硕成果转化为旅游资源，有选择地把一些较独特的生产流程、工艺制作过程开辟为旅游产品。四是要大力发展城市旅游，巩固创建中国优秀旅游城市的成果，积极推动创建中国最佳旅游城市，努力将以广州、深圳为中心的珠三角城市群打造成著名旅游区域。

（四）开拓旅游发展的新市场

开拓市场始终是旅游业发展的关键所在。我们要紧紧抓住国家扩大内需、促进消费的战略机遇，立足于我国我省经济社会持续快速发展的实际，加大开拓市场力度，努力促进

国内旅游、入境旅游和出境旅游三大市场互补互促、齐头并进。一是大力开拓省内旅游市场。适应居民消费结构调整升级的要求，搞好旅游促销，根据不同游客的特点，设计不同的旅游产品和线路，重点要引导、培育和发展健身、度假、探险、自驾车游等新兴旅游方式，扩大旅游产品覆盖面，延伸旅游产业链条。二是大力开拓国内旅游市场。加强与兄弟省区市的旅游合作，共同拓展国内旅游市场。三是大力开拓入境旅游市场。加强在国际旅游市场的宣传促销和推介工作，积极创新旅游市场促销方式，重点打造好“活力广东网”平台，增强宣传促销的专业性和针对性，形成海外市场促销的长效机制，扩大广东旅游在国际上的知名度和影响力。要继续坚持联合推介等有效办法，加强旅游与外事、侨务、外经贸等部门的沟通合作，共同推动海外旅游市场的开拓。要推进入境旅游市场多元化，积极开拓港澳台、东南亚、欧美、中东市场。四是稳步有序开发出境游市场。要在简化手续、提高服务水平的同时，加强管理、规范市场、做好监控，形成文明有序的出境旅游秩序。五是认真做好假日旅游工作。今年是国家法定节假日调整和实施带薪休假的第一年，各级旅游部门要积极主动做好工作，认真研究假日旅游市场变化规律，进一步完善假日旅游协调机制，推动假日旅游常态化发展。

（五）构建区域旅游合作的新格局

区域旅游合作是实现资源互补、互利共赢、共同发展的重要途径，也是广东最大的优势之一。我们要积极适应区域合作发展的新形势，重点推动四个层面的合作：一是促进省内区域旅游合作。要充分发挥珠三角的资金、人才优势和山区、东西两翼的资源优势，通过市场运作，引导珠三角的企业到山区和两翼开发旅游资源、创办旅游企业。积极组织珠三角的旅客到山区和两翼旅游。要深入挖掘山区和东西两翼的自然景观、风土人情、特色文化、少数民族文化等资源，推动旅游项目创新和加强旅游服务功能配套，延长旅游产业链，提高山区和东西两翼旅游发展水平。二是加强粤港澳旅游合作。要配合粤港澳自由贸易区建设，加大粤港澳三地联合推介促销旅游的力度，着力宣传粤港澳“一国两制、三颗明珠”的特殊文化魅力，将“大珠三角”培育为国际知名的旅游区。同时，要继续下大力气组织好个人赴港澳游，完善、优化个人游预警和通报机制，加强口岸建设、提高通关能力，保证个人游健康有序进行，努力取得更大成效。加快粤港澳旅游信息平台三期工程的建设进度。三是加强与泛珠三角兄弟省区的旅游合作。联手开发跨区域精品线路、联手推进无障碍旅游客运、联手促销、互送客源等，全面提升区域旅游竞争力，开创旅游发展的多赢局面。四是要充分利用中国与东盟自由贸易区加快建立的机遇，积极加强与东南亚国家的旅游合作。

（六）拓展旅游扶贫的新成效

我省旅游扶贫工程实施六年来，取得令人瞩目的成效，要进一步巩固、开展好旅游扶贫工作。各级政府和有关部门要高度重视旅游扶贫，加大对旅游扶贫的资金投入，协调解决制约山区旅游业发展的交通、水电等基础设施瓶颈问题，支持贫困地区旅游业发展。要切实管好用好扶贫资金，落实资金管理责任制，充分发挥扶贫资金的作用。同时加大招商引资力度，大力吸引外资和民资参与山区旅游开发。要积极拓宽旅游扶贫渠道，全面推动市场扶持、管理扶持、新闻扶持、企业对口扶持、技术和智力扶持等其他扶贫手段，扩大旅游扶贫效应。要进一步完善政府引导、部门联动、企业配合、群众参与的旅游扶贫机制，从山区的实际出发，选准有特色、有优势、有市场和扶贫带动效应强的旅游项目优先开发，提高旅游扶贫效益。

（七）营造旅游发展的新环境

健康、安全、环保、舒适的旅游环境是旅游者选择旅游目的地的首要条件，也是增强旅游活力和竞争力的关键所在。一是大力改善旅游基础设施。积极加强旅游交通、景区、酒店、商场等设施建设，形成便捷、舒适、配套的旅游基础设施。重点是改善旅游交通条件，依托全省高速公路网做好旅游区的公路衔接，打造全省3小时车程旅游圈。要推进旅游信息化建设，加强旅游交通通信、医疗卫生、宾馆餐饮、生态环保以及城市公共信息图形配套设施建设。二是大力改善旅游服务。进一步建立健全游客投诉、旅游咨询、紧急救援、散客服务等旅游服务机制。三是继续整顿规范旅游市场秩序。要继续推进旅游、公安、工商、质检、物价等部门的联合执法，坚决打击超范围经营、恶性削价竞争、购物欺诈等，严厉查处“黑店”、“黑社”、“黑导”、“黑车”等非法行为，坚持不懈地净化旅游市场。加强旅游诚信体系建设，建立健全旅行社经理人员、导游人员信誉档案。四是加强旅游安全工作。旅游安全工作责任重大，没有安全就没有旅游。要切实加强旅游安全管理，建立旅游安全防范和应急处理机制，逐步建立覆盖三大市场的旅游安全应急保障体系，防止各类旅游安全事故的发生。各旅游经营单位都要建立起旅游安全责任制，加强旅游安全工作，树立我省安全、文明、健康的旅游目的地形象。

（八）塑造旅游队伍的新风貌

事业成败关键在人。我省旅游业是否有发展后劲，各旅游企业是否有竞争力，关键在于人才。各级旅游部门要高度重视旅游人才的培养和使用。要认真贯彻实施人才强省战略，加强旅游人才资源培养和开发，努力造就一支素质高、业务强、诚信好的旅游人才队伍。要完善旅游教育培训体系，坚持院校培训与在职培训相结合、本地培训与对外引进相结合，大力培养中高级旅游经营管理人才、涉外人才和熟练技工，加快发展旅游中、高等职业技术教育和从业人员的继续教育。要切实加强导游从业人员上岗资格、执业资格、级别等级的培训、考核，提高导游人员素质。要建立好的用人机制，建立一套培养、使用、留住人才的激励机制，促进旅游队伍稳定发展。要加强旅游行业作风建设，把提高旅游从业人员的职业道德素养放在突出位置，大力弘扬爱岗敬业、乐于奉献、团结协作的精神，增强从业队伍的责任感自豪感。

（九）形成推动旅游发展的新合力

在广东加快现代化的进程中，旅游的地位和作用越来越重要。各级政府要高度重视旅游业发展，切实加强对旅游工作的领导，落实政府主导的旅游发展战略，把旅游工作列入重要的工作日程，进一步健全、完善旅游发展政策。政府领导要研究、了解和熟悉旅游业，积极协调和研究解决旅游发展中出现的新情况、新问题，促进旅游业的健康发展。公安、工商、交通、建设、文化、环保、口岸等部门要充分发挥职能作用，密切配合，协调联动，共同促进旅游业的大发展。要巩固旅游业与新闻及社会各界互相关心、支持的良好格局，引导做好宣传报道和推介工作，调动社会各界参与发展旅游业的积极性、主动性和创造性，形成发展旅游业的强大合力和良好氛围。

（十）办出国际旅游文化节的新特色

今年的旅游工作还有一项重要任务，就是要集中精力、全力以赴筹办好2008广东国际旅游文化节暨泛珠三角旅游推介大会。具体要做到“四个进一步”：

一是要进一步统一思想，提高认识。办好广东国际旅游文化节是省委、省政府的重要决策，是今年我省旅游工作的重中之重。各地、各有关部门必须切实把思想和行动统一到省委、省政府的决策部署上来，进一步增强办好2008广东国际旅游文化节的责任感、紧迫感，坚定办好旅游文化节的信心和决心，再接再厉，齐心协力，精益求精，共同努力把本届国际旅游文化节办好。

二是要进一步明确要求，积极主动参与旅游文化节筹办工作。本届国际旅游文化节继续坚持前三届确定的指导思想和“政府主导、企业参与、市场运作”的原则，在具体筹办工作中要努力做到“八个结合”和“六个突出”。“八个结合”：一是与继续解放思想，争当实践科学发展观排头兵紧密结合；二是与迎接和纪念改革开放30周年，宣传广东改革开放取得的巨大成就紧密结合；三是与推动“2008中国奥运旅游年”活动紧密结合；四是与打造广东旅游精品，营造良好旅游环境、增强旅游吸引力、建设旅游强省紧密结合；五是与推进大珠三角、泛珠三角区域旅游合作和第三产业发展紧密结合；六是与促进县域经济发展、建设社会主义新农村紧密结合；七是与推动招商引资、构建开放型经济体系紧密结合；八是与坚持以人为本，提高人民群众生活水平、提高人民群众幸福指数相结合。“六个突出”：一是突出活动项目的旅游文化特色，提升广东国际旅游文化节的层次和内涵；二是突出国际化、专业化，吸引更多的海外旅游业界人士和游客参与；三是突出市场运作，扩大旅游文化节的参与主体，创新办节形式，有效利用社会赞助、竞标活动冠名权、广告经营权等形式提升活动的市场运作效果；四是突出区域旅游合作，提升省内各区域和大珠三角、泛珠三角区域旅游合作水平；五是突出招商引资工作，提高旅游业招商引资水平；六是突出打造旅游文化精品，提升广东旅游的国际吸引力。

三是要进一步精心筹划，深入细致做好各项筹办工作。旅游文化节活动多、范围广、人员密、影响大，筹办工作必须细致、细致、再细致。各地、各有关部门要在吸收借鉴前三届成功经验的基础上，充分发挥社会各界的聪明才智，高水平办好开幕式和闭幕式这两场重头戏。要认真落实前三届旅游招商会的签约项目，广泛邀请有实力的国内外大型企业、商家来我省参会参展，确保本届旅游招商会有所突破。要进一步开拓视野、创新思路，积极举办一些更具特色的活动，壮大旅游文化节的声势，丰富旅游文化节的内涵。各市、各部门要加强与泛珠三角兄弟省区、友好省州、友好城市、海外华侨华人、国外主要媒体等的沟通联系，指定专人提前与重要领导、嘉宾联系，尽快发出邀请函。要加大力度，利用新闻发布会、网络等多种渠道，做好宣传推广工作，吸引更多的国内外客商、嘉宾参加，扩大国际旅游文化节的影响力。

四是要进一步加强领导，确保各项筹办工作按计划有序推进。各市、各有关部门要按照省政府的要求，切实把办好2008广东国际旅游文化节作为重要工作列入议事日程，尽快落实本地、本部门的工作方案和有关工作人员，建立完善工作责任制，保证国际旅游文化节层层落实责任制，项项明确责任人，把各项工作都落到实处。各单位要继续发扬团结协作精神，加强沟通协调，使各项活动环环紧扣，好戏连场，高潮迭起。组委会要加强对各地、各单位筹备工作的指导帮助，加强督促检查，及时研究解决筹备工作中的重点难点问题，确保各项工作顺利推进。

我相信，有省委、省政府和国家旅游局的高度重视与正确领导，有前三届积累的一整套好经验、好做法，有海内外各界的关心支持和积极参与，2008广东国际旅游文化节一定能够办得更加隆重、更加精彩、更有特色，办得比前三届更好。

同志们，回顾过去，我省旅游业发展成就巨大、令人欣慰；展望未来，我省旅游业发展前景广阔、大有可为。希望全省旅游系统的同志们，全面树立和落实科学发展观，解放思想，继往开来，加倍努力，扎实工作，努力开创我省旅游业发展的新局面，为广东争当实践科学发展观排头兵作出新的更大贡献！

在2008年全省旅游工作会议上的讲话

广东省旅游局局长　郑通扬

（2008年2月27日）

尊敬的万庆良副省长，各位领导，同志们：

根据大会安排，我简要传达全国旅游工作会议精神，并作旅游工作报告。

一、2008年全国旅游工作会议精神

国家旅游局于2008年1月18～19日在北京市召开了2008年全国旅游工作会议。国务院副总理吴仪同志亲临大会并发表了重要讲话，邵琪伟局长在会上作了工作报告，王志发副局长做了会议总结，浙江、福建、上海、广西等四省市旅游局（委）作了汇报交流。我省省旅游局和广州、深圳、珠海市旅游局负责人以及广州南湖国家级旅游度假区、华侨城旅游集团代表参加了会议。

（一）吴仪副总理讲话的主要精神

1. 充分肯定了过去五年我国旅游业发展的成绩。在党中央、国务院领导下，五年来，全国旅游行业坚持科学发展观，自觉服从和服务于国家发展大局，求真务实、开拓创新，取得了可喜的成绩。主要旅游经济指标实现了适度高于国民经济增长速度、适度高于全球旅游业平均增长速度两个基本目标，旅游业已成为国民经济重要产业，为促进经济社会又好又快发展做出了积极贡献。主要表现在：产业规模持续扩大，旅游业已成为促进经济增长的动力产业；服务领域不断拓展，旅游业已成为推动社会进步的和谐产业；产业特征更加鲜明，旅游业已成为建设生态文明和促进区域协调发展的先导产业；国际合作更加深入，旅游业已成为深化对外开放的窗口产业。

2. 要求努力开创旅游业发展的新局面。党的十七大提出，要继续解放思想，坚持改革开放，推动科学发展，促进社会和谐，确保2020年实现全国建设小康社会的奋斗目标。这对旅游发展提出了新的目标和更高要求。要进一步认清形势，明确任务、增强信心。在经济全球化深入发展的新形势下，进一步坚持改革开放、坚持科学发展，加快形成我国旅游业强大的国际吸引力、强大的核心竞争力和强大的开放兼容力。围绕上述要求和目标，重点做好以下几个方面的工作：（1）牢牢把握机遇，推动旅游业又好又快发展。党中央、国务院把扩大内需确立为长期的战略方针。旅游业作为服务业的重要组成部分和扩大内需的重要领域，机遇难得。要进一步完善产品体系，加快发展适应人民群众消费需求的旅游新产品、新业态，尤其是增加度假休闲产品。紧紧抓住重大国际活动带来的发展机遇。国家旅游局已将今年的旅游主题定为"奥运旅游"，全国各地都要好好把握这一难得的历史机遇，丰富奥运旅游产品，加强促销，为举办一届有特色、高水平的奥运会服务。（2）坚持改革创新，全面提升旅游业发展水平。以管理体制改革为基础，一手抓旅游产品升级，一手抓旅游市场秩序治理。敢于先行先试，鼓励有条件的地方大胆探索，切实解决管理多头、体制不顺等制约旅游业发展的瓶颈问题。进一步深化观光产品内涵，把节约资源、保护环境放在首位，加快开发更加节能环保、更加绿色生态的休闲度假旅游产品。坚持标本兼治，继续开展旅游市场专项整治，深入推进旅游诚信建设，积极创新旅游市场监管方式，特别要注意采用现代技术手段，务必使旅游市场秩序根本好转。（3）深化对外开放，加快形成参与国际旅游竞争合作的新优势。全面融入国际旅游市场，全面参与国际旅游市场竞争，全面提高旅游业国际化水平。不断加大国际旅游市场宣传促销力度，重点做好主要客源市场的工作，吸引更多的国际游客。尽快建立起固定的多双边旅游合作机制，强化对我国公民出境旅游的权益保护和有效管理。广泛开展形式多样的国际旅游合作、交流，借鉴国际经验，抓紧研究邮轮经济等旅游业新课题。提高旅游业的开发水平。（4）努力夯实基础，搭建旅游业持续发展的广阔平台。加快完善旅游产业体系：一是要加强旅游法制和标准化工作，不断完善标准技术法规体系，加大实施监督力度；二是要深入实施全国旅游质量提升计划，完善旅游目的地建设，培育旅游精品；三是要加强旅游基础理论研究；四是要加强旅游公共服务体系建设。（5）狠抓队伍建设，不断提高旅游队伍的综合素质。首先要把提高旅游从业人员职业道德素养摆在突出位置；其次，要建立健全各项规章制度，加强和改进党风廉政建设；

第三，要整合旅游教育培训资源，大力发展旅游职业教育，积极推进旅游学历教育和学科建设，加快各类旅游人才的培养。建立健全旅游人才考核、选拔、使用机制。

3. 要求继续认真做好假日旅游各项工作。假日旅游黄金周制度实施以来，国家旅游局作为协调机构牵头单位，做了大量工作，为确保黄金周假日旅游正常运作做出了重要贡献。要继续把安全工作作为重中之重，确保黄金周假日旅游实现“质量、效益、安全、秩序”的目标。

吴仪副总理指出，党的十七大以科学发展观为指导，描绘了一幅推动经济社会又好又快发展、全面建设小康社会的宏伟蓝图。这给旅游业发展带来了新的机遇，也提出了新的要求。她希望全国旅游行业深入学习贯彻党的十七大精神，抓住机遇，振奋精神，脚踏实地，共同努力，为全面提升我国旅游业发展水平而不懈奋斗。

（二）邵琪伟局长讲话的主要精神

邵琪伟局长在会上作了工作报告，总结了2007年全国旅游工作情况并布置了2008年的工作。邵局长指出，2007年全国旅游市场持续较快增长，旅游消费稳步扩大，旅游交流合作与宣传推广工作成效显著，旅游产业化扎实推进，产业科学发展水平进一步提高，市场秩序规范和整治取得阶段性成效，旅游业发展环境不断优化。五年来，全国旅游业实现了持续快速健康发展，已成为国民经济的重要产业。

2008年是全面贯彻落实党的十七大精神的第一年。全国旅游工作的总体思路是：认真贯彻落实党的十七大和中央经济工作会议精神，高举中国特色社会主义伟大旗帜，以邓小平理论和“三个代表”重要思想为指导，全面贯彻落实科学发展观，坚持解放思想、坚持改革开放、坚持服务大局、坚持科学发展，抓住新机遇、研究新特点，着力推进旅游产业转型升级，着力加强旅游公共服务，着力规范旅游市场秩序，着力加强旅游对外交流合作，着力加强从业人员队伍建设，积极发挥旅游综合功能，为全面建设小康社会、构建社会主义和谐社会做出新的贡献。按照上述工作思路，2008年全国旅游工作的主要任务是：

1. 全面贯彻落实党的十七大精神，加快推进旅游产业转型升级。党的十七大是在我国改革发展关键阶段召开的一次十分重要的大会。我们要认真学习、全面领会和准确把握党的十七大的主题，全面领会和准确把握党的十七大提出的重大理论观点、重大战略思想、重大工作部署，全面领会和准确把握胡锦涛总书记最近的一系列重要讲话精神，切实把思想统一到党的十七大精神上来，把力量凝聚到实现党中央、国务院确定的各项任务上来，把学习贯彻党的十七大精神作为全国旅游战线首要的政治任务。国家旅游局党组通过认真学习党的十七大精神，认为在当前和今后一个时期，促进我国旅游业又好又快发展，关键是要实现旅游产业的转型升级，要在“好”字上下功夫，实现“好”与“快”的有机统一。这既是贯彻落实党的十七大精神的具体要求，也是我国旅游产业发展的必然选择，是全国旅游系统当前和今后一个时期的全局性任务。各级旅游部门和全国旅游行业要进一步统一思想、提高认识、转变观念，把促进旅游产业转型升级作为贯彻落实党的十七大精神的重要举措，加以全面推进。

2. 认真总结我国旅游业30年的发展经验，不断推动改革创新。今年我们将迎来改革开放30周年。过去30年，我国旅游业已经发展成为国民经济的重要产业，中国已成为世界旅游大国。30年的发展历程，使我们探索并走出了一条中国特色的旅游业发展道路，同时也为旅游业进一步更好更快地发展积累了宝贵经验。中国旅游业30年的实践告诉我们，只有坚持解放思想，才能不断增强发展活力；只有坚持改革开放，才能不断增添发展动力；只有坚持不断创新，才能开拓发展局面。新时期、新阶段，深化改革、扩大开放、加快创新，是旅游业发展坚定不移的基本方针，也是旅游业发展的必然要求。我们要按照党中央、国务院的统一部署，结合旅游业的实际，全面系统地总结我国旅游业30年的发展经验。要把总结经验与深入落实科学发展观结合起来，与推进旅游业的改革开放结合起来，与实现旅游业又好又快发展结合起来。要适应社会主义市场经济体制不断完善的新形势，加快改革步伐；要正确处理好市场经济条件下政府、企业、中介组织的关系;要进一步推进旅游业对外开放。

3. 紧紧抓住扩大内需、促进消费的战略机遇，促进旅游产业持续稳定发展。党中央、国务院把扩大内需、促进消费确立为促进我国经济社会发展的长期战略方针和基本立足点，强调促进经济增长要更多地依靠消费拉动、依靠第三产业带动。胡锦涛总书记指出：要大力发展文化、旅游、社区服务等需求潜力大的产业，全面提高服务业的比重和水平。温家宝总理提出：要积极发展旅游、文化、休闲、健身等消费热点，扩大居民消费。国务院制定了关于加快发展服务业的若干意见，提出了一系列有利于旅游业发展的政策措施。这对旅游业发展是十分难得的战略机遇。我们要进一步增强使命感和责任感，坚持发展是第一要务，紧紧抓住扩大内需、促进消费、加快发展服务业的战略机遇，促进旅游产业持续稳定发展。

4. 充分发挥产业优势，推动城乡与区域旅游协调发展。大力推动乡村旅游发展和旅游目的地体系建设，推进区域旅游发展，尤其是珠三角区域、西南地区、西北地区等区域旅游发展。

5. 加强宣传推广，推进旅游对外和对台港澳工作。国家旅游局将2008年确定为“中国奥运旅游年”，并提出“北京奥运、相约中国”的宣传主题。我们要牢牢把握奥运契机，以市场调研为基础，以整体旅游形象宣传为核心，以营销渠道建设为途径，全面提高旅游宣传推广工作的针对性、专业性和有效性，促进旅游宣传推广工作的市场细分化、渠道体系化和活动区域化。继续实施“世博—旅游”计划，开展世博旅游推广活动。推进政府与企业联合促销，推动旅游产品推广与旅游形象宣传有机统一。按照国家总体外交部署，继续加强中美、中俄、中日、中韩、中印、中欧、中澳、中非、中国与东盟、中国与加勒比地区的旅游交流与合作。认真贯彻中央对台工作方针，务实推动大陆居民赴台旅游。进一步加强与港澳旅游业界的交流与合作，有序推进内地居民赴港澳旅游。

6. 加强旅游市场秩序规范和整顿，不断优化旅游发展环境。加强旅游法制建设，结合清理行政审批项目工作，进一步完善行政审批制度，推进政务公开。进一步加强旅游执法队伍建设，推进各相关部门联合执法。加强旅游执法监督，提高旅游执法的能力和水平。加强旅游标准化工作。加快旅游标准制定、修订步伐，进一步完善旅游标准体系，加大标准实施监督力度。加强旅游市场管理。进一步规范和整顿旅游市场秩序，对“零负团费”、虚假广告、欺客宰客等扰乱旅游市场秩序的现象，坚决予以整治，务必取得实效，务必使旅游市场秩序不断好转。深入开展诚信旅游活动，建立健全旅游服务质量信用等级，推进旅游诚信信息平台建设。建立健全诚信旅游合作机制，促进形成规范有序的国际区域旅游市场秩序。加强旅游质量管理。加强旅行社、旅游饭店、旅游景区、导游人员的服务质量考核和监督，进一步做好旅游服务质量投诉处理，切实维护旅游消费者合法权益。

7. 完善旅游公共服务，推进服务型机关建设。完善旅游公共信息服务。加快“12301”全国旅游服务热线平台建设。进一步完善旅游政务网和办公自动化系统。建立并完善旅游安全保障体系，推动目的地安全标识系统建设。加强旅游安全管理，积极推进旅游保险体系建设。认真做好假日旅游工作，各级旅游部门要进一步完善假日旅游协调机制，推动假日旅游常态化发展。推进服务型机关建设。各级旅游部门要进一步转变思想观念、转变工作职能、转变工作作风，增强服务，加快创新。同时要加强旅游部门自身建设。

8. 加强人才队伍建设，抓好党风廉政建设。推进旅游人才体系建设。认真贯彻落实《中国旅游业“十一五”人才规划》。进一步整合旅游教育资源，规划建设一批有规模、有特色的旅游教育培训基地，扩大旅游教育的国际合作与交流。坚持以就业为导向，大力发展旅游职业教育，深入开展职业培训。加快培养旅游行政管理人才、旅游企业经营人才、旅游专业技术人才和旅游服务技能人才，着力抓好导游队伍和旅游职业经理人队伍建设。加强旅游从业人员队伍建设。把提高旅游从业人员的职业道德素养放在突出位置，深入开展创优争先活动，完善旅游行业表彰机制，树立一批旅游行业的先进集体和典型人物。推动导游薪酬机制不断完善。进一步加强党风廉政建设。认真学习贯彻中央纪委十七届二中全会精神，自觉地把旅游业发展纳入经济社会发展的全局，深刻认识在新的历史条件下加强反腐倡廉建设的极端重要性和紧迫性。坚决纠正旅游行业中存在的损害旅游者利益的不正之风，坚持不懈地抓好旅游行风建设。各级旅游管理部门要扎实开展反腐倡廉教育，加强领导干部廉洁自律工作，认真执行党内监督制度。进一步推进治本抓源头工作，切实加强反腐倡廉的各项制度建设。以改革创新的精神，把各级旅游部门建设成为清正廉洁、高效务实的行政机关。

邵琪伟局长指出，党的十七大为我国旅游业发展指明了前进的方向，也提出了新的发展要求和发展任务。他号召大家紧密团结在以胡锦涛同志为总书记的党中央周围，全面贯彻落实科学发展观，求真务实，开拓创新，以良好的精神状态，以优良的工作业绩，为夺取全面建设小康社会新胜利，做出更大的贡献。

二、2007年广东省旅游发展情况

2007 年，在国家旅游局和省委省政府的高度重视和正确领导下，广东省旅游业深入贯彻落实党中央、国务院的各项方针政策和省委、省政府的各项决策部署，坚持以邓小平理论和“三个代表”重要思想为指导，全面贯彻落实科学发展观，主动服务于建设“经济强省、文化大省、法制社会、和谐广东”的大局，抓住机遇、开拓创新，推动了旅游业全面协调可持续发展，主要经济指标稳居全国首位。据统计，2007 年广东省旅游业主要经济指标均创历史最好水平，旅游外汇收入 87.06 亿美元，同比增长 15.6%；旅游总收入 2454 亿元，同比增长 15.8%；口岸入境旅游人数 1.03 亿人次，同比增长 2.8%，约占全国的 80%。

（一）政府主导旅游发展格局进一步巩固

省委省政府高度重视旅游业发展，原省委书记张德江、省长黄华华、常务副省长汤炳权等省领导多次作出重要指示，亲自研究、指导和解决广东省旅游业发展中存在的问题，带领广东省旅游局负责人进行旅游调研和考察，开展旅游促销活动，发展旅游合作项目。一是成功举办广东国际旅游文化节。在国家旅游局和省委省政府的高度重视和正确领导下，2007 广东国际旅游文化节暨泛珠三角旅游推介大会于 11 月 23 日在广州隆重开幕，并于 11 月 29 日在佛山市胜利闭幕。本届旅游文化节深入贯彻落实国务院副总理吴仪同志，中共中央政治局委员、原省委书记张德江同志，组委会主任、国家旅游局局长邵琪伟同志，组委会主任、省长黄华华同志的重要指示精神，在组委会执行主任、常务副省长汤炳权同志的直接指挥下，经过组委会办公室精心组织，各级政府、各部门、各单位狠抓落实，各项工作如期圆满完成，全部活动项目顺利开展，取得了良好的经济社会效益，实现了精彩、隆重、热烈、圆满的预期目标。据统计，参与本届旅游文化节的演职人员超过20万人，境外客商6000余人，海内外嘉宾9000多人，游客800多万人次；招商会签订外商投资项目138宗，资金总额达20.8亿美元。经过精心培育和着力打造，历经三届积淀与洗礼，以“活力广东，欢乐祥和”为主题宣传口号的广东国际旅游文化节暨泛珠三角旅游推介大会，已成功打造成为在海内外具有重大影响力的知名节庆品牌。二是通过创优、创强进一步巩固政府主导旅游发展格局。我省把创建中国优秀旅游城市、创建中国旅游强县、创建中国最佳旅游城市和创建旅游特色县（镇、村）等工作作为提升旅游产业素质、推动广东省旅游业区域协调发展的重要工程来抓，引导全省各地实施政府主导型旅游发展战略。目前，我省已有18个地级市和3个县级市成为中国优秀旅游城市。揭阳、云浮、汕尾三市深入开展创优工作，广州、深圳、珠海积极参创“中国最佳旅游城市”。清新、梅县、东源、德庆等9个县（市）被评为“广东省旅游强县”，其中梅县、清新县被评为“中国旅游强县”。全省共有18个县（市）正式申报创建“广东省旅游强县”。为挖掘乡村旅游资源，推进乡村旅游发展，省旅游局积极开展旅游特色县镇村评选活动，韶关市乳源县等16个县被评选为“广东省旅游特色县”；梅州市雁洋镇等78个镇被评选为“广东省旅游特色镇”；深圳市福田区沙头街道下沙村等104个村被评选为“广东省旅游特色村”。系列评选活动有力推动了广东省旅游业的合理布局和结构优化，促进了旅游发展环境的根本好转和旅游产业素质的整体提高，对发展县域旅游经济、构建和谐广东和社会主义新农村建设都具有十分重要的作用和意义。各市对旅游产业发展更加重视，把旅游产业纳入“十一五”国民经济发展规划的重要内容，制定了加快旅游产业发展的文件，出台了一系列政策措施，加大旅游投入，改善旅游条件，丰富旅游产品，提升旅游档次。

（二）旅游宣传促销成效显著

我们坚持“走出去”与“请进来”并举，在国内外开展旅游推广活动，大力宣传“活力广东”旅游形象，取得了显著成效。一是参加境外旅游展和市场宣传推广活动。2007年我省积极参加由国家旅游局组织的境外促销活动，包括印度旅游展、德国柏林展、日本JATA及东京展、香港国际旅游博览会、PATA（亚太旅游协会）年会等，不仅提升了广东旅游在国际上的知名度，也让更多的国外旅游批发商和游客了解广东旅游资源和旅游产品。我们组织省内旅游业界和游客参加国家旅游局在美国、日本、澳大利亚等入境客源市场开展的宣传促销活动。二是参加国内旅游展览会。广东省旅游局积极组织参与中国国际旅游交易会、中国国内旅游交易会、北京国际旅游博览会、宁波投洽会等活动，增进了国内旅游业界对广东旅游资源的认识和了解，宣传了广东旅游形象，吸引了更多国内游客来广东旅游。三是组织旅游企业出境考察和交流。在欧洲、日韩和东南亚等主要入境客源市场，为广东省旅游企业搭建平台，拓宽旅游产品销售渠道，学习先进营销手段和经验；赴非洲、中东、澳新等新兴旅游市场深入调研，为今后的合作和交流奠定良好的基础。四是借助领导外访的有利契机，开展对外宣传促销和交流。广东省旅游局多次组织广东旅游分团，借助省领导出访的大好契机，开展旅游促销活动，并与到访地旅游部门和企业签订了合作备忘录，进行了深入的对口洽谈。我们先后多次组织省内骨干旅行社负责人参加省委省政府组织的经贸旅游代表团，赴东南亚、非洲的友好国家和云南、新疆、四川等兄弟省区开展交流和考察活动，签署了客源互换、信息互通等合作协议，拓宽了双方的旅游市场和业务合作领域。五是旅游信息化建设迈上新台阶。着手开展粤港澳旅游信息平台三期工程建设，提升全省旅游信息化水平，充分发挥互联网对游客信息促销的作用。粤港澳旅游信息平台三期工程重点建设了多语言网站、旅游在线摄像系统、专业旅游搜索引擎等，进一步加强了平台的应用功能。2007年，广东省旅游局协助国家旅游局信息中心，成功举办了2007中国旅游网上博览会“旅游信息化高峰论坛”，与中国移动通信集团广东有限公司开展合作，共同打造“活力广东 动力100”品牌形象。六是旅游民间外交作用大放异彩。按照国家旅游局和省委省政府的工作部署，广东省旅游局积极开展国际旅游交流与互动，充分发挥旅游的民间外交作用，极大地推动了广东省与国际间的经贸交流与合作。2007年，我们成功组织举办了悉尼华人春节大巡游、中日旅游交流年闭幕式、俄罗斯“中国年”系列活动、中非经贸交流活动、“中日邦交正常化35周年”广东宣传月等一系列卓有成效的宣传推广和旅游文化交流活动，深化了广东与友好国家之间的旅游文化交流与合作。

（三）区域旅游合作取得突破性进展

粤港澳区域旅游合作硕果累累。我省积极抢抓CEPA先机，在推动个人游政策、整合旅游资源、实现优势互补、开展联合促销、促进客流互动、打造旅游信息平台等方面狠下功夫，共同打造“一江珠水、三颗明珠”旅游品牌。为保障港澳个人游的健康发展，三地旅游部门不断完善定期会晤制度，强化信息通报、预警和协调机制，在旅游黄金周及时公布口岸出入境人数、酒店开房率及平均房价等信息，协调边检、海关、口岸等部门采取便利措施，改善通关环境。截至2007年10月，我省共办理个人赴港澳旅游签注4252万，占全国总量8成左右，有力推动了港澳旅游业的稳定繁荣。粤港两地联合开展了“优质诚信香港游”主题活动，打造“活力珠三角、诚信粤港澳”旅游区。2007年我们除了参加粤港澳旅游推广机构会议和粤港经贸旅游合作交流会外，还联合港澳参加了印度旅游展、德国柏林展、日本JATA及东京展、香港国际旅游博览会、广州国际旅游展销会等，合力打造粤港澳国际旅游品牌。粤港澳旅游部门经常联合组织业界、媒体互访活动，整合包装粤港澳旅游精品线路向三地游客推出，以此推动粤港澳客源互动，繁荣大珠三角旅游业。在联合发展新邮轮行程、推广“一程多站”陆上行程方面，我们将加强与内地其他沿海省区，如福建、海南、广西等省区的合作，大力推广邮轮旅游前后的陆上旅程。

泛珠三角区域旅游合作取得新进展。2007年，广东旅游代表团积极参加第四届泛珠三角区域合作洽谈会、中国国际旅游交易会（昆明）、南宁东盟博览会、海峡旅游博览会等泛珠三角其他省区举办的旅游展览会或节庆活动，宣传展示了广东旅游形象，增进了泛珠三角旅游业界对广东旅游资源的认识和了解，吸引了更多泛珠三角游客来广东旅游。贵州、江西、四川、广西、云南等省区在广东举办大型的旅游推介会或交流会，我省在活动安排、媒体报道、后勤保障、协助邀请广东旅游业界和媒体代表等方面为泛珠三角其他省区提供便利和支持，为旅游业界合作交流搭建平台。为推进泛珠三角无障碍旅游区建设，我省加强了与广西、四川等地旅游管理部门的协调，在旅行社经营、服务质量监管、诚信体系建设等方面取得了多方面共识。我们积极引导大型旅行社在深入推动传统组团业务的同时，率先进行旅游服务供应商的角色转变，与其他各省区的旅游企业签订互送客源、共同包机、包专列、组织自驾游等协议，推出方便游客的各种配套旅游项目，使无障碍旅游落到实处。

（四）旅游行业体制和机制改革全面推进

2007年，我省以国家旅游局研究起草《关于进一步促进全国旅游业发展的意见》为契机，积极开展对非法人分社、营业部设立、港澳旅行社经营港澳游等问题的调研，引导旅游企业加大经营管理体制改革力度，创新经营管理机制和模式，参与上下游资源整合，介入会展、公务、商务、奖励旅游业务，加强采购、外联、销售、导游服务等各环节的科学管理，提高核心竞争力。我们按照“点面结合、标本兼治、规范整顿与培育发展并重”的原则，着力推进旅游诚信建设，引导旅游企业建立规范的运营机制、用人机制和质量保障机制，开展有序竞争。我省研究制定了《旅行社资质等级划分与评定标准》并正式推行实施，从企业规模、内部管理、市场营销、服务质量、游客满意率等多方面对旅行社进行综合的测评，建立促进企业诚信经营的保障机制。我省把诚信测评与创优、创强工作紧密结合，将测评权限分级下放，调动了各级对诚信建设的积极性，自上而下、以点带面，形成全行业普遍参与、全社会广泛关注的诚信旅游氛围。

（五）旅游市场秩序不断优化

2007年，广东省旅游局加强与各地各部门的信息互通和交流合作，健全了政府主导“广深珠联动、相关部门联动、粤港澳联动”打击非法特区游的工作机制，形成了“打防结合、联合执法、各级监督”的整治态势，特区游市场秩序得到根本扭转。根据全国旅游市场整顿规范专项行动电视电话会议精神，我省组织开展了治理“零负团费”专项行动，分企业自查、各市行动和省有关部门督查三个阶段。我省确定了“阳光作业、公开合同、公平条款、透明行程”旅行社操作四项原则，出台了“旅游组团合同示范文本”、“旅游高品质产品服务标准”，扎实深入地开展专项治理工作。各市成立了专门的工作机构，制定详细的工作方案，设立了举报投诉热线电话，旅游、工商、公安等有关部门联合执法，对可能存在“零负团费”的重点环节坚持高密度反复清查，同时加强对旅行社低价恶性竞争、超范围经营、以虚假广告招徕游客、导游擅自增减旅游项目、索要小费等违规经营行为的整顿，对“黑社”、“黑导”非法经营旅游业务以及“黑店”、“黑车”欺诈游客的势头给予严厉打击，处罚、通报了一批违规经营的旅行社、质量不达标的星级饭店和执业不规范的导游员。通过发放《旅游消费指南》、《居民出游告知书》等措施，引导游客文明出游、理性消费。通过多种措施，着力解决了影响旅游市场秩序的各种问题，使旅游市场环境不断优化，带动了旅游产业素质和服务质量的全面提高。

（六）旅游扶贫工作成效斐然

省委省政府从2002年起，连续5年每年安排3000万元旅游扶贫专项资金扶持山区旅游基础设施建设，2007年省财政安排了5000万元的资金。广东省旅游局按照历年来省人大代表和省政协委员提交的有关旅游扶贫工作的提案和建议，着重对广东旅游扶贫工作绩效进行了认真总结，编撰了《广东旅游扶贫巡礼》和宣传资料，并完成了去年旅游扶贫专项资金的使用绩效评价工作。在各地申报和实地考察的基础上，广东省旅游局认真遴选今年的旅游扶贫重点项目，并拟定资金分配方案，积极联合有关部门，就旅游扶贫贴息贷款等专题开展调研，举办了山区旅游扶贫人才培训班、农家菜培训班，探索深化旅游扶贫内涵、扩大旅游扶贫效应的新措施。截至目前，全省共确定了6批共262个旅游扶贫重点项目，其中74个追加项目，共投入扶贫资金2亿元，资金投向以51个山区县为基础，以16个特困县为重点，覆盖粤北山区和东西两翼78个县（市、区）。据统计，旅游扶贫项目直接解决就业人数4万多人，间接带动就业近25万人，吸引外资、侨资、民资开发旅游的在建项目与合同项目资金共215亿元。

（七）教育培训工作强力推进

我省继续大力推进导游考试工作，2007年全省报名总人数是 17291 人，5675 人通过考试，目前全省导游总人数达 38213 人。我省着力开展导游继续（年审）教育，举办全省中、高级导游员研讨会，加强对导游人员的培养、教育和管理，促进导游员提升业务技能。此外，我们还举办了旅游企业中高层管理人员岗位培训，市、县（区）旅游局长研讨班，组织高层管理人员赴境外培训，通过讲座、分组研讨、经验交流、实地考察等灵活多样的培训方式，逐步培养出一支具有较强组织能力和管理能力的旅游管理队伍。

旅游大事记

2007年广东旅游大事记

1月

1日　深圳香港两地旅游部门联合启动“优质诚信香港游”活动。深圳市22家组团社共同签订《“优质诚信香港游”公约》和《联合抵制香港游“零负团费”不正当竞争公约》。

2日　以“千年走一回，重启海上丝绸之路”为旅游观光主题的巴哈马籍国际旅游船“勇士”号抵达阳江港，船上304名游客来自英国、爱尔兰、瑞士、丹麦、澳大利亚五国。

18～20日　省旅游局副局长杨荣森率省旅游创建中国旅游强县工作领导小组对阳江市阳东县创建工作检查验收。

21～25日　中央纪委驻国家旅游局纪检组组长、国家旅游局党组成员王军带队对广州、汕头两市开展“旅游行业不正当交易自查自纠情况”专题调研。

22日　省民政厅批准成立广东省自驾旅游协会。

26日　韶关市旅游协会与《家庭》、《旅游界》杂志联合在广州市举办“百万家庭游韶关”活动新闻发布会。

25～28日　省旅游局组团参加土耳其2007旅游展。

2月

9～16日　省旅游局组织广州、深圳、珠海、佛山、中山、东莞等市旅游企业和游客代表以及新闻媒体组成广东旅游代表团共1000余人参加以“盛世华夏，活力广东”为主题的2007年悉尼华人春节大巡游活动。期间，举办2007年中国广东—悉尼旅游推介会。

22日 省旅游局组团参加2007意大利米兰国际旅游展。

25日 春节黄金周（2月18～24日），全省共接待游客2018.90万人次，同比增长7.97%。其中接待过夜旅游者521.02万人次，同比增长2.32%；一日游游客1497.88万人次，同比增长10.09%；实现旅游收入102.92亿元，同比增长9.04%。

25日　省旅游局组团参加在广西壮族自治区桂林市举办的“第十一届海峡两岸旅游业联谊会”。

28日　省旅游局组团参加在韩国首尔举办的第二届首尔国际高尔夫暨度假村博览会。

3月

2日　斯里兰卡广东经贸投资及旅游交流会代表团访粤。

7～11日　省旅游局组团参加在德国柏林举行的第四十一届柏林国际旅游交易会。

15～26日　省旅游局组团参加马来西亚、新加坡旅游展。

16～25日　省旅游局组团参加在吉隆坡举办的马来西亚旅游展。

16～17日　由国家旅游局和日本国土交通省共同主办的中日旅游交流年闭幕式在广州市举行。国家旅游局局长邵琪伟、日本国土交通大臣冬柴铁三和广东省副省长雷于蓝出席开幕式并辞词。中国国家旅游局副局长顾朝曦主持闭幕式。17日，在中国大酒店举办中日旅游交流会。

16～28日　省旅游局组团参加“中国年”系列活动之2007年莫斯科国际旅游交易会和“中国国家展”。

30日　国家旅游局在汕头市召开2007年全国旅游纪检监察暨行风建设工作会议。

18～30日　省旅游局组团参加在俄罗斯莫斯科市举办的莫斯科国际旅游交易会。

29～31日　国家旅游局、农业部联合调研组实地考察了汕头南澳岛、梅州雁南飞茶园和雁鸣湖度假村、潮州绿岛农庄，并举行乡村旅游发展座谈会。

30日～4月1日　2007年中国旅游网上博览会暨广州国际旅游展销会在广州市开幕，国家旅游局副局长顾朝曦出席开幕式。

4月

9～10日　国家旅游局监察局局长胥立平率调研组赴阳江市就旅游行风建设工作开展专题调研。

10～12日　国家旅游局调研组在广州市召开《旅行社管理条例》修订工作座谈会。

16日　省旅游局组团参加第四届澳大利亚维多利亚旅游巡回展。

19日　由广东省旅游局、梅州市人民政府、广东省旅游协会主办，广东省自驾旅游协会、梅州市旅游局承办的“广东省自驾旅游协会成立大会”在梅州市举行。

20～22日　省旅游局组团参加在江苏省苏州市举办的中国国内旅游交易会。

23日　经省旅游强县评定委员会评定，东源县获得“广东旅游强县”称号。

23～30日 省旅游局组成5个安全工作检查小组分别赴广州、深圳、汕头、潮州、清远、韶关、阳江、茂名、河源、惠州等市开展旅游安全督查工作。

27日 在全国旅游系统先进集体、劳动模范和先进工作者表彰大会上，广东省中国旅行社股份有限公司等5个单位被评为“全国旅游系统先进集体”称号；广之旅国际旅行社股份有限公司导游培训师黄咏柔（女）等12人被评为“全国旅游系统劳动模范”称号；韶关市丹霞山风景区监察大队大队长张文彬等4人被评为“全国旅游系统先进工作者”称号。

28日～5月3日 比利时高尔夫旅游杂志记者团到广东采访。

5月

8日 《全国旅游景区质量等级评定委员会公告》（2007年第2号），广州长隆旅游度假区、深圳华侨城旅游度假区被评定为国家5A级旅游景区。

8日 “五一”黄金周（5月1～7日），全省共接待游客2001.47万人次，同比增长7.59%。其中接待过夜旅游者603.30万人次，同比增长3.02%；一日游游客1398.17万人次，同比增长9.69%；实现旅游收入101.60亿元，同比增长9.20%。

9日 省旅游局召开排头兵实践活动总结表彰暨“三服务一促进”动员大会。

10日 省旅游局组团参加贵州黔南州投资环境推介会。

13日 梅州市、梅县两级政府隆重举行叶剑英纪念园开园庆典活动。中共中央政治局委员、广东省委书记张德江、全国人大常委会原副委员长邹家华、全国政协原副主席叶选平、广东省委副书记、省长黄华华为新落成的叶剑英纪念园剪彩。

17日 广东温泉行业协会成立大会在广州市举行。

22～23日 广东旅行社行业协会成立暨第一次理事大会在韶关市召开。

24日～6月4日 中央电视台《快乐中国——学汉语》栏目编导赴深圳、珠海、佛山、中山等地采访。

6月

1日 省旅游局组织广东旅游分团随省政府代表团赴非洲四国（摩洛哥、安哥拉、坦桑尼亚、毛里求斯）参加经贸交流活动，并开展旅游宣传推广活动。

4日 全国旅游市场整顿规范专项行动电视电话会议广东分会场设在广州电信会议中心会议室。各地级以上市旅游局局长、行业管理处（科）长、质监所长参加了分会场的活动。省旅游局副局长杨荣森作大会发言。

5日～7日 省旅游局在东莞市举办泛珠三角旅游市场合作座谈会。

8日～19日 广州市旅游局联合市外宣办前往瑞典哥德堡市举办“广州旅游文化周”活动。

11～13日 省旅游局举办2007年首期饭店管理人员岗位培训班。

13日 粤港澳三地旅游局共同邀请参加香港旅游展的海外旅行社买家团来广东考察。

14～17日 省旅游局组团参加在香港国际会议展览中心举行的2007年香港国际旅游展览会。

16日 国家旅游局授予港中旅（珠海）海泉湾度假区为“国家旅游休闲度假示范区”称号。

18～19日 潮州市委、市政府举办第二届文化旅游节。

18日 2007广东国际旅游文化节暨泛珠三角旅游推介大会开幕式评标会议在广州召开，广州市电视台竞得旅游文化节开幕式晚会承办资格。同日，潮州市广济桥经过历时5年的修复举行完工庆典。

19日 省旅游局组团参加墨西哥旅游推介会和蒙古国文化旅游推介会。

21～23日 省旅游局组团参加在北京展览馆举办的“2007北京国际旅游博览会”。

26日 广东省旅行社资质等级评定委员会在广州成立。

27日 省旅游局在广州市召开全省旅游行业管理工作会议。

28日 在新西兰基督城召开的联合国教科文组织第31届世界遗产委员会大会上，“开平碉楼与村落”被正式列入《世界遗产名录》，成为中国第34处世界遗产，广东省第1处世界文化遗产。

30日～7月1日 省旅游局组团参加在呼和浩特市举办的中国北方旅游交易会。

7月

7～8日 省旅游局组团参加在内蒙古自治区呼和浩特市举行的由北方十省区旅游部门联合主办的2007中国北方旅游交易会。

9日 珠海市政府印发《珠海市人民政府关于进一步加快珠海市旅游业发展的实施意见》。

16日 白金五星级旅游饭店授牌仪式在北京举行。国家旅游局局长、全国星评委主任邵琪伟为广州花园酒店颁发了“白金五星级饭店”证书和标牌。

17日 国家旅游局在北京召开中国旅游景区分会成立暨全国5A级旅游景区颁牌大会。广东深圳华侨城旅游度假区、广州长隆旅游度假区接受颁牌。

20日　根据粤统字［2007］28号《关于开展统计执法大检查的通知》精神，省旅游局成立以郑通扬局长为组长的旅游统计执法检查领导小组，对全省2006年和2007年1至6月旅游统计情况开展执法检查。

26～28日　国家旅游局局长邵琪伟在深圳考察调研。

28日　深圳东部华侨城试业。国家旅游局、国家环保总局共同授予东部华侨城为“国家生态旅游示范区”。

30日　由阳江市人民政府、广东省海洋与渔业局、农业部南海区渔政渔港监督管理局联合主办的第五届南海（阳江）开渔节在阳江海陵岛举行。省人大常委会副主任李近维，副省长李容根等领导出席开幕式。

30日　省旅游局在珠海举办为期3天的全省旅游局长研讨班。全省各市、县级旅游局局长，重点旅游院校负责人共160名代表参加研讨。

31日　粤港澳旅游信息平台二期工程终验会在广州市召开。

8月

6日　省旅游局副局长杨荣森到云浮市新兴县开展旅游调研。

27日　清远市委、市政府印发《关于进一步加快旅游业发展的若干规定》。

27～31日　广州市举办亚太城市旅游振兴机构（TPO）第三届总会，来自9个国家、43个城市共200多名代表参加。

31日　由省纠风办、广东电台、省旅游局、江门市委市政府、开平市委市政府共同主办的“民声热线”大型广播录播活动——“活力广东”和谐旅游大家谈户外大型活动在江门开平立园碉楼举行。

30日　首届广东温泉行业协会第一次会长办公会在珠海市召开。

9月

2～9日　省旅游局组团参加2007中国广东—马来西亚经济贸易合作交易会。

3日　中共西藏林芝地区委员会、林芝地区行政公署、林芝地区旅游局和广东省旅游局在广州市共同举办“畅游西藏·从林开始”——2007西藏林芝雅鲁藏布大峡谷文化旅游节暨林芝旅游推介会。

6～11日　省旅游局组团参加在福建厦门举行的第三届海峡旅游博览会。

8日　2007中国饭店业企业领袖峰会暨中国饭店业名人俱乐部成立大会在广州市召开。

9日～10月9日　省旅游局分期分批组织广东旅游促销队伍和游客团队共5000人在日本举办“广东宣传月”活动。

9月9～16日　中山、珠海、澳门三地联合在日本大阪、名古屋等地开展一系列友好交流活动。

13～14日　省旅游局组团参加在湖南省长沙市举办的2007中国旅游精品博览会。

15日　由阳江市人民政府和广东省烹饪协会主办，阳江市旅游局和市旅游协会承办的第四届阳江美食节开幕。

17～18日　国家旅游局治理商业贿赂小组到广东调研。

18日　广东省旅游质监工作会议在广州市召开。全省各地级以上市旅游局分管副局长、质监所所长，省旅游强县负责人，全省31家旅行社负责人参加了会议。省旅游局副局长杨荣森出席会议并讲话。

12～19日　省政协滨海旅游重点提案组共35人分别由省政协副主席许德立、提案组委员会主任答朝心带队赴茂名、阳江和惠州、汕尾等四个市开展调研。

24日　阳江市委、市政府印发《关于进一步加快旅游业发展的决定》。

28日　湛江市举办中国雷琼湛江湖光岩世界地质公园揭碑开园仪式。

30日　首届佛山旅游文化节开幕，2万名佛山市民在世纪莲体育中心广场集体表演太极拳。

10月

4～5日　珠海市在珠海吉大海滨浴场沙滩举办第五届珠海沙滩音乐派对活动。

8日　“十一”黄金周（10月1～7日），全省共接待游客1760.12万人次，同比增长13.98%。其中接待过夜旅游者506.75万人次，同比增长7.87%；一日游游客1253.37，同比增长16.65%；实现旅游收入96.49亿元，同比增长10.33%。

12～14日　由惠州市人民政府、广东省旅游局、广东省林业局、中国旅游报社和国际度假联盟组织共同主办首届森林休闲度假旅游国际高峰论坛在惠州龙门县南昆山温泉大观园举行。国际度假联盟组织秘书长沈非、省旅游局局长郑通扬等出席。

18日　河源市委、市政府印发《关于加快旅游业发展建设旅游强市的意见》。

21～23日　“两广十市”区域旅游合作（云浮）联席会议在云浮市召开。

10月22～27日　广东省旅游局和阳江市人民政府共同举办阳江市第七届旅游文化节。其中包括举办2007中国（阳江）滨海旅游休闲度假论坛暨“南海Ⅰ号”旅游文化研讨会活动。

25日　湖南省衡山市携手郴州、永州市与广东省共同举办以“好邻居、大串门”为主题的“千车万众湘粤行”活动。

20～29日　国家旅游局海峡西岸旅游区发展总体规划考察组来广东考察。

25～31日　省旅游局在清远市和四川省成都市举办山区县级旅游局局长（旅游扶贫工作管理人员）培训班。

28日　广东省常务副省长汤炳权赴粤东考察。

11月

1日　省旅游局与中国移动通信集团公司联手合作打造“活动广东·动力100”品牌形象。

1～4日　省旅游局组团参加由国家旅游局在云南省昆明市举办的2007中国国际旅游交易会。

11日　广东省湛江、雷州、徐闻和海南省海口、琼海、文昌、儋州、定安、澄迈、临高等市（县）在海口市联合成立琼北湛江区域旅游合作组织。

12日　广东省监察厅、省政府纠风办、省文明办联合评选阳江市海陵岛旅游有限公司护理部（集体）和茂名市国旅有限公司导游部经理肖秋波为2007年政府系统和行业“窗口之星”。

12日　韶关市委、市政府印发《关于进一步加快旅游产业发展的若干意见》。

14日　广东省常务副省长汤炳权视察肇庆“中国端砚文化旅游村”。

15～18日　省旅游局组团参加由韩国京畿道政府和京畿观光公社联合主办的2007京畿道国际旅游交易会。

15～18日　省旅游局组团参加在海南省海口市举办的2007第五届中国（海口）国际旅游商品交易会。

14～20日　省旅游局组团参加国家旅游局在韩国举办的以“相约奥运，聚首中国；和谐旅游，睦邻友好”为主题的“中国旅游周”大型宣传活动。

14～20日　省旅游扶贫重点市优秀导游员培训班在惠州市开班。共有14个城市60名导游员参加培训。

16～17日　省旅游局组团赴浙江宁波参加由国家旅游局在浙江省宁波市举办的2007中国旅游投资洽谈会。

18～20日　韶关市人民政府在丹霞山举办第二届丹霞山国际集体婚礼。来自美国、印度尼西亚、牙买加、丹麦、加纳和印度及国内50多对夫妇参加了集体婚礼。

21～22日　广东省常务副省长汤炳权率省政府有关部门到江门市开平调研。

23～29日　由国家旅游局和广东省人民政府联合举办的2007广东国际旅游文化节暨泛珠三角旅游推介大会在广州市开幕。中共中央政治局委员、省委书记张德江，组委会主任、省长黄华华，国家旅游局副局长王志发，组委会执行主任、常务副省长汤炳权出席开幕式，国务院副总理吴仪致信祝贺。29日，闭幕式和文艺晚会在佛山市举行。

22～24日　台湾观光旅游协会理事长高新富率领由24人组成的代表团来粤参加2007广东国际旅游文化节暨泛珠三角旅游推介大会。

24日　2007旅游大促销暨广东国际旅游展览会在广州市天河体育中心开幕；2007广东国际旅游文化节“友城之夜”在广州中山纪念堂举行，来自13个友好城市的表演团体与国内同行同台献演；广州白云国际机场举办“白云启航”专场推介会，首次推出“白云启航”品牌。同时，由省旅游局和林业局共同主办的“广东省森林生态旅游新闻发布会暨森林生态旅游项目投资签约仪式”在广东市天河体育中心举行。

25日　由省旅游局主办，江门市人民政府承办的2007中国（江门）侨乡旅游节在开平市开幕。全国政协港澳台侨委员会副主任委员、中国侨联顾问唐闻生宣布旅游节开幕。

28日　国家旅游局命名广东省清新县、梅县为“中国旅游强县”。

29日　2007中山市岭南水乡旅游文化节在民众镇开幕。

12月

3日　珠海市人民政府第七届44次常务会议讨论通过《珠海市旅游发展总体规划（2007-2020年）》。

4～5日　广东省常务副省长汤炳权赴韶关考察，并出席韶关市第四届旅游美食购物欢乐节。

8～13日　由广东省旅游局、梅州市人民政府、广东省旅游协会共同主办的“广东第一个自驾旅游日暨梅州精彩客都自驾旅游周”活动在梅州市举行。

17～20日　广东省常务副省长汤炳权到阳江、茂名和湛江市调研。

27日　省政府在广州市召开全省旅游扶贫工作会议。常务副省长汤炳权等领导为南澳岛生态旅游区等70个2007年度旅游扶贫重点项目授牌。

28日　在水中沉睡840多年的“南海Ⅰ号”古沉船经过长时间缜密勘探和科学运作于2007年12月22日整体打捞出水。“南海Ⅰ号”顺利平移到阳江市海陵岛十里银滩安置点——“水晶宫”。

（涂继文　整理）

广东国际旅游文化节

2007广东国际旅游文化节暨泛珠三角旅游推介大会总体工作方案

一、名称

2007广东国际旅游文化节暨泛珠三角旅游推介大会

二、主办和承办单位

（一）主办单位：国家旅游局、广东省人民政府

（二）承办单位：省旅游局、外经贸厅、文化厅、侨办、外办，广州、深圳、珠海、佛山、韶关、河源、惠州、江门、湛江、肇庆、清远、揭阳等市人民政府。

三、主题宣传口号

活力广东　欢乐祥和

四、会标

沿用“2006广东国际旅游文化节暨泛珠三角旅游推介大会”会标主体，将会标中的年份改为“2007”。

五、指导思想和原则

深入贯彻落实中共中央政治局委员、国务院副总理吴仪同志关于办好广东国际旅游文化节“推动大珠三角、泛珠三角区域经济合作，为中国旅游业的发展和中外旅游文化交流发挥重要作用”和中共中央政治局委员、省委书记张德江同志关于“办好广东国际旅游文化节意义重大，一定要精心组织，务求实效。要把旅游与经济发展、文化建设、构建和谐社会有机结合起来，推动广东、泛珠旅游业和第三产业优势互补，更快更好发展”，以及国家旅游局邵琪伟局长、黄华华省长的有关重要指示和批示精神，通过打造广东国际旅游文化节这一精品品牌，推动广东经济强省、文化大省、和谐社会的建设，推动粤港澳和泛珠三角区域旅游合作与发展。

2007广东国际旅游文化节暨泛珠三角旅游推介大会实行“政府主导、社会参与、市场运作”的原则，具体做到坚持“六个结合”和“六个强化”：

（一）坚持“六个结合”

一是与建设经济强省、文化大省、和谐广东紧密结合；二是与宣传广东改革开放所取得的巨大成就相结合；三是与加快推进广东、“大珠三角”、“泛珠三角”区域旅游交流合作和第三产业发展相结合；四是与促进县域经济发展、建设社会主义新农村、推动“2007中国和谐城乡游”相结合；五是与推动我省旅游业、服务业招商引资相结合；六是与营造良好的旅游发展环境，增强广东旅游吸引力相结合。

（二）六个强化

一是强化活动项目的文化内涵，进一步提升广东国际旅游文化节的层次和内涵；二是强化国际化、专业化程度，重点邀请业界人士特别是境外大旅行商出席，有针对性地吸引主要客源地游客参加；三是强化市场运作力度，有效运用市场机制充分调动社会力量参与办节，通过社会赞助、竞标活动冠名权、广告经营权等形式筹集活动经费；四是强化区域旅游合作，深化大珠三角、泛珠三角区域旅游合作层面，促进区域旅游合作上新水平；五是强化招商引资力度，扩展招商渠道，提高旅游业招商引资水平；六是强化精品意识，精选拳头项目，提高活动质量，把旅游文化节打造成为境内外知名精品品牌。

六、组织机构

成立2007广东国际旅游文化节暨泛珠三角旅游推介大会组委会负责整项活动的组织筹备工作，继续邀请国家旅游局邵琪伟局长、黄华华省长担任组委会主任。组委会办公室设在省旅游局，负责日常筹备工作。办公室下设秘书行政组、外联接待组、大型项目组、经贸招商组、财务统筹与监督管理组、安全保卫组、新闻宣传组、卫生防疫组、广州活动组、佛山活动组等十个工作组。

七、举办时间和地点

（一）举办时间

2007年11月23日（星期五）开幕，为期一周。

（二）举办形式及地点

1.采取主会场和分会场结合的形式。

2.开幕式会场设在广州市，由组委会牵头举办；开幕式策划方案采取公开招投标方式，优选最佳方案。

3. 闭幕式会场设在佛山市，由佛山市政府牵头举办。

4. 有条件的市政府可向组委会办公室申请设立分会场，经组委会同意后组织实施。分会场申报的截止日期为2007年4月30日。

八、主要活动

2007广东国际旅游文化节暨泛珠三角旅游推介大会活动项目有3类：(一) 省有关部门牵头组织的活动；(二) 有关市政府组织的活动；(三) 境内外企事业单位或社会团体组织的活动。

九、工作要求

（一）加强领导，精心组织

继续举办广东国际旅游文化节暨泛珠三角旅游推介大会是省委省政府建设经济强省、文化大省、法治社会、和谐广东和实现富裕安康的重要举措。各有关市政府、有关单位、工作人员要进一步提高认识，全面增强办好2007广东国际旅游文化节暨泛珠三角旅游推介大会的责任感和使命感，认真总结前两届旅游文化节的成功经验，切实加强领导，精心组织，周密部署，狠抓落实，确保各项筹备工作顺利推进。

（二）严格把关，精益求精

各会场组委会及活动项目牵头单位要高标准高要求严格优选活动项目，将广东国际旅游文化节暨泛珠三角旅游推介大会与各地节庆活动和旅游宣传促销活动结合起来，在保留传统经典项目的基础上推陈出新，深入挖掘本地特色旅游文化资源，力争形成拳头产品和品牌项目。各承办单位要严格按照组委会总体工作要求和具体标准，精雕细琢，精益求精，高标准、高质量落实各项承办工作。

（三）大胆创新，市场运作

各活动项目的牵头或负责单位要进一步加大社会参与及市场运作力度，积极运用市场机制筹集活动经费。要大胆创新办节方式，根据活动项目实际情况灵活采用招标、委托承办、联办、协办等形式，有效引导有实力和有优势的企事业单位和社会团体参与，充分发挥社会力量的作用，共同办好广东国际旅游文化节。

（四）注重影响，务求实效

要积极加强与友好关系国家、地区旅游部门的联系，吸引我省主要客源国、友好省州、友城以及泛珠三角各省区到我省参展、参演，充分体现活动的国际性、参与性、实效性和群众性，推动广东、泛珠三角各区域旅游业和第三产业的优势互补，共同发展。

（五）严格预算，分级负责

按照“统筹协调、分级承办、分级负责”的原则，由省、市和相关部门，以及企、事业单位分别承担活动经费。应由省承担的费用，由组委会办公室按照勤俭办事的原则编制预算，按程序报批，并按有关制度严格管理；社会争办项目的费用，由承办单位自筹解决。

（六）规范管理，加强监督

要切实加强对使用财政资金项目的规范与管理，规范采购模式，完善采购管理办法，增强采购的计划性，按规定编报预算报同级财政部门审核。省财政部门要加强预算管理，按规定编报政府采购实施方案，并负责对本届旅游文化节各个项目政府采购工作给予指导监督。省审计、财政部门要加强对各项财务支出的审计、审核。

（七）分工负责，各司其职

各有关单位特别是各工作组要根据总体工作方案的指导思想和原则要求，按照职责分工，抓紧研究和制订工作方案，落实机构、人员和职责分工，及早开展社会宣传、嘉宾邀请等工作。各有关单位必须于2007年4月15日前将工作人员名单、工作方案和工作进度计划报组委会办公室统一汇总。

（八）协同配合，形成合力

本活动筹备工作涉及面广，工作难度大，组委会办公室要发挥协调作用，统筹协调各主分会场、各承办单位，统筹安排各项重大活动；各有关单位要从大局出发，充分发挥自身优势，全力以赴做好各项筹备工作，形成省市联动、协同配合的工作格局；各市、各单位要在总体工作方案框架下合理安排各项活动；各成员单位要齐心协力，互相配合，互相支持，共同努力完成工作任务。

组委会及办公室人员组成和工作职责

一、组委会

主　任：

邵琪伟　国家旅游局局长

黄华华　广东省省长

执行主任：

汤炳权　广东省常务副省长

副主任：

刘友君　省政府副秘书长

郑通扬　省旅游局局长

曹淳亮　省文化厅厅长

吴锐成　省侨办主任

黄子强　省外办主任

林耀明　省委办公厅副主任

王晓玲　广州市副市长

卓钦锐　深圳市副市长

钟世坚　珠海市市长

陈云贤　佛山市市长

郑振涛　韶关市市长

刘小华　河源市市长

李汝求　惠州市市长

王南健　江门市市长

陈耀光　湛江市市长

杨浩明　肇庆市市长

陈家记　清远市市长

陈弘平　揭阳市市长

二、组委会办公室

办公室主任：

郑通扬　省旅游局局长（兼）

办公室常务副主任：

杜佐祥　省文化厅副厅长

曾维炳　省旅游局副局长

杨荣森　省旅游局副局长

办公室副主任：

李守进　省委宣传部副部长、省政府新闻办主任

张永强　省公安厅副厅长

曾志权　省财政厅副厅长

陈仰豪　省侨办副主任

于　敏　省外办副主任

吴　军　省外经贸厅副厅长

谢宏治　省旅游局副巡视员

陈文江　深圳市政府副秘书长

金展扬　珠海市副市长

麦洁华　佛山市副市长

邹永松　韶关市副市长

吴有必　河源市副市长

杨灿培　惠州市副市长

李　崴　江门市副市长

麦教猛　湛江市副市长

孙　德　肇庆市副市长

曾贤林　清远市副市长

叶少明　揭阳市副市长

（一）秘书行政组

组　长：

谢宏治　省旅游局副巡视员

副组长：

何日火　省政府办公厅调研员

李富民　省旅游局办公室主任

邱招贤　省政府办公厅副处长

余　斌　省旅游局人事教育处处长

柯显东　广州市旅游局处长

联络员：

曾晓峰　省旅游局办公室副主任

成员单位：

省委办公厅（郭泽生）、省政府办公厅（凌木森、涂华峰）、省旅游局（李录春、刘健民、张云欣、孙朝晖、涂继文、何文柯、陈桂林、赵雪竹、邓春香）、省外办（陈莉）、省体育局（伍曦、郑凤玲）、省文联（叶蓝、李丽娜）、广州市政府办公厅（何志雄）。

工作职责：

1. 协助领导组织开展办公室日常工作；

2. 准备领导讲话、相关文件和资料；

3. 统筹审查各分会场、活动承办单位、参与或争办项目单位的活动方案以及相关宣传品；

4. 检查、督导各工作组、各项目承办单位工作；

5. 统筹组织、协调各项活动日程；

6. 接受社会赞助和捐赠事宜，统筹集资广告、集资回报的落实和集资实物的管理等工作；

7. 组织开展本届旅游文化节社会参与及市场化运作工作；

8. 编印活动简报；

9. 负责公文核发和印章管理；

10. 制作信封、信笺等；

11. 编印活动指南；

12. 编制本组各项活动费用预算和款项支付进度计划，对已批准的预算范围内的具体经费开支进行审核把关；

13. 组委会交办的其他工作。

（二）外联接待组

组　长：

杨荣森　省旅游局副局长

副组长：

巫东朋　省政府接待办副主任

麦月嫦　省旅游局调研员

林海能　省台办调研员

甘达坚　省旅游局处长

吴晓生　省侨办调研员

李政华　省外办副处长

联络员：

甘达坚　省旅游局处长

成员单位：

省委办公厅接待办（董芸生）、省政府接待办（张自旺、武晨）、省旅游局（于非己、胡珍、吴小丽、姚霖尹、张国辉、张建新、孔宪辉、蔡涛、罗美玲、张莉莉、梁刚运、董晓红、邹飞祥、潘维嘉、潘玲、刘超、符常青）、省文化厅（符林敏）、省外事办（陈莉）、省侨办（叶欣）、省台办（林海能）、省港澳办（待定）、海关总署广东分署（江贺玮）、省公安边防总队（钟剑）、广州边检总站（张彦）、深圳边检总站（陈宏康）、珠海边检总站（许丰永、范永华）、南方航空集团公司（卢雪慧、王冠、简洁莹）、广州铁路（集团）公司（徐建春）、广州市政府办公厅（李俊雄）、酒店协会（待定）、导游协会（王晓宁）、广东省机场管理集团公司（黄雅思）、省中旅（待定）、广东国旅（待定）、广之旅（叶鑑泉）、广东铁青（孙茜）、南航明珠酒店（待定）、花园酒店（冯文伟）、白云宾馆（陈莹）。

工作职责：

1. 负责制定和组织实施本届旅游文化节接待方案；

2. 联络并邀请有关国家和地区，兄弟省（市、区）领导；

3. 提出特邀嘉宾名单；

4. 落实开幕式、闭幕式及系列活动的嘉宾名单；

5. 发送请柬、邀请函及相关资料；

6. 协调有关部门安排特邀海外嘉宾的入、出境礼遇；

7. 组织落实领导、嘉宾的欢迎酒会；

8. 协调相关部门或单位做好嘉宾食、宿、行等后勤接待工作；

9. 向嘉宾派发宣传推介资料和纪念品；

10. 编制本组各项活动费用预算和款项支付进度计划，对已批准的预算范围内的具体经费开支进行审核把关；

11. 组委会交办的其他工作。

除组委会统一邀请的领导嘉宾外，各单位按谁邀请、谁负责的原则，做好嘉宾的各项接待工作。

（三）大型项目组

组　长：

曾维炳　省旅游局副局长

副组长：

毛　诚　省旅游局处长

陈小明　省文化厅处长

王　莉　省文化厅处长

李振德　省旅游局调研员

孙旭阳　广东电视台副台长

梁　柱　广东电台旅游频道总监

黄林炎　省侨办副处长

联络员：

毛　诚　省旅游局处长

成员单位：

省旅游局（陈卫东、梁耀坚、田志强、白登亮、林珏懿、李健仪、晏曾节）、省文化厅（张梅、李剑先、于万东）、省外办（李宏志）、省侨办（黄林炎）、广东电视台（钟新宁、赵坚、范穗康、王伟华）、广东电台（李伟东）、省教育厅（谢东星）、团省委（黄宇青、何刚）、省旅游学校（董家彪、张江、刘金明、黄伟钊）。

工作职责：

1. 负责开幕式、闭幕式、花车巡游、旅游大促销等省政府相关部门组织的大型活动的组织、协调、审核和主要省定项目的实施工作；

2. 开幕式、旅游大促销场地的租用、布置、协调；

3. 编制本组各项活动费用预算和款项支付进度计划，对已批准的预算范围内的具体经费开支进行审核把关；

4. 组委会交办的其他工作。

（四）经贸招商组

组　长：

吴　军　省外经贸厅副厅长

副组长：

宋晓军　省投资促进局局长

杨子江　省投资促进局副局长

魏幼林　省贸促会秘书长

刘益华　省旅游局副处长

联络员：

刘益华　省旅游局副处长

成员单位：

省发展改革委（陈建军）、省经贸委（周仑）、省外经贸厅（李志强）、省侨办（杨应棉）、省外办（李政华）、省旅游局（李国平）、省台办（黄秋鸣）、省贸促会（连翔雁）。

工作职责：

1. 负责旅游招商会等活动的组织、协调、策划和实施工作；

2. 编制本组各项活动费用预算和款项支付进度计划，对已批准的预算范围内的具体经费开支进行审核把关；

3. 组委会交办的其他工作。

（五）财务统筹与监督管理组

组　长：

曾志权　省财政厅副厅长

副组长：

邝　慧　省财政厅外经处副处长

莫羡春　省政府办公厅副调研员

张　梅　省文化厅副处长

钟尔慧　审计厅经贸处副处长

阮　静　省旅游局办公室副调研员

联络员：

阮　静　省旅游局办公室副调研员

成员单位：

省政府办公厅（莫羡春）、省财政厅（袁庆）、省文化厅（张梅）、省旅游局（陈宇锋）、省审计厅（李畅）。

工作职责：

1. 负责申请旅游文化节所需经费；

2. 受政府委托对各工作小组及大型项目单位申报的预算进行审核；

3. 负责旅游文化节总账户的管理，对各有关单位的经费预算、主要费用的支付、结算，进行监督审查；

4. 聘请专业会计师事务所对旅游文化节费用开支进行审核；

5. 组委会交办的其他工作。

（六）安全保卫组

组　长：

张永强　省公安厅副厅长

副组长：

邹文强　省公安厅治安管理局副局长

董贵龙　省公安厅消防局副局长

何　靖　广州市公安局副局长

林海城　省委办公厅警卫局处长

梁　晖　省旅游局党办主任

潘茂嘉　省政府办公厅调研员

龚　鸣　省公安厅治安管理局副处长

王惠棠　省公安厅交通管理局副处长

联络员：

梁　晖　省旅游局党办主任

成员单位：

省公安厅治安管理局（申斌、李广民）、省公安厅消防局（彭朝阳）、省公安厅交通管理局（朱子威）、省委警卫局（刘勇）、省旅游局（林平、申继民、张旭军、曹颖、李娜）、广州市公安局（彭国安、彭海明）、有关市公安局。

工作职责：

1. 负责本届旅游文化节安全保卫工作的组织、协调、指导和检查；

2. 负责开幕式、闭幕式及其他大型活动的交通指挥、协调以及所需警车的安排落实；

3. 活动证件的制作、发放和管理；

4. 编制本组各项活动费用预算和款项支付进度计划，对已批准的预算范围内的具体经费开支进行审核把关；

5. 组委会交办的其他工作。

（七）新闻宣传组

组　长：

洪楚仪　省新闻办副主任

副组长：

曾胜泉　省委宣传部副调研员

余海燕　省政府办公厅信息处副处长

王永清　省新闻办主任助理

沈卫红　省侨办副处长

陈瑞东　省旅游局副处长

联络员：

陈瑞东　省旅游局副处长

成员单位：

省政府新闻办公室（梁珊）、省旅游局（东田、邹璐璐、赵丽帆）、省文化厅（蓝海红）、省外办（江玥）、省台办（杨凯帆）、省广电局（温炳章）、南方广播影视传媒集团（赵晖）、南方日报报业集团（郭亦乐）、羊城晚报报业集团（程小琪）。

工作职责：

1. 负责本届旅游文化节新闻宣传工作的组织、协调、指导和实施；

2. 协调召开本届旅游文化节新闻发布会；

3. 策划与实施本届旅游文化节的专题节目和专题报道；

4. 按照组委会接待工作的规定，做好海内外记者的邀请、接待、安排采访以及新闻记者的管理工作；

5. 印制和发送宣传海报、特刊、记者接待手册以及其他宣传资料；

6. 发布本届旅游文化节相关信息；

7. 编制本组各项活动费用预算和款项支付进度计划，对已批准的预算范围内的具体经费开支进行审核把关；

8. 组委会交办的其他工作。

（八）医疗卫生防疫组

组　长：

黄　飞　省卫生厅副厅长

副组长：

叶兆怡　省卫生厅副处长

廖国强　省旅游质监所所长

刘　骏　省市场协会副会长

邹　勇　广州市卫生局副处长

联络员：

廖国强　省旅游质监所所长

成员单位：

省卫生厅（邱建锋、张伟、叶兵）、广东出入境检验检疫局（张文）、省工商局（刘骏）、省旅游局（肖伟棠）、广州市卫生局（陈文耀、姚毅文）。

工作职责：

1. 负责本届旅游文化节的公共场所卫生、饮食、疾病预防、医疗急救、重要嘉宾保健等工作的协调、联络、检查；

2. 编制本组各项活动费用预算和款项支付进度计划，对已批准的预算范围内的具体经费开支进行审核把关；

3. 组委会交办的其他工作。

（九）广州活动组

组　长：

王晓玲　广州市副市长

副组长：

陈绍康　市政府副秘书长

朱　力　市旅游局局长

联络员：

林小丽　市旅游局办公室副主任

成员单位：

广州市旅游局（林小丽）、市文化局（蔡锦明）、市外事办（雷玮琚）、市经贸委（陈家文）、市公安局（何靖）、市交委（郑木发）、市卫生局（熊远大）。

工作职责：

1. 负责落实主会场组织的活动项目；

2. 做好组委会在主会场举办的各项活动的协调配合工作，以及主会场市容市貌、环境营造等工作；

3. 组委会交办的其他工作。

（十）佛山活动组

组　长：

麦洁华　佛山市政府副市长

副组长：

周　文　佛山市政府副秘书长

朱粤平　佛山市旅游局局长

徐东涛　佛山市文化广电新闻出版局局长

杨振富　佛山市体育局局长

谭炽荣　佛山市公安局副局长

商学兵　佛山市委宣传部副部长

杨秀兰　佛山市委接待处副处长

罗小林　佛山传媒集团党委副书记

联络员：

张倩明　佛山市旅游局科长

成员单位：

佛山市委宣传部、佛山市旅游局（梁云颖）、佛山市文化广电新闻出版局、佛山市体育局、佛山市财政局、佛山市公安局、佛山传媒集团、各区人民政府。

工作职责：

1. 负责落实闭幕式以及当地组织的各项活动；

2. 组委会交办的其他工作。

广州主会场及全省其他地市开展的主要活动

一、省有关部门牵头组织的活动

（一）2007 广东国际旅游文化节暨泛珠三角旅游推介大会开幕式文艺晚会

由省文化厅、旅游局牵头负责，南方广播影视传媒集团、广东电视台协办。

（二）旅游招商会

由省经贸厅牵头，省旅游局、经贸委、发展改革委、侨办、外办、台办、贸促会协办。

（三）2007 旅游大促销暨国际旅游展览会

由省旅游局负责

（四）花车巡游

由省旅游局负责，广州市政府配合。

（五）2007 海外杰出华人广东行

由省侨办负责。

（六）“友城之夜”系列活动

由省外办负责。

（七）2007 岭南民间艺术展演

由省文化厅负责。

（八）2007 广东国际啤酒节

由省旅游局、省外办负责。

（九）2007 广东旅游文化节之珠江花船巡游

由广州市政府负责。

（十）2007 广东国际旅游文化节暨泛珠三角旅游推介大会闭幕式

由佛山市政府负责。

二、有关市政府组织的活动

（一）广州市主会场（广州市政府有关部门负责）

1. 第 21 届广州国际美食节
2. 2007 中国广州（增城）登山旅游节
3. 第二届“西关小姐”评选活动
4. 广州地区中外友人运动会

（二）深圳市分会场（深圳市政府有关部门负责）

5. 第八届鹏城金秋艺术节
6. 首届深圳国际友城文化艺术周
7. 罗湖美食节
8. 第四届宝安区“沙井金蚝节”
9. 2007 深圳旅游行业英语大赛
10. 文化名人龙岗笔会
11. 第六届深圳黄金海岸旅游节
12. 中国婚庆活动
13. 福田社区文化旅游节
14. 2007 深圳旅游美食嘉年华
15. 2007 F1 摩托艇世界锦标赛中国深圳大奖赛

（三）珠海市分会场（珠海市政府有关部门负责）

16. 2007 年珠海“爱与分享”沙滩音乐派对
17. 海泉湾音乐节

（四）佛山市分会场（佛山市政府有关部门负责）

18. 2007 佛山美食欢乐节
19. 佛山旅游推介暨招商大会
20. 2007 佛山旅游文化节开幕式
21. 佛山武术文化嘉年华
22. 2007 佛山旅游文化节——陶都禅城
23. 2007 佛山旅游文化节——有为南海
24. 2007 佛山旅游文化节——美食顺德
25. 2007 佛山旅游文化节——绿色高明
26. 2007 佛山旅游文化节——生态三水

（五）韶关市分会场（韶关市政府有关部门负责）

27. 第二届丹霞山集体婚礼
28. 第四届旅游美食购物欢乐节
29. 瑶族“十月朝”风情文化旅游节
30. 云髻山枫叶节
31. 百万家庭游韶关之珠玑姓氏文化节
32. 韶关曲江首届禅宗文化旅游节

（六）河源市分会场（河源市政府有关部门负责）

33. 2007 广东国际旅游文化节河源分会场暨河源市第四届客家文化旅游节
34. 2007 世界旅游大使冠军总决赛——广东赛区总决赛

（七）惠州市分会场（惠州市政府有关部门负责）

35. 惠州市第四届美食嘉年华
36. 惠州市第三届导游技能大赛
37. 森林休闲度假旅游国际高峰论坛（惠州）暨龙门南

昆山生态旅游节活动

38. 惠州“十大”精品线路自驾游

39. 惠州旅游“十大”精品线路游宣传活动月

40. 惠州旅游“五大”顶级品牌景区评选

41. 惠州旅游“十大”精品线路系列活动

42. “穿越野外屏障、体验惠州新魅力”国际野外定向运动团体友谊赛

43. 2007 年惠州市饭店服务技能大赛

（八）江门市分会场（江门市政府有关部门负责）

44. 2007 中国（江门）侨乡旅游节开幕式

45. 侨乡风情旅游系列活动

46. 庆祝碉楼申遗成功系列活动

47. 五邑侨乡文化系列活动

（九）湛江市分会场（湛江市政府有关部门负责）

48. 湛江工业博览会

49. 湛江旅游美食节

50. 2007 湛江海滨酒吧街欢乐节

51. 2007 廉江红橙旅游文化节

52. 全国“百家旅行社看湛江”旅游推介活动

（十）肇庆分会场（肇庆市政府有关部门负责）

53. 2007 广东国际旅游文化节肇庆旅游嘉年华启动仪式暨星湖湿地公园首届国际观鸟节

54. 肇庆市旅游商品大评比暨第二届乡村旅游美食节

55. 鼎湖山第二届国际森林旅游登山节

56. 四会玉器节

57. 德庆贡柑旅游节

58. 封开广信文化节

59. 肇庆旅游故事会暨地方艺术风情大展示

60. 首届“中华龙母”华夏感恩节

（十一）清远分会场（清远市政府有关部门负责）

61. 2007 年连州国际摄影年展

62. 连南瑶族盘王节

63. 第三届中国四驱越野车节

64. 第二届广东温泉旅游节暨清远温泉嘉年华

（十二）揭阳市分会场（揭阳市政府有关部门负责）

65. 揭阳市第六届阳美（国际）玉器节

66. 揭西第二届生态旅游文化节

（十三）汕头市（汕头市政府有关部门负责）

67. 第十三届潮汕美食节

68. 汕头市旅游行业员工技能大赛

69. 汕头第九届国际食品博览会

70. 中国女子足球超霸赛

（十四）汕头市博物馆精品系列展：清瓷精华展、明清书画展、雪域佛光——藏传佛教造像展

71. 梅县金柚旅游节

72. 闽粤赣客家文化与旅游研讨会

73. 平远县脐橙旅游节

（十五）东莞市（东莞市政府有关部门负责）

74. 东莞市美食节

（十六）中山市（中山市政府有关部门负责）

75. 第九届中国（中山小榄）菊花展览会

76. 2007 中山市岭南水乡旅游文化节

77. 中山市首届脆肉鲩美食节

78. 2007 中国国际食品工业经贸洽谈会

（十七）阳江市（阳江市政府有关部门负责）

79. 阳江市第四届美食节

80. 阳江市国际刀具博览会

81. 阳江国际风筝邀请赛

（十八）茂名市（茂名市政府有关部门负责）

82. 中国第一滩沙雕音乐节

83. 芦笙斗马节

84. 冼太夫人文化节

85. 天马山诗书画、歌曲、摄影、对联征集

86. 放鸡岛海上游乐世界全国金鸡奖海钓大赛

87. 苗寨坐妹节

88. 大仁山道教祈福法会

（十九）云浮市（云浮市政府有关部门负责）

89. 第四届中国（云浮）国际石材科技展览会

90. 云浮市首届旅游美食节暨饭店业技能大赛

2007广东国际旅游文化节暨泛珠三角旅游推介大会总结

在国家旅游局和省委省政府的高度重视和正确领导下，2007广东国际旅游文化节暨泛珠三角旅游推介大会于11月23日在广州隆重开幕，并于11月29日在佛山市胜利闭幕。本届旅游文化节深入贯彻落实国务院副总理吴仪同志，中共中央政治局委员、原省委书记张德江同志，组委会主任、国家旅游局局长邵琪伟同志，组委会主任、省长黄华华同志的重要指示精神，在组委会执行主任、常务副省长汤炳权同志的直接指挥下，经过组委会办公室精心组织，各级政府、各部门、各单位狠抓落实，各项工作如期圆满完成，全部活动项目顺利开展，取得了良好的经济社会效益，实现了精彩、隆重、热烈、圆满的预期目标。据统计，参与本届旅游文化节的演职人员超过20万人，境外客商6000余人，海内外嘉宾9000多人，游客800多万人次；招商会签订外商投资项目138宗，资金总额达20.8亿美元。经过精心培育和着力打造，历经三届积淀与洗礼，以“活力广东，欢乐祥和”为主题宣传口号的广东国际旅游文化节暨泛珠三角旅游推介大会，已成功打造成为在海内外具有重大影响力的知名节庆品牌。

一、概况及特点

本届旅游文化节主会场设在广州市，分会场设在深圳、佛山、珠海、韶关、河源、惠州、中山、江门、湛江、肇庆、清远、揭阳市，汕头、梅州、东莞、阳江、茂名、云浮等市有活动纳入。活动项目109项，分别由省有关部门牵头组织、有关市政府组织、境内外企事业单位或社团组织。主要大型活动有：开幕式、泛珠三角旅游招商会、泛珠三角旅游大促销暨国际旅游展览会、泛珠三角旅游花车花船大巡游、海外杰出华人广东行系列活动、“友城之夜”系列活动、岭南民间艺术展演、“白云启航”推介会、闭幕式等。在吸收往届成功经验的基础上，本届旅游文化节强化改革创新，在扩大项目规模、丰富活动内容、提升规格品位、深化运作方式和提高国际化水平等方面加大力度，狠下功夫，形成了特色鲜明而又极具吸引力和影响力的新亮点。

（一）规模大

本次活动会场多、项目多，分别比上届增加8个和20多项。活动项目普遍规模宏大、参与人数众多、国际化程度高、影响范围广泛。在长达7天的节日期间，百余项大小活动在全省粤东、粤西、粤北和珠三角地区19个地级以上市次第上演，吸引了成千上万游客游玩观赏。气势恢弘的开幕式文艺晚会，出席的海内外各界嘉宾9000多名，演职人员4000余名，现场观众约40000名，阵容磅礴，效果震撼，场面蔚为壮观。旅游大促销暨国际旅游展览会占地20000平方米，展位600个，舞台300平方米，居国内户外旅游展示与促销平台之最。声势浩大的旅游花车大巡游，由1个巨型方队、36辆花车、250名造型演员组成，代表全省21个地级以上市、泛珠三角11省区、新疆和18个国际友城，连续多天在广州主要街区逶迤往返巡游，在人流密集的天河体育中心停放展览，阵势庞大，风流尽显。广东“浪漫之旅”活动为粤港澳三地3000多万单身青年搭建起广东史上最大的旅游交友平台，将在全省建1000个活动基地，6000个以上活动报名点，实现1000万参与人次。肇庆市旅游商品大评比暨第二届乡村旅游美食节展位达200个；参加首届云浮旅游文化美食节的餐饮企业有150多家，市民游客超过10万人。横跨闽粤赣三省的千里客家文化长廊系列活动、喜庆热烈的中国婚庆活动、威武雄壮的武术文化嘉年华等均营造了巨大声势。

（二）创新多

传统项目精雕细琢、推陈出新，新型项目层出不穷、引人注目，令本届旅游文化节光彩熠熠、魅力倍增。一是结合旅游发展新成果和新优势对岭南文化进行了深度挖掘。经过专家和导演精心策划创作的重头戏——开幕式大型文艺晚会“蔚蓝船说”，聚焦“南海1号”，以旅游文化为主题，利用大型多媒体设备，运用6项新颖的现代艺术手段，全面展示了广东人民敢于开放、不屈不挠、兼容并包的精神风貌，形式和内容令人耳目一新。晚会还对广东首个世界文化遗产开平碉楼进行了富有力度的演绎，影响深远。二是活动内容精挑细选，精华荟萃，异彩纷呈。闭幕式文艺晚会巧妙地将南风古灶、秋色巡游等最具佛山地方特色的元素融入舞台表演，通过戏曲、歌舞、杂技、武术等多种形式，深入挖掘、演绎佛山历史文化和岭南传统文化的精髓，充分体现了广东旅游文化的多样性及在当代的新发展。岭南民间艺术展演荟萃我省白字戏、正字戏、花朝戏等独有剧种及各地民间传统艺术，旅游大促销举行35场异国旅游风情表演。广东国际温泉旅游节、旅游大促销专门开辟“温泉一条街”展览，全面展示广东温泉文化旅游，把广东温泉推向世界。三是旅游与相关部门的合作更加广泛。广州白云机场举办了“白云启航”大型专场推介会，力促旅游与民航共同发展，优势互补。省旅游局与林业局共同主办广东森林生态旅游推介会暨投资项目签约仪式，向广大市民、游客、新闻媒体宣传展示我省森林生态旅游资源和产品，共同打造森林生态旅游品牌。省信息产业厅举办旅游信息展，推动旅游信息化向纵深发展。四是活动创纪录多。中山小榄菊展的两件作品——高24.3米的菊艺景观“滕王阁”和嫁接513个品种的单株立菊打破了吉尼斯世界纪录。佛山万人齐打太极拳也被列入吉尼斯名册。不少活动在规模、内容或形式上刷新了省、市或县的记录。五是旅游文化的内涵与外延不断拓宽。广州地区中外友人运动会等活动丰富了体育旅游文化内涵，激情燃烧的珠海“爱与分享”沙滩音乐派对唱响音乐旅游文化主旋律，韶关禅宗文化旅游节、大仁山道教祁福法会尽显宗教旅游文化的博大精深，冼太夫人文化节大打名人旅游文化品牌，揭西生态旅游文化节、鼎湖国际森林旅游登山节、廉江红橙旅游文化节、德庆贡柑旅游节、梅县金柚旅游节等掀起了生态、农林、水果旅游文化活动高潮。

（三）规格高

广东国际旅游文化节暨泛珠三角旅游推介大会，是广东省政府和国家旅游局共同主办的国际性大型旅游文化盛会，是深入落实科学发展观、全面构建社会主义和谐社会的盛举，是广东与泛珠三角、全国及世界各国各地区旅游文化交流的盛会。吴仪副总理非常关心广东国际旅游文化节，向第一、三届大会发来贺信，亲临第二届大会并宣布开幕。张德江书记就如何办好旅游文化节作了重要批示。国家旅游局邵琪伟局长和黄华华省长亲自担任组委会主任，汤炳权常务副省长任执行主任。全省各级、各部门高度重视，倾力支持。各分会场领导担纲，责任到人，按照总体工作方案确定的“六个结合”、“六个强化”的原则，不折不扣抓落实，全力以赴推进筹备工作。所有重大活动项目面向国内外公开招标，遴选承办商做到竞争充分、精挑细选，确定方案做到严格把关、层层筛选，确保以一流的标准打造一流的盛会。国际旅游展览会特装展台较往年大幅增加，达321个，占展台总数54%。连州国际摄影年展以精品和学术见长，打造中国最具影响力的国际性摄影节。党和国家领导人，国家旅游局、国家民航总局等国务院有关部委领导，泛珠三角各省区政府、外国驻穗领事机构，世界旅游组织、亚太旅游组织、众多国家和地区旅游组织，瑞士可尼旅游集团、位居世界500强的日本JTB和美国运通等国际著名大型旅游企业，国际著名机场和航空公司的主要负责人，纷纷率团参加活动。国际影视巨星、亚太旅游大使成龙先生专程出席开幕式并作精彩表演。

（四）国际化程度高

出席本次盛会的嘉宾来自全球50多个国家和地区，层次高、代表性强。旅游大促销暨国际旅游展览会有外国展位近40个。大促销舞台连续多天举行多场文艺表演，中外演员联袂登台，共同演绎万国旅游文化风情。澳大利亚、智利、丹麦、瑞典、韩国、日本等10个国家的友城文艺团体参加“友城之夜”系列活动，齐声唱响“情系五洲，欢聚羊城”友谊旋律。40多个国家和地区的350多名海外杰出华人参加广东行活动。1700余名海内外客商出席旅游招商会。美国、加拿大、印尼、韩国、南非、巴西等世界各地的华侨华人领袖参加首届“中华龙母”华夏感恩节拜谒大典。埃及旅游文化周、世界美酒节、国际玉器节、国际水文化旅游节、国际风筝邀请赛、国际野外定向运动大赛、国际森林旅游登山节、森林休闲度假国际高峰论坛、国际石材展览会等数十项国际性活动吸引了众多国家和地区的各类企业和各界人士参加，产生了重大的国际影响。

（五）社会参与及市场运作效果显著

本届旅游文化节社会参与及市场化运作力度进一步增强，操作办法更趋细化，运作形式更显灵活，融资渠道更加宽广，收效更为明显。境内外企事业单位和客商踊跃参与竞办活动、给予各类赞助、申请标示冠名、争取广告经营权。协办单位广州白云机场股份公司、南方电网股份公司、广东电视台等为本届旅游文化节提供了大量协助。南方航空、云南龙润茶叶、广州金盾酒业、御温泉、广之旅、南湖国旅、省中旅、广州移动、中国人民保险公司等企业积极与旅游文化节开展项目合作。据统计，参与省直大型活动项目赞助的大型企业超过30家，协办闭幕式的赞助企业有20多家，各类赞助折价逾1000万元。

二、主要成果和意义

本届旅游文化节组委会主任、广东省省长黄华华在开幕式致辞中指出：“2007广东国际旅游文化节暨泛珠三角旅游推介大会是旅游文化的盛典，友谊交流的盛会，人民欢乐的盛大节日，必将有力推动广东与泛珠三角和全国旅游业发展，为社会主义和谐社会建设，为中外旅游文化交流增光添彩”。在短短三年时间里，经过组委会的大胆探索和努力培育，融广东旅游活力与岭南文化魅力于一体，集国际化、市场化、精品化于一身的广东国际旅游文化节，品牌凝聚力、影响力和竞争力不断增强，已在海内外获得了广泛的赞誉、高度的评价和充分的认可，迅速成长为境内外知名的节庆品牌，其所具备的经济、社会、文化等方面的综合功能日益显著，在推动经济强省、文化大省、和谐社会构建以及加强国内外交流与合作、树立广东国际形象方面的作用日渐明显。

（一）成功确立了在海内外有重大影响力的节庆品牌地位，增强了我省节庆品牌竞争的综合实力

广东国际旅游文化节于2005年初次举办，开创了我省改革开放27年来规模最大、持续时间最长、参与城市最多的旅游文化盛会，树立了广东旅游节庆精品品牌。2006年，旅游文化节第二次精彩上演，品牌效应进一步扩大，影响力持续提升。今年，旅游文化节再度隆重开幕，综合实力与国际影响力迈上新台阶，成为境内外知名品牌。从省内来看，活动项目申请报名踊跃、竞争激烈。开幕式文艺晚会投标单位大多是国内知名演出策划承办公司。国际旅游展览会接待游客超过30万人次，发放宣传资料400多万份，平均每天有近10万人观看大促销节目。各地大量精彩活动客如潮涌、一票难求。新闻媒体对旅游文化节关注度极高，记者挤满每场新闻发布会会场。从国内情况来看，泛珠三角省区的参会热情空前高涨，有70多家泛珠企业参加旅游大促销暨国际旅游展览会。国际旅游展览会原计划招500个展位，由于报名参展企业太多，增设了100个展位，全部展位在活动开幕前1个月被抢购一空。各省区均提前报名参与旅游招商会等活动。新疆、河北、浙江、吉林等多个省区主动组团前来观摩交流。从国际上来看，海外嘉宾客商参加旅游文化节兴趣浓厚。海外杰出华人广东行活动名额一早就报满，澳大利亚新南威尔士州、日本九州等国外省州一早预约参加花车巡游活动。组委会原计划重点邀请5000名海内外嘉宾，许多没有收到邀请函的国外嘉宾主动来电来函要求参加盛会，以致最终出席嘉宾数目达到了9000多人。成龙先生在开幕式演出上表示："参加了三届旅游文化节，感觉越来越棒，办得越来越好。"世界旅游组织秘书长特使巴蒂斯·泰德吉尼先生说："这么大型的活动组织得井井有条，可以说是完美无缺，让人难以置信。"

（二）有力地促进了旅游及相关产业快速发展，为广东经济发展注入了强大动力

广东国际旅游文化节以强大的经济联动效应形成了强大的人流、物流、资金流和信息流，直接促进了旅游业、文化产业等迅速发展，带动了餐饮、交通、通讯、体育、农林、民间工艺等相关产业经济增长，在推动招商引资、加强经贸合作、开展旅游扶贫、拉动国内需求、促进劳动就业、增加百姓收入等方面发挥了重要作用。今年1～10月，我省第三产业利用外商直接投资合同金额和实际投资额分别比去年同期增长100%和71.6%。泛珠三角旅游招商会签订外商投资项目100多宗，外资金额20多亿美元。在旅游大促销暨国际旅游展览会上，旅游业界签订合同7000余份；省旅游局与林业局签订合作协议，共同促进森林生态旅游项目招商引资、推动森林生态旅游又好有快发展；内容翔实的广东旅游扶贫专题展示区，吸引了大批游客到扶贫景点观光旅游，促进了山区经济发展。江门侨乡旅游节招商工作成效显著，签订了景点、酒店、游乐、文化城、旅游购物中心、影视拍摄等方面的建设开发合同及意向书累计10亿元。中山市举办的菊花展览会吸引了100多万人次观赏，当地人捕捉商机，催生了"菊花经济"。该市东升镇举办了脆肉鲩美食节，脆肉鲩知名度大大提高，批发价每斤上升了1元，预计农民1年可增收1000万元；鱼塘承包价每亩上升了500元，集体收入每年增加500多万元。惠州分会场活动吸引了超过10万人次游客到当地消费。

据统计，旅游文化节期间，我省主要景点景区、星级饭店以及旅行社游客盈门、生意火爆，各市酒店平均开房率普遍在85%以上。涉及吃、住、行、游、购、娱等要素的商品和服务市场需求量大幅提升，比平时增加3成以上。据预测，在旅游文化节的拉动下，我省今年入境旅游人数将达到1.02亿人次，比增1.6%；旅游外汇收入达80亿美元，比增6.2%；国内旅游收入1660亿元，比增9.23%。

（三）广泛地掀起了喜庆热烈的欢乐浪潮，为广东和谐社会建设营造了良好的社会氛围

内涵深刻、形式新颖、赏心悦目的活动给广东人民和广大嘉宾游客带来了全新的体验和无穷乐趣，缔造了一个粤版欢乐节。开幕式晚会上，铿锵有力的《男儿当自强》，情深意切的《珠江颂》等节目掀起了一次又一次欢乐浪潮。当鲍国安饱含激情朗诵《海的方向》的时候，当党和国家领导人的身影出现在舞台大屏幕上的时候，全场观众深受感染，不自觉地跟着节奏满怀深情朗诵起来。旅游大促销表演的裙舞、肚皮舞等精彩节目，让观众目不暇接。埃及驻华使馆旅游事务参赞纳赛尔博士专程来到现场与观众互动，掀起了整个演出的高潮。闭幕式大型文艺晚会以"岭南音画"为主题，《彩云追月》、《雨打芭蕉》、《步步高》等岭南特色民间音乐贯穿始终，通过具有岭南特色的各种艺术元素的集中表现，充分展现广东地域特色文化风情与自然景观的迷人魅力，营造出绚丽的画面、浓郁的诗情、欢乐的气氛、时代的气息。高度的思想性、艺术性、观赏性和娱乐性令嘉宾观众为之倾倒。晚会后的焰火晚会，数万发五彩缤纷、耀眼绚丽、姿态各异的烟花映亮了禅城夜空，引来成千上万群众观赏，佛山热闹非凡、万人空巷。烟花结束的时候，不少人仍驻足留步、流连忘返。他们连声感叹："太美了！很久没有看过这么壮观的烟花了。"

节日是人民共度良辰、共享欢乐、共同祝愿的美好日子。广东国际旅游文化节项目多、历时长、范围广、参与者众，百余项形式各异、内容独特、风格别致的活动项目，在美丽乡村、热闹小镇、古朴县城、繁华大都市里轮番上演、共放异彩、齐展芳华。九千万广东人民和来自五湖四海的宾朋不分国籍、民族、宗教、年龄、职业、肤色、喜好，热热闹闹地欢聚一堂，友好地开展交流、尽情地放声歌唱、虔诚地送上祝福。在乐也融融的气氛里，在享受国家传统节日欢乐之余，人民群众休养生息、期盼和谐与欢乐的需要再次得到最大程度的满足，“以人为本”、“科学发展”的理念得到充分的体现和贯彻。

（四）深入挖掘展演了底蕴深厚的岭南文化，为广东文化大省建设增添了勃勃生机

岭南文化源远流长、博大精深，它深深积淀蕴藏在历史与现实的时空里，融会渗透于岭南人民生产生活的方方面面。广东国际旅游文化节以富有活力的“旅游”为媒介，以喜庆欢乐的节日为载体，对底蕴深厚的岭南文化进行了前所未有而又淋漓尽致的大挖掘、大展示、大演绎和大宣扬。开幕式文艺晚会“蔚蓝传说”以独特的视角、巧妙的构思、动人的情节，对岭南文化的两个象征性符号“南海Ⅰ号”和开平碉楼进行了富有深度的挖掘和尽情剖析，给嘉宾观众留下了难以忘怀的印象。中山大学一位老教授连续三年参加旅游文化节开幕式，深有感触地说：“前两届开幕式晚会分别从横向和纵向角度对岭南文化进行了展示，场面壮观、冲击力大，震撼人心；本届晚会抓住具体文化实体进行阐发，剖析深刻、感染力强，回味无穷。”正因为有如此成功的演绎，晚会的道具船也被赋予了特殊的纪念意义。阳江市在晚会一结束就抢购了该船，计划将它与出水的“南海Ⅰ号”宋代沉船一起打造成为海文化、船文化宣传教育的重要载体。广东美食节、西关小姐评比、深圳黄金海岸旅游节、珠海海泉湾音乐节、佛山武术文化嘉年华、韶关曲江禅宗文化旅游节、河源第四届客家文化旅游节、茂名苗寨坐妹节、清远温泉嘉年华、连南瑶族盘王节等一系列文化内涵丰富的活动，让人们在饱享旅游文化饕餮大餐的同时，充分领略广府风、客家情、潮汕韵、南海潮、百越神的风情韵味，尽得广东美食、音乐、美学、伦理、民俗、宗教、武术、体育文化之精髓。

通过动静结合、寓教于乐的大挖掘、大展示、大演绎和大宣扬，众多岭南文化遗迹和场馆建设得到加强，许多稀有的岭南文化形式得以保存和延续，不少“养在深闺人未识”的文化瑰宝得以揭开神秘的面纱，大量抽象深奥的岭南文化符号与概念变得易于理解和接受。在策划、组织、表演节目过程中，在游览、参与、观赏丰富多彩的活动里，岭南文化以群众喜闻乐见的形式走进千家万户，正悄无声息地成为老百姓生产生活密不可分的一部分，实现了与创造者、拥有者、传承者的高度融合。也正是在这个过程当中，广东文化大省的实力不断得到加强。

（五）极大密切了我省与兄弟省份和国际间的合作关系，为加强广东对外交流打造了广阔平台

广东国际旅游文化节作为广东最具影响力的知名节庆品牌，为国内外人士开展交流与沟通构筑了氛围友好、主题明确、形式多样、内容丰富的大平台。在这个有表演、有展览、有论坛、有竞赛、有游玩、有派对的节日里，广东人民及来自五湖四海的宾朋以文会友、以游会友、以吃会友、以乐会友，增长了见识、结交了友谊、增进了感情、密切了合作、广开了发展言路，为广东加快发展、率先发展铺好了路，打下了良好基础。

国务院副总理吴仪两次发来贺信，对广东国际旅游文化节寄予厚望：希望充分利用这一平台，积极宣传促销，加强交流，扩大合作，实现互利共赢。泛珠三角所有省区以及众多的兄弟省份专门派出各类观摩团、考察团、促销团、招商团来粤参加活动、开展交流。许多外国客商都不肯错过广东旅游文化节这个综合性、国际性大平台。来自新加坡的一位客商说：“广东国际旅游文化节欢乐多多，机遇多多。”国内外许多著名机场和航空公司在广东国际旅游文化节期间举办大型推介会，借助旅游文化节品牌和客源优势大力加强与重点客户群的沟通交流，拓展业务市场。世界温泉暨气候养生联合会秘书长、意大利卫生部代表率团参加广东国际温泉节，对我省温泉进行了考察，与温泉界专家学者和管理人员进行了研讨交流，与广东省旅游协会签署了多项合作备忘录。不少外商都有这样的共识：沟通广东与中国，从广东国际旅游文化节开始。

（六）全面展示了我省经济社会发展新成就，为树立广东良好国际形象提供了重要窗口

2007广东国际旅游文化节影响面广、包容性强、海内外嘉宾众多，已成为广东向国内外展示经济社会发展成就和综合实力的重要窗口，成为世界充分了解广东、客观认识广东的重要窗口。开幕式大型文艺晚会浓缩岭南文化艺术精华，以歌曲、舞蹈、杂技、武术、诗歌朗诵等表演手法，多层次、大范围、高规格地展示了岭南历史悠久的民俗风情和秀丽的自然山水风光，弘扬了广东人民从古至今勇于开拓、敢于创新以及开放、包容、兼收并蓄的精神。美国运通副总裁姜大伟在接受记者采访时兴奋之情溢于言表：“非常精彩，广东人民了不起！”广东海外杰出华人广东行根据嘉宾特点度身设计华商行、领袖行、文化行等多条线路，引导海外华人充分了解广东、热爱广东、投资广东，取得了理想效果。他们深有感触地说：“广东的变化日新月异，真为此感到骄傲和自豪！”加拿大维多利亚开平会馆主席何南兴先生率40多个团队回乡参加碉楼文化旅游节，看到开平优越的投资创业环境之后，表示将组织商人回来开办实业，支持当地经济发展。世界旅游组织秘书长弗朗西斯·弗朗加利先生在给大会的贺信中指出：“广东像一块磁石，对国际游客有极强的吸引力。持续发展的广东旅游像一面镜子，映照出中国旅游的蓬勃生机。”

三、主要做法与体会

几年来的实践经验告诉我们，广东国际旅游文化节之所以能打造成知名品牌、创下良好经济社会效益、在国内外形成重大影响，应归功于国家旅游局和省委省政府的高度重视和正确领导，归功于各级各部门的密切配合与大力支持，归功于包括旅游系统在内的全社会及泛珠地区各省区的热情关注和积极参与，也归功于组委会的精心组织及办公室全体工作人员的努力工作。更为重要的是，广东国际旅游文化节的筹备工作已经形成了一套行之有效的运作机制和体系。

（一）领导高度重视、全力支持，是办好本届旅游文化节的前提

国务院副总理吴仪专门发来贺电，使参会人员深受鼓舞。中共中央政治局委员、原广东省委书记张德江对活动高度重视，亲临开幕式现场宣布开幕，令广大参与筹备工作的干部职工以及现场嘉宾观众精神振奋。国家旅游局和省政府在去年底今年初就对筹备工作进行了专题研究和部署。邵琪伟局长对2005、2006两届广东国际旅游文化节给予了高度评价，并结合广东实际提出了办好本届旅游文化节的新思路、新方法。王志发副局长代表国家旅游局出席开幕式等活动，并宣读吴仪副总理的贺信。黄华华省长多次主持召开省政府常务会议进行专题研究，多次专门听取汇报并作出重要批示，提出了把广东国际旅游文化节打造成境内外知名品牌的新要求。汤炳权常务副省长直接统筹指挥组委会办公室开展工作，协调解决筹备工作中遇到的问题。各主分会场、各级各部门领导挂帅，亲自部署，靠前指挥。在各级、各部门、各单位领导的高度重视下，旅游文化节在人力、物力、财力等方面获得了充分保障，各项筹备工作顺利推进。

（二）突出重点、全面落实，是办好本届旅游文化节的基础

广东国际旅游文化节是旅游文化的盛宴，要办好这场盛宴，基础工作是把“菜”——活动项目做好。面对旅游文化节项目众多、分布广泛的实际，组委会全面统筹布置，全面督促抓落实，力争把每项活动项目办出亮点、办出水平、办出风格，使嘉宾游客无论参加哪项活动均能感受到旅游文化节的精品味道。组委会办公室突出重点，狠抓拳头项目的落实，通过以点带面，推动其他活动项目开展。开幕式是整个旅游文化节的重头戏。为了办好开幕式，组委会以及各级各部门倾注了大量心血和汗水，从招标、策划到实施，从人力、物力到政策，都给予了全力支持。承办单位上海天娱传媒有限公司提前组织专家组和专业队伍进驻组委会办公室，不分昼夜开展工作，对晚会的主题线索、内容题材、表现形式、视觉效果、营销宣传等方面进行了细致入微的推敲和严密谨慎的论证，确保了晚会的成功。泛珠三角旅游招商会、旅游大促销暨国际旅游展览会、旅游花车花船大巡游、友城之夜系列活动、海外杰出华人广东行、岭南民间艺术展演等传统精品项目经过相关部门的精心筹备都取得了圆满成功，出炉了一道又一道令嘉宾观众赞不绝口的美味佳肴。

（三）多方联动、机制调节，是办好本届旅游文化节的关键

旅游文化节筹备工作牵涉面广，参与单位众多，综合性强。组委会以“政府主导、社会参与、市场运作”为指导，通过两年多的运作与磨合，形成了部门联动、省市联动、国内外联动的多方联动体系以及协调机制、市场机制、竞争机制等运作调节机制。在国家旅游局和省委省政府的统一领导下，本届旅游文化节成立了省组委会、19个市组委会和100多个具体活动筹备机构。三级机构因地、因事制宜，根据需要进行具体分工，制定办公规章制度，抽调配备人员，落实设备经费，确保了工作职能清晰、责任明确、分工合理、运转有序。成员单位各司其职、分工配合开展工作。省府办公厅确定专人负责组织协调，开展检查督导。省旅游局、外经贸厅、文化厅、侨办、外办等单位认真落实省直活动项目，参与组委会办公室日常筹备工作。团省委从华南农业大学等7所高校招募培训了1200名青年志愿者，为旅游文化节提供了11000小时的志愿者服务。武警战士800余人、警官学员3800余人、省旅游学校学生近4000人参与了现场秩序维护、文艺节目演出等工作。各级筹备机构建立了联席会议、定期会晤、现场集中办公等不同形式的协调机制，重大疑难问题得到快速、妥善解决。组委会主导引入市场机制，把市场能够解决的事情交由市场去解决；引入各类竞争机制，对符合条件的项目实行公开招标、公开征集。据不完全统计，参与本届旅游文化节大型活动项目竞办的单位有200多家。

（四）盛情邀请、细心接待，是办好本届旅游文化节的重要环节

黄华华省长、汤炳权常务副省长亲笔签署海外重点嘉宾邀请函。组委会领导亲自协调公安、交通、边检等部门为重要嘉宾提供便利和礼遇。组委会办公室外联接待组细化分工，设立票务、场站迎送、宴会安排、车辆安排等小组密切跟进嘉宾邀请工作。评选出了189家推荐接待酒店、69家指定接待社和207名导游大使专门承担嘉宾接待任务。编写了《接待服务指南》，组织了专题培训。各工作组和海关、边防、检验检疫等有关部门各司其职、服务大局，为嘉宾接待提供各种快捷便利的服务。全省旅游行业创新服务技能，提高接待水平，为海内外嘉宾提供温馨细致、热情周到、多样化、个性化和亲情化的服务。旅游文化节严谨、细致、热情、周到的接待工作赢得了众多嘉宾的赞许。澳大利亚国家旅游局驻中国首席代表邓李宝茵女士说："广东国际旅游文化节的组织工作一年比一年好，许多细节给我留下了深刻印象。如在宴会杯垫写上嘉宾乘车的号码，温馨提醒嘉宾有序搭乘车辆，让我学到了不少东西。"

（五）积极宣传、营造氛围，是办好本届旅游文化节的重要举措

从3月份开始，新闻宣传组利用报纸、广播、电视、专刊、互联网、宣传单张、公交传媒、广告牌等多种媒体（介），通过设立新闻中心、召开新闻发布会（通气会）、接受专访、开展互动、组织记者考察等多种形式，及时、全面、深入地展开了旅游文化节的宣传报道工作。《人民日报》、《中国日报》、《中国旅游报》、新华网等国家级媒体，《大公报》、《文汇报》、《商报》、《澳门日报》、台湾中天电视台、日本朝日新闻等境外主流媒体，《南方日报》、《羊城晚报》、《广州日报》、《南方都市报》、南方网、活力广东网、新浪网、搜狐网、广东电台、广东电视台等省内主要媒体，泛珠三角省区50多家媒体，各主分会场所在市、县媒体，均对旅游文化节进行了大篇幅、多角度、长时间的宣传报道。省内2500多辆公共汽车、旅游大巴、出租车，广州上下九步行街、火车站、白云机场，以张贴海报、竖广告牌、悬挂条幅、播放宣传片等形式，积极为旅游文化节呐喊助阵。省内各大旅行社和星级酒店不遗余力派发宣传单张。据统计，参与本届旅游文化节报道的海内外媒体100多家，有关宣传报道超过4000多篇（条），其中重要版面报道300多次，专版报道200多次，专刊报道100多次。召开大型新闻发布会24场。张贴海报、派发宣传单张超过20万份。全方位、大范围、多形式、高密度、长时间的宣传为旅游文化节营造了喜庆热烈的舆论氛围。

（六）强化卫生、确保安全，是办好本届旅游文化节的重要保障

"千头万绪，安全第一"。组委会高度重视安全与卫生保障工作，提前部署，及早介入，采取得力措施，狠抓卫生防疫和安全保卫，确保了本届旅游文化节"四面八方，安全通畅"。省公安厅成立了安全保卫协调小组，各级各部门分工负责，密切配合，以高度的政治责任感和极端负责任的态度开展工作。他们制定了周全的安保方案，精心制作、准确发放、严格检验各类活动出入证件，组织专业人员对活动场地勘察、检查，派出警力到活动现场维护秩序，使本届旅游文化节安全保卫工作做到了万无一失。省卫生厅切实加强对卫生防疫工作的领导，制定并下发了医疗卫生保障工作方案，召开专题协调会对医疗救护、灭害、食品卫生、饮用水卫生进行研究部署。旅游文化节期间，卫生防疫组共派出卫生行政管理人员、医务人员、卫生监督员、疾病控制技术人员280多人次，开展了监测、检验、医疗救护、场所消毒、灭蚊灭蝇等工作，保障了旅游文化节各项活动顺利开展。

2007广东国际旅游文化节暨泛珠三角旅游推介大会已圆满落下帷幕，其鲜明、出众的旅游文化特色给中外嘉宾留下了深刻难忘的印象，强大、显著的综合效应为广东经济和社会带来了巨大的发展机遇，协调顺畅的运作机制体系给岭南人民积累了丰富宝贵的经验财富。如今，在旅游文化节营造的"活力广东，欢乐祥和"的和谐气氛里，广东旅游业正借助旅游文化节带来的新机遇，在党的十七大精神的指引与鼓舞下，深入贯彻落实科学发展观，在省委省政府的正确领导下，朝建设旅游强省的目标阔步迈进，为广东改革开放和现代化事业作出新的更大的贡献。

（执笔：李录春、陈桂林）

各市旅游业概况

广州

休闲高尔夫

古祠流芳

云山报春

和谐

从化温泉

云港天鹰

珠江夜景

广州欢迎您！

洗星海铜像
Bronze of Xian Xinghai

冼星海故乡——番禺

PANYU, THE HOMETOWN OF XIAN XINGHAI

文化水乡 旅游乐园

Historic County Tourist's Fairyland

Http://www.6088.com

香江野生动物世界

长隆欢乐世界

长隆水上乐园

长隆国际大马戏

广州鳄鱼公园

国家AAAAA级旅游景区 National AAAAA Scenery 长隆旅游度假区 ChimeLong Tourist Resort

余荫山房
Yuyin Shan Fang (Ancestral Garden)

留耕堂
Liugeng Garden

中国历史文化名镇
—沙湾古镇
National Famous Historic & Culture Town —Shawan

国家AAAA级旅游景区
National AAAA Scenery

番禺莲花山旅游区
Panyu Lianhuashan Resort

番禺宝墨园
Panyu Baomo Garden

莲花山高尔夫球会
Lotus Hill Golf Resort

易发商业街
Yifa Shopping Mall

番禺是中国南方最大城市广州市辖下的一个区，位于南海之滨，珠江口西岸，拥有2222年的历史，面积700多平方公里，人口100多万。她优越的自然条件和交通位置、发达的商贸旅游和加工业、深厚的文化沉积、淳朴热情的民风，吸引着来自世界各地的目光，她是一座名副其实的“文化水乡、旅游乐园”。

番禺有着丰富的旅游资源，拥有一个首批国家AAAAA级旅游景区长隆旅游度假区；两个国家AAAA级旅游景区莲花山旅游区及宝墨园；两个全国重点文物保护单位广东四大名园之一的余荫山房和莲花山石景区；“中国历史文化名镇”沙湾古镇；“中国历史文化名村”大岭村。

2007年，番禺获得“中国县域旅游品牌百强县（区）”及“2007中国最佳休闲旅游区”称号，全年全区接待游客1155.26万人次，旅游总收入52.14亿元。2008年，番禺获得“中国旅游文化示范地”及“2008中国最佳旅游品牌目的地”称号。

广州市番禺区旅游局

电话 Tel：(020) 8464 0773　传真 Fax：(020) 8464 0744

深圳

深圳是国际滨海旅游城市，旅游基础设施完善，交通便利，共有16个出入境口岸连接香港。

深圳拥有首家国家生态旅游示范区——东部华侨城和红树林自然保护区、仙湖植物园等著名生态公园，长达253公里的海岸线上散布着大小梅沙、明思克航母及被评为中国最美丽的八大海岸线的大鹏半岛等滨海旅游景点。深圳是“主题公园之都”，世界之窗、欢乐谷、锦绣中华和民俗文化村等引领都市旅游的潮流。现代化购物环境和世界各地的美食为这座移民城市增添了无限魅力。

深圳是“高尔夫天堂”。自2007年起，世界最大的高尔夫球会——观澜高尔夫球会连续12年承办“欧米茄高尔夫世界杯”赛事。2011年，深圳将主办第26届世界大学生运动会。

深港两地联合在皇岗口岸举行“优质诚信香港游”宣传活动

“精彩深圳欢乐行”旅游线路设计大赛揭晓晚会

保安区第四届沙井金蚝节

第六届深圳黄金海岸旅游节

2007年6月30日深圳南山荔枝文化旅游节——美食节现场

2007欢乐谷魔术节

韶关

2007年以来，在市委、市政府的正确领导和省旅游局的关心支持下，市旅游局认真贯彻落实省、市十次党代会精神，积极开展机关“效率年”活动，坚持“南延北拓”的旅游促销方针，积极主动地走出去宣传推介我市旅游资源。精心组织2007广东国际旅游文化节各项工作，借助这一高端平台进一步加大我市旅游宣传力度。举行了一系列具有地方特色的节庆活动：首届禅宗文化旅游节、第二届丹霞山国际集体婚礼，新丰云髻山枫叶节、乳源县“十月朝”风情文化旅游节、韶关市第四届旅游美食购物欢乐节，首届红三角餐饮业高峰论坛、广东名小吃评比、南雄市举办了珠玑姓氏文化节等。积极指导协助各（市、区）开展创建广东省旅游强县工作。支持和配合丹霞山创建国家文明景区、国家5A级景区和“丹霞地貌”申报世界自然遗产系列活动。大力开展星级饭店的评定工作，新评四星级饭店2家，三星级饭店2家。加大旅游安全监控力度，检查、督促旅游企业落实各项安全措施。一如既往抓好“春节”、“五一” “十一”旅游黄金周工作。实现了“健康、安全、秩序、效益”四统一的工作目标。

据统计，2007年全市接待游客853.75万人次，比去年增长39.64%，实现旅游总收入40.64亿元，比去年增长59.64%，全市旅游经济继续保持健康、快速发展的势头，进一步地向大旅游发展战略迈进。

汤炳权常务副省长视察第四届旅游美食购物欢乐节

2007年9月召开全市旅游工作会议

三江丹霞旅游商品城开业

第四届旅游美食购物欢乐节开幕仪式

2007年11月，“第三届世界自然遗产大会”在四川峨眉山召开，国际专家专题研讨了“中国丹霞地貌申报世界自然遗产”问题

首届禅宗文化旅游节活动之一

首届禅宗文化旅游节活动之二

第二届丹霞山国际集体婚礼活动之一

第二届丹霞山国际集体婚礼活动之二

中山 ZhongShan

伟人故里 weirenguli

850多年历史的南国名城，名人辈出；1800多平方公里的山水田园，风光优美；

集人文景观、民俗观光、镇区特色产业、水乡田园风光于一体，

美丽、沉稳，又充满朝气，透发出诱人的岭南新风情。

这是孙中山先生的家乡——广东.中山

孙文纪念公园

迎面而来的伟人气息，以及伟人的丰功伟绩，足以让人深深地缅怀、景仰。

岐江河畔

岐江河畔绿草如茵、古榕成排，商厦酒店林立，每当夜晚华灯初放，一片火树银花不夜城，岐江两岸的旖旎风光一览无遗。

岭南水乡

农间水道风光迤逦，阡陌河面舟楫往来。岭南水乡民俗民风浓郁，自然风光优美。一桨一河，一河一景，家家户户依水而居，生活上仍保留着水乡人特有的生活习俗。

孙文西路文化旅游步行街

旧式的南洋建筑风格，展现出现代繁华的商业气息。这条百年老街，镌刻了一个世纪的风风雨雨，记录了近代中山的商业文明，如今又焕发出新的风韵。

珠海

珠海御温泉渡假村

珠海

珠海淇澳红树林

浪漫之城

珠海具有靠山、面海、临江以及全国第二大口岸城市的独特地理优势，它拥有700多公里长的海岸线、6000多平方公里的海域和146个海岛，素有“百岛之市”之美誉。碧海、蓝天、绿水、青山、温泉、海岛以及人文历史、赛车、航展、高尔夫等共同构成了珠海优异的旅游禀赋。建市以来，珠海获得了“全国旅游胜地四十佳”、“中国优秀旅游城市”、“国家环保模范城市”、“国家园林城市”、“国家级生态示范区”等各种荣誉，还被联合国人居中心授予“国际改善居住环境最佳范例奖”。2007年，珠海海泉湾度假区又被国家旅游局评为首家“国家休闲度假示范区”。

眺望珠海3A级景区外伶仃岛

度假区

珠海金湾区高尔夫俱乐部

中国·珠海

珠海特区成立20多年来，珠海旅游产业发展迅猛。全市现有星级饭店90家，其中五星级酒店6家，四星级酒店8家；共有旅行社76家，其中国际旅社16家；有景区景点40多个，其中海泉湾度假区、御温泉已成为国内外知名休闲旅游品牌，圆明新园和农科中心为国家级4A景区。全市现有高尔夫球会5个，国际标准的高尔夫球场6个。珠海已成为全国知名的旅游城市和区域性旅游、休闲、度假城市。

珠海的海陆空立体交通网络建设日臻完善，机场、口岸、港口、高速公路四通八达。随着泛珠三角区域合作的启动，港珠澳大桥、广珠铁路、广珠城市轻轨等交通基础设施项目的推进，内地与港澳的联系日益密切，珠海旅游将迎来更好更快的大发展。

珠海航展

珠澳夜景

珠海市金湾区旅游局

金湾区2008旅游经济

2008年，金湾区旅游工作在区委、区政府和上级部门的正确领导下，牢固树立和落实科学发展观，紧紧围绕金湾区提出的旅游业作为龙头带动全区第三产业发展的战略目标，克服年初冰冻低温雨雪灾害和四川汶川地震、“黑格比”强台风等客观不利因素的影响，充分利用奥运年和首次长短黄金周实施的良好时机，挖掘优势，抢抓项目，狠抓发展，强化服务，保障安全，确保我区旅游业的健康稳定发展。据统计：全年共接待游客305万人次；营业收入39500万元人民币；全年旅游地方税收为2808.92万元。

吉林大学珠海学院旅游管理系高尔夫管理方向产学研基地签约仪式

金湾区旅游业教育情况介绍

金湾区近几年相继建立了五所学院，随着旅游市场的需要，有吉林大学珠海学院、广东科学技术职业学院外国语学院、珠海城市技术学院、珠海艺术职业学院四所学院先后设立了旅游系和旅游专业。到目前为止全区共有旅游专业师资队伍100人：其中教授、副教授21人，博士生6人，硕士生50人，现有在校生2893人。他们是一支活跃在珠海市金湾区旅游研究、旅游市场、旅游教育战线的生气勃勃的生力军。

金湾区2008旅游年活动及旅游大事件

1.2月6日-12日海泉湾第三届新春嘉年华活动，已经成功举办两届，第三次效果更好，反映更强烈。

2.7月3日-5日海泉湾香港小姐旅游大使选举活动，宣传了珠海的旅游环境同时，提升了海泉湾的知名度。

3.9月29日-10月5日 海泉湾音乐狂欢节，是珠海市沙滩音乐派队的分会场。该项活动吸引了很多游客积极参与其中，扩大了珠海主会场知名度，两个会场通过大屏幕进行互动，气氛更热烈，效果更明显。

4.11月25日-28日海泉湾承办了世界温泉及气候养生联合会第61届年会暨世界温泉科学大会、第三届广东温泉国际旅游节，有来自10多个国家的嘉宾和学者共350多人参加。广东省加入了世界温泉及气候养生联合会，获得突出贡献奖，并成为世界温泉联合会副主席单位；广东省温泉协会会长、海泉湾总裁王长乐获选世界温泉联合会副主席。

吉林大学珠海学院旅游管理系学生在2007年珠海市十佳导游大赛决赛中取得佳绩

珠海金湾广东科学技术学院外籍教师与同学们课后在一起

珠海金湾广东科学技术学院外籍教师参加涉外旅游专业迎新晚会

珠海城市技术学院旅游管理专业老师与学生参观考察珠海粤财假日酒店

一河两岸 山水家园

——珠海斗门

生态之路 珠海斗门

——图/文 蒋伟文

南粤水乡，休闲胜地。

斗门是珠江三角洲典型的沙田水乡，又是珠海一处别具滨江田园风貌的旅游胜地。自然与人文的完美融合，描绘出斗门生态文明的壮丽画卷，城乡一体化建设的快速发展，开拓了斗门生态旅游的新局面。

斗门区地处于珠江三角洲的西南部，珠江八大门，磨刀门、虎跳门、崖门、坭湾门、鸡啼门五门过斗门。整个斗门在磨刀门至崖门之间。从赤鼻岛至白蕉七围交界线，东西之间最宽33.4公里。总面积674.8平方公里，人口40多万。现辖五个镇，即：井岸镇、白蕉镇、斗门镇、乾务镇、莲洲镇。斗门的自然景观独具魅力，碧水珠江的五派分流，经由斗门奔腾入海，河涌纵横，沙田绿野，山脉青翠逶迤。历史上的斗门饱经沧桑，淳朴的古村、古街和古祠，蕴藏着许多传奇故事。今天的斗门日新月异，一河两岸，山水家园，构筑了新的城市发展空间；一座座优雅别致的生态农业园、科技工业园、旅游休闲度假区、生态示范村等与青山绿水相融共生，展现出生态之都的新风貌。

斗门碧水蓝天，旅游资源非常丰富，得天独厚的自然环境和人文景观，使得斗门集山、水、海、河、湖、泉、寺、文、史、迹等于一体，非常适宜开发各种休闲、娱乐、观光、度假等旅游项目，为斗门做强、做大旅游事业奠定了良好的基础。斗门的旅游项目缤纷精彩，有层峦叠嶂的黄杨山，蜚声国内外的华夏奇泉御温泉，宛若人间仙境的金台寺，景色秀丽的万盛乡村俱乐部，碧波千顷的白藤湖旅游度假区，风情浓郁的灯笼沙水乡，世界最大的竹洲头连片水松林，还有莲洲田园乡土传统农业与现代特色农业的耕读体验以及农家乐等。若逢节庆盛典，还可观赏民艺风俗大巡演——"国宝"被列入中国第二批非物质文化文化遗产的"水乡婚嫁"以及舞龙、飘色、、地色、锣鼓柜等传统文化特色项目。

斗门的物产丰富，品牌水产、蔬菜、稻米等闻名四方。酒店宾馆融会自然风光，凸显田园水乡情调。道路交通顺畅，高速公路通达各地，市区路网遍及城乡，客轮海运联结香港，公交大巴往来珠海机场，建设中的广珠铁路将开辟斗门旅游的新通道。

斗门区是珠海市的重要组成部分，是一个充满生机魅力的农业和生态旅游业的区域。这里土地肥沃，美丽富饶，素有"鱼米之乡"、"水产之乡"、"水果之乡"的美誉。

生态斗门，与您相约!

广东省文明生态村——连江村

被列入中国第二批世界非物质文化遗产"水上婚嫁"

世界最大的连片"水松林"

珠海市香洲区旅游局

香洲是珠海花园式海滨旅游度假城区(主城区)。 区位优越,水连香港,地接澳门,背倚人口密集、经济发达的珠江三角洲腹地。香洲区旅游资源丰富，旅游设施齐全，景区景点集中。

珠海渔女

风景秀丽的香炉湾畔，矗立着一尊巨型石雕—珠海渔女， 这座石雕，身高8.7米，重量10吨，用花岗岩石分70件组合而成，是中国著名雕塑家潘鹤的杰作。而今，这座雕像已成为珠海市的象征，渔女优美的传说，伴随着珠海市在国内的知名度，流传越来越广、越远。

圆明新园

圆明新园于公元1997年2月2日正式建成并开放，占地面积为1.39平方公里，以北京圆明园为原稿，按1：1比例精选圆明园四十景中的十八景修建而成，投资6亿元人民币，是我国首批4A级景区之一。它以其浓厚的清文化、精雅别致的亭、台、楼、阁和气势磅礴的大型舞蹈表演吸引了无数国内外游客。

梅溪牌坊

梅溪牌坊旅游区占地12万6千平方米，位于前山上冲梅溪村。整个景区主要包括：梅溪牌坊广场区、陈芳故居区、陈家花园及墓园区和旅游服务中心。

水湾酒吧街

座落在珠海市拱北水湾路，是珠海市政府大力善用民营资本推动当地经济发展的一个特色项目。该项目的完成不但为珠海的美誉增加丰富的内容，而且为珠海的旅游新景点添上了一笔浓浓的色彩。

外伶仃岛

桂山灯塔

岛上度假村

珠海万山海洋开发试验区

万山海洋开发试验区是广东省人民政府于1998年9月批准设立的全省第一个地方性海洋综合开发试验区。试验区下辖桂山，担杆、万山三个镇，位于珠海市东南方，地处珠江入海口，东邻香港，西接澳门是珠江三角洲乃至华南腹地海上出入的咽喉。中心区域为珠江口国际锚地，多条著名国际水道纵横其间。

试验区拥有106个大小海岛，区内拥有大小港湾146处，岛陆面积80平方公里，海域面积为3200平方公里，各主要岛屿均有良好港湾，具备建深水良港和物流仓储基地的条件。试验区海域广阔，海洋资源丰富，是闻名的海洋渔业生产基地，养殖的军曹鱼、紫海胆、墨西哥湾扇贝远销日本和欧美市场。海洋海岛旅游资源丰富，有珠海十景之一的“丽岛银滩”—东澳岛;市爱国主义教育基地，人民海军举行著名“万山海战”的桂山岛;文天祥吟唱“过伶仃洋”诗的外伶仃岛;被国家地理杂志评为中国最美的海岛之一的庙湾岛。区内还有国家唯一划定对外开放的1000平方公里海域的国际游艇垂钓区、460平方公里的国家级中华白海豚保护区、担杆岛省级猕猴保护区、庙湾岛市级珊瑚保护区。

水上运动

东澳岛南沙湾

桂山全景

三叠泉

横琴蚝生态园

天　湖

石博园

珠海市横琴区旅游局

横琴岛是珠海146个海岛中最大的岛屿，拥有50公里的海岸线，这里有风光琦旎的沙滩、形状独特的岩石、丰富多彩的植被及清洌甘甜的泉水，可以形容为“山不奇水奇，树不奇石奇，地不奇岛奇”。素有“春来看鸟，夏去听瀑，秋临观日，冬至品蚝”的美誉，是个天然的生态旅游度假胜地。近年来，通过整合的资源，品牌的提升，“海岛千般秀，横琴一日游”备受瞩目，游客可在横琴观奇石、玩泉水、游芦苇荡、登高、赏泉、品鲜蚝、打高尔夫，“海岛观光、休闲度假、养生运动、特色美食”的品牌特色明显。其中观光品蚝成为吸引各地游客的主要特色，在“广东省旅游特色县镇村”评选活动，横琴以“望海品蚝”的特色当选。“横琴一日游”作为全市休闲旅游最具代表的线路，已经成为越来越多游客的假日首选出游目的地。据统计，2008年全年接待游客181.3万人次，同比增长5.0%，旅游总收入7432万元，同比增长8.0%，全区旅游市场呈现欣欣向荣景象。

在横琴可以领略到这个处于“一国两制”交汇点上纯朴小镇的风情。沿途可以欣赏到澳门怀旧的欧式建筑物，澳门妈祖庙、山顶教堂、葡京酒店、澳门观光塔等建筑，特别是到了夜晚，灯火通明的高楼大厦、赛兽场映出夜空一片明亮，还有连接澳门本岛与凼仔的三座大桥，犹如装饰城市的霓虹彩带交相呼应，十分壮观。被称为“陆地澳门环岛游”。国务院温家宝总理到横琴视察时，也曾沿着这一线路，并盛赞“横琴真是一块宝地”。

东方高尔夫

旅游文化广场

莲花大桥

客家古邑·万绿河源欢迎您

河源建市于1988年，位于广东省东北部，东江中上游，辖源城、东源、和平、龙川、紫金、连平等6个县区，总面积1.58万平方公里，人口340多万。河源有着独特的区位优势、丰富的资源优势、良好的生态优势、深厚的人文优势、强劲的后发优势，这五大优势助推我市经济蓬勃发展。近年来，在市委市政府的正确领导和省旅游局的具体指导下，在社会各界人士特别是新闻界、旅游界的关心支持下，河源市旅游业取得了快速发展。旅游业规模不断壮大，旅游六大要素“吃、住、行、游、购、娱”体系逐步完善。入市游客和旅游总收入以每年20%以上的速度快速增长。2008年，全市入市游客达723.11万人次，旅游总收入达31.02亿元，分别比上年增长16.20%和15.14%。2007年，河源市委市政府提出了“旅游强市”的发展战略，确立了“客家古邑·万绿河源”旅游城市形象。旅游业已经成为河源第三产业的龙头和新的经济增长点，有效地带动和促进了全市经济的发展。

河源旅游资源非常丰富，自然景观和人文景观交相辉映，形成了“客家古邑、万绿河源、温泉之都、恐龙之乡”等四大旅游品牌。河源历史悠久，是岭南文化发源地之一，是中国革命策源地之一。

近几年来，河源曾先后获得“中国优秀旅游城市”、“全国环境综合治理先进城市”、“港澳及海外华人心目中最适宜居住和创业的城市”、“全国生态环境保护最佳范例”、城市增长竞争力排名全国第二位、中国最有魅力城市200强之一、“全国双拥模范城”、“广东省文明城市”、“广东省园林城市”、“中华恐龙之乡”等多项殊荣。

河源正积极实施旅游强市战略，要求今后五年内旅游入市游人数和旅游总收入年均递增15%以上，要将旅游业建成河源的支柱产业，并将河源建设成为广东生态旅游示范区。为实现这一目标，河源市将充分发挥山、河、湖、泉、林、龙（恐龙）、史等旅游资源丰富的优势，打造山水休闲、生态野趣、温泉保健、客家风情、恐龙奇观、漂流赏水等特色旅游产品，建设“六大休闲度假基地”，努力把河源建设成为“泛珠三角”客家文化、恐龙文化生态保护基地和人们回归自然的休闲度假胜地、山水生态旅游名城。

客家古邑·万绿河源欢迎您！

2007广东国际旅游文化节河源分会场暨河源市第四届客家文化旅游节系列活动—东江十大客家菜暨河源十佳土特产评选颁奖晚会

苏家围

恐龙蛋化石

御临门温泉

佛山

狮舞岭南 传奇佛山

2008年是佛山旅游业持续发展、喜获丰收的一年，全年全年实现旅游总收入184.25亿元，与2007年同比增长15.32 %（其中旅游外汇收入5.7亿美元，与2007年同比增长13.87 %，国内旅游收入137.30亿人民币，与2007年同比增长15.82 %）；全市主要旅游景区（点）接待游客2252万人次，与2007年同比增长2.3%；全市接待过夜游客819万人次，与2007年同比增长2.9%（其中接待国际游客75.68万人次，与2007年同比增长3.31%）。

佛山是国家历史文化名城，山青水秀，历史悠久，文化灿烂，旅游资源十分丰富，是珠三角地区重要旅游目的地之一，曾先后获得“国家级历史文化名城”、“中国优秀旅游城市”、“国家卫生城市”、“国家园林城市”、联合国“人类住区优秀范例”城市、“武术之城”、“中国厨师之乡”、“国家环保模范城市”等多项殊荣。佛山是观光游览、度假休闲、商务洽谈的好去处，欢迎您到佛山来！

南海

2008年，南海旅游紧紧围绕南海区“三大活化、四个提升”、“发展治理齐推进、同心协力铸五星”工作部署，以“打好一场战役，做成两件实事，推进三项强化”的思路推进旅游事业各项工作，虽然有上半年雪冻天气、汶川大地震等自然灾害，下半年国际金融海啸的影响，但全年南海旅游仍保持稳步发展势头。2008年实现旅游总收入55.8亿，同比增长16.9%，接待游客总人数792万人次，同比增长5.9%，接待过夜游客231万人次，同比增长10.25%。高星级酒店建设取得实质性突破，以西樵山创建5A级旅游景区系统工程为核心的旅游资源建设稳步推进，以南番顺旅游联盟为先导的区域旅游合作新招迭出、不断深化，以文化为核心、旅游为载体的“有为南海”旅游文化活动有声有色，旅游安全生产基础扎实，旅游经营市场秩序井然。

2009年1月7日，名都大酒店通过国家星级饭店评定委员会评审，正式五星挂牌，成为南海首家五星级酒店，填补了南海目前没有五星级酒店的空白。

2008年6月30日，为期近三个月的“2008年南海区旅游优质服务月”圆满落幕。这次活动是南海区旅游局、南海区劳动和社会保障局、南海区总工会首度联合举办，联合、区域合作等原因扩大了活动影响力，旅游优质服务渐成南海旅游一个品牌。

2008年2月27日，南海在香港举办旅游座谈会，南海旅游界与香港旅游界就两地合作展开交流，并签订合同意向，实现首度“牵手”。

2008年4月27日，首届南海·香港名厨精英会在南海成功举办，两地厨师精英同场竞技，广泛交流，增进了解，弘扬文化，促进南海、香港两地更广泛的合作。活动同时也拉开了2008年南海区旅游优质服务月的序幕。

2008年6月12日，第22届香港国际旅游展在香港会议展览中心开幕。“南番顺”旅游联盟统一展示“游在南海，玩在番禺，食在顺德”的旅游特色参展。

2008年10月1日至3日，国家体育总局与中国龙狮运动协会将在西樵山举办“黄飞鸿杯”世界狮王争霸赛暨中华武林盟主大会，来自国内外的17路狮王施展绝技，抢夺中国奥运狮王宝座；来自全国各大武林门派的高手也将施展本门派绝技，抢夺中国十大武林高手桂冠。

一年一度的“南国桃园欢乐节”将于2008年10月1日在南国桃园旅游度假区隆重上演。感受体育盛会，共享激情时刻，走进体育大观园，玩转体育新概念，欢乐趣味的互动游戏，享受健康的乐趣。

2008年是康有为诞辰150周年，南海区举办了一系列纪念活动，全面宣传南海“文康武鸿”文化特色。10月2日，由南海区旅游局牵头承办的“2008年南穗港澳青年极限运动挑战赛”在丹灶镇文化广场举办。活动是南海区纪念康有为诞辰150周年系列活动之一，也是2008佛山旅游文化节——有为南海旅游文化活动的组成部分。活动汇聚了南海、广州、香港和澳门四地极限运动的高手，全场气氛热烈。

2008年12月8日，南番顺旅游联盟在广州市番禺区科尔海悦酒店举办“2008‘南番顺’旅游联盟成立一周年年会暨‘南番顺’岭南风情精品线路推介活动”。活动回顾2008年工作，联合签署“南番顺”旅游联盟的合作机制，推出门票优惠措施。当时举办轮值主席移交仪式，番禺区旅游局成为“南番顺”旅游联盟2009年度轮值主席局。

哥顿酒店是佛山市顺德区首家挂牌五星级商务酒店，由广东海骏达置业投资有限公司投资兴建，集餐饮、住宿、商务会议、休闲娱乐为一体的商务会议型酒店，2005年9月正式对外营业。

酒店坐落中国制造业重镇，美丽富饶的河港城市——顺德，距广州、佛山仅40分钟车程，往广州国际机场、澳门仅90分钟，由顺德港乘搭快速船去香港仅100分钟。

酒店总投资3.5亿元，总建筑面积8万多平方米，楼高11层。酒店拥有豪华商务客房、行政客房、豪华商务套房、总统套房共200间/套，客房实用面积在48m²以上；会议设施包括5间能容纳15-850人的各类型会议厅和多功能会议中心，并拥有先进的智能化系统；中西餐共有2000多个餐位，20多个豪华贵宾包厢，为四方宾客提供正宗粤菜、地道顺德美食和异国佳肴。

Royal ★ Castle ★ Noble ★ Experience ★

哥顿酒店
GOLDEN HOTEL
★ ★ ★ ★ ★

地址：广东省佛山市顺德区容桂大道中38号
电话： 86-757-2838 6888
传真： 86-757-2838 7608
邮编： 528305
网址： www.goldenhotelgd.com
邮箱： golden@goldenhotelgd.com

国际会议中心

总统套房

丽晶殿

客房

大堂

皇 家 城 堡 贵 族 体 验

酒店大堂 hotel lobby

会议中心 conference centre

豪华客房 deluxe room

中餐大厅 the hall of Chinese restaurant

名都大酒店

名都大酒店 CITY HOTEL ★★★★★

名都大酒店坐落于佛山市南海区广佛路平地路段南68号，位于广佛经济走廊黄金地段。占地3.8万平方米，建筑面积5万多平方米，拥有超万平方米的花园式停车场，大型动感喷泉，环境幽雅，功能多元化：国际会议中心、豪华客房及行政楼层、中西餐饮、日本料理、康体、娱乐、棋牌、茶艺等服务设施一应俱全，并设有游泳池、健身房、网球场、美容美发、商场、乒乓球、桌球、沙滨球、宽带网等多种服务，是目前南海区首家园林式五星级旅游商务酒店。

City hotel, which is located in the core area of Guangzhou-Foshan Eonomic aisle in the good location,, sites at NO.68 south of Pingdi section Road of Guangfo Road, Yanbu Village, Dali Town, Nanhai District of Foshan City. The hotel occupies an area of more than 38 thousand square meters, while its total building area is more than 50000 square meters. Owning an over ten thousand square meters*garden-style parking site, the hotel, which is constructed splendidly and multi-functionally, is also decorated with a great innervational fountain, provides various service such as International Conference Centre, comfortable rooms Executive floor and Chinese and western restaurant, Japanese cooking, various facilities for health and Entertainment, Chess and Card and Tea-house as well as swimming pool gymnasium tennis court Hair dressing and Beauty salon store Billiards Table tennis shuffle-board, Broadband Internet and so on a variety of services. At present,City hotel is the first garden-style business tourist five-star hotel in nanhai district of Foshan.

联络方式

地址：佛山市南海大沥镇盐步广佛路平地路段南68号

Add:No.68 South of Pingdi,Guangfo Road,Yanbu,Dali,Nanhai Foshan,Guangdong,P.R.China

Postcode邮编：528247

Tel电话:(86)757-85788888 Fax传真:(86)757-85760208

E-mail:hotel@city-hotel.cn Website:http://www,city-hotel.cn

酒店外景 an outdoor scene of hotel

花园广场 garden plaz

KTV娱乐 entertainment

水疗中心 spa centre

休闲茶艺 leisure and tea

空中花园 hanging garden

南国旅游休闲之都——肇庆

肇庆市素有“中国砚都”、“黄金之乡”之称。是国家历史文化名城，中国优秀旅游城市。

星湖风景名胜区风光自古闻名遐迩。七座挺拔的岩峰，状如天上北斗七星，被誉为“岭南第一奇观”。鼎湖山雄居广东四大名山之首，乃北回归线上的明珠，“活的自然博物馆”。在端州城区，保存着以宋朝城墙、披云楼、梅庵、阅江楼、崇禧塔、丽谯楼等为重点的文物古迹，使肇庆成为历史悠久而充满着浓厚文化氛围的“历史文化博物馆”。以环市公路为连线，鼎湖砚洲的包公祠、四会的贞山、怀集的燕岩、封开的龙山景区、德庆的悦城龙母祖庙等景区组成一个旅游网络，形成了肇庆得天独厚的旅游资源。

肇庆鼎湖山九龙宝鼎

德庆悦城龙母祖庙

德庆盘龙峡薰衣草木屋

德庆盘龙天堂

德庆城市旅游设施日臻完善

德庆县创建广东旅游强县工作会议

德庆孔庙春秋祭孔活动

三元塔

德庆

德庆古称“康州”，是一座具有2200多年历史的岭南名郡，是海内外闻名的“龙母故乡”。德庆人杰地灵、钟灵毓秀，旅游资源十分丰富，宋朝宰相李纲曾盛赞德庆“景物冠南州”。主要旅游景区有：全国重点文物保护单位、享有“古坛仅存”、“四海朝宗”美誉的悦城龙母祖庙，有“四柱不顶”被称为“国之瑰宝”的德庆学宫，有“广东最美的地方”盘龙峡景区，有生态休闲娱乐度假于一体的盘龙天堂，有省重点旅游扶贫项目、全国农业旅游示范点金林水乡景区，有利用氡矿泉资源开发建成的花世界生态旅游区，以及耀眼于世、“只新不旧”的三元塔、“西江奇观”华表石、“蓬莱仙景”三洲岩等等。

2008年，德庆成功举办了“孔子出巡及春秋祭孔大典”、“两广（首届）摩托车旅游节”、“龙母感恩节”等多个大型的旅游活动，旅游知名度进一步提升；同时，德庆盘龙峡景区、龙母祖庙景区和德庆孔庙景区创建“4A”工作取得重大进展，得到了广东省旅游局的充分肯定，并向国家申请验收。

2008年，德庆县被省旅游局评为“广东旅游强县”、“广东旅游特色县”称号。全年共接待中外游客301万人次，旅游行业总收入16.4亿元，取得了社会效益和经济效益的双丰收，旅游事业又迈上了新的台阶。

德庆悦城龙母感恩节活动

悦城龙母诞活动盛况

全国农业旅游示范点—金林水乡

盘龙天堂度假村

清远市

2008年，清远市旅游局在市委市政府的正确领导和省旅游局的指导和关心支持下，紧紧围绕“2008中国奥运旅游年”的主题，以思想大解放和科学发展观统揽全局，转变观念，创新思维，推进了清远旅游业又好又快地发展。

我市各级旅游职能部门和旅游企业以全市旅游工作会议精神为动力，遵照市委市政府提出要把清远建设成为“绿色经济强市、岭南宜居名城、华南休闲之都”的发展战略，实现从旅游资源大市向旅游经济强市跨越的目标作出了不懈的努力。2008年，全市接待国内外游客达1488万人次，同比增长12.47%；旅游总收入为56.26亿元人民币，同比增长17.53%。旅游经济持续快速、健康地发展为清远市地方税收的快速增长提供了充裕的税源，为全市经济大腾飞作出了积极的贡献。

2008年，我局根据市委市政府要求，按照“开心清远”活动实施意见，加强组织领导，规范活动运作，以“开心清远，旅游首选”为主题，运用多种形式，深入开展清远旅游整体宣传促销活动，扩大清远品牌效应。如4月份举办了“2008年‘黄腾峡杯’国际自然水域漂流精英赛暨广东（清远）国际漂流旅游文化节”；10月份举办了“2008广东清远温泉旅游文化节暨千家知名旅行社走进清远”活动；12月份在香港举办了“‘粤游·粤精彩—开心清远游’旅游推介暨旅游招商会”等，同时“第十届“中国瑶族·盘王节”、连南县排瑶“耍歌堂”、“第四届中国四驱越野车节”和“第四届连州国际摄影年展”等，分别在连山县、连南县、阳山县和连州市举办。丰富多彩的系列宣传、节庆活动为我市提升了名气和人气，促进了全市旅游业的兴旺发达。

2008年，我市着力抓好“创强”、“创A”工作，打造旅游品牌。英德市通过了广东省旅游强县（市）的验收，是我市第四个荣获“广东省旅游强县（市）”的称号的县级市。至今清远已拥有一个“中国旅游强县”，四个“广东省旅游强县（市）”；聚龙湾天然温泉度假村通过了国家AAAA级景区验收，英德市天门沟、茶叶世界通过了AAA级景区，目前，我市有七个4A级景区、三个3A景区，成了A级景区最多的地级市之一。众多的旅游品牌，大大提升了清远的形象和知名度，进一步增强了清远旅游的吸引力。

市委书记陈家记、市长徐萍华视察景区

清港两地旅游界签订紧密合作协议

左：虞卫旗（副局长）；中：雷玉春（局长）；右：邹俊（副局长）领导班子成员

清远导游风采（2008“移动旅信通杯”清远金牌导游大赛总决赛）

和谐乡村游（佛冈社岗下豆腐节）

英德市

广东省旅游强县（市）

广东省旅游局验收英德创强工作

原清远市委书记陈用志考察英德旅游资源开发情况

英德市长徐建文部署旅游创强工作

中共英德市委书记谢杰斌部署旅游工作

英德常务副市长李晋锋督促指导旅游创强工作

英德市旅游发展总体规划通过专家组评审

召开全市旅游工作会议全面推进我市旅游工作

召开全市创强旅游强市动员大会

旅游酒店员工技能大赛

英德古称英州，建制于汉武帝元鼎六年（公元前111年），有2100多年的历史，被誉为岭南古邑。1949年建国后沿袭县制隶属韶关；1988年划归清远市管辖；1994年撤县建市。

英德位于广东中部，北江中游，总面积5671平方公里，是广东省国土面积最大的县级行政区。英德经英佛公路、京珠高速至广州仅为118公里，至广州新国际机场为89公里，经银英公路、广清高速至广州仅为138公里。此外有G107、G106、京广铁路、规划中的昆汕高速、建设中的武广高速铁路和广乐高速贯穿英德。

英德是广东省历史文化名城、中国英石之乡、中国红茶之乡、中国女足之乡、中国蚕桑之乡、中国麻竹笋之乡、中国砂糖桔之乡。

溶洞、峰林、山水、温泉、风情，五游俱全唯有英德。英德的南山、碧落洞、观音岩等早在南北朝就成为旅游胜地。“岭南第一洞”宝晶宫是广东省级风景名胜区，是广东最受欢迎自驾游景区，是广东省规模最大、溶洞系统最为复杂、最有科研价值的喀斯特洞穴。英西峰林走廊是广东最长最大的峰林游廊，有“南天第一峰林风光”的美称。英德石门台自然保护区是广东省面积最大的保护区，有1300多公顷的大草原，有纵深100多米长20多公里的高山峡谷。英德还有仙桥地下河、奇洞温泉、莱花峪、九州驿站·英德天门沟、茶叶世界、通天岩、石景河、茶趣园、飞来峡漂流、英西老虎谷暗河漂流、十二峰等知名旅游景区。

2008年，在市委、市政府的正确领导下，在广东省旅游局和清远市旅游局的大力指导下，英德市旅游局始终坚持以科学发展观为指导，围绕“创建省旅游强市”目标，以市场为导向，以改革为动力，加快资源大整合、品牌大推介、景区大建设、产业大发展。2008年，委托广东省旅游发展研究中心编制《英德市旅游总体规划（2007-2020）》，明确英德旅游业发展的思路和对策；把加快发展旅游经济作为建设县域经济强市的重要举措来抓，成功创建广东旅游强市；在交通设施和城市建设上大配套，不断提升城市旅游功能；继续坚持政府营造旅游大环境，按照“谁投资，谁受益”的原则，大力招商选资发展旅游，开发建设仙湖温泉度假区、金海湾、广东茶文化国际旅游度假村、宝晶宫生态旅游度假区、英西峰林、仙桥地下河、石门台等旅游大项目，促使英德天门沟、茶叶世界创建成为国家AAA级旅游景区。

2008年，全市共接待游客290万人次，同比增长10%，旅游营业收入7亿元，同比增长18%，旅游总收入约13亿元。

世界客都——梅州欢迎您！

从2005年至今，梅州市先后荣获“中国优秀旅游城市”、“中国客家菜之乡”、“选美广东最美城市”等称号，强化了城市的现代旅游功能，提升了城市品位和旅游形象，推动了旅游产业化的进程。到目前止，全市共有国家4A级旅游区4个、国家3A级旅游区2个、国家森林公园2个、全国红色旅游经典景区1个、全国农业旅游示范点2个、省级旅游度假区2个、省级风景名胜区2个、各类景区景点55个；全市现有旅行社30家，其中国际旅行社3家、国内旅行社27家；星级饭店32家，其中四星级2家、三星级15家、二星级14家、一星级1家。全市旅游业已进入蓬勃发展的快车道，形成入境旅游、出境旅游、国内旅游相互促进和协调发展的新格局。

随着“一都三品”（世界客都、客家文化特品、热泉康体名品、绿色度假精品）的旅游发展定位，全市旅游行业精心构建市内百里休闲长廊、粤赣闽千里客家文化长廊，积极打造“客都文化之旅、客都休闲之旅、客都红色之旅”三大品牌，重点抓好省市共建“客家文化生态旅游示范区”和“客家文化生态旅游基地”建设，吸引更多海内外游客前来旅游观光和休闲度假，推动梅州旅游产业持续快速发展。

2007年12月8日，在“广东第一个自驾旅游日暨梅州精彩客都自驾旅游周”启动仪式上，广东省常务副省长汤炳权（中）、梅州市委书记刘日知等领导共同推动启动仪式推杆（肖根平摄）

2007年12月8日，粤赣闽“千里客家文化长廊”区域旅游合作品牌在梅州诞生

2007年4月20日，“从客都到红都”大型自驾旅游活动首发仪式在雁鸣湖旅游度假村拉开序幕

地址：广东省梅州市嘉应东路59号　邮编：514021

电话：0753-2279102　传真：0753-2242728　网址：http://www.mzta.gov.cn

蟠龙洞奇景宝石花

罗定龙湾秋枫

云安一景——骆驼山

禾楼舞

张公庙

六祖故里　云石之都——云浮

云浮位于广东省中西部，西江中游以南，东邻肇庆、佛山、江门，南接阳江、茂名，西通广西梧州，北临西江，区位条件优越，是粤港澳连接大西南各省的重要通道。云浮辖下有云城区、新兴县、郁南县、云安县，代管罗定市。全市人口268万，土地总面积7779.1平方公里。西江水道、三茂铁路、324线国道、广梧高速公路贯穿全市，市区距广州市仅150公里，驱车到广州只需要1.5小时，交通非常便捷。

云浮是中国佛教禅宗六祖惠能、早期工人运动领袖邓发、抗日名将蔡廷锴的故乡。古老的云浮，文脉深远，山水秀丽；年轻的云浮，活力无限，如诗如画，西江的风采、云雾山的神韵、宝石花的晶莹，延续着山城千年的风姿，“名矿、名洞、名寺、名泉、名人、名果”构成了云浮旅游的独特魅力，云浮因而有“六祖故里、云石之都、山水名城”的美誉。近年来，我们根据旅游市场发展趋向以及广梧高速（广州到云浮）开通，自驾车一族日益增加的契机，把旅游业摆上重要位置，决心把云浮建成粤西旅游名城，打造成为山区休闲旅游基地，花大力气抓好旅游资源开发，努力配套完善各项旅游服务设施，以禅宗(六祖)文化、温泉文化、石艺文化、南江文化旅游为特色开发重点，注重产品的开发和包装，形成特色旅游和常规旅游相结合的旅游格局，适应不同层次游客的需求来设计云浮的旅游线路，开发出独特个性的云浮“宗教朝圣、温泉度假、民俗节庆”三大拳头旅游产品，有生态旅游、红色旅游、农业和工业旅游、体育和保健旅游、乡村和民俗旅游以及其它专项和特种旅游产品。云浮正成为省内和港澳地区一个新的旅游目的地，度假休闲首选的山水城市。2007年，全市接待旅游者390万人次，实现社会旅游总收入31亿元，旅游创汇1769万美元。

全市共有涉外宾馆酒店36家，其中星级宾馆21家（四星级3家、三星级7家、二星级11家）；旅行社12家(2008年新增加3家)，其中国际旅行社1家，国内社11家；旅游景区（点）29个，其中3A级的3个，2A级的3个，待评相当4A级的2个；旅游购物点8家，高档次的娱乐场所50多家。

祥和好客的云浮、活力四溢的云浮，欢迎大家走进云浮，感悟云浮。

六祖惠能

青山绿水温泉

大湾民居

仙人谷

国恩寺山门

金水台温泉

湛江——富有魅力的生态滨海城市

湛江，位于中国大陆最南端，三面环海，是粤西城镇群中心城市，也是一个富有浓郁热带风光的美丽港城。全市总面积12471多平方公里，人口约745万。

湛江属北热带海洋性季风气候，冬无严寒、夏无酷暑，四季长青，终年常绿，空气质量指数常年在全国名列前茅。神奇的玛珥湖——世界地质公园“湖光岩”、三岭山国家级森林公园、南亚热带植物园……得天独厚的生态环境，令百万游人乐而忘返。湛江拥有1556公里长的海岸线，东海岛、吉兆湾、特呈岛、天成台、白沙湾等众多滨海旅游度假胜地星罗棋布，被誉为“休闲度假天堂”。湛江红土文化源远流长，以雷州为中心的红土文化景观，雷祖古祠、三元古塔、天宁禅寺近两千年的文化遗迹，底蕴深厚；以遂溪醒狮、东海人龙舞、吴川飘色、泥塑、雷姑娘歌等国家级非物质文化遗产为代表的民俗文化风情，奇趣无穷。此外，湛江海产品丰富，海鲜生猛味美，有“吃海鲜，到湛江”之美誉。湛江的海鲜干货、热带水果、珍珠饰品，深受游客喜爱。

湛江天蓝、海碧、地绿、花香，空气清新，生态环境优美，旅游资源开发潜力巨大。围绕“蓝、绿、红”三大特色主题，我们正在倾力打造具有南国风情的滨海生态旅游品牌。“中国优秀旅游城市”、“中国十大休闲城市”——湛江，热诚欢迎海内外游客朋友和旅游投资商前来投资观光！

绿荫港城

观海长廊

三元塔公园

海湾大桥

怀集

怀集县地处粤桂湘三省（区）结合部，位于“泛珠三角”核心区中心，海上与陆上“丝绸之路”的对接点，自驾车游最佳目的地。有“中国燕都”、“中国竹子之乡”、“中国长寿之乡”之称，人文地理、自然生态、历史文化等旅游资源得天独厚。近年来，怀集县通过发挥区位优势，创新旅游管理、投资、经营三大机制，大力发展以燕文化为特色旅游业，取得了可喜成绩。2008年全县接待游客170万人次，旅游总收入5.5亿元。怀集名胜古迹和人文景观遍布全县，旅游开发前景广阔。闻名的燕岩省级风景名胜区，峰林境秀，景色迷人，千姿百态，蔚为壮观。最有名气的燕岩聚居着数十万只金丝燕，是中国内陆唯一的金丝燕栖息地，当地人徒手攀岩采摘燕窝之绝技堪称“中华一绝”，每年农历六月初六吸引着数以万计的八方游客观洞赏燕，场面十分热闹，被誉为“世界徒手攀岩擂台”基地。“世外桃源”景区极富神奇色彩，桃源洞空旷幽深，奇石奇景琳琅满目，桃源村豁然开朗，田园农舍俨然，疏林密竹掩映，再现陶渊明的《桃花源记》世外桃源新景观，令人叹为观止。燕峰峡温泉漂流度假区成为人们休闲度假的好去处。同时，正在开发的岳山森林温泉休闲度假区、六祖禅宗文化旅游区、红霞湾景区和有待开发的新岗森林生态公园、中洲冷热泉等，将成为怀集旅游新景点，吸引更多的游客到怀集观光旅游。

怀集县世外桃源景区，山青水秀，曲径通幽，与陶渊明笔下的桃花源吻合得天衣无缝，这里生态优美，人寿年丰，更是一个远近闻名的长寿村

越秀区历史文化资源概况

越秀区一直是广州古城所在地，为岭南历代政治、经济、文化、交通的城市中心。历经两千多年的沧桑，其中心地位始终没有改变，这一奇特现象，不仅创造了国内外城市建设中罕见的历史景观，同时也造就了这块神奇土地灿烂无比的历史文化。

作为广州市历史最悠久的中心城区，越秀区方圆32.82平方公里的土地上，汇集了国家级文物保护单位12个(15处)，省级文物保护单位18个，市级文物保护单位54个，登记保护及未登记文物保护单位数百处，被誉为“没有围墙的博物馆”，集中展现了广州城两千多年的发展脉络。如祭祀纪念五羊仙的五仙古观，西汉南越王墓和南越国宫署遗址，北京路千年古道遗迹，明清大小马站、流水井书院群以及学官、学堂；区内还有聚集五大宗教文化，佛教的光孝寺、大佛寺，道教的三元宫，伊斯兰教的怀圣寺，天主教的圣心大教堂，基督教的东山堂等。到近现代，有“三·二九”起义指挥部旧址，中山纪念堂，中国共产党“三大”旧址，国民党“一大”旧址，毛泽东农民运动讲习所、黄花岗烈士陵园等。

这里人杰地灵，商贾云集，工艺荟萃，广彩、广绣、扎作、广雕、玉器、象牙雕刻等大放异彩，富有地方特色的民间工艺作坊、店铺林立，成行成市，世代相传。

其商贸旅游的总体形象定位为：古城商都，广州历史文化的集中展示区。

旅游线路设计：

(1) 古代历史文化游：五仙观及岭南第一楼－庐江书院（何家祠）－文德文化街－千年古道－六榕寺花塔－光孝寺－南越国宫署－南越文王墓－镇海楼，可命名为“一日读懂二千年”。

(2) 宗教文化游：五仙观－光孝寺－怀圣寺－圣心大教堂－光孝堂－六榕寺－三元宫

(3) 近现代历史文化游：全国总工会旧址－中共广东区委军委旧址－国民党“一大”旧址－广州农民运动讲习所旧址－三·二九起义指挥部旧址－中山纪念堂－黄花岗七十二烈士墓。

(4) 越秀历史文化街区游：新河浦历史街区－华侨新村别墅区－文德路文化街－北京路步行街。

新世纪羊城八景——莲峰观海
国家AAAA级旅游区

广东省省级风景名胜区
全国重点文物保护单位

广州市番禺莲花山旅游区位于珠江口狮子洋畔，地理位置优越，水陆交通便利，设施齐全，古今交融，峻秀鹤壁。莲花山上景点众多，各具特色。观音圣境规模宏大，庄严雄伟，常年香火鼎盛，善信络绎不绝。被广州市政府评为“新世纪羊城八景”之一——“莲峰观海”，还被国家旅游局评为4A级旅游区。来到莲花山，食、住、行、游、娱、购不假外求，是您休闲、旅游、度假的首选。

地址：广州市番禺区石楼镇莲花山旅游区　电话：84861298　邮编：511440

龙门

——广东省旅游强县

龙门县位于广东省中部偏东，地处珠三角边缘，面积2295平方公里。龙门历史悠久，民风淳朴，境内自然资源丰富，生态环境优美，具有发展旅游业得天独厚的自然条件和人文环境。

龙门县是“广东省旅游强县”、“中国现代民间绘画画乡”、“中国年桔之乡”。

近年来，龙门县委、县政府大力实施“旅游旺县”发展战略，全县旅游业蓬勃发展，如今，旅游业已成为龙门县第三产业的龙头，并逐步成为新的经济支柱产业。龙门有国家4A级景区3个，国家3A级景区1个。目前，全县上下一心，紧紧围绕创建“中国旅游强县”的宏伟目标，为打造南中国最具地方特色的森林度假和温泉养生旅游胜地而不懈努力，力争把龙门建设成为“珠三角后花园”，以及“中国最佳旅游目的地”。

龙门，神奇而美丽，当您踏上这片热土时，带给您的将是无穷的乐趣和无边的享受…… 登临“北回归线上的绿洲”——南昆山，您将领略岭南名山千姿百态的自然景观，感受和体验森林度假生活“古代桃源今代存”般的闲情逸致；走进南昆山温泉大观园，她恰似一颗璀璨的明珠，亮丽清新，风情万种，给您身心带来诗意般的享受；在素有“亚洲第一泉”之称的龙门铁泉，与温泉水相亲相拥，百般柔情，尽享其中；置身于客家文化气息浓郁的天然温泉度假村，沐浴在独特的山顶温泉之中，西式别墅与中国园林风格和谐交融的景观映入眼帘；步入神秘的香溪堡旅游区，古朴雄浑的古堡风情，悠然自得的香溪漂流，浪漫甜美的山歌对唱，使您诗兴逸飞，流连忘返；跨入蓝田瑶族风情园，瑶家人的淳朴、热情，让您不经意间翩然而醉；观赏被誉为“世界艺术奇葩”的龙门农民画，品味其特有的乡土艺术芬芳，画乡人炽热的情谊跃然纸上，“中国现代民间绘画画乡” 将会给您增添美好的记忆……

我们热诚欢迎四面八方的朋友来到龙门，欣赏这方秀山丽水，感受这方民情风俗，领略龙门的魅力风采!

南昆山生态旅游区（国家4A级旅游景区）

南昆山温泉大观园（国家4A级旅游景区）

龙门铁泉旅游区（国家4A级旅游景区）

香溪堡旅游区（国家3A级旅游景区）

广州市

综 述

【2007年广州旅游工作会议】 2月28日，全市旅游工作会议召开。广州市副市长王晓玲作题为《按高标准，上新台阶，加快广州旅游业新的大发展》的讲话，对做好2007年工作提出五点要求：一要加强旅游产业要素的建设，注重开发休闲度假旅游的系列产品；二要加强乡村旅游的建设，不断丰富乡村休闲旅游产品；三要加大旅游工艺品的开发，突出地方特色；四要搭建多种平台，以旅游为载体，强化旅游形象宣传；五要进一步加强旅游诚信建设。广州市旅游局党委书记、局长朱力传达了国家旅游局旅游工作会议的精神，总结回顾了2006年广州市旅游业发展的情况，部署了2007年广州旅游的工作要点。荔湾区旅游局、从化市旅游局、长隆集团、花园酒店、广之旅国际旅行社、南湖国际旅行社等6家单位的代表在会上介绍经验和做法。

【广州旅游信息化工作会议】 5月25日，广州市召开旅游信息化工作会议。广州市旅游局局长朱力作题为《实施信息化带动旅游产业发展战略 努力构建广州市旅游产业发展新格局》的讲话，市信息办、市科技局等领导分别作了讲话。市旅游局与广州电信等信息化企业，广州移动、德比软件等信息化企业与有关旅游企业签订合作协议。各区县级市旅游局、广州地区各旅游企业、各旅游信息化企业、网络媒介、广州移动、广州电信负责人以及新闻媒体近600人参加了会议。

【中国广州旅游网改版】 2007年5月，中国广州旅游网（http://www.visitgz.com）完成改版。作为广州市旅游局和广州旅游行业的门户，网站包括公众版、政务版、繁体版、英文版、日文版、韩文版等版本。网站具有四大功能：一是突出信息资讯服务，二是突出多媒体效果，三是突出电子商务功能，四是突出搜索功能。改版后的中国广州旅游网，网民登陆可找到全国各地方旅游网站、广州区县旅游网站、广州各大旅行社、景区景点、星级酒店、旅游协会等网站。

旅游接待与收入

【概述】 2007年，广州城市接待游客10949.99万人次，比上年增长9.95%，其中过夜旅游者3338.73万人次，比上年增长12.79%，占来穗旅游人次数总量的30.49%，一日游游客7611.26万人次，比上年增长8.75%。接待入境旅游者611.33万人次，比上年增长8.35%，其中接待外国游客223.16万人次，比上年增长7.53%，占全国的5.26%，占全省的37.34%；旅游业总收入798.15亿元，比上年增长13.94%，旅游业增加值278.39亿元，比上年增长17.37%。旅游业增加值占全市国内生产总值的3.94%，占全市第三产业增加值6.84%；旅游外汇收入为31.92亿美元，比上年增长14.09%。其中商品性（含商品销售、餐饮销售）收入10.72亿美元，占全市旅游外汇收入的33.59%，劳务性（含旅行社旅游业务、住宿、长途交通、市内交通、邮政电讯、文化娱乐）收入21.19亿美元，占全市旅游外汇收入的66.41%。广州旅游外汇收入占全国旅游外汇收入7.64%，占全省36.66%。

【黄金周假日旅游】 2007年春节黄金周，广州市共接待游客736.72万人次，同比增长6.82%，其中过夜旅游者96.45万人次，同比减少3.44%，一日游游客640.27万人次，同比增长8.56%。旅游业总收入30.83亿元，同比增长5.00%；"五一"黄金周，广州市共接待游客581.15万人次，其中过夜旅游者148.23万人次，一日游游客432.92万人次。旅游业总收入30.64亿元，同比增长9.76%；"十一"黄金周，

"与您相约黄金周，和谐欢乐游广州"专题活动

广州市共接待游客803.61万人次，其中过夜旅游者166.93万人次，一日游游客636.68万人次，旅游业总收入36.49亿元，同比增长14.48%。

旅游宣传促销与节庆活动

【概述】 2007年，广州作为重要的旅游客源地、目的地，亚太区域旅游中心城市的影响力得到不断增强。一是巩固了原有的国际市场。组织旅游企业参加在德国柏林、法国巴黎、新加坡、马来西亚、韩国首尔、越南胡志明、美国芝加哥、英国伦敦及香港和昆明举办的国际旅游展会，加大了广州市旅游推介的力度。二是开拓新的国际市场。与德国柏林、日本福冈、越南胡志明市建立了新的旅游合作关系。三是依托TPO（亚太城市旅游振兴机构）、PATA（亚太旅游协会）广深珠联席会议、世界美食城市联盟四大合作平台，充分发挥广州区域旅游中心城市的地位和作用。四是通过组织和参加各类宣传活动，扩大广州的旅游影响力。五是进一步加强与南航、美联航、德国汉莎、日本全日空等国内外航空公司的交流与合作。

2007年广州市旅游行业继续坚持“走出去”战略，主动出击，参加各种国际旅游展销会，举办旅游宣传推广活动，年内共参加各类型展会、举办推广活动共11次，其中欧洲4次、美洲1次、澳洲1次、日韩2次、东南亚2次、香港1次，在境外主要客源市场推广广州的旅游资源，宣传广州的旅游形象，促进广州入境游的发展。

【澳大利亚悉尼新春大巡游】 2月11日，广州市旅游局参加了由省旅游局组织的以“盛世华夏，活力广东”为主题的2007悉尼华人春节大巡游活动。为此市旅游局组织了包括管乐队、粤剧表演、青花瓷器模特队及游客方队在内的共100多人参加的广州旅游分团，并在“盛世华夏，活力广东”广东旅游文化推介会上开展旅游推介活动，以演讲与屏幕演示相结合的形式，宣传、展示和推介广州旅游，让澳洲民众更多地了解广州，推动广州旅游走向世界。

【广州国际旅游展销会】 3月30日至4月1日，2007年广州国际旅游展销会在广州锦汉展览中心举办，来自全球36个国家和地区的参展商和买家齐聚广州，进行旅游贸易、业务洽谈与合作。2007年中国国际旅游网上博览会同期举行。本届展销会设两个展馆，面积近2万平方米，展位数目600多个，其中境内展位约400多个，境外展位200多个。境内约有70家参展商或牵头组团单位，以旅游局为单位组团前来的分别有上海、内蒙古、海南、广西、广东等省市，广东主要的旅行社都以组团社的名义牵头，组织其在国内各地的合作网络及伙伴前来参展。境外参展商来自35个国家和地区，包括澳大利亚、奥地利、比利时、加拿大、古巴、捷克、埃及、芬兰、法国、德国、希腊、匈牙利、印度、印度尼西亚、意大利、日本、韩国、马达加斯加、马来西亚、毛里求斯、墨西哥、太平洋岛国、菲律宾、俄罗斯、南非、西班牙、斯里兰卡、泰国、土耳其、阿联酋、美国、越南以及中国的香港、澳门、台湾。旅游展览会期间，共接待境内外的买家、参展商及公众参观者达6万多人次。

2007旅游大促销暨广东国际旅游交易会

【赴瑞典举办广州旅游文化周】 6月9日，“哥德堡号”返回哥德堡市母港，为充分利用这一契机，着力延续在瑞典及北欧地区的宣传效应，向北欧市民宣传广州。广州市旅游局联合广州市外宣办，由广州市副市长王晓玲率团于2007年6月8～19日前往瑞典哥德堡市举办“广州旅游文化周”活动。通过以杂技节目表演和《哥德堡号·中国广州》图片展览等形式，向北欧市民宣传广州，进一步提升了广州的国际影响力和美誉度，也为“哥德堡号”访问广州活动划上完美的句号，有效地配合了国家领导人的外交访问活动。

【TPO第三届总会】 8月27～30日，广州举办TPO第三届总会。参会的国家共有8个，城市会员44个，民间会员12个，参会的市长有24名。其中国外城市33个，市长17名，国内城市11个，市长7名，参会总人数约250人。城市数目和市长人数均超过前两届总会的规模。活动项目包括旅游图片展、新闻发布会、欢迎晚宴、开幕式暨城市旅游论坛、市长圆桌会议、旅游与投资推介会、执行委员会会议、广州美食视听盛宴、市长文化体验活动、吸引旅游投资战略研讨会、总会会议、欢送晚宴等一系列会议、交流、推介活动。会议取得以下成果：①大会表决通过了《广州宣言》等五个议案，确定了未来两年TPO成员的共同事业计划；②让世界更加认识、了解广州，拉近了广州与亚太城市、特别是亚太友好城市之间的距离，增进了相互间的友谊；③吸引了国内外众多媒体采访，使广州千年商都、美食购物天堂、现代化大都市的良好形象通过媒介传播到亚太各个城市和全世界，提升了广州的国际知名度和影响力；④广州通过与TPO会员城市的友好协商，有助于开辟广州到TPO各会员城市间的国际航班、游轮航线，吸引更多的国内外游客来广州观光、旅游、投资、贸易，促进广州社会经济发展；⑤此次总会共吸引了印度尼西亚的苏拿巴亚市以及韩国的昌原市等7个城市成为TPO新会员，TPO规模继续扩大。广州因2006年成功举办“哥德堡号”访穗活动获得TPO事务局颁发的“最佳市场活动奖”。

TPO第三届总会开幕式暨城市旅游论坛

【首届“云山杯”摄影大赛】 8月4日，由广州市旅游局、白云山风景名胜区管理局、广州市摄影艺术研究会共同主办、广州地区旅游景区协会承办的首届“云山杯”广州美景摄影大赛开镜仪式在云台花园举行。摄影大赛设“广州美景”和“云山八景”两个专题，为期2个多月，旨在通过镜头记录广州的每一处美景，向海内外全面展示广州旅游城市形象进一步提升广州作为国际区域旅游中心城市的地位，展现广州旅游新风采。有148幅获奖作品先后在正佳广场、白云山风景区、广州蔬菜公园、黄大仙祠、黄花岗公园等景区巡展。获奖作品将作为广州旅游宣传资料的主要素材。

【广州国际美食节】 9月29日至10月7日，广州市举办第二十一届广州（国际）美食节。本届美食节会场是历届美食节分布范围最广的一届，采取主会场和分会场相结合的方式进行，主会场设在广州国际美食博览中心，分会场在番禺区、花都区、天河区、黄埔区、越秀区、白云山风景名胜区等6个区域，共有580多家餐饮企业参与主、分会场的各项精彩活动，有300万市民以及中外游客参观、品尝美食。组委会为27个单位颁发最佳组织奖，共有60家企业的菜式被评为名菜、15家企业的点心被评为名点、19家企业的出品被评为优秀菜点、9家企业的展台被评为品牌特色展台。

第二十一届广州（国际）美食节颁奖大会

【广东国际旅游文化节广州系列活动】 广州市作为2007广东国际旅游文化节的主会场，具体承办的活动包括：开幕式、旅游招商会、旅游大促销暨国际旅游展览会、泛珠三角旅游花车大巡游、海外杰出华人广东行系列活动、友城之夜系列活动、岭南民间艺术汇演、泛珠三角旅游花船大巡游、第21届广州（国）际美食节、2007中国广州（增城）旅游登山节、广州地区中外友人运动会、“白云启航”专场推介会、首届广东美食节、2007广东国际啤酒节、2007广东埃及旅游文化周、第二届广东自驾游最优景点评选、广东浪漫之旅、中华绝技挑战吉尼斯文化艺术节、世界美酒节、西关小姐评比活动等20项。11月24～29日，举办的珠江花船巡游活动，由16艘反映全省各市旅游主题的花船和7艘非主题花船组成，首次采取游珠江与赏花船融为一体的创新模式，游客和市民可登上游船一同参与巡游活动，亲身感受各地的旅游花船特色，受到游客与市民的好评，成为旅游文化节期间珠江水面上的一道亮丽的风景。

【广州（增城）登山旅游节】 12月27日，由广州市旅游局、增城市人民政府主办的“2007中国广州（增城）登山旅游节”在增城白水寨风景区举行，近千名扇舞爱好者在全线开通的海船木亲水栈道上欢快起舞，3000多名群众参加登高健身活动。

【第二届“百佳”餐饮企业评选】 2007年，为创建“中国最佳旅游城市”，广州市开展2007年度第二届“广州‘百佳’餐饮企业”和“广州餐饮大师”评选活动。花园酒店桃园馆、白天鹅宾馆流浮阁咖啡厅、东方宾馆宴乐宫等138家单位被广州旅游管理委员会授予“广州‘百佳’餐饮企业”称号；

黄振华等100人被授予“广州餐饮大师”称号。

旅游行业管理

【旅游市场监督管理】 2007年，广州市旅游质监部门共组织开展经常性的市场执法检查10次，检查涉嫌违规经营旅游业务的疑点40处，立案处理13宗，移交工商部门处理的1宗。根据市委、市政府领导的指示，针对以“零负团费”和高额回扣为诱饵，大肆招徕参加旅游的消费者，然后通过诱骗、诈骗游客购物，从中谋取不正当利益的情况。8月份以来，由市整顿和规范市场经济秩序办公室、市旅游局、市公安局、市工商局、市交委运管局、市城管支队等部门组成综合执法队伍，联合整治了烈士陵园和广州火车东站周边的旅游经营行为和市场秩序，专项行动共查扣“黑车”1辆，查处无证导游1名，查封12家无证经营的商旅服务公司，对广州火车东站周边无证经营旅游业务的行为进行清理整顿。

【旅游安全管理】 2007年，广州旅游行政主管部门加强旅游行业安全生产监管工作。开展了以“综合治理，保障平安”为主题的安全生产月活动、“一畅两会”消防安全专项整治活动和安全生产隐患排查治理活动。继续推进旅游企业安全主任的培训工作，与市安全生产监督部门联合举办了一期旅行社企业安全主任培训班，有19家旅行社、19人参加培训考试，取得安全主任资格证书。继续推进落实企业安全生产主体责任工作，对广之旅、南湖国旅、铁青等17家试点旅行社按标准进行考核验收。坚持联合安全检查制度，做到日常检查和黄金周、节假日及旅游旺季专项检查相结合。全年与有关部门多次开展全市旅游安全大检查，重点检查了旅行社旅游用车安全管理，星级酒店消防安全，A级旅游景区（点）消防及机械游乐设施安全工作，旅游紧急救援预案的制定和实施演练情况，及时消除事故隐患，保障旅游安全。

【旅行社管理】 2007年，广州地区共有旅行社185家，其中国际旅行社61家（含出境组团社36家）、国内旅行社124家；分社共17个，分布在佛山、东莞、汕头、深圳、珠海、江门、韶关、肇庆等地；旅行社门市部共615个，覆盖的区域以老城区为主，占总数59.84%；全市185家旅行社营业总收入101.83亿元，比上年增长83.33%，其中61家国际旅行社营业收入89.76亿元，比上年增长24.11%，占全市旅行社营业收入的88.15%；营业收入排前十名的旅行社分别是：广州市广之旅国际旅行社股份有限公司、广东省中国旅行社股份有限公司、广东南湖国际旅行社有限责任公司、广东铁青国际旅行社有限责任公司、广东省中国青年旅行社、广州康辉旅行社有限公司、广州市和平国际旅行社有限公司、广东国旅国际旅行社有限公司、广州招商国际旅行社公司、广东羊城之旅国际旅行社有限公司，这10家旅行社经营收入64.85亿元，比上年增长23.41%；完成了对185家旅行社的年度业务年检工作，其中有173家旅行社通过年检（国际旅行社59家、国内旅行社114家）；在充实和完善测评标准的基础上，广州市旅游局联合广州地区旅行社协会对首批55家诚信单位进行复核，对新申请14家单位进行诚信测评，共评出68家广州地区“诚信旅行社”。广州市旅游局、广州地区旅行社协会共同成立了“关于广州地区旅行社现状和发展的调研”课题小组，完成了《广州地区旅行社行业现状和发展研究》，为促进本市行业健康发展提供了理论依据；广州市旅游局推进旅游法规和标准化建设，对《旅行社管理条例》和《广州市旅游条例》提出修改意见和建议。

【旅游饭店管理】 2007年，广州地区拥有旅游住宿设施1402家，客房113849间。全年主要宾馆客房平均出租率61.58%，平均房价360.88元，分别比上年下降0.21个百分点和增长4.37元。全市住宿设施（含宾馆、酒店、旅店、招待所等）营业收入总额230.67亿元，比上年增长10.31%，其中客房收入34.27%，附设餐饮收入37.32%，商品销售收入9.53%。广州住宿业平均房价402.97元。营业收入占广州旅游业总收入的28.90%。完成了对196家星级饭店复核，其中因消防不合格、转营、停业、自动放弃等原因取消星级饭店资格的共11家，其余星级饭店通过年检复核。至年底，全市拥有星级饭店209家（白金五星级1家、五星级7家、四星级31家、三星级101家、二星级66家、一星级3家）。广州市主要宾馆（酒店）营业收入排前10名的是：花园酒店、白天鹅宾馆、中国大酒店、东方宾馆、香格里拉大酒店、广东亚洲国际大酒店、广州长隆酒店、广东新白云宾馆、凤凰城酒店、广州大厦，这10家酒店营业收入总额为26.81亿元，比上年增长7.16%，占全市宾馆（酒店）营业收入总额的11.62%。其中营业额超过4亿元的有2家，超过2亿元的有3家，超过1亿元的有5家。6月18日，广州花园酒店评定为白金五星级饭店，也是全国首批3家白金五星级饭店之一，是广东省第一家白金五星级饭店，成为首批3家酒店中唯一一家民族品牌酒店。

【导游员管理】 截至2007年底，广州市持证导游共有12007人。按等级分类，高级导游30人，中级导游461人，初级导游11516人。中高级占4.1%，初级占95.9%；按语种分类，中文导游10001人，粤语导游1214人，英语导游523人，日语导游150人，其它语种119人，中文与粤语导游占93.4%，外语导游占6.6%；按学历分类，专科以上学历 7446 人，占 62.0%，高中（中专）学历 4561 人，占 38.0%。至年底，全市共有 6598 名导游通过年审刷卡，占导游总数的 54.96%。其中南星 1749 人，翔旅 1811 名，中旅 1690 名，旅行社 1348 名。

【酒店协会加强行业自律】 2007 年 3 月，王晓玲副市长主持召开“广交会期间广州酒店房价问题协调会”，原则同意第 101 届、102 届广交会期间，广州市酒店房价执行政府认可的行业指导价，实行市场调节、行业自律、政府监管相结合。酒店房价由政府限价过渡为政府认可的行业指导价。协会在广泛征询会员酒店意见的基础上，积极向政府相关部门沟通协调。为加强行业自律，协会制定了《广州地区酒店加强行业自律措施》。第 101 和 102 届广交会期间，绝大部分酒店经营者都能遵守价格管理规定，价格秩序良好，为政府逐步退出直接管理、间接监管酒店房价奠定了基础。

【旅行社协会开展多样培训活动】 2007 年，广州旅行社协会举办了各种培训班和专题讲座，包括：与中国旅游饭店业协会共同举办的“全国万能工管理——广州站培训班”；省旅游局举办的“2007 年首期饭店管理人员岗位培训班”；美国国际清洁卫生协会讲授的“硬地面的日常及定期清洁保养”和“国际全新清洁体系将为中国酒店创造新的利润元素与发展空间”专题讲座；章震亚律师讲授的《劳动合同法》专题讲座，等等。受香港酒店业协会的邀请，协会林伟民会长一行共 20 人，参加了第三届亚太区饭店总经理高峰会及 HOFEX2007（香港国际酒店用品及食品展），并考察香港及澳门酒店业。为拓宽本地区酒店管理人员的视野和管理水平，协会还分批组织会员酒店中高层管理人员分赴美国、加拿大、南非、迪拜、马尔代夫等国家进行酒店及客源市场考察活动，并与当地酒店同行进行了经验交流和座谈。6 月 15 日，广州地区旅行社协会联合广东保险行业协会在中国大酒店丽晶殿举办“旅游意外险与旅游风险管理论坛”，论坛邀请美国、香港、省消委会等专家就如何规避旅游风险问题作现场解答，收到良好效果。

旅游资源开发和景区（点）建设

【概述】 2007 年，按照《广州市旅游业“十一五”发展规划》要求，加大力度重点整合及开发旅游资源，取得了较好成效：增城市以白水寨省级风景名胜区建设为龙头，开发建设了大封门漂流、高滩温泉、金叶子温泉度假酒店，举办了“2007 广州（增城）登山旅游节”、“2007 增城迟菜心节”等旅游节庆活动，着力打造出“荔乡仙境健康游”的品牌；从化市结合北部生态休闲度假产品开发，大力实施“旅游旺市”战略，着力打造“温泉之都、山水从化”的旅游品牌，新开发建设了一批乡村旅游产品，如大丘园农庄、宝趣玫瑰世界、太平镇钱岗村、良口镇溪头村等；番禺区长隆旅游度假区开发了全亚洲最大、世界水上游乐设备最多、最为先进的水上乐园，长隆国际大马戏秉承“荟萃全球马戏精华”的品牌理念，推出全球最大的情景马戏《森林密码》，成为广州文化名片和广州夜游首选；花都区与南湖国旅合作，重点开发宝桑园和王子山森林公园，打造广州北部生态休闲度假基地；白云区重点打造帽峰山森林公园、小石船旅游度假区和太和镇头陂村“农家乐”项目；黄埔区在全力打造“菠萝诞”、南海神庙等传统旅游线路的基础上，开发出新兴工业游产品；荔湾区充分利用区划调整的机会，大力推介“一河两岸西关景，水秀花香茶更浓”的旅游特色，以“西关风情文化”为主线，大力挖掘特色历史文化旅游；越秀区以北京路步行街为核心，打造商贸、旅游、文化、休闲国际商贸旅游区；南沙区以建设“两个适宜”的现代化滨海新城区为目标，以百万葵园、南沙湿地公园为重点，大力构建滨海旅游经济体系；各区（县级市）和景区积极培育特色旅游节庆活动，如“流溪香雪”、“梅花节”、“李花节”、“红叶节”、“樱花节”等，经整合包装和市场营销，成为旅游新卖点。目前，广州形成了以市区传统文化旅游产品为核心、周边新型休闲旅游产品为亮点、多样化旅游节庆为补充的广州和谐城乡旅游产品体系。

【旅游行业标准化建设】 根据国家和省、市标准化工作要求，结合广州实际，广州市首次开展地方旅游行业标准化建设工作。通过调查研究，借鉴国内其他城市的做法，根据广州乡村旅游发展实际、商业发展特点和工业产品升级情况，考虑各类社会资源与旅游结合需求，分别起草了《广州特色乡村旅游点服务规范》、《广州特色旅游购物街（区）服务规范》、《工业旅游景区（点）服务规范》，并在广州市质量技术监督局立项。

【旅游商品】 2007 年，广州市旅游局会同市政府相关部门、行业协会以及有关区（县级市）旅游局，对广州市的旅游商品生产、经营单位及旅游景点进行旅游商品专题调研，对目前广州特色旅游商品的发展现状进行了研究和探讨，提交了《广州市旅游商品调研报告》，提出促进广州旅游商品发展的十大工作；开展对全市旅游商品现状普查，根据普查成果首次编制完成的《广州特色旅游商品荟萃》，成为宣传广州购物旅游的权威性资料；开展广州特色旅游商品专柜试点工作，在全市 10 个主要旅游景点设立了广州特色旅游商品专柜。分别是：白云山风景名胜区、黄埔军校、陈家祠、西汉南越王博物馆、越秀公园、中山纪念堂、余荫山房、宝墨园、广州工艺美术总公司、从化清香农产品有限公司等。专柜集中向游客展示、销售具有广州特色的旅游商品，同时还设计广州特色旅游商品专柜标志并加以推广。

广州旅游商品工作现场会

【A级景区建设】 2007年3月，长隆旅游度假区被国家旅游局正式批准为全国首批、广州唯一的5A级旅游景区。该景区是集观光、住宿餐饮、娱乐休闲于一体的综合性大型旅游度假区。广东民间工艺博物馆（陈家祠）、广州动物园、华南植物园、广州烈士陵园、荔湾区博物馆等5家景点分别申报3A、4A级旅游景区，均获省旅游局初评推荐。

【旅游交通标识牌建设】 按照《广州市旅游交通标识系统规划》要求，推进全市旅游交通标识系统建设取得阶段性成果。在广州市中心城区和番禺区、南沙区、花都区、增城市、从化市已建成一批中英文的旅游交通指示牌。这些设施建成，扩大了旅游交通标识牌覆盖面，为优化城市旅游环境，举办广州2010年亚运会，强化广州旅游城市形象，提升广州国际化程度，方便自驾游起到很好的作用。

【主要景区（点）介绍】

〖广东美术馆〗 国家4A级景区，是按现代多功能目标规划建设的造型艺术博物馆，是一个非赢利性的、向公众开放的永久性国家文化事业机构，它担负着收藏、研究、展示国家艺术珍品以及公民素质教育、对外文化交流、推动当代美术事业发展的社会责任和历史使命，具备收藏、研究、陈列展览、教育、交流、服务六大功能。美术馆总建筑面积2万多平方米，馆内有12个展览厅和户外雕塑展示区，可同时或分别举办展览与陈列，广东美术馆环境典雅优美，艺术氛围浓厚，服务项目独特，有力的提升了整个城市的文化品位。

〖黄花岗公园〗 国家4A级旅游景区。市级、省级和中国侨联爱国主义教育基地。公园位于广州市先烈中路，占地面积约13万平方米，正门高13米的牌坊上镌刻着孙中山先生亲笔题词“浩气长存”，园内200多米长的层级主干道两旁苍松翠柏排列有序。岗陵上安放着七十二烈士之墓，墓后的纪功坊上屹立着自由女神像，墓旁是孙中山先生亲手植的树，苍劲挺拔。潘达微先生、邓仲元、杨仙逸、冯如、史坚如等革命烈士也安葬于此。自1911年起，烈士墓数度兴废，解放后，人民政府多次投入大量资金，对墓园进行维护修缮，植树营林，把昔日荒凉的墓园建成今天庄严肃穆的黄花岗公园，目前，园内共有烈士墓56座，大多为孙中山先生批准埋葬于此的，形成了一个辛亥革命烈士墓区。园内还有黄花井、黄花亭、默池、四方池、八角亭、黄花园等。1961年公园就被国务院列为第一批全国重点文物保护单位，1986年以“黄花浩气”之名被评为羊城八景之一，1996年被评为广州十大美景之一“辛亥之光”，2002年以“黄花浩月”之名成为新世纪羊城八景之一。

〖广州气象卫星地面站〗 国家3A级旅游景区。位于广州市天河区，占地面积6万多平方米，始建于1978年，1986年正式投入使用。为国家气象卫星地面应用系统的重要组成部分，是国家卫星气象中心下属的三个气象卫星地面接收站之一，是国家“六五”、“七五”重点工程建设项目。承担中国气象卫星发射的入轨跟踪、在轨测试、卫星测控、测距、卫星遥测资料的提取处理转发等任务。同时，还承担美国NOAA系列极轨气象卫星、日本GMS系列静止气象卫星的接收、处理和应用和存档服务，2003年起增加了美国地球环境监测卫星——EOS的接收、处理和应用系统，属国家4个骨干站点之一。经过二十多年的建设，广州气象卫星地面站已建设成为一个拥有极轨气象卫星跟踪、测控、资料接收处理系统，静止气象卫星地面站测距系统（CDAS站），静止气象卫星中规模数据利用站，卫星通信地球站，EOS/MODIS资料接

黄花岗公园七十二烈士墓

收处理系统等的大型综合卫星地面站。

广州气象卫星地面观测场

〖洪秀全故居纪念馆〗 3A级旅游景区。位于在广州市花都区新华镇大布村官禄布，位于新华镇西北面8公里处，距离广州新机场10公里，紧邻京广铁路、107国道。这里山清水秀，人杰地灵，是洪秀全成长、耕读和从事早期革命活动的地方。1988年1月13日，洪秀全故居经国务院批准公布为全国重点文物保护单位。景区内环境幽雅，人文景观与自然环境和谐、统一，游客除可了解这位杰出的农民运动领袖成长初期的历史环境，还可感受到独特的客家民俗风情和浓郁的田园乡土气息。金田起义后，清政府先后两次到官禄布"诛九族"，洪秀全故居亦在当时被毁。1959年，在原址上复原了洪秀全故居和村塾——书房阁，并于1961年向游客开放。现在景区内还保留有洪秀全青少年时手植的龙眼树、洪秀全高祖洪英纶夫妇画像、洪仁干故居遗址、民房墙基和洪氏宗祠等文物，利用洪氏宗祠设辅助陈列室。近年，政府复原了村里部分民房，把景区面积扩充到13300平方米，增设了太平天国文书和民俗风情等陈列展览，丰富和充实了参观内容。

洪秀全故居

〖广州抽水蓄能电站旅游度假区〗 国家3A级旅游景区。全国工业旅游示范点。爱国主义教育基地。广州抽水蓄能电站是中国第一座也是目前世界上最大的抽水蓄能电站。主要的景观有：茵梦平湖，可泛舟湖上作环库游，每天24小时看湖心岛不停地"沉浮"；魔力宫殿，地下厂房处于上、下水库之间，深藏山腹400米，这里的机组与常规水电厂的不同之处在于它既能发电蓄电又可抽水，使水能、电能之间能够转换，解决了多余电量的储存问题；陈禾天地，这是蓄电厂的上水库，青山如黛，湖平如镜，春夏秋冬四时景色独特，广州市民双休日来到这里休憩游乐，它已成为了广州市郊旅游的一个新景点。 上库的召大水和下库的九曲水同属流溪河上游牛栏河的支流，水质非常好，电站就是利用上下两库通过电能——势能——电能的循环转化来抽水蓄能的。游人可以乘坐专车通过约十公里的盘山工路爬上海拔800多米的上水库，欣赏蓝色透明的湖水和天空、迤逦的群山，上水库有奇特高上气候，气温平均比山下低5度，是夏天的避暑胜地。

〖广州百万葵园〗 全国农业旅游示范点。位于广州市南沙区万顷沙镇新垦十五涌，是以向日葵为主题的生态公园，同时名列两项世界第一：规模最大达66.7公顷，荣获"全国规模最大的葵花园"——"吉尼斯之最"记录；葵花常年开放，世界唯一。葵园共引进了来自18个欧洲、日本等观赏性向日葵品种，并优选培育出一批适宜亚热带种植生长的品种。通过基因的导入，培育出红色、紫色等特殊颜色及具有浓郁香味的向日葵，且经过科学规划种植，使葵园保持葵花常年盛放。百万葵园除了拥有世界各国的名花之外，园内还建起了全国首个松鼠乐园和蚂蚁王国以及麦兜猪乐园、松鼠狗乐园、小白鼠乐园、白鸽广场、西瓜蟹园、蝴蝶园、金鱼水中王国，构成一个充满温馨与情趣的童话世界。

〖羊城晚报报业集团印务中心〗 全国工业旅游示范点。位于广州市黄埔大道中的羊城晚报报业集团印务中心，是一个集印刷科技博览、报业文化博览、园林艺术博览于一体的报业文化科普基地。《羊城晚报》是新中国创办的第一份大型晚报，日发行量连续23年超100万份，是中国最具公信力和影响力的品牌传媒之一。在设计建造过程中，始终遵循资源节约、协调发展的原则，重视生态和环境保护，努力营造人与自然、生产与环境的和谐共生。绿化面积便达到近3万平方米。草坪、荷塘、小桥流水，绿树、林荫、五彩壁画……置身其中，疑是上了公园。但环保优先的规划建设原则并不仅仅停留在环境绿化方面，更重要的是在印刷、制版、建筑技术等多方面都得到了充分体现。被评为第三批"全国工农业旅游示范点"，成为全国报业及印刷业第一家获此殊荣的单位。

羊城晚报报业集团印务中心

【乡村旅游】 2007年，春节黄金周期间，由广州市旅游局主办的“广州旅游好去处全接触暨2007广州和谐城乡游启动仪式”在广州以太广场旅游天地举行。7月24日，广州市旅游局与市农业局、从化市人民政府联合主办“广州特色乡村游从化采风活动”，大力宣传乡村旅游成果，促进乡村旅游可持续发展。9月22日，“十一”黄金周“欢乐假期·相约花城”活动现场，首次推出了小洲村、小石船旅游度假区、谷丰园、祈福农庄、万顷沙镇、梯面镇、派潭镇、大丘园农庄、钱岗古村、溪头村等10个广州市特色乡村旅游示范点，并举行了授牌仪式。经市旅游局推荐，省旅游局批准，番禺区沙湾镇、黄埔区长洲街（镇）、花都区梯面镇、南沙区万顷沙镇、从化市温泉镇、增城市派潭镇等6个镇和番禺区石楼镇大岭村、从化市太平镇钱岗村、海珠区华洲街小洲村、从化市良口镇溪头村、增城市小楼镇西镜村等5个村分别被评为“广东省旅游特色镇”和“广东省旅游特色村”。2007年与中国旅游出版社联合编写《中国乡村旅游指南——广州篇》，开展全面调查、收集、整理、撰写《广州篇》等工作。

【新开发的大型景区和新增星级酒店介绍】

〖长隆水上乐园〗 6月13日正式开业。占地20万平方米，由国际知名的加拿大白水公司（WHITEWATER）设计。是全亚洲最大，世界水上游乐设备最多最先进的水上乐园，一天的游客吞吐量约为4万人。园内水处理系统引进世界最先进的臭氧水循环处理系统，不仅能够使水质完全符合国家质检部门的要求，更能在完全不刺激眼睛和皮肤的情况下，消灭水中出现细菌的苗头，使园内用水变得更纯净，更安全。

园内所有水上游乐设备均由世界级水上设备公司设计及提供，并获得过国际大奖。其中包括亚洲第一台获得国际旅游行业2006年度“金票奖”、“最佳新项目”的“大喇叭”滑道，游客坐在特别设计的四叶草形浮圈里面从高处滑行到一个巨大的大喇叭形圆锥体里面，适合喜欢体验新鲜感受的游客；有国际旅游行业2005和2006连续两年“金票奖”、“最佳水上项目”得主，有水上过山车之称的喷射滑道能带给游客难以置信的滑行体验，非常适合喜欢挑战和刺激的年轻游客；有目前水上乐园行业里最新的设计合家欢组合滑道，它是世界上首条运用高新技术设计的惊险度极高的水上滑道。还拥有国际旅游行业协会的荣誉推荐项目——疯狂树屋池，是世界上最大的主题式水上游玩区之一，各种不同的水滑道和玩水活动，为不同年龄层的游客提供无穷的欢乐；以及另一个国际旅游行业协会荣誉推荐项目——急驰竞赛。加上离心滑道和高速滑道等这些水上游乐项目都非常适合喜欢挑战和刺激的年轻人。还拥有总长度超过1280米，世界上最长的漂流河；总面积超过10,000平方米，提供9种造浪模式，最高可形成1.2米高浪潮的世界上最大的造浪池——超级造浪池；以及特别为儿童而设计的多种儿童滑道及儿童戏水池等等。园区内还可以欣赏到世界各地的风情，品尝到世界各民族的美食。

〖广州白云国际会议中心〗 位于白云新城内的原东方乐园，东隔白云大道，与白云山国家名胜风景区和鸣泉居度假中心对望，西以白云机场旧址的机场东路为界，南临东方明珠花苑和广州新体育馆。规划中的机场东路，环场北路、地铁2号延长线，14号线将从会议中心环绕而过，多条公交线路方便往返市内各主要站点，新白云国际机场超过40条国际航班直达世界各地，交通便捷。

广州白云国际会议中心是广东省、广州市的重点工程，是华南地区规模最大的、配套最齐全、设备最先进的会议中心，建设总投资40多亿元，总建筑面积31.6万平方米，主体建筑包括中央三栋会议展览中心和南北两栋配套东方国际会议酒店。三栋会议展览中心拥有10万多平方米的会议场地，包括2500座的世纪大会堂，1200座的岭南大会堂、500座的广东大会堂、500座的越秀华堂，250座的国际会议厅，中型地级市会议室25间，小型会议室30间，会议厅配备同声传译系统、电子表决系统，中央控制系统，会议发言系统和声控系统、会议音视频电子刻录系统等国际先进设备，同时，会议中心还配备有高标准影视厅、具有世界先进水平的舞台等先进配套设施，能够满足不同规模、类型的会议需要。东方国际会议酒店拥有南、北两座酒店，共1079间客房，其中包含高级单人房、高级双人房、豪华单人房、双人房、行政套房以及总统套房等多种房型，另外，两座酒店拥有8间中、西餐厅，拥有各具特色的中西名菜美点、精烹料理、美食风味，令宾客足不出酒店，尝遍天下美食。同时，还用多种娱乐设施，KTV、花店、美容美发室、商铺、商务中心、游泳池、订票中心、电影院等。

广州白云国际会议中心主体由五栋不规则长方立方体楼宇南北平行排列，主体建筑外墙为红色砂岩和透明玻璃幕墙，有效地减少直射阳光对室内的影响的同时，做到节能环保，还为会议中心的自然风降温提供条件。建筑线条的流动趋势、光与影的明暗对比突出层次感，将会议功能融合在未来城市中心——白云新城和国家风景名胜区——白云山的整体系统之中，无论是远眺或从白云山上俯瞰，都能感受到一种跌宕的韵律感，连绵的红色墙壁、银色的玻璃幕墙，带着“云中之凤”的风韵，绘出一道“山中之城”的美景。

〖**广州香格里拉大酒店**〗　酒店毗邻广州琶洲国际会议展览中心，于3月26日开业。该酒店是亚太地区酒店集团——香格里拉旗下的第50间酒店，拥有客房704间，面积均在42平方米以上，最大的套房面积达305平方米。酒店的行政楼层配有108间客房。内有占地5800平方米的花园，有露天泳池、练习果岭及户外活动草坪。健身设施包括健身房、有氧运动室、露天网球场以及室内游泳池等。四楼为水疗中心，有11间理疗室。酒店还设有餐厅和酒吧，分别为咖啡厅、夏宫中餐厅、滩万日本料理餐厅、爱弗罗意大利餐厅及香泰餐厅等。大堂酒廊、交点酒吧和池畔烧烤吧也提供各式餐饮选择。酒店目前拥有6600平方米的会议场所，包括两间大宴会厅，八个多功能厅，一座礼堂，三个贵宾室。其中珠江大宴会厅面积达到2240平方米。

〖**广州诺富特白云机场大酒店**〗　位于广州新白云国际机场。酒店内设460间客房，其中包括45间套房。两层商务楼层配有商务酒廊，5间风格各异的餐厅提供各种亚洲及国际美食。大堂设有完善的商务中心。酒店三楼配有露天游泳池，两个户外网球场和齐全的健身美疗设施。还拥有一个大宴会厅，一个大会议室和12个多功能厅。现代化的时尚设计，富有特色的餐饮设施，周到热情的服务，将使白云机场大酒店成为南方商旅之都的新地标。

旅游教育培训和精神文明建设

【**概述**】　2007年，完成了年度广州地区12066名导游员和广州地区中高级导游的继续教育培训工作；组织了广州地区的中高级导游参加全省中高级导游员研讨会；协助组织广州地区的考生参加全国导游考试的笔试和面试，有656名考生参加初级导游员资格考试，145名考生参加中级导游员考试。

【**建立导游岗位培训体系**】　截至2007年底，广州地区拥有持证导游12066人。广州市旅游局针对导游队伍现状、发展态势和长远需求，制定了适合当地情况的导游队伍培养的规划，研究促进导游队伍健康发展的管理制度与保障政策；借助旅游院校的教育资源，加快复合型、高素质导游队伍的建设，并以各类大中专、职业教育学院为依托，创新导游职业等级考核方式，促进有一定实践经验和服务技能的导游进入中级行列，尽快壮大中级导游队伍；各相关大专院校、导游职业教育院校突出了实践环节，重视对实践技能和适应能力的培养，提高导游技能和专业知识覆盖面。同时积极探索形成分类分级相结合、资格考试与社会吸纳相结合、合理流动与相对固定相结合的导游队伍管理体系。各级旅游行政管理部门、旅行社、导游服务管理机构以及经人事、劳动、教育部门认可的继续教育培训机构都是导游个人素质提高的载体，以岗前培训、在岗培训、年度检查和监督为主要内容，全面提升初级导游综合素质，加强对中级、高级导游综合能力的培养，加快对特级导游人才的吸纳和培养；重视专业技能导游、复合型导游、小语种导游、社会高级兼职导游等不同门类导游人才的培养，创设能够让专家级人才、特殊人才加入导游队伍的机制和制度；对符合导游人才条件的各类专家、学者、特种旅游以及专项旅游所需的专业技能导游人才、园林、风景、文物、宗教等旅游景点和红色旅游景区的专业讲解人员等社会专门人才，经过相应的业务学习和培训，通过社会吸纳的方式培养其进入导游队伍。

纪　事

2月3日　“春节黄金周广州旅游好去处全接触暨2007广州和谐城乡游启动仪式”在广州以太广场旅游天地举行。

2月28日　广州市政府在广州大厦召开全市旅游工作会议。

3月20日　组织市人大代表、市人大财经委、市建委等8家单位召开座谈会，就人大代表提出的“建议挖掘珠江水上资源，打造一张水上旅游交通网”的提案进行座谈讨论。

4月21日　举办“与您相约黄金周，和谐欢乐游广州”和“广州知识产权风采行——日游活动”。

4月23日　组织市政府办公厅建议提案处、市文化局、致公党广州市委员会以及旅游企业代表召开座谈会，讨论市政协提出的“关于大力发展广州文化旅游、增强广州旅游业竞争力的建议”提案。

4月　李志新副局长带队，会同市安监局、质监局开展“五一”黄金周节前安全生产检查，检查了14家旅游企业，对其中10家企业发出书面整改意见；与安全生产监督局联合举办安全管理及安全主任培训班；与市国家安全局联合制定《关于做好广州市大型重要涉外旅游文化活动国家安全保卫工作的意见》；组织召开旅行社安全生产考核工作会议。

5月25日 召开广州旅游信息化工作会议和2007年度广州地区酒店星评员工作会议。

5月 走访旅行社企业调研广州入境游市场情况；到从化、增城、花都等区、县级市进行“和谐城乡游”工作调研；对广州地区三星级以上规模的酒店（包括在建已建）进行摸查，开展调研工作。

6月8～19日 广州市副市长王晓玲率团赴瑞典见证“哥德堡号”返航并举办广州旅游宣传推广活动。

7月24日 市旅游局与市农业局、从化市人民政府联合举办“广州特色乡村游从化采风活动”。

7月 举办首届“云山杯”广州美景摄影大赛。

8月17日 参加国家旅游局在北京召开的中国旅游景区分会成立暨5A级旅游景区颁牌大会，广州长隆旅游度假区被评为全国首批5A级旅游景区。

8月18～23日 由市整顿和规范市场经济秩序办公室、市旅游局、市公安局、市工商局、市交委运管局、市城管支队等部门组成综合执法队伍，联合整顿烈士陵园和广州火车东站周边的旅游市场秩序。

8月27～31日 成功举办亚太城市旅游振兴机构（TPO）第三届总会。

9月13日 广州市副市长曹鉴燎到广州市旅游局开展调研。

9月22日 在天河正佳广场举办“欢乐假期·相约花城”国庆黄金周大型旅游宣传推广活动。

9月29日 由市政府主办，市旅游局承办的第21届广州（国际）美食节开幕。

9月30 广州市副市长曹鉴燎带队到越秀公园、流花宾馆等景区和酒店进行节前旅游安全检查

10月7～16日 广州市成功举办第21届广州国际美食节。

10月24日 组织各区旅游局、宾馆、旅行社代表召开座谈会，对《广州市旅游条例（草案）》作进一步修改。黄小晶副局长、市法制办负责人参加会议。

12月3～8日 赴广西百色市开展旅游帮扶培训工作，并举办了旅游业务骨干培训班，各县分管旅游的副县长、旅游局局长、景区（点）、旅行社总经理等参加了培训，促进了两地旅游服务标准的接轨。

12月13日 市人大代表到香格里拉酒店、长隆集团视察广州旅游产业发展情况。旅游局党委书记、局长朱力作了广州旅游产业发展情况的专题汇报，企业负责人分别汇报了企业的发展情况。

12月17日 举办广州市旅游景区质量等级评定委员会暨第三期景区中高层管理人员培训班。

12月18～30日 与广东电视台进行商洽，共同制作《畅游广州》旅游专题电视栏目，宣传广州城市的旅游形象。

12月19～30日 应尼泊尔文化旅游部、印度旅游管理协会邀请，由曹鉴燎副市长带队，赴尼泊尔、印度、斯里兰卡等南亚三国进行旅游资源考察及外事访问。

（陈美祥、刘正军、胡雄文、林文上、李苏娜、郑　炜、魏　萍、邹晓芳、谢洪欣、贾　佳、莫斯宁、李柳燕、刘　萤、李艳玲、冯秀英、左淑娣）

深圳市

综述

【总体情况】 2007 年，是深圳旅游业进一步打基础、上水平，向国际滨海旅游城市目标稳步迈进的一年；是深圳旅游业大力发展高端旅游、积极推进循环经济，可持续发展的后劲不断增强的一年；是深圳旅游业努力加强协调管理、规范旅游市场、促进有序发展的一年。深圳作为中国旅游重要的目的地、客源地和出境游集散地的地位不断得到巩固。全市接待游客 6562.80 万人次，比上年增长 7.05%。其中入境游客 2677.46 万人次，比上年增长 6.05%；国内游客 3885.34 万人次，比上年增长 7.75%；全市接待入境旅游者 831.3 万人次，比上年增长 16.64%。其中外国游客 161.64 万人次，比上年增长 16.15%；旅游业总收入首次突破 500 亿元，达 511.12 亿元，比上年增长 10.98%；旅游外汇收入 26.23 亿美元，比上年增长 15.79%。宾馆酒店客房出租率 62.73%，略有增长；旅行社接待总人数 675.84 万人次，比上年增长 14.07%；主要旅游景点接待入园游客 2632.18 万人次，比上年增长 10.23%。

【旅游行业规模】 深圳旅游业已初步形成文化主题公园旅游、都市商务会展旅游和滨海休闲度假旅游三大特色。全市拥有各类景区（点）100 多处；拥有各类旅游住宿设施 1600 多家。星级宾馆 151 家，其中五星级酒店 10 家，四星级酒店 27 家，三星级酒店 67 家。全市宾馆酒店日住宿接待能力达 12.7 万人；拥有旅行社 164 家，其中国际社 39 家、国内社 125 家；2007 年，深圳有 10 家旅行社进入中国“国际旅行社 100 强”。旅游相关产业配套方面，深圳全年举办的各种旅游文化节庆活动有 170 多种；全市拥有规模的歌舞厅、音像市场等文化娱乐企业 2100 多家；拥有高尔夫球场 14 家，其中观澜湖高尔夫球会是世界上最大的球会，有 216 个球洞，欧米茄世界杯高尔夫球赛连续 12 年在该球会举办。

【重大旅游决策】 2007 年 1 月，深圳市政府发布了《关于加快我市高端服务业发展的若干意见》的 1 号文件，提出要重点发展包括高端旅游在内的八个重点领域的高端服务业。

【举办旅游线路设计大赛】 3 月至 8 月，由深圳市旅游局、深圳报业集团、深圳广电集团联合主办“精彩深圳欢乐行”旅游线路设计大赛，深圳晚报社、深圳广电集团广告中心、深视公共频道、芒果网等承办，得到各区旅游局、多家旅游机构、航空公司、旅行社以及旅游学院等全程支持，并邀请余秋雨、王石、宋丁、董观志、谭炜波等社会各界知名人士参加评审。本次大赛直接“问计于民”，在各大媒体面向市民、旅游爱好者、旅游企业、俱乐部公开征集旅游线路设计稿件，采众家之长。经过三个多月的宣传、发动和组织，有数百万海内外游客通过报纸、电视、网络等渠道了解本次活动，仅大赛官方网站芒果网专栏每日浏览量达到 5000 多人次，大赛组委会共收到线路设计稿件 6652 份；参与本次大赛共 520 万人次，投票总数达 162 万。8 月 6 日，举办了盛大的“精彩深圳欢乐行”旅游线路设计大赛颁奖盛典，12 条最佳设计线路最终揭晓。

“精彩深圳欢乐行”旅游线路设计大赛

【举办英语大赛】 9 至 11 月，举办了 2007“迎大运，展风采，创最佳”深圳旅游行业英语大赛。大赛由深圳市旅游局和深圳广电集团共同主办，市旅游协会、深圳日报社（英文）协办。全市上百家企业的 14 万名员工经层层选拔，最终有 177 名代表参加复赛，9 名选手进入了总决赛。华侨城、观澜湖高尔夫球会、圣庭苑酒店、聚豪会高尔夫球会、大中华喜来登、深圳国旅等企业均组织强大的阵容参与。深圳市委、市政府以及市人大的领导出席了电视总决赛。

【参加广东国际旅游文化节活动】 10月20日，2007深圳国际旅游文化节正式开幕，活动持续2个月。深圳市作为2007广东国际旅游文化节暨泛珠三角旅游推介大会的分会场，共举办了F1摩托艇世界锦标赛中国深圳大奖赛、深圳国际友城文化艺术周、深圳黄金海岸旅游节、深圳旅游行业英语大赛、罗湖美食节、福田旅游文化节、第四届宝安区沙井金蠔节、文化名人龙岗旅游笔会、鹏城金秋艺术节、中国婚庆、2007深圳旅游美食嘉年华等十一项活动组成。本次旅游文化节氛围突出，在深圳市举办的国际友城文化艺术周期间以及2007 F1摩托艇世界锦标赛中国深圳大奖赛上，有来自德国、法国、意大利、波兰、美国、希腊、澳大利亚、埃及等多个国家的艺术团体和参赛队伍。本次文化节还进一步加强了深港两地旅游互动，专门组织了香港市民开展游览活动，得到了香港旅游业界的积极响应。

【深港澳合作】 2007年，深圳市旅游局和香港旅游发展局联合在东北地区、日本东京举办了两次旅游推介活动，共同推广深港连线旅游产品；与香港旅游业议会草拟了《香港旅游业议会与深圳市旅游局关于加强港深旅游市场管理合作协议》，并作为深圳市政府领导访港期间签署的合作文件之一。同年12月，深圳市旅游局还与香港旅游发展局、澳门旅游局签订加强合作协议，并组织深圳市旅游企业赴香港、澳门举办旅游推介活动，促进了三地游客的互动。

【国际交流】 2007年，深圳市旅游局先后接待了日本、韩国、法国等旅游界人士的来访近百人次，并组团出访了多个国家，加强了深圳与国际旅游界的交流与合作。9月8日，深圳市旅游局与日本旅行社、航空界等业界代表40人在香格里拉大酒店举行了纪念中日邦交正常化35周年旅游交流活动，李小甘局长与日本方面的田川代表签署了《中日（深圳）旅游交流活动共识》，共同推动双方的交流与合作。

旅游接待与收入

【入境旅游】 2007年，深圳市共接待入境游客2677.46万人次，比上年增长6.05%。其中，过夜入境旅游者831.30万人次，比上年增长16.64%；一日游入境游客1846.16万人次，比上年增长1.88%。

【国内旅游】 2007年，深圳市共接待国内游客3885.34万人次，比上年增长7.75%。其中，过夜国内旅游者1728.98万人次，比上年增长7.76%；一日游游客2156.36万人次，比上年增长7.75%。

【出境旅游】 2007年，深圳市组团出境旅游人数95.35万人次，比上年增长34.17%。其中，组织港澳游62.89万人次，比上年增长41.24%；组织出国游32.46万人次，比上年增长22.31%。

【黄金周假日旅游】 2007年春节、“五一”和“十一”黄金周期间，全市共接待来深游客1092.61万人次，同比增长3.93%，占全年游客接待量的16.65%。其中，接待入境游客216.43万人次，同比增长0.06%；接待国内游客876.18万人次，同比增长4.78%。三个黄金周全市共实现旅游收入91.17亿元，同比增长9.87%，其中春节黄金周旅游收入40.51亿元。

旅游宣传促销与节庆活动

【旅游宣传促销活动】 2007年，深圳市旅游局以海外客源市场的开发为核心，同时兼顾国内客源市场的巩固，大力开展重点客源市场的宣传促销工作，开展了形式多样的促销活动。国际方面：参加俄罗斯莫斯科展、首尔国际旅游展、香港国际旅游展、日本JATA国际旅游展及联合促销、新马旅游展、东南亚旅游推介及滨海旅游资源考察、欧洲会议奖励旅游展、2007广东澳洲之行系列旅游文化交流活动、美国休斯敦中国节等，并在东京、悉尼举办旅游推介会。国内方面：参加苏州国内旅游交易会、昆明国际旅游交易会、广州国际旅游交易会、厦门海峡旅游博览会等。为充分发挥各类媒体和宣传渠道的作用，深圳市旅游局按市场细分进行有针对性宣传，东部华侨城作为新开业景区是重点推介的对象。为加强媒体的宣传力度，先后在深圳电视台8个频道和深圳电台3个频道、《深圳特区报》、《深圳商报》、《深圳晚报》、《晶报》、《南方都市报》等媒体进行旅游形象广告和资源、产品的推广；在深圳深南大道最繁华的路段树立形象广告牌；选择10辆主干线公交大巴投放车身长广告。这进一步提升了“精彩深圳，欢乐之都”的知名度和影响力。借2008年北京将举办奥运会之机，深圳市旅游局筹划制作《精彩深圳欢乐行》宣传折页在北京、青岛、香港等奥运比赛城市的酒店、机场、旅游咨询中心摆放，并就相关工作与北京市旅游局和青岛市旅游局进行前期沟通，就宣传折页内容和图片进行前期收集和整理。

【第六届深圳黄金海岸旅游节】 由深圳市盐田区人民政府

和深圳市旅游局共同主办的第六届深圳黄金海岸旅游节，于10月26日至11月25日在深圳盐田区举行。本次旅游节呈现三大亮点：沙滩音乐节、国际风筝节、首届国际游艇及设备展。旅游节期间还举行了摄影大赛、美食周等活动。本次旅游节以海洋文化为内核，糅合了众多海洋元素，着力表现滨海城市的激情、浪漫、休闲、时尚等特质。10月26日晚，一场主题为“我们的梦，奥林匹克深圳之夜”的晚会，拉开了本次旅游节的帷幕，周笔畅等深圳本土歌手在深圳大梅沙海滨公园举行“本土经典海天派对”，张楚等摇滚歌手也在沙滩上带领游客尽情狂欢。国际风筝节成为旅游节的一大亮点。本次旅游节共邀请了13个国家的25支风筝代表队、60余名风筝大师参与，世界上最大的、长达30余米的软体风筝进行放飞表演。举办的海上冲浪风筝表演、风筝格斗表演、万人放飞表演、马来西亚糖果风筝表演等活动，为游客奉献一幕幕绚丽的“空中芭蕾舞剧”。旅游节期间还举办了首届国际游艇及设备展，集中展出游艇、豪华游船、水上健身艇、帆船等各类船艇设备，帆板、冲浪器材、滑水器等各类水上运动休闲产品。

2007深圳国际游艇展

【宝安第四届沙井金蠔节】 12月17～23日，由深圳市旅游局、宝安区人民政府主办，沙井街道办事处、宝安区贸工局承办的第四届沙井金蠔节在深圳宝安沙井街道火热登场。本届“金蚝节”以“蚝香旅游、精彩宝安”的主题，通过开展各种有“沙井蚝”文化内涵的活动，利用“沙井金蚝节”这一文化平台，架起沙井人民与外界沟通、合作的桥梁，促进沙井旅游文化事业的发展，全面展现沙井独特的文化旅游魅力。本届“沙井金蚝节”旅游节庆活动共有“蚝乡旅游精彩宝安”第四届沙井金蚝节开幕式、“蚝乡旅游精彩宝安”文艺演出等7项内容。

【举办第八届深圳欢乐谷国际魔术节】 欢乐谷国际魔术节已经成国际第二大魔术盛会，吸引着各国的魔术大师来深圳登台献艺，更让众多魔术爱好者和普通游客享受到世界级的魔术大餐。“五一”期间，在深圳欢乐谷举办的魔术节，共有来自欧、美、亚等12个国家和地区的40余名魔术大师同台献艺。他们把全球最具代表性的幻觉魔术、逃脱魔术、手法魔术带到深圳欢乐谷，以魔术晚会、景区舞台表演、景区零距离流动表演等多种形式，向广大游客展示了惊险、梦幻的魔术表演。白天由来自新加坡、韩国、日本、孟加拉以及中国澳门等国家和地区魔术师在欢乐剧场为游客们送上了富于亚洲风情的“魔幻炫风”，晚上则由来自美国的国际顶级幻觉魔术大师哈拉雷、荷兰的“新生代梦幻组合”魔术海浪、南美洲魔术界领袖人物阿根廷的米鲁哥以及国内著名魔术师茹仙古丽等联袂献上“魔幻盛典”。而“世界最伟大逃脱大师”迪恩的“极限逃脱”的表演更分外令人折服，火幕、水炮、喷泉等特效配合，让现场惊险万分，再加上每天数十场的街头零距离魔术表演，国内著名魔术师举办的魔术训练营，以及盛大的“欢乐魔幻大巡游”，使欢乐谷处处充满神奇的魔力。

【2007深圳南山荔枝文化旅游节】 6月20日至7月20日，由南山区人民政府、深圳市旅游局主办的“2007深圳南山荔枝文化旅游节”在深圳南山举行。本次活动突出南山“大文化”和“大旅游”特色，以南山区丰富的文化旅游资源、优美的生态环境为依托，通过组织丰富多彩的特色活动，加大南山区整体形象的宣传力度，吸引更多的海内外客人到南山来观光游览，以推进南山旅游业的发展。“荔行天下欢聚南山”是“2007深圳南山荔枝文化旅游节”的主题，旅游盛会、购物美食、经贸展示、文化亮点、乐和社区五大系列活动精心编排的三、四十个精彩节目为游客倾情上演。此外还有体育赛事等相关活动。

深圳南山荔枝文化旅游节——购物节启动仪式

旅游行业管理

【“优质诚信香港游”活动】 从1月1日起，深港旅游部门联合启动“优质诚信香港游”活动。深圳22家组团社签订了《“优质诚信香港游”公约》和《联合抵制香港游“零负团费”不正当竞争公约》，凡是在发布香港游的广告、香港游的产品上要使用统一的“优质诚信香港游”标识，并在媒体上发布公告、开设专版、制作专题电视片、派发宣传手册等多种措施，加大“优质诚信香港游”的宣传力度。两地旅游部门还联合在皇岗口岸开展“优质诚信香港游”专题活动，向赴港旅游团队派发“优质诚信香港游”宣传单和温馨提示。深圳市旅游局还5次召集全市组团社召开“优质诚信香港游”专题工作会议，及时研究解决存在的问题，并通过日常检查和专项行动等举措，加大了市场监管和查处力度，重拳打击以“零负团费”经营港澳游的旅行社或办事处。“优质诚信香港游”活动的开展取得了一定的成效，有关投诉下降了七成。

【旅游市场监督管理】 2007年，深圳市旅游局成立了整顿规范旅游市场专项行动领导小组，联合公安、工商等部门多次开展专项行动，共取缔购物欺诈的“黑店”4家，取缔无证、无照经营旅游业务的宾馆、招待所商务中心12家，查获一批假冒摄像机、假冒名表、假冒手机、仿冒金银首饰等物品，清理派发旅游宣传单的“派单仔”16人，缴获非法旅游传单5000多份。

【处理旅游投诉】 2007年，深圳市旅游局加强对旅游投诉案件的受理工作，保持24小时投诉电话畅通，全年共接到各类咨询投诉电话5476次，属于投诉电话的1380次，有效投诉为620宗；收到书面投诉121宗，召开投诉协调会92次，到旅游企业现场了解情况102人次，理赔金额40万元，有效投诉办结率100%。

【安全星级饭店复核】 2007年，深圳市星级饭店复核工作将安全检查纳入星级管理机制。在星级饭店复核工作中，除按星级标准检查评定外，重点对各星级饭店的安全生产情况进行督查，检查各酒店的消防通道、安全出口、应急照明灯、疏散示意图、消防设施检查记录、消防监控等，督促各星级饭店完善安全管理制度，落实安全生产责任制、完善各项应急预案，并要求各星级饭店在报送复核材料的同时，提供近期消防部门的安全检查记录，确认消防安全检查合格后方可通过星级复核。星级饭店复核中，取消星级资格的12家星级饭店中，其中有2家星级饭店取消星级资格的主要原因是对安全隐患整改报告不重视，多次催报仍不提交。

【旅游安全管理】 2007年，深圳市旅游局制订下发《2007年旅游行业安全生产大检查工作方案》及《关于开展2007年旅游行业安全大检查活动的补充通知》。5月24日，组织召开了全市旅游行业安全工作会议，通报了2006年旅游行业安全大检查的情况，研究部署了2007年旅游行业安全生产交叉大检查工作。决定将从264家旅游企业抽调264名的安全检查人员认组成的41个检查小组开展对全市264家旅游企业进行安全交叉大检查，检查覆盖率达到100%。并将检查情况在全行业进行了通报，向有关部门上报送了检查情况的报告总结。结合全行业的安全交叉大检查所检查的264家旅游企业的129个安全隐患每月对排查出的隐患逐条催促企业进行整改，至年底已全部整改完毕，整改率达100%。

【安全生产检查标准】 2007年，深圳市旅游局与深圳市标准技术研究院共同制定《深圳市旅游安全生产检查标准》，目前已完成初稿及相关部门的调研工作，下一步将开展旅游企业的调研及专家评审工作。该标准完成后，将为深圳市旅游安全生产的管理和检查工作提供更为科学的依据与指导。

【旅行社管理】 2007年，深圳市新设立国内旅行社6家，由国内社升格国际社4家，由国际社升格组团社1家。香港康泰旅行社、港中旅京华国际旅行社在深分支机构已获国家旅游局批准。进入2007年度全国“双百强”的旅行社有10家。截至2007年底，深圳市共有旅行社164家，其中国际社39家、国内社125家。充分运用《关于对旅行社组织外国游客来深实行奖励的办法》，提高深圳旅游的国际化程度，11家国际社获得入境游奖励，奖励金额共达947,877元。支持引导旅行社做好高交会、文博会等大型会展活动的服务接待工作，鼓励、支持旅行社开展邮轮旅游等业务，拓展服务领域，九洲国旅、深旅国际分别获得世界第四大、亚洲最大邮轮公司——丽星邮轮的业务代理权，提升了深圳市旅行社国际合作的能力，取得较好的效益。同年，深圳市旅游局还委托深圳市标准院制定《深圳市诚信旅行社标准》，专门召开会议向各大旅行社宣传贯彻《广东省旅行社等级评定试行标准》，引导旅行社标准化经营。

【导游员管理】 2007年9至11月，深圳市旅游局联合深圳广电集团举办“迎大运、展风采、创最佳”深圳旅游行业英语大赛，经过初赛、复赛和决赛，9名选手从数百名参赛人员中脱颖而出进入总决赛。深圳市市委、市人大、市政府领导出席了在深圳电视台举办的总决赛晚会，并为获奖选手颁奖。对大赛的成功举办给予高度评价。开展了2007年导游人员年审教育培训，近2000名导游员参加。组织了对有关导游资料的改编工作。

【饭店星评】 2007 年，深圳市旅游局认真做好旅游饭店星评工作，共为 19 家酒店进行星评指导。有 2 家酒店被省星评委批准为四星级饭店。按要求做好星级饭店复核工作，共复核 95 家星级酒店（其中有 25 家星级饭店属满五年期需进行评定性复核），取消 1 家五星级饭店、1 家四星级饭店、3 家三星级饭店、7 家二星级饭店的星级资格。还参与了对珠海市的四、五星级饭店及广州珀丽酒店的复核工作。

【绿色旅游饭店】 2007 年，深圳市在建首批 82 家星级酒店获得“绿色旅游饭店”称号后，深圳市人民政府、各区人民政府和旅游部门对酒店业予以扶持，投入大量的节能降耗改造资金，全面推进“创绿”工作，全市有 40 家星级酒店申报了创建“绿色旅游饭店”，富丽华等 23 家酒店获得“绿色旅游饭店”称号。全市酒店业中涌现出东华假日酒店、富苑酒店、圣庭苑酒店等一批示范性的绿色旅游酒店。在 11 月深圳市召开的“循环经济示范项目推广月”活动中，绿色酒店项目被深圳市委、市政府列为开展示范项目现场推广会的八个领域之一。

【行业协会】 2007 年，新一届深圳市旅游协会发挥了积极的作用，在绿色饭店评定、行业技能大赛、旅游从业人员培训、推进行业自律以及推进“优质诚信香港游”活动等方面开展了一系列工作。2007 年，深圳市旅游协会导游分会正式成立，增强了全市导游队伍的凝聚力。

旅游资源开发和景区（点）建设

【旅游区（点）建设】 7 月 28 日，深圳东部华侨城一期项目试业，至 2007 年底接待游客 80 多万人次，实现营业收入 7.5 亿元，利润超过 1.1 亿元。该景区被国家旅游局和国家环保局命名为中国首个“国家生态旅游示范区”。世界之窗冰雪世界、欢乐谷魔幻城堡等建成开放。华侨城欢乐海岸项目全面启动。华侨城旅游区被国家旅游局评定为 5A 级景区，仙湖植物园通过 4A 景区评比验收。大鹏半岛下沙休闲旅游度假区和蛇口太子港国际邮轮码头规划正在积极进行。海上田园国家湿地公园创建和申报工作有序展开。

【旅游招商引资】 2007 年，深圳市旅游局积极引进外商独资旅行社，专门制作了外资旅行社招商宣传演示，成功引进独资旅行社香港康泰旅行社、港中旅京华国际旅行社，已获国家旅游局批准成立。按五星级标准建成并投入使用的酒店有华侨城洲际大酒店、大中华喜来登、好日子马哥孛罗酒店、大梅沙京基喜来登、东部华侨城茵特拉根酒店等。福田香格里拉酒店、星河利兹卡尔顿酒店已经基本完成主体工程建设，龙岗珠江广场酒店、宝安格兰云天酒店开工建设。至 2007 年底，国际知名的 12 个国际酒店管理品牌和 9 个国内酒店管理品牌进驻深圳。同时，经济型连锁酒店迅速发展，如城市客栈、家快捷、七天、莫泰 168、维也纳 3 好等在本市各区布点经营。

【东部华侨城】 7 月 28 日，东部华侨城隆重试业，国家旅游局、国家环保总局共同授予“国家生态旅游示范区”荣誉。东部华侨城是由华侨城集团在深圳东部投资发展的大型区域开发项目，是华侨城集团在生态旅游领域的首次尝试，也是华侨城从都市娱乐旅游向山地度假旅游的探索。东部华侨城占地面积超过 9 平方公里，跨山面海、毗邻湖泊，有着得天独厚的自然资源。借鉴现有主题公园的成功经验，华侨城人在这里打造了一个既有完全保留的原生态的自然植被和山地景观，也有经过人工化方法充分美化和精化的原生态型景观，还有完全用现代手段打造的、融入区内生态环境的现代生态型景观的新型旅游度假区。在整体规划中突出生态环境的本体价值，体现“让都市人回归自然”的人性关怀理念。

【红色旅游】 2007 年，深圳市进一步增加红色旅游景点的介绍，将红色旅游景点的内容添加到官方网站，网民可方便查阅到东江纵队纪念馆、东江纵队北撤纪念亭等红色景点的文字介绍、图片资料、联系电话和导游图等内容。根据市场需求， 将红色旅游产品与其他优势旅游产品相结合，开辟多样化线路，将红色旅游纳入深圳“一日游”线路。深圳市红色旅游点主要分布在龙岗、宝安两区。龙岗区有着丰富的客家文化旅游资源和美丽的海滨，根据这一特点和市场需求，深圳市旅游局将红色旅游、客家风情游、滨海旅游相结合，形成东江纵队纪念馆与大万世居、大鹏所城与金沙湾海滨旅游度假区的两条特色线路，龙岗红色旅游年接待游客约 4 万人次。宝安区有中共宝安县第一次党代会旧址、东宝行政督导处旧址两处，全年共接待游客约 3 万人次。

【旅游信息化建设】 深圳旅游网是由深圳市旅游局开发建设的官方旅游网站。2007 年上半年，该网站进行全面的升级改版，以崭新的风貌、强大的功能亮相。改版后的深圳旅游网整体风格清新雅致、新颖独特，旅游“六要素”的版面设计各有特色，层次分明，加强了深圳旅游网、游客和旅游企业间的在线互动功能建设，进一步强化了旅游企业在线经营等相关功能。深圳旅游网版面设计更具人性化，功能更为齐全，共包含 11 个大版块，分别为首页、深圳概况、景点景区、旅游线路、食购娱乐、酒店住宿、旅行社、视听体验、节庆会展、交通指南、交流平台。深圳旅游网还推出了全新的英文版。改版后的深圳旅游网为游客提供更权威、更精彩、更便捷、更完善的深圳旅游资讯，为旅游企业开辟广阔的宣传平台，更加方便公众对深圳旅游的了解和认识。深圳旅游网改版运行半年以来，网站流量从每月的15万增长到40万，社区注册用户达2803人，登录了1200家旅游企业和相关企业的产品信息。

精神文明建设与旅游教育培训

【精神文明建设】 2007年，通过多种手段，深圳市在全市旅游行业和广大市民及游客当中宣传、倡导文明旅游。深圳市旅游局联合深圳市文明办，在深圳电视台制作投放了文明旅游宣传公益广告，在世界之窗等主要景区（点）张贴（挂）《中国公民国内旅游文明行为公约》、《中国公民出境旅游文明行为指南》，在旅游行业和游客中营造了“文明旅游从我做起”的浓厚氛围。市旅游局推荐威尼斯酒店申报市长质量奖、推荐圣廷苑酒店总经理辛杰申报“广东省用户满意管理者”均获得批准。

【旅游行风建设】 2007年，深圳市旅游局开始建立旅游社会监督员制度，面向社会公开聘请旅游社会监督员。全行业开展治理商业贿赂等不正当交易行为的自查自纠和“回头看”工作，得到了国家旅游局和市政府治理商业贿赂领导小组办公室的肯定。深圳中国国际旅行社获得了中国广告协会联合全国百家知名媒体组织开展的“2007中国诚信广告主长城奖”。

【旅游教育培训】 2007年，深圳市旅游局与深圳市劳动局、深圳市总工会共同研究、联合举办2007年旅游行业职工技能竞赛（餐厅服务员），全市36家单位派出258名选手参加，其中进入决赛的选手有100名，有3名选手获得餐厅服务员技师职业资格证书，6名选手获得“深圳市技术能手”称号，38名选手获得餐厅服务员高级职业资格证书，64名选手获得餐厅服务员中级职业资格证书，前50名选手及获得高级职业技能证书者可办理深圳市入户手续。深圳市旅游局还组织全市星级酒店员工约100人参加省旅游局举办的酒店信息化服务巡回培训班。

（金 超）

珠海市

综 述

【总体情况】 2007年，珠海市围绕建设粤港澳地区重要的游客集散地和主要的旅游目的地城市这一发展目标，全面实施“三产旺市”战略，推动旅游发展总体规划修编、项目引进与服务、旅游宣传与推广、行业建设与管理等四大工作，推动珠海市旅游产业“两大转变”：从低附加值观光游向高附加值休闲度假游转变，从旅游过境地城市向旅游目的地城市转变。抓项目，促发展，强管理，全市旅游业取得新的进步。

【旅游行业规模】 截至2007年底，珠海市拥有星级饭店87家，其中五星级6家，四星级8家，三星级61家，二星级10家，一星级2家，共有客房11260间，床位数19516张；拥有旅行社78家，其中国际社16家，国内社62家，旅行社从业人员1545名；拥有4A级旅游景区2家。

【重大旅游决策】 珠海市旅游局与珠海市委政策研究室共同制定《关于进一步加快珠海市旅游业发展的实施意见》，并于2007年7月9日由市政府颁布实施。《实施意见》明确了旅游业发展的总体思路、发展目标和具体实施意见，是今后五年珠海市旅游经济发展的纲领性文件和行动指南。

2007年，珠海市旅游局与珠海市法制局提请珠海市人大将《珠海市旅游业管理条例》修订为《珠海市旅游条例》，《条例》立法主旨由管理型法规调整为促进型法规，即由原来以管理为特征发展成为以旅游产业的促进为重点，促使政府主管部门实现从行业管理者向产业促进者转化。《条例》还致力于解决旅游产业发展中遇到的一系列问题，明确了相关部门的责任，有利于逐步形成政府主导，市场运作，相关部门齐抓共管的旅游产业格局。

2007年8月13日，珠海市市委副书记、市长钟世坚，副市长金展扬一行到市旅游局调研。钟世坚就珠海旅游事业的发展提出了四点意见：一是要充分利用珠海丰富的旅游资源，做大做强珠海的旅游业；二是旅游部门要调整思路，把旅游推介和招商摆在突出位置抓紧做好；三是要加强旅游行业管理，树立行业良好形象；四是长远来看，应围绕打造“世界旅游名城”这个目标做好旅游项目开发和规划。

【珠海修编旅游规划】 2007年，珠海市旅游局和珠海市规划局共同努力，委托中国城市规划设计研究院完成了《珠海市旅游发展总体规划（2007——2020年）》（简称《规划》）的修编。7月27日，在海泉湾度假村召开《规划》成果评审会，由国家旅游局、中国科学院、清华大学、北京市城市规划设计院、中山大学、珠海市等地的9位专家和领导，包括中国科学院院士吴传钧、中国工程院院士李道增在内组成的专家评审组一致同意通过评审。12月3日，在七届44次市政府常务会议上讨论通过《规划》。按照规划的目标，通过近、中、远三个时期的发展目标，到2020年珠海旅游业将发展成为重要支柱产业。

旅游接待与收入

【入境旅游】 2007年，珠海市接待入境游客367.4万人次，比上年增长4.18%。其中入境旅游者204.89万人，比上年增长1.03%；外国人37.81万人，比上年增长19.48%；旅游外汇收入9.02亿美元，比上年增长3.26%。

【国内旅游】 2007年，全市旅行社组团国内游86.04万人次，比上年增长15.19%。其中省内游67.18万人次，比上年增长13.07%；省外游18.86万人次，比上年增长23.43%；国内旅游收入76.12亿元。

【出境旅游】 2007年，全市旅行社组团出境游22.28万人次，比上年增长46.49%。其中香港游6.06万人次，比上年增长3.51%；澳门游13.34万人次，比上年增长79.6%；出国游2.88万人次，比上年增长49.29%。

【黄金周假日旅游】 黄金周旅游经济效益依然显著。春节、“五一”和“十一”黄金周期间，全市共接待游客251.14万人次，同比增长11.84%，约占全年游客接待量的14.2%。旅游收入13.97亿元人民币，同比增长13.30%，约占全年旅游总收入的9.64%，黄金周对全年旅游经济的拉动作用明显。

旅游宣传促销与节庆活动

【旅游宣传促销】 2007年1月30日，珠海市旅游局充分利用珠海毗邻澳门的地缘优势，与澳门特别行政区政府旅游局洽商，邀请澳门特别行政区政府旅游局19个驻世界各地的办事处到珠海考察，利用澳门的国际知名度，共同对外宣传，让更多的外国游客了解珠海；3月，珠海机场开通“珠海—杭州”、“珠海—青岛”航班，为配合珠港机场管理公司的宣传，珠海市旅游局组织市内重点旅游企业和旅行社搭乘首航飞机前往杭州和青岛进行旅游推介和促销，实现了政企合作、航空旅游合作的一次尝试；7月，广州、深圳、珠海三地旅游局共赴内蒙古呼和浩特参加中国北方旅游交易会，随后对北方旅游资源进行考察；9月，中山、珠海、澳门三地旅游局联合赴日本进行旅游促销，分别在日本大阪和名古屋举办“中珠澳—大香山”旅游推介会，邀请到日本400多名同业参加推介会。

泛珠三角超级赛车节

【参加广东国际旅游文化节活动】 珠海市旅游局承办了广东国际旅游文化节珠海分会场的各项活动，包括“沙滩音乐派对”、“海泉湾加勒比海嘉年华”活动和“梦幻水城国际童玩节”等活动。另外，还制作了旅游花车参与文化节现场巡游宣传；组织旅游企业代表参加泛珠三角旅游大促销活动；邀请五星级酒店和百强旅行社总经理参加国际旅游研讨会；组织外国以及港澳台同胞近400人参加旅游文化节开幕式，圆满地完成了组委会下达的各项任务，展示了珠海美好的城市风采。

爱与分享——2007动感地带第五届珠海沙滩音乐派对

【旅游节庆活动】 2007年10月4～5日，由珠海市旅游局、香洲区人民政府、珠海市文化广电新闻出版局、珠海特区报社、珠海广播电视台共同举办的“爱与分享——2007‘动感地带’第五届珠海沙滩音乐派对”在吉大海滨浴场沙滩激情上演，为期2天的活动共吸引了5万多名游客和市民参与。珠海市副长金展扬亲临现场，了解市民和游客参加活动的感受，检查各项安全保卫措施是否到位。珠海沙滩音乐派对活动继续与中国知名的文化品牌企业北京中北国际文化发展有限公司合作，由2008年北京奥运会特聘艺术顾问、国家一级导演、著名制片人尤小刚担任总导演。本次活动成为珠海这座海滨城市的音乐盛典。

2007年1月，“泛珠三角超级赛车节”在珠海国际赛车场举行，吸引了汽车、摩托车等行业内外的关注与介入。2007年6月在全国展开的“中国超级摩托车锦标赛”，更是将国内的摩托车赛事提升到一个崭新的高度。

旅游行业管理

【旅游市场监督管理】 2007年，珠海市旅游局联合市打假办、工商、交通、城管等有关部门，继续加大对旅游市场的巡查检查力度，加强面向旅游团队的购物商场以及拱北口岸广场、珠海渔女等游客密集地区的巡查和检查，整治和净化旅游市场秩序。全年共检查旅游车辆636辆次，处罚证照手续不齐全的旅游包车28辆，查扣无证营运车辆2辆，检查导游687人次，进一步优化旅游市场环境，极大地维护了游客的合法权益。此外，抓住质量监督环节，建立旅游质量反馈机制和投诉信息公示制度，实行节假日24小时值班制度，加大对旅游企业服务质量的监督，对咨询和投诉的受理面进一步扩大，处理效率进一步提高。全年对各类投诉处理的顾客满意度达到100%。

【旅游安全管理】 2007年春节、“五一”、“十一”黄金周前夕，珠海市旅游局下发做好黄金周旅游安全工作的通知，多次会同市消防、安监、卫生、技监等职能部门对全市的星级酒店、旅行社、景区景点进行黄金周旅游安全大检查，落实各项安全防范措施，对发现的问题及时提出整改。全年共组织430多人次、130台车次对全市旅游企业进行检查。2007年6月，珠海市旅游局开展安全生产月活动。2007年6月10日，珠海市旅游局在柠溪文化广场参加全市安全生产月咨询日活动，现场接受旅游安全咨询6多人次，派发《旅游安全手册》及其他旅游安全资料共20多份。

【旅行社管理】 2007年，珠海市新增旅行社4家。根据国家旅游局《关于开展2007年度全国旅行社业务年检工作的通知》要求和省旅游局的具体部署，珠海市旅游局按时、按规定完成了旅行社业务年检的所有现场检查、网上填报以及情况汇总等工作，共有76家旅行社参加年检，其中国际社15家，国内社60家通过年检，有1家国际社暂缓通过。全年协助企业办理申请开办旅行社、变更经营范围、旅行社设立门市部、变更备案登记、到期换证、跨境自驾车游的申报等事项60多起。2007年9月，珠海市旅游局组织全市旅行社召开广东省旅行社资质等级评定工作会议，积极发动各旅行社积极参加资质等级评定。

【导游员管理】 2007年，珠海市导游服务中心完成年度导游证IC卡换证工作及个人资料建档工作；完成全市3000多名社会兼职导游的每年注册签约、档案建立、日常管理工作。

珠海市旅游局、珠海市旅游协会联合举办“十佳导游大赛”，于9月、11月和12月份分别进行初赛、复赛、决赛，有15名参赛选手进入决赛并获“十位最佳导游”荣誉，珠海市副市长金展扬、副秘书长杨尧等领导为获奖选手颁奖。珠海市旅游局在全市导游员中选拔20名优秀导游员作为市政府的“政务导游”，让他们在接待外宾时更全面、清晰地介绍珠海、宣传珠海。

【旅游饭店管理】 2007年，珠海市新评定的旅游星级饭店8家；共有76家星级酒店参加了年度的复核或重新评定，其中56家参加复核，8家重新评定。珠海市旅游局积极开展创建绿色饭店活动，倡导行业绿色经营绿色消费，要求各酒店要加强对绿色饭店意识和概念的宣传教育，使酒店服务人员和住店客人都树立起绿色环保意识。经省星级评定委员会评定，珠海度假村酒店等78家酒店评定为“绿色饭店”。

【行业协会】 2007年，珠海市旅游协会共有会员172家，新增会员62家，会员涵盖旅行社、酒店、景区（点）以及相关旅游企事业单位。成立了珠海市导游分会，使行业协会更具广泛性和代表性。

2007年4月11日，珠海市旅游协会第四届大会第一次会员大会在珠海度假村酒店召开，会议对第三届旅游协会的工作做了总结，并宣布了第四届旅游协会组成人员名单。

旅游资源开发和景区（点）建设

【旅游资源开发】 海岛、温泉、高尔夫是珠海市的三大旅游品牌，旅游定位为休闲度假。全市以门票出售方式对游客开放的景区（点）约有20多家，类型多样，其中以自然海洋海岛景观和人造景观类居多，而文化古迹类较少。2007年，海泉湾度假城拟申报国家5A级景区、珍珠乐园拟申报国家4A级景区、担干岛拟申报国家3A级景区均在筹备之中，淇澳岛、横琴岛、东澳岛等优质资源也正在着手规划和开发。

【旅游招商引资】 2007年，珠海市旅游局加强同各兄弟省、市的旅游及招商等部门的交流合作，收集各地的旅游项目与投资政策，积极研究招商项目的差异性，进一步完善旅游项目招商手册，梳理重点推介项目，在各类招商活动中大力推广，仅11月份，珠海市先后组织相关企业赴宁波参加由国家旅游局主办的中国旅游投资洽谈会、赴广州参加由广东省经贸厅牵头，省旅游局、经贸委、发展改革委、侨办、台办、贸促会协办的旅游招商会，大力宣传珠海的旅游招商项目、投资环境及优惠政策，吸引中外客商到珠海投资旅游项目。

2007年，珠海市政府重点推进海泉湾度假区二期工程项目，该项目拟规划建设五星级酒店、体育公园、温泉博物馆及综合配套设施，直接投资将达15亿元人民币，其中将投资3.5亿元人民币，建设一座拥有200间客房的白金五星级酒店。在市政府、金湾区政府等有关部门的大力推动下，该项目的有关手续进一步得到完善。

2007年6月，九洲港游艇俱乐部改造方案已完成，计划将投资0.7亿元人民币（不包括自有土地地价），提供游艇服务、游艇消费、游艇旅游、保养、培训等服务和游艇产品、产品功能展示中心，陆域总占地2.6万平方米，水域约1万平方米。

【旅游区（点）与基础设施建设】 2007年8月28日，珠海的“澳门环岛游”湾仔新码头启用，新码头投资一千多万元，占地面积约7000平方米，建筑面积约为3000平方米。整个项目包括综合楼、张拉膜、站前广场和文化广场等几个部分。九洲邮轮公司现有的品牌旅游项目澳门环岛游、珠澳夜游、海岛游和豪华游艇游大部分从这里出发，项目服务水平也相应提高。整个码头设计美观而时尚，是前山河沿岸的一道新亮丽风景，也是湾仔最醒目的新地标。湾仔旅游码头落成后，成为了珠海海上旅游的主要集散中心之一。

昌安假日酒店、庆华大酒店、西藏大厦等酒店项目相继建成开业。其中昌安假日酒店是昌安集团（香港）国际酒店管理有限公司下属酒店之一，于2006年10月31日开业，拥有200多间不同类型、豪华、舒适的客房；庆华大酒店于2007年8月8日试营业，投资5亿元人民币，基础建设用地26，600平方米，占地面积1.6万平方米，拥有客房182间；西藏大厦于2007年12月6日开业，拥有客房200多间。

【主要景区（点）介绍】

〖珠海圆明新园〗 被誉为“南中国唯一的皇家园林”的圆明新园，位于珠海九洲大道西段大石林山下，以北京圆明园为原稿，按1:1比例精选圆明园四十景中的十八景修建而成，总投资5亿多元，占地1.39平方公里。东、西、北三面环山，南面平坦开阔，交通便利，风景幽雅，是珠海大型的旅游景区。1997年2月7日，圆明新园第一期建成开业，填补珠海大型旅游景点的空白，成为珠海旅游的拳头产品，大大增强了珠海旅游的吸引力，在港澳及珠三角地区引起轰动，并有力地带动了珠海市旅游业和第三产业的发展。

珠海圆明新园

〖珠海农科奇观〗 位于珠海市前山梅溪路，占地2000多亩，是珠海市农科中心的农业科研示范基地，拥有“珍奇花卉园”、“珍奇蔬菜瓜果园”、“沙漠植物园”、“盆景园”、“八卦田”、“兰花培育观赏中心”、“家庭园艺世界”等10多处景观及休闲娱乐设施，已经成为展示高科技农业的现代休闲度假旅游景区，同时也是一个集旅游观光、科普教育、学生旅馆、科研生产于一体的绿色生态观光园。2007年2月14日上午，市旅游局、珠海农科中心在“农科奇观”联合举行国家4A旅游景区挂牌仪式，这也是继圆明新园之后我市第二家旅游企业获此殊荣。

〖旅游扶贫工程〗 2007年，珠海市旅游局围绕帮扶斗门村三年工作方案，按照“十一五”规划对农村建设提出的目标要求，扎实开展帮扶工作。发动企业捐资帮助斗门村做好农村发展规划，委托珠海市规划设计研究院编制了斗门村农村发展规划；筹集扶贫资金，积极兴办斗门村农田水利、道路建设等公共基础设施项目；积极开展扶贫帮困公益活动，帮助斗门村困难儿童解决读书问题；开展植树活动，整治村容村貌，美化绿化农村环境；协助做好农村信息化示范点工作。全行业多次组织企业到市福利院慰问孤寡老人，参加赴西藏贫困地区扶贫活动，到斗门镇斗门村开展助学活动等。这些活动加强了珠海旅游行业“注重社会效益、投身公益活动”的良好形象。

精神文明建设与旅游教育培训

【导游援藏工作】 2007年5月，珠海市派出2名导游赴西藏，作为第五批援藏导游，在西藏从事为期半年的英语导游工作。

【旅游行风建设】 2007年，珠海市旅游局大力开展诚信宣传教育活动，旅游行业200多家企业共同发布珠海市旅游行业诚信宣言，倡导全市行业诚信经营，切实提升珠海市的诚信旅游形象，既维护了企业和从业人员的利益又维护游客的权益。

【旅游教育培训】 2007年，全行业继续开展诚信宣传教育活动，倡导旅游行业诚信经营，切实提升珠海市旅游形象，既维护游客的合法权益，又维护了企业和从业人员的利益；继续开展创建绿色饭店活动，倡导酒店行业树立绿色经营理念，使酒店服务人员和住店客人都树立起绿色环保意识；在旅行社中倡导并推动“品质游”线路产品；积极帮助现有酒店进行整改，完善管理制度和员工培训等。珠海市旅游局于1月29～30日和1月31日至2月1日分两批在吉大群艺影剧院进行培训。

【旅游院校（系）】 中山大学在海珠校区设立旅游学院，珠海科技干部学院、城市职业学院、第一职业学校均设有旅游系。

（陈雪萍、金　璐）

汕头市

综 述

【总体情况】 2007年，汕头市旅游管理部门围绕建设区域性旅游中心城市的目标，按照市委书记黄志光关于旅游业要有“新思路、新举措、新突破”的指示要求，巩固中国优秀旅游城市创建成果，重点抓好旅游环境建设、旅游产品开发、旅游宣传推介、旅游人才队伍建设、旅游行业管理、旅游市场整治等工作，在更高层次上谋划汕头旅游业的发展，着力打造汕头城市旅游综合品牌，推动汕头市旅游业健康快速发展。全年接待过夜游客556.85万人次，旅游总收入61.44亿元，分别比上年增长约11.01%和11.52%。

【旅游行业规模】 截至2007年底，汕头市拥有星级饭店42家，其中五星级3家、四星级7家、三星级20家、二星级10家、一星级2家。各类可供出租住宿设施302家，床位数约3万张，年可接待游客600多万人次；拥有旅行社60家，其中国际社6家、国内社54家；拥有旅游景区（点）20多处，其中4A级景区3处、3A级景区1处，占地面积145.8平方公里；拥有国家农业旅游示范点1处、国家级森林公园1处、省级旅游度假区2处；旅游购物、旅游餐饮推荐单位有6家，旅游车船公司有5家。全市旅游从业人员2.2万人。

【重大旅游决策】 2007年，汕头市积极配合国家旅游局做好《海峡西岸旅游区总体规划》的编制工作，借助汕头市被列为国家海峡西岸旅游区总体规划核心城市为契机，争取有更多项目列入规划，进一步提升汕头市海滨海岛旅游品牌，提高汕头及南澳旅游在全国的影响力。

【重大旅游活动】 3月9日，汕头市政府召开全市旅游工作会议，认真总结了汕头市2006年度旅游业发展情况，研究部署2007年的工作任务，谋划全市旅游业的新发展。汕头市副市长余键明出席会议并作讲话。会议提出：第一要解放思想，努力在提高认识上取得新突破；第二要实施精品战略，努力在旅游资源综合开发上取得新突破；第三要加强宣传促销，努力在培育客源市场上取得新突破；第四要创新体制，努力在提高服务水平上取得新突破；第五要扩大开放，努力在社会办旅游上取得新突破；第六要优化环境，努力在营造旅游业发展氛围上取得新突破。8月29～30日，汕头市人大常委会组织汕头市选举的省人大代表和市人大常委会组成人员，分成3个小组考察汕头市旅游业发展情况，其中以市人大常委会副主任刘远珍为组长的第三考察小组，实地察看了南澳岛、礐石风景名胜区、陈慈黉故居等旅游景区（点）。视察组肯定汕头市近年来旅游业的快速发展，认为汕头市正迎来新一轮的发展热潮。

【奥运旅游】 11月11日，由南澳县政府和市野外运动协会主办，南澳县委宣传部、县旅游局、县体育局承办的“爱我汕头（2007·黄花山）”登山节在南澳岛举行。共有1000多名选手参加登山竞赛及自行车环岛骑行等项目，推广全民健身运动，引领健康时尚生活方式，倡导“绿色环保”理念，喜迎奥运到来。

旅游接待与收入

【入境旅游】 2007年，全市共接待国际过夜游客15.02万人次，比上年减少7.95%；外国人7.91万人次，比上年下降5.31%；旅游外汇收入5936.13万美元，比上年下降2.58%。旅行社接待国际游客8.6万人次。

【国内旅游】 2007年，全市共接待国内过夜旅游者541.8万人次，比上年增长11.64%；国内旅游收入56.92亿元，比上年增长13.29%。

【出境旅游】 2007年，全市旅行社组织出境游31167人次，其中海外游9307人次，香港游19818人次，澳门游2042人次。

【黄金周假日旅游】 2007年春节黄金周期间，全市旅游住宿设施接待过夜游客9.58万人次；主要旅游景区（点）接待游客120.3万人次；旅游总收入3亿元，同比增长4.02%。

“五一”黄金周期间，全市接待过夜游客9.55万人次；主要旅游景区（点）接待游客68.53万人次；旅游总收入2.09亿元，同比增长5.22%。“十一”黄金周期间，全市接待过夜游客6.43万人次；主要旅游景区（点）接待游客90.5万人次；旅游总收入2亿元，同比增长4.7%。

旅游宣传促销与节庆活动

【旅游宣传促销】 2007年，汕头旅游宣传促销以“营造大环境、发展大旅游、促进大整合、实现大发展”为目标，围绕“中国和谐城乡游”主题，采取形式多样的手段和方法，借助媒体力量宣传粤东旅游品牌，使游客对独具特色的海滨度假游、潮汕文化游、绿色生态游、华侨文化游和革命老区红色游耳熟能详。4月28日，汕头市旅游局在澄海西浦大自然休闲农庄举办“汕头—中国和谐城乡游”启动仪式，拉开全市“和谐城乡游”帷幕。8月9日，在潮阳区举办“乐游潮阳”活动，整合该区滨海风光、宗教文化、文物古迹、农业生态等旅游景观，邀请闽粤赣13市、珠三角地区旅游界代表参加旅游推介活动；11月11日，“爱我汕头（2007·黄花山）”登山节在南澳岛举行，登山竞赛及自行车环岛骑行等项目备受老百姓青睐；12月2日，“保护汕头湾、共享汕头湾”公益活动在苏埃湾举行，活动以保护汕头海湾内湿地、岛屿、水质为内容，倡导绿色旅游；12月13日，在达濠巨峰寺举办“发现之旅”考察活动，新推出了巨峰寺风景区、丰富濠江等旅游资源。

2007年，汕头市以“走出去”与“请进来”相结合的方式有组织地开展宣传促销活动。4月15～18日，汕头旅游界抓住“2007国内（苏州）旅游交易会”契机，组织40多人的旅游推介团赴华东地区市上海、杭州、苏州等开展旅游市场推介活动，签订了3份旅游协议，达成互送客源协定。同时，邀请上海旅游界嘉宾、上海旅游协会和杭州市旅行社协会考察团、福建省旅行社协会考察团来汕头考察踩线。与上海旅游界考察团共同举办“欢聚汕头·探秘南澳”活动，拓展了华东客源市场；4月20日，参加2007国内（苏州）旅游交易会；5月26日，汕头作为中央电视台“万里海疆快乐行”栏目广东拍摄地的第一站，在市华侨公园举行“广东开机仪式”。摄制组经过一周的拍摄，制作的13集《万里海疆快乐行·汕头篇》于8月1～17日向海内外播出；9月8日，参加第三届海峡旅游博览会等国内专业展览会。期间，汕头市旅游局、潮州市旅游局、揭阳市旅游局、梅州市旅游局、汕尾市旅游局等五市在厦门首次联合举办“粤东旅游推介会”，向海峡两岸旅业展示粤东旅游整体形象；11月23～29日，参加广东国际旅游文化节主会场组织的旅游展览会、花车花船巡游、旅游扶贫项目展示会等活动，展示了汕头的旅游风貌。

在开发境外客源市场方面，汕头旅游界积极走出国门，前往日本等国家宣传推介汕头旅游资源，还先后接待了马尔代夫、泰国、韩国、越南（芹苴市）、马来西亚等国家和地区访汕代表团，开展了旅游交流与合作活动，为开拓出入境旅游创造条件。

【举办携手龙卡畅游汕头活动】 1月13日，由汕头市旅游局主办，建设银行汕头分行、市园林绿化管理处等单位承办的“携手龙卡，畅游汕头”活动在华侨公园举行启动仪式。汕头市副市长钟展南宣布启动仪式开始。按有关规定，从即日起凡持有龙卡信用卡人员一年内可持卡免费游览汕头农业科学园、中山公园、华侨公园、金砂公园、石炮台公园、东马休闲世界、澄海塔山风景名胜区和潮阳莲花峰风景区等8个景区。黄金周及其他重大活动期间可享受门票折扣优惠。

【举行“欢聚汕头·探秘南澳”活动】 3月5～6日，汕头市在南澳县南澳岛生态旅游区举行“欢聚汕头·探秘南澳”活动，来自上海旅游界的35家旅行社近40位负责人和汕头市30多家旅行社负责人参加。本次联谊活动以南澳岛旅游区为亮点，旨在拓展华东客源市场，推介汕头旅游产品，吸引更多游客来汕旅游。汕头市副市长余健明参加推介活动并致欢迎辞。

【第十三届潮汕美食节】 12月6～16日，由汕头市人民政府主办，汕头市旅游局和市餐饮业协会共同承办的汕头市第十三届潮汕美食节在汕头时代广场举行。有56家星级宾馆、知名餐馆和传统名店参与，共设展位88个，为历届之最，入场游客达28万人次，销售收入290万元。本届美食节得到百事可乐公司、汕头美食网、中国移动汕头公司、中国电信汕头公司等单位的支持，采用电视、网络、短信等多种宣传手法，让市民和游客全方位了解美食节活动有关情况。本届美食节还评选出汕头帝豪酒店等10家单位为“美食之家”，老妈宫粽球店等5家单位为“优秀单位”，龙湖宾馆等3家单位获“组织奖”，尚品美食府等3家单位获“最佳形象奖”。

旅游行业管理

【总体情况】 2007年，汕头市旅游质监部门共接到旅游投诉33件、58人次，符合受理条件的投诉33件，结案率100%，为旅游消费者理赔金额37399元，维护了旅游者和旅游经营者的合法权益。

【治理“零负团费”】 为贯彻国家旅游局和广东省旅游局开

展整治"零负团费"专项行动，维护旅游市场秩序的指示要求，7月初，汕头市在全旅游行业进行了动员部署。召开了由全市旅游企业参加的动员大会，成立了以局长为组长，分管副局长为副组长的工作领导小组，印发了《汕头市治理整顿"零负团费"专项行动工作方案》，截至12月20日，汕头市共检查、走访旅游企业46家、旅游团队20余个，检查旅游广告20余份、各种旅游合同100余份、旅游团队档案70余份。查处违规导游员4人，提出19项整改要求，下发《责令限期改正通知书》2份，查处违规旅行社5家。在专项行动中，汕头市重点突出检查以旅游合同、广告、旅游购物、自费项目为重点，查处实际操作与广告宣传不一致的行为，从签订转拼团协议入手，查处"买团卖团"行为，从监管旅游广告入手，查处含有"零负团费"的低于正常成本报价、欺诈宣传、超范围经营以及使用模糊性、攀附性、误导性语言营销的违法违规旅游广告。同时发挥了报刊、电视、互联网等各类媒体的作用，在新闻传媒公布旅游投诉电话，在汕头政府网公布了旅游投诉程序。召开了全市文明旅游和诚信旅游会议，各旅行社开展向游客发出文明旅游宣言，旅行社和游客签订文明旅游、诚信旅游公约、承诺诚信服务等行业自律活动。在全行业推广了汕头市旅游总公司和汕头市天驰旅行社开展"优质旅游团"的典型经验做法；开展汕头市旅游运输能力调研工作，降低旅游用车运营成本，与交通、公路部门协调，使旅游车辆附加费从原来的每月112元/座，下调至每月只需缴交客运附加费30元/座;对《汕头经济特区旅游投诉管理办法》进行了全面的修订，并提交汕头市人大审议通过，使之成为一个更有约束力的地方性法规；会同技术监督部门、卫生部门，抓紧制订《汕头市旅游推荐单位（餐饮）服务标准》、《汕头市旅游推荐单位（购物）服务标准》等。

【旅游服务质量监督管理】 为保证旅游服务质量，汕头市旅游质监部门要求各旅行社与旅游团(个人)签订旅游合同，全年未发现有旅行社与旅游者没有签订旅游合同的问题，也没有接到旅行社不与游客签订合同的投诉。每个黄金周之前，质监部门对全市重点旅游企业的安全和市场秩序进行检查整顿。并加强了节假日值班，24小时开通旅游投诉电话，有专人接受旅游咨询和受理旅游投诉。在新闻媒体上刊登旅游消费提示，提醒游客选择有资质的旅行社。加强了对旅行社质量保证金的管理，先后两次对旅行社质量保证金的管理工作清理上报。

【旅游安全管理】 汕头市旅游行业坚持"安全第一、预防为主"的方针，认真贯彻落实《中华人民共和国突发事件应对法》和《安全生产事故和调查处理条例》以及上级有关搞好旅游安全生产工作的部署，结合实际制订了《关于做好2007年旅游安全管理工作的意见》、《关于印发旅行社安全管理工作指引的通知》等文件，在全行业深入开展旅游安全生产隐患排查治理行动和安全大检查，坚持每季度召开一次安全生产和消防安全会议，交流情况，布置工作。坚持春节、"五一"、"十一"黄金周前开展安全大检查，全年没有发生重大责任事故，实现了"安全、秩序、质量、效益"四统一的目标。

【旅行社管理】 2007年，汕头市旅游局在全行业继续开展"创建优秀旅行社"活动，评选结果是：汕头市旅游总公司等2家旅行社为"2006年度最佳国际旅行社"、汕头市乐观旅行社有限公司等3家旅行社为"2006年度最佳国内旅行社"、中国康辉汕头有限公司等2家旅行社为"2006年度优秀国际旅行社"、汕头市新旅程旅行社有限公司等7家旅行社为"2006年度优秀国内旅行社"，同时奖励了2家在2006年度招徕游客来汕旅游成绩突出的旅行社。当年审批并新设立的3家旅行社为：汕头市友好旅行社有限公司、汕头市泰达旅行社有限公司、汕头市澄海区华承旅行社有限公司。汕头市乐观旅行社有限公司变更为汕头市乐观国际旅行社有限公司。

【导游员管理】 2007年，共派出19人次对导游员进行现场检查，查处违规导游员4人，纠正导游员行为规范3人，提出19项整改要求，下发《责令限期改正通知书》2份。11至12月，召开3场导游员座谈会及1场导游员素质研讨会，探讨导游队伍面临的困境与对策。年底，汕头市旅游局依据《导游人员管理条例》，对全市导游员进行年审。

【旅游饭店管理】 2007年，汕头市旅游饭店星级评定委员会加大对全市旅游星级饭店复核力度，共有4家星级饭店通过评定性复核，38家星级饭店通过年度复核，2家星级饭店暂缓通过，取消了汇通大酒店、海港宾馆等2家旅游饭店星级资格。11月6～15日，汕头市旅游局与汕头市总工会、市劳动和社会保障局、市酒店行业协会联合举办汕头市酒店业职工职业技能竞赛，共有43家酒店300多名选手参加中餐摆台、中式铺床等10个项目比赛，梅琼吉等45名选手被授予"汕头市经济技术创新能手"称号。

【行业协会】 1月24日，汕头市旅游协会举行换届选举暨第三届会员代表大会。莅临汕头市开展调研工作的国家旅游局党组成员、纪检组长，中国旅游协会副会长王军，广东省旅游局局长郑通扬，汕头市副市长余健明出席大会并讲话。经各会员单位投票选举，汕头旅游（集团）公司总经理张汉林当选汕头市旅游协会会长。汕头市旅游协会是粤东第一个民间旅游组织，集中了旅行社、酒店及与旅游相关的景区、餐饮、交通、娱乐等行业，共有会员单位60个。

旅游资源开发和景区（点）建设

【旅游规划】 随着汕头市行政区划的调整，“三条经济带”城市发展战略的确定，城市功能和产业定位发生了根本变化，原有的《汕头市旅游发展规划（2001—2020）》与当前旅游市场环境已不相适应。8月初，汕头市旅游局委托中山大学风景与旅游研究所开始对规划进行修编。10月下旬，国家旅游局《海峡西岸旅游区总体规划》项目工作组来汕头市考察调研，汕头市被初步确定为海峡西岸旅游区核心城市之一。根据《汕头市“十年大发展”战略规划纲要》，汕头市旅游局于12月底编制完成《汕头市旅游业发展十年专项规划（2007—2016年）》。同时，积极参与汕头市各县（区）的城市规划、重点专项规划和主要产业规划的评审和决策，努力将旅游理念渗透到各个规划之中，使城市建设与旅游有机结合，实现旅游业与社会经济的协调发展。

【旅游招商引资】 3月份，汕头市旅游局前往浙江台州，向台州客商引进“汕头奇趣海洋世界”项目，努力争取该项目在汕头市落地；12月9～12日，泰国陈慈黉家族主要成员一行45人首次回汕访问，汕头市旅游局领导陪同访问团考察汕头市的各主要旅游景点，与陈慈黉家族共同磋商对陈慈黉故居扩大建设规模的相关事宜；12月12日，接待台湾澎湖县议会考察团一行莅汕访问，汕头市旅游局领导陪同代表团考察南澳岛生态旅游区，并商谈汕台两地旅游合作有关事宜。2007年，汕头市旅游局还跟踪推进大中华游乐园项目、联泰集团投资南澳东海岸旅游区项目、游艇码头和牛田洋湿地保护区等项目。

【旅游区（点）基础设施建设】 2007年，汕头市旅游基础设施和景点建设投资总额达15325.5万元。其中蓝水星乐园全年投入资金13035万元，至年底止，累计投入资金81102万元。澄海区继续加大对生态旅游园区的投资力度，各生态旅游园区自筹资金共900多万元用于完善基础设施配套工程，大自然休闲农庄、协和生态园、科隆千树园等园区已成为市民周末休闲度假的首选。潮南区仙湖风景区由民间捐资的450万元用于文物馆的配套设施建设。南澳县全年投入120万元资金用于环岛景观带的建设。此外，市区各公园普遍增加娱乐设施的建设，如金砂公园、石炮台公园、中山公园等分别引进资金增加儿童游乐园、旱冰场等游乐项目，吸引更多游客进园游玩。

【汕头农业科学园】 位于汕头市金平区，距市区约3公里。该园区为目前潮汕地区规模最大、设施最完备的现代都市农业生态园，年接待游客14万人次。农业科学园创建于1997年，总占地面积约16万平方米，园内已建成科技英才雕塑廊、奇花异果园、荫生植物园、热带植物园、省级蝴蝶兰标准化示范区、荷花观赏区、海洋贝壳馆、蝴蝶标本馆、小鸟乐园等生态功能园区，并开放植物组培生产线、花卉园艺栽培基地、粮油育种试验基地等供游人参观，配套多媒体电教室、学生植物组培实验室、学生劳动实践基地、体育乐园、儿童乐园、烧烤园、餐饮、茶座等设施。科学园融教育性、观赏性、参与性、娱乐性于一体，突出“自然生态、环保教育、农业科技”三大特色，充分展现现代农业、都市农业、生态农业、观光农业的独特风貌，现为全国农业旅游示范点、广东省（汕头）区域性农业试验中心、广东省科普教育基地、广东省青少年科技教育基地、汕头市农业生态旅游项目、汕头市生态环保示范基地。

【旅游扶贫】 2007年，南澳县南澳岛生态旅游区、汕头潮阳区莲花峰景区被列入广东省旅游扶贫重点项目，获旅游扶贫专项资金220万元，为历年最高。其中南澳县南澳岛生态旅游区160万元专项资金主要用于环岛景观带的配套基础设施建设，潮阳区莲花峰景区60万元专项资金主要用于观海长廊二期建设。

精神文明建设与旅游教育培训

【精神文明建设】 汕头市旅游行政管理部门对旅游行风建设高度重视，按照“管行业必须管行风”的原则和“标本兼治、纠建并举”的方针，根据国家旅游局、省旅游局的部署，在市政府纠风办的指导下，围绕整顿和规范市场秩序以及进一步转变作风，大力开展旅游行业行风建设，巩固民主评议旅游行风活动成果。通过学习教育、制度建设、整顿规范，使旅游行业突出问题得到解决，旅游行业管理水平得到提高，旅游企业的经营行为和从业人员的服务行为得到进一步规范，旅游行业得到发展壮大。

3月29至4月1日，2007年全国旅游纪检监察暨行风建设工作会议在汕头市举行。参加会议的代表有各省、自治区、直辖市旅游局，新疆生产建设兵团旅游局主管纪检监察和行风建设工作的领导和监察室主任各1名；计划单列市大连、青岛、厦门、宁波，深圳旅游局和“抓行风、树形象、讲诚信、促发展”试点城市南京、杭州、西安、苏州、桂林、三亚、丽江、洛阳市旅游局领导各1名；庐山、黄山、峨眉山、普陀山、九华山、五台山、武夷山、九寨沟、张家界、黄果树瀑布、西双版纳森林公园等景区管委会（管理局）负责人各1名；国旅总社、上海春秋国旅、深圳华侨城集团等大型旅游企业行风建设工作负责人各1人。同时，邀请国务院纠风办和部分优秀旅游城市政府纠风办领导参加会议。国家旅游局副局长王志发、纪检组长王君出席会议并讲话。会议期间，与会代表参观考察了汕头旅游行业行风建设情况。

第一季度，开展以“三个走在前面”为主题的排头兵实践活动；6月份，开展民主评议党员活动；7月份，开展“坚持科学发展、促进社会和谐”主题教育和“纪律教育学习月”活动；10月份，参加“民声热线”上线活动，现场解答和解决市民关心的热点问题；11月份，组织干部参加全市干部法律知识考试；8月至12月份，开展以“团结和谐、开拓创新、廉洁务实、执政为民”为主题的创建“好班子”活动。2007年度，汕头市旅游局领导班子被市委市政府评为“好班子”；2位科长被市直机关工委分别评为“优秀共产党员”和“排头兵”；1位干部被市委组织部评为下基层驻农村“先进个人”。

【旅游教育培训】 汕头市是旅游从业人员教育培训基地和考试定点基地，1985年开始开展旅游从业人员素质培训，目前开办旅游专业的大、中专院校5家，职业高中设置旅游专业的7家，2007年毕业生395人。全市旅游从业人员持各种有效证件达85%以上、旅行社经理持证率76%、酒店经理持证率72%、旅游景区管理人员持证率68%。受省旅游局委托，汕头市旅游局于3月和9月先后承办粤东区域全国导游人员资格考试考务工作。全市参考人数286人，有82人通过资格考试，通过率28.7%。至2007年底，全市共有导游人员751名。全年共举办导游年审培训班2期、458人参加培训。各用人单位共举办了38期（次）的旅游员工考前培训、上岗培训、在岗培训、适应性培训以及专项培训等。9月2日，汕头市旅游局协助市委宣传部、市委党校举办全市干部文化知识讲座，邀请了国家旅游局政策法规司司长、中国社会科学院旅游研究所研究员、硕士生导师张坚钟开讲《中国旅游业发展现状和发展趋势》。积极配合广东省省旅游局举办的旅游行业管理人员培训班和区县旅游局长培训班。

纪　事

1月23～25日 中央纪委驻国家旅游局纪检组长、国家旅游局党组成员、王军莅汕调研，汕头市委书记黄志光会见王军一行。王军到汕头市各区县开展调研，与汕头市旅游界举行座谈会，汕头市人大副主任钟展南、纪委副书记许景峰出席座谈会。

3月19～25日 中央电视台第四套节目在《走遍中国》栏目播出了《走遍中国·走进汕头》七集城市形象专题片。

3月30～31日 全国旅游纪检监察暨行风建设工作会议在汕头召开。会议期间，国家旅游局领导和参会代表考察了汕头市和南澳岛的旅游资源。

4月9日 汕头市旅游局、潮阳区政府联合在潮阳区举行“相邀汕头·乐游潮阳”旅游推介活动。

4月12日 汕头市举行“2007汕头市公民文明旅游宣传启动仪式暨香港品质游系列团首发式”。

4月15～22日 汕头市旅游推介团赴华东地区开展旅游推介活动，并参加在苏州举行的国内旅游交易会。

4月28日 2007年汕头“中国和谐城乡游”活动启动仪式在澄海区莲华镇西浦村举行。200名来自中心城区、澄海区的游客参加城乡游。

7月6日 汕头市召开旅游市场整顿专项行动会议，部署对“零负团费”等严重扰乱旅游市场秩序的行为进行集中整治，全面推进“阳光价格”政策，让旅游消费者享受“阳光价格，透明服务，一次收费，全程消费”。

9月2日 在汕头市开设的干部研讨班上，国家旅游局政策法规司司长、中国社会科学院旅游研究所研究员、硕士生导师张坚钟作《中国旅游业发展现状和发展趋势》讲座。

9月8～10日 江苏省新闻界及旅游界一行20余人莅临汕头考察。

9月9日 粤东五市首次在厦门联合举办“粤东旅游推介会”。

11月27日 汕头市旅游局与来汕考察踩线的福建旅游界和新闻界代表在龙湖宾馆举行“汕头福建旅游界互动推介会”，余健明副市长出席推介会并致辞。

（庄为建、陈少文）

佛山市

综 述

【市政府领导开展调研】 1月24日，佛山市市长陈云贤、副市长麦洁华一行到市旅游局调研指导工作，陈云贤市长充分肯定了2006年全市旅游工作取得的成绩和2007年的工作思路，并作重要指示。他要求，一是对佛山旅游总体规划作进一步的修改，尽快报市政府审批，年内认真抓好规划的落实。二是要举办好佛山旅游文化节，办出特色，办出影响，同时要做好广东国际旅游文化节佛山分会场的各项筹备工作。三是要适应佛山当前社会经济发展的需求，加快五星级饭店的建设，引进国际著名品牌酒店管理公司进驻佛山。四是要挖掘佛山独特的旅游资源，开发一些新的旅游景点，把佛山建设成为休闲度假的乐园。五是在旅游线路和产品开发上要把佛山五区与周边城市组合联系起来考虑，以丰富的产品吸引更多的游客到佛山。

【全市旅游工作会议】 2月2日，2007年佛山市旅游工作会议在三水区森林公园千叶度假酒店召开。会上，市旅游局局长朱粤平回顾了2006年佛山市旅游工作，部署了2007年的目标任务，要求着重抓好五个方面的工作：一是坚持规划定位，推进资源整合，大力推动旅游景区的建设，丰富旅游产品，大力拓展本地旅游。二是扩大产业规模，加强星级饭店的评定，继续推动景区上标准，旅行社上档次，提升旅游品质，大力发展旅游商品生产，打造名牌企业。三是举办重大节庆，办好广东国际旅游文化节佛山分会场各项活动和举办佛山旅游文化节，加强宣传推介，强化“狮舞岭南，传奇佛山”的旅游形象。四是加强机关建设，抓好人员培训，强化安全管理，进一步落实市政府《关于加快旅游业发展的意见》，营造良好环境。五是紧扣“和谐主题”，积极推动“2007中国和谐城乡游”，深入开展文明旅游活动，营造和谐气氛，倡导和谐旅游。省旅游局副局长曾维炳勉励佛山旅游行业抓住全省旅游业大发展，国内旅游、入境旅游、出境旅游一片兴旺的大好时机，加强与粤港澳地区的旅游协作、实现客源共享，开创佛山旅游业发展新局面。麦洁华副市长强调：一是要打造旅游精品，提升城市品牌；二是要积极应对开放，大力推动改革，改善旅游投资环境，完善配套服务体系；三是加大促销力度，促进区域合作，做大、做强佛山旅游市场；四是加强组织领导，在全社会营造大旅游的理念，创造大旅游的发展氛围，形成发展合力。会议由市政府周文副秘书长主持，佛山市五区分管旅游的副区长、市有关单位、五区旅游局和市旅游协会副会长单位以及部分新闻媒体的记者共120多人参加会议。

【启动“佛山和谐城乡游”】 3月17日，佛山市旅游局、体育局、珠江时报社在佛山世纪莲体育中心共同举办“佛山和谐城乡游”系列活动首发式，有近4000人参加活动。佛山市副市长麦洁华宣布首发式正式启动。截至3月26日，全市旅行社共组织18061名游客参加了“佛山和谐城乡游”。2007佛山和谐城乡游系列活动的主要特点，一是突出了“活力城市、魅力乡村、和谐佛山”的主题，满足了市场的需求和顺应了游客、市民的愿望。二是实现了资源共享、客源互动、城乡交流的目的，共推出18个旅游景点，组织城市农村、交通市政、环保农业、生态旅游，真正实现了资源共享、客源互动和城乡交流。三是推出了内容丰富、特色鲜明、生动活泼的活动。四是掀起了了解佛山、游览佛山、爱我佛山的热潮，全市62家旅行社和40多家旅游景点、98家星级酒店互相配合、互相推介、互惠互利，整合推出了多条旅游线路，多种旅游产品。

【郑通扬局长来佛山检查工作】 6月26日，省旅游局局长郑通扬一行来佛山检查筹备广东国际旅游文化节佛山分会场活动情况。2007佛山旅游文化节暨2007广东国际旅游文化节佛山分会场活动组委会主任、佛山市副市长麦洁华，执行主任、佛山市政府副秘书长周文等领导陪同检查。麦洁华副市长汇报了筹备佛山旅游文化节暨广东国际旅游文化节佛山分会场活动的基本情况。周文副秘书长介绍了佛山旅游文化节开幕式、佛山美食欢乐节、武术嘉年华、佛山旅游推介招商大会和闭幕式的工作方案。市文化局徐东涛局长向郑局长汇报了广东国际旅游文化节闭幕式方案的制定情况和有关工作进度。

郑通扬局长考察佛山旅游

佛山旅游文化节开幕式盛况

【召开上半年旅游经济分析会】 7月26日，佛山市2007年上半年旅游经济分析会暨名牌旅行社命名大会在佛山宾馆召开，市政府副秘书长周文，市、区旅游局局长、行业管理科长，全市各旅行社总经理100多人参加了会议。市旅游局局长朱粤平通报了上半年全市旅游产业情况，提出了下半年的工作目标。市政府副秘书长周文指出，一要精心组织，全力办好佛山旅游文化节。如果举办成功，以后每年都要举办。二要强化宣传促销，不断开拓旅游市场，积极加强对国内外重点旅游市场的宣传促销攻势。三要持之以恒，规范旅游市场，提升行业形象。四要紧抓2007年佛山旅游推介暨招商大会召开的机遇，做好调研并向市政府提出具体的行业扶持政策措施，吸引更多的海内外客商来佛山发展。会上，市旅游局宣读了市名牌旅行社评审委员会《关于2006年度佛山市名牌旅行社命名的决定》，并对获得名牌旅行社称号的9家企业颁发奖牌。

【佛山旅游文化节开幕式盛况空前】 9月30日，能兴地产怡翠馨园2007佛山旅游文化节开幕式在世纪莲体育中心举行。全国政协常委、中国奥委会副主席、国际龙狮联合会主席张发强，中国龙狮龙舟运动协会主席李杰，中国龙狮协会副主席、香港叶问国术总会主席刘功成，澳门武术联合会理事陈永杰，省旅游局局长郑通扬，省体育局副局长田新德等嘉宾，林元和、陈云贤、蔡河义、卢汉超、杨晓光、叶志容、杨建华、冼瑞伦、刘谦强等市五套班子领导参加了开幕式。市委书记林元和宣布2007佛山旅游文化节开幕。来自全市五区近2万名市民先后表演“龙腾狮跃迎盛世”、“巾帼须眉竞风流”、“传统武术展新姿”、“太极神功耀寰宇”等4个集体节目。参演群众中，有职工、干部、学生，也有退休人员、外籍人士等，年龄最大的70多岁，最小的才5岁。上海大世界基尼斯总部代表亲临现场见证了万人舞太极壮观盛况，并现场授予“上海大世界基尼斯之最纪录”牌匾。

【广东国际旅游文化节闭幕式】 11月29日晚，2007广东国际旅游文化节暨泛珠三角旅游推介大会闭幕式在佛山市岭南明珠体育馆举行，2007佛山旅游文化节也同时闭幕。广东省委副书记、省长黄华华，常务副省长汤炳权，副省长雷于蓝，省政府秘书长徐尚武，副秘书长刘友君，副秘书长刘晓捷，国家旅游局驻新加坡办事处主任（正司级）祝庆瑞，省旅游局局长郑通扬，佛山市委书记林元和，佛山市市长陈云贤，常务副市长冼瑞伦，副市长麦洁华等领导出席了闭幕式。陈云贤市长在闭幕式上致辞。黄华华宣布2007广东国际旅游文化节暨泛珠三角旅游推介大会闭幕。闭幕式举办了“岭南音画”大型文艺晚会，来自全市各界的4000多名观众与省、市领导一起观看富有岭南韵味和佛山特色的文艺节目。文艺表演结束后，体育馆外上演了闭幕式焰火晚会，省、市领导及中外嘉宾与22万市民一起观看了精彩的焰火表演。

旅游接待与收入

【概述】 2007年是佛山旅游业持续发展、喜获丰收的一年，全市旅游行业超额完成各项主要预期指标，实现旅游总收入159.78亿元，比上年增长25.22%；全市主要旅游景区（点）接待游客2202万人次，比上年增长7.35%；全市接待过夜旅游者796万人次，比上年增长26.84%。

【入境旅游】 2007年，佛山市国际旅游外汇收入5.41亿美元，比上年增长30.66%，约占全市旅游总收入的26%；宾馆、酒店共接待入境旅游者99.19万人次，比上年增长18.61%，约占全市总接待人次的12.5%。其中外国人17.2万人次，比上年增长14.44%，占17.34%；港澳台同胞81.99万人次，占82.66%。外国游客中，前十位客源国依次为日本、韩国、美国、马来西亚、意大利、英国、德国、印度、澳大利亚、新加坡。

【国内旅游】 2007年，佛山市国内旅游收入118.55亿元，比上年增长25.33%，约占旅游全市总收入的74.2%；接待过夜国内旅游者696.79万人次，比上年增长28.10%，约占全市旅游总人次的87.57%。

【出境旅游】 2007年，佛山市旅行社组团出境游人数19.83万人次，比上年增长32.43%。其中香港游9.51万人次，比上年增长8.61%；澳门游6.84万人次，比上年增长97.41%；出国游3.47万人次，比上年增长26.40%。

旅游宣传促销与节庆活动

【概述】 2007年，佛山市以提升佛山旅游形象为目标，创新促销手段，进一步开拓国内外旅游市场。

一是积极开展"2007佛山和谐城乡游"系列活动。3月17日在佛山世纪莲体育中心举办"2007佛山和谐城乡游"系列活动暨首发式。各旅行社积极配合推出多条"和谐城乡游"线路，展示佛山魅力乡村、活力城市建设亮点，吸引了市内外众多游客参团。以生态、环保、和谐为主题，参加了国家旅游局组织开展的乡村游"百千万工程"，推出了一系列反映佛山城乡一体化、一元化建设新成就的富有特色的新旅游产品和线路。同时，配合2007佛山旅游文化节，组织旅行社推出多条旅游专线。

二是面向目标市场积极开展旅游促销活动。组织参加了2007年悉尼华人春节大巡游、中国国内旅游展销会（苏州）、2007广州国际旅游展销会、香港国际旅游展、中国国际旅游展销会（昆明）、中日邦交正常化35周年旅游交流以及泛珠三角旅游大促销活动。市领导亲自带队，组织佛山旅游代表团，赴山东、辽宁举办佛山旅游推介会。制定和落实"佛山本地游"方案，通过招标确定承办旅行社，首期推出两条旅游线路，每天在市内部分三星级以上酒店报名参团，推动了本地游发展。

三是加强区域协作，多种形式宣传"狮舞岭南，传奇佛山"旅游形象，取得了较好效果。广佛旅游合作取得新进展，南海、顺德和广州番禺三区成立旅游联盟，实现三地旅游资源、游客和信息互动共享，共同将"南番顺"区域品牌打造为岭南文化旅游精品。组织旅游协会成员到外省参加旅游交流活动，协助湛江、河源、惠州、井冈山、广安、龙岩等市旅游局在佛山开展旅游推介活动，与佛山旅游企业签订接待合作协议。

【筹备组织佛山旅游文化节】 佛山市旅游局在征求各区和市直相关部门意见的基础上，提出了2007佛山旅游文化节暨2007广东国际旅游文化节佛山分会场活动方案，经市政府同意下发实施；协助组委会落实旅游文化节各项筹备工作，制定了《2007佛山旅游文化节开幕式方案》、《2007佛山"武术文化嘉年华"活动方案》、《2007广东国际旅游文化节闭幕式暨大型文艺晚会活动方案》和《2007佛山旅游文化节暨2007广东国际旅游文化节佛山分会场活动宣传工作方案》等系列方案，制定和下发各工作组职责和有关管理制度，如财务管理办法、印章管理制度、筹款奖励办法等；协助市政府先后多次召开2007佛山旅游文化节暨2007广东国际旅游文化节佛山分会场活动动员会和组委会工作会议，确保旅游文化节各项活动的顺利推进；配合市政府举办佛山旅游文化节开幕式和广东旅游文化节闭幕式，取得了圆满的成功；顺利举办了2007佛山美食欢乐节、佛山旅游推介大会，产生了积极的影响；还组织协调各区举办了20多项丰富多彩的节庆活动。

【春节黄金周】 2007年春节黄金周旅游市场呈现进出两旺的火爆场面。全市实现旅游收入4.12亿元，同比增长13.19%，其中旅游外汇收入2673.12万美元，同比增长14.6%；主要旅游景区、点接待游客171.33万人次，同比增长2.64%，旅游饭店接待过夜游客4.11万人次，同比增长8.27%。

旅游市场呈现五个特点：一是和谐主题鲜明突出，大型活动齐闹新春。各区、街道、镇推出内容丰富的庆祝活动，为佛山市民和春节期间留在佛山过年的外来务工人员送去了欢乐吉祥。二是传统文化粉墨登场，旅游景区年味浓郁。"非物质文化遗产"已成为佛山2007年关注的热点。各景区纷纷推出人文味浓厚的系列旅游项目。三是长线旅游倍受青睐，市民参团出游较多。四是节日餐饮异常火爆，酒楼食肆应接不暇，全市主要旅游饭店餐饮收入同比增长14.51%。五是全市各部的共同协作，确保了春节黄金周的安全，游客的投诉明显减少。

【参加2007年香港国际旅游展览会】 6月14～17日，2007年香港国际旅游展览会在香港国际会议展览中心举行。本次展览会共有50多个国家和地区、600多个参展商参展。佛山市旅游局局长朱粤平率领佛山代表团参加了本次展览会，向客商和市民推介佛山的旅游资源。佛山市共设6个展位，全市5个区、30多家旅游企业近百人到会参与推介，展位设计富有特色，推介形式灵活多样。南海区旅游局派出黄飞鸿狮队现场表演，精湛的技艺吸引了全场的目光。

【佛山美食欢乐节】 9月30日至10月7日，由佛山市人民政府主办的"2007佛山美食欢乐节"在佛山东方广场隆重举行。共有40多万佛山市民和外地游客进场品尝美食、参与各项精彩活动，展示了佛山作为“美食之乡、厨师之乡、粤菜主要发源地”的深厚美食文化底蕴，为广大市民、游客提供了一个“十一”黄金周休闲、娱乐的好地方。本届美食欢乐节是“2007佛山旅游文化节暨2007广东国际旅游文化节”佛山分会场系列活动之一，美食欢乐节集绝活表演、烹饪展示、美食品尝、节庆游乐于一体，主要体现在：一是美食主题更加突出。本届美食欢乐节活动内容丰富多彩，增加了中华饮食绝活表演、佛山名厨评比、成名菜式现场烹饪表演、《食在佛山》征文大赛和“响亮全城”卡拉OK大赛等新的内容。二是参展企业更加广泛。三是现场管理更加严格，禅城区公安局、消防局、环保局、卫生监督所等相关单位都派员进驻美食欢乐节现场，进行实时监督，确保不会发生过任何事故。

佛山美食欢乐节

【“十一”黄金周】 2007年“十一”黄金周，佛山旅游业喜事不断。9月30日，2007佛山旅游文化节隆重开幕，时间跨度2个月，全市五区共举办20多项活动。据统计，黄金周期间，全市旅游收入6.23亿元，同比增长28.22%，其中旅游外汇收入1705.84万美元，同比增长29.27%；全市主要旅游景区、(点)接待游客219.84万人次，同比增长29.78%；全市主要旅游住宿设施共接待过夜游客4.63万人次，同比增长6.69%。“十一”黄金周旅游工作主要特点：一是佛山旅游文化节拉开序幕，精彩活动全面登场。继9月30日“2007佛山旅游文化节”规模盛大的开幕式后，全市各项旅游文化节活动陆续登场，市政府在东方广场举办了2007佛山美食欢乐节活动，南海区举办了“黄飞鸿杯”世界狮王争霸赛，顺德区举办了岭南美食文化节—顺德民间艺术大巡游活动，三水区举办了“2007年全国公路摩托车锦标赛”。各大旅游景区（点）也配合市旅游文化节，推出了丰富多彩的旅游、文化活动。二是美食节办出品牌，“美食游”成佛山游新特色。佛山美食欢乐节和岭南美食文化节相继开幕，把佛山美食文化活动推向高潮。三是精品线路大受追捧。为适应游客黄金周出游越来越理性、越来越讲求质量的需求，各旅行社不断更新产品，主打四、五星级饭店高档旅游产品。节日期间，全市旅行社组织的省内游、省外游、出境游全面增长，组团人数同比增长11.87%。四是市民出游文明和谐，旅游市场安全有序。整个黄金周期间，全市共接到旅游投诉6宗，无重大旅游安全责任事故。

旅游行业管理

【酒店建设】 2007年，佛山市华夏新中源大酒店通过星级酒店评定，成为佛山市第二家五星级饭店。向省星评委申请初评公示的五星级饭店有3家。枫丹白鹭酒店荣获“中国十大最具魅力酒店”称号。万豪、洲际、莱佛士、喜来登、华侨城、汉威等多家国外知名酒店管理公司进驻佛山，“城市客栈”、“7天连锁”等一批经济型酒店相继开业。全市共评定星级饭店5家，其中五星级1家，三星级3家，二星级1家。新增绿色饭店4家。参加星级饭店年检中，撤销5家不达标的一、二星级饭店。

【旅行社管理】 2007年，佛山市新增国内社3家，晋升国际社1家。有5家国际社、3家国内社分别被评为全国国际旅行社100强和国内旅行社100强。为鼓励旅行社上档次，佛山评出第一批9家名牌旅行社，包括3家龙头企业、3家优质企业，3家先进企业。召开了全市旅行社行业规范暨资质评定动员大会，宣传贯彻《广东省旅行社资质等级评定标准》，指导和鼓励旅行社评定级别。对全市58家旅行社开展年检工作，其中21家国际社、37家国内社均通过年检。

【完善企业自律机制】 2007年，佛山市旅游局、市旅游协会定期召开出境游组团社协调会，加强相互之间的联系与沟通，协调处理出境游有关价格、线路安排等问题。三水区旅游局创造性地推动全区19家旅游企业在平等、自愿基础上签订了《三水区旅游行业价格联盟》的合作协议，以成员单位相互间享受低10%以上最优惠价格方式，实现资源与客源共享的共同目标，有效促进了企业间合作，减少恶性竞争。

【治理整顿“零负团费”专项行动】 2007年，佛山市旅游局认真落实省旅游局治理整顿“零负团费”专项行动精神，在全市各旅游企业开展自查自纠的基础上，会同市公安、工商、物价和税务等部门建立了联动机制，开展了对旅游广告专项检查，加大对违规合同行为的惩处力度。共抽查旅行社营业部28家，检查涉嫌非法经营旅游业务的企业4家、个体经营户2家，发现问题8宗，发出《行政处罚通知书》5份，处罚金额合计 20111 元；发出《整改通知书》3 份，退赔游客金额 5240 元。专题整治行动收效明显，旅行社"零负团费"现象得到较好的控制。

【积极倡导文明旅游】 佛山市旅游局和市文明办联合发出倡导文明旅游的倡议，发放《中国公民出境旅游文明行为指南》，要求市民在黄金周文明出行、文明旅游，营造文明、和谐的旅游环境。与媒体积极合作，充分发挥报刊、广播、电视、网络覆盖面广、渗透力强的特点，开辟专栏，广泛宣传旅游法规和旅游常识。每个黄金周前，都通过媒体发布"旅游消费警示"，揭示旅游"零负团费"的各种表现形式及危害，培养旅游者树立理性消费观念，引导游客理性消费和依法维权，培养成熟的游客消费市场。

【旅游安全与投诉】 2007 年，佛山市旅游局加强与有关部门密切配合，做好旅游安全检查工作，重视并抓好了佛山旅游文化节和三个黄金周的安全生产检查，确保佛山没有发生重大安全事故。同时，认真处理旅游投诉，全年立案投诉 36 件，共退赔游客金额 2 万余元，案件结案率达 100%，旅游者和经营者对投诉处理结果比较满意。还参加了市政府、佛山电台联合举办的《民生直通车》节目，接受游客和企业的咨询，现场受理投诉，收到很好的社会效果。

资源开发和景区（点）建设

【出台 2006 — 2020 佛山旅游规划】《佛山市旅游发展规划（调整）（2006 — 2020 年）》已经市政府批准实施。《规划》确立了大力发展休闲观光度假旅游的发展目标，将佛山建设成为"以城市旅游为主体，以观光度假旅游为特色，集商务、会议、博览、观光、度假、美食、购物、娱乐、宗教旅游于一体的，在国内外有较大影响的多功能、综合性旅游区和中国旅游强市"，《规划》的有效实施是对佛山市旅游发展的科学定位，是各级政府及旅游行业遵守和实施旅游发展指南，将全面提升旅游产业结构，优化资源配置。

【五区加强旅游规划】 2007 年禅城区确定了"一个中心、四大片区"的发展思路，打造"祖庙岭南文化体验区、石湾陶瓷文化旅游区、王借岗文化生态休闲区、南庄水都旅游区"；顺德区邀请专家对原规划进行修编，对旅游定位，功能布局及发展重点等进行适当调整；南海区提出把南海打造成珠三角城市群主要的商务休闲度假旅游目的地的构想，实践和推进"一个中心，两条主线"旅游发展策略；高明确立以"山林水都"和"休闲高明，山水怡情"为旅游形象定位，规划出了"一个中心，四个龙头，三条旅游轴线，三个规划片区"的旅游发展布局；三水区规划在迳口建 5000 亩自然保护区，建设面积 5000 亩的迳口九道谷森林公园。

【旅游度假景区建设】 2007 年，全市一批在建景区项目如康有为纪念馆（公园）、李小龙乐园、长鹿农庄第三期、史诺比主题公园、南国丝都丝绸博物馆、将军山观音寺等进展顺利；国际性主题公园顺德史诺比公园和南国丝都博物馆整体工程正在抓紧建设之中；西樵山新景点宝峰寺正式向游客开放；仙湖旅游度假区投资 2000 多万元，建设无极养生园景点； 高明潜龙谷、三水迳口九道谷景区新开辟了溯溪探险、民俗风情表演、水上拓展项目，迳口三星酒店、水果长廊等旅游配套项目年内建成。

【景区品牌建设】 2007 年，旅游景区景点规范化建设再上新台阶。清晖园、长鹿农庄先后通过国家 4A 级旅游景区检查验收，清晖园已成为国家 4A 级景区，长鹿农庄还被评为全国工农业旅游示范点。西樵镇、大良街道、芦苞镇被评为"广东省旅游特色镇"，黎冲村、碧江村、大旗头村被评选为"广东省旅游特色村"。

精神文明建设和旅游教育培训

【旅游培训】 全年组织 875 名全国导游人员资格考试笔试、口试（佛山考点）的考前培训和考试工作；组织全市 1000 多名导游参加年审培训；组织全市 25 名酒店管理人员参加省旅游局组织的上岗培训。

（汝百乐）

韶关市

综　述

【总体情况】 2007年，韶关市旅游局紧紧围绕建设粤北经济强市、交通枢纽、区域中心、山水名城、和谐韶关的目标，加大力度实施“大丹霞、大南华、大南岭”政府主导型发展战略，积极落实省旅游局的工作部署，注重构筑节庆平台，创品牌、抓促销、上台阶，整合资源，拓展大旅游、大市场、大发展的战略格局。据统计，全市共接待游客853.75万人次，比上年增长39.64%，实现旅游总收入40.64亿元，比上年增长60.71%。旅游总收入占全市GDP比重为8.41%。

【召开全市旅游工作会议】 9月27日，韶关市旅游工作会议在市政府大楼召开。韶关市委书记徐建华、市长郑振涛、市政协主席邓苏夏、市人大副主任朱金雄、副市长邹永松出席会议。韶关市各县（市、区）分管旅游工作的领导、旅游局局长，市直属单位的领导，全市各旅行社、星级酒店、景区、餐饮协会、旅游产业促进会等单位领导以及新闻媒体共300多人参加会议。会议印发《中共韶关市委韶关市人民政府关于进一步加快旅游产业发展的若干意见》（征求意见稿）。徐建华书记、郑振涛市长分别讲话。乳源县委领导介绍了“创建中国旅游强县”的经验体会。大会还对韶关市2006年度旅游工作有突出贡献的一等奖获得者中国旅行社、二等奖获得者市旅总旅行社、三等奖获得者大丹霞旅行社、友好旅行社授牌，并分别颁发3万元、2万元、1万元的奖励。

【首届禅宗文化旅游节】 2007年9月13日（农历八月初三）是传统的“南华诞”活动的期间，韶关市有关部门和曲江区人民政府以“南华诞”为契机，联合举办首届韶关禅宗文化旅游节。活动内容有：南华禅寺“禅和之声”大型音乐晚会、纪念六祖惠能涅槃1294周年、南华寺万佛塔奠基仪式系列佛事和“珠三角”自驾车祈福游、游客曹溪河放祈福灯、粤北民族风情表演、赏石文化展、美食嘉年华以及曲江赏石展等旅游推介活动。诚邀了全国各地的佛教寺院的高僧大德、旅游企业和新闻媒体参加盛会。

南华禅寺“禅和之声”大型音乐晚会

【第二届丹霞山国际集体婚礼】 11月18～20日，韶关市人民政府举办第二届丹霞山国际集体婚礼。来自美国、印度尼西亚、牙买加、丹麦、加纳和印度及国内的50多对夫妇参加这一具有国际性的集体婚礼。活动内容包括：举行婚庆盛典、花轿大巡游、阳元雄风典礼、共植同心树、水上丹霞游、姻缘祈福会、性文化巡礼、盛大婚宴、答谢酒会等，尽情演绎了“人与自然和谐、美与文明共存”的文明婚庆新风尚。《人民日报》、《南方日报》、《广州日报》、广东电视台等40家媒体百余名记者累计发稿77篇（条），人民网、中新网、搜狐网、新浪网等网站发出相关信息19,900条，国际集体婚礼有效提升了丹霞山的品牌形象。

【首届红三角餐饮业高峰论坛】 11月29日，由韶关市旅游局主办，韶关市饮食旅业行业协会和韶关市旅游产业促进会承办的首届红三角餐饮业高峰论坛，以“大师聚首韶关、高峰论坛餐饮、弘扬饮食文化、打造餐饮名店”为主题，它作为韶关市第四届旅游美食购物欢乐节的活动内容之一，得到了广东省烹饪协会、赣州市烹饪协会、郴州市餐饮商会的大力支持。参加高峰论坛的主讲人：赣州市烹饪协会会长毕厚堃先生、郴州餐饮商会会长黄志峰先生、广东省食文化研究会副秘书长许名桥先生、广东省烹饪协会办公室主任叶佩芬女士、韶关饮食旅业行业协会副会长罗海防先生等 6 位餐饮名师。高峰论坛的成功举办为红三角地区餐饮企业搭建了一个学习、交流、发展的平台，以红三角美食为载体，探索区域合作的新模式，进一步整合红三角饮食资源，加大红三角餐饮企业之间的合作力度，共同打造红三角旅游美食圈，促进红三角地区餐饮业、旅游业又好又快地发展。同时，广东名小吃评比等活动，也吸引了来自赣州、郴州、梅州、潮州等餐饮企业参展。

邹永松副市长出席韶关市第四届旅游美食购物欢乐节

【“十一五”旅游规划执行情况】 2007 年，韶关市编制《韶关市旅游发展总体规划》，完成了《丹霞山风景名胜区总体规划修编》；新丰县曲礼农庄项目、乐昌杨东山十二渡水旅游景区规划建设进展顺利；丹霞山管委会启动了丹霞山风景名胜区丹霞地貌申报世界自然遗产及 5A 级景区申评工作；韶关市引进广州旺地樱花种植实业有限公司开发建设韶关樱花主题公园，开发了丹霞山镇纸、阴（阳）元石钥匙扣、纪念铅笔、宣传纸袋、丹霞山扑克、丹霞山邮票折页、中国最美的地方画册礼盒等旅游工艺产品。加强了韶关旅游信息网的建设，协助做好旅游交通、旅游购物中心、旅游服务中心等配套设施建设。在省国道主要路段、旅游景区竖立旅游景区指示牌。建成了首家三江丹霞旅游商品城大型旅游购物点。

旅游接待与收入

【入境旅游】 2007 年，韶关市宾馆接待入境过夜旅游者 8.59 万人次，比上年减少 2.64%，其中外国人 0.28 万人次，占 3.2 %，港澳同胞 7.85 万人次，占 91.32%，台湾同胞 0.47 万人次，占 5.48%；旅游外汇收入 0.27 亿美元。平均停留天数为 1.13 天。

【国内旅游】 2007 年，韶关市接待国内游客 845.16 万人次，比上年增长 40.26%。其中国内旅游收入 38.63 亿元，比上年增长 66.36%，占全市旅游总收入的 95%；过夜国内旅游者 506.67 万人次，比上年增长 19.29%；平均停留天数 1.59 天，比上年延长 0.03 天。

【出境旅游】 2007 年，韶关市通过旅行社组团出境旅游人数为 0.49 万人次，比上年增长 68.30%。其中香港游 0.22 万人次，比上年增长 150.61%；澳门游 0.11 万人次，比上年增长 68.01%；出国游 0.12 万人次，比上年增长 3.02%。赴港澳地区的人数占出境游总人次的 76.14%。出境游人数最多的国家依次为东南亚、德国、日本、澳大利亚、韩国等。

【黄金周假日旅游】 2007 年，韶关市春节黄金周接待游客 64.57 万人次，同比增长 21.43%；旅游总收入 2.52 亿元，同比增长 19.90%。

“五一”黄金周，全市接待游客62.27万人次，同比增长30.78%；旅游总收入2.58亿元，同比增长20.61%。

“十一”黄金周，全市接待游客64.12万人次，同比增长31.56%；旅游总收入2.69亿元，同比增长33.46%。

三个黄金周的主要特点：1. 旅游环境得到进一步优化。春节前，韶关市旅游局积极争取市政府和有关部门支持，在国道 106 线和国道 323 线设立 12 块旅游景区交通指示牌，为游客的往返提供向导的作用。丹霞山管委会邀请艺术团体，每天在长老峰景点安排文艺表演，节目丰富多彩，载歌载舞，使来自四面八方的游客在游览丹霞风光的同时，欣赏到了具有地方特色的精彩节目。珠玑古巷增加了民间艺术、婚俗表演，到处呈现出一派欢乐祥和的喜庆现象；2. 假日旅游活动安全有序。各级旅游部门和旅游企业牢固树立安全第一的思想观念，韶关市旅游局成立旅游安全检查小组，对全市旅游景区景点、宾馆酒店、旅游车队等旅游接待单位进行安全检查，督促各有关单位做好旅游安全工作，发现问题就及时整改。各旅游景区节前开展安全自查，及时排除安全隐患，如丹霞山、南岭、大峡谷、云髻山等景区加固登山防护栏，增设旅游步道安全标识。旅游车队对旅游车辆进行检修，加强对司乘人员的安全教育等。各宾馆酒店加强食品卫生安全工作；3. 人文祈福游受到游客的青睐和热捧。如南华寺、云门寺、珠玑古巷等景区接待量大。南华寺仅年初一就接待游客 3 万多人；4. 和谐城乡游成为新热点。春节黄金周期间，珠玑巷、梅关的梅花竞相开放，游人如织，成了一道艳丽夺目的风景线，吸引珠三角以及周边地区的大量游客。仅乳源县各旅游景区共接待游客 9 万多人次，创该县游客总人数的新高，韶关市已成为省内外自驾游的旅游热线。

“十一”黄金周丹霞山车水马龙

旅游宣传促销与节庆活动

【旅游宣传促销】 韶关市围绕促进“南延北拓”的旅游发展战略，全面提升韶关旅游的新形象。在“南延”旅游宣传促销方面：1月，韶关市旅游局在广州举办“百万家庭游韶关”新闻发布会，向珠三角市民推介5条特色线路，与广之旅先后两次联合开展促销活动；3月，组织旅游企业参加2007广州旅游交易会；4月，组织韶关市主要旅行社和旅游景区赴粤西开展旅游促销；6月13～15日，韶关市旅游局组织各县（市、区）旅游局，丹霞山管委会、广之旅、省中旅、市中旅及部分旅游景区景点的负责人参加2007香港国际旅游交易会；并在世纪香港大酒店举行红三角旅游圈香港推介会。7月至9月，组织韶关主要景区、旅行社前往珠三角进行巡回促销，在中山、东莞等客源地电视台的黄金时段播放有关韶关旅游专题宣传片；9月26日，举办“韶关—中山经贸合作交流会”，两地旅游管理部门签订了旅游合作协议。在“北拓”旅游宣传促销方面：3月，邀请同程网全国各地旅行社经理30多人来韶关参观考察丹霞山、南华寺等多条旅游线路，并在同程网上刊登广告宣传；4月下旬，韶关市旅游局与丹霞山管委会一起参加2007年中国（苏州）国内旅游交易会;8月，参加了内蒙古北方十市旅游交易会;9月，参加长沙旅游精品交易会；10月，参加了大连东亚旅游交易会；11月，参加了昆明国际旅游交易会。在各种媒体上开展旅游宣传促销方面：年初，委托韶关电视台拍摄的韶关旅游形象广告片分别继续在韶关电视台、凤凰、华娱和本港台多个时段滚动播放，让更多市民了解韶关，热爱韶关；邀请了广东电视台粤港频道《解码珠三角》栏目，广东电视台新闻频道《行业品牌栏目展播》栏目、广东电视台《逍遥游》栏目来韶关市拍摄，于不同时段在广东电视台播出，全方位提升韶关旅游知名度。

韶关各县市的旅游促销活动包括：翁源县旅游局以2007海峡两岸（翁源）暨第五届广东省花花博览会为契机，在《羊城晚报》、香港《文汇报》等媒体上推介本地旅游资源，以兰花、三华李、九仙桃等时节开展节庆品牌推介活动，吸引众多的游客，“两日游”、“度假游”大幅增加；乐昌市以九峰山6万亩桃花、李花季节以及九峰客家山歌、九峰仙传说等民俗文化作为平台，举办乐昌市“星之光”杯旅游摄影比赛，推出“九峰山赏花游”，并邀请电视台拍摄九峰山的桃花、李花，以新闻和专题风光宣传片等多种形式立体式、全方位的介绍，在市政府信息网，广东山区行信息网制作专版，与中国移动乐昌分公司和中国联通乐昌分公司合作，在韶关市范围内群发“欢迎来观赏九峰桃花、李花”的手机短信息，招徕了游客，繁荣了旅游市场。

【入境旅游宣传促销】 9月28日至10月5日，韶关市旅游局组织丹霞山和乳源县参加由广东省旅游局组织的赴日本旅游宣传促销活动。28日，在日本大阪全日空酒店进办旅游推介会，日本大阪府、京都府政府部门人员和旅游界人士共60人参加。29日，在神户皇冠假日酒店与兵库县政府部门人员以及日本旅游界人士开展“广东—兵库旅游交流会”。

【旅游节庆活动】 2007年，韶关市以“和谐城乡游”主题年为契机，各级旅游部门积极配合开展各具特色的活动。1月28日，韶关市旅游局与乳源旅游局共同在南岭国家森林公园和南方红豆杉公园主办“韶关和谐城乡游”启动仪式，邀请广州、郴州和韶关等地的近百家旅行社和新闻媒体参加。2月4日和10日，韶关市旅游局分别在步行街陆羽茶庄举办2007迎新春“和谐城乡游”宣传活动暨第一届韶关旅游商品大赛获奖商品展示等活动，市区各旅行社及各县（市、区）旅游景区和星级饭店参与了有关活动。

【参加广东国际旅游文化节活动】 韶关市热心参与广东国际旅游文化节的各项活动，并精心组织和筹备韶关分会场的各项工作。8月28日，在省旅游局举行韶关分会场新闻发布会。11月18日，在新丰云髻山举办枫叶节，来自珠三角等地的2万多名游客及记者参加了登高山、赏枫叶、摘水果等系列活动，活动的举办使云髻山单日接待游客刷新纪录，打造了“云髻山、新丰江之源”旅游新品牌。11月至12月，新丰县与广东省摄影家协会、珠三角主流媒体、珠三角大型旅行社联合举办“赏云髻红枫，游绿色山水”云髻山赏枫活动。活动举行当天，云髻山旅游区接待游客5000多人次，接待旅游团队50多个。两个月的活动仅万亩果园共接待游客约5000人次。10至11月，乳源县举办“十月朝”风情文化旅游节，举办“拜盘王”、千人刺绣以及瑶族歌舞活动。11月28日至12月4日，韶关市举办第四届旅游美食节暨购物欢乐节。

旅游行业管理

【旅游市场监督管理】 2007年，韶关市积极开展星级饭店的评定与复核工作，始兴县远东大酒店新评为三星级饭店。完成了曹溪温泉酒店、翁源龙翔酒店申报四星级饭店的初评与上报工作，协助省旅游局星评委对莱斯大酒店拟申报五星级饭店的初评工作。制定并下发诚信旅行社测评体系和治理整顿“零负团费”专项行动工作方案等。

【旅游安全管理】 韶关市旅游局在春节、“五一”和“十一”黄金周前都分别召开会议，传达贯彻全国假日办、省旅游局关于做好旅游接待和旅游安全工作的通知精神，及时下发了有关做好黄金周安全工作的通知。每个黄金周前，市旅游局派出安全检查组对全市主要的旅游景区和部分星级饭店、旅行社、旅游车队开展“拉网式”的检查，尤其对索道、缆车等旅游运载工具进行重点检查；部分县（市、区）旅游局联合本地的安监、技术监督、卫生防疫、公安、消防等有关职能部门，对辖区内的旅游企业进行了安全大检查，对发现问题的立即下发停业通知书，限期整改，排除各类事故隐患，防止事故发生。参加了由市安委办组织的安全生产月咨询活动，制定了《韶关市旅游业2007年安全生产月活动方案》，派发安全提示500多份，向广大市民宣传旅游安全知识。

【旅行社管理】 2007年，韶关市旅游局下发《关于开展2007年度全市旅行社业务年检的通知》，对旅行社在遵守旅游法规、组接团、导游管理、旅游质保金和规范经营等情况开展综合执法检查。经审计验证，全市各旅行社均通过业务年检。截至2007年底，全市共有旅行社39家，其中国际社1家，国内社38家。全年新设立了旅行社3家。

【导游员管理】 1月30日，韶关市召开全市导游大会，下发《关于进一步加强导游队伍建设和管理的实施意见（征求意见稿）》、《旅行社诚信测评》等文件。对韶关市评选出的“十佳导游”和“优秀导游”进行了表彰。2007年，韶关市旅游管理部门多次组织行政执法人员到全市主要景区和游客较为集中的场所进行旅游市场检查，共派出检查人员128人次，检查导游155人次，警告无证导游7人，没收过期讲解员证2张，对带团中行为不规范的导游进行现场的教育警告。

导游参加韶关创卫活动

【旅游饭店管理】 2007年，重点加强了三星以上饭店的管理。按省星级饭店评定委员会的要求开展星级饭店申报评定工作。全年新增三星级以上饭店3家。莱斯大酒店申报五星级饭店工作全面启动。截至2007年底，全市拥有星级饭店54家，其中四星级饭店6家，三星级饭店36家，二星级饭店10家，一星级饭店2家。另有无星级宾馆572家。全市星级饭店及各类社会旅馆、招待所共有客房17326间床位总数32705张。

旅游资源开发和景区（点）建设

【旅游规划】 2007年，丹霞山旅游景区自参加由国家建设部牵头组织的国内9家中国丹霞地貌景区捆绑式申遗工作以来，韶关市人民政府扎实推进，成立了丹霞山申遗工作领导小组，委托中山大学完成申报分文本的编制，并按时提交到中国丹霞山地貌申报世界自然遗产协调领导小组办公室，汇集编写申报总文本。11月初，国家建设部邀请到联合国教科文组织专家、地学部前主任伊德博士来丹霞山考察，伊德博士在第三届世界自然遗产大会上，就丹霞地貌申遗发表感言。翁源县整合客家围屋资源，打造客家民俗文化旅游亮点，以县内客家古民居为素材，启动翁源客家文化及客家围屋旅游开发策划包装工作，对县内的八卦围、湖心坝客家群楼、书堂石进行个性化、特色化、差异性旅游策划开发。乳源县挖掘西京古道蕴藏的丰富历史文化，并就古道的历史作用、重要意义、科研价值和古道文化等组织研讨。

【旅游招商引资】 2007年，韶关市旅游局引进广州旺地樱花种植实业有限公司开发韶关市樱花主题公园。该主题公园位于韶关市浈江区新韶镇。是集观赏、休闲、度假、饮食、娱乐、购物于一体的大型人文景观公园，总面积1000多亩，总投入5000万元人民币，目前已投入1800万元人民币；由广东活力旅游集团公司在南雄珠玑古巷投资9000万元人民币。其中，珠玑古巷宾馆投资8000万元，行政服务中心投资1000万元，现已进入实际运作之中；乳源县先后对必背瑶寨、仙人桥景区招商引资。其中必背瑶寨景区第一期主体工程已经完成，将在2008年春节正式试业，仙人桥景区也正加紧建设，工程进展顺利。

11月8日，在亿华物流汽车世界举行的2007韶关系列经贸活动招商引资推介大会项目签约仪式上，乳源县旅游局与马来西亚世界银族温泉休养度假旅游山庄签约了金额为5000万美元的韶关市乳源六一东粉温泉旅游项目，始兴县政府与珠海市活诚实业有限公司签约了金额为8000万元人民币的韶关市始兴九龄温泉旅游项目，翁源县旅游局与广州市德馨物业管理有限公司签订了金额为1亿元人民币的韶关市翁源六虎公园旅游项目，韶关市旅游局与广东旺地樱花实业有限公司签订了金额为5000万元人民币的韶关樱花公园旅游项目。

【旅游区（点）与基础设施建设】 丹霞山风景名胜区以玉壶峰为代表新景点建设进展顺利，旅游步道工程完成，东部旅游基础设施三期工程正抓紧施工；翁源县继续推动东华山旅游风景区旅游项目的开发，主体工程已建成正进行外围装修，计划2008年底开业；新丰县加快云髻山旅游区的建设，新增加可容纳500人的云髻山茶庄和游客长廊以及绿化地带；乐昌旅游局于2007年1月启动杨东山十二渡水生态旅游区的开发建设工作，已建景区大门门楼一座、景点游览观光步道约900米，新开辟游览步行栈道100米；始兴县充分发挥山、水、林的生态环境，积极引导社会资金投资开发生态休闲旅游区，形成了花果山温泉、江口竹园美食、杨梅山庄、麒麟山庄、龙凤生态园等十多个以生态、温泉、竹园、果园、小农庄等资源为依托的小型休闲度假项目，开辟了深渡水黄石坑原生态景观区。百岛湖（孔江水库）也在为招商引资做准备。

【旅游扶贫工作】 始兴县利用省旅游扶贫重点项目资金抓紧对东湖坪客家民俗文化村扶贫项目的建设，完成了景区大门、景区小道、部分围屋修复及安装自来水等工程；满堂客家大围景区也已完成停车场、公共厕所、景区小道、开挖水井及部分环境卫生的整治和中心围的电力安装与图片布展等工程；新丰县曲礼农庄被列入省旅游扶贫重点项目后，其招商引资工作进展顺利，与外商签订共同开发协议，目前已完成规划设计和征地补偿等前期工作，游客步道、码头、景区大门、餐厅等工程正在抓紧建设。

【旅游强县工作】 2007年1月，乳源县被授予“中国旅游强县”。为确保创强工作的落实，县委、县政府成立由县委书记任主任，各镇、各相关单位主要负责人为成员的创强工作组织委员会，并从各相关单位抽调干部组成创强工作办公室，做好组织、指导、督查、协调等工作。仁化县旅游局在县委、县政府的统一部署下，按照创建中国旅游强县标准的9个工作大项、98个小项和234个评分点，动员各方力量全力开展调查研究、查漏补缺、大投入、提高形象等工作。

精神文明建设和旅游教育培训

【机关作风建设】 2007年度，韶关市旅游局积极开展机关“效率年”活动。成立了活动领导小组，制定下发《韶关市旅游局机关“效率年”活动实施方案》及活动计划，召开了由全局干部职工参加的动员大会，通过采取问卷调查，召开座谈会，征求下属单位、基层群众、服务对象等办法广泛征集到改进机关作风的合理化意见和建议，找准了存在的问题，“效率年”活动的开展全面促进了机关作风建设。

【精神文明建设】 丹霞山管委会聘请省旅游规划部门的专家作为创建顾问，采取组织辅导培训、分解细化工作、召开创建工作例会以及进行自查等举措，扎实推进创建全国文明景区、国家5A级景区的工作，同时结合2007“效率年”活动情况，在景区倡导“美在丹霞”感恩教育活动；曲江区旅游局以开展“树形象、讲信誉”活动作为促进旅游行风建设重要举措，结合本区旅游业发展的实际，制定《旅游局民主评议行风政风建设实施方案》，成立了以局领导班子成员及部门负责人组成的竞赛活动领导小组，重新聘请10位监督评议员；2007年4月9日，在全国旅游行业先进工作者表彰大会上，丹霞山管委会的张文彬被评为全国旅游系统“先进工作者”，并在大会上介绍经验体会。乐昌市九泷十八滩的文尚龙被评为“全国旅游系统劳动模范”。

【旅游教育培训活动】 2007年，组织实施了两次全国导游人员资格考试的报名、培训、笔试和口试各个阶段的工作。全市报名考试人数770人，通过考试合格人数235人，合格率32.8%。全市共有23人报名参加2007年度全国中级导游员考试。经过全市各旅行社依照评比条件自评推荐，导游分会与旅行社分会将候选人名单集中评比审核等办法，评选出韶关市2007年度“十佳导游”10名，“优秀导游”10名，并在韶关电视周报上设版进行通报表彰，还刊登了他们的心灵格言，对受到表彰的导游员免收2007年度继续教育培训费。

纪　事

1月26日 在广州举办“百万家庭游韶关”活动新闻发布会。

1月30日 韶关市表彰“十佳导游”和“优秀导游”。

6月22日 推荐乳源县和仁化县为“广东省旅游强县”

8月29日 在广州举办2007广东国际旅游文化节暨泛珠三角旅游推介大会韶关分会场新闻发布会。省内及韶关市的40多家媒体现场采访报道。

9月4～12日 韶关市人民政府在日本东京新大谷酒店举办2007中国韶关（日本）经贸旅游推介会。

9月12～16日 举办首届韶关曲江禅宗文化旅游节活动。

9月26日 在中山市举行韶关——中山经贸合作交流会。韶关市旅游局与中山市旅游局签署旅游合作框架协议。

9月27日 在市政府大楼召开全市旅游工作会议。

9月30日 首家旅游购物定点诚信单位——三江丹霞旅游商品城开业。

11月7日 在流花宾馆会展中心举行韶关市人民政府顾问聘书颁发仪式暨第一次顾问咨询会议，一批有着旅游造旨的专家和学者被聘请为政府顾问。

11月8日 在亿华物流汽车世界举办2007韶关系列经贸活动招商引资推介大会，签约了一大批旅游项目。

11月13～19日 《韶关市旅游发展总体规划》编制工作全面启动，规划调研组着手调研。

11月14日 省旅游局批准曹溪温泉假日度假村、龙翔大酒店为四星级饭店。

11月28日 第四届旅游美食购物欢乐节在西河健身广场隆重开幕。

12月8日 参加“粤赣闽千里客家文化长廊高峰论坛”，并参与“粤赣闽千里客家文化长廊区域旅游合作宣言”签字仪式。

12月30 经省旅游局批准，新丰县阿婆髻旅行社有限公司、翁源县龙翔旅行社有限公司成立。

（申敏新）

河源市

综述

【总体情况】 2007年，河源市稳步推进以政府主导旅游的发展战略，旅游产业规模不断扩大，旅游环境和产业素质快速提升，旅游产业功能更加凸显，“客家古邑·万绿河源”旅游品牌形象更加显明。全市接待旅游总人数为入市游客622.28万人次，比上年增长24.4%；实现旅游总收入26.94亿元，比上年增长20.76%。相当于第三产业增加值的10.54%。旅游业在拉动经济增长，促进区域合作和文化交流，改善消费结构，提高人民生活质量，增加就业再就业等方面发挥了重大作用。

【旅游行业规模】 截至2007年底，河源市拥有旅行社28家，其中国际旅行社2家，国内旅行社26家；共有星级饭店33家，其中五星级饭店1家，四星级饭店2家，三星级饭店13家，二星级饭店19家，一星级饭店2家；共有577人取得国家导游资格证书，其中中级导游员7人，初级导游员570人。另有市级导游员264人；旅游直接从业人员3.39万人。全市拥有1个国家级风景名胜区，2个省级自然保护区和环境教育基地，1个国家森林公园，1个省级历史文化名城，150个重点文物保护单位（省级6个、市级10个、县级134个），7个国家2A级以上旅游区（4A级4个、3A级1个、2A级2个），1个工业旅游示范点和1个农业旅游示范点；获省级“旅游强县”、“温泉特色县”各1个，“特色镇”、“特色村”各2个。

【重大旅游决策】 10月18日，河源市委、市政府出台《中共河源市委 河源市人民政府关于加快旅游业发展建设旅游强市的意见》（以下简称《意见》），进一步明确建设旅游强市的总体思路和主要目标。为确保《意见》落到实处，市委办、市府办将该文件提出的主要目标和任务进行分解，明确有关事项的责任单位。《意见》的出台，标志着河源市旅游发展战略从“旅游旺市”向“旅游强市”转变迈出新步伐。

【全市旅游工作会议】 6月1日，河源市旅游工作会议在市会议中心举行。河源市政府副秘书长欧阳毅主持会议，河源市委副书记、市长刘小华出席会议并作重要讲话。刘小华指出，综观国内外旅游业发展形势，结合河源市实际，河源旅游业必须重点围绕“三个转变”和“六个必须”做好工作。“三个转变”：由传统旅游业向现代旅游转变、由观光旅游向休闲度假旅游转变、由面向珠三角市场向面向全国市场转变。“六个必须”：必须统一思想，进一步增强加快旅游业发展的紧迫感；必须强化规划，进一步加大旅游规划的实施力度；必须发挥优势，进一步提高旅游发展水平；必须开拓创新，进一步深化旅游管理体制和经营机制、投资融资体制等改革，增强旅游业发展活力；必须加强宣传，进一步拓展旅游发展新平台；必须精心组织，进一步加强对旅游工作的领导。加紧开发一批有特色、有品位、有影响力的旅游产品，这既是当务之急，也是长远战略。副市长吴有必对河源市实施“旅游强市”战略，推动旅游产业进程作了具体部署。古敏生局长传达2007年全省旅游工作会议精神，总结2006年全市旅游工作，并部署了2007年全市旅游工作任务。市旅游局其他领导、各县区分管旅游工作的副县区长、旅游局局长，市委办、市人大办、市政协办、市委宣传部以及市直有关单位负责人，全市旅游景区、旅行社及三星级以上饭店企业负责人共160人参加了会议。

【参加广东国际旅游文化节活动】 2007年，河源市作为广东国际旅游文化节的分会场，参加了广州主会场举办的花车巡游、花船巡游、广东国际旅游展览会、旅游招商会、岭南民间艺术汇演等活动。举办了河源市第四届客家文化旅游节系列活动，主要内容包括：河源旅游（广州）推介会、“选美广东”河源行、东江十大客家菜·河源十佳土特产评选及颁奖晚会等。活动内容丰富多彩，广泛地调动了社会和企业的参与，整个活动融入了“活力广东”的主题当中，擦亮了“客家古邑·万绿河源”的品牌。本次节庆活动对宣传河源产生了积极效应：一是在集中的时段内，“客家古邑·万绿河源”城市形象高频率地出现在广州市场，万众瞩目；二是极大地提高了河源的知名度和美誉度；三是进一步拓展旅游客源市场，有效地促进河源市旅游业的发展。活动期间，广之旅和万绿湖旅行社达成了合作，组织开展“千车万人游河源”活动，河源市大部分旅游景区及部分酒店参与了活动。

东江画廊

旅游接待与收入

【入境旅游】 2007年，河源市接待入境旅游者4.02万人次，比上年增长4.88%。其中外国游客0.16万人次，比上年下降3.46%；旅游外汇收入1068.26万美元，比上年增长21.68%。

【国内旅游】 2007年，河源市接待国内游客人数622.08万人次，比上年增长24.4%。其中过夜旅游者286.29万人次，比上年增长12.07%；一日游游客331.8万人次，比上年增长37.8%；国内旅游收入26.13亿元，比上年增长20.91%。

【出境旅游】 2007年，河源市旅行社组团出境游3535人次，比上年减少63.14%。其中香港游2538人次，澳门游529人次，出国游468人次。

【旅行社接待游客】 截至2007年底，共接待国内游客36.87万人次，比上年增长32.9%；组团国内游10.58万人次，比上年增长35.09%。其中省内游6.25万人次，比上年增长14.26%；省外游4.33万人次，比上年增长83.4%；出境游0.35万人次，同比下降63.14%。

【住宿设施接待游客】 2007年，全市共有各类住宿设施350家，客房8695间，公寓110套，总床位16969张。星级饭店、社会旅馆及家庭旅馆共接待游客290.48万人次，比上年增长11.96%。全市住宿设施核定出租客房454.69万间天，实际出租223.895万间天，平均入住率49.24%，平均房价155元/间天，比上年的平均房价增加了3元。

【旅游景区景（点）接待游客】 2007年，河源市景区（点）共接待游客265.77万人次，比上年增长17.3%。其中增幅比较大的景区景（点）有：和平金湖度假村接待39510人次，同比增长212.78%；紫金御临门温泉接待98948人次，同比增长110.66%；紫金越王山接待69616人次，同比增长106.71%；源城龙源温泉接待237792人次，同比增长39.01%；和平热水漂流接待19994人次，同比增长39.01%；东源黄龙岩畲族风情旅游区接待65435人次，同比增长22.34%；龙川秀山接待155600人次，同比增长14.9%；连平圣迹苍岩旅游区接待41485人次，同比增长14.74%；东源东江野战俱乐部接待13004人次，同比增长14.33%。新开发建设的东源客家民俗博物馆接待28360人次，连平新河漂流接待29225人次，和平兴隆民俗村接待33206人次。

【黄金周假日旅游】 2007年春节黄金周河源市旅游接待人数再创新高。全市共接待入市游客28.52万人次，同比增长24.92%，其中：各主要景区接待游客17.58万人次，同比增长15.8%；主要星级饭店接待游客7.81万人次，同比增长33.6%，入住率达到61%以上。主要特点有：温泉游成为旅游新亮点，吸引大批游客；新的旅游产品和项目增加，内容丰富，参与性强；以自驾车出游的家庭团队为主；高档酒店火爆；旅游秩序良好，没有发生安全事故。

"五一"黄金周，全市接待入市游客42.98万人次，同比增长19.2%。其中：过夜游客10.58万人次，同比增长14.77%；一日游游客32.41万人次，同比增长20.5%；旅行社接待1.94万人次，同比增长4.2%；实现旅游总收入1.63亿元，同比增长18.5%。主要特点有：接待量再创新高，自驾游、休闲度假游等个性化旅游方式构成了假日旅游市场的主力；一些新增项目和活动受到游客的青睐；市场火爆但平稳有序，旅游投诉继续下降。

"十一"黄金周，全市共接待入市游客47.94万人次，同比增长21.58%；实现旅游收入1.9亿元，同比增长20.5%。其中过夜人数10.22万人次，同比增长11.69%；全市景区景（点）共接待游客29.79万人次，同比增长26.8%，全市住宿设施平均入住率为80.43%。黄金周期间共接到有效投诉9起，比上年同期下降30%，投诉处理满意率达100%。主要特点有：新项目、新景点成为假日旅游新亮点；新客源增长快速，温泉持续火爆；旅游六要素更加完善，游客比较满意；游客出游更加理性。

旅游宣传促销与节庆活动

【旅游宣传促销】 2007年，按照年初"着力扩大宣传促销半径，在客源市场上实现新的突破”的工作部署，集中力量，加大宣传促销力度，打造和提升了“客家古邑·万绿河源”的旅游总体形象，在客源市场上实现了新的扩张。3月和6月，河源市旅游局先后组织全市旅游企业参加广州国际旅游展销会和香港国际旅游交易会。4月18～21日，由河源市副市长吴有必带队，组织各县（区）旅游局长、全市旅行社、旅游区和部分酒店的总经理共87人到珠三角的佛山、江门、珠海等地进行为期4天的旅游推介和参观考察活动，举办了3场旅游推介会，推介会以“万绿河源、温泉之都、恐龙故乡”为主题，通过领导推介、歌舞表演、图片展示、观看宣传片、派发旅游画册图书和宣传资料、在当地报纸出旅游专版等形式，达到了预期宣传效果。

全年先后多次在《南方日报》、《深圳商报》和广州电视台、南方电视台以及环视旅游网等各种媒体上刊登旅游专刊、播放旅游专题宣传片。3月，与河源移动和广东毅科数码科技有限公司合作开发“旅游通”；在《直通VIP》杂志上做旅游宣传；在《广东最美乡村》画册上做形象宣传；在亿行网上开辟“最旅游·发现河源”电子杂志；11月，在环视旅游网开辟“《万绿河源·客家水乡》DV、DC创作大赛”专区，通过视频、图文介绍、博客等形式介绍河源市旅游资源；采取市场运作模式编印《河源旅游》杂志。组织了汕头千人团游河源、广之旅“千车万人游河源”等市场推广活动。

【第四届客家文化旅游节】 河源市作为广东国际旅游文化节活动的分会场举办了第四届客家文化旅游节等系列活动。包括：举办“河源东江十大客家菜暨河源十佳土特产”评选活动及颁奖晚会；组织参加旅游文化节广州主会场的花车巡游、花船巡游、旅游招商会、岭南民间艺术汇演等活动，在广州举办“河源旅游推广周”活动，向国内外游客及广州市民推出河源市“客家古邑·万绿河源”旅游形象和城市名片，等等。这些活动全方位展现了河源独具特色的客家文化和良好生态资源及产品的魅力，极大地提升了人们对客家旅游文化、生态环境和河源城市旅游形象的认同感，进一步宣传推介了河源市客家文化和休闲度假产品。

【“万绿河源·客家水乡”旅游主题推介活动】 7月23～25日，由河源市人民政府主办，河源市旅游局承办的“万绿河源·客家水乡”旅游主题推介活动在全市各主要景区隆重举行。省内主流媒体及中央、香港驻粤的媒体记者，珠三角、香港的主要旅行社代表、大型自驾车团体代表、周边地市旅游部门等近200名嘉宾应邀参加各项活动。此次推介活动重在打旅游主题牌，以进一步推介河源市新的旅游主题及总体旅游形象。23日晚，在紫金御临门温泉召开推介会。与会人员及嘉宾参观游览了御临门温泉度假村、农夫山泉万绿湖生产基地、万绿湖风景区、镜花缘旅游区、连平新河漂流和上坪桃园等景区。3天的推介活动和游览行程中，与会嘉宾对“万绿河源·客家水乡”这一主题给予充分肯定，河源市旅游界人士与来自各地的嘉宾进行了积极的交流和探讨，共谋资源共享、市场互拓。

御临门温泉

旅游行业管理

【旅游市场监督管理】 2007年，河源市旅游局围绕创造“优美环境、优良秩序、优质服务和游客满意”的总体目标，坚持一手抓发展，一手抓整顿，继续加大旅游行业和旅游市场的监管力度，积极引导旅游企业培育品牌、树立信誉，创造和形成良好的旅游消费环境和市场发展环境。一是结合做好春节、“五一”、“十一”黄金周安全工作，河源市旅游局对纳入旅游行业管理的旅游经营单位进行了检查整顿。通过检查治理，坚决打击了无证无照经营、变相转让许可证、哄抬物价、无序竞争和强卖强买等不正当行为，进一步规范了旅游市场秩序。二是河源市旅游局与市治理商业贿赂工作领导小组联合对旅游市场“潜规则”违规拉团、导游带团购物以索取回扣等问题进行整顿和查处，并建立商业贿赂档案资料。全年共受理旅游投诉9宗，已结案9宗，投诉处理满意度100%。

【旅游安全管理】 2007年，河源市旅游局按照省、市有关部门关于进一步加强安全生产管理，严格按照“属地管理”和“谁主管、谁负责”、“谁审批、谁负责”的工作要求和原则，认真抓好旅游安全管理工作。一是在旅游日常管理工作中坚持安全优先的原则。在旅游资源开发、旅游线路推出、旅行社管理、星级饭店评定等工作中严格落实“一票否决”。二是定时对各景区、星级饭店、旅行社包车进行安全检查。市旅游局与各县（区）旅游局、市直有关旅游企业签订了安全责任书。三是制订并下发《河源市旅游安全应急预案》，强化对旅游企业各类应急预案的监管和对旅游安全生产档案的督促检查；四是在全市旅游系统实施《全市安全生产管理年活动方案》，加强了对旅游行业重点岗位和特殊工种从业人员的教育培训，落实了执业资格制度和上岗制度等规定。

【导游员管理】 2007年，河源市加强导游队伍的建设。开展了导游员IC卡年审工作。全年共举办导游人员培训班12期，培训人员865人次。其中举办市旅游讲解员培训班2期，受训人数264人；举办全国导游人员资格考试考前培训班2期，受训人数115人；举办导游人员岗前培训班1期，受训人数52人；举办河源市在册导游人员年审教育培训班1期，参训人数400人；组织河源市导游人员报考全国中级导游员资格考试工作，参考人数为7人，通过考试的有3人。在创建广东省文明城市建设活动中，开展了河源市“十佳文明导游员”评选活动。

【旅游饭店管理】 2007年，河源市完成了对32家星级饭店的复核工作，给予7家星级饭店取消饭店星级的处理，其中给予1家星级饭店暂缓通过复核，对7家星级饭店开展满五年期评定性复核。6月20日，国家星评委正式批准翔丰国际酒店为五星级饭店，成为建市20年来首家五星级饭店。万豪国际酒店向省星评委申报五星级饭店评定。组织旅游饭店管理人员12人参加了广东省旅游局在东莞举办的培训班。翔丰国际酒店李坤杰被省旅游局评为2007年度广东旅游系统十大“窗口之星”。

【行业协会】 2007年，河源市旅游协会坚持“自我管理、自我约束、自我服务”的办会宗旨，加强协会自身建设，充分发挥了协会作用，积极协助搞好第四届客家文化旅游节活动之一“河源东江十大客家菜暨河源十佳土特产”的评选活动及颁奖晚会，协助市旅游局开展河源市“十佳文明导游员”评选及2007广东旅游系统“窗口之星”推选工作。配合政府有关部门动员全市旅游企业开展向受洪水垄击的灾区募捐活动，全市旅游系统共捐款近100万元。

旅游资源开发和景区（点）建设

【旅游规划】 2007年河源市组织开展旅游规划专题调研，对《河源市旅游发展总体规划（2006-2020）》提出修编意见和建议，对今后河源旅游提出新的思路和设想。

【旅游投资】 2007年，河源市共完成旅游投资约1.743亿元的旅游项目资金，包括旅游基础设施建设、旅游项目建设和旅游景区完善项目等。全市各县（区）在继续完善整修现有景区（点）的基础上努力整合资源开发建设新的景区景点，其中东源县投资2000万元开发万绿谷旅游区，和平县打造温泉品牌项目。

【旅游招商引资】 旅游项目招商采取“请进来、走出去”的方法，组织编制多种招商引资材料；充分利用2007广东国际旅游文化节暨泛珠三角旅游推介大会的旅游招商会、旅游投资洽谈会等招商平台推介重点招商项目，大力推介河源市旅游投资环境和投资项目；通过各种渠道邀请国内外投资商来河源考察交流。同时，各县（区）以及项目开发单位也都通过各种渠道进行招商引资。东源县成功引进了由东莞黄河集团总投资10亿元人民币的万绿湖国际会议度假中心及自驾车旅游营地等项目。

【旅游景区建设】 2007年，河源市加快推进旅游产品转型升级步伐，在实现从观光型旅游为主转向观光与休闲度假型相结合方面取得了新进展。连平县的新河漂流在“五一”黄金周开放，黄牛石风景区正在筹建之中。紫金县开始重建孙中山祖籍纪念馆。龙川县佗城旅游区已完成规划设计。东源县万绿谷旅游区试业开放。恐龙遗址公园也在策划招商之中。

万绿谷

【旅游商品】 在河源市举办的东江十大客家菜·河源十佳土特产评选及颁奖晚会上，由群众投票和经专家评选的“金利来一腿”、“铁板香芋茄夹”、“林香东江盐焗鸡”、“林香鱼头皇”、“万绿鳝皇”、“万绿蛋清秀”、“东江焖土鹅”、“富贵鸳鸯扣”、“葱香隔山肉”、“客家鞭花牛尾”以及“和谐瓜环鱼球”为“东江十大客家菜”。

【红色旅游】 2007年，河源市开发、推广红色旅游做到“三个结合”：红色与绿色相结合，即红色旅游与绿色生态游、乡村度假游相结合；旅游与教育相结合，即红色旅游与革命传统教育、民情教育相结合，寓教于乐；市区与市外相结合，与粤赣六市共同打造东江流域旅游品牌。推出并成功打造了河源市革命历史纪念馆、河源市革命烈士纪念馆，东源阮啸仙故居、黄村中共后东特委旧址，和平抗日凇泸和籍烈士纪念碑、和平青洲革命旧址，龙川霍山反“围剿”纪念地，紫金苏区革命遗址群、紫金古竹抗日战争史展馆、紫金尔崧纪念馆，连平塔岭烈士墓园、九连粤赣湘边纵队旧址，（龙川、古竹）东江特委旧址、后东特委旧址等12大红色旅游景区（点）。编印了“河源红色旅游”宣传画册。

【旅游扶贫工程】 2007年，河源市继续加大旅游扶贫开发力度，积极向省旅游扶贫办推荐、申报旅游扶贫项目，其中万绿湖生态停车场、恐龙化石展览馆、河源市游客服务中心、东源县万绿谷休闲度假风景区、龙川县霍山旅游风景区、紫金县孙中山入粤始祖开基地旅游区、连平县九连山原始森林度假村等7个项目获得省旅游扶贫专项资金460万元。

【创建旅游强县】 4月23日，东源县被广东省旅游强县评定委员会命名为“广东省旅游强县”，为全省第二批第三个获此殊荣的县。河源市各县（区）开展了创旅游强县、旅游特色县、旅游特色镇村活动，推动了旅游业扩规模、出精品、增特色。和平县被省评为“温泉特色县”，东源县新港镇、和平县热水镇评为“特色镇”，东源县漳溪畲族乡上下蓝村、东源县义合镇苏围村评为“特色村”。

精神文明建设与旅游教育培训

【旅游行业精神文明建设】 2007年，河源市在全市旅游系统大力倡导讲诚信、守信用的良好风尚，提高旅游企业和从业人员的诚信意识。一是结合旅游市场秩序整治工作，加大对严重失信行为的惩处力度和对失信者的曝光工作力度，通过行政行为与市场方式淘汰了个别失信旅游企业和从业人员。二是加强旅游诚信体系建设。通过制定市场规则，逐步完善旅游诚信建设的制度体系。三是开展向先进学习活动。在全行业实行以“八荣八耻”为主要内容的社会主义荣辱观教育，掀起学习先进事迹高潮，使全市旅游行业从业人员树立正确的荣辱观，提高职业道德和素养。四是开展全省旅游系统“巾帼建功”活动。根据国家旅游局、全国妇联创建旅游系统“巾帼建功标兵”、“巾帼文明岗”标准，结合旅游行业以人为本、服务游客的特点，联系市妇联在全市旅游系统女职工中开展以争当“巾帼建功标兵”和争创“巾帼文明岗”活动为主要内容的“巾帼文明岗”活动，促进女职工整体素质的提高，发挥广大女职工在促进全市旅游业快速发展中的积极作用。五是开展“全省青年文明号”推荐和“河源市十佳文明导游员”评选工作。六是强化游客文明旅游教育。按照“提升中国公民旅游文明素质行动计划”，认真做好对《中国公民出境旅游文明行为指南》和《中国公民国内旅游文明行为公约》的宣传普及工作。在节庆期间，按照省旅游局的工作部署，结合青年志愿者开展“亿万旅游文明行”主题活动，到市区主要景区派发、宣讲《行为指南》和《行为公约》，并制作宣传牌在全市旅游星级饭店、旅行社、旅游景区公共场所悬挂，同时要求各旅游企业在咨询台或前台及客房摆放由市旅游局、市公安局联合制作的《行为指南》、《行为公约》宣传活页，方便游客阅看。

【旅游行风建设】 2007年，河源市旅游局将开展“抓作风、促效能、创事业、树形象”主题活动与推动旅游重点工作有机结合。一是从改进机关作风和提高机关效能入手，重点查找和解决旅游发展中的重点问题，迅速整改，注重实效。并加强了反腐倡廉工作，严格执行党风廉政建设责任制，使机关进一步转变了思想和工作作风，提高了工作效率，提升了整体形象，推进了旅游中心工作的开展。二是公开向社会征集对全市旅游工作的建议和意见，针对性地制订整改措施，建立健全相关工作制度。三是加大预防商业贿赂工作力度，建立商业贿赂档案材料。四是结合开展“八荣八耻”为主要内容的社会主义荣辱观教育，进一步加强旅游行业职业道德教育、爱国教育和社会主义精神文明建设，弘扬社会公德。四是发挥行业协会自律作用，建立行业信誉档案。

【旅游教育培训】 2007年，河源市旅游局以提高从业人员政治素质、业务能力和思想道德水平为目标，在全行业继续抓好旅游管理人员岗位职务培训。全年共培训旅行社总（副总）经理、部门经理46人次；旅游饭店总经理（副总经理）、部门经理、主管、社会旅馆经理共12人次；旅游景区（点）部门经理21人次。组织市县（区）旅游局长参加省旅游局在珠海举办的全省市县（区）旅游局长研讨班1期10人次；组织市优秀导游员参加省旅游局在惠州举办的全省优秀导游培训班1期5人次。

对旅行社及导游人员开展业务培训，组织培训旅行社出境领队人员4人；组织举办市旅游讲解员培训班2期264人；举办全国导游人员资格考试考前培训班2期115人；举办导游人员岗前培训班1期52人；组织河源市在册导游人员年审教育培训班1期400人；组织河源市导游人员报考全国中级导游员资格考试1期7人。

纪 事

3月16～18日 全国旅游星级饭店评定委员会对河源市翔丰国际酒店进行五星级饭店评审。6月20日国家星评委正式批准该酒店为五星级饭店。

4月18～21日 河源市副市长吴有必率各县（区）旅游局局长、部分旅游企业负责人一行87人到佛山、江门、珠海开展旅游推介活动。

4月23日 东源县被广东省旅游强县评定委员会正式命名为“广东省旅游强县”。

6月 河源市确定对外旅游形象宣传定位：“客家古邑·万绿河源”。

12月 河源市连平县的新河漂流和九连山度假山庄，东源县的万绿谷等一批新景点建成试业。紫金县的孙中山祖籍纪念馆开工建设。

（吴运坚）

梅州市

综 述

【省自驾游协会成立大会】 4 月 19 日，由广东省旅游局、梅州市人民政府、广东省旅游协会主办，广东省自驾旅游协会、梅州市旅游局承办的“广东省自驾旅游协会成立大会”在雁鸣湖旅游度假村举行。省旅游局局长郑通扬，梅州市委常委、常务副市长李金元，及省民政厅、省旅游协会、省自驾旅游协会有关领导，省内外 36 家媒体记者及旅游界人士共 280 人参加了大会。郑通扬、李金元先后讲话。大会对广东省自驾旅游协会进行授牌。

【构建“千里客家文化长廊”】 4 月 20 日，“千里客家文化长廊”区域旅游合作座谈会在雁鸣湖旅游度假村举行。省旅游局局长郑通扬，梅州市委常委、常务副市长李金元出席座谈会并作讲话。会议提出将福建龙岩，江西赣州，广东梅州、河源、惠州、深圳等客家地区连成一条“千里客家文化长廊”旅游线路，让海内外游客充分感受客家文化脉络，领略客家地区山水风光、人文名胜和民俗风情。龙岩、赣州、梅州、河源、惠州、深圳市旅游局负责人在会上达成共识，将以“自愿、互惠、共赢”为宗旨，共同构建“千里客家文化长廊”，推动大客家区域的旅游合作与和谐发展。

粤赣闽“千里客家文化长廊”区域旅游合作

【省旅游经济文化高峰论坛】 4 月 19 日，由广东省旅游局、梅州市人民政府、广东省旅游协会主办的首届广东省旅游经济文化高峰论坛在雁南飞茶田度假村举行。省旅游局局长郑通扬，梅州市委常委、常务副市长李金元出席论坛并讲话。来自省内外的有关专家学者、旅游界精英及有关部门负责人，围绕“和谐南粤·悠游自驾”这一主题，就自驾旅游未来前瞻、历史人文对现代旅游的影响、历史文化资源的内涵回归与深度开发、自驾旅游产业研究等方面发表了演讲，共同探讨促进旅游经济文化和自驾旅游发展的课题。

【红色旅游推介会】 5 月 13 日，全国红色旅游经典景区叶剑英纪念园暨梅县争创中国旅游强县推介会在梅州举行。来自江西赣州，福建龙岩、三明、漳州，广东广州、深圳、东莞、惠州、河源、汕头、潮州、汕尾、揭阳市旅游局和有关旅行社负责人，20 家媒体的记者，梅县党政主要领导、旅外侨贤、梅州市各县（市、区）分管旅游工作的领导、旅游局长及旅游企业代表参加了推介会。省旅游局局长郑通扬，梅州市委常委、常务副市长李金元出席推介会并作讲话。会议指出，闽西和赣南地区拥有丰富的红色旅游产品，与广州的农民运动讲习所旧址、惠州的叶挺纪念馆、梅州的叶剑英纪念园、汕尾的红宫红场等红色景区交相辉映，构成一条内涵丰富的红色旅游黄金线路并推向海内外旅游市场，努力实现市场互动和效益双赢的目标。会议希望闽粤赣

“从客都到红都”大型自驾旅游活动首发仪式

三省旅游界加强交流合作，推进红色旅游，促进区域旅游产业又好又快发展。推介会结束前，龙岩、三明、漳州、广州、惠州、汕尾、梅州、赣州8市旅游局代表签订《闽粤赣区域八市红色旅游合作协议书》。

【自驾游广州新闻发布会】 10月31日，广东省旅游局、梅州市人民政府、广东省旅游协会联合在广州举行新闻发布会，宣布“广东第一个自驾旅游日暨梅州精彩客都自驾旅游周”活动定于12月8～13日在梅州举行。省旅游局局长郑通扬、梅州市市长李嘉出席新闻发布会并讲话。梅州市委常委、常务副市长李金元通报了自驾旅游日和自驾旅游周筹备情况及活动项目；省旅游协会发布《自驾车旅游目的地服务规范》。省旅游局、省旅游协会、省自驾旅游协会有关领导，省内外23家媒体记者，梅州市市、县两级政府及有关部门负责人、市旅游界代表，广州市主要旅行社和车行负责人共163人参加新闻发布会。

【旅游宣传战略合作座谈会】 10月31日，梅州市旅游发展与宣传战略合作座谈会在广州举行。梅州市市长李嘉出席会议并作讲话，市委常委、常务副市长李金元主持座谈会。华南理工大学客家研究中心主任谭元亨教授、广东商学院旅游与环境学院院长张伟强教授、广州大学旅游学院副院长陈文君教授、旅游营销专家郑泽国等专对梅州的旅游宣传营销、旅游品牌打造、旅游招商等提出了意见和建议。《南方日报》、《羊城晚报》、《中国旅游报》、《深圳特区报》、《南方都市报》、广东卫视、南方卫视、新浪网、香港《文汇报》、《香港商报》等媒体的主编及记者，就宣传推介梅州旅游、寻求旅游战略合作切入点、形成长期战略合作伙伴等问题进行广泛交流与探讨。

【“12·8”系列活动】 12月8日，由广东省旅游局、梅州市人民政府、广东省旅游协会共同主办，广东省自驾旅游协会、梅州市旅游局承办的“广东第一个自驾旅游日暨梅州精彩客都自驾旅游周”活动启动仪式，在雁鸣湖旅游度假村隆重举行。启动仪式由梅州市市长李嘉主持。广东省常务副省长汤炳权，省政府副秘书长刘晓捷，省外经贸厅副厅长朱泽南，省旅游局副局长杨荣森、周开生，香港梅州联会代表罗焕昌、何冬青、余国春、林光如及丝宝集团有限公司董事古尔夫，梅州市领导刘日知、李嘉、李金元、陈卫平，江西省旅游局、福建省旅游局、广东省旅游协会、广东省自驾旅游协会负责人，广州、深圳、惠州、河源、韶关、汕头、潮州、汕尾、揭阳、梅州、赣州、龙岩、三明市旅游局负责人，梅州市自驾旅游周活动领导小组成员、各县（市、区）人民政府有关领导及旅游局长、旅游企业负责人，省内及香港车友代表、海内外新闻媒体记者共480人出席启动仪式。汤炳权代表省委、省政府对“广东第一个自驾旅游日暨梅州精彩客都自驾旅游周”正式启动表示热烈祝贺。促进粤赣闽区域旅游交流合作具有重要意义。启动仪式上，汤炳权、刘晓捷、杨荣森、周开生、刘日知等领导为2007“广东自驾游最优景点”代表授牌，正式启动“广东第一个自驾旅游日暨梅州精彩客都自驾旅游周”的各项活动，举行粤赣闽“千里客家文化长廊自驾考察行”出发仪式。

同日，由广东省旅游局、江西省旅游局、福建省旅游局主办，梅州市人民政府、惠州市人民政府承办的粤赣闽“千里客家文化长廊”高峰论坛在雁南飞茶田度假村举行。省旅游局副局长周开生，梅州市委常委、常务副市长李金元，江西省旅游局副局长郭惠芳，福建省旅游局副局长陈扬标以及广州、深圳、惠州、河源、韶关、梅州、赣州、龙岩、三明市旅游局负责人和粤赣闽三省旅游业内人士参加论坛。深圳市文联副主席杨宏海、广东商学院旅游与环境学院院长张伟强教授、江西赣南师范学院罗勇教授等专家学者，就共同打造粤赣闽“千里客家文化长廊”品牌、促进客家大区域旅游发展的主题作了演讲。周开生代表省旅游局讲话，李金元代表梅州市委、市政府致辞。三省代表共同发布粤赣闽“千里客家文化长廊”区域旅游合作宣言，并举行粤赣闽无障碍旅游签约仪式。

“广东第一个自驾旅游日暨梅州精彩客都自驾旅游周”启动仪式（肖根平 摄）

旅游接待与收入

【概述】 2007年，梅州市旅游行业精心构建市内“百里休闲长廊”、粤赣闽区域内“千里客家文化长廊”，积极打造客都文化之旅、客都休闲之旅、客都红色之旅三大品牌，成功举办了大型旅游系列活动，进一步提升了“世界客都·文化梅州”在海内外的知名度，有力地推动了旅游业和自驾车旅游产业的和谐快速发展。全市共接待过夜旅游者326.82万人次，比上年下降3.06%；全市旅游总收入30.73亿元，比上年增长27.65%。

【入境旅游】 2007年，全市接待入境旅游者8.48万人次，比上年增长9.05%。其中台湾同胞2.41万人次，比上年增长17%；香港同胞3.58万人次，比上年下降7%；澳门同胞1.01万人次，比上年增长111%；外国游客1.47万人次，比上年增长5%。旅游外汇收入2694.86万美元，比上年增长10.99%。

【国内旅游】 2007年，全市接待国内旅游者318.34万人次，比上年下降3.35%；国内旅游收入28.68亿元人民币，比上年增长29.53%。

【出境旅游】 2007年，全市由旅行社组团出境人数为2380人次，比上年下降43.05%。其中香港游605人次，澳门游414人次，出国游1361人次。

旅游宣传促销与节庆活动

【宣传促销】 为配合省自驾游协会成立大会、广东第一个自驾旅游日暨梅州精彩客都自驾旅游周活动，梅州市旅游局于2月至11月先后编印了《世界客都梅州旅游》折页、《梅州精彩客都自驾游一卡通》、《广东第一个自驾旅游日暨梅州精彩客都自驾旅游周》手册共计12万份，分别在梅河及梅揭高速公路服务区、自驾游服务站、自驾游咨询中心、主要景区、宾馆酒店、购物点、加油站派发；3月1日，《深圳商报》登载“五华矿泥温泉的美丽之旅”专版；4月24日，《南方日报》刊发“梅州：广东最受欢迎自驾游目的地”和“世界客都·文化梅州”专版；11月13日，《南方日报》刊登“世界客都期待您激情自驾”专版；12月3日，《中国旅游报》登载“粤赣闽‘千里客家文化长廊’系列活动在广东省梅州市隆重举行”专版；12月7日，《梅州日报》刊发“悠悠自驾日、浓浓客都情”专版；12月14日，《中国旅游报》登载“争创中国旅游强县、增强梅县发展活力”专版；12月27日，《南方日报》刊发“梅州:世界客都、自驾乐园”专版；12月31日，《中国旅游报》刊登“‘千里客家文化长廊’粤赣闽客家地区区域旅游合作品牌诞生了”专版。1至12月，《人民日报》、《中国旅游报》、《南方日报》以及香港《文汇报》、香港《大公报》、香港《商报》、《旅游界》杂志、《游遍天下》杂志、广东卫视台等媒体刊发、播放梅州旅游的文章及资讯共计350篇，进一步提升梅州旅游在海内外的知名度。12月6日，由梅州市旅游局主办、旅游协会承办、各县（市、区）旅游局协办的《客都旅游》杂志创刊发行。3月30日至4月1日，梅州市旅游局组织雁南飞茶田度假村、雁鸣湖旅游度假村、叶剑英纪念园、汤湖热矿泥山庄等企业参加广州国际旅游展销会；9月9日，组团参加在厦门举办的粤东五市旅游推介会；11月24～26日，组团参加广东国际旅游文化节系列活动，包括广东国际旅游展览会、花车巡游等活动，展示了梅州旅游的动感形象。

广东省成立自驾游协会

【节庆活动】 12月8日，“梅州精彩客都自驾旅游周暨梅江区客家山歌美食嘉年华活动”在泮坑客家村山庄举行，向游客展示丰富多彩的客家山歌、美食文化与民俗文化。同日，五华县在汤湖热矿泥山庄举行鹇鹋观赏美食旅游节，主题为泡温泉、滚泥浆、观鹇鹋英姿、品特色美食；12月8～9日，平远县举行脐橙旅游节暨陈小奇原创歌曲演唱会，主题为赏茶花、拜大佛、品脐橙、游五指、听名歌；12月9日，兴宁市在明珠文化广场举行旅游文化宣传文艺晚会，主题为生态、休闲、旅游。同日，蕉岭县举行首届长潭金桔节，主题为品百美金桔、游长潭风光。大埔县也同时举行客家风情旅游文化节，主题为观赏客家民居、欣赏客家汉乐、品尝客家小食；12月10日，丰顺县在千江温泉度假村举行温泉文化旅游节，主题为欣赏畲族歌舞，享受优质温泉。

旅游行业管理

【旅行社管理】 2007年，梅州市旅游局依照《旅行社管理条例》与《实施细则》、《旅行社业务年检实施办法》的规定，将全市旅行社业务年检情况在《梅州日报》上以公告形式刊发。对经营不善的丰顺县逢源旅行社、蕉岭县华侨旅行社作出暂缓通过业务年检的处理，并撤销兴宁市中国旅行社，批准新增梅州市客乡情旅行社。至年底，全市共有旅行社30家，其中国际旅行社3家，国内旅行社27家。

【旅游饭店管理】 2007年，经梅州市星级评定委员会评定，梅城的南阳宾馆被评为一星级饭店、鸿华酒店被评为二星级饭店，梅县丙村镇的锦发大酒店、蕉岭县的长潭旅游度假村、平远县迎宾馆被评为三星级饭店。10月，梅州市旅游局取消停业的梅城望江楼大酒店四星级饭店资格、梅县华侨大厦三星级饭店资格。7月20日，由梅州市旅游局主办的"金雁富源杯"旅游饭店技能大赛在梅城金雁富源大酒店举行，来自全市30家星级饭店的116名选手参加了技能大赛。至年底，全市共有星级饭店32家，其中四星级2家，三星级15家、二星级14家、一星级1家。

【导游员管理】 为进一步加强对导游人员的规范管理，经梅州市人民政府批准，于10月29日设立梅州市导游管理中心，为梅州市旅游局管辖的正科级事业单位，编制3名，经费由市财政全额核拨。管理中心制定了《梅州市导游人员管理办法》与具体实施方案，强化对全市导游人员的教育培训和实行动态管理，未经培训和未通过年审的导游员一律不准上岗。

【旅游安全管理】 2007年1月，梅州市旅游局督促各县（市、区）旅游局、各旅游企业制定了年度旅游安全应急预案，并完善各项安全保障措施。针对春节、"五一"、"十一"黄金周旅游安全重点时段，梅州市市委常委、常务副市长李金元率市假日办全体成员，深入各主要景区和星级饭店开展安全大检查，及时排除各种安全隐患，确保黄金周旅游安全运行。全年没有发生旅游安全事故。

【旅游市场监督管理】 6月24日，梅州市政府向各县（市、区）政府和市直有关单位下发《梅州市旅游市场整顿规范专项行动方案》，要求认真贯彻落实6月4日召开的全国旅游市场整顿规范专项行动电视电话会议精神，坚持治标与治本相结合，规范经营秩序与培育消费市场相结合，加大整治力度，优化市场环境，促进全市旅游市场规范健康发展。市旅游局与公安、工商、物价、安监、交通部门有关负责人组成专项行动小组，集中开展旅游市场联合执法专项行动。6月至12月，共出动检查人员68人次，检查旅行社23家、景区景点36个、星级饭店15家、旅游团队48个、导游员62人次、旅游客车21辆，进一步净化了旅游市场环境。全年受理旅游投诉21宗，圆满处理21宗，结案率100%。

【行业协会】 梅州市旅游协会按照《梅州市自驾游推荐接待单位标准》审定，于9月26日批准叶剑英纪念园、雁南飞茶田度假村、雁鸣湖旅游度假村、千江温泉度假村、友谊宾馆、柏丽酒店、客都大酒店、田园大酒店等27家企业为梅州市首批自驾游推荐接待单位。

旅游资源开发和景区（点）建设

【景区建设】 5月13日，全国红色旅游经典景区叶剑英纪念园建成并正式开放。叶剑英纪念园位于梅县雁洋镇虎形村，于2005年5月5日动工扩建，占地482亩，总投资1.5亿元，按国家4A级旅游区标准建设，分人文秀区、纪念景区、生态林区、旅游休闲服务区四个功能区，由叶帅故居、叶家宗祠、叶剑英纪念馆、纪念广场、入口广场、题壁广场、泉井广场、诗林广场、石刻、亭子、果园、植物园、观景台、农家乐园、客家风情街系列景观组成。纪念馆外观呈几何构造，由原国家主席杨尚昆题写馆名，设四个展厅，以"少怀壮志、泉井情深、力挽狂澜、翰墨飘香、百战归来"五大主题序列，共展出叶帅各个时期的图文600多张、艺术品22件及一大批手稿、文稿、文献与实物史料，集展示伟人风范、进行爱国主义教育于一体，融弘扬客家传统文化、绿色生态旅游于一处，成为独具特色的红色旅游经典景区；2月13日，由华银集团投资3800万元兴建的灵光寺吉祥天客舍建成开业，内设会议室、商务中心、中西式餐厅、45间标准客房，提高了灵光寺旅游区的接待能力；7月，平远县南台山旅游区晋升为省级森林公园；12月，平远县五指石风景名胜区、大埔县三河坝旅游区被广东省旅游协会评为2007年"广东自驾游最优景点"。

【旅游强县建设】 2007年，梅县积极实施"政府主导、行业主管、部门联动、全民创建"的举措，全力以赴开展创建"广东省旅游强县"和"中国旅游强县"工作。1月8～9日，省检查组按照"广东省旅游强县"的标准对梅县创强工作进行了具体指导。12月1～2日，受国家旅游局委托，广东省创建"中国旅游强县"检查验收组完成对梅县创建"中国旅游强县"的检查验收工作，认为达到了"中国旅游强县"的标准，同意通过验收。国家旅游局在12月5日的《中国旅游报》发布了通报，正式命名梅县为"中国旅游强县"。

【主要景区介绍（续）】

〖中山公园与中山纪念堂〗 位于大埔县三河镇汇城村，园门石坊上书"中山公园"四个大字，为国民党元老胡汉民题写。公园翠竹丛丛，绿草茵茵，花木扶疏，曲径通幽，环境幽雅，陈列的巨石镌刻着历代文人墨客赞美三河人文景观的诗词，令人叹为观止。公园中间为中山纪念堂，占地面积近万平方米，高二层，钢筋混凝土框架结构，建于1929年春，为中国最早兴建的中山纪念堂，楼顶额书“中山纪念堂”五字，亦为胡汉民亲笔题写。纪念堂门前耸立着两根石雕华表与孙中山先生全身铜像，碑亭内碑文翔实记载了中山公园、中山纪念堂兴建的缘由及始末。一楼中堂悬挂蒋中正书题“景仰国父”、林森书题“作君作师”等匾额，孙中山先生挂像上书“博爱”二字，为孙中山生前真迹；陈列的蜡像群，再现了当年孙中山与陈炯明在天主教堂内商议粤、桂、滇三地联军大计的情景，蒋介石、胡汉民等随侍左右，并有蒋介石、张学良联衔保护纪念堂的布告等物品。二楼则陈列“国父”孙中山、“国叔”徐统雄的一些图文资料。中山公园与中山纪念堂，为梅州市独一无二的人文名胜景点。

〖**南台山森林公园**〗 位于平远县南部石正镇，主体景观南台山海拔648米，方圆7.6平方公里，南北长5公里，数座石峰巍然耸立，直指云天，气势雄伟。从东侧面眺望，相连的石峰如同一个头枕南、脚伸北的横躺仰面人形，整体酷似仰卧活佛，被誉为“世界第一天然大卧佛”，南台山下拥有5000多亩茂盛的森林，一片翠绿，景色秀丽，环境幽雅，空气清新;并有武仙殿、吕帝庙、白云寺、螺洲洞、云泉宫、青山寺、天晓楼、油坊岩、风窟等众多名胜古迹。近年来，新建了公园公路和人行道，便于人们观光游览。

〖**洞天湖旅游度假区**〗 位于梅县西北部上官塘，距梅州城区25公里，拥有丰富的山、水、林、岛等旅游资源。洞天湖面积5平方公里，现有钓鱼台、万鲤湖、观音塔、高隐洞天、铁扇关门、森林瀑布、天然泳池、洞天公园、水上乐园、度假山庄、度假别墅、渡园酒家及购物美食一条街等设施。洞天湖山清水秀，风景优美，集湖光山色、茶园果林于一体，融主题文化、绿色生态于一处，成为梅州市独具特色的旅游度假胜地。

精神文明建设和旅游教育培训

【**精神文明建设**】 2007年，全市旅游行业开展了“讲诚信、树形象、促发展”活动，4月30日，梅州市旅游局局长陈建新被国家人事部和国家旅游局授予“全国旅游系统先进工作者”荣誉称号。12月，梅县中国旅行社获全国中旅集团“先进集体”称号。梅州市旅游局副局长杨贵宏被梅州市委、市政府评为“全市精神文明建设先进工作者”。雁鸣湖旅游度假村建立了“争先创优”为主题的一系列劳动竞赛制度，深入开展“服务语言美、举止仪表美、作业行为美、岗位环境美”活动，形成“比、学、赶、帮、超”的良好氛围，评选出一批青年文明服务标兵。雁鸣湖旅游度假村先后荣获“梅县五四红旗团委”、“梅州市五四红旗团委”称号。

【**旅游教育培训**】 2007年1月，梅州市旅游局组织全市导游员参加了年审培训。组织297名考生参加3月和9月的全国导游员资格考试。通过培训学习，涌现出一批优秀导游员，其中梅县中国旅行社副总经理钟健于12月入选全国中旅集团“十佳导游”。

纪 事

3月30日 国家旅游局综合司副司长高舜礼、农业部办公厅副主任何子阳一行6人到梅州市开展乡村旅游调研活动。

4月19日 首届广东省旅游经济文化高峰论坛在梅州市雁南飞茶田度假村举行。

5月13日 全国红色旅游经典景区叶剑英纪念园落成。

5月13日 全国红色旅游经典景区叶剑英纪念园暨梅县争创中国旅游强县推介会在梅州迎宾馆举行，龙岩、三明、漳州、赣州、广州、惠州、汕尾、梅州8市旅游局代表签订了《闽粤赣区域八市红色旅游合作协议书》。

7月31日 大埔县旅游局在县城举行“韩江流域旅游合作宣传推介会”，南昌、厦门、漳州、龙岩、广州、深圳、汕头、潮州等市旅游界代表参加了推介会。

9月9日 汕头、潮州、梅州、揭阳、汕尾5市旅游局首次联合在厦门市举行“粤东五市旅游推介会”。

10月31日 “广东第一个自驾旅游日暨梅州精彩客都自驾旅游周新闻发布会”在广州市举行。

10月31日 “梅州市旅游发展与宣传战略合作座谈会”在广州市地中海国际大酒店举行。

11月11日 梅州市首家专业性的旅游汽车公司客都旅游汽车服务有限公司挂牌成立。

11月30日 福建省旅游协会副会长李鹭英率福州、厦门、泉州、漳州、三明、龙岩等市旅游界代表一行45人，在雁南飞茶田度假村举行“福建——梅州旅游推介会”。

12月5日 国家旅游局在《中国旅游报》发布通报，命名梅县为“中国旅游强县”。

12月8日 “广东第一个自驾旅游日暨梅州精彩客都自驾旅游周”活动启动仪式，在梅州市雁鸣湖旅游度假村举行。

12月8日 粤赣闽“千里客家文化长廊”高峰论坛在梅州市雁南飞茶田度假村举行。

（饶贵祥）

惠州市

综 述

【总体情况】 2007年，惠州首次成为广东国际旅游文化节分会场，举办了10项别具特色的旅游主题活动，全方位、大范围、高密度地宣传推介惠州“休闲之都·度假天堂”旅游品牌。认真做好饭店评星、景区评A等一系列工作，康帝国际酒店、宝田国际会议度假酒店被评为五星级饭店，南昆山生态旅游区、南昆山温泉大观园、龙门铁泉旅游度假区被评定为4A级旅游景区，均实现零的突破。在8月召开的全市旅游工作会议上，李汝求市长提出要全力打造“三大体系、五大旅游顶级品牌、十大精品线路”，宣告“3510”工程正式启动，经过5年的努力，要使惠州旅游业与全市经济社会发展同步提升，真正成为第三产业的龙头和重要的经济增长点。重新修编《惠州市旅游发展总体规划》(2008-2020)，并编制《惠州市东江游策划》，全市旅游业继续沿着科学发展的轨道迈进。全年实现旅游总收入84.26亿元，占全市GDP的7.63%。

【旅游行业规模】 截至2007年底，惠州市共有旅行社35家，其中国际社3家、国内社32家，非法人分社1家。全年有2家五星级、2家四星级、1家三星级酒店挂牌，星级饭店总数增至61家。其中：五星级2家、四星级8家，三星级37家，二星级14家，尚有无星级宾馆523家。全市已建成的景区有近50处，国家和省级风景名胜区及自然保护区共17处，包括国家4A级旅游区4处，国家3A级景区2处，国家级重点风景名胜区2处，国家级自然保护区2处，国家森林公园2处，国家生态风景区1处，全国工农业旅游示范点1处，省级自然保护区3处，省历史文化名城2处，以及滨江公园、步行街和数码街等。形成了西湖——罗浮山、南昆山、汤泉、九龙峰——海滨旅游区的梯次开发和建设的格局。

【全市旅游工作会议】 8月9日，惠州市人民政府召开全市旅游工作会议。惠州市委副书记、市长李汝求提出实施“3510”工程的工作思路，即打造惠州“生态休闲”、“文化休闲”、“会展商贸”三大体系，“滨海五星级酒店群”等五大旅游顶级品牌，“森林度假休闲游”等十大精品线路，力争到2011年实现全市旅游总收入200亿元，进入全省前五位的目标。市旅游局局长崔爽作了题为《以生态休闲、文化休闲、会展商贸为核心，打造休闲之都》的工作报告。会议由杨灿培副市长主持。省旅游局局长郑通扬应邀出席会议惠州市人大常委会副主任易敬典、市政府副市长杨灿培、市政协副主席许玩宏等领导，市旅游工作协调领导小组成员单位负责人，市、县（区）各旅游单位负责人共200多人参加了会议。

【省政协滨海旅游调研组到惠州调研】 在广东省政协九届五次会议上，致公党广东省委员会提出的《合理规划我省沿海旅游资源，促进科学发展》提案列入2007年度省政协5个重点提案之一。提案由省旅游局牵头主办，省海洋渔业局、财政厅、国土资源厅、环保局会办。7月12～13日，广东省政协滨海旅游重点提案调研组到惠州开展调研活动。市旅游局副局长郭武飘，市政协提案办和市海洋渔业局等有关人员一起陪同调研。调研组一行先后考察了巽寮湾度假村、广东省体育基地、德泽园假日酒店、富巢湾喜来登酒店和海龟自然保护区、海滨温泉度假区。郭武飘就惠州滨海旅游资源开发与保护利用的情况向调研组作了汇报。

【重大旅游活动】 4月12～13日，省旅游局局长郑通扬在市旅游局局长崔爽、惠东县县长胡建斌、常务副县长李灿洪等陪同下考察了惠东县旅游资源及旅游发展等情况。郑通扬先后参观考察在建的巽寮金海湾喜来登酒店、平海海滨温泉、平海双月湾、皇思扬古围村、永记生态园、古田自然保护区等景区（点）。

3月6日，惠州市旅游局组织召开全市旅游局长座谈会，惠州市副市长杨灿培出席座谈会并讲话。

【参加第四届泛珠三角区域合作与发展论坛暨经贸洽谈会】 6月8～12日，第四届泛珠三角区域合作与发展论坛暨经贸洽谈会在湖南长沙举行。洽谈会期间，惠州市代表团签订

47亿元合作项目。通过参展和推介，提升了惠州城市形象，推进惠州市更全面融入“9+2”泛珠三角区域的合作与发展。

【全省旅游局长研讨班推广惠州经验】 7月30～31日，2007年全省旅游局长研讨班在珠海举行，省旅游局局长郑通扬、副局长杨荣森出席研讨班并作讲话。全省各地市、各县（区）旅游局正副局长近200人参加研讨班。惠州市旅游局局长崔爽在研讨会上作了题为《整合社会力量，发展壮大惠州旅游业》的经验报告。省旅游局领导对惠州旅游在整合社会资源方面做出的成绩给予充分肯定和高度评价，要求各地旅游部门、与会代表要学习惠州旅游局的先进经验，创新工作思路，为做大做强广东旅游作贡献。

旅游接待与收入

【旅游总量】 2007年，惠州市实现旅游总收入84.26亿元，比上年增长37.0%。其中旅游外汇收入2.87亿美元，比上年增长34.48%；国内旅游收入62.42亿元，比上年增长40.43%；全市累计接待国内外游客1566.91万人次，比上年增长28.74%。其中接待过夜旅游者707.19万人次，比上年增长25.78%。

【入境旅游】 2007年，惠州市接待入境旅游者121.27万人次，比上年增长19.54%，其中：外国人29.86万人次，香港同胞75.51万人次，澳门同胞2.48万人次，台湾同胞13.44万人次，分别比上年增长32.31%、15.01%、18.17%、20.68%。

【国内旅游】 2007年，惠州市宾馆、酒店接待国内旅游者585.91万人次，比上年增长26.85%；旅行社组团国内游42.72万人次，比上年增长14.22%。其中省内游31.07万人次，比上年增长16.23%；省外游11.65万人次，比上年增长9.18%。

【出境旅游】 2007年，惠州市旅行社组团出境游2.36万人次，比上年减少9.16%。其中香港游1.28万人次；澳门游0.45万人次；出国游0.63万人次。

【黄金周假日旅游】 2007年春节黄金周，全市接待总人数131.65万人次，同比增长17.89%。其中过夜旅游者10.13万人次，景区（点）游客119.6万人次，分别同比增长16.17%、18.0%；过夜旅游者中，国际入境旅游者1.45万人次，国内旅游者8.68万人次，分别同比增长9.85%、17.3%；旅游总收入4.64亿元人民币，同比增长40.61%。

“五一”黄金周，全市接待总人数146.93万人次，同比增长19.01%，其中过夜旅游者35.65万人次，景区（点）游客106.73万人次，分别同比增长24.09%、17.87%；过夜旅游者中，入境旅游者2.25万人次，国内旅游者33.4万人次，分别同比增长25.0%、17.87%；旅游总收入4.79亿元人民币，同比增长29.46%。

“十一”黄金周，全市接待总人数112.15万人次，同比增长30.47%，其中过夜旅游者16.59万人次，景区（点）游客91.52万人次，分别同比增长34.77%、28.18%；过夜旅游者中，入境旅游者1.37万人次，国内旅游者15.22万人次，分别同比增长24.55%、35.77%；旅游总收入2.94亿元人民币，同比增长54.74%。

旅游宣传促销与节庆活动

【旅游宣传促销】 2007年，惠州市坚持把市场营销摆在突出的位置，不断强化宣传营销的力度，旅游市场空间不断拓展，擦亮了“休闲之都·度假天堂”旅游品牌。3月30日至4月1日，惠州市旅游局组织罗浮山风景名胜区、龙门铁泉、南昆山温泉大观园、香溪堡、康帝国际酒店、凯泉高尔夫、中信汤泉、环宇国际旅行社、惠州青年国际旅行社等近30家旅游企业参加在广州锦汉展览中心举办的2007广州国际旅游展销会；4月19日，惠州市旅游局组团参加在苏州举办的2007中国国内旅游交易会；6月，惠州市旅游局组团参加在香港会议展览中心举行的香港国际旅游展，惠州旅游“休闲之都·度假天堂”的宣传主题吸引许多参展商和市民的目光；7月7～8日，惠州市派出以市旅游局局长崔爽为团长的惠州代表团参加在内蒙古呼和浩特市举办的第十一届中国北方旅游交易会，惠州市以“滨海—温泉旅游”为主题的特装宣传展位及精美的宣传资料吸引参会的众多代表。会议期间，惠州市与山西临汾共同签署两市旅游交流合作协议，惠州市旅游局、梅州市旅游局与山西省临汾市旅游局共同签订《客家寻根文化旅游交流合作框架协议》；7月19日，惠州市旅游局在中山市阳光商务酒店召开惠州旅游（中山）宣传推介会，双方旅游局签订《中山惠州旅游合作框架协议》，每年互送游客不少于10万人次；8月9日，惠州市旅游局前往佛山开展旅游推介活动，双方旅游局领导向与会代表介绍两地旅游资源情况，并签订《惠州、佛山旅游交流合作框架协议》，在今后的三年内，每年互送游客不少于10万人次，两市80多家旅游企业、近20家新闻媒体参加交流会；11月16～17日，惠州市旅游局组团参加在宁波国际会展中心举行的2007中国旅游投资洽谈会，向广大旅游投资意向者介绍惠州得天独厚的地理环境和丰富的旅游资源；11月12～23日，以惠州市人民政府林添好副市长为团长的友好访问团赴印度尼西亚、马来西亚参加“第六届世界惠州同乡恳亲大会”和“第四届世界广东同乡联谊大会”，惠州市旅游局随同并开展旅游推介活动，惠州旅游风光图片展成为大会的亮点。

【惠州旅游（深圳）宣传推介会】 3月6日，惠州市旅游局与惠州奥林匹克花园置业投资有限公司共同举办惠州旅游（深圳）宣传推介会暨惠州旅游深圳展厅揭牌仪式，并签订惠州旅游宣传推介三年战略合作意向书。按照意向书规定，奥林匹克花园将在2006—2008年三年内出资300万元与惠州市旅游局共同宣传推介惠州旅游和城市形象。推介会上，惠东县人民政府与广东新的科技集团签订《惠东皇思扬古围村旅游项目开发协议》。

【参加广东国际旅游文化节活动】 2007年1月初，惠州市作为2007广东国际旅游文化节组委会分会场，共举办10项活动，分别为：惠州“十大”精品线路自驾游活动、惠州旅游“五大”顶级品牌景区评选活动、惠州市饭店服务技能大赛、惠州“十大”精品线路游宣传活动月、惠州“十大”精品线路系列活动、“穿越野外屏障、体验惠州新魅力”野外定向运动团体友谊赛、惠州市第三届导游技能大赛、森林休闲度假旅游国际高峰论坛（惠州）暨龙门南昆山森林旅游文化节、惠州市第四届美食嘉年华活动月、打造千里客家文化长廊。惠州市还积极参与在广州主会场的各项活动，包括花车巡游等，花车在参评的50多个单位中，获得第二名。

【“休闲之都动感行”惠州自驾游（广州）新闻发布会】 4月26日，由惠州市旅游局主办，中国电信广东公司、惠州奥林匹克花园、康帝国际酒店协办的“休闲之都动感行”惠州自驾游（广州）新闻发布会在华厦大酒店举行。来自广州、惠州等地共50多家新闻媒体、广州地区30余家旅行社和自驾游团体参加了新闻发布会。“休闲之都动感行”惠州自驾游活动包括惠州自驾游景点评选活动、中国电信“我的e家”惠州自驾游活动等，惠州奥林匹克花园、中国电信广东分公司还出版《休闲之都动感行惠州自驾游锦囊手册》、《魅力惠州》、《动感惠州》宣传册和宣传单张100万多份，电子优惠券100万份，价值100万元。“五一”黄金周，惠州市自驾车游客达88.16万人次，同比增长42%。

【运用媒体宣传促销】 2007年5月，惠州市旅游局在新浪网开展为期一个半月的惠州旅游展播——休闲之都动感行专题，当地近300家旅游企业注册成为新浪乐途旅游网会员；5至6月，韩国《延边日报》开设惠州旅游专版，重点介绍惠州西湖、罗浮山风景名胜区、南昆山、南昆山温泉大观园、香溪堡旅游区等景区；5至7月，惠州市旅游局与《旅游界》杂志签订旅游宣传协议书，近20名记者到惠州开展专题报道；6月26日至7月2日，中央电视台国际频道《快乐学汉语》为拍摄万里海疆快乐行专题节目，先后到惠州海滨温泉度假区、巽寮滨海旅游度假区、海龟自然保护区、西湖风景名胜区、罗浮山风景名胜区、南昆山生态旅游区、大亚湾等地拍摄节目。

【探索旅游宣传促销新路子】 8月31日，《中国旅游报》刊登由惠州市旅游局局长崔爽撰写的《惠州：借助社会资源宣传城市旅游品牌》的署名文章。近几年来，惠州市旅游局采取“旅游搭台、企业唱戏”的形式，主动与金融、地产、电信、媒体等大企业，大手笔、大气势、多渠道地进行合作，借助社会力量，整合资源，先后成功举办两届生态悠闲旅游节、三届美食嘉年华、两届旅游行业文艺汇演、两届酒店服务技能大赛和导游员技能大赛、广惠生态之旅、休闲之都动感行、惠州自驾游等活动，在广惠高速、惠盐高速沿途设立宣传广告牌，在深圳等城市设立固定宣传推介展示厅等，弥补了政府资金投入不足的问题（2005年以前，财政资金投入旅游发展资金200万元，旅游宣传经费70万元；从2006年开始，旅游发展基金70万元，旅游宣传经费200万元）。2007年，惠州市旅游局利用政府拨付的200万宣传经费，借助和整合各方力量，达到2000万以上的宣传效果。合作企业通过旅游这个平台，展示自身的良好形象和实力，赢得市场的青睐，从而使合作各方达到多赢的目的。

【惠州旅游十大精品线路启动】 9月1日，惠州市旅游局在罗浮山宝田国际度假会议中心举行惠州旅游“十大”精品线路游启动仪式暨“中山万人游惠州”活动启动仪式。惠州市副市长杨灿培参加启动仪式，中山国旅组织的近千名中山游客见证了这一盛况。9月，为惠州市旅游“十大”精品线路游宣传活动月。10月25～26日，惠州市旅游局在珠海召开为期两天的惠州旅游“十大”精品线路珠海宣传推介会。惠州、珠海两地新闻媒体、旅游行业代表近200人参加。惠州旅游局与珠海市旅游局签订珠海、惠州旅游合作框架协议，双方将加大对方旅游方面的宣传，每年双方互送游客10万人次。

【首届森林休闲度假旅游国际高峰论坛】 10月13日，由惠州市人民政府、广东省旅游局、省林业局、中国旅游报社和国际度假联盟组织共同主办的首届森林休闲度假旅游国际高峰论坛在龙门县南昆山温泉大观园举行。何光晔、沈非、陈志学、保继刚、吴楚材和国际度假组织专家德村志成(Tokumura Shisei)、加拿大新不伦瑞克省圣约翰大学酒店与旅游学院教授基思·迪尤尔（Keith Dewar）等海内外旅游专家聚集一堂，共同研讨了森林休闲度假旅游发展的新思路。省旅游局局长郑通扬，惠州市委副书记、市长李汝求，副市长杨灿培，国际度假联盟组织秘书长沈非，中国旅游报社社长陈志学，省内部分地级市旅游局长、旅行社负责人及旅游企业代表出席论坛。

【惠州首届野外定向运动团体友谊赛】 10月14日，“穿越野外屏障、体验惠州新魅力”惠州奥林匹克花园杯首届惠、港、深野外定向运动团体友谊赛在惠州罗浮山举行，200多名来自香港、广州、深圳、惠州以及驻粤的外国野外定向运动爱好者们参加比赛。此项赛事活动由惠州市旅游局携手惠州奥林匹克花园倾力打造，由罗浮山风景名胜区、广东广惠高速公路有限公司鼎力协办，并作为2007广东国际旅游文化节分会场活动，吸引了省内外70多家知名媒体的记者前来观摩采访报道。

惠州首届野外定向运动团体友谊赛

旅游行业管理

【旅游市场监督管理】 2007年4月，惠州市旅游协会协助市物价局给会员单位转发《关于开展评选2006年度价格诚信单位的通知》，并动员各会员单位积极参与活动。西湖风景名胜区及环宇国际旅行社等15家单位受到表彰，被评为“价格诚信单位”；5月1日至11月15日，惠州市旅游局在全市住宿单位、主要景区（点）、旅行社组织开展海外及国内游客旅游花费抽样调查；7月，惠州市旅游局会同市物价局联合开展价格服务进景区活动，规范旅游景区价格经营行为；10月，为做好“十一”黄金周期间的旅游服务，配合全市开展的创建全国文明城市活动，惠州市旅游局决定在全市旅游行业开展“优质服务黄金月”活动；12月，经惠州市人民政府车改办批准调配的旅游执法车辆正式上路开展旅游执法检查。惠州市旅游质量监督管理所认真抓好旅游服务质量，旅游质量投诉案件大幅减少。

【旅游安全管理】 2007年6月，惠州市旅游局开展全市旅游行业“安全生产月”活动，组建安全生产基层服务队，为旅游企业的安全生产进行指导服务。据统计，全年共接到97起各类旅游投诉，涉及旅游质量投诉的案件有2宗，结案率达100%，为旅游投诉者挽回经济损失3780元，依法维护了旅游投诉者的合法权益。

【旅行社管理】 2007年2月，惠州市旅游局完成了2006年度旅行社业务年检工作，注销2家多年来没有开展旅游业务经营的旅行社；2月12日，批准设立惠州市好尔游旅行社有限公司、时代青年旅行社有限公司等2家旅行社；7月25日，惠州市西湖中国旅行社获“全国国内旅行社百强”称号，是惠州市唯一获此殊荣的旅行社；7月，惠州市旅游局印发《惠州市旅行社资质等级评定工作实施方案》，按《广东省旅行社资质等级评定标准》要求各旅行社执行星级管理。

【导游员管理】 2007年，惠州市共对1136名导游人员进行计分管理专项检查；完成了2007年度两次全国导游人员资格考试，全市共有462名考生报名，414名考生参加笔试，392名考生参加现场考试，有138人通过考试，通过率29.87%；12月13日，由惠州市旅游协会主办，《惠州旅游》编辑部和惠州市旅游协会旅行社分会承办的惠州市优秀导游员“丹荔冰酒”嘉年华在麦科特酒店举行，曾荣获惠州市“十佳导游员”、“十优导游员”的优秀导游员共40人参加联欢及交流活动，本次嘉年华活动进一步推动了惠州旅游“3510”工程的全面实施，宣传打造了惠州“十大”精品路线，促进了导游员之间学习交流，提升了惠州市导游员的业务技能。

惠州市举办导游员技能大赛

截至2007年底，惠州市持有全国导游证的人员已由1998年的80人增至1047人。

【旅游饭店管理】 2007年1月，经省星评委评定，惠阳丽景花园酒店、家路国际酒店被评为四星级旅游饭店。3月份经全国星评委评定，康帝国际酒店、罗浮山宝田国际会议度假酒店被评为五星级旅游饭店，填补了惠州市没有五星级旅游饭店的空白。家路国际酒店、星旗宾馆、新都会大酒店、隆泰金都酒店、涛景高尔夫度假村、惠东万事达华侨酒店、金华悦商务酒店评定为绿色饭店，省星评委颁发了牌匾。

2007年饭店服务技能大赛

【行业协会】 4月20日，惠州市旅游协会第五届常务理事会一次会议在惠州旅游学校隆重举行，来自市旅游局的有关领导以及市旅游协会常务理事单位的主要负责人出席会议。惠州电视台、《惠州旅游》杂志等新闻媒体给予报道。10月31日，市旅游协会在惠州环宇国际旅行社召开五届二次常务理事会议。8月4日，龙门县旅游协会第一届第二次代表大会在龙朝大酒店召开。这次大会补选理事会，改选会长。县旅游局的干部不再兼任协会的任何职务，该县旅游协会在"自愿发展、自选会长、自筹经费、自聘人员、自主会务"的"五个原则"基础上，实行无行政级制、无行政事业编制、无行政业务主管部门，真正步入民间化和自治化轨道。

旅游资源开发和景区（点）建设

【旅游规划】 7月19～23日，由中山大学有关专家教授组成的惠州市旅游总体规划修编工作组继续对惠州旅游业现状开展市场调查，目的是为了对惠州市旅游业发展现状及客源市场分布情况进行全面系统地分析，从而为下一步正式修编惠州旅游总体规划提供全面、准确、翔实的数据；7月20日，博罗县旅游总体规划全面启动，由四川大学旅游规划设计院具体承担规划设计工作；12月19日，惠阳区人民政府邀请国内知名的资深专家和本市规划专家组成评审组联合对《惠阳区旅游业发展总体规划》进行评审，认为该《规划》已达到国家旅游规划要求，并通过了评审。

【旅游投资】 8月22日，富力地产股份有限公司在惠州市投资的第3个大型项目——富力龙门永汉温泉综合项目在南昆山温泉大观园签约，该项目预计投资25亿元，将建成以国际品牌休闲度假、体育运动、房地产于一体的大型综合项目。出席签约仪式的惠州市领导有黄业斌、李汝求、黄仕芳、吴卫华、易敬典、杨灿培、谢仕强等，以及富力地产董事长李思廉和联席董事长、总裁张力等。

【旅游招商引资】 2007年，旅游项目已成为惠州市招商引资的亮点。4月12日，由惠州市委、市政府主办的2007惠州招商引资推介会暨惠州跨越发展论坛在康帝国际酒店举行。本次推介会共有160多个项目达成合作意向，签约金额超过1000亿元人民币。第三产业共有62个项目签约，包括商贸、物流、旅游、酒店服务、房地产、社会服务业等，涉及金额700多亿元。惠州市旅游局通过对全市旅游项目的调查摸底，共筛选出28个旅游项目参加这次招商引资推介会。4月26～28日，2007全球旅游与地产合作大会暨第六届中国旅游休闲地产年会在安徽黄山召开。大会以"全球化的中国旅游与地产合作"为主题，设置城市定位、旅游资源开发资本运营、投融资、休闲度假、景区景点、旅游地产、酒店的经营模式及行业发展趋势等众多议题，市旅游局副局长郭武飘在会上作专题演讲。7月13日，博罗县举行荔枝节暨投资环境推介会，博罗县签约旅游项目4宗，投资额近10亿元。据统计，全年全市在建、投资额在3000万元以上的旅游项目达18个，其中超过10亿元的旅游项目有4个，这批项目预计总投资额超过100亿元。

2007惠州招商引资推介会暨惠州跨越发展论坛

【旅游区（点）与基础设施建设】 5月15～17日，省旅游景区质量等级评定小组对南昆山生态旅游区、龙门铁泉、南昆山温泉大观园创4A级旅游景区进行初评。8月22～24日，3家景区均接受国家旅游局4A级旅游景区验收工作小组的评定，并通过评审小组的验收。12月4日，中国旅游网正式公布这3家景区创4A成功。6月4日，香溪堡旅游区通过验收，被国家旅游景区质量评定委员会评为3A级旅游景区，成为龙门县第一家A级景区。而且是连续4家景区"创A"成功，极大地提升龙门森林度假和温泉养生的旅游品牌的知名度，为龙门县打造广东省旅游强县打下良好基础。

惠州市森林度假型的旅游项目明显增多，并逐渐与国际尖端的同类型旅游项目接轨。惠州市森林度假型项目较集中在南昆山，其中十字水生态度假村、丹枫寨度假村等旅游项目的建设让南昆山森林度假品牌越来越响亮，已成为全身森林度假开发的样板。南昆山的森林度假旅游已成为省旅游局要打造的全省旅游的"第五张王牌"。

【开展全国文明城市创建活动】 惠州市力争2008年成为全国文明城市。市旅游局以此为契机，把创建中国优秀旅游城市引向深入，5月，制订了《惠州市旅游行业创建全国文明城市工作实施方案》，按全国文明城市标准抓落实，提升创建的水平。

【工农业旅游示范点建设】 2007年1月，惠东县永记生态园被评为"全国农业旅游示范点"，于4月20日举进行挂牌仪式，为惠州增添了旅游新亮点。

【旅游扶贫工程】 12月26日，蓝田瑶族风情园被评为广东省重点旅游扶贫项目。龙门蓝田乡是惠州市唯一的瑶族居住区，地处山区，惠州市旅游局借广东旅游扶贫资金之力，以旅游带动瑶乡的发展，走上脱贫致富之路。

【旅游强县工作】 7月16日，中共龙门县委、县政府在新龙门宾馆会议中心召开创建广东省旅游强县推进会暨全县旅游工作会议，惠州市旅游局局长崔爽、县委书记邓炳球、县长许志晖等领导出席会议，全面部署创强工作。县四套班子领导，各乡镇（区场、街道）书记、镇长、县直各单位主要负责人，县创强组委会全体成员，县创强责任单位成员，县属旅游企业负责人共230人参加会议。12月29日，龙门县召开创建广东省旅游强县迎检工作会议，全面部署创强及迎检工作。

【旅游信息化建设】 1月11日，博罗旅游网站正式启动。7月26日，惠州市旅游局、中国电信惠州分公司共同举办第二期惠州旅游频道信息员培训班，各县（区）旅游局、全市各主要景区（点）、旅行社、旅游饭店30余名信息员参加培训班，市旅游局副局长郭武飘作开班动员。旅游频道（惠州旅游网）是惠州旅游宣传的重要窗口和政务交流的平台，涵盖旅游局的公文传达、惠州旅游业动态、旅游六大要素等内容，栏目设置约20个，除论坛和相册外，包含了近70个子类，全年共上传信息内容近4500条，页面总访问量（PV流量）148万次，平均月访问量超过12万次。

【主要景区（点）介绍】

〖平海海滨温泉旅游度假区〗 2月11日，位于平海鹧鸪洞的惠州海滨温泉旅游度假区一期建成开业，按国家4A级景区、五星级酒店标准建造，是集旅游度假、商务会议、餐饮住宿、健身休闲、温泉疗养、中外贵宾接待为一体的综合型大型旅游度假区，拥有"温泉迷宫"和规模较大的海洋文化温泉，是粤东地区规模最大、档次最高、项目最齐全、设施最先进的特色温泉度假型酒店之一，也是整个广东为数不多的高档型、综合型、精品型、专业型大型温泉旅游度假区。

〖龙门天然温泉度假村〗 位于惠州龙门县龙新公路旁，占地面积1200亩，建有山顶温泉和颇具地方特色的"现代客家围屋酒店"、国际会展中心、高尔夫球场以及北美式森林别墅，是一个以生态休闲、养生运动为主题，以客家乡村文化为特色，集浴疗、鱼疗、养生、度假、娱乐、运动、会议、别墅和美食等多功能为一体的高档温泉旅游度假村。

度假村配套设施齐备，现有高标准商务客房200多套，高档度假别墅18栋，中餐宴会厅、高规格会议厅、山顶温泉、SPA特色护理、私家泳池、健身房等先进配套设施，可一次性同时接待上千名宾客。天然温泉度假村以其现代化的服务设施、严格科学的管理、训练有素的员工队伍，为宾客提供高效、优质的服务。

精神文明建设与旅游教育培训

【旅游行业精神文明建设】 6月10日至7月25日，惠州南昆山温泉大观园举办第二届服务技能大赛，不断提高景区员工积极性、竞争能力和服务质量；9月23～24日，惠州市旅游局举办2007年旅游饭店服务技能大赛，全市32个队289名选手参加了七个项目的竞赛，评选出集体一、二、三等奖6名，单项一、二、三等奖共36名，获奖选手均获得由惠州市劳动部门颁发的中、高级职业资格证书；10月30日至11月10日，惠州市旅游局举办2007年度惠州市导游员技能大赛，通过初、决赛，选出"十佳、十优"导游员和"十佳"导游员的金、银、铜奖和最佳才艺奖、最佳口才奖、最佳形象奖，本次大赛作为2007广东国际旅游文化节暨泛珠三角旅游推介会惠州分会场的主要项目，也是惠州市旅游行业创建全国文明城市的一项重要工作之一；11月2日，惠州市旅游局在市直属机关第十届运动会各项比赛活动中，获得扑克牌升级比赛第二名、乒乓球领导组男子单打第三名、篮球领导组定点投篮第三名、羽毛球领导组男子单打第四名，并荣获体育道德风尚奖；12月11日，由惠州市旅游协会主办，惠州旅游学校和《惠州旅游》编辑部承办的“丹荔冰酒”杯首届行业运动会在市旅游学校举办。惠州市政协副主席谢仕强，市旅游局党组书记、副局长吴琦生，市教育局党组副书记、副局长曾小辉等领导，各县（区）旅游局负责人，市旅游协会常务理事、理事、会员单位的代表出席开幕式；12月，惠州市旅游局向市慈云图书馆赠送40本《人文惠州》和《惠州之旅》，惠州市旅游局继续与南昆山乌坭社区开展“城乡姐妹心连心”活动，为乌坭社区妇女送温暖送知识2000多元，并开展“爱心父母牵手困境儿童”活动，该局17名干部共捐资5000多元，资助该社区11名贫困儿童，配合团市委完成了旅游行业10家“青年文明号”的复核工作。

【旅游行风建设】 5月1日，惠州市旅游局干部职工在金华悦商务酒店举办“改进作风，从我做起”演讲比赛决赛，市政协副主席谢仕强等领导出席并讲话；12月21日，全国特级导游评委陈蔚德应邀来到惠州旅游协会会长单位——惠州旅游学校作“如何做一名好导游”的讲演，与惠州市主要旅行社负责人、导游员以及该校近2000名师生进行现场交流，并被受聘为惠州旅游学校专业发展委员会高级顾问。

【旅游教育培训】 2007年，惠州市旅游局把旅游教育培训列入一项重要工作来抓，全年共举办各类大型培训班13期，培训人员达1891人次，有效地提高了旅游管理人员的水平和旅游从业人员的素质。4月13～19日，博罗县委组织部、县旅游局联合举办“全县旅游管理干部培训班”，学员由各镇（办事处）党政分管旅游工作的负责人参加，省旅游局副巡视员张植林参加会议并讲话；4月18～21日，龙门县旅游局、县劳动和社会保障局对龙门铁泉、香溪堡等旅游区中高级管理人员进行培训；11月15日，2007年广东省旅游扶贫重点市优秀导游员培训班在惠州市金华悦商务酒店开班，来自全省14个城市60多名导游员参加培训，惠州市有6人参加，市旅游局党组书记、副局长吴琦生出席并致词；12月8日，由惠州市旅游协会和惠州旅游学校联合主办的打造学习型惠州社科论坛——《企业家使命与企业竞争力》专场报告会在市旅游学校举行，国内著名企业文化战略专家、清华大学国学精华与企业管理研修班特聘教授温舟担任主讲嘉宾，惠州市社科联主席吴少忠等领导、相关单位负责人共100多名嘉宾参加；同日，惠州市旅游局开展送教到县（区）活动，分别在龙门、惠东、博罗等县举办5期饭店服务员技能培训班，参培人员共有500多人。

纪 事

1月23日 世界金钥匙酒店联盟人力资源基地授牌仪式在惠州旅游学校隆重举行。

3月14日 《中国旅游报》以较大篇幅报道惠州旅游学校办学经验以及实现跨越式发展的不平凡经历。

5月11～13日 英国皇家摄影学会高级会士马元浩先生访惠，参观考察具有惠州地域和历史特色的惠东皇思扬古围村、惠阳镇隆崇林世居、惠阳叶亚来故居等。

6月23日 在东莞市桥头镇举行的第四届桥头镇荷花艺术节上，龙门县进行旅游和招商项目的推介。

7月11日 香港点心卫视《解码珠三角》摄制组来惠州进行为期6天的节目拍摄。

9月4日 惠州市旅游局局长崔爽做客惠州电台，向观众介绍“惠州十大精品线路万人游”及2007广东国际旅游文化节惠州分会场活动项目，现场回答听众关心的问题。

9月8～16日 惠城区旅游局参与拍摄的专题片《钟灵毓秀鹅城韵》在“光耀大地·和风惠州”县区宣传月中获最佳制作奖及二等奖。

9月16日 龙门县旅游局、县旅游协会与广之旅联合在广州中华广场召开推介会。

9月23日 龙门铁泉举办“龙情今秋·魅力千人行”大型宣传促销活动。

10月12日《人文惠州》正式出版发行。

10月 惠州市旅游局出版《车游广东——惠州篇》自驾游地图。

10月26日 在惠州市区2007年的士客运经营权定标会上，3家企业中标，康帝国际酒店成为惠州市首家拥有的士经营权的酒店。

11月 对惠城区人文资源进行全面摸底，对该区内2处省级文物保护单位、48处市级文物保护单位登记造册。

12月19日 经惠州市档案局复核检查，惠州市旅游局档案综合管理省特级标准通过复核。

（侯 瑞）

汕尾市

综述

【总体情况】 2007年，汕尾市旅游系统按照市第五次党代会的总体部署，围绕“抢抓新机遇，推进新跨越，共建新汕尾，努力打造活力汕尾、人文汕尾、和谐汕尾、清新汕尾”的目标，实现了汕尾旅游业的新跨越。汕尾市旅游总收入16.65亿元，比上年增长6.04%；接待过夜旅游者191.52万人次，比上年增长16.6%。其中接待入境旅游者2.55万人次，比上年增长7.62%；旅游外汇收入525.18万美元，比上年增长9.55%。

【旅游行业规模】 2007年，汕尾市拥有旅行社13家，其中国际旅行社2家，国内旅行社11家；共有星级饭店13家，其中四星级饭店1家，三星级饭店10家，二星级饭店2家。汕尾市有主要景区（点）10个：红海湾遮浪景区、金厢滩滨海景区、海丰莲花山森林公园景区、海丰红宫红场、陆河绿色走廊生态景区、陆河神象山公园、陆河瑞龙庄园、陆丰碣石玄武山景区、汕尾凤山祖庙景区、陆丰清云山景区。全市旅游从业人员约1万人，其中景区旅游工作人员约400人，宾馆、酒店在岗服务人员7860人。

【召开全市旅游工作会议】 5月15日，汕尾市人民政府在市政府会议厅召开全市旅游工作会议。会议传达贯彻了全国和全省旅游工作会议精神，对2006年度汕尾市旅游工作作了总结，对2007年全市旅游工作进行了全面的部署。李贤谋副市长就如何推动汕尾旅游业又快又好地发展提出“八个意识、八个努力”的要求，即：增强机遇意识，为推动汕尾旅游业加快发展而努力；增强全面意识，为形成政府主导部门配合机制而努力；增强开发意识，为把资源优势转化为经济优势而努力；增强品牌意识，为建设珠三角旅游度假东花园而努力；增强创优意识，为创建中国优秀旅游城市而努力；增强品位意识，为提高城市旅游服务设施档次而努力；增强服务意识，为旅游企业创造宽松发展环境而努力；增强人才意识，为建设一支旅游专业队伍而努力。全市各县（市、区）分管旅游工作领导、旅游局长。全市各旅游企业负责人、市直有关单位的领导共200多人参加了会议。

【参加广东国际旅游文化节活动】 11月23～29日，汕尾市由副市长李贤谋带队，组织各县（市、区）旅游局和旅游企业等14个单位，共70多人参加2007广东国际旅游文化节活动。汕尾市制作了具有汕尾旅游文化特色的花车和花船参加巡游，充分展示了“活力汕尾、人文汕尾、和谐汕尾、清新汕尾”的形象。旅游大促销展览会，共设展位6个，派发各类旅游宣传资料3万多份，全面推介了汕尾旅游资源，并与各地旅游界同仁进行广泛的交流与合作，共创双赢。本次活动汕尾市创历届广东国际旅游文化节参加人数最多、展位最多、历时最长、派发宣传资料最多的一次。

旅游接待与收入

【入境旅游】 2007年，汕尾市接待入境游客3.02万人次，比上年增长6.32%；接待过夜入境旅游者2.55万人次，比上年增长7.62%，其中外国人270人，比上年减少7.22%。

【国内旅游】 2007年，汕尾市接待国内游客221.34万人次，比上年增长15.78%。其中接待过夜国内旅游者188.97万人次，比上年增长16.74%；一日游游客32.38万人次，比上年增长6.37%。

【出境旅游】 2007年，汕尾市出境组团社组织出境游1195人次，比上年减少68.25%。

【黄金周假日旅游】 2007年，春节黄金周全市接待游客116.34万人次，同比增长13.57%，其中接待过夜旅游者10.48万人次，同比增长12.52%；全市旅游总收入9400.21万元，同比增长14.63%。

“五一”黄金周全市旅游接待游客17.12万人次，同比增长16.89%，其中接待过夜旅游者6.458万人次，同比增长17.12%；全市旅游总收入5668.21万元，同比增长13.5%。

“十一”黄金周全市旅游接待游客27.52万人次，同比增长7.33%，其中接待过夜旅游者8.5万人次，同比增长8.14%；全市旅游总收入8725.23万元，同比增长6.34%。

旅游宣传促销与节庆活动

【旅游宣传促销】 2007年，汕尾市旅游局采取同媒体合作、制作DVD宣传片、参与区域合作、组团参加宣传促销会等方式，大力宣传汕尾市旅游资源，全面展示汕尾旅游整体形象。组织全市旅游管理部门和各旅游企业负责人参加泛珠三角、闽粤赣十三市和粤东五市开展的旅游区域宣传促销活动，与各地旅游界同仁共商区域合作事宜，就共同拓展客源市场，开发旅游资源，打造旅游品牌，开辟精品线路，发展红色旅游，共创区域整体优势等方面，进行广泛的座谈和探讨，为客源互动、产品互补、效益共享达成了共识。9月6～11日，组团参加了第三届海峡旅游博览会。博览会期间，粤东五市（汕尾、汕头、潮州、揭阳、梅州）旅游局首次联手在厦门举办“粤东旅游推介会”，推介会有来自港澳台地区旅游界同仁和福建省各旅游主管部门、企事业单位共200多人参加，粤东五市旅游局局长在推介会会上各自介绍本地旅游资源情况，并与各地旅游界同仁进行了广泛的交流，这次博览会共派发各类旅游宣传资料2万多份；5月12～14日，汕尾市参加了由梅州市举办的纪念叶剑英元帅诞辰110周年暨叶剑英纪念馆落成典礼活动，汕尾市与梅州、广州、惠州、赣州、三明、龙岩、漳州等市共同签订《闽粤赣区域八市红色旅游合作协议书》；5月26日，参加了由中央电视台、广东省旅游局、汕头市联合举办的“万里海疆快乐行”系列节目开机仪式活动，汕尾市选送了一幅由市书画院设计制作的汕尾市海疆图参展。

【汕尾中华妈祖文化节】 5月8～10日，为纪念妈祖诞辰1047周年，由汕尾市城区人民政府主办、凤山祖庙旅游区承办的“第三届汕尾市城区中华妈祖文化节”在城区举行。

2007年凤山祖庙彩炮 （何夏逢 摄）

文化节期间，举行了民间文化艺术巡游、粤东特色的疍民舞、疍民婚礼仪式表演、渔家风情表演、妈祖彩炮会、书画笔会等活动，国家非物质文化遗产稀有剧种的正字戏、白字戏、西秦戏等具有地方特色的表演节目吸引了众多的观众。参加本次文化节活动的嘉宾和海内外信众达3万多人。

【汕尾八景评选活动】 2007年，汕尾市以公众推荐与市民投票推选相结合的办法评选出“汕尾八景”，分别为：五坡正气、玄武灵声、有凤来仪、遮浪奇观、红场星火、莲峰叠翠、金厢银滩、南万椎涛。

旅游行业管理

【旅游市场监督管理】 2007年，汕尾市旅游局以创优为契机不断优化旅游发展环境。6月，按上级要求全面部署治理整顿“零负团费”专项行动，严厉打击非法经营旅游业务活动。同时，加强对旅游者的教育引导，大力倡导文明旅游、健康旅游。为提升公民文明旅游素质，广泛宣传《中国公民出境旅游文明行为指南》和《中国公民国内旅游文明行为公约》，有力地推动了旅游市场秩序的进一步好转。加强了对景区（点）的管理，严厉打击欺客、宰客以及乱收费行为，开展“旅游诚信活动”，树立“服务游客为本”的思想，提升服务质量，提高服务水平，营造了文明、和谐的旅游环境。全年全市共出动检查人员88人次，依法查处无导游证的带团人员12人，组接团手续不规范的旅行社10家，共处理了5宗一般性的旅游投诉，有效维护了游客的合法消费权益。

【旅行社管理】 2007年，汕尾市旅游局严格执行《旅行社管理条例》和《旅行社业务年检实施办法》等旅游法规，完成对全市13家旅行社的年检工作。其中9家国内旅行社通过年检，暂缓通过年检的国内社有2家。

【导游员管理】 2007年，汕尾市旅游局根据《导游人员管理实施办法》的规定加强对导游人员管理，完成了全市83名导游员的年审培训工作。全年全市共共36人参加全国导游资格考试，第一次考试有20人参加，第二次有16人参加，共有3人通过考试。为加强对旅行社组接团活动和导游IC卡的执法检查，汕尾市旅游局多次组织人员前往各景区检查，依法查处了无导游证的带团人员12人，有效维护了旅游市场秩序。

【旅游饭店管理】 2007年，汕尾市完成对13家星级饭店的年度复核，其中2家三星级饭店通过了5年期重评年检复核。海丰莲花山度假村、陆河瑞龙庄园分别经省星评委核准为四星级、三星级饭店。全市星级饭店通过调整经营策略，加强软硬件设施建设，行业整体素质得到提升，综合接待能力不断增强。

【旅游安全检查】 2007年，春节、“五一”、“十一”黄金周期间，全市旅游管理部门认真落实安全生产工作的要求，组织人员前往景区、各旅游企业进行安全检查，落实24小时值班制度。全年共组织了8次、共80人次开展对各景区(点)、旅行社、星级饭店的安全检查，对2宗存有安全隐患的企业责令整改。全年未发生旅游安全事故。

旅游资源开发和景区建设

【旅游招商引资】 2007年，汕尾市积极引进外资、民资开发旅游项目，至年底，全市在建项目共10个，总投资26.55亿元，包括海丰的金丽湾度假村、海丽国际高尔夫球场酒店、鹅埠日月湖生态农业大观园、赤石明热温泉度假村，陆丰的怀轩旅游度假区、甲东麒麟山旅游区，陆河县的黄金坑温泉度假区、上护温泉度假区，市城区的巴黎半岛酒店、南湖度假村等，其中陆河县的上护温泉度假村工程项目总投资达9亿元人民币。

【中国优秀旅游城市建设】 2007年，汕尾市旅游局积极推进中国优秀旅游城市的创建工作，依据《创建中国优秀旅游城市工作管理暂行办法》和《中国优秀旅游城市检查标准》，汕尾市人民政府出台了《汕尾市创建中国优秀旅游城市工作方案》，将创优标准20项共186个评分点——分解到54个责任单位，各责任单位都与市长签订目标责任书，全市创优工作已进入第二阶段的硬件建设期。全市各个单位和部门按照“政府主导、部门协调 、全民参与”的方针，精心组织、全面实施，力争到2008年底加入中国优秀旅游城市行列。

【红色旅游】 汕尾市组织实施《全国红色旅游发展纲要》，以红宫、红场主体，充分利用彭湃故居、赤山约农会、周恩来渡海处纪念碑、龙山革命旧址、红二师指挥部等革命史迹为载体，加强革命传统教育，弘扬和培育民族精神，寓教育于参观游览之中。据统计，2007年前来汕尾市红色景点参观的游客达20万人次。

【旅游商品介绍】

〖金钩虾米〗 汕尾的虾米大部分由大白虾、红丝头虾加工而成，其中的“金钩虾米”为上品。这种虾米个头大，颜色金黄，尾巴因烘烤而弯曲似钩，故名“金钩”。金钩虾米肉味鲜美，营养丰富，所含蛋白质和维生素分别比河虾高20%和40%，并含有丰富的维生素E和碘，具有很高的营养价值，是宴席上的佳品。

〖干贝〗 干贝是汕尾名优特产中的佼佼者，以扇贝、日月贝等闭壳肌制成干品，即为干贝。干贝富含蛋白质、脂肪、糖以及微量元素矿物质、核黄素、尼克酸。其中肝糖、乙氨酸、琥珀酸被视为绝品。扇贝在医药上有平肝华痰、补肾清热的功效。据现代科学信息:扇贝的生殖腺中含有一种元素，有摧毁癌细胞的功能，可作为防治癌症的有效辅助剂。其色黄有光泽，表面有白霜，粒度整齐，不碎、无杂质，肉坚实饱满，肉丝清晰粗实，有特殊香味，味鲜盐轻者，是上品；反这，颜色发黑，粒度参差不齐，有杂质，肉松软，无香味，咸而不鲜者，是次品。

【旅游饭店建设】

〖海丽国际高尔夫球场酒店〗 位于海丰县鲘门镇原罟寮村附近海岸。主会所于2006年3月开始筹建，占地面积1.8万平方米，总投资2.5亿元。酒店楼高12层，建筑成面积达6万平方米，拥有客房500多间，按照五星级饭店设计的标准建设。目前，土建工程已全部完成，已进入内部装修阶段，预计2008年底投入使用。

〖汕尾巴黎半岛酒店〗 位于汕尾市区，于2006年初动工，按五星级饭店标准建设，是集客房、餐饮、会议、娱乐为一体的商务型酒店。酒店楼高21层，拥有8种不同标准的客房共300多间。预计2008年底试业。

【旅游景区（点）与基础设施建设】 陆丰市碣石玄武山旅游区正由广东省旅游发展研究中心规划组开展调研论证的基础上，编制完成了景区总体规划。同时，投入大量资金，按国家4A级景区的标准进行建设，致力于打造“宗教文化”旅游品牌，景区内的基础服务设施得到充分的更新和完善，11月27日被国家旅游局批准为国家4A级景区。经省旅游局批准海丰县为特色县，后门镇、碣石镇、遮浪镇为特色镇，虎嗷村、石安村、乌坎村、长坑村、小岛村为特色村。

【旅游扶贫工程】 2007年，汕尾市共有三个项目被列入广东省旅游扶贫重点项目，分别为海丰县鲘门自驾车旅游驿站、陆河县生宝生态农业科技示范园、陆丰市金厢滩黄金海岸红色旅游区。

【主要景区(点)介绍】

〖清云禅韵〗 位于陆丰市河西镇西北部的清云山麓，清云山旅游景区。距陆丰市区8公里属自然景观、人文景观、古迹遗址融为一体的观光旅游区和宗教旅游胜地。清云山以广东尼众佛学院和清云山定光寺为主，独具特色。佛学院占地面积2.96万平方米，硬软件设备齐全，有251名尼僧就读，开设佛学（俱舍、唯识、天台、净土、戒律、中观）等课程。学院设计与定光寺协调一致，布局科学合理，在青山绿水环抱下的校园，云雾缭绕，仿如玉宇琼楼、金碧辉煌的蓬莱仙境。纵观整个建筑，匠心独具，美仑美奂；宏伟庄严的佛殿，宽敞明亮的教学楼，静谧巧妙的迴廊曲径，栩栩如生的石雕艺术，文思飞涌的书画长廊，雄伟而不失内敛、古朴而不失灵秀、整饬而不失包容。寺区周围，山泉清脆声、飞禽鸣唱声、尼僧诵经声、朗朗读书声，伴随着晨钟暮鼓，如同一曲美妙的旋律在清云山回荡。听禅声、观胜景把人们带入佛法微妙的精深境界，使人超然物外、尘劳顿消、流连忘返。

〖**灵龟镇海**〗 位于汕尾市城间区东北面14公里。北距大陆3公里。香港至粤东航线经此，航程2～3小时。该岛面积0.2平方公里，形状酷似海龟，故名。礁石数处，人称“龟蛋”。岛上绿树婆娑，芳草如花。覆盖率达60%。有淡水井三口，甘洌可口。日产淡水100吨。三面岩岸，岛近处，盛产鲍鱼，龙虾，海胆等珍贵海鲜。西北侧沙岸，可泊大小船只数十艘。避9级以下大风。历史曾经有过三街六巷，商铺林立，茶楼酒馆俱全。渔船、商船、游艇、兵船，都有到龟龄岛休息，补给、候风、避浪。商家云集，货如轮转。商路东洋至台湾、日本，西洋至南洋、新加坡。6000年前，已有先民居住，现有石器出土。宋时为半岛，舰之称。同时，又是一处可以带动一方经济发展的宝岛。

〖**龙珠滴翠**〗 瑞龙庄园位于陆河县上护镇樟河，总面积约20万平方米。1997年由爱国眷乡朱伯昌先生的投资兴建。目前，庄园东岸已建设了城楼瞻胜、关圣喜客、后宫听涛、凤亭双秀、碧水泛舟、榜榜回响、凤竹钓影、荷塘清趣、泳台赏月、园林瑞珠、珠桥垂柳、盘龙聚宝、清潭印月、半岛小筑、庄园叠翠、龙山观阁、孔桥漂布、爱乡归航等十八处景点。螺河西岸正围绕“农家风情”，兴建客家田园风光系列乐园，弘扬客家文化。整座庄园绿水环绕，苍翠欲滴，瓜果飘香，亭台楼阁，田园风光，交相辉映，景色迷人，使人流连忘返，是一处集生态观光，休闲度假、康体运动、会议培训于一体的多功能旅游服务区。

〖**龙山正气**〗 龙山，位于陆丰东海镇市区内，是陆丰市区的制高点。登山可俯览市区全貌，也可远眺乌坎港外滔滔大海。山峦绿树婆娑，松篁骈萃，晨早烟雾缭绕，蓝天彩云飘缈，夜晚灯塔闪亮高纵，钟灵毓秀，风光旖旎，是陆丰历史上的八景之一。

在龙山范围内，还修建了如图似画、宽阔美丽的陆丰革命烈士陵园、浩然大方的人民英雄纪念碑、烈士墓，以及陆丰苏维埃政府旧址等遗迹和纪念设施。这里正是革命烈士与反动势力进行过无数次浴血奋战的革命场所。现在它已成为一处集自然景观、红色旅游为一体的旅游景点。

〖**甲秀观潮**〗 陆丰市甲子镇南郊待渡山甲秀楼，面临海洋。宋末祥兴年间，宋大臣陆秀夫、张世杰，护小皇帝赵昺，逃命至此地，当地百姓进食接济，而留有“进食亭”和多处摩崖石刻。举目眺望海洋，波涛连天，水天一色，像九天银河相汇，潮起潮落。赢江流水南逝，甲石毕现，千姿百态，俯瞰古城新貌，风云变幻的世界似天地间三分是水，三分是云，还有三分是广阔的气派！在朝晖晚霞的折射下，景象万千，古《八景》诗为证，“粼粼潮际石，磊砢合支干。引胜罗青屿，含虚漱碧湍。花光吹浪冷，星影漾波寒。不尽临流兴，持竿忆钓磻”。

〖**南天神象**〗 神象山公园，位于南天湖之西，海拔653.1米，整座大山是一个大石头，它的造型酷似一头把长鼻子伸向南天湖的大象，形神兼备，栩栩如生。相传南宋末年，因其救主有功，皇帝赵昺赐其名为“神象”。山上林海茫茫，苍翠欲滴，奇花古木随处可见。登上山顶，教你顿生“会当凌绝顶，一览众山小”的感觉。举目远眺，层峦叠嶂，一望无际，令你心旷神怡，超凡脱俗。那空气清新得令你陶醉，那山，恰似一片片莲花瓣张开，你置身其中，便成了“莲花仙子”了。俯瞰山脚下的南天湖，波光粼粼，绿波荡漾，让人神清气爽，情怀尽舒。如今，这里已由“陆河县南天湖旅游有限公司”投资开发，山上建起一座高34.1米，500余吨重的观音塑像，堪称粤东第一大观音像。其配套设施有停车场、悬崖观景亭、环山人行道、“一线天”二百米长梯等，供游客登山赏景、徒步健身之用。绕北面盘山公路，驱车可直达山顶，云雾缭绕处，仿佛置身于天庭。

南天湖

精神文明建设与旅游教育培训

【**旅游行业精神文明建设**】 2007年，汕尾市旅游局积极倡导全行业开展诚信旅游、文明旅游、健康旅游，不断增强旅游企业诚信经营意识，改善旅游市场环境。为促进全市旅游系统从业人员的服务水平与整体素质，市旅游局、市妇联联会评选出汕尾市旅游总公司国内部等6个单位为“巾帼文明岗”、陈丽华等8名同志为“巾帼建功”标兵；市旅游总公司被评为汕尾市市“文明窗口单位”。2007年4月，陆丰市东陆酒店实业有限公司董事长邓城被国家人事部、国家旅游局评选为“全国旅游系统劳动模范”。

【旅游行风建设】 为充分发挥人民群众的监督作用，促进和推动服务质量和服务水平的提高，9月中旬，汕尾市旅游局聘请了10位同志为全市旅游系统行风监督员，行风监督员认真履行职责，深入到全市的景区（点）、旅游饭店和游客当中进行明察暗访，广泛听取市民和游客的反映，及时向旅游管理部门提出合理的意见和建议，促使旅游管理部门工作作风的改进。

【旅游教育培训】 2007年3月和9月，汕尾市旅游局组织了全市16名同志参加旅游全国导游员资格考试。5月，组织中高级导游员6人参加省局的培训工作。6月，组织高星级饭店高层管理人员5人参加省旅游局2007年度首期饭店管理人员岗位培训班。

纪 事

1月15日 海丰县莲花山度假村被评定为四星级饭店。

5月15日 召开全市旅游工作会议。

5月30日 陆丰市东陆实业有限公司董事长兼总经理邓城被授予“全国旅游系统劳动模范”荣誉称号。

10月9日 汕尾市妇联、市旅游局在全市旅游系统召开巾帼文明岗、“巾帼建功”标兵表彰大会。

11月23～29日 组织全市14个旅游单位70人参加2007年广东国际旅游文化节活动。

11月27日 陆丰市碣石玄武山旅游区被国家旅游局评定为4A级景区。

（蔡韩娇）

东莞市

综述

【总体情况】 2007年，为整合东莞市分散的旅游资源，演绎“大东莞”的概念，进一步放大旅游效应，东莞市旅游局将镇街、相关单位联合起来，将旅游企业组织起来，围绕节庆盛事活动加强宣传促销，精心策划“看新东莞”一系列旅游活动，打好节庆牌，以节造势，进一步凸现了节庆盛事活动的旅游色彩。通过整合东莞旅游资源，加大旅游城市营销力度，加强行业培训，打造东莞旅游目的地等措施，东莞旅游形象有了很大的提高，旅游业有了新发展。东莞市全年接待游客1725.12万人次，比上年增长26.56%。其中过夜游客达1185万人次，分别比上年增长25%和25.93%；全年旅游总收入188.88亿元，比上年增长23.82%。

【旅游行业规模】 2007年，东莞市星级饭店总数99家，其中五星级18家、四星级25家、三星级33家、二星级21家、一星级2家，客房69023间，床位106123张，从业人员70300人;旅行社38家，其中国际社5家，国内社30家，不具有法人资格的分社3家；旅行社从业人员1668人。

【全国旅游界联谊活动】 3月31日至4月1日，由东莞市人民政府主办，东莞市旅游局、东莞市旅游协会承办的2007“相聚魅力东莞”全国旅游界联谊活动在东莞市隆重举行。广东省旅游局、各地级以上市旅游局的领导，全国29个省、自治区、直辖市和港澳地区的258家旅行社负责人以及省内外18家新闻媒体记者约600名嘉宾参加本次联谊活动。“相聚魅力东莞”旅游联谊活动以“走进东莞，认识东莞，协商合作，共同发展”为主旨，内容包括城市观光、酒店考察、景点推介、同业交流和业界合作等，在大力推广与展示东莞旅游业和城市形象的同时，也为泛珠三角旅游界与全国旅游同行提供了交流的平台。

【“看新东莞”系列活动】 2007年初，东莞市旅游局、东莞市文广新局、东莞市文明办联合主办了为期一年的“新莞人看新东莞”大型活动，活动旨在深入贯彻东莞市第十二次党代会精神，在全社会大力弘扬“海纳百川、厚德务实”的城市精神，积极为新莞人办实事，丰富新莞人精神文化生活，让新莞人见证和共享东莞市经济社会发展成果，拓展本地游市场，构建和谐东莞，发展和谐旅游。新莞人凭旅游一卡通可免门票或获得门票优惠。据初步统计，2007年通过旅行社参加“新莞人看新东莞”活动的新莞人超过10万人次。“新莞人看新东莞”活动被列为“东莞市关爱新莞人的十件大事”之一，东莞市委书记刘志庚在向广东省委书记张德江汇报东莞市关爱新莞人时提及了这一活动。

10月1日，东莞市旅游局和大朗镇政府举办“香港人看新东莞”活动启动仪式暨首届岭南织城大朗旅游文化节开幕式，活动旨在让香港同胞共享东莞发展建设所取得的丰硕成果和回馈感谢香港同胞在东莞的社会经济发展中作出的贡献。香港同胞通过参与“香港人看新东莞”活动，获取“香港人看新东莞”一卡通，凭一卡通在东莞观光旅游的过程中可获得景点门票优惠和优惠入住酒店。通过本次活动，香港同胞深入地认识了东莞、了解了东莞、享受了东莞，有利于两地旅游行业互相学习交流，商讨合作。一年来，东莞市政府、东莞市旅游局及各镇街举办的系列“看新东莞”活动精彩纷呈，成为假日旅游的重头戏，促进了东莞旅游资源的整合，加快了东莞市从旅游客源地向旅游目的地转变。

新莞人看新东莞启动仪式

【2007 华南 MALL 西班牙风情月】 7 月 28 日至 8 月 29 日，为落实中国政府提出的“2007 年在中国举办西班牙文化年”的号召，东莞市旅游局、东莞市文化广播电视新闻出版局、东莞市外事侨务局联合主办了“2007 华南 MALL 西班牙风情月”大型活动。华南 MALL 为承办单位（“新华南 MALL · 生活城”）。活动以“激情西班牙，魅力新东莞”为主题，引入西班牙元素，充分展示西班牙的文化资源和社会力量，将异域文化和精品文化相融合，增强参与性和艺术性。活动共分为五大主题周：认识西班牙，西班牙民俗风情周；爱上西班牙，西班牙旅游风情周；走近西班牙，西班牙艺术周；西班牙的味道，西班牙美食周；欢乐尽在西班牙，西班牙体育教育周。同时还举办了有着西班牙风情的摄影大赛、旅游推介会、电影节、油画展和美食节等活动。闭幕式当天以闻名世界的“西班牙番茄节”活动压阵，番茄节与西班牙布尼奥尔小镇的番茄节在同一天、同一时段举办，让游客感受到国外民俗节庆的狂欢氛围，吸引了众多海内外媒体的关注，成为媒体关注的焦点。举办国外文化风情月，是东莞市文化旅游的一次新尝试，为东莞市旅游注入新的活动和动力，提升了东莞市的旅游影响力和辐射力，更好地对外宣传推介了东莞。

东莞 2007 华南 MALL 西班牙风情月——番茄节

旅游接待与收入

【入境旅游】 2007 年，东莞市接待入境旅游者 224.44 万人次，同比增长 43.36%。其中：接待外国人 91.62 万人次，同比增长 25.94%；香港同胞 93.32 万人次，同比增长 32.29%；澳门同胞 4.16 万人次，同比增长 18.18%；台湾同胞 48.77 万人次，同比增长 28.51%。接待入境游客 1477.02 万人次，同比增长 26.21%。

【接待入境旅游者人天数】 2007 年，东莞市接待入境旅游者人天数 3167267 人天，同比增长 28.40%。其中：接待外国人 1303040 人天，同比增长 24.00%；香港同胞 1213098 人天，同比增长 30.00%；澳门同胞 51217 人天，同比增长 23.00%；台湾同胞 599912 人天，同比增长 20.78%。接待入境游客人天数 1920.13 万人天、同比增长 26.21%。

【旅游外汇收入】 2007 年，东莞市旅游外汇收入 42701.50 万美元，同比增长 28.69%，占全省比重 4.91%。其中接待外国人外汇收入 19070.06 万美元，同比增长 25.94%；香港同胞 14121.88 万美元，同比增长 33.21%；澳门同胞 544.53 万美元，同比增长 18.18%；台湾同胞 8965.03 万美元，同比增长 28.51%。

【接待过夜旅游者人数】 2007 年，东莞市接待过夜旅游者 1184.80 万人次，同比增长 25.93%。其中：接待外国人 91.62 万人次，同比增长 25.94%；香港同胞 69.99 万人次，同比增长 32.29%；澳门同胞 3.12 万人次，同比增长 18.18%；台湾同胞 36.58 万人次，同比增长 28.51%；国内旅游者 960.06 万人次，同比增长 22.45%。

【旅行社组团国内游人数】 2007 年，东莞市旅行社组团国内游人数 96.24 万人次，比上年增长 10.73%。其中：省内游 73.23 万人次，比上年增长 5.31%；省外游 23.01 万人次，比上年增长 32.38%。

【旅行社组团出境游人数】 2007 年，东莞市旅行社组团出境游人数 9.41 万人次，比上年增长 28.47%。其中，香港游 3.1 万人次、比上年减少 34.57%；澳门游 3.37 万人次，比上年增长 222.27%；出国游 2.87 万人次，比上年增长 100.77%。

旅游宣传促销与节庆活动

【重大旅游活动】 东莞市积极参加由省旅游局组织的 2007 年悉尼华人春节大巡游活动。组织了由旅游、文化、外事等部门和民间麒麟舞表演队共 84 人组成的东莞市代表分团。这是近年来东莞市旅游、文化等部门联合开展的一次规模较大的出访活动。东莞市在巡游活动中组成的麒麟舞表演方阵和风车方阵，进一步宣传了东莞城市形象，拓展了东莞入境游的市场范围，加强了东莞与澳洲的旅游文化交流，取得良好的宣传效果。 3 月 30 日至 4 月 1 日，东莞市组织 15 家旅游企业参加 2007 年广州国际旅游展销会，租用展位 16 个，以“国际花园城市”为宣传主题进行特装布展，宣传了东莞的城市面貌和旅游资源；4 月 20 ～ 22 日，东莞市旅游局参加省旅游局组织的中国（苏州）国内旅游交易会；6月14～17日，东莞市旅游局组织5家酒店参加第二十一届香港国际旅游展；7月7～8日，东莞市旅游局参加由省旅游局组织的北方旅游交易会；9月18日，东莞市旅游局在香港香格里拉大酒店举办“东莞旅游香港推介会”；东莞市旅游局针对香港市场的特点，撰写了推介词，制作了粤语宣传短片和推介幻灯片，这是东莞市首次在境外举办的旅游推介会，10月23～24日，东莞市旅游局代表东莞参加深圳国际招商会，向与会者派发了东莞旅游宣传资料；11月1～4日，东莞市旅游局组织两家高星级酒店参加中国（昆明）国际旅游交易会；在11月23～29日举办的2007广东国际旅游文化节暨泛珠三角旅游推介大会活动期间，东莞组织了1800人的庞大海内外嘉宾团参加开幕式，成为本届旅游文化节开幕式派出阵容最大的团队，东莞的花车、花船成为一道靓丽的风景线，展现了“世界的新东莞”的魅力；11月24～26日，东莞市旅游局组织10家旅游企业参加2007广东旅游大促销暨广东国际旅游展销会，租用10个展位，以“国际花园城市”为主题进行特装；12月25～26日，东莞市委常委、副市长江陵，市政府副秘书长黄冠球，市政府经协办主任刘学聪，市旅游局副局长余建民等领导参加在江西省赣州市召开的大京九经济协作带第十届市长联席会议，会议以“大京九——风景这边独好”为旅游主题，江凌副市长受组委会委托，主持了大京九经济协作市长论坛，余建民副局长代表东莞市旅游局与其它成员市旅游局签署《大京九经济协作带旅游合作框架协议》，东莞市青年旅行社有限公司、东莞市四海旅行社有限公司分别与赣州国旅签订《联合促销旅游项目合作协议》。

广东省常务副省长汤炳权参观北方交易会东莞市展馆

【旅游宣传促销】 2007年，中央电视台、《东莞日报》等新闻媒体加大对东莞市旅游工作的宣传报道力度。在《东莞日报》21周年社庆暨乔迁之特刊《跨越》篇幅上，东莞市旅游局制作彩色宣传专版，为下半年东莞市旅游局和各镇（街道）政府主办的第四届桥头荷花艺术节、第四届谢岗登山节、第三届东莞国际啤酒节、第六届东莞美食节等大型旅游节庆活动作宣传推介。9月份，中央电视台四套《快乐中国学汉语》栏目拍摄的中心广场、展览馆、松山湖、鸦片战争博物馆、可园等旅游景点制作成5辑专题片从10月17日起连续播放5天。9月下旬，广东新闻频道《车时代》栏目以东莞市主要旅游景点和星级饭店为背景制作两辑专题节目，分两周在《寻遍广东》节目中播出。春节和“五一”黄金周期间，东莞市旅游局组织省内主要媒体采访报道了休闲度假、历史文物、时尚娱乐、生态健身等活动。完成了《东莞导游词》、《东莞饭店精粹》、《东莞旅游交通图》、《东莞旅游指南——景点篇》等旅游宣传资料编撰制作。

【东坑二月初二“卖身节”】 东莞市旅游局作为主办单位之一，参与了前期的策划和节庆活动的组织工作，为打造东莞市民俗特色旅游出谋划策。发动全市旅行社组织游客前往参加节庆活动。

【首届粤晖园中秋博饼文化节】 2007年9月8日，由东莞市旅游局主办、东莞市台商协会协办、粤晖园旅游开发有限公司承办的首届粤晖园中秋博饼文化节在东莞市道滘镇粤晖园举行。活动以“一样的月光，不一样的中秋”为主题，采用闽南地区特有的“博饼”风俗，通过“博饼大赛”形式，让在莞的台湾同胞与东莞市民以及外来游客参与其中，一同感受闽南地区独特的中秋文化风俗，给传统中秋佳节注入新的文化元素。

旅游行业管理

【旅游市场监督管理】 2007年6月，为贯彻落实全国旅游市场整顿规范专项行动电视电话会议精神，东莞市旅游局召开全市旅游市场整顿规范专项行动会议，对东莞市旅游市场进行了一次全面的清理整顿，重点对“零负团费”、无证照经营旅游业务、非法承包或挂靠经营行为、“黑社黑导”、承包经营等行为予以查处和治理，联合公安、工商等部门对非法经营点进行了3次较大规模的查处行动，共查处非法经营旅游业务的网点11个，并按有关规定进行了相应的处罚。通过专项整治行动，规范了旅游市场秩序，维护了消费者的合法权益。

【旅游安全管理】 召开了东莞市星级饭店消防安全工作会议。以企业人员聚焦场所的消防安全为重点，会同有关职能部门，组织了5次较大型的督查活动，有力地促进了旅游安全工作的开展。全年共受理有效投诉51起，其中投诉旅行社43起，投诉景区3起，投诉酒店5起，投诉结案率100%。

【旅行社管理】 2007年，东莞市新批旅行社3家，注销旅行社3家。景鸿旅行社和东华旅行社升格为国际社的有关资料已报省旅游局审批。全年共办理旅行社营业部的备案登记23家。2007年度，共有5家旅行社被评为全国国内旅行社100强，分别是东莞市景鸿旅行社、东莞市四海旅行社、东莞市青年旅行社、东莞市南北旅行社、东莞市阳光旅行社。另有2家国内旅行社，违反行业管理相关规定，暂缓通过2007年度旅行社业务年检，责令限期改正。

【导游员管理】 2007年3月和9月，东莞市旅游局组织符合报考导游资格考试条件的人员先后两次参加全国导游人员资格考试，共有478人次参加考试。全年加大对旅游行政管理人员、旅游经营管理人员的境内外培训以及导游IC卡管理力度，共办理导游IC卡175人。

【旅游饭店管理】 东莞市星评工作稳步推进，2007年年共组织评定或推荐评定星级饭店4家，其中三星级饭店1家（美景湾酒店）；四星级饭店1家（嘉辉会酒店）；五星级饭店2家（塘厦三正半山酒店、常平汇华国际饭店）。8月中下旬，东莞市6家四星级酒店接受省星评委评定性复核检查。检查组对东莞市汇美大酒店、新都会酒店、东莞宾馆、宏远酒店、君爵酒店、江龙大酒店等6家四星级饭店进行评定性复核检查，均通过满五年期评定性复核。从8月17日至9月初，国家星评委先后派出3个星评小组对东莞市嘉华大酒店、豪门大饭店和龙泉国际大酒店进行满五年期的评定性复核工作，均通过满五年期的评定性复核。9月6～7日，受省星评委委派，由东莞市旅游局蒋小莺局长带队的星级饭店复核小组对广州东方宾馆、中国大酒店、凯旋华美达酒店进行了星级饭店复核检查。通过这次的星级饭店复核检查和参观，加强了东莞市与广州市旅游局和广州酒店业同行的沟通与联系。从7月18日起，用两个月的时间分两个组对全市88家星级饭店进行复核，对需要进行评定性复核的饭店安排在8月10日前完成，以备省星评委来东莞复核。10月12～13日，国家星评委对汇华国际大饭店进行五星级评定并获通过，成为东莞市第18家五星级饭店。全年东莞市有88家星级饭店需要复核。其中78家饭店通过复核，10家受到处理（4家被取消星级资格，6家延期复核）。

【行业协会】 2007年，东莞市召开了旅游饭店协会五届三次理事会，建立了行业自律机制。东莞市委常委、副市长江凌出席会议并讲话会议认为：要着力解决目前东莞市饭店业规范化不够和个性化服务不够的两大问题，要整合东莞饭店资源，并形成产业优势。

旅游资源开发和景区（点）建设

【旅游信息化建设】 根据北京金旅雅途信息科技有限公司广东分公司提供的《东莞旅游客源地——目的地营销系统项目建设方案》，东莞市旅游局完成了给市政府的《关于建设东莞旅游客源地——目的地营销系统的请示》，从国内外旅游业发展的趋势和东莞市旅游业发展现状出发，阐述了此项工程建设对东莞旅游业发展的重要意义。并就系统建设方案的细节与制作方反复斟酌，确定系统框架结构，项目步骤，并于2007年10月正式启动建设。东莞旅游信息化工作由此进入了新的发展阶段。

【主要景区（点）介绍】

〖东莞鸦片战争博物馆〗 东莞鸦片战争博物馆，又名虎门林则徐纪念馆，位于虎门镇解放路，是中国古遗址专门性博物馆。博物馆前身为1957年建立的林则徐纪念馆，1972年改名为鸦片战争虎门人民抗英纪念馆，1985年更名为虎门林则徐纪念馆，同时增设馆名鸦片战争博物馆。鸦片战争博物馆是收集、陈列、研究林则徐及鸦片战争文物史料的纪念性博物馆。馆区分为本馆部、沙角炮台管理所和威远炮台管理所三个部分。博物馆注重文物收藏与研究，馆藏销烟池木桩、木板、鸦片烟具、林则徐手迹等文物，还有大炮、炮子、火药缸、火药埕、大刀、长矛等抗击英军时用过的武器和缴获英军的洋枪、洋炮等，数量达3000多件（套）。是反映鸦片战争时期中华民族抵御列强、反抗侵略的有代表性的物证。鸦片战争博物馆环境优美，外部建筑特色鲜明。馆区正门是一座城堡式的门楼，迎面处屹立着一座粉红色的大型群

东莞鸦片战争博物馆

雕。雕像正中为横刀欲跃，持戟怒视的英雄，侧面两人则抚炮而立，他们正是我国人民抗击西方列强的英勇写照。沙角、威远炮目的炮台、古炮、暗室、战巷、兵房则体现了鸦片战争的海战气氛，触摸着冰冷的墙壁，那鸦片战争中的场场战役凝聚于眼前，将人们带回到了百年前虎门军民抗强敌、御外侮、扬国威的历史长廊之中，去感受那强烈的爱国主义精神。

〖**冠和博物馆**〗 冠和博物馆地处樟木头镇中心，维多利亚花园二楼，占地面积三千多平方米，共有大小藏品陈列馆（1500平方米）免费区，书画专题馆，茶艺综合馆等功能区组成，具有现代的防盗、保安监视系统。冠和博物馆总投资四千万人民币，是广东省最大的企业（私人）博物馆，也是全国第一家以古典家具展览为主的博物馆。冠和博物馆除了古典家具藏品外，另外收藏陈列的藏品还有兵器、陶瓷、书画、木雕、根雕、古乐器、民间工艺绣品、古代农村生活工具、文革时期纪念品、西方古典用具等十几个类别。冠和博物馆收藏品最早年代是距离现在有一千八百多年的汉代（206—221）陶瓷、陶瓷瓦当、米罐等陪葬陶具。古典家具主要是以明、清两代为主，年代跨度为543年（明初1368—清末1911），以北方家具居多，出产以河南、陕西、山东、山西等地区为主。因为当时中原地区是政治、经济、文化的中心地带，所以家具工艺相对来说比较先进。其中也有少数清末民初的南方（浙江、上海）家具，雕刻细致、精密，人物、花卉栩栩如生，具有立体感，且带有南方人的灵气与精致。冠和博物馆自2001年9月15日全面对外开放以来，接待了广东省文化厅、广东省各地市文化局、广东省政协、东莞市政协、广东省文物专家考察团等部门领导，接待过香港《东周刊》杂志、香港《大众报》、《文汇报》、《商报》、日本《香港周报》、广州《南方日报》、《南方信息报》、《东莞日报》、《东莞电视台》等新闻界记者，接待过香港、深圳、珠海、广州、惠州、新加坡、日本等地的观众。曾派发赠票一万多张给各界人士，专门接来樟木头敬老院老人、学生参观。俗话说，"乱世饥民，盛世文物"，冠和博物馆的创建，标志着樟木头的经济、文化都发展到了一定的新阶段，是樟木头文化、经济的一个新标志。

精神文明建设与旅游教育培训

【**精神文明建设**】 东莞市旅游局坚持解放思想、更新观念，注重理论学习，深入调查研究，树立良好的学风、思想作风和工作作风，不断提高驾驭旅游经济发展的能力。认真贯彻落实《行政许可法》，坚持依法行政，规范行政审批事项，简化程序，提高效率，扎实推进政务公开；制定了局岗位责任制，建立了绩效评价机制，形成了用制度管人、用制度管工作的长效机制。根据《东莞市开展不正当交易行为自查自纠检查评估实施办法》（东治贿发〔2007〕5号）的工作部署，东莞市旅游局于5月底时在东莞市主要旅游景区（点）开展不正当交易行为自查自纠评估活动，使旅游从业人员依法经营的观念得到增强。全体机关人员参加了东莞市人事局和东莞市委党校举办的各种培训班，着力提高了全局的政治和业务素质。

【**旅游教育培训**】 为规范东莞市导游员行为，提高东莞市导游队伍整体素质和服务质量，按照《导游人员管理条例》、《导游人员管理实施办法》、《导游证管理办法》等有关规定的要求和省旅游局《关于做好我省2007年度导游员继续教育培训工作的通知》（粤旅人〔2008〕1号）文件精神，东莞市旅游局认真做好2007年度导游员继续教育培训工作。2007年度导游员继续教育培训重点加强了导游员职业道德的教育、政务接待的基础知识和基本技能的学习。12月初，东莞市酒店中高层管理人员培训班正式启动，首期培训对象为帝豪花园酒店中高层管理人员，人数约100人，强化了导游员讲解技巧的训练。聘请了美籍华人、著名旅游专家邱曦为顾问，定期给局全体干部职工讲授国外旅游管理部门的运作方式及最新的旅游知识。

6月11～13日，全省2007年度首期饭店管理人员岗位培训班在东莞市举办，参加学员有300多人，来自全省四、五星级饭店及待评四、五星饭店的中高层管理人员。

纪　事

8月2日 东莞市委常委、副市长江凌率全市高星级酒店投资者考察团一行20多人考察深圳龙岗区的酒店投资环境以及规划的酒店用地。

9月9日 国家旅游局派出调研组对东莞旅游饭店业发展情况开展调研。

9月18日 最高人民法院、中央治理商业贿赂领导小组办公室和国家旅游局调研组一行来东莞调研。

12月7日 杭州市淳安县由县委书记陈新华一行35人到东莞市考察旅游业发展、度假区建设等情况。

12月28日 东莞市常平镇汇华国际饭店举行五星级饭店的挂牌仪式，成为东莞市第18家五星级酒店。

（胡　平、刘薇薇、钱暖枝、钟金伟）

中山市

综述

【总体情况】 2007年，中山市成立旅游业发展协调委员会，由市长李启红任主任，26个市属部门为成员单位，进一步健全旅游发展管理体制，加强旅游重点项目建设的宏观指导，协调解决旅游业发展的突出问题。中山市大多镇（区）先后成立旅游业发展专责机构，指定分管领导和专职人员。6月，中山影视城从全国100多家影视基地中脱颖而出，获"最具异域风情影视基地"奖，与中央电视台无锡影视基地、浙江横店影视城等共同跻身于中国八大"最具特色影视基地"行列。7月10日，新评定为五星级饭店的中山香格里拉大酒店正式挂牌，成为中山市第三家五星级饭店。12月，中山詹园被评为国家4A级旅游景区。中山中国国际旅行社获得"全国国际旅行社百强"称号，菊城假期国际旅行社首次被评为"全国国际旅行社百强"。同年11月，菊城假期国际旅行社在佛山设立分社，成为全省首家地级市旅行社跨地区设立分社的旅行社。全市共接待游客772.62万人次，比上年增长17.62%。其中接待过夜旅游者510.28万人次，比上年增长4.00%；旅游总收入86.05亿元，比上年增长14.17%。

【旅游行业规模】 截至2007年底，中山市拥有旅行社16家，其中国际社8家，国内社8家；拥有星级饭店39家，其中五星级3家，四星级4家，三星级22家，二星级8家，一星级2家。无星级宾馆74家。全市旅游住宿设施共有客房8587间，床位16894张；全市有较大型旅游景点18家，其中4A级旅游景区2家；旅游直接从业人员3.5万人。

【全市旅游工作会议】 12月21日，中山市旅游工作会议在市政府会议中心召开。市政府秘书长贺振章主持会议，市长李启红、副市长韩泽生分别讲话。全市各镇区、市属单位领导、旅游局相关领导、全市旅游企业负责人、旅游协会负责人及新闻媒体共200多人出席。会议认为，旅游业是提升城市综合竞争力，实现产业结构优化升级的战略选择，要进一步整合资源、完善产业环境、增强企业后劲、缓解资源约束、增强城市经济的综合竞争力。旅游业是提升城市品位的重要产业，通过发展旅游来增强市民对本土文化的归属感，增加外界对中山的认同感，将是一个很好的载体；旅游业还是促进城乡协调发展、构建和谐社会的重要产业，是缩小城乡差距、实现城乡协调发展、建设社会主义新农村的重要载体。要把发展第三产业作为新的经济增长点，把旅游事业推上一个新台阶。要加快产业结构调整和转型，全面促进旅游业大发展。会议强调，今后一段时间要着力抓好以下几个方面的工作：转变发展模式，增强旅游业发展的整合能力；加快体制机制改革，增强旅游发展的投融资能力；加快规划部署，增强旅游环境的吸引力；加快区域合作，增强旅游市场的影响力；加强政策导向，大力引导具有中山特色的旅游商品开发。会上，南朗镇政府、中山中国国际旅行社作经验介绍，黄圃镇政府、神湾镇政府、菊城假期旅行社、香格里拉大酒店、詹园旅游有限公司、咀香园健康食品有限公司作书面发言。

旅游接待与收入

【入境旅游】 2007年，中山市共接待入境旅游者68.26万人次，比上年减少1.47%；旅游外汇收入2.17亿美元，与上年基本持平。

【国内旅游】 2007年，中山市共接待国内游客721.53万人次，比上年增长15.16%。其中接待过夜国内旅游者442.02万人次，比上年增长4.90%；国内旅游收入69.53亿元人民币，比上年增长19.65%。

【出境旅游】 2007年，中山市旅行社组团出境旅游人数为14.08万人次，比上年增长4.70%。其中香港游9.57万人次，比上年增长5.39%；澳门游1.89万人次，比上年减少20.05%；出国游2.62万人次，比上年增长30.78%。

【黄金周假日旅游】 2007年春节黄金周，中山市旅游景点共接待游客73万人次，同比增长6.21%，旅游业总收入

1.47亿元，同比增长12.21%；城市接待过夜旅游者8.1万人次，同比增长3.85%，全市平均开房率59%，同比增长2个百分点。5月1～7日，全市旅游景点共接待游客69.89万人次，同比增长3.40%，旅游业总收入1.21亿元，同比增长2.54%；城市接待过夜旅游者7.211万人次，同比下降3.99%。10月1～7日，全市旅游景点共接待游客 72.98万人次，同比增长4.18%；旅游业总收入1.63 亿元，同比增长4.49%；城市接待过夜旅游者8.51万人次，同比增长0.59%；全市平均开房率与去年基本持平。2007年中山市旅游黄金周的主要特点是：旅游市场秩序井然，没有发生重大旅游安全事故和重大旅游投诉，旅游服务质量明显提高；自驾车游客稳占半壁江山，享受型、纯玩型的旅游线路备受追捧；酒店接待过夜游客有所上升，餐饮消费持续火爆。

旅游宣传促销和节庆活动

【旅游宣传促销】 2007年，重点向国内外推介“中珠澳——大香山”区域旅游合作产品。印制了《中珠澳旅游地图》、《中珠澳旅游指南》及《中珠澳高尔夫球旅游指南》（中英、日文版），制作了《人杰地灵中山美》主题宣传片（中、英、日文版）。在《南方都市报》、《中国旅游报》、《南方日报》、《凤凰周刊》、广东电视台、中央电视台四套等主流媒体作中山的整体形象宣传，并结合各大主题活动进行专题报道；积极参加国家旅游局和省旅游局组织的旅游交易会及旅游促销活动，宣传中山旅游产品，提高中山在国内、国际的知名度。2月28日，由韩泽生副市长带队，参加在成都市举行的第十届海峡两岸旅行社联谊会；3月30日～4月1日，参加在广州琶洲会展中心举办的广州国际旅游交易会；4月15～21日，组织由旅游局旅游企业、南朗镇领导及新闻媒体代表组成的旅游考察团赴江苏苏州参加2007中国国内旅游交易会，期间在浙江省举办中山——杭州旅游交流会、中山——宁波旅游交流会；6月5～9日，赴云南昆明参加第三届泛珠三角经贸洽谈会，设展位推介中山旅游；6月12～16日，参加香港国际旅游交易会；6月23～26日，赴山东省青岛市参加中日韩旅游博览会；7月7～8日，赴内蒙古呼和浩特市参加2007中国北方旅游交易会。

【2007广东悉尼春节大巡游】 2月8～14日，由中山市旅游局、侨务局、劳动与社会保障局、西区长洲社区代表及长洲醉龙表演队等60多名成员组成的代表团赴澳大利亚参加“2007广东悉尼春节大巡游”活动。长洲醉龙表演队代表广东参加巡游表演，引起中外媒体的高度关注，受到当地华侨和悉尼市民的好评。中山市旅游局获得省旅游局颁发“最佳组织奖”，长洲醉龙获颁“最佳表演奖”。巡游结束后，中山市代表团与当地华侨开展了联谊活动。

【中珠澳区域旅游合作】 2007年，由中山市担任中珠澳区域旅游合作轮值主任。1月18～19日，澳门旅游局组织澳门驻世界各地办事处代表团100多人赴中山、珠海和澳门考察大香山旅游精品线路。代表团一行在中山考察了孙中山故居纪念馆、詹园及长江高尔夫球场等旅游景点及主要的高星级酒店。4月1日，中山、珠海、澳门旅游局联合举办“全国百家旅行社香山行”活动，邀请100多家旅行社的代表前来考察中山、珠海、澳门三地旅游资源。9月12～13日，中山、珠海、澳门在日本大阪、名古屋共同举行中珠澳——大香山旅游促销活动，向当地旅游业界推介了中珠澳——大香山旅游精品线路及三地的高尔夫旅游产品。期间，由副市长韩泽生带队，联合市旅游局、外事局、侨务局、部分镇

中山市岭南水乡旅游文化节

澳门旅游局组团考察中山市旅游

区、重点旅游企业组成的26人代表团一行在日本举办旅游推介会，向日本旅游业界推介中山丰富的旅游资源和优越的旅游环境，引起了日本旅游业界的关注和兴趣。

【珠三角城市旅游合作】 9月23日，由《中国旅游报》发起的“活力广东 走进珠三角”联合品牌宣传推广座谈会在中山市举行。广州、珠海、中山、佛山、东莞、江门、韶关、肇庆等城市的旅游局领导出席了座谈会，并达成了珠三角城市以“加大旅游区域合作，打造珠三角旅游联合品牌”的共识。

【中山、韶关旅游互动】 12月24～25日，韶关市旅游局组织媒体以及旅行社一行26人，以“伟人故里情系丹山碧水”为主题到中山市考察；12月26～28日，中山市旅游局组织媒体和旅行社一行22人，以“寻访珠玑古巷 畅游丹山碧水”为主题到韶关考察。随后，双方媒体对这次活动进行报道，旅行社分头组织大型旅游团到对方城市旅游。

【参加广东国际旅游文化节活动】 11月23日，中山市旅游局、外事局、侨务局和台湾事务局共同组织300名常驻中山的外国友人、华侨以及港澳台同胞参加2007广东国际旅游文化节暨泛珠三角旅游推介大会开幕式。开幕式晚会上，中山长洲醉龙表演队在大型多媒体写意史诗《蔚蓝船说》演出中登台亮相。中山市以“伟人故里——中山”为主题，精心制作花车参加了开幕式晚会以及广州市区的巡游，获得组委会颁发二等奖；中山制作的花船，在珠江上巡游，获得组委会颁发特等奖。中山还组织近80家旅游企业300多名旅游营销人员参加泛珠三角旅游促销会暨广东国际旅游展览会。

中山市作为广东国际旅游文化节分会场，开展了一系列特色鲜明的主题活动。11月9～11日，在黄圃镇举办2007中国国际食品工业经贸洽谈会；11月22～25日，在东升镇举办“餐餐有鱼”中山市首届脆肉鲩美食节；11月23日～12月12日，在小榄镇举办第九届中国（中山）菊花展览会；11月29日～12月1日，在民众镇举办2007中山市岭南水乡旅游文化节。期间，包括本地市民在内的国内、国际游客近300万人次参加了四大主题活动。

【万人游中山】 11月13日，为纪念孙中山先生诞辰141周年，中山市旅游局在南朗镇中山城启动“万人游中山”活动。副市长韩泽生出席启动仪式，近2000名游客参加首日游览活动，参观孙中山故居纪念馆等景点。12月2日，中山市举行“追寻伟人足迹，畅游名城中山”起步活动，3000多名来自广州、深圳、佛山、东莞、肇庆等城市以及香港、澳门等地的游客前来游览，副市长韩泽生出席了起步仪式并致欢迎辞。

旅游行业管理

【整顿旅游购物秩序】 中山市旅游局制定《2007年旅游市场整顿规范专项工作方案》，采取日常查处与节前检查相结合等形式重点检查旅行社、景区（点）以及游客常到的购物场所，旅游质监所开展单独执法及联合工商等部门执法10多次，出动人员近百人次，取缔了1家珠宝行，查处了2家无证照经营旅游业务的单位。

【旅游行业安全生产知识竞赛】 6～10月，中山市旅游局与安监局、消防局联合举办旅游行业安全生产知识竞赛，来自酒店业、景点业和旅行社业的40多支队伍参加。通过初赛、复赛、笔试、现场操作、知识抢答等环节的角逐，金钻酒店、国际酒店、富华酒店、孙中山故居纪念馆、温泉宾馆和京华酒店的代表队分别获得前六名。

【旅游饭店管理】 2007年，对全市星级饭店进行复核及重评，其中复核27家，重评5家，新评定三星级酒店1家和五星级酒店1家，3家四星级酒店（温泉宾馆、富华酒店、真善美酒店）通过省星评委复核。在三星级以上酒店业推行放置“绿色环保提示卡”，在酒店业推广香格里拉大酒店的污水处理办法和国际酒店的动力节能经验，倡导资源节约型、环境友好型的经营理念。

【导游员管理】 中山市旅游局为做好旅游政务接待工作，更好地宣传中山，展示中山优秀旅游城市形象，带动全市导游队伍整体素质的提高，于11月面向社会公开招聘政务导游，共有226人报名。经过初赛、复赛，王琪伟等15人成为中山市首批政务导游。

【行业协会】 4月，中山市旅游行业协会改选，选举中山仙沐园集团董事长肖成业为新一届旅游协会会长。改选后，中山市旅游协会为独立民间社团组织，旅游局的相关人员不再兼任旅游协会任何职务。

旅游资源开发和景区（点）建设

【旅游规划】 2007年，中山市旅游局协助镇区开展旅游规划的编制工作，制定了《中山市民众镇旅游发展规划》、《中山市翠亨村旅游发展规划》和《中山市南区旅游发展规划》。

【工农业旅游示范点建设】 泰和腊味公司是黄圃腊味生产

的代表之一，也是中山市工业旅游名牌企业之一。该公司成立于1983年，位于石岭开发区，占地面积7000多平方米，建筑面积6000多平方米。其中生产综合大楼3800多平方米，集生产车间、烘房、包装车间、半成品仓库和成品仓库于一体，实行切肉、灌肠、烘干、包装一条龙生产。该公司投入大量人力、物力研制和开发新产品，改革传统制作方式，通过科学实验不断改良新工艺、新配方，使产品不断推陈出新，从生产单一的腊肠发展到以腊肠、腊肉、腊鱼、腊家禽为主的四大系列50多个品种。为了发展工业旅游，该公司把生产车间做成透明式，供游客参观腊味的整个生产流程；开设试食区，游客可一边在优美的环境下试食，一边了解黄圃腊味的历史及生产过程。这一举措每年吸引了许多国内外和港澳台游客前来参观。目前，中山市正在积极将泰和腊味公司申报为全国工业旅游示范点。

中山市举行工业旅游示范点挂牌仪式

精神文明建设和旅游教育培训

【旅游行业精神文明建设】 2007年，国家旅游局和全国妇联决定在全国旅游系统开展“巾帼建功迎奥运”主题活动，中山旅游系统的广大女干部职工积极开展奉献旅游、服务奥运的活动。中山中国国际旅行社有限公司出境旅游中心被评为全国旅游系统“巾帼文明岗”，中山香格里拉大酒店市场传媒部杨许君被评为全国旅游系统“巾帼建功标兵”。

【旅游教育培训】 2007年，中山市旅游局举办了导游员继续教育培训班、全国导游资格考试考前辅导班和导游人员年审教育培训班；多次召开了旅游教育研讨会，与中山市6所旅游院校和主要旅游企业就如何开展旅游教育，加强校企合作，提高教学质量，为中山旅游培养更多合格人才进入深入研讨，就开展层级教育和培训达成了共识；组织旅游企业高中层管理人员参加“酒店经营管理论坛”，以开阔视野，增长见识，拓宽经营管理思路。

【旅游质监员培训】 10月30～31日，中山市旅游局邀请省旅游质量监督管理所及法律界专业人士在中山市举行全市旅游质监员培训班。培训课程包括：旅游保险、突发事件应急处理及旅游投诉受理技巧、旅游投诉案例分析。100多名来自全市旅行社、旅游饭店和旅游景点的人员参加了培训。

纪　事

1月22日 中山市伊泰莲娜DIY地带和咀香园健康食品有限公司通过国家旅游局的验收，获得全国工业旅游示范点的称号。3月6日，两家企业分别举行挂牌仪式。8月30日成立中山市旅游业发展协调委员会。

4月1日 举办“全国百家旅行社香山行”活动，国内100多家旅行社代表考察了中山、珠海、澳门三地旅游资源。

4月16日 赴浙江省杭州市举办中山•杭州旅游交流会。

4月18日 赴浙江省宁波市举办中山•宁波旅游交流会。

7月10日 中山香格里拉大酒店举行五星级挂牌仪式，为全市第三家五星级饭店。

9月12～13日 中山、珠海、澳门在日本大阪、名古屋共同举行中珠澳——大香山旅游促销活动，向当地旅游业界推介中珠澳——大香山旅游精品线路及高尔夫旅游产品。

12月21日 召开全市旅游工作会议。

12月 中山詹园被评为国家4A级旅游景点区，全市第二家国家4A级旅游景区（点）。

（刘　婧）

江门市

综 述

【总体情况】 2007年，江门市旅游局求真务实，紧紧围绕市委、市政府确立的旅游发展战略和打造珠江三角洲著名休闲度假旅游胜地的目标，真抓实干，开拓创新，抓住发展机遇，较好地完成了市政府下达的年度目标任务，促进了全市旅游业协调、持续、快速、健康发展。

【旅游行业规模】 截至2007年底，江门市拥有旅行社44家，其中国际旅行社8家，国内旅行社36家。旅行社从业人员741名。星级饭店35家，其中五星级饭店2家，四星级饭店5家，三星级饭店22家，二星级饭店6家。无星级酒店28家。共有900人取得国家导游资格证书导游人员，其中中级导游员27人，初级导游员873人。国家4A级旅游景区5 家。旅游直接从业人员3.39万人。

【雷于蓝为申遗成功撰写序文】 6月28日，中共江门市委机关报《江门日报》推出《世界瑰宝　南粤骄傲——开平碉楼与村落申遗珍藏特刊》，雷于蓝副省长为特刊撰写了《呵护全人类共同的文化遗产》序文。

【重大旅游决策】 5月31日，市委书记陈继兴在全市传达贯彻省第十一次党代会精神大会的讲话中要求：要以碉楼申遗为契机，推动旅游经济的大发展。以碉楼作为整合旅游资源的重点，进一步挖掘整合全市文化、文物及旅游资源，完善旅游线路，打造碉楼、温泉、海滩、人文景观、森林公园等特色鲜明的旅游品牌，吸引更多国内外游客前来旅游观光，带动第三产业尤其是旅游业的发展。12月16日，陈继兴在恩平市调研时强调：要充分挖掘现有的旅游资源优势，着力打造响“名泉、名村、名山”三大品牌。名泉，就是要加大温泉资源整合力度，统一推介和包装，搞好综合开发，打响“中国温泉之乡”旅游品牌；名村，就是要进一步做好歇马村申报省历史文化名村工作，以歇马村作为整合旅游资源的重点，打造乡村特色文化游，争取成为闻名全国的第一“举人村”；名山，就是抓好七星坑原始森林旅游开发，打造生态休闲游。同时，要科学规划和包装旅游线路，主动做好与开平“碉楼与村落”旅游品牌的衔接工作，争取更多参观碉楼的游客来恩平旅游。

1月16日，王南健市长在江门市第十三届人民代表大会第一次会议上作的《政府工作报告》中要求加快旅游业发展，整合旅游资源，加快潮连钻石岛、恩平良西生态园、开平赤水温泉、银湖湾湿地公园等新旅游景点的开发，发展生态游、休闲游等特色旅游，办好侨乡旅游节，打响温泉、碉楼、海岛、山湖、人文等旅游品牌。5月9日，王南健市长在主持召开的全市旅游调研工作大会上指出：旅游工作要树立“大旅游”的发展观，大目标、大视野、大手笔，实现“十一五”期间旅游接待人数和旅游总收入翻一番。8月2日，王南健市长在市委十一届二次全会上要求：加快推进旅游文化经济的大发展，抓住碉楼成功申遗的契机，进一步挖掘整合全市文化旅游资源，精心筹办好以碉楼为主题的江门侨乡旅游节，推动旅游经济上新水平。加大旅游项目的招商引资力度，加快潮连钻石岛、恩平歇马村和良西生态园、银湖湾湿地公园等旅游景点的开发建设，完善旅游线路，打造碉楼、温泉、海滩、人文景观、森林公园等特色鲜明的旅游品牌，推动旅游产业国际化，以促进第三产业尤其是旅游业的加快发展。8月7日，江门市人大副主任陈照平在鹤山市腾龙峡漂流风景区调研时指出：要将腾龙峡漂流风景区打造成鹤山旅游业的龙头产品，带动鹤山旅游业发展。

【开平碉楼与村落申遗成功】 6月28日，在新西兰基督城召开的联合国教科文组织第31届世界遗产委员会大会上，“开平碉楼与村落”申报世界文化遗产项目顺利通过表决，被正式列入《世界遗产名录》，成为我国第35处世界遗产，广东省第一处世界文化遗产。此次收录的遗产包括4组碉楼与村落群，由1800多座塔楼组成，代表了近5个世纪塔楼建筑的巅峰，也展现了散居国外的华侨与故土之间仍然紧密的联系。这些建筑分为众楼、居楼和更楼，是融合中西建筑范式的经典之作。他们与周围的乡村景观和谐共生，见证了明代以来以防匪为目的的当地建筑传统的最后繁荣。开平碉楼与村落申遗成功，使江门市景点建设取得了历史性的重大突破，江门市拥有了第一个世界级景点。

开平碉楼与村落申遗成功

【中国（江门）侨乡文化旅游节】 11月24～29日，由广东省旅游局主办，江门市人民政府承办的2007中国（江门）侨乡旅游节在开平市文化广场举行。江门市作为2007广东国际旅游文化节暨泛珠三角旅游推介大会的分会场而举办的开平碉楼文化旅游节也同时拉开序幕。全国政协港澳台侨委员会副主任委员、中国侨联顾问唐闻生宣布旅游节开幕。来自省、各市（区）主要领导，华侨华人代表，海内外旅行社负责人及旅行团，中央、省市媒体记者，以及开平市干部群众等共5000多人参加了开幕式。

本届旅游节突出“一条主线，四大亮点”，以打造侨乡文化品牌为主线，突出开平碉楼与村落、五邑精品新景点、旅游专业队伍风采和旅游商品开发四大亮点。除举办富有侨乡风情的开幕式特色晚会之外，旅游节还分别安排庆祝申遗成功系列活动、五邑侨乡文化系列活动和侨乡风情旅游系列活动。庆祝申遗成功系列活动包括万人游碉楼、“开平碉楼杯”全国大学生游记、摄影大赛和“开平碉楼杯”全国旅游纪念品设计大赛；五邑侨乡文化系列活动包括江门五邑民间艺术展演、广东文艺家走进碉楼等活动；侨乡风情旅游系列活动包括侨乡美食购物节、白水带生态旅游节、葵乡欢乐节、温泉欢乐节等活动，各项活动均围绕“侨”字进行，突出弘扬以开平碉楼与村落为代表的侨乡文化。

2007侨乡旅游节

旅游接待与收入

【概述】 2007年，江门市旅游经济快速增长，全年接待游客1460.75万人次，比上年增长38.12%。其中接待过夜旅游者676.61万人次，比上年增长11.14%；一日游游客784.14万人次，比上年增长75.85%。全年旅游总收入69.56亿元，比上年增长32.38%。

【入境旅游】 2007年，江门市接待入境游客85.13万人次，比上年增长145.97%（外国游客7.94万人次，比上年增长56.92；香港同胞47.12万人次，比上年增长199.17%；澳门同胞24.43万人次，比上年增长246.03%；台湾同胞5.64万人次，比上年下降16.32%）。其中过夜入境旅游者57.59万人次，比上年增长66.43%（外国游客6.12万人次，比上年增长20.92%）；旅游外汇收入1.65亿美元，比上年增长42.68%。其中商品性（含商品销售、餐饮销售）收入为4178.97万美元，占全市外汇收入的25.35%，劳务性（含旅行社、旅游业务、住宿、长途交通、市内交通、邮政电讯、文化娱乐等）收入为12305.85万美元，占旅游外汇收入的74.65%。

【国内旅游】 2007年，江门市接待国内旅游者619.03万人次，比上年增长8.22%；国内旅游收入57.00亿元人民币，比上年增长31.52%。

【出境旅游】 2007年，江门市旅行社组团出境游总人数10.97万人次，比上年增长100.10%。其中香港游3.46万人次，比上年减少9.78%；澳门游6.97万人次，比上年增长524.81%；出国游0.54万人次，比上年增长2.23%。

旅游宣传促销与节庆活动

【概述】 2007年，江门市通过积极参与和举办旅游节庆活动、加强旅行社组团和外地社会团体组团、组织会展旅游、招徕举办各种培训班、广泛与媒体加强合作、建立销售网点、实行强强联合、用优惠政策吸引游客等十大举措力抓宣传促销，取得了显著成效。

【主要宣传促销活动】 2007年2月，与上海航空杂志社合作，在《上海航空》杂志上大篇幅宣传江门旅游资源，促进了江门市在华东市场及国际入境客源市场的发展；3月6日，江门市旅游局率领台山和开平市旅游局、台山镇政府、川岛旅游区、古兜温泉、开平立园、江门广之旅等部门和旅游企业前往广州拜访广之旅、广东国旅、广交会国旅等多家旅行社，为新的一年双方建立旅游紧密合作奠定基础；3月18日，来自《旅游时代杂志》、《南德意志报》、《世界报》、《旅游画报》、《莱茵邮报》等德国主流媒体记者一行10人，对江门市的部分旅游景点参观采访，他们称赞江门是一个很有文化历史的度假城市，并将这里的一切介绍给德国民众。此外，在《广州日报》、《南方日报》、《侨乡旅游》、《消费直通车》、《旅游界》等报刊杂志宣传推介江门旅游。

【开拓海外旅游促销】 2007年，江门市借助开平碉楼与村落申报世界文化遗产之契机，加强海外旅游宣传促销，使江门旅游走向世界。2月，组织全市旅游部门和企业前往香港、澳门旅行社拜访，洽谈有关开拓海外旅游市场的合作事宜；3月，邀请《旅游时代杂志》、《南德意志报》、《世界报》、《旅游画报》、《莱茵邮报》等德国主流媒体记者前来参观采访；5月，邀请俄罗斯旅行商和媒体记者一行5人对休闲、度假、保健、观光等旅游资源进行为期6天的实地考察和踩线，这些海外媒体记者和旅游商考察对江门市旅游风光给予了高度评价；4月，邀请香港无线电视台《吾汤吾水》节目组到台山、恩平、开平三地拍摄制作《吾汤吾水》特辑；12月，应江门旅游局、开平市政府的邀请，日本拓博旅行株式会社、全日本中国旅行株式会社等15家旅行社以及日本中国经济交流促进会的负责人等一行17人飞抵江门考察开平碉楼与村落。

俄罗斯游客参观旅游工艺品制作

【旅游美食购物节】 5月1日，由江门市旅游局和江门市经贸局主办的“五一”旅游美食购物节在市区长堤广场举行。副市长李崴等领导出席开幕式。来自市区及各地的数百家酒店、食肆为市民奉献出数千种特色美食。本次美食节以“弘扬中华饮食文化，展现江门美食风采，荟萃江门餐饮名企，营造民众嘉年华盛会”为主题，汇集了来自国内及世界各地的精品特色美食，西餐、阿拉伯风味、韩国料理、穆斯林清真美食等异域风味与中华美食。整个活动场面占地1万多平方米，设有江门名食府、中华名小食、特色风味坊、啤酒广场、特色食品、文艺表演等展区。美食节期间还开展了各种游戏表演、文艺大汇演、啤酒竞饮、“大肚量”、“大胃王”等竞饮竞食比赛和“唱响全城”卡拉OK大赛等活动。

【招徕万人游江门】 8月25日，江门市旅游局与中山《中山日报》、中山国旅联合举办的“中山万人游江门”大型活动在五邑华侨广场举行。江门市特意为来自中山市的1500名游客举行欢迎仪式，副市长李崴代表市政府出席欢迎仪式并致欢迎辞。12月，随着来自深圳的600多名游客来到开平立园，由江门市旅游局和开平市旅游局主办的“深圳人游江门”正式拉开帷幕。深圳中国国际旅行社、深圳广铁青国际旅行社及太平洋旅行社承办了本次活动。江门市旅游局局长周锦新表示，粤港澳是江门的第一市场，深圳人出游的意识十分强，打开深圳市场将大大刺激省内短线游增长，这是加快江门旅游发展的新契机。深圳太平洋旅行社总经理陈浩表示要在深圳大力推广江门旅游，让江门成为深圳人出游的常规线路和首选出游目的地。

2007“中山万人游江门”活动

【举办系列大型旅游促销活动】 4月20日，由江门市旅游局和恩平市人民政府主办、恩平旅游局和锦江温泉承办的“迎世界文化遗产2007江门和谐城乡游启动仪式暨锦江温泉五周年志庆”活动，吸引了内地及粤港澳等地的130多家旅游社和40多家媒体；“五一”黄金周期间，江门市旅游局举办江门五邑美食节大型活动；6月28～30日，举办“迎世界文化遗产2007年江门五邑考察活动”，邀请了浙江、湖南以及省内共计20多家品牌旅行社的主要负责人前来江门五邑考察。各市、区也举办了系列对外促销活动，如台山市举行“台山风光送给你”旅游推介活动，香港、澳门和广东、湖南、广西、四川、江西、上海等省市150多家旅行社共250多人参加了活动。

【“五邑八宝”土特产】 2007年11月，江门市旅游局组织有关专家和旅游企业代表综合评选出20个“2007江门市优秀旅游商品”，其中12个是江门五邑特色食品，分别为新会陈皮、荷塘冲菜、广合腐乳、金山火蒜、古劳牌调味品、陈年桔普茶、海中玉牌纯虾酱、黎记外海鲜蛋面、益元虫草、丽宫陈皮系列产品、鹏中皇腊味系列和美味皇腊味；8个是江门五邑特色工艺品，分别为恩州奇石（开平碉楼）、新会工艺葵扇、茅龙笔、KNC（卡谛丝）羊绒服饰系列、碉楼牙雕、金泊碉楼、皮艺旅游品和碉楼艺术陶瓷。在此基础上，评选出“2007江门市五邑八宝（特产）”分别为：新会陈皮、广合腐乳、古劳牌面豉、金山火蒜、荷塘冲菜、海中玉牌纯虾酱、金马牌陈年桔普茶和黎记外海鲜蛋面。新出台的“五邑八宝”被包装成一个精美的礼盒上。“八宝”的诞生，提升了江门市旅游商品的知名度及美誉度，进一步促进了江门市旅游商品经济发展。

旅游行业管理

【概述】 2007年，江门市进一步强化监督检查与联合执法、规划指导、职业培训等职能，建立适应市场经济的现代旅游行业管理体制，确保了整个旅游行业保持健康有序的发展。

【旅游安全管理】 一是督促旅游企业安全管理制度化，努力消除各种旅游安全隐患；二是旅游黄金周前夕联合市安检等部门，对旅游企业进行安全检查，督促旅游企业做好安全应急预案的演习；三是要求旅行社营业厅设置“合同”专栏，建立游客投诉处理机构，健全投诉管理制度，健全投诉档案。旅游安全生产成效明显，全年无安全事故。

【旅游市场规范管理】 一是强化行政主导，继续推动诚信旅游活动。以创优质服务机制为抓手，旅游行业管理部门与公安、安监、工商、交通等有关部门共同参与，形成政府主导、部门配合、行业为主体、企业为基础的活动机制，进一步推进了旅游诚信活动的开展。二是整顿和规范旅游市场秩序，通过组织相关系列活动，规范江门市旅行社报价体系管理体制，积极引导旅游者理智消费，对存在价格欺诈、内容不真实等问题的旅游广告坚决予以清除。三是通过旅游标准化与个性化相结合的方法，加强导游、领队人员的教育和管理，建立健全导游、领队责任制。

【导游员管理】 对全市900名导游人员开展了严格的IC卡年审，以导游员的接团量、投诉情况作为年审主要依据，对全年累计扣分达10分或不能提供劳动合同（协议书）者年审不予通过。

导游大赛

【旅游饭店管理】 2007年，江门市加强酒店星级评定工作，1月，逸豪酒店被国家旅游局评定为五星级酒店，这是江门市区首家五星级酒店，也是继开平潭江半岛酒店之后江门市第二家五星级酒店。逸豪酒店拥有近700间豪华客房，有可同时容纳5000余人同时就餐的庞大餐饮经营区域，超过1万平方米的大型DISCO夜总会，设施齐备、先进的国际会议中心，项目齐全的休闲娱乐经营区（其中包括：高尔夫球练习场，室内、室外网球场，室内、室外泳池、健身室，水疗中心、多功能跳舞室、桌球、乒乓球、儿童游乐城、SPA、雪茄红酒廊、咖啡座、甜品屋、网吧、量贩KTV、啤酒城、桑拿、沐足、麻将等）。

【星级饭店复核】 2007年全市共有星级饭店36家，包括五星级饭店2家，四星级饭店5家，三星级饭店23家，二星级饭店6家，全部酒店参加了复核。其中满5年期的饭店4家，均为三星级饭店，分别是鹤山市仙鹤湖度假山庄、鹤山市华安阁、新会区玉湖酒店和台山市下川王府洲别墅度假村，通过重评打分，结果符合星评标准要求，通过复核。新会区玉湖酒店于2007年春节后停止经营，设施设备和服务项目等已不符合三星级饭店标准，取消其三星级饭店资格。其他27家星级饭店，基本符合标准，通过复核。

旅游资源开发和景区（点）建设

【恩平市地热国家地质公园揭碑开园】 1月24日，全国目前唯一的地热国家地质公园——恩平地热国家地质公园揭碑开园，其中主碑设在金山温泉，副碑分别设在锦江温泉和帝都温泉。全国政协委员、全国政协港澳台侨委会副主任、全国侨联顾问唐闻生，国务院参事、国家工程勘察大师王秉忱，国土资源部地质环境司副司长陈小宁等领导等参加了相关活动。恩平地热国家地质公园位于该市那吉镇、大田镇、良西镇，面积约80平方公里，以金山温泉、帝都温泉、锦江温泉和温泉乐园为中心，它不仅是恩平市亮丽的名片，同时也是五邑侨乡——江门的著名旅游品牌。

【旅游景区（点）建设】 2007年，江门市景点建设硕果累累。1月24日，全国目前唯一的地热国家地质公园——恩平地热国家地质公园揭碑开园；6月28日，开平碉楼与村落申遗成功。此外还有5个建成开业的招商引资项目和7个在建、续建项目。5个建成开业的招商引资项目包括总投资1200万元的古兜温泉大型水上乐园，计划投资1500万元、已投资1200万元的恩平华洋美食购物城，总投资1200万元的鹤山腾龙峡漂流项目，计划总投资1.5亿元、已经投入5000万开平香江温泉和计划总投资1亿元、已投入9000万元的台山康桥温泉；7个旅游项目在建和续建分别是新会区崖门古战场文化旅游区，恩平市良西生态园、盛林生态旅游区、冯如航园，鹤山市雁山—山水名城、古劳水乡湿地公园，开平市半岛酒店副楼，江海区雪峰寺。在建和续建项目总投资额约57.9亿元，其中已经投入5.08亿元。

【龙峡漂流风景区】 5月建成试业，以生态飘流、溯溪探险、龙泉飞瀑、密林穿越、击浪巅峰等特色成为鹤山旅游新亮点。首期投入资金2000多万元进行相关配套，远期将建设休闲度假酒店、山水泳场游乐园等配套项目。

旅游教育培训

【江门举办金牌导游大赛】 11月22日，江门市旅游局、江门广播电视台联合主办2007“精彩旅游·秀我风采——大方旅游杯”江门市金牌导游大赛，整个大赛历时近4个月。从各市、区旅游局和旅游单位选拔推荐的300多名优秀选手参加比赛。经过选拔赛、半决赛和总决赛的激烈角逐和层层选拔，评选出林海燕等10名同志为“2007年度江门市十佳导游”。新会市方健旅行社宋小丽荣获“金牌导游”冠军，江门市威威旅行社新会营业部容柏钊荣获亚军，广东艺华旅游学校岳天石获季军。

江门市举办金牌导游大赛

【旅游教育培训】 12月19日，江门市旅游人才培训基地和旅游发展研究所挂牌仪式在市职业技术学院举行。基地和研究所是由江门市旅游局和江门职业技术学院联合创立的，旨在为全市旅游企事业单位职工在职培训和继续教育提供一个学习与交流的平台，为旅游行政部门有针对性地制定江门旅游人才发展规划提供决策依据，对江门市旅游事业的进一步快速、健康发展将起到重要的推动作用。

江门市成立旅游人才培训基地

（黄建廉、廖文英、梁金爱、杨剑明、陈天武、周德儒）

阳江市

综 述

【总体情况】 2007年，阳江市接待旅游总人数535.2万人次，与上年同比增长13.5%。其中接待过夜旅游者为245万人次，与上年同比增长0.64%，一日游人数为290.2万人次。全市旅游总收入28.03亿元，比上年增长13.06%。旅游业增加值为11.8亿元，比上年增长7.9%，占全市国内生产总值比重的3.0%，占全市第三产业增加值比重的8.4%。

【旅游产业规模】 截至2007年底，阳江市共有旅行社23家，其中国际社2家，国内社21家，旅行社从业人员397名。拥有星级饭店34家，其中五星级1家，四星级3家，三星级14家，二星级16家。共有客房3019间，床位5661张，从业人员5745名。拥有4A级景区1家。

【召开全市旅游工作会议】 9月27日，阳江市旅游工作会议在市行政服务中心第一会议室召开。会议由阳江市市长林少春主持，阳江市委书记陈小川作讲话，市委常委、常务副市长钟毅作2006年旅游工作总结报告和2007年旅游工作部署。出席会议的领导有市四套班子领导及阳江市旅游发展工作领导小组成员。阳江市旅游系统、协会以及主要旅游企业负责人共250人参加会议。会议要求强力推进“旅游强市”战略决策，努力促进全市旅游经济跨越式发展。会议通过了《中共阳江市委、阳江市人民政府关于加快旅游业发展的决定》和《广东省阳江市旅游发展总体规划（2007-2020年）》。

阳江市旅游工作会议

【国际邮轮“勇士号”畅游阳江】 1月2日，巴哈马籍国际邮轮“Spirit of ADVENTURE（勇士）”抵达阳江港。“勇士号”载员514人，其中船员和船上服务人员210人，游客304人。游客分别来自英国、爱尔兰、瑞士、丹麦、澳大利亚五个国家。这是阳江港改革开放以来首次有国际大型旅游船停泊。阳江市举行盛大的欢迎仪式，副市长郑尤坚代表市委、市政府致欢迎辞，并为每位游客送上具有阳江特色的旅游纪念品。

国际邮轮“勇士号”畅游阳江

旅游接待与收入

【国内旅游】 2007年，阳江市接待国内旅游总人数535.2万人次，比上年增长13.5%。其中接待国内旅游者527.6万人次，比上年增长13.5%。国内旅游收入26.53亿元，比上年增长10.54%。旅行社组团国内游12.8万人次，比上年增长43.1%，其中省内游7.54万人次，省外游5.25万人次。

【入境旅游】 2007年，阳江市接待入境旅游者7.54万人次，比上年增长21.8%；旅游外汇收入1975.05万美元，比上年增长 97.9%，占全省旅游外汇比重的 0.23%。

【出境旅游】 2007 年，阳江市旅行社组团出境旅游总人数 3361 人次，比上年增长 12.11%。其中香港游 1284 人次，比上年增长 28.14%；澳门游 1468 人次，比上年下降 4.4%；出国游 609 人次，比上年增长 41.6%

【黄金周旅游】 2007 年，阳江市春节黄金周接待旅游者 46.2 万人次，旅游总收入 1.39 亿元，同比分别增长 53% 和 106%。“五一”黄金周接待旅游者 58.45 万人次，旅游总收入 2.1 亿元，同比分别增长 10.7% 和 16.1%。“十一”黄金周接待旅游者 49.4 万人次，旅游总收入 1.5 亿元，同比分别增长 12.8% 和 13.1%。

旅游宣传促销与节庆活动

【“新阳江新体验”旅游推介会】 5 月 16 ～ 18 日，“新阳江新体验”旅游推介会由阳江市旅游局和碧桂园阳江凤凰酒店共同主办。粤港澳三地的 112 家旅行社和广东省自驾旅游协会的董事长、总经理、营销总监（经理）和会员共 300 多人参与了本次旅游推介活动。《中国旅游报》、《南方日报》、《羊城晚报》、《新快报》和《大公报》、《香港商报》以及广州电视台、珠江电台、华南旅游资讯、南中国电子杂志、南方网、活力广东网等众多媒体记者进行了跟踪采访报道。与会嘉宾通过观海、游山、泡温泉、赏木雕和品美食，先后体验了阳江温泉度假村、阳江凤凰酒店、阳春东湖国际大酒店和阳江涛景度假村等旅游设施及旅游娱乐健身项目。阳江市的优势旅游产品、旅游新亮点和旅游发展新业态为“山海温情贵地阳江”增添了新的魅力。

【第五届南海（阳江）开渔节】 7 月 30 日至 8 月 1 日，第五届南海（阳江）开渔节由阳江市人民政府、广东省海洋与渔业局、农业部南海区渔政渔港监督管理局联合主办，由阳江市海陵岛经济开发试验区管委会和阳江市海洋与渔业局共同承办。此次活动以一系列渔家特色的文体活动为载体，展示了阳江渔家风貌和旅游文化。开渔节活动期间共接待游客 5.5 万人次，旅游收入 2310 万元。开渔节的成功举办提高了海陵岛的知名度，提升了阳江旅游文化内涵，激活了本地旅游市场。出席开幕式活动的领导有：省人大常委会副主任李近维、副省长李容根以及国家有关部门、省直有关单位的领导和兄弟市的嘉宾朋友，阳江市委书记、市人大常委会主任陈小川，阳江市委副书记、市长林少春等领导。

第五届南海（阳江）开渔节

【第四届阳江美食节】 9 月 1 ～ 25 日，阳江市举办第四届阳江旅游美食节。美食节共推出展位 150 个，其中月饼展位 50 个、美食展位 60 个、旅游食品干货展位 40 个。本届美食节采取“赛、评、展、销”相结合的办法，通过烹饪大赛、美食展销、月饼评比、月饼展销、旅游食品展销等专题活动，使阳江市的菜肴和月饼的整体构思、设计、烹饪及制作水平有了进一步提高，全市的海产品、农副产品、旅游商品有了更高的知名度，同时充分挖掘和推出了具有阳江地域特色的“乡村美食”、“山海珍肴”、“海鲜美食”、“特色点心”和“阳江名宴”、“阳江名菜”、“阳江名点”等一大批旅游美食精品。展销活动期间，共有 581 个旅游团队，近 2 万人到阳江参观旅游。

开怀笑说美食节

【阳江市第七届旅游文化节】 10 月 22 ～ 27 日，阳江市人民政府和广东省旅游局共同举办了阳江市第七届旅游文化节。本次旅游文化节共举办了2007中国（阳江）滨海旅游休闲度假论坛暨“南海Ⅰ号”旅游文化研讨会、“小金三角”旅游精品线路参观活动、“山海温情　贵地阳江”旅游主题形象图片展三项主要活动。其中参加2007中国（阳江）滨海旅游休闲度假论坛暨“南海Ⅰ号”旅游文化研讨会的领导和嘉宾共有329人，包括省内外的政府官员、国家及省内的专家学者、全国滨海休闲度假企业的代表、粤港澳旅行社负责人，阳江市旅游委成员单位、旅游协会和主要旅游企业的代表以及新闻媒体记者等。论坛由中国旅游报社社长助理程子华主持。阳江市委副书记、市长林少春，市委常委、常务副市长钟毅分别作主题发言。省旅游局局长郑通扬、副局长曾维炳应邀出席论坛。中国旅游文化资源开发促进副会长、博士生导师魏小安，广东省科学院广州地理研究所教授黄少辉，广东省社科院副院长王经伦，大连市政府副秘书长、办公厅主任、博士生导师柳振万，港中旅（珠海）海洋温泉有限公司总裁王长乐等专家学者就滨海旅游休闲度假有关问题开展了专题研讨。这次论坛成果的显著标志就是形成了《中国滨海旅游海陵岛宣言》。旅游形象图片展共展示了40多位摄影家的138副摄影作品。

阳江市第七届旅游文化节

【2007年香港国际旅游展】　6月13～15日，由阳江市旅游局局长丁锡丰带队，组团参加了在香港举办的2007年香港国际旅游展。各县（市、区）政府（管委会）分管旅游的领导，市（县）旅游局（中心）局长（主任）、全市各大景区、酒店相关老总和营销经理等15人参团，向香港旅游业界和各国旅游商推介了阳江的优势旅游产品和旅游资源。

【2007中国国际（昆明）旅游交易会】　11月1～6日，阳江市旅游局组团参加在昆明举办的2007中国国际（昆明）旅游交易会。通过参加这一亚洲地区规模最大、专业性和国际化程度较高的全球性旅游盛会，展示了阳江市山、海、泉、湖的旅游美景、旅游风情、旅游文化内涵和富饶的物产及海滨旅游城市的形象。

阳江市组团参加2007香港国际旅游展

旅游行业管理

【旅游市场监督管理】　2007年，阳江市旅游局联合公安、工商、卫生、技监、物价、财税、消防、安监等部门开展综合执法、专项检查，重点打击旅游市场的拉客宰客、欺行霸市以及“黑社”、“野导”、“黑车”、“黑船”、“虚假广告宣传”等不法行为，为游客营造良好的出游环境。通过媒体在全市开展诚信旅游宣传教育活动，建立旅游诚信监督员制度，促进旅行社和旅游购物商场的良性发展，旅游产业整体素质得到提升。2007年6月，市旅游局认真落实全国旅游市场整顿规范专项行动电视电话会议精神，成立了治理“零负团费”专项行动领导小组，对全市旅游市场进行专项大检查，加大对旅行社宣传教育力度，规范旅行社旅游宣传广告内容。组织旅游企业和旅游从业人员开展签订诚信公约，推动旅游企业积极开展推广“诚信优质旅游”活动，在旅游行业中评选“诚信单位”，扩大了优质旅游产品的市场份额。

【旅游安全管理】　2007年初，阳江市旅游局按照目标管理、层层推进的要求，分别与省旅游局、市政府签订了安全责任书，与各县（市、区）旅游局、旅行社、景区、星级饭店签订了责任卡。各旅游企业根据市旅游局工作要求，以落实总经理首长制为目标，签订保证书。各旅行社均与带团导游员签订责任卡。全年还重点抓了旅行社的行车安全隐患排查，星级饭店的消防企业安全，旅游景区（点）安全责任制的落实等工作。据统计：全年共组织督查检查组6个，督查企业30家，下达整改指令书15份，全市有20家重点旅游企业的安全隐患得到排查整改，企业自查隐患26处，整改24处，整改率 93%。

【旅行社管理】 2007 年，阳江市新批准设立的国内旅行社两家，分别是阳春春之旅旅行社和海陵岛海岛旅行社。在 2007 年度旅行社业务年检中，除阳西县旅游公司、阳江市山水旅行社因一年未开展业务给予不通过年检之外，其余 21 家旅行社均通过年检。全市共有 21 家旅行社购买了旅行社责任险，投保率 100%。对广告宣传进行登记备案，对违规刊登旅游广告的旅行社进行登报通报批评。

【导游员管理】 2007 年，阳江市旅游局分别于 3 月和 9 月组织本地考生参加全国导游资格考试，第一次有 93 人参加导游资格考试，48 人取得导游资格证书，通过率 73.6%；第二次有 59 人参加导游资格考试，31 人取得导游资格证书，通过率 52.5%。

【旅游饭店管理】 2007 年，为做好全市旅游饭店的星级复核工作，阳江市旅游局、星评委成立了星级饭店复核工作领导小组，由副局长柯远平但任组长、科长曾广欣任副组长，全市星级检查员为小组成员，具体负责抓好有关工作的落实。各星级饭店也相应地成立星级饭店复核领导小组，由饭店总经理负责，确保全市星级饭店复核工作顺利进行。全市参加复核的饭店 26 家，达标的星级饭店有 25 家，1 家星级饭店限期整改。阳江国际大酒店、阳江君悦大酒店、阳春花园酒店、海陵岛银波酒店 4 家饭店因内部装修改造向市星评办提出延期复核的书面申请，未参加星级复核。8 月，阳春悦华大酒店新评定为四星级旅游饭店。

【行业协会】 截至 2007 年底，阳江市旅游协会共有单位会员 200 多个，会员 300 多名，协会从业人员 10 万多人。阳江市旅游协会设置了常务理事、景区委员会、旅行社和导游委员会、宾馆酒店和餐饮委员会、商业、茶艺以及娱乐委员会。协会设会员事务部、信息服务部、专业委员会工作部和教育培训部。通过吸纳全市旅游企业和行业人才加入协会，促进旅游企业的对外交流，普通增强了旅游从业人员诚信经营的意识。

旅游资源开发和景区（点）建设

【旅游规划】 2007 年，《阳江市旅游总体规划（2007-2020 年）》完成了修编并正式出版。《规划》对全市旅游业发展背景、趋势、资源、现状、结构与定位、区域旅游发展战略、总体规划发展对策和措施等进行了科学论证，为全市旅游开发建设提出了总的框架。2007 年度海陵岛马尾岛景区、海陵三山岛国际旅游度假村、海陵岛大王山等景区的开发建设，均严格遵循《规划》的要求实施。

【广东海上丝绸之路博物馆建设】 2007 年 12 月 28 日，广东海上丝绸之路博物馆建设主体工程完工，宋代古沉船“南海Ⅰ号”于 12 月 22 日打捞出水，28 日安放在阳江市海陵岛广东海上丝绸之路博物馆。广东国际旅游文化节开幕式晚会以“蔚蓝传说”为主题，演绎“南海Ⅰ号”的变迁经历。

精神文明建设和旅游教育培训

【旅游教育培训】 2007 年，阳江市举办了全国导游员资格考试考前培训班，通过培训，导游资格考试通过率较往年有新提高；举办了 2007 年导游员年审培训班；组织全市酒店人员参加广东省旅游饭店管理人员岗位培训班；第二次全国导游员资格考试口试试点首次在阳江市开设；由阳江市旅游局、广东省职业技术旅游学校和阳江广播电视大学共同开设的旅游专业班次在阳江广播电视大学开设一个旅游专业班。市旅游局制定了《阳江市旅游人才培训活动计划》，重点是培养政务导游接待方面的讲解技巧。9 月，市旅游局还选派了阳江旅游度假村、阳春市春都温泉、阳西咸水矿温泉度假山庄和阳春凌霄岩景区管理人员参加由省旅游局开设的旅游管理人员培训班。

（关实芬）

湛江市

综 述

【总体情况】 2007年，湛江市紧紧围绕建设现代化新兴港口工业城市、美丽的南方海滨城市和粤西城镇群中心城市的总目标，坚持解放思想，全力抓好和谐旅游建设，努力促进旅游科学发展。全年全市接待游客总人数769万人次，旅游总收入41.25亿元，同比分别增长12.5%和11.40%，为推动湛江经济又好又快发展作出了积极贡献。

【旅游行业规模】 截至2007年底，湛江市拥有旅行社24家，其中国际社3家，国内社21家。有星级饭店41家，其中四星级4家，三星级25家，二星级12家。另有无星级宾馆71家。有国家A级旅游景区11家，其中4A级2家，3A级5家，2A级4家。还拥有东海岛省级旅游度假区、南三岛旅游度假区、东坡荔园度假村、徐闻白沙湾市级旅游度假区等旅游景点50多处，旅游景区从业人员6000多名。有6家旅游汽车运输公司，分别是运达、运通、金紫荆、新港城、东锐、粤达旅游汽车运输服务有限公司。1家旅游船运公司，为红嘴鸥旅游船务有限公司，拥有2艘红嘴鸥游船，日承载量700人次。全市旅游直接从业人员2.1万人。

【成立琼北湛江区域旅游合作组织】 11月11日，广东省湛江、雷州、徐闻与海南省海口、琼海、文昌、儋州、定安、澄迈、临高联合成立琼北湛江区域旅游合作组织。湛江市委、市政府对琼北湛江区域合作组织高度重视，湛江市委书记徐少华、市长陈耀光等领导出席了琼北湛江区域旅游合作会议。湛江市和海南省的10个市、县建立了旅游合作机制，共同致力把琼北湛江旅游圈打造成为世界知名的旅游目的地。

【举办中国湛江湖光岩国际玛珥湖火山旅游文化节】 “十一”黄金周期间，湛江市旅游局和湖光岩风景区共同策划组织2007中国湛江湖光岩国际玛珥湖火山旅游文化节。文化节期间，开展了湖光岩世界地质公园开园揭碑仪式、国际玛珥湖研讨论坛、大型歌舞表演、雷州石狗展览、火山美食一条街以及“彩色湛江、火山之旅”全国摄影大赛作品展览等一系列活动，营造了和谐旅游氛围，丰富了旅游内容，为市民和游客休闲旅游提供了好去处。文化节系列活动之一的“彩色湛江、火山之旅”全国摄影大赛也获得圆满成功。

湖光岩火山玛珥湖火山旅游文化节

【“十一五”旅游规划执行情况】 2007年，湛江市按照“十一五”旅游规划的目标要求，加快完善旅游产业体系，全面提升旅游从业队伍素质。一是抓好旅游发展规划编制，整合资源开辟特色旅游线路，积极支持引导特呈岛、硇洲岛、南三岛和做好遂溪、廉江、雷州、吴川旅游发展总体编制规划，认真抓好《湖光岩大旅游区总体规划》的编制，充分发掘本地旅游资源，开辟蓝色滨海、绿色生态、红土文化、火山奇观、海鲜美食等特色旅游线路。二是认真做好协调跟踪服务工作，加快重点旅游项目建设，加快旅游配套服务建设，抓好旅游交通建设。三是坚持开展旅游宣传促销活动，扩大湛江旅游市场影响，全年共组织举办了8次大型主题活动，带旺旅游人气，活跃了旅游经济。四是积极开展旅游创优扶贫活动，抓好徐闻创建“中国旅游强县”和廉江、吴川创建“中国优秀旅游城市”工作，加大县域旅游扶贫开发力度，促进县域旅游经济发展。五是强化旅游市场管理，营造安全和谐旅游环境。六是加强旅游行业建设，塑造实干创业型机关形象。

旅游接待与收入

【入境旅游】 2007 年，湛江市接待入境游客 5.75 万人次，比上年增长 26.10%；旅游外汇收入 1785.38 万美元，比上年增长 11.28%，占旅游总收入的 3.41%；主要宾馆接待入境过夜旅游者 3.23 万人次，同比增长 32.35%，占接待入境旅游者总人次的 56.17%。入境游客中：外国游客 2.6 万人次，同比增长 13.04%，占 45.22%；香港同胞 1.97 万人次，同比增长 17.96%，占 34.26%；澳门同胞 0.58 万人次，同比增长 53.63%，占 10.09%；台湾同胞 0.60 万人次，同比增长 185.71%，占 10.43%。

【国内旅游】 2007 年，湛江市国内旅游收入 39.89 亿元，比上年增长 11.58%，占全市旅游总收入的 96.70%；主要宾馆接待过夜国内游客 142 万人次，同比减少 4.25%，占宾馆接待总人次的 97.78%；旅行社组团国内旅游人数为 9.27 万人次，比上年增长 7.15%。

【出境旅游】 2007 年，湛江市旅行社组团出境游人数为 7010 人次，比上年增长 23.50%。其中港澳游 6004 人次，出国游 1006 人次。

【假日旅游接待与收入】 2007 年春节黄金周期间，湛江旅游市场红红火火、精彩纷呈。全市旅游企业接待游客 96.12 万人次，同比增长 9.67%，旅游总收入 2.05 亿元。全市各大旅行社接待入湛团体游客达 21357 人次，同比增长 31.32%，组织和接待团体游客总量达 29527 人次，同比增长 33.42%；景区接待游客达 86.86 万人次，同比增长 8.13%。各星级酒店及主要住宿设施平均入住率为 89.78%，同比增长 0.09%。

“五一”黄金周，全市旅游企业接待游客 98.65 万人次，旅游总收入约 2.21 亿元，同比分别增长 0.46% 和 5.33%。其中，市各旅行社黄金周期间接待入湛团体游客达 4.88 万人次，同比增长 12.04%；景区接待游客达 88.39 万多人次，同比增长 0.95%。节日期间，全市各大小酒家、食肆生意火红，各大星级酒店及主要住宿设施平均入住率为 89%，同比增长 0.56%。

“十一”黄金周，全市旅游企业接待游客 91.6 万人次，同比增长 6.2%；旅游总收入 1.93 亿元，同比增长 8.43%；各景区接待游客达 81.7 万人次，同比增长 6.84%；全市星级饭店及主要住宿设施平均入住率达 89.03%。

旅游宣传促销与节庆活动

【旅游宣传促销】 2007 年，湛江市结合旅游市场发展态势，不断创新旅游宣传促销载体，精心组织形式多样的宣传促销活动，扩大湛江旅游影响力，提升湛江城市形象。一年来，湛江市不断加大对外宣传促销引客入湛力度，积极拓展省内外客源市场。3 月 30 日，湛江市旅游局组织全市 12 个旅游企业共 25 人参加 2007 广州国际旅游展销会。展销会设置了旅游宣传展位，派发旅游宣传资料 12000 份，宣传推介湛江的旅游资源和特色旅游品牌。4 月，湛江市旅游局组织全市部分旅游企业，由麦教猛副市长带队赴华东参加 2007 中国（苏州）国内旅游交易会，并与昆山等当地旅游业界同行进行广泛交流，随后赴西南考察旅游业发展，大力宣传推介湛江旅游。7 月 23 日，湛江市旅游局组团参加茂名市举办的旅游展销会。9 月 1 日和 10 月 21 日，湛江市旅游局利用在广西玉林市和云浮市举办“两广十市”区域旅游合作联席会议的机会，积极宣传推介湛江，加强与“两广十市”旅游合作，建立旅游合作机制，共同打造区域旅游品牌。9 月 6 ～ 10 日，湛江市旅游局组织各县（市、区）旅游局、旅游企事业单位、新闻媒体代表 40 多人，由麦教猛副市长带队分别赴东莞、中山、佛山等珠三角地区，举办了湛江·珠三角（东莞、中山、佛山）旅游推介会。湛江旅游企业与珠三角同行签订一系列互送客源协议，进一步巩固了珠三角客源地市场，提高了湛江在珠三角的知名度。11 月 23 ～ 30 日，湛江市旅游局组织参加 2007 广东国际旅游文化节暨泛珠三角旅游大促销活动，参加花车和花船的巡游活动，组织湛江市旅游促销团参加泛珠三角旅游展览会，充分利用旅游大促销活动的宣传平台，大力宣传推介湛江，取得良好的宣传效果。

【2007 湛江和谐城乡游】 1 月 1 日，湛江市旅游局与市委

2007 湛江和谐城乡游启动仪式

农办等单位在湛江国际会展中心联合举办“农民喜游新港城——2007湛江和谐城乡游”启动仪式，随后组织2000多名农民群众游览市内主要景点。

【“欢乐旅游迎新春”系列活动】 春节期间，举办了“欢乐旅游迎新春”系列活动，全市接待市民和各地游客90多万人次。森林公园的“比武招亲”和吴川的旅游美食节搞得有声有色，吸引了国内外各大媒体前来进行广泛宣传报道

【东海岛人龙舞旅游文化节】 “五一”黄金周期间，湛江市旅游局与东海岛经济试验区管委会共同举办东海岛人龙舞旅游文化节。其中湛江东海岛人龙舞被上海大世界吉尼斯认证为“中国最长的人龙舞”，使得湛江人龙舞品牌更加响亮。

人龙舞(李向凡 摄)

【举办千人一日游活动】 6月，湛江市旅游局与农业、农垦等部门联合举办“彩色湛江、活力农垦”千人一日游活动，组织1000多名游客游览参观了湛江市特色农业生产基地，探访美丽的乡村。

【湛江国际龙舟邀请赛】 6月19日端午节，由湛江市政府主办，湛江市体育局、湛江市旅游局共同承办的2007年湛江国际龙舟邀请赛在湛江市金沙湾观海长廊海域举行。来自加拿大、美国、澳大利亚、马来西亚、德国、荷兰、意大利、英国、日本、菲律宾等国家和我国香港、澳门、台北、广州、韶关等地，以及湛江市三所高校和部分县（市）共36支队伍受邀参加此次龙舟比赛。吸引了大批国内外游客前来湛江旅游观光。

【举办“彩色湛江、火山风光”摄影大赛】 7月至10月，湛江市旅游局、市环保局和湖光岩风景区管理局共同举办“彩色湛江·火山之旅”全国摄影大赛，大赛主题是彩色湛江，火山之旅。拍摄内容以反映湛江火山文化旅游景观，反映彩色湛江的热带滨海、绿色生态的自然景观，反映活力湛江、文化湛江、和谐湛江的人文景观，以及展现湛江实施“工业立市，以港兴市”发展战略，建设现代化新兴港口工业城市、美丽的南方海滨城市和社会主义新农村建设的轨迹等为主。此次大赛共收到来自全国2000多份摄影作品，评出《彩色湖光岩》等优秀奖项，并将获奖作品在广东国际旅游文化节期间进行展览，宣传湛江特色旅游和城市风貌。

【廉江红橙旅游文化节】 12月2日，湛江市旅游局与廉江市联合举办广东国际旅游文化节湛江分会场活动之一的廉江红橙旅游文化节，在廉江市组织了大型开幕式、家电品牌发展研讨会、城市经营发展论坛、廉江工农业产品展示展销会、全国特色产品（廉江）展销会、美食一条街、大型文艺晚会、“遨游橙乡与奥运同行”等一系列活动，吸引了数万名游客热情参与。各项旅游主题活动多姿多彩，别具特色，营造了欢乐祥和、轻松休闲的氛围，既带旺了旅游人气，又繁荣了旅游经济。

旅游行业管理

【旅游市场监督管理】 2007年，湛江市旅游局坚持加大对旅游市场的依法监督力度，采取明查暗访等形式，对旅游宣传广告、旅游合同、旅游购物、导游持证上岗等情况进行全面检查。开展“零负团费”专项整治行动，严厉打击超范围经营等违规经营行为，维护了旅游市场的公平竞争和安全有序旅游环境。加强旅游服务质量监督管理，大力引导旅游企业开展改善服务、创新经营、树立信誉、争创效益活动。全年共检查导游人员163人次，纠正不规范旅游广告77次，查处3家违规经营旅行社，处罚金额6000多元。受理并处理了46宗旅游投诉案件，结案率100%，理赔金额4.3万元，解决团费纠纷6万多元，有效维护了游客和旅游企业的合法权益。

【旅游安全管理】 2007年，湛江市旅游局引导旅游企业牢固树立“没有安全就没有旅游”的意识，加强对旅游安全生产工作的检查和督导，消除各种旅游安全隐患。以2007年旅游行业安全生产月活动、全省安全生产大检查行动、全市安全生产隐患排查治理专项行动、旅游行业安全生产动态管理为主线，督促旅游企业抓好春节、“五一”和“十一”黄金周及日常安全自检和防范工作，开展安全生产宣传教育，引导企业安全生产竞技练兵等。在全行业推广了南油迎宾馆等单位的安全生产应急预案的做法，提高了全行业应急管理能力，确保了旅游企业经营安全规范有序。

【旅行社管理】 2007年，湛江市旅游局认真抓好旅行社业

务审批和年检工作，全年共注销不符合规定的旅行社 2 家，暂缓年检 2 家，批准成立了 2 家新旅行社。积极引导旅行社加强规范化建设，规范经营服务标准。

【旅游饭店管理】 2007 年，湛江市旅游局全面推动星级饭店标准化建设，加强星级饭店复核，大力推动酒店星级评定工作。全年深入旅游企业实施旅游标准化建设达 50 多次，撤销 2 家不达标的三星级饭店的星级资格，维护了星级饭店的形象和声誉。协助皇冠假日酒店申报五星级酒店、南海宾馆申报四星级酒店的工作，对海洋国际酒店、恒逸国际酒店、枫叶国际酒店等按相应建设服务标准开展星级辅导。积极引导社会各种资本投资经营经济型、休闲型等各类酒店，丰富湛江市酒店服务功能。积极倡导绿色消费观念，促进酒店大力提供绿色产品和绿色服务，加快全市“绿色饭店”创建进程。

皇冠假日酒店

【行业协会】 2007 年，湛江市旅游协会继续开展“诚信旅游在湛江”活动，指导全市旅游行业开展“四个一”工程的活动，积极参与旅行社年检、星级饭店复核等工作，重点培植旅行社、星级饭店和 A 级景区的诚信旅游意识，开展了治理整顿“零负团费”专项行动，督促旅游企业践行诚信服务承诺，完善诚信监督机制。开展了诚信旅游示范单位评选活动，全市有 16 家旅游企业荣获“旅游诚信先进单位”称号，并在全市旅游工作会议上受到表彰，诚信旅游日益成为旅游企业的经营准则，使湛江市旅游软环境不断得到改善。

旅游资源开发和景区(点)建设

【旅游规划】 2007 年，湛江市第九次党代会和市第十二届人大一次会议上明确提出：湛江旅游业发展要以“构筑彩色湛江大旅游格局、加快建设区域性商旅中心”为目标。市旅游局组织有关专家学者和部门人员深入五县（市）四区调研，着手制定《旅游兴湛计划》并报市政府审批；聘请北京神州新纪录规划设计院知名专家学者编制《湛江市大湖光岩旅游区总体发展规划》，对以湖光岩为代表的该市火山生态旅游核心品牌进行战略定位和优化布局，打造湛江市优势旅游品牌；编制《硇洲岛旅游总体规划及中心区详细规划》和《南三岛旅游度假区总体规划及中心区详细规划》，对硇洲岛、南三岛旅游资源进行准确定位和合理布局，为建设海岛旅游品牌提供决策依据；编制《遂溪县旅游总体规划》，正确引导遂溪县做好旅游发展总体规划，整合当地的优势旅游资源，推动当地县域旅游经济发展。

【旅游投资和招商引资】 2007 年，组织主要旅游景区企业整合旅游资源，开发旅游线路，形成了一批有旅游投资价值的招商引资项目。旅游招商项目共 18 项，总金额累计达 11.58 亿元。8 月 28 日，湛江市旅游局组织旅游招商项目参加湛江市政府在深圳举办的湛江投资环境（深圳）推介会，向来自珠三角等地的著名企业家和各界知名人士推介湛江优良的旅游投资环境，现场推介旅游招商项目。11 月，湛江市旅游局推荐旅游投资项目参与广东国际旅游文化节由省政府有关部门带头组织旅游招商会，向海内外旅游客商推介湛江旅游投资环境。

【旅游商品（续）】

〖廉江茗皇茶〗 湛江茗皇茶以“天然、绿色、健康”为理念，与有关科研单位经多年反复攻关，研制出一整套独特的乌龙茶工艺，制成了清香、醇滑、鲜爽、口感独特、纯正的高山原生态乌龙茶。茗皇茶蝉联 2004 至 2006 年第三、四、五届全国名优茶质量评比“金奖”，2006 年荣获广东省第六届名优茶质量竞赛“金奖”、第六届“中茶杯”全国名优茶评比“一等奖”、中国三绿工程“放心茶中茶协推荐品牌”、广东省名牌产品、广东省著名商标、国家 2A 级绿色食品认证和国家有机食品认证，被选为广东名茶重返“哥德堡号”赠给瑞典国王的礼品。2007 年 12 月，廉江茗皇茶经广东省第七届名优茶质量竞赛、第六届全国名优茶质量评比，再次脱颖而出，蝉联上述两项“金奖”。

〖湛江白切鸡〗 湛江人尤其喜爱白切鸡，它是湛江人节日加菜、宴客的首选菜。本地人做白切鸡一重选鸡，二重煮鸡，三重配味。所选鸡均为本地细骨农家鸡，绝不用饲料鸡和大骨鸡；煮鸡要求慢火煮浸，熟至八九成即可；配料用沙姜、蒜蓉。本地之白切鸡均肉嫩骨香，十分可口。

〖湛江白切狗〗 湛江人爱吃狗肉，其吃法很特别，喜欢白切，而且一年四季照吃无忌。白切狗的制法是：挑选嫩狗，去净毛及内脏，整只放大锅中煮熟捞起，根据所需而斩食。食白切狗以蒜蓉、辣椒酱作调味。吃白切狗时，加上几两土炮米酒或威力神酒，慢斟细酌，谈天说地，别有一番风味。

【旅游区（点）与基础设施建设】 2007年，湛江市积极挖掘特色旅游资源，致力打造“相约在中国大陆最南端”、“彩色湛江”、“休闲湛江”、“滨海度假胜地、海鲜美食天堂”等特色旅游品牌，增强湛江旅游的吸引力和竞争力，进一步开拓自驾游、自助游、乡村游、海湾游、海岛游等新兴旅游市场。一是发展蓝色滨海游。加快发展湛江港湾风情游、海岛休闲游活动，重点建设东海岛、特呈岛、硇洲岛、南三岛、吉兆湾、天成台、白沙湾、中国大陆最南端等滨海旅游区，配套开发临港工业、海洋科普和海上娱乐旅游项目，丰富文化内涵，增加参与体验项目，推出一批新的滨海旅游特色线路。二是发展绿色生态游。结合湛江市创建国家园林城市和环保模范城市，推进城市生态园林建设和新农村建设的进程，大力开发中澳友谊花园、绿塘河湿地公园、南国热带花园等城市园林休闲观光和现代农业田园、农家乐、渔家乐等特色旅游项目。加快鹤地银湖、廉江杨桃沟、麻章樟树林、徐闻包宅村等景区建设。继续抓好霞山特呈岛、东海岛金家东、遂溪马六良、坡头炭之家等第一批特色乡村旅游示范点创建，开展第二批特色乡村旅游示范点创建工作，加强乡村“一村一品”旅游建设，促进新农村建设深入开展。三是发展红土风情游。深入挖掘整合红土文化资源，利用人龙、醒狮、石狗、飘色等民俗民间文化艺术，开展丰富多彩的文化旅游活动。大力开发海上丝绸之路、湛江文化之旅等旅游项目。加强文物古迹、革命遗址、特色街区、古老村落、宗教文化场所的保护和利用，促进旅游与文化相融合，打造红土文化特色旅游品牌。四是发展火山科普游。整合雷琼世界地质公园区域内的火山、生态等旅游资源，以湖光岩世界地质公园为龙头，加快湖光岩、植物园、金鹿园、森林公园等火山生态旅游区的改造升级，完善基础设施，增加服务项目，丰富旅游内涵，策划精品线路，提升雷琼世界地质公园大湖光岩火山生态旅游圈和火山旅游项目的品位和档次。五是开辟特色海鲜美食游。挖掘整合湛江美食资源，精心策划海鲜美食旅游线路，引导旅游餐饮企业，提高烹饪水平和服务质量，为市民和游客提供极具地方特色的餐饮服务。坚持举办旅游美食节，打响湛江海鲜美食品牌。六是开发特色旅游商品。加大特色旅游商品开发和宣传力度，大力推动农海产品加快转化为特色旅游商品，延伸旅游产业链，扩大旅游产业规模。

【著名景区（点）介绍】

〖湛江蓝月湾温泉度假邨〗 位于宁静的“广州湾”畔，是国家4A级旅游景区。景区内遍布各种奇葩异草，珍稀树木，岭南佳果；园林内亭、台、楼、阁错落有致；数十座设计精美的建筑掩映于南海之滨、椰林深处，入住其间，宛如进入“人间仙境”。度假邨拥有各类客房363间，温泉别墅46套，总统别墅1套，海景房、无烟楼层更可满足不同游客的需要；有风格各异的中、西餐厅5座，大小厅房数10间，共有餐位1800个；有可举办千人会议的国际会议中心，舞台灯光音响、先进的同声传译系统一应俱全。度假邨还同时拥有康乐中心、出租车队、商场、美容美发中心等一系列的配套服务设施。蓝月湾温泉泉水源自600米地底深处，富含偏硅酸、铜、锶、硒等有益人体健康的矿物质，有花池、酒池、棕榈池、按摩池等各类温泉池36个，冲浪、飘流、石板熨背、水疗床等设施一应俱全。

〖湛江雷州西湖公园〗 位于湛江国家级历史文化名城雷州市区内，风景秀丽，人文荟萃，是一座集自然风光、贤踪圣迹和各种游乐项目于一体的园林式综合性公园，属国家2A级景区。西湖公园，原名“罗湖”，始建于北宋年间，已有900多年。宋乾兴元年（1022年），丞相寇准贬为雷州司户参军，曾寓居湖滨。后来著名文学家苏轼被贬儋州，路过雷州时曾与贬到雷州的兄弟苏辙，在湖中泛舟吟诗，当地人遂把“罗湖”更名为“西湖”。公园现占地7.8万平方米，由湖区、宋园、游乐场三大部分组成。园内景点众多，湖心有苏公亭，湖边有十贤祠、寇公祠、西馆以及浚元书院、龙王庙等古迹。十贤祠座落于雷州西湖景区内，于1980年建成。雷州由于历史的渊源及地缘关系，成为古代楚越文化、土著文化、闽南移民文化、海洋文化和中原文化的交汇地。宋代名臣寇准、李纲、胡铨、秦观、苏轼、苏辙、赵鼎、李光、任伯雨、王岩叟十贤先后被贬到雷州或途经雷州，带来了发达的中原文化和北国文明。雷州人民为此而建筑十贤祠、苏公亭、寇公祠以示纪念。

【旅游扶贫工作】 2007年，湛江市将旅游扶贫工作与创优、创强以及新农村建设相结合，指导各县（市、区）做好旅游扶贫项目的推荐申报和旅游项目的开发建设，深入挖掘现代农业和新农村旅游资源，大力发展特色乡村游和农业生态游。共申报8个旅游扶贫项目，获旅游扶贫资金1880万元。邀请有关专家对遂溪马六良村、坡头区炭疗中心进行旅游规划。向社会公布《湛江市特色乡村旅游示范点》标准，建设特呈岛、东海岛金家东村和遂溪县马六良村三个特色乡村旅游示范点。9月19日，东海岛金家东村正式开业。

【旅游创强工作】 2007年，湛江市旅游局确定廉江市、吴川市、徐闻县为第一批县（市）开展创优、创强工作重点，明确徐闻县创建“中国旅游强县”和廉江、吴川市创建“中国优秀旅游城市”。成立了湛江市创优、创强工作指导小组，印发《湛江市第一批县（市）开展创优、创强工作方案》，全面启动创优、创强工作。指导廉江市、吴川市、徐闻县等县（市、区）加快旅游基础设施建设，健全旅游服务机制，优化旅游发展环境，力争在2008年完成创优、创强初审准备工作。

精神文明建设与旅游教育培训

【旅游行业精神文明建设】 2007年，湛江市旅游局结合湛江市旅游实际，主动跟踪服务好9个重点旅游建设项目，编制大湖光岩旅游区和硇洲岛旅游区专项规划，办好大型旅游主题活动，促成了蓝月湾温泉评定为4A级旅游景区。着力创建学习型、服务型、效能型和创新型机关。在抗击百年一遇的特大洪灾中，全市旅游行业迅速行动，捐赠价值136万多元的资金和物品，帮助灾区群众。以开展机关行政效能建设和旅游诚信体系建设活动为载体，大力推进旅游行风建设。向社会公开服务承诺，明确工作任务和工作完成时限，公开监督热线电话，进一步完善制度，加强监督，机关工作人员责任意识、服务意识有明显增强。积极参加省纠风办组织的旅游行风热线活动，自觉接受社会监督。加强行业诚信教育，指导旅游企业经营的规范化、标准化建设，增强从业人员诚信服务意识，提高服务水平。

【旅游教育培训】 2007年，湛江市不断加大旅游教育培训力度，全年共举办培训班12期，培训旅游从业人员1670人，其中旅行社313人，星级酒店1322人，旅游车船公司36人；组织全市社会导游和旅行社导游人员296人参加培训班并进行考核；于2月至3月和7月至9月，在湛江市旅游学校分别举办全国导游资格考试考前笔（口）试培训班四期，共有240多人分别参加了笔（口）试考前培训；举办了湛江领队证业务培训班，有35人参加培训和考试，全部受训人员考试通过率达100%。通过一系列的培训考核，湛江市旅游从业人员素质得到不断提高。此外，湛江市旅游局还组织专家学者及有关部门编印出版《湛江导游》一书。

纪　事

1月1日 湛江市旅游局与市委农办等单位在湛江国际会展中心联合举办“农民喜游新港城——2007湛江和谐城乡游”活动。

2月14日 湛江市旅游局组织湛江红嘴鸥旅游船务公司和湛江运通旅游汽车公司等旅游企业共同策划推出湛江海陆风情游特色线路。

3月30日 湛江市旅游局组织湛江市12家旅游企业共25人参加2007广州国际旅游展销会。

4月23日 湛江市旅游局组织各县（市、区）旅游局局长、主要旅游企业负责人、新闻记者一行36人参加2007年中国（苏州）国内旅游交易会。

5月1日 湛江市旅游局与东海岛经济试验区管委会共同举办东海岛人龙舞旅游文化节，同日与湛江金鹿发展有限公司举办湛江鹿文化旅游节。

6月 湛江市旅游局与市体育局等部门联合承办“2007湛江国际龙舟邀请赛”，吸引了大批国内外游客前来湛江旅游观光。

7月23日 湛江市旅游局组团参加茂名市举办的旅游展销会。

7月至10月 湛江市旅游局、市环保局和湖光岩风景区管理局共同举办“彩色湛江、火山风光”全国摄影大赛。

8月20日 国家旅游局评级小组对蓝月湾温泉度假邨进行4A级检查验收。

9月1日 参加在广西玉林市举办的“两广十市”区域旅游合作联席会议。

9月6～10日 湛江市旅游局组织各县（市、区）旅游局、旅游企事业单位、新闻媒体代表40多人赴东莞、中山、佛山等珠三角地区举办的湛江·珠三角(东莞、中山、佛山)旅游推介会。

9月19日 特色旅游示范点东海岛金家东村正式开业。

9月27～30日 中央电视台4频道《快乐学汉语》节目组到湛江拍摄风光宣传片。

10月12日 湛江市政府召开全市旅游工作会议。

11月11日 广东省湛江、雷州、徐闻与海南省海口、琼海、文昌、儋州、定安、澄迈、临高为联合成立琼北湛江区域旅游合作组织。

11月27日 湛江蓝月湾温泉度假邨被全国景区质量等级评定委员会批准为国家4A级旅游景区。

12月2日 湛江市旅游局与廉江市联合举办廉江红橙旅游文化节。

12月29日 湛江市旅游局与霞山区政府共同举办“特呈岛旅游推介暨湛江市特色乡村旅游示范点揭牌仪式”。

12月30日 湛江市旅游局与遂溪县人民政府共同举行遂溪马六良村“湛江市特色乡村旅游示范点和特色农家餐馆揭牌暨开业迎宾仪式”。

（陈　乐）

茂名市

综述

【总体情况】 2007年，茂名市旅游行业深入贯彻落实科学发展观，旅游产业投入快速增长，旅游产品结构不断优化，旅游资源进一步整合，行业服务素质进一步增强，旅游市场进一步扩大，区域旅游合作和旅游整体形象不断增强，旅游产业呈现持续、健康发展势头。全市接待入境旅游者1.7万人次，比上年增长18.10%；旅游外汇收入986万美元，比上年增长14.42%；接待国内旅游者179.08万人次，比上年增长10.98%；国内旅游收入52.89亿元，比上年增长7.76%；实现旅游总收入53.65亿元，比上年增长7.78%。旅游经济总量占全市GDP的5.03%。

【旅游行业规模】 截至2007年底，茂名市共有旅行社15家，其中国际社2家，国内社13家。旅行社从业人员731名；拥有星级饭店18家，其中四星级1家，三星级7家，二星级10家。全市旅游住宿设施共有客房4640间，床位6960间。全市主要旅游景区共有20家。

【旅游界举行迎春座谈会】 2月12日，茂名市旅游局在南国大酒店召开旅游系统代表和新闻媒体代表参加的迎春座谈会。市委常委、副市长林日娣出席会议并作讲话。会议要求：旅游界在新的一年里继续开拓创新，在现有基础上，整合好旅游资源，让旅游发展成为茂名的新亮点；要积极拓展业务，苦练内功，加强景点包装、导游培训，使游客“回头率”进一步提高；要与媒体联手合作，加强对旅游景区的宣传和发掘人文旅游景观；要进一步加强对旅游各项工作经常性的检查和督导，努力为茂名旅游发展献计献策，做好茂名旅游大文章。

【召开全市旅游工作会议】 5月30～31日，茂名市旅游工作会议在信宜召开。会议传达贯彻了全国和全省旅游工作会议精神，总结了近年来茂名市旅游行业发展情况，研究和部署今后一段时期的旅游工作。市委常委、副市长林日娣出席会议并作讲话。会议指出：要进一步提高对旅游业重要地位和作用的认识，要下真功夫突出抓好旅游企业的建设和管理，要下决心推动旅游规划的编制工作，要花大力气加大宣传促销工作的力度，要真心真意加快旅游业改革创新的步伐，要积极参加和推动区域旅游合作活动，要高度重视做好旅游安全工作，要舍得下本钱加强队伍建设。

茂名市旅游工作会议

【信宜甲门峡漂流开漂】 4月28日，信宜市举行甲门峡漂流开漂典礼。甲门峡湾流位于信宜市池洞镇，全县约5公里，落差90多米，由个人投资开发，是粤西第一个漂流项目，被称为“粤西第一漂”。该项目集漂流观光、绿色饮食、度假流乐于一体，2006年9月开始动工建设，总投资3000万元。茂名市委常委、副市长林日娣出席典礼并作讲话。被誉为“粤西第一漂”的甲门峡漂流顺利建成对外开放，为茂名市旅游业的发展增添了新亮点。

【省政协提案组到茂名调研】 7月17～18日，省政协滨海旅游重点提案组一行20人在茂名开展调研活动。提案组由广东省政协副主席许德立带队，在省旅游局局长郑通扬，茂名市政协主席冯立梅、副主席阙洪坤，政府副秘书长叶文等领导的陪同下，先后考察了中国第一滩旅游区、虎头山、晏镜岭等景点。在茂名市调研期间，提案组先后就茂名市和茂名市茂港区发展滨海旅游的有关情况，听取了茂名市副市长李观来和茂港区委、区政府及相关部门负责人的专题汇报。

【第十七届西南经济区市长联席会议】 7月25～26日，第十七届西南经济区市长联席会议在茂名召开。旅游业合作与发展问题被列入本次会议的一大主题。茂名旅游界共接待和组织粤、港、澳与西南地区旅行社59名负责人到茂名乙烯工业区、第一滩、放鸡岛等主要旅游景区参观。布置旅游精品展位60个，参展城市近20个，共接待了5万多观众，让市民尽情享受了一次“旅游大餐”。组织了47次共170多名市民参与的西南地区自驾车游。分别在中英大酒店和国际大酒店召开大型旅游联谊会推介会各一场。其中，在国际大酒店宴会厅举办的旅游推介会，茂名市和泸州市分别作了旅游推介。在中英大酒店举办的有西南经济区和珠三角、港澳地区的旅游界负责人与茂名的六个县（市、区）旅游界代表共100多人参加的旅游联谊会。市委常委、副市长林日娣出席了联谊会并发表了讲话。会上，茂名市和泸州市、贵阳市、湛江市、达州市等城市代表还分别作了旅游推介。

【参加广东国际旅游文化节活动】 茂名市市委常委、副市长林日娣率全市旅游部门有关负责人参加2007广东国际旅游文化节开幕式等广州主会场举办的各项活动。茂名市制作的花车饱含浓郁的滨海风情，充分展示了冼夫人故里和优秀旅游城市的总体形象，宣传了海岛、海滨、生态、温泉等旅游资源和丰富的人文内涵。茂名市旅游局组织各县（市、区）旅游局（发展中心）及天马山生态旅游区、西江温泉度假村、第一滩旅游度假区、茂名国际大酒店等多家旅游企业参加广州主会场举办的花车巡游、花船巡游、泛珠三角旅游促销会暨旅游展览会等活动。茂名市纳入本次旅游文化节的活动项目包括：中国第一滩沙雕音乐节、芦笙斗马节、冼太夫人文化节、天马山诗书画、歌曲、摄影、对联征集、放鸡岛海上游乐世界全国金鸡奖海钓大赛、苗寨坐妹节、大仁山道教祈福法会等。

旅游接待与收入

【入境旅游】 2007年，茂名市共接待入境旅游者1.70万人次，比上年增长18.10%；旅游外汇收入986万美元，比上年增长14.42%。

【国内旅游】 2007年，茂名市接待国内旅游者179.08万人次，比上年增长10.98%；国内旅游收入52.89亿元，比上年增长7.76%。

【出境旅游】 2007年，茂名市旅行社组团出境游人数4338人次，比上年减少1.00%。其中香港游2378人次，澳门游1374人次，出国游586人次。

【黄金周假日旅游】 2007年，茂名市假日旅游市场持续兴旺。春节黄金周，全市旅游总收入2.01亿元，同比增长10.82%；全市主要旅游景区接待游客59.27万人次；全市主要住宿设施接待过夜旅游者7.03万人次。

“五一”黄金周全市旅游总收入1.38亿元，同比增长5.3%；全市主要旅游景区接待旅游者36.73万人次，同比增长1.6%；全市主要住宿设施接待过夜旅游者5.62万人次，同比增长5.2%；旅行社组团1.52万人次，同比增长24%。

“十一”黄金周全市旅游总收入1.39亿多元，同比增长5.93%；全市主要旅游景区接待游客31.02万人次，同比增长6.3%；全市主要住宿设施接待过夜旅游者6.11万人次，同比增长5.3%。其中，从珠三角入茂游客人数比上年增长20%。

旅游宣传促销与节庆活动

【旅游宣传促销活动】 2007年，茂名市市、县两级旅游部门和旅游企业积极行动，围绕目标市场加大宣传促销投入，创新宣传手法，使茂名旅游产品的影响力不断扩大，入茂客源市场有了新的拓展。7月25～26日，第十七届西南经济区市长联席会在茂名市举行。市旅游部门共接待和组织粤、港、澳和西南地区旅行社59名负责人参观茂名市乙烯工业区、第一滩、放鸡岛等主要旅游景区。布置旅游精品展位60个，参展城市近20个，让市民尽情享受到一次“旅游大餐”；组织了47次共170多名自驾车爱好者参与的西南地区自驾车游。分别在中英大酒店和国际大酒店召开大型旅游联谊会、推介会各一场，收效明显。9月2～3日和10月21～23日，“两广十市”区域旅游合作组织先后在广西玉林市、广东云浮市召开第七次和第八次联席会议。签署了一系列的旅游合作协议，印制了一批区域旅游合作的总体形象宣传资料。茂名市作为这一组织的发起人和积极推动者，随着合作机制的不断完善，合作范围的不断扩大，合作层次的不断提升，得到了各方的普遍认可，区域合作为茂名市旅游业发展进一步拓展了空间。为了更好地宣传茂名旅游的良好形象，分别在茂名旅游网、活力广东网上及时对茂名市旅游业重大活动、旅游产品等情况进行宣传。全年共在《茂名日报》、《茂名晚报》、《茂名电视台》等媒体上发表或播出有关茂名旅游的宣传稿100多篇（次）。先后邀请中央电视台《快乐学汉语》栏目组及《南方日报》等主流媒体记者、专家学者到茂名采访，制作旅游专辑。分别在《广东旅游年鉴》、《广东自驾车游完全手册》、《车游广东》等书刊上宣传茂名旅游景区形象。积极参加国家旅游局和省旅游局组织的宣传促销活动。9 月底，参加了由省旅游局组织的赴日本东京、大阪、神户等主要城市的旅游推介活动。11 月中旬，参加了由国家旅游局组织的“中国旅游投资洽谈会”，茂名推出了大雾岭森林旅游区、中国第一滩旅游度假区、电白咸水温泉三个招商项目。11 月 23 日，组织主要旅游企业参加广东国际旅游文化节的花车巡游、旅游展览会等活动。印制了一批旅游宣传资料。先后编辑出版了《粤西明珠—茂名》等宣传资料 2000 多份，委托广东省地图出版社编辑出版《茂名旅游地图》。茂名市旅游产品在珠三角地区、大西南地区等客源地树立了良好的形象。入茂游客中的商务、观光散客占旅游总人数的 43%，比上年提高了 3 个百分点，其中珠三角游客占入茂游客的 36.5%，广西等西南地区游客有较大幅度增长，自助游、自驾车游也比往年增多。

茂名市举办自驾车游发车仪式

【举办放鸡岛旅游推介会】 12 月 26 日，茂名市举办“谁是小状元——放鸡岛之旅”产品推介会，来自云南、广西、湖南等省区的旅游界人士参加了此次推介会。由放鸡岛海上游乐世界和茂名国旅联合推出的“谁是小状元——放鸡岛之旅”活动，是为吸引省内外游客、打响放鸡岛品牌而精心设计的旅游产品，对树立茂名旅游形象、打造旅游拳头产品有着积极的影响。27 日，参加推介会的来宾前往放鸡岛考察，有关各方签订了旅游合作意向书。

旅游行业管理

【旅游市场监督管理】 2007 年，茂名市旅游管理部门充分发挥职能作用，通过加强依法检查活动，整治“零负团费”，大力整顿了全市的旅游市场秩序。茂名市旅游局成立了治理整顿“零负团费”专项行动工作领导小组，向各旅行社下发了《2007 年茂名市整顿旅游市场工作方案》。局领导亲自带队，联合市执法部门共同开展了整顿旅游市场秩序的活动，对旅游广告、旅游合同、旅游购物、自费景点和项目等进行了严格的检查，对各旅游企业的产品成本、价格重新进行了核算和适当调整，对没有质量保证的旅游产品进行禁售；还在市新闻媒体上开展广泛宣传，发动市民配合以整治“零负团费”为重点的专项工作。通过努力，全行业服务质量和依法经营的自觉性进一步增强，全市重大旅游质量投诉为零，及时结案率达 100%，有力地维护了旅游者及旅游企业的合法权益，确保了旅游经济的健康有序发展。

【旅游安全管理】 茂名市多次召开安全生产工作会议，强化旅游企业负责人的安全生产意识，加强对旅游市场和旅游安全生产的监管。积极开展旅游安全生产责任制系列教育活动，对行业管理人员进行了强化安全生产的培训；采取“走出去”与“请进来”相结合的办法，组织饭店、景区、旅行社管理人员互相观摩学习，学习考察国内外先进的管理经验和安全措施；建立健全相关制度，对旅游企业存在的安全隐患进行建档跟踪督查。市、县两级签订了安全生产责任书，逐级落实责任。市、县两级旅游局先后 10 多次联合工商、公安、质监、安监等部门开展了旅游市场秩序整顿和安全生产大检查，查排各种安全隐患。对旅游用车实行了核准制度，较好地刹住了“黑车、黑团、黑导”等安全生产的隐患。市、县旅游局通过制定和完善《旅游业应急管理工作计划》，建立健全了全市旅游行业安全应急管理体系，增强了突发事件应急处置能力。旅游行业全年无发生安全生产事故，无游客人身伤亡事故。2007 年，市旅游局被市政府评为市安全生产监管先进单位。

【黄金周旅游安全工作会议】 9 月 28 日，茂名市召开全市“十一”黄金周旅游安全工作会议，传达国家旅游局、省旅游局的通知精神，部署全市“十一”黄金周旅游安全工作。会议强调：各有关部门要将旅游安全工作放在首要位置，强化旅游安全责任，消除各类旅游安全隐患。要认真扎实开展全面旅游安全检查，对漂流、游泳等容易发生安全事故的旅游项目及其设施设备，对市民和游客密集的旅游消费场所，进行重点检查，防止发生安全事故，进一步落实和完善旅游安全保障和应急机制。黄金周期间，市旅游管理部门实行 24 小时专人值班，做到有预案、有防范、有准备、有应对，一旦发生突发事件，能有效妥善处理。

【旅行社管理】 2007 年，茂名市旅游管理部门按照《广东省旅行社等级划分与评定标准》要求，开展了旅行社资质等级评定工作。经过两个多月的评审，全市有1家旅行社退出市场，1家旅行社进行了并购。全市新批准设立旅行社2家。

【旅游饭店管理】 2007年，茂名市新评三星级酒店1家，完成股份制改革的三星级酒店1家，撤销星级资格酒店3家。茂名市积极抓好星级饭店的复核和旅行社资质的评定，提高旅游接待企业的品位。一是加快了评星步伐。通过现场检查、星级访查、星级复核等方式，多次深入国际大酒店、东园大酒店、信宜加州旅馆等企业，按照星级饭店的标准提出相应的整改意见；按照省星评委的要求，茂名市星级复核小组和湛江、阳江市进行了星级饭店的交叉复核工作。先后邀请国家旅游局和省旅游局的星评员，对国际大酒店、海景湾维景国际大酒店、东园大酒店等高档酒店的评星工作进行了现场指导。信宜市加州旅馆被市星评委评定为三星级饭店。二是加强了对酒店软硬件改造的指导。先后引导南国大酒店坚持“精品酒店”理念，对娱乐部的地毯、沙发、墙纸进行了翻新改造工作。引导西江温泉度假村投入近35多万元对空调、电器等进行了彻底的维修或更换，装修客房的卫生间，添置了一批全新的电脑，更换一批新的枕芯和布草，更换了泳区更衣室储物柜，绿化美化度假村环境。引导绿湖宾馆先后投入40多万元资金，按二星级的标准装修配置，加强了宾馆的软硬件建设。投资超亿元的星河国际大酒店正处在装修阶段。

【行业协会】 4月12日，茂名市召开旅游协会工作会议，茂名市旅游局领导和茂名市国旅国际旅行社、原中英大酒店、市国际大酒店、平云山风景旅游区、化州市倒流湾自然风景旅游区、茂港区永兴酒店、电白县京广大厦等负责人出席会议。会员们认真审议《茂名市旅游协会章程草案》，就协会的宗旨、组织机构、会费等章程条款进行讨论。大会全票通过《茂名市旅游协会章程》和调整产生新的协会组织机构。新当选的协会会长为茂名市国际大酒店总经理林正，常务副会长为茂名市中国旅行社董事长、总经理尹国生，茂名市国旅国际旅行社董事长、经理费明龙，茂名市中国第一滩旅游度假区总经理马堂，秘书长为茂名市南国大酒店总经理甘宇，监理长为茂名市同悦实业公司总经理刘攀，副监理长为茂名市旅游汽车公司经理江金潮、茂名市金典旅行社总经理许建伟。

旅游资源开发和景区（点）建设

【旅游招商引资】 2007年，茂名市旅游行政管理部门从营造良好的投资环境入手，有目的地引进社会资金投资开发茂名旅游业，全市旅游招商引资效果明显。先后吸引社会资金5亿多元投入旅游基础建设。其中，用于酒店、娱乐场所装修、改造的资金投入高达2亿多元，用于景区建设项目改造的资金1亿多元。按五星级标准兴建的电白海景湾维景国际大酒店试业，投资1.2亿元的市区华海酒店开业。投资上千万元资金开发的信宜甲门峡和信宜洪冠镇龙玄欢乐峡飘流已建成对游客开放。多个旅游景区相继投入大量资金扩建和改造，积极申报3A和4A级景区，以适应市场需求。投入超过亿元的化州星河国际大酒店和投入3000多万元的电白御温泉动工在建。

【旅游区（点）与基础设施建设】 2007年，茂名市积极抓好旅游资源的整合与开发，加快旅游区（点）与基础设施的建设步伐。市旅游局坚持深入实际，加强工作指导，以建设一批上档次的旅游景点和高档次的旅游接待设施为工作重点，开展了一系列工作，全市旅游区（点）与基础设施建设取得了新的进展，旅游接待条件有了明显改善。全年建成并开放的新景点2个。先后成功引进民营企业投资开发甲门峡漂流和龙玄峡漂流项目，填补了茂名市没有此类项目的空白。甲门峡漂流自5月开放以来，接待游客近万人次，收入100多万元。8月，龙玄峡漂流又接着成功开漂。漂流成为该市吸引珠三角游客的新卖点。茂名海景湾维景国际大酒店、华海大酒店等一批高档次的酒店已开业，投资超过亿元的化州星河国际假日酒店进入了装修阶段。引进了香港伯恩集团投资收购了原中英大酒店，更名为茂名花园酒店，引进香港中旅维景酒店集团管理茂名海景湾维景国际大酒店。电白御温泉旅游区由外地商人投资建设，建成后将成为该市温泉休闲度假的新亮点。平云山风景区也已全面动工建设。同时，突出抓好品牌景区的建设。针对放鸡岛海上游乐世界两次开放中游客普遍反映的意见，该岛实行了停业建设，先后投入资金8000多万元，开通了环岛路，新建了一批住宿、餐饮、游览和娱乐设施，面貌一新。

【新开发建设的景区（点）】

〖信宜甲门峡漂流〗 位于信宜市区北郊的锦江上游，离信宜市区约16公里，是粤西第一个漂流项目。

甲门峡漂流河段是一段天然的峡谷，全长约5公里，九曲十八弯。全程落差90多米，有大小落差10多处，最大落差达8米多。甲门峡漂流风景原始自然，秀丽动人。橡皮艇在河里漂流前行，沿岸都是高山流水，参天树木，山野奇花烂漫，异草飘香，天高云淡，白鹤齐飞，蝉鸣鸟歌，回荡在峡谷上空。百年野芋桅杆般粗的茎长五六米，卧在河边，如盘龙出海，十分少见。怪石飘逸似仙女浣纱，七彩斑斓，令人称奇。仿佛人在画中行，置身峡谷中，显得安静平和。山、石、水、青松、翠竹结合在一起，那满目的青山，那悠悠的绿水，那来自大自然深处凉凉的清新气息，令人心旷神怡。

漂流在这九曲十八弯之中，一弯一景，时而飞流直下，提心吊胆；时而风平浪静，悠哉闲哉；时而急弯回旋，时而渊潭搏浪。一会是河宽水静，一会是谷底线天，让游客接受大自然的洗礼，体验挑战大自然的乐趣，使人真正领略到“山至美、水至清、石至奇、漂至妙”粤西第一漂的独特魅力。

〖**信宜龙玄峡漂流**〗 龙玄峡漂流是信宜市新开发的旅游景点。位于该市洪冠镇境内，距市区 30 多公里。此河段从云丽水电站水陂至蓝村桥头的河道，全程超过 4 公里。

它蜿蜒西去犹如一条回眸顾盼的巨龙，景由天成，是黄华江在洪冠镇境内的一段优美乐章！以幽、深、奇、秀、险而闻名。两岸青山绿树相辉映，倒映水中入画来。河床怪石林立，被誉为水上石林。河两岸青山相对，悬崖峭壁，怪石嶙峋，绿树红花，茂竹修林，水流湍急，清澈见底，景色壮丽，顺漂而下心旷神怡。集千泉百溪一路奔来的河水，或平流、或险滩、或急流，随处可见，天然泳池思接千古，优美动人传说道之不尽、经久不衰。从起漂点漂至下游约 3.5 公里处，河道平缓开阔，豁然开朗，正逢云丽水电站出水口，水流倍增，击起千层浪，高潮跌宕、惊心动魄。人在水上漂，如在画中游。该旅游项目于 2007 年 5 月正式动工，于 2007 年 8 月开始试漂，打造一个集旅游观光、绿色饮食、度假游乐于一体的旅游胜地。

【**华海酒店**】 5 月 7 日，茂名市华海酒店隆重开业。该酒店由茂名市华海房地产开发有限公司全资兴建。酒店按四星级标准建设，占地面积 1.8 万平方米，建筑面积 3 万平方米，楼高 18 层。位于茂名市区繁华的新福二路，近临火车站、汽车站，交通便利。酒店拥有高级行政套房、豪华商务房、各类高级客房以及休闲会所贵宾房 268 间，装修豪华，格调高雅，风格各异。客房内备有国内和国际长途直拨电话、中央空调、背景音乐、多频道电视系统、电子保险箱、吹风筒、迷你酒吧等，为商务、休闲人士提供了完善的设施。别具风格的中西餐厅及可容纳 800 多人的多功能国际宴会大厅，酒店康体娱乐设施一应俱全，并拥有全市最大的全封闭式停车场，可同时停放车辆 300 多台。酒店实行“以人为本，服务第一”的管理理念和“诚招天下客、情暖宾客心”的经营理念，提供房间预订、代购车票、机票以及行李、贵重物品保管等服务，并附设出租车，日夜为宾客提供方便快捷的服务。

【**旅游商品（续）**】 茂名被称为“全国水果第一市”、“南玉之乡”、“竹编之乡”，水产品产量居全省第一。玉雕、橘雕、角雕、茄雕、贝雕以及竹编工艺品、工艺蜡烛等旅游工艺品，荔枝、龙眼、橘红、山楂、红心鸭蛋、小芥菜、笪桥黄瓜、五彩红薯和海干品等特产应有尽有。信宜南玉工艺城、市区迎宾路的特产购物一条街、明湖商场、国成百货、聚佳等一批大型购物商场和书画廊大受游客青睐。

〖**笪桥黄瓜**〗 笪桥黄瓜，又称笪桥黄瓜干，是化州市久负盛名的特产。笪桥黄瓜色腊黄，味甘淡，块薄质脆，每斤黄瓜干有二三十条，储存数年不变。这是笪桥镇农民以传统的独特方法制作而成。笪桥黄瓜制作方法可概括为“烫、腌、晒、烘”4 个字。在制作笪桥黄瓜过程中，黄瓜、热水、食盐和腌缸等，都必须保持洁净，否则，黄瓜就会霉烂变质。每年三四月间，是黄瓜生产的旺季。笪桥镇广大农村，家家户户都忙着制作黄瓜干。农民除储备足够的黄瓜干外，其余的全部供应市场。笪桥黄瓜，不但是人们吃粥下饭的上乘素菜，而且有清热、解毒、利尿之功。因此，笪桥黄瓜是家庭必备的咸菜和良药，历来是市场的抢手货。每年，笪桥黄瓜除满足本地需要外，还远销湛江、柳州、南宁、广州等，并进入港澳市场。

〖**关堂“仙桃”**〗 高州市曹江镇关堂村的“仙桃”（芒果的一个品种）闻名遐迩。其特点，一是皮靓肉干水甜香。二是肉白心红。削一瓣可看到，果肉的周围一圈呈白色，中间呈红色，如鸡蛋的蛋白蛋黄。三是重蒂。蒂有两重，靠近果身的大，上小，如塔型。四是侧髻。在蒂旁隆起一肉墩子，下大上小，就像古代妇人头上的发髻，这是区别于其他地方仙桃的显著外形特点。有趣的是，“关堂仙桃”的种植，出了关堂就变味，变得同其他地方的味道无异，只能在关堂方圆几公里的地域内种植才成。“关堂仙桃”现已发展到几百亩，年产量上百万公斤。成熟期，每天销量几万公斤。“关堂仙桃”远销海内外。每到“关堂仙桃”成熟的季节，在关堂公路段两旁，卖“关堂仙桃”的摊档就摆开了，绵延一公里。

〖**新垌茶**〗 高州市新垌镇出产的绿茶历史悠久。明朝四年间，新垌邓姓始祖从福建迁来时，带了茶种，种植繁衍，至今已 400 多年了。新垌茶以密秀结实，青绿油润，馥郁芬芳，甘醇清远而闻名。清代诗人杨康曾写下“茗园春嫩一旗，众绿丛中笑语来，压担盈筐歌载道，今朝新垌采茶回”的美篇。可见，新垌茶在清代就享有盛誉了。

据《高州府志》记载：“茶产茂名新垌者树高数尺，谷雨前摘取最佳，以出水埇者为极品。”出水埇是出瑞龙村的谐音。出瑞龙村后有一山岗，土地肥沃，周围高山连绵不绝，峰峦叠翠，云雾多，雨量匀，温差大，适宜绿茶生长。因而出产的眉茶条索紧结微弯，色泽绿润，香气芳烈，滋味浓醇，汤色绿明，叶底匀嫩。该村谢宝芳（少女时称二姑娘）擅长制茶。清光绪年间，高州知府路过该村，忽然肠胃绞痛，用药无效，宝芳用姜冲浓茶奉送知府，饮下少顷即愈。从此，出水埇二姑娘茶便出了名。

新垌茶以瑞龙茶为极品，用开水冲泡，杯中茶叶舒展，细茅直立，茶汤清澈，清香四逸。饮后清心爽口，舌有余甘，回味无穷。据化验分析，新垌茶所含的多酚类、氨基酸、维生素、叶绿素以及芳香物质，都比一般绿茶的含量多，且色、香、味、形具佳。当地群众习惯用茶治病，早上用浓茶漱口来消除口臭，盛宴后泡饮浓茶以防止油腻积滞，用姜茶治肚痛，用薄荷冲茶治感冒，用蜜糖冲浓茶漱口治喉炎，服浓茶治细菌性痢疾，用茶叶敷涂治伤口肿烂。据说，常饮绿茶还可预防胃癌和脑溢血，具有延年益寿的功效。

新垌茶的采制工艺非常讲究。采摘和炒制用传统的手工操作。“采摘”，坚持采早、采细、采嫩、采二叶一针。“杀青”，锅净、火猛、温度高、杀透、杀匀、翻料快。“初揉”，趁热揉，揉紧念实。再经“炒青”、“烘干”、“轻揉”，直到熟透，不焦、揉实。经此多道工序炒制的绿茶，便香味扑鼻了。

〖**沙琅豉油**〗 电白县的沙琅豉油始产于1773年，至今已有200多年的历史了。沙琅豉油是用沙琅附近有名的“四方井泉”天然泉水和本地特产的黑豆，加上广西的桂皮、老陈皮、大红八角、沙姜等配料，采用传统的民间酿制方法加工煮制而成的。制法是：先把黑豆隔水煮熟，凉干后上棚发酵，2周后洗干净再装入竹萝，4天后再浸水煮透，然后取出黑豆汁煮8个多小时即成稠液，再加配料便成了豉油。沙琅豉油味道清甜可口，色泽金黄，气味芬芳，爽口美味，食用方便，实为烹调、拌捞凉菜和调味的佳品，含有丰富的蛋白质和多种维生素，具有健胃下气、帮助消化等功能；经电白县卫生局检查，完全符合卫生食用标准，该豉油在1978年湛江地区酱油质量的评比中，荣获全区第一名。沙琅豉油十分畅销，平均年产18万斤左右，年销售16万斤左右，除沙琅本地销售5万多斤外，还大批供应省内各地，1958年曾出口8万多斤到东南亚各国。目前，当地正在努力使沙琅豉油的质量、产量及包装潢等方面适应市场竞争和消费者的需要，力争再度进入东南亚各国市场。

【**工农业旅游示范点建设**】 2007年1月，根子荔枝文化旅游区被国家旅游局评为“全国农业旅游示范点”。

【**旅游扶贫**】 2007年，茂名市共有4个景点获得了省260万元旅游扶贫资金的扶持。全市旅游扶贫开发点已由原来的4个增至7个。各级党委政府和有关部门，从政策、资金、技术、人才等方面给予大力的扶持，先后投入配套建设资金5000多万元，改善了景区的交通、通讯、通水、通电条件，建设了一批住宿、餐饮、游览等设施，村民通过在旅游区就业、销售土特产等增加了收入，改善了生活，被老百姓称为旅游系统的“民心工程”，旅游扶贫产生了良好的社会效应。

精神文明建设与旅游教育培训

【**旅游行业精神文明建设**】 2007年，茂名市旅游部门积极抓好旅游行业精神文明建设，进一步强化从业人员思想教育和制度建设，有效地提高了从业人员的职业道德和业务素质。全市先后涌现了“广东省用户满意杰出管理者——费民龙”、“广东省2007年政府系统和行业‘窗口之星’”——市国旅国际旅行社导游部经理肖秋波等先进典型。

【**旅游行风建设**】 茂名市旅游局下力气抓好各级旅游部门的机关作风建设和业务建设，努力做到有为有位。该局注意深入实际，服务基层，通过努力基本解决了多年来未解决的县（市、区）旅游发展中心正名问题和干部参照公务员待遇问题，进一步增强了市县两级旅游局的团结合作，行业凝聚力大为增强，一支思想好、作风正、业务精、纪律严、勤政廉政的队伍进一步形成，有力推动了各项旅游事业的发展。同时，积极争取各级政府和有关部门的支持，为旅游部门开展工作以及为旅游企业发展壮大提供了较为宽松的环境。

【**旅游教育培训**】 2007年，茂名市旅游局以“在职再培训、外出参观学习”的形式，先后组织各县（市、区）旅游局长参加了省旅游局的培训，通过局领导带头讲课作辅导等形式，先后举办了15期旅游企业部门经理以上培训班、4期导游在职培训班和导游考试培训班；组织了6批次有饭店、景区、旅行社管理人员参加的赴泰国、东莞、广西玉林等地的参观学习活动，并前往珠三角地区考察高星级饭店；组织旅游景区主要负责人赴黄山参加“第五届中国旅游景区核心技术培训班”。旅游企业结合自己的实际，也开展了形式多样的培训教育活动。茂名市南国大酒店部门经理以上人员授课，对所有管理人员进行培训，与茂名晚报联合主办了“百名知青重温激情岁月”的活动；信宜市玉城唐华大酒店开展了质量服务月活动；国际大酒店举办海南特色美食节等活动；茂名大厦举办了澳门美食节。全市旅游从业人员的教育培训参加率达96%，有效地提高了旅游行业从业人员的职业道德和业务素质。

【**举办星级标准培训班**】 10月30日，茂名市举办星级标准培训班，来自全市各县（市、区）旅游局（发展中心）分管饭店的领导、饭店管理业务股的干部，以及星级饭店（包括在评星级饭店、在建饭店、旅游饭店）的总经理、星级内审员和其他中高层管理人员参加了培训。本次培训邀请资深星级评委进行演讲。通过多媒体的形式，结合该市旅游星级饭店普遍存在的问题，生动形象地讲授了《旅游饭店星级划分与评定》的国家标准和《旅游星级饭店访查规范》的行业标准，对加强星级饭店管理，打造茂名市旅游饭店品牌建设起到一定的作用。

纪　事

2月12日 茂名市旅游局在南国大酒店举行旅游系统代表和新闻媒体代表迎春座谈会。

4月12日 召开茂名市旅游协会工作会议。

4月28日 信宜市举行甲门峡漂流开漂典礼。

5月30～31日 全市旅游工作会议在信宜市召开。

7月17～18日 广东省政协副主席许德立率省政协滨海旅游重点提案组成员到茂名开展调研。

9月28日 茂名市召开全市“十一”黄金周旅游安全工作会议。

10月30日 茂名市举办星级标准培训班。

11月23日 市旅游局组织各县（市、区）旅游局（发展中心）及多家旅游企业参加广东国际旅游文化节花车巡游、花船巡游、泛珠三角旅游促销会暨旅游展览会等多项活动。

12月26日 茂名市举行“谁是小状元——放鸡岛之旅”产品推介会。

（何　山）

肇庆市

综 述

【总体情况】 2007年，肇庆市创新旅游发展思路，加快推进旅游经营管理体制和旅游投资机制改革，注重旅游产品开发包装，扩大旅游招商引资，强化旅游宣传促销，深化旅游行业管理，旅游业实现又好又快发展。全市主要旅游景区（点）共接待游客1152万人次，比上年增长12.9%；城市接待游客1024万人次，比上年增长9.2%；旅游总收入达55.3亿元，比上年增长15.44%。

【旅游行业规模】 截至2007年底，肇庆市已建成开放的旅游景区(点)40多个,其中年接待游客超过100万人次的4个；各类宾馆酒店、旅馆610多家，其中星级酒店33家（四星级1家，三星级14家，二星级15家，一星级3家）；拥有旅行社39家（国际社3家，国内社36家），旅行社从业人员1216名。具有完善的旅游咨询服务系统，24小时为游客提供便捷的旅游咨询服务。旅游交通便利，所有进入景区的公路顺畅，并设有旅游交通导向系统。旅游娱乐活动丰富多彩，可满足游客各种娱乐消费需求。旅游商品种类繁多，游客可到专业的旅游购物街和旅游购物商场选购旅游食品和纪念品。

【重大旅游决策】 2007年，肇庆市委、市政府就旅游业发展作出一系列重大决策。主要包括:在市委十届三次全体(扩大）会议上，提出了进一步做大做强旅游产业，加快肇庆市由旅游资源大市向旅游经济强市转变的步伐，打造“南国旅游休闲之都”。6月21日，在市委常委会上原则通过了星湖风景名胜区（七星岩、鼎湖山）经营模式改革方案，启动两个景区的经营管理体制改革；8月20日，经市政府批准同意，在全市旅游行业开展“七大创建”活动，即创建中国最佳绿色旅游城市，创建旅游强县，创建3A、4A、5A级景区，创建高星级酒店，创建金、银、铜牌导游员（讲解员），创建旅游特色县、镇、村，创建星级旅行社；10月17日，市政府印发《关于进一步加快商务会展旅游城市建设的实施意见》，提出把肇庆市建设成为商务会展旅游目的地城市的目标。

【全市旅游工作会议】 6月29日，肇庆市2007年旅游工作会议在召开。肇庆市委书记、市人大常委会主任覃卫东，市委副书记、市长杨浩明，市人大常委会副主任黄三和，副市长孙德，市政协副主席黎维贤出席会议。会议由副市长孙德主持，市委书记覃卫东、市长杨浩明分别作讲话，肇庆市旅游发展局局长郑时广传达了全省旅游工作会议精神。会议总结分析了2006年全市旅游工作，部署了2007年全市旅游工作，颁发了“中国旅游文化示范地”、“旅游景区接待人数超千万突出贡献奖”和“市场开拓创新奖”。覃卫东指出，建设旅游经济强市是肇庆实现科学发展、和谐发展、创新发展的必然选择，必须善于分析形势，把握好“三大着力点”:着力强化载体，打牢基础；着力增加投入，扩大规模；着力树立品牌，提高水平。重点在“五个加快推进”上下功夫：一是加快推进旅游体制机制创新；二是加快推进旅游资源整合开发；三是加快推进旅游综合配套建设；四是加快推进旅游龙头企业培育；五是加快推进旅游市场开发促销。针对2007年旅游工作，市长杨浩明提出要着力抓好七方面工作：一是丰富和提高老景区内涵品位，强化中心城区辐射带动作用；二是创新机制，加快七星岩、鼎湖山经营机制改革；三是加大资源开发力度，优化旅游产业体系建设；四是努力完善城市旅游功能，提高旅游业发展水平;五是加强宣传促销，进一步拓展旅游市场；六是加强区域合作，拓展旅游发展空间；七是加强队伍建设，进一步提高行业管理水平。

【肇庆旅游嘉年华】 11月24日至12月28日，肇庆市成功举办2007广东国际旅游文化节·肇庆旅游嘉年华活动。星湖国家湿地公园首届国际观鸟节、肇庆旅游商品大评比暨第二届乡村旅游美食节、鼎湖山第二届国际森林旅游登山节、肇庆旅游故事会暨“多彩肇庆”民间艺术大展示、德庆龙母感恩节、中国柑王•德庆贡柑旅游文化节暨南方商品交易会、封开广信文化节以及中国（四会）柑桔·玉器文化节暨经贸洽谈会等活动。在旅游文化节花车巡游评比中，肇庆参巡的花车在网上投票中获第二名，被组委会评为一等奖。

首届龙母感恩节

【"十一五"旅游规划执行情况】 按照《肇庆市"十一五"旅游业发展规划》，肇庆市各级政府和旅游管理部门推进旅游发展思路的创新，加强旅游招商引资，整合旅游资源和旅游线路，加快旅游产业转型升级步伐，强化旅游市场拓展，加强旅游行业管理，优化旅游发展环境。截至 2007 年底，肇庆七星岩景区北门小区生态建设、鼎湖凤凰生态旅游区开发、封开国家地质公园建设、广宁竹海森林公园建设等已完成；肇庆首家五星级标准酒店奥威斯酒店建成开业，高要广新农业生态园扩建、德庆悦城龙母村修复、怀集燕岳森林温泉休闲度假区等项目正在组织实施中。

旅游接待与收入

【概述】 2007 年，肇庆市接待过夜旅游者 610 万人次，比上年增长 10.15%；一日游游客 414 万人次，比上年增长 7%。纳入全市统计的宾馆酒店的平均客房出租率为 55.6%，比上年增长 1.4 个百分点。肇庆已成为广东省最重要的旅游接待城市之一。

【入境旅游】 2007 年，肇庆市共接待过夜入境旅游者 12.80 万人次，比上年增长 9.41%。其中，外国游客 1.5 万人次，比上年增长 26.39%；一日游入境游客 57.75 万人次，比上年增长 5.8%。

【国内旅游】 2007 年，肇庆市共接待国内旅游者 590.20 万人次，比上年增长 10.16%；国内旅游收入 51.42 亿元，比上年增长 16.80%；一日游游客 356.25 万人次，比上年增长 7.3%。

【出境旅游】 2007 年，肇庆市出境游组团社共组织出境游客 1.68 万人次，比上年增长 13.50%。其中：港澳游 1.56 万人次，比上年增长 12.2%；出国游 0.12 万人次，比上年增长 41.95%。

【黄金周假日旅游】 2007 年春节黄金周，肇庆市共接待游客 111.7 万人次，同比下降 1.3%，占全年游客接待量的 9.7%。其中，接待入境游客 15.6 万人次，同比下降 1%；接待国内游客 96.1 万人次，同比下降 1%。从游客的过夜情况看，接待过夜旅游者 66.54 万人次，同比下降 2%；一日游游客 45.16 万人次，同比下降 0.3%。

"五一"黄金周期间，共接待游客116.03万人次，同比增长10.5%，占全年游客接待量的10.07%。其中，接待入境游客16.19万人次，同比增长10.14%；接待国内游客99.84万人次，同比下降9.5%。从游客的过夜情况看，接待过夜旅游者69.12万人次，同比下降8.8%；一日游游客46.91万人次，同比增长11.6%。

"十一"黄金周期间，共接待游客120.1万人次，同比增长10.1%，占全年游客接待量的10.42%。其中，接待入境游客16.75万人次，同比增长9.5%；接待国内游客103.35万人次，同比增长10.3%。从游客的过夜情况看，接待过夜旅游者71.54万人次，同比增长9.3%；一日游游客48.56万人次，同比增长11.3%。

春节、"五一"和"十一"黄金周共实现旅游收入6.95亿元，同比增长14.9%，占全年旅游总收入的12.57%。其中，入境旅游外汇收入650万美元，同比增长4.62%；国内旅游收入6.46亿元，同比增长16.2%。假日旅游已成为肇庆旅游产业发展的重要组成部分。

旅游宣传促销与节庆活动

【概述】 2007 年，肇庆市旅游宣传工作紧紧围绕市委、市政府确定的建设最适宜旅游的花园式风景旅游城市和国内重要的观光、休闲、度假、商务会展旅游目的地城市的战略部署，积极开拓以北京、武汉、长沙等城市为重点的京广沿线市场，以香港、韩国、日本为重点的境外市场，以广西、湖南、福建等为重点的邻省市场，以珠三角为重点的省内市场，大力宣传包装"探险游乐园"、"森林游基地"、"乡村游典范"和"自驾游天堂"四大系列特色旅游产品，努力打造"南国旅游休闲之都"旅游城市品牌。

【入境旅游宣传促销】 6 月 14 ～ 17 日，肇庆市旅游发展局组织市内主要旅游企业参加 2007 香港国际旅游展览会，设置展位，现场接受旅游咨询和开展旅游洽谈，派发宣传资料，推介肇庆旅游新亮点，开拓和巩固了香港客源市场。9 月 28 日至 10 月 5 日，参加由省旅游局组织的赴日本促销团。期间，肇庆市旅游发展局与国家旅游局驻大阪办事处、日本九洲的旅行社建立了友好合作关系，为今后开拓日本客源市场打下良好基础。

肇庆第二届乡村旅游美食节

【国内旅游宣传促销】 2007年，肇庆市先后组团参加广州国际旅游展销会、香港国际旅游展览会、中国（苏州）国内旅游交易会、北京国际旅游博览会、中国北方旅游交易会、中国（昆明）国际旅游交易会、中国旅游网上博览会、第三届海峡旅游博览会、中国旅游精品博览会、中国旅游投资洽谈会、日本旅游推介会等活动，参与多项全国性的旅游评选活动。肇庆先后荣获“中国旅游文化示范地”、“中国最受欢迎旅游目的地”、“中国最佳休闲旅游城市”和“全球优秀生态旅游景区”等殊荣。9月，肇庆在北京参加由国家建设部举办的中国风景名胜区设立25周年系列庆祝活动上，参与了综合成就展及网络展示，在新浪网以图文资料和宣传片进行展示。肇庆市参加了由国家建设部组织的“最受群众喜爱的中国风景名胜区”网络评选，肇庆星湖风景名胜区在参加评选的175家国家风景名胜区中，得票109.2万张，获第19名。大力扶持肇庆金世纪旅行社在北京金桥旅游服务总公司设立“北京—肇庆”旅游专线办事处，组成有27个旅行社门市部加盟的组团联盟。

此外，肇庆市还采取形式多样的方式开展旅游宣传促销活动。春节黄金周期间，举办了“请到肇庆过大年”系列活动；“三八”妇女节，开展了“请到肇庆过‘三八’，花海歌潮千里游”主题活动；“五一”黄金周，举办了“森林旅游·肇庆‘五一’欢乐之旅”系列活动，首推广东第五张旅游王牌——森林度假旅游；“十一”黄金周，举办了“金秋‘十一’，欢乐肇庆”系列活动。端午节期间，借肇庆国际龙舟邀请赛暨肇庆旅游招商推介会，组织省内外20多家媒体采访报道，宣传推介效果明显。暑期期间，开展“快乐暑假·森林休闲度假之旅”黄金月系列活动，推出了以“南国旅游休闲之都——肇庆”为主题的全国性游记征文比赛，吸引了全国各地中小学生踊跃参加，共收到文稿1510篇，专题及论坛点击率超过130万次。

旅游行业管理

【旅游市场监管】 2007年，肇庆市旅游市场管理主要抓了以下几项工作：一是以队伍建设为着立点，通过教育培训，提高旅游行政执法队伍的政治素质、业务素质、职业道德水平、法律水平和服务意识，巩固和促进旅游行风建设。二是加强对旅游市场中存在的旅行社低价团和“零负团费”现象的整治；联合新闻媒体大胆曝光钻政策空子的旅游企业，使企业头上始终有个“紧箍咒”。三是围绕游客反映强烈的突出问题，配合有关部门联合执法，遏制旅游活动中的不良行为，严肃查处了旅游市场的一些“恶疾顽症”，包括规范旅游经营管理，坚决查处司机、导游人员私拿“回扣”、欺宰游客等扰乱旅游市场秩序的违规违纪行为；坚决取缔“黑社”、“黑车”、“野导”等非法经营行为；促进企业守法经营，引导游客理性消费，逐步建立守信受益、失信受罚的奖惩机制，树立了旅游目的地城市的良好形象。对每宗旅游投诉，都秉承公正、公开的态度，及时处理，全力维护旅游者、经营者的权益。2007年共受理电话投诉39宗、组织旅游市场检查21次，处罚违法违规单位和个人9例。

【旅游安全管理】 2007年，肇庆市旅游管理部门坚持“安全第一，预防为主”的方针，将安全工作放在各项旅游活动的首位。采取日常监管和节假日重点检查相结合的方式，积极开展旅游安全整治工作，排查各种安全隐患。在春节、“五一”、“十一”和重阳等重大节日，肇庆市旅游发展局会同安监、交通、工商、卫生、消防、海事等职能部门组成联合检查组，对全市旅游行业单位的消防安全、交通安全、食品卫生安全和设备设施运转安全进行检查，督促各单位落实层级安全管理目标责任制，完善各项安全事故应急预案，开展安全隐患自查自纠。全年没有发生任何重大旅游安全事故。

【旅行社管理】 在2007年度旅行社业务年检中，肇庆市参加业务年检的38家旅行社全部通过，通过率为100%。截至2007年底，肇庆市获准设立并完成工商注册登记的旅行社共30家，其中国际社3家、国内社33家。年内开展了对旅行社门市部的专项治理工作，清理了6个非法设立的旅行社营业部。8月初，召开了全市旅游行业管理工作会议，肇庆市中国旅行社、肇庆星湖国际旅行社等18家旅行社被授予“诚信旅行社”称号；10月，肇庆市活力旅行社有限公司被国家旅游局批准为国际旅行社。

【导游员管理】 2007年，肇庆市组织人员参加全国导游资格考试。3月18日第一次全国导游资格考试，共有268人参加考试，67人通过，通过率为25%。9月23日第二次全国导游资格考试，356人参加考试，179人通过，通过率为50.3%。截至2007年底，肇庆市共有持证导游1544人。全市有1000多名导游参加导游证年审，通过并加强导游的年审再教育培训，规范和提高了导游员的服务水平。严格执行导游IC卡扣分制度，对违规的导游人员进行严肃的处理。春节、“五一”和“十一”黄金周期间，肇庆市旅游局质量监督管理所在市内各大景区对导游持证上岗和规范性服务情况进行检查，查处无证导游，有效遏制了导游欺宰游客、私拿回扣、索要小费、服务低下等现象的发生。5月至11月，肇庆市举办首届导游（讲解）员大赛，肇庆市博物馆陈建林等10名导游（讲解）员荣获“肇庆市金牌导游（讲解）员”称号，七星岩管理处梁玉培等12名导游（讲解）员荣获“肇庆市优秀导游（讲解）员”称号。

肇庆市首届旅游景区（点）金牌导游（讲解）员大赛

【旅游饭店管理】 8月～12月，对全市34家星级饭店进行年度星级复核，对9家星级饭店进行了评定性复核。复核过程中，9家星级饭店对照标准找差距，达标争优保质量，维护星级的权威性，努力提升肇庆饭店的竞争力。此外，重点对酒店的经营管理水平、服务质量、设备设施的配套及维修保养、清洁卫生等进行检查，对存在问题较多、硬件设施老化、服务质量较低、不符合行业标准的星级饭店责令限期整改。全市对申报星级的旅游饭店进行星级评定检查，广宁华侨大酒店经检查达标，评定为三星级饭店；对高要市丽晶大酒店申报四星级、瑞士花园申报三星级进行初评检查。

旅游资源开发和景区（点）建设

【旅游规划】 2007年，肇庆市先后完成了肇庆市鼎湖山老龙潭沟谷雨林科普考察生态旅游示范区旅游项目策划方案、肇庆市“夜星湖”旅游项目策划方案和肇庆市大型实景山水诗画《龙脉·肇庆》策划案。

【旅游招商引资】 6月16日，首次举办高规格的肇庆旅游招商推介会，吸引了海内外旅游界人士及投资客商共150多人参加，签约旅游项目28个，总投资额13.42亿元。在2007“肇庆金秋”经贸洽谈会上，签订旅游项目19个，总投资额37.99亿元；在广东国际旅游文化节旅游招商推介会上，签订旅游开发项目1个，投资额4000万元；在国家旅游局举办的2007“中国旅游投资（宁波）洽谈会”上，签订旅游开发项目1个，投资额2.5亿元。全年累计签订旅游开发项目49个，总投资额54.31亿元。

肇庆市举办旅游招商推介会

【旅游区（点）与基础设施建设】 星湖风景名胜区：七星岩完成了七星桥旧票房改造及装修工程、北门广场厕所工程、桂苑小广场改造工程、仙女湖丹顶鹤游览区游人栈道西段改建工程、水月宫厕所维修工程等建设；鼎湖山完成了游客服务中心、袈裟田厕所工程建设，LED大屏幕信息发布系统建成投入使用。利用有限的资金进行了一系列的小项维修，包括七星岩天柱阁危石墙维修、木材面和屋面茅草维修翻新，里湖湖岸铺装改造工程、景点简介石刻等等。

鼎湖区：投入1800万元改造九坑河水库413线，投入2000万元改造通讯、电力设施。黄金沟风景区建成了黄金沟溯溪探险旅游项目、竹坝村至景区1.8公里道路及简易旅游餐厅、停车场等配套设施，云顶景区进山公路开工，“裹香皇”旅游购物中心于10月13日建成营业。

四会市：6月份启动了天海湖森林旅游度假区项目的开发；10月，大贞山旅游区项目规划启动，邀请有关专家实地考察，提出初步规划方案。

高要市：黎槎八卦村和砚坑紫云谷景区分别于1月和10月建成迎客。引进广东世达集团开发金钟山省级森林公园扩建项目，投入资金5000万元，分两期进行扩建，重点开发森林生态旅游，6月25日进行扩建项目奠基。

德庆县：重点抓好盘龙峡"盘龙天堂"项目的开发建设。9月28日，"盘龙天堂"首期工程建设竣工，共投入资金8000多万元，建成了亚洲最大的水幕电影、熏衣草木屋王国、水上餐厅、森林水世界以及一批高档别墅。景区新增床位600多个，新增餐位1000多个，使盘龙峡景区成为一个同时能接待1000多人住宿、1500多人就餐的大型旅游休闲度假基地；通过多方筹资，在悦城龙母祖庙内种植了一批大型古榕树，较好地恢复了《悦城龙母庙志》所载龙母祖庙"古榕胜境"的历史原貌；进一步扩大了德庆县旅游服务咨询中心的规模，重新装修、配套完善了有关设备设施，提高了服务档次，并与肇庆金世纪旅行社德庆营业部合作，24小时为游客提供食、住、行、游、购、娱等全方位的旅游咨询和协助服务。

怀集县：引进朝岩景区旅游发展有限公司投资800万元开发经营燕山（朝岩）风景区，在"五一"黄金周正式向游客开放；燕岩景区扩建了停车场，修建了旅游购物街，并利用省旅游扶贫资金进行了燕岩改道及路面硬底化工程，解决了当地村民及车辆穿洞而过的问题，减少了噪音，防止了对景观的人为破坏，改善了金丝燕的生存环境和燕岩的生态条件；利用省旅游扶贫资金在世外桃源景区建设了旅游购物街，并对世外桃源村的村容村貌进行了改造；协助投资商在世外桃源景区租了80亩土地，扩种了桃花和法国普旺罗斯薰衣草及一些珍稀植物；在燕峰峡温泉漂流度假区增建了温泉博物馆、空中蓝球场，完善了浸泡温泉、漂流的防护设施等。

封开县：封开龙山景区投入150万元进行了一系列的配套设施建设，包括桃花岛休闲娱乐设施建设、旅游运动项目建设、康乐设施建设和龙山大佛的重新包装及完善相应的配套功能设施等。封开千层峰景区作为省级重点风景名胜区——龙山风景名胜区五大景区之一，封开县将该景区基础设施建设作为2007年旅游资源整合开发的重点项目，完成了生态露营基地（可同时容纳500人）、短道漂流、游泳池、登山道、停车场和游客服务中心建设等。

广宁县：完成了罗锅大竹海景区观竹亭游道和停车场的建设，罗锅老街恢复了部分商铺旧貌，使景区初具规模。

【旅游商品开发】 肇庆市的旅游纪念品主要有各景区的明信片、邮册（鼎湖山）、印有风光景点的扑克牌以及反映肇庆风光如七星岩、鼎湖山的VCD等；旅游工艺品主要有名列四大名砚之首的端砚，木雕、檀香扇、香木扇、牛骨扇、高要草席、鼎湖山拐杖、四会玉器、广宁广绿玉、广宁和怀集的竹器等；旅游用品有肇庆昆庆毛毯，高要的红木家具等；旅游食品主要有肇庆裹蒸粽、肇庆塘莲藕、肇庆排粉、蓝带系列啤酒饮料、德庆贡柑、四会沙糖桔、广宁竹笋、怀集"冻顶"茶等；属于药材类的有落实、鸡蛋花、紫背天葵、七星剑花，德庆的巴戟、何首乌，怀集的燕窝等。

在肇庆旅游嘉年华之"肇庆市旅游商品大评比"活动中，各县（市、区）选送的近100种旅游商品参加了评比。经过评选，评出了"肇庆市十佳旅游商品"，其中旅游土特产类5种，分别是端州区的"老端城"土特产、鼎湖区的"裹香皇"裹蒸粽、怀集县的"六十日"黄菜、广宁县的"柏运达"竹制品、德庆县的"龙母"南药；旅游工艺品类5种，分别是四会市的"玲珑坊"玉饰、广宁县的"广绿玉"玉石饰品、肇庆市城区的"情豆缘"相思豆、高要市的"金鼎"黄金工艺品和端州区的"鼎塔擎天"宝鼎。

【金林水乡景区】 位于德庆县官圩镇金林村，是一个以自然农村古村落为基础开发建设，以反映农业生产过程、农村风貌、农民劳作和生活场景等为主要内容的旅游景区。基于金林水乡独有的资源优势和特点，在景区开发建设之初，即定位为生态农业旅游景区，先后投入资金500多万元完善景区的基础设施。景区自2003年开业至今，共接待游客70多万人次，直接旅游收入1000多万元。金林水乡景区的开发建设，为当地创造了巨大的经济效益和社会效益，大大提高了村民的生活水平，带来了新的思想观念和新的生活方式。2003年12月，金林村被省政府评为"文明示范村"，同年被省环保局评为"生态示范村"。2004年1月，被肇庆市政府评为"生态文明村"，同年3月，被广东省旅游局和肇庆市政府评为广东省旅游扶贫重点项目和旅游扶贫示范点。2005年被国家民政部、司法部评为"全国民主法治示范村"。2006年德庆县金林水乡通过国家检查组验收，成为"全国农业旅游示范点"。

【红色旅游】 肇庆市位于广东中西部，全市的"红色资源"多达十几处，包括孙中山游泳处、西江地区第一个中共组织、叶挺独立团团部（旧址）、彭湃旧居、中国人民解放军粤桂湘边纵队司令部等。肇庆市加大对红色旅游资源的保护、整合、包装，配套完善了相应的参观游览接待设施，组织策划了多条红色旅游精品线路。红色旅游已成为肇庆市重要的旅游增长点。

【旅游扶贫工程】 2007年，七星岩夜间文化表演项目，怀集的岳山温泉休闲度假区、世外桃源景区，广宁的螺壳山风景区，封开的千层峰景区、广信驿站，德庆的黄龙盆地休闲旅游度假区，四会古法造纸景区这8个旅游扶贫项目获得省旅游扶贫资金共600万元。自开展旅游扶贫工作以来，肇庆市共有25个旅游项目累计获得省旅游扶贫资金1810万元。

【创建旅游强县】 德庆县委、县政府按照省旅游局创建“广东旅游强县”的标准和肇庆市旅游发展局关于在全市旅游行业中开展“七大创建”活动的要求，努力开展创强工作。德庆县通过创强，促进了全县社会经济加快发展，健全了旅游管理工作机制，优化了旅游发展环境，增强了旅游产业综合实力，完善了旅游配套设施体系，提高了旅游接待服务水平，形成了一个休闲的山水旅游城市。旅游业成为了德庆的支柱产业。2007年，德庆县共接待游客263.3万人次，旅游总收入14.88亿元，占全县GDP的比重达38.3%；旅游税收达4595.4万元，占全县财政收入的21.2%，成为德庆最重要的“财源”。

精神文明建设与旅游教育培训

【旅游系统精神文明建设】 肇庆市旅游发展局根据旅游行业特点，充分发挥工青妇等群众组织的作用，创造性地开展各项精神文明创建活动。2007年，肇庆市旅游发展局被中共肇庆市委评为全市精神文明建设先进单位；七星岩景区黑岩洞讲解班被团中央评为“全国青年文明号”；肇庆市中国旅行社导游孔娆娆被国家旅游局评为“全国优秀导游”。

【旅游行风建设】 肇庆市旅游发展局2007年机关作风建设主要抓好八项工作：一是加强旅游系统干部职工思想教育，增强了服务意识；二是改进工作方式方法，提高了服务水平；三是完善各项规章制度，规范了办文程序；四是坚持依法行政，规范了服务行为，维持了良好的市场秩序；五是推行党务政务公开，实行“阳光政务”；六是加强党风廉政建设，构建惩防腐败体系；七是开展服务基层，服务群众活动；八是积极开展“六带头三服务两促进”主题实践活动。

【旅游教育培训】 2007年重点加大对政务接待导游的培训工作，组建了一支政务接待导游队伍，聘请资深旅游专业教师专门对政务导游进行系统培训，并在主要接待单位选派5名政务导游参加省旅游局举办的政务导游培训班。通过培训，提高了肇庆市政务导游的整体素质，提升了政务接待水平，在2007年七星岩、鼎湖山等主要景区的重大政务接待中发挥了重要作用，树立了肇庆旅游的良好形象。

【旅游院校（系）】 肇庆市设有旅游系或旅游专业班的院校有：肇庆学院、肇庆市工程技术学校、肇庆市商业旅游中等职业学校、肇庆市工业贸易学校、肇庆市商务技工学校、肇庆职业学校、肇庆贸易中专学校、肇庆市工商职业技术学院、肇庆市商务学校、肇庆市外语中等职业学校、肇庆旅游学校、肇庆市华洋外语中等职业学校和肇庆市南国艺术职业学校。

纪　事

1月16日 肇庆市旅游发展局与肇庆市国资委签订《市属国有旅游企业交接协议书》，将肇庆旅游集团有限公司和七星发展公司等31家国有旅游企业移交给市国资委管理。

3月7～10日 省旅游局局长郑通扬在肇庆市政府孙德副市长和有关部门负责人陪同下，对肇庆市的旅游资源特别是森林旅游资源进行考察调研。

5月11日 全国政协副主席张怀西、民进中央副主席严隽琪、王佐书等一行到七星岩景区参观考察。

6月16日 肇庆市首次成功举办高规格的旅游招商推介会。

6月22日 柬埔寨副总理兼国防部长涅文才到肇庆星湖风景名胜区参观游览。

6月29日 肇庆市旅游工作会议在市委小礼堂召开。

8月30日 在第三届全球人居环境论坛暨全球人居环境表彰活动颁奖典礼上，肇庆星湖风景名胜区被授予“全球优秀生态旅游景区”称号。

9月28日 德庆盘龙峡“盘龙天堂”首期工程建设竣工。

10月1日 肇庆首家五星标准酒店奥威斯酒店试营业。

10月13日 位于鼎湖区321国道旁的“裹香皇”游客服务中心建成投入使用。

10月29日 肇庆市召开旅游形象定位座谈会暨肇庆旅游外省市场营销策划成果汇报会，提出了“南国旅游休闲之都——肇庆”的旅游城市形象定位。

11月8日 肇庆市举办的首届旅游景区（点）金牌导游（讲解）员大赛结束。

11月24日 德庆悦城龙母祖庙举办首届龙母感恩节，来自美国、马来西亚、新加坡、加拿大、新西兰、法国等10多个国家和地区的100多名华侨社团负责人参加，按当地传统习俗拜谒龙母，并举行了“世界华侨华人朝圣龙母基地”挂牌仪式。

11月25日 原国务院总理李鹏携夫人参观考察了肇庆星湖风景名胜区。

12月中旬 肇庆市副市长孙德率团前往香港拜访香港旅游业议会，双方就加强肇港两地旅游合作交换了意见，并达成合作意向。

（童益南）

清远市

综 述

【总体情况】 2007年，清远市围绕“和谐城乡游”的主题，创新旅游发展思路，全市旅游业保持快速发展的态势。据统计，全年全市接待过夜旅游者300.54万人次，比上年增长37.03%。其中，国内旅游者285.27万人次，比上年增长34.97%；入境旅游者15.27万人次，比上年增长91.77%，占全市总接待人次的3.25%。全市实现旅游总收入47.87亿元，比上年增长30.72%。旅游经济持续快速健康发展，给地方税收快速增长提供了充裕的税源，为全市一般预算收入强劲增长和第三产业的发展作出了贡献。

【全市旅游工作会议】 6月27～29日，清远市市委、市政府在连州市召开全市旅游发展大会。清远市委书记陈用志围绕“落实大战略，发展大旅游”的清远旅游发展战略，重点阐述了“八个大”：一是实施大规划，指导大发展；二是引进大企业，发展大旅游；三是发展大水电，还原大生态；四是打造大品牌，着眼大未来；五是整合大资源，发挥大效益；六是组织大推介，树立大形象；七是建设大配套，营造大环境；八是组织大培训，提升大服务。副市长曾贤林对近年来的旅游工作进行了全面总结，提出了今后的工作要求，省旅游局局长郑通扬出席会议并讲话，市旅游局刘柏洪局长作了发言。会议总结交流了加快清远旅游业发展的经验做法，讨论研究清远市旅游发展总体规划及开心清远活动方案。同时还召开了清远市旅游行业贯彻全市旅游发展大会精神暨2006年度优秀旅游企业表彰大会，对年度优秀旅游企业进行了表彰。

【《清远市旅游发展总体规划（2007-2020）》通过专家评审】 全市旅游总体规划编制工作从2005年8月正式启动以来，历经旅游现状调查阶段、研究讨论阶段、初步成果阶段和最终成果等四个阶段。在整个编制旅游规划的过程中，中山大学编制组多次与清远市各级政府和旅游部门开展互动、交流与沟通，共同探讨规划发展相关问题。2007年1月，出台了《清远市旅游发展总体规划（2007-2020）》（以下称《规划》）征求意见稿，《规划》为清远市旅游业的发展目标定位、主题定位、市场定位、功能定位和战略定位；3月，在广泛征求各级政府和相关部门意见后，清远市政府常务办公会议对《规划》开展专题讨论；6月，在全市旅游发展大会上，《规划》已列入大会的议程，并将全市旅游发展大会上明确的“十一五”旅游发展“实现三个目标，四个上新水平”写入《规划》之中，形成了总体规划评审稿；8月24日，《规划》通过专家评审。编制组在充分吸收有关专家和各方面意见后，形成了完整文本。

【“开心清远”活动启动】 7月1日，清远市举办规模盛大的“开心清远”活动启动仪式，清远市市长陈家记、副市长曾贤林等参加启动仪式和新闻发布会，这一活动是清远旅游业的首创，也是市委市政府重视、关心和支持旅游业发展的具体体现。它以清远的旅游景区景点为主体，集宣传、保险、奖励、娱乐和统一印制门票于一体的旅游营销体系，旨在通过全面整合旅游资源，统一宣传推介，树立清远新形象，提高清远旅游的知名度和吸引力。活动实施半年多来，已得到越来越多旅游企业的支持、拥护，扩大了清远旅游的知名度和影响力，是很好的宣传促销方式和手段。“开心清远”活动实施方案是经市委常委会议和市政府常务会议讨论通过，是全面深入贯彻落实科学发展观，深化“后花园”发展战略，

“开心清远”活动启动仪式

实现旅游旺市的重大举措。

【清远喜获“欧洲人最喜爱的中国景区”】6月18日（日内瓦当地时间），在2007欧中旅游合作论坛组委会组织的评选活动中，清远温泉、漂流以压倒性优势胜出，与云南丽江等中国9个著名景区同获“欧洲人最喜爱的中国景区”称号，这是清远市获得的首块国际级旅游品牌。清远市市长陈家记，市委常委、宣传部长雷广财接受了国际旅游联合会主席埃里克·杜吕克、日内瓦旅游局局长佛朗索瓦·布里昂先生颁发的牌匾和证书。

【打造一批旅游精品品牌】 2007年，清远市继续实施旅游品牌发展战略。6月18日，清远温泉、漂流在2007欧中旅游合作论坛组委会组织评选活动中，获“欧洲人最喜爱的中国景区”称号；6月29日，在全市旅游发展大会上，国家地质学会授予清远“中国奇洞之乡”荣誉称号，这是全国唯一获得该称号的城市；9月8日，在北京钓鱼台国宾馆举行的“中国休闲经济发展论坛”大会上，清远市荣膺全国首批“中国生态休闲旅游城市”称号，也是广东唯一获此殊荣的城市；9月下旬，在广东省投资促进局举行的粤西北经济合作交流会上，清远市荣获“港澳和海外华人眼中最具魅力的休闲度假之都”称号；11月27日，国家旅游局评定清新县玄真古洞生态旅游度假区、飞来峡水利枢纽风景区、黄腾峡生态旅游区、碧桂园假日半岛故乡里旅游度假区4个景区为国家4A级风景区，至此清远市已拥有6个国家4A级风景区，成为目前全省拥有4A景区最多的地级市；11月28日，清新县被国家旅游局授予首批“中国旅游强县”称号，成为全国17个获此殊荣的县之一。此外，在“2007中国旅游精品推广大会”上，清新县被授予“中国优秀旅游名县”称号，并被国家有关部门评为“中国县域旅游品牌百强县”；连州市被中国传统文化促进会、中国生态学会旅游生态专业委员会评审入选为“中国生态旅游大县”；星辉旅行社连续三年获得全市唯一“全国百强国内社”称号。

【“十一五”旅游规划执行情况】 2007年，在清远市召开的全市旅游发展大会上提出“十一五”期间“三个实现，四个上新水平”的战略目标。“三个实现”：一是实现年接待游客量1800万人次；二是实现50%的县（市、区）创建成为中国旅游强县或广东省旅游强县（特色县）；三是实现创全国的区域品牌10个以上。“四个上新水平”：一是旅游景区（点）上新水平，拥有10个以上国家4A级旅游景区；二是环境配套上新水平，拥有10家以上五星级饭店，10个以上超百万平方米的购物商场；三是服务质量上新水平，90%以上的导游达到持国证上岗要求；四是游客结构上新水平，境外游客占游客总量的10%以上。

旅游接待与收入

【入境旅游】 2007年，清远市接待入境游客43万人次，其中接待过夜入境旅游者15.27万人次，比上年增长91.77%，平均停留天数为1.27人天；旅游外汇收入2895.47万美元，比上年增长78.63%，占全省0.33%。

【国内旅游】 2007年，清远市共接待国内游客1280万人次，其中接待国内旅游者285.28万人次，比上年增长34.97%；国内旅游收入45.66亿元，比上年增长29.25%，占全市旅游总收入的95.38%；旅行社组团国内游人数28.92万人次，其中省内游18.99万人次，省外游9.92万人次。平均停留天数为1.11人天。

【出境旅游】 2007年，清远市组团出境游人数为6469人次，比上年下降25.73%，其中港澳游6141人次，出国游328人次。

【黄金周接待和收入】 2007年春节黄金周，全市共接待国内外游客56.03万人次，同比增长3.76%；旅游总收入1.44亿元，同比增长5.11%。

“五一”黄金周，全市共接待国内外游客61.42万人次，同比增长10.79%；旅游总收入2.33亿元，同比增长32.39%；星级酒店共接待过夜旅游者8.57人次。

“十一”黄金周，全市共接待国内外游客64.03万人次，同比增长11.83%；旅游总收入2.43亿元，同比增长46.38%；星级酒店共接待过夜游客9.6万人次。

旅游宣传促销与节庆活动

【香港--清远旅游推介会】 10月12日，清远市在香港举办了以“开心清远旅游首选”、“清远温泉与漂流——欧洲人最喜爱的中国景区”和“港澳与海外华人眼中最具魅力的休闲度假之都”为主题的推介会。推介会上清港双方签订无障碍旅游合作协议、两地旅行社合作协议、旅游投资合作协议等，共签约40亿元的旅游开发项目合同资金。清远市市长陈家记在推介会后接受境内外记者采访，称赞这次推介会准备充分，组织严密，成效显著。香港旅游业议会于10月27～28日，组织近400人的代表团回访清远市，考察了清远市的旅游资源，签署了香港至清远部分旅游景区直通旅游大巴合作协议，进一步搭建了清港双方旅游界的交流与合作平台。

【第二届广东国际温泉旅游节】 11 月 20 ～ 22 日，清远市佛冈县聚龙湾天然温泉度假村举办第二届广东国际温泉旅游节暨清远温泉嘉年华活动，来自世界各地的温泉旅游行业官员、专家学者、温泉企业总经理聚首清远。期间，举办了温泉学术报告会、广东温泉形象代言人评选、大众温泉摄影与征文比赛、温泉旅游生活展、温泉旅游普及月和《泉在广东》首发式等，签署了粤、湘、桂边界三地区域旅游合作协议。整个活动规模大，规格高，内容丰富，参与人员多，邀请嘉宾广泛，达到了预期效果。来自意大利的全球温泉气候联合会秘书长索利曼先生对清远温泉旅游资源与环境给予高度评价，就全球温泉气候联合会如何加强与广东、清远的旅游合作交流提出建设性意见。这是广东温泉协会成立以来首次举办的大型国际性温泉文化交流活动，也是全国首次国际性的温泉文化推广活动，旨在传承温泉文化，升华温泉品牌，做强温泉产业，拓展温泉休闲，提升清远作为广东地级市首个“中国温泉之乡”的国际影响力。这项活动被列为广东国际旅游文化节的系列活动之一。

第二届广东国际温泉旅游节暨清远温泉嘉年华活动

【旅游宣传促销】 2007 年，清远市市委书记陈用志、市长陈家记、副市长曾贤林和市旅游局局长刘柏洪等领导分别在欧美、东南亚等国家和地区进行经贸及旅游考察活动。期间，他们十分注重向世界各国的友人推介清远旅游资源特色、旅游环境和投资优惠政策，通过播放清远旅游 DVD 宣传片，赠送旅游宣传资料，让世界各国友人了解清远，为清远旅游走向世界起到了很好的推动作用。清远市旅游局还积极组团参加在日本以及广州、厦门、长沙等国内外旅游宣传促销推介会。清远市主要领导和旅游部门负责人多次接受中央、省和香港等境内外媒体的专题采访，充分发挥媒体作用，扩大对清远市的旅游宣传。香港凤凰卫视、亚视、大公报、文汇报、南方日报、信息时报等各大媒体以专题或大的篇幅宣传推介清远旅游特色、旅游精品线路、旅游美食等资源。

【第二届清远（乡村）旅游美食文化节】 2007 年元旦，清远市旅游局为落实“中国乡村游”主题年活动，推动清远市乡村游更快更好的发展，承办了“第二届清远（乡村）旅游美食文化节”。清远市旅游局和市委宣传部、市电视台联合主办“厨神争霸赛”活动，弘扬并发掘清远地方特色美食文化，推动了清远旅游餐饮业的发展。本届美食文化节盛会，参展商家有 300 多家，参观人数超过 30 万人次。

旅游行业管理

【旅游市场监督管理】 2007 年，清远市旅游质量监督所加强对旅游市场监管力度，落实重大节假日值班制度，组织质监人员开展旅游执法，维护旅游正常秩序，做好游客投诉处理工作。全年共查处违规导游 16 人次，收缴伪造导游证或不合法证件 10 个，现场罚款 800 元，接受旅游咨询电话 600 多个，旅游投诉电话 90 多个，受理游客有效投诉 40 宗，全部得到妥善解决，理赔金额 85000 元。加强与安监、质监、交通、消防等部门的合作，加大了对酒店、景区重点单位和特种旅游项目的安全检查力度，治理安全隐患，确保了全年旅游无重大安全责任事故。

【旅行社管理】 2007 年，依照《旅行社管理条例》对全市旅行社开展年检，对零负团费、违规或虚假广告进行了专项治理，为旅游行业提供公平竞争的平台。截至 2007 年底，清远市拥有旅行社 38 家，其中国际社 3 家，国内社 35 家。有 1 家国际旅行社申请取消组团社资格获批准，1 家旅行社因质保金问题被注销。全年新审批 2 家旅行社。

【导游员管理】 通过报刊、电视和旅游网信息发布，积极组织人员参加导游资格报名考试，全年组织导游人员报名达 727 人次，共有 123 人通过全国导游人员资格考试，取得初级导游资格证书。2007 年全市在册持证导游 616 人，有 4 名初级导游通过导游资质考试获得中级导游资格证书，2007 年全市共有中级导游员 5 名。

【旅游饭店管理】 2007 年 3 月，碧桂园假日半岛酒店经国家星评委评定为国家五星级饭店，成为粤北地区首家国家五星级饭店；连南迎宾馆评定为三星级饭店。全市按有关要求做好旅游星级酒店的评审和复核工作，6 家到期复核的四星级饭店经过评审，顺利通过复核验收。有 8 家三星级以下饭店在年度复核过程中，因设施设备、服务质量等方面已经不能达到星级饭店标准的要求被取消星级饭店资格，并在媒体予以公布。截至 2007 年底，清远市拥有星级饭店 48 家，其中五星级饭店 1 家，四星级饭店 6 家，三星级饭店 20 家，二星级 18 家，一星级 3 家。

【旅游协会】 2007 年，清远市旅游协会注重发挥服务社会的作用，多次组织旅游酒店之间开展观摩和交流；举办了乡村旅游美食节，弘扬清远美食文化；组织了旅游企业迎“七一”文艺晚会等活动，展示清远旅游发展成就和风采；组织了旅游企业开展扶贫助学活动，给扶贫点阳山县杨梅镇大平村小学捐资 9000 多元及教学设备一批，给清远社会福利院孤儿捐款 12000 多元。

旅游资源开发和景区（点）建设

【旅游投资】 2007 年，清远市营造良好投资环境，旅游资源得到进一步开发。清新县年度各旅游企业招商引资合同投资总额达 35.43 亿元；清城区引进颐杰鸿泰集团首期投资 35 亿元升级改造狮子湖旅游度假区和五星级主题会议酒店；佛冈县引资 20 多亿元建设羊角山水度假森林，首期投资超过 6 亿元。在香港旅游推介会上，佛冈县还签订了 39 亿元的合同资金兴建良洞水库旅游度假区。英德市合同签约资金 36 亿元，其中引资 3 亿元拟全面开发改造英西奇特峰林景区，投资超 3 亿元的仙湖温泉度假区和投资 1 亿元的黎溪天骄影视基地正在建设中。宝晶宫景区、连南千年瑶寨拟通过走产权不变、经营权转让的模式，加快景区的升级改造。连州市引资 1.5 亿元开发升级小北江休闲观光旅游景区。据统计，清远市旅游企业全年引资额度超百亿元，一批高档次旅游酒店落成营业，如按五星级标准建设的索菲特丽豪大酒店、清新花园酒店；一批新的旅游景区开门迎客，如佛冈羊角山水度假森林景区、清新县古龙峡生态旅游区、英德溶洞温泉度假区、阳山神笔洞旅游度假区等。清远市的旅游接待规模和水平得到进一步提高。

【飞来峡水利枢纽风景区】 位于清新县飞来峡镇，主要由枢纽工程景观、库区风光和周边旅游景点形成的旅游风景带。工程总投资 52.9 亿元人民币，控制流域面积 34097 平方公里，水库总库容 19 亿立方米，最大坝高 52.3 米，主副坝长 2952 米，装机容量 14 万千瓦，船闸可通过 500 吨级组合船队。库区内的浈阳、盲仔、香炉三个峡谷素有“小三峡”之称，轻舟畅游北江，观光湖面，让游人尽情领略大自然的秀丽景色，景区内建有园林式的三星级标准绿色度假村，有可接待 200 多人的会议室。飞来峡景区还是国家水利风景区、广东省爱国主义教育基地，2007 年 8 月，被国家旅游局评为 4A 级风景区。

【碧桂园故乡里旅游度假区】 坐落在风景秀丽的清远市清城区石角镇，毗邻广清高速公路，坐拥 8000 亩原生态天然水库，环境得天独厚。它创建于 2005 年 8 月，占地 200 余亩，首期开发 120 亩。该主题公园的修建旨在“重现历史，留住记忆，回归自然，展示文化”，展现清末民初祖辈的生活场景。景区主要分岭南古建筑、祖辈生活展示（含大型祖辈生活物品展与栩栩如生的蜡像情景）、百艺坊、拓展竞技场（分陆上竞技与水上竞技）、农庄、桑基鱼塘与动物园七个区域。它是南中国独具岭南特色的文化村，建筑风格以岭南水乡风貌为基础，采用原址搬迁的方式，直接选取来自岭南水乡古镇的、具有上百年历史的古旧材料，真实再现岭南水乡古村镇的传统风貌和发展史，是清远市首个集中华民间绝艺展示，古建筑群落展现、民俗风情表演及休闲游乐为一体的古时村落，逼真再现清末民初祖辈生活的场景。碧桂园度假区被清远市清城区、清新县等地教育主管部门列为广州市中小学生综合实践教育基地之一，2007 年 8 月，被评为 4A 国家级旅游景区。

碧桂园故乡里

【黄腾峡漂流】 位于清城区东城街，黄腾峡漂流全程勇猛漂 4.8 公里，天然猛士漂 2.8 公里，连接观景勇士漂 2 公里，河道总落差 168 米，最高落差 12 米，最长落差近百米，大小落差有 130 多处，是其他地区漂流无法比拟的。被誉为“小九寨”的黄腾峡神秘峡谷漂流，水质、风景、空气一流，被旅游界人士锁定是目前中国最具吸引力、最刺激、最好玩的漂流。冠以“漂流之王”之称，2005 年被国家水上体育局指定为全国自然水域漂流系列大赛（广东清远）赛区之一，并承办赛事闭幕式。2007 年 8 月，被旅游局评为 4A 级风景区。

【清新县玄真古洞生态旅游度假区】 坐落在清远市清新县城北侧，占地 12000 亩，是一个以“享受山水乐趣、探索自然奥妙、休闲度假”为主题的综合型旅游区。景区离清远市区约 2 公里，车程不到 10 分钟，交通便利，集山水、奇石等自然景观，宗教文化，以及峡谷漂流、幽谷探险、丛林野战、拓展基地、别墅酒店、风味餐厅、会议中心、康体休闲中心、山水泳场、烧烤吧、特色表演、烟花燃放场等娱乐项目于一体。其纯天然的峡谷漂流河道为漂流行业中的经典之作:河道全长4.3公里，糅合了勇士漂、探险漂、徊旋漂、奔驰漂、瀑布漂的峡谷激流特点，沿途突显出独有的水石文化，水天山色，美不胜收。河道落差有60多处，共180多米，全程漂流需时约90分钟。除漂流外，玄真景区还投入巨资打造出设备、师资均属一流的雪狼国际拓展基地，特设清远地区独有的水上拓展项目——抢滩登陆，并打造出450人的超大型会议中心。景区获得2007年清远“行业状元”、“清远市最佳漂流”称号和由《品牌中国》评审委员会颁发的“中国县域旅游品牌百强景区”、“广东省最受欢迎自驾游景区”等荣誉。2007年11月，该景区获国家旅游局颁发“国家4A级旅游景区”称号，成为全国首个国家4A级漂流景区。

【聚龙湾天然温泉度假村】 坐落在清远市佛冈县汤塘镇，京珠高速公路汤塘出口的106国道旁。由香港东洋集团东新（佛冈）温泉开发有限公司按国家五星级、国家4A级风景区标准投资兴建，集旅游度假、温泉疗养、商务会议、餐饮住宿、健身休闲、中外贵宾接待等功能于一体的综合型度假村。度假村占地面积27万多平方米，拥有近700余套客房，其中各式高标准商务客房400余间，风格各异的私家温泉别墅与乡村别墅60余栋。酒店内附设大型独特风味的自助餐厅及中式贵宾房、高级宴会厅和环境优雅的西餐厅，可同时容纳近千人用餐；多个大、中、小型会议室可接待各类高档会议，并提供完善的会议配套设施；休闲的网吧、乒乓球、桌球、网球，为爱好娱乐的宾客提供丰富的活动项目；户外露天烧烤场会集本地特产，尽享美食与休闲；户外拓展野战基地拥有国内先进的拓展设施和完善的师资力量，成为公司企业团队精神磨炼，个人潜能发掘的优良培训处所。富丽堂皇的贵宾楼、雍容气派的国际会议中心、田园风情的农家乐菜馆，以及即将开业的二期工程国际娱乐休闲中心、棋牌室、桑拿足浴等，将为四海宾客提供更多的配套设施与服务。

聚龙湾

【旅游商品（续）】

〖**连山天然蜂蜜**〗新鲜的蜂蜜是透明或半透明的黏稠液体，其色泽随蜜源植物种类不同而差异较大，从无色至深琥珀色。优质蜂蜜的含水量在19.2%以下，富含维生素、蛋白质、有机酸、矿物质等营养成份，是一种营养丰富的天然滋养食品，也是最常用的滋补品之一。

〖**连山太保白果**〗产于连山太保镇，这里的白果已有数百年的种植历史，仅百年以上的树龄就有30多株，其中连塘村的一株“千年银杏王”要3人才能合抱。白果能温肺益气，定喘咳，治尿频，止白浊。

【旅游扶贫工作】 2007年，清远市连南千年瑶寨、英德彭家古堡、阳山神笔洞、佛冈洛洞等扶贫项目获得省旅游扶贫资金240万元。10月，全省旅游扶贫培训班在清远市举办，来自全省61个旅游扶贫的县（市、区）旅游和财政部门分管领导参加了培训，听取了清远市开展旅游扶贫工作的经验介绍。

【旅游强县（市）工作】 11月28日，清新县被国家旅游局授予首批“中国旅游强县”称号，成为全国17个获此殊荣的县之一；4月23日召开的全省旅游工作会议上，省政府常务副省长汤炳权亲手将“广东省旅游强县”牌匾颁发给阳山县县长温湛滨。这是清远市继清新县之后，第二个获得该荣誉称号的县。连州市以高分被评为广东省旅游强市，城市中轴线、沿江景点和旅游城市功能配套建设使城市面貌发生了新变化。2007年，英德市政府投入1.15亿元，完成了市区13条主干道路的改造，城市道路实现了黑底化、绿化、亮化、美化，有效改善了市容环境，完成了滨江公园、龙山公园、浈阳湖西湖的建设和人民大桥的维修，解决了中心城区没有公园和游客休闲场所的问题。英德市还加强城市的绿化，市区公共绿地面积增加了61万平方米；在各主要交通路口设置了120多根标准旅游路牌路标；改建和新建旅游厕所12间。完善公共图形信息符号;设立旅游咨询服务点4处;规划建设形成了美食一条街、酒吧一条街和旅游特产购物一条街，打响英德的美食、英石、茶叶、文化等品牌。

精神文明建设和旅游教育培训

【旅游精神文明建设】 2007年，清远市旅游局通过局机关自筹和发动旅游企业捐资的办法，筹集资金5万多元，为阳山县杨梅镇太平村解决了村民食水工程、学校设施配套和村公路硬底化建设，并帮助该村实现了全年集体经济收入超3万元的目标。在全市旅游发展大会上，清远市旅游系统表彰奖励了一批旅游行业先进单位和个人，对清新县旅游局、阳山县旅游局2个旅游工作先进单位以及杜志彪等10名旅游工作先进个人进行表彰奖励。清远市旅游局、市旅游协会对评选出的十佳旅行社、十佳酒店、十佳旅游景区、最佳温泉和最佳漂流以及45家旅游诚信酒店分别进行表彰奖励。

【旅游教育培训活动】 2007年，全市选拔9名饭店中高级管理人员参加省旅游局组织的培训，并取得岗位培训资格证书；选拔了一批山区优秀导游参加省旅游局在惠州举办的优秀导游人员培训班；组织两期学习班共50多人参加由省举办的旅游扶贫培训班“农家乐”活动；组织全市旅游统计人员、导游人员先后分两批次开展培训学习和参观考察。清远市旅游局与中国电信清远分公司联合举办旅游企业信息化服务巡回培训。清远市旅游局还专门派出专业人员到各县（市、区）给培训班授课，指导开展旅游统计抽样调查和导游人员景区实地讲解。编辑出版了《清远旅游景区景点导游词》。

纪　事

1月6日 清远市旅游局领导班子实行新老交替。清远市副市长石芳飞到会讲评，市委组织部副部长朱振民宣读任免决定：原局长温国伟、副局长丘可照分别调整到市政府、市农业局任职，刘柏洪、虞卫旗分别担任市旅游局局长、副局长。

1月30日 “珠三角后花园•新年答谢会暨四周年庆典”活动在新银盏温泉度假村举行。

4月23日 阳山县被命名为“广东省旅游强县”。

4月23日 在中国县域旅游品牌高峰论坛暨颁奖仪式上，清新县荣获“中国县域旅游品牌百强县”称号，清新玄真古洞生态旅游区荣获“中国县域旅游品牌百强景区”称号。

4月27日 清远市连州爱地旅游发展有限公司焦德强总经理荣获人事部、国家旅游局授予的“全国旅游系统劳动模范”称号。

5月10日 中国地质学会旅游地学与地质公园研究分会对清远进行实地考察，授予清远市为“中国奇洞之乡”。

5月14日 清远碧桂园假日半岛酒店被评为五星级旅游饭店。

5月28日 “清新古龙峡杯”2007年全国自然水域漂流大赛开赛。

6月18日 清远市温泉、漂流喜获“欧洲人最喜爱的中国景区”殊荣。

8月23～24日 清远市政府在丁香花园酒店举行《清远市旅游发展总体规划（2007-2020）》专家评审会。

9月8日 在“中国休闲经济发展论坛”大会上，清远市荣膺首批“中国生态休闲旅游城市”称号。九届全国政协副主席孙孚凌、国家旅游局巡视员李克夫为清远市颁发了牌匾和证书。

10月12日 清远市政府、市旅游局在香港举办“开心清远•旅游首选”——清远温泉与漂流旅游宣传推介会。清远市荣获“欧洲人最喜爱的中国景区”、“中国生态休闲旅游城市”和“港澳与海外华人眼中最具魅力的休闲度假之都”。

10月27～28日 由香港旅游议会等单位组织的香港旅游界代表团400多人到清远访问考察。

10月26日 2007年广东旅游扶贫管理人员培训班在清远市索菲特丽豪大酒店举行了开班仪式，来自全省旅游扶贫点的146位旅游局局长和财政局局长参加了培训。

11月20日 “第二届国际温泉旅游节暨清远温泉嘉年华”活动在清远聚龙湾天然温泉度假村隆重开幕。

12月 清远市清新县玄真古洞生态旅游度假区、清城区黄腾峡生态旅游区、飞来峡水利枢纽风景区、碧桂园故乡里旅游度假区4个旅游景区获评为国家4A级旅游景区。

（张秀莲）

揭阳市

综述

【总体情况】 2007年，揭阳市旅游工作围绕打造“特色旅游城市”和推动“入揭旅游”两大主题进行。揭阳市委、市政府高度重视旅游业的发展，万庆良书记、陈弘平市长、叶少明副市长关心旅游工作，多次作出重要指示，并亲自带队调研和考察旅游工作；在3月份召开的市委四届三次全会上明确提出了“致力培育特色旅游城市”的目标，在6月份召开的市委全体扩大会议上提出：要坚定不移打造“文化生态旅游基地”等六大基地，“加快推进29公里‘金腰带’的建设，抓紧做好5000年中华历史文化景观长廊设计和建设，精心打造特色旅游城市”。《揭阳市2006-2015年经济和社会发展规划》提出，要大力发展旅游业，并从宣传促销、招商引资、创优工作、大型节庆活动等方面加大支持力度。

各县（市、区）党委、政府从各地经济社会发展的实际出发，积极推进旅游业的发展。如：揭西县大打生态旅游牌，提出“生态工业强县、旅游文化大县、绿色和谐揭西”的战略目标，把旅游业作为全县支柱产业，加大招商引资、资源整合和开发力度，开展“创建广东省优秀旅游强县活动”。全面提升旅游业的发展水平，使揭西成为粤东地区乃至广东省生态旅游最好的目的地之一；普宁市、揭东县加大旅游招商引资和旅游景区建设的支持力度，取得新的突破，普宁市的盘龙湾温泉度假区、南岩古寺旅游区、揭东县的万竹生态园旅游区等景区初具规模；惠来县加大资源的保护力度，县政府专门出台《关于加强旅游资源保护工作的通知》；市区音乐喷泉投入使用，东山区商业文化步行街和榕城学宫广场等项目的开发建设大大丰富了市区旅游要素。2007年全市旅游接待总人数达490万人次，比上年增长16.3%。其中接待过夜旅游者143.05万人次，比上年增长12.21%；旅游总收入17.98亿元，比上年增长10.21%；上交税金1330.31万元，比上年增长14.9%。

【旅游行业规模】 揭阳市旅游业在省旅游局和市委、市政府的正确领导下，从小到大，从散到集，取得长足发展，“食、住、行、游、购、娱”六要素基本形成，旅游业已成为全市国民经济新的增长点，第三产业的主要产业。全市现有一定规模和开发价值的旅游景区（点）70多个，其中主要旅游景区（点）15个，生态农业旅游点5个。经过建市10多年的整合、包装和打造，已有一批规模较大、颇具影响的历史文化和生态度假旅游的景区景点，揭阳已成为广东省重要的旅游度假目的地。如体现揭阳古城魅力的揭阳学宫、城隍庙、双峰寺、进贤门，体现揭阳新市建设的榕江大型音乐喷泉、榕江北河两岸景观长廊，具有亚洲玉都、中国玉都之称、享誉海内外的阳美玉都等都是受外地游客青睐的观光旅游好地方；投入巨资打造的生态度假旅游精品景区——揭西京明温泉度假区、黄满磜瀑布旅游区、普宁盘龙温泉旅游区以及揭西大洋高尔夫球俱乐部、惠来金海湾高尔夫球俱乐部已经成为广东颇具影响的生态度假旅游目的地。

揭阳市旅游企业队伍不断壮大。全市拥有一定规模的旅游饭店和度假村77家，客房总数4558间（套），床位8612个，其中星级饭店10家（五星级1家，四星级5家，三星级以下4家），待评定的星级饭店10家（五星级1家，四星级5家，三星级1家，二星级2家，一星级1家）。星级饭店客房总数1258间（套），床位总数2365个。共有旅行社18家，其中国际社3家，国内社15家，另有组团社2家。全市旅游系统经考试合格取得相关证书的有578人，其中持证的总经理60人，部门经理43人，导游人员119人，出境领队49人，持其他资格证的人员322人，基本上达到重点岗位和特种岗位持证上岗的要求。

【召开全市旅游工作会议】 7月18日，揭阳市在榕江大酒店召开全市旅游工作会议，各县（市）旅游局局长参加了会议。各县（市）旅游局汇报了各地上半年旅游工作情况和下半年工作打算，市旅游局局长谢锐锋在会上总结了全市旅游工作，对下半年旅游工作进行了部署。市政府副市长叶少明出席会议并作重要讲话，要求全市旅游系统按照“打造特色旅游城市”的要求，突出重点，找准突破口，加快旅游精品建设，加大对全市旅游的整体策划和宣传促销，努力打造一支业务精通、服务一流的旅游从业队伍，全面提升产业发展水平，以更大的决心、更新的理念和更加扎实有效的工作，推动全市旅游产业又好又快发展，为打造特色旅游城作出更大贡献。

揭阳市旅游局长会议

旅游接待与收入

【入境旅游】 2007年，揭阳市接待入境旅游者3.73万人次，同比增长25.80%。其中外国游客5695人，比上年增长31.37%；旅游外汇收入743.69万美元，比上年增长16.42%。

【国内旅游】 2007年，揭阳市接待国内旅游者139.32万人次，比上年增长11.89%；国内旅游收入17.41亿元，同比增长10.17%。

【出境旅游】 2007年，揭阳市各旅行社组团出境旅游人数970人次，同比增长44.8%。其中港澳游829人次，出国游141人次。

【假日旅游】 2007年，揭阳市春节黄金周接待游客85.44万人，同比增长0.6%。其中过夜旅游者2.54万人次，同比增长1.54%；一日游游客82.9万人次，同比增长0.2%；旅游总收入1.43亿元，同比增长2.1%。

"五一"黄金周接待游客35.48万人次，比去年同期增长11.7%。其中过夜旅游者2.29万人次，同比增长13.9%；一日游游客33.19万人次，同比增长11.6%；旅游总收入6359万元，同比增长12.6%。

"十一"黄金周接待游客65.85万人次，同比增长23.09%。其中过夜旅游者3.87万人次，同比增长75.91%；一日游游客61.98万人次，同比增长20.82%；旅游总收入1.77亿元，同比增长8.03%。

旅游宣传促销和旅游节庆活动

【概述】 2007年，揭阳市旅游局把推动"揭阳游"和推介揭阳城市形象作为工作的重点狠抓落实，打好"组合拳"，以大气魄、大手笔谋划和推进旅游宣传促销工作。利用多种渠道，整合多种资源，争取各界支持，把旅游宣传推介搞得有声有色，效果显著。

【组团参加2007香港国际旅游展览会】 6月13日，由叶少明副市长带队参加香港国际旅游展览会，各县分管旅游工作的领导，市县旅游局、各主要景区星级饭店和国际旅行社负责人共30人参加了活动。此次活动共设展位2个，以"山水、文化、名城"为主题，重点宣传城市新形象和历史文化、生态休闲度假特色旅游产品，共发放画册3000多份，折页10000份。在港期间，还首次举行"揭阳（香港）旅游推介座谈会"，邀请了香港旅游业议会的领导以及港中旅、康泰、骏升等20多家知名旅行社参加推介宣传，让揭阳市旅游界与港方旅游界同仁对接交流，加深了解，促进合作。

【第六届中国（揭阳）国际玉器节】 第六届中国（揭阳）国际玉器节于10月21～25日在揭阳市阳美玉都隆重举行。本届国际玉器节宗旨是"弘扬八千年玉器文化，展示新世纪珠宝辉煌"。玉器节本着"精"、"真"为原则，成功举办了开幕式、中国（揭阳）国际玉器珠宝商贸中心建设项目启动仪式、宝玉石行业协会高峰论坛、品牌招商推广会、阳美翡翠精品拍卖会、大型文艺晚会、玉器展销等系列活动，充分发挥"中国玉都"、"亚洲玉都"的品牌效应，展示了以阳美为典型代表的揭阳玉器产业的整体优势和精湛玉雕工艺的独特魅力，受到了海内外嘉宾和参展客商的一致好评。本届玉器节共有来自缅甸、泰国、新加坡等国家和香港、澳门、台湾、北京、上海、云南、河南、广州、深圳、四会、平州等地区的海内外客商和1000多家珠宝玉器企业前来参展、参会，知名玉器企业的高层人士及行内专业人士占80%以上。玉器节的成功举办，为揭阳市珠宝玉器产业的发展营造了一个更高层次的平台，为珠宝玉器企业拓展国内国际市场提供了机会，加强彼此间的交流和合作，实现互惠共赢，强化了揭阳市作为全国乃至亚洲高档翡翠加工、贸易集散中心的龙头地位，展示了揭阳奋发有为、强势推进发展的新形象，使玉器节成为揭阳走向世界、实现经济发展大跨越的一个强力助推器。

【揭西生态旅游文化节】 11月16～18日，揭西县县委、县政府和揭阳市旅游局联合举办了揭西生态旅游文化节。旅游节策划起点高，内容丰富多采，其中开幕式由中央电视台策划举办“欢乐中国行——走进揭西”大型文艺晚会，并在央视黄金时间播出，成为2007广东国际旅游文化节中全省11个分会场的最亮点，省市领导和省旅游局的领导对活动的成功举办给予了高度的评价。这次活动，邀请到海内外嘉宾和旅游界160多位人士参加，通过央视等强势媒体的传播，对于宣传揭阳和揭西的生态旅游文化、树立良好的城市形象起到了很好的促进作用。

【组团参加广东国际旅游文化节】 11月23日，由叶少明副市长带队，各县市分管领导，各主要旅行社、景区和星级酒店负责人共25人参加了2007广东国际旅游文化节暨泛珠三角旅游大会广州主会场的各项活动。在旅游文化节主要活动项目之一的泛珠三角旅游大促销暨国际旅游展销会上，揭阳市共租用展位2个，对全市特色旅游产品、线路进行重点宣传，共发放画册1000多份，折页近万份。揭阳市精心制作设计的以“山水、文化、名城”为主题的花车、花船格外引人注目，形象地展示了揭阳市丰厚的文化和秀美的风光，给人留下深刻的印象。在开幕式晚会演出和岭南民间艺术展演上，由揭阳市文化部门组织参加的英歌舞、潮州大锣鼓、潮曲、潮剧等节目也吸引了众多海内外游客。本届关东国际旅游文化节揭阳市是首次成为大会的分会场。

【旅游宣传促销】 2007年4月中旬，揭阳市借助榕江大型音乐喷泉定期表演的契机，邀请到粤东各大旅行社总经理到揭阳踩线，观赏喷泉，当地媒体分别推出了“潮汕一家亲，游揭阳观喷泉”、“好邻居常串门，游揭阳观喷泉”等主题宣传，主动推介揭阳游。周边各市旅行社纷纷组团游揭阳、看喷泉。市旅游局为了打开港澳市场和珠三角市场，扩大香港旅游推介会的成果，邀请了香港外游会、香港旅游协会和澳门、台湾等旅行社专程到揭阳踩线，以及省旅行社协会和广州、深圳等地主营粤东线路的旅行社负责人到揭西等地踩线。为了扩大揭阳的知名度，联系邀请央视“快乐中国”栏目组到揭阳市采访、拍摄市区名胜古迹及市区小梅花艺术团、南岩古寺、阳美玉都和揭西黄满磜瀑布、京明度假村等专题节目，录制了4期并在央视四套节目连续播出，取到了良好的宣传效果。揭西生态旅游文化节期间，共邀请160多位旅游界人士和90多家海内外媒体参加，通过多种层面“请进来”，让更多的旅游人士和媒体了解揭阳旅游资源，宣传揭阳旅游。

【开展“揭阳人游揭阳”活动】 为了改变揭阳市景区接待“外热内冷“的情况，市旅游局采取一系列措施，调动旅行社和景区合作的积极性，专门召开会议，为景区与旅行社牵线搭桥，提供平台，及时推出市区——揭西旅游专线，并取得良好效果。2007年旅行社组团揭西一日游的游客大幅度上升，并带动市内自驾游市场。市旅游局为了让广大市民更加地了解和领略揭阳市旅游和旅游景区的风采，“五一”前夕专门在市区东风广场举行“2007和谐城乡游启动仪式暨揭西生态旅游推介会”大型户外宣传促销活动，展示了揭阳市旅游景点的风貌，并推出多条揭阳一日游、二日游线路。揭西、普宁、揭东等县（市）也积极做好宣传推介工作，整合区域内的线路，向旅行社和市民推动一日游线路。通过多层面的推动，揭西的京明度假村、黄满磜瀑布，普宁的盘龙湾温泉度假村、南岩古寺，揭东的万竹生态园等景区（点）成为“揭阳人游揭阳”的新热点。

【出版《揭阳旅游》大型精美宣传画册】 为了全方位展示和提升揭阳旅游形象，市旅游局在叶少明副市长的指导下，在有关部门和全市各有关旅游企业的大力支持下，精心策划，加大投入，编印了《揭阳旅游》精美画册，受到了市领导和各界人士的好评。该画册被列入建市15周年庆典活动送给嘉宾的礼品，在参加香港国际旅游展览会和2007广东国际旅游文化节等活动上也赠送给重要嘉宾。

旅游资源开发和景区（点）建设

【旅游区（点）与基础设施建设】 2007年，揭阳市各地高度重视旅游资源的开发建设和旅游项目的招商引资工作。4月，“亚洲第一高喷”榕江大型音乐喷泉正式投入使用；揭西大北山森林公园京明度假村落成开业；普宁盘龙湾温泉度假村一期建成开业，二期工程奠基开工；揭东万竹生态园建成试业；普宁南岩古寺邀请省旅游发展研究中心进行总体规划，现已基本完成；大南山侨区八国风情园也已邀请省旅游研究中心进行设计规划；揭西京明度假村、黄满磜瀑布旅游区、石内河漂流，上砂开口石风景区、惠来黄光山露天大佛旅游区等景区（点）配套工程日趋完善；揭西京明温泉度假村申报4A级景区评定的各项工作正在抓紧进行。协助京明温泉度假村做好“全国农业旅游示范点”迎接国检，并于1月23日顺利通过检查验收。全市一大批旅游招商引资项目正在洽谈落实之中，这些都大大增强了揭阳市旅游景区的吸引力、竞争力和发展后劲。经过精心打造，揭阳市的生态度假旅游景区——揭西京明温泉度假区、黄满磜瀑布旅游区和揭西大洋高尔夫球俱乐部已成为粤东颇具规模的生态度假旅游目的地。

【广东旅游特色村——粗坑村】 粗坑村位于揭西县大北山区的京溪园镇，是革命老区，距大洋旅游区8公里、黄满磜瀑布旅游区仅1公里，是大北山168平方公里旅游开发区的腹地。这里四周高山耸立、鸟语花香，是让人们享受自然，返朴归真的旅游胜地。2006年被评为“广东最美丽乡村”。

该村共有589人，总面积11000亩。当地农民以种植茶叶、青梅、山姜、苗竹和养蜂等作为经济收入。为改变山区贫穷落后面貌，粗坑村充分利用旅游资源丰富的优势，引进深圳安远投资集团公司投资开发黄满磜瀑布旅游区，该旅游区占地5000亩，已投入1亿元建设，成为揭阳市旅游新亮点。旅游区的开发建设，拉动了当地经济的发展，随着道路、通讯的开通，促进了人流、信息流，前来旅游观光的游客与日俱增。为适应旅游业快速发展的需要，该村充分利用当地区位优越、生态完好、乡村气息浓的特点，组织农民开展“农家乐”旅游项目，如：采茶、制茶、食农家饭、购土特产等，让大都市的游客亲自参与采茶、制茶、采蜂蜜等活动，到农民家庭食农家饭，享受浓厚的农村气息，体验农村生活。同时，他们还充分利用大革命时期古大存、曾广等老一辈革命家组织抗征队参观了革命活动的旧址和《团结报》创刊地，开展“红色之旅”爱国主义教育。

【主要景区（点）介绍】

〖惠来海滨度假村〗 位于惠来县神泉镇华家村至溪东村一带海滨。距深汕高速公路惠来出口12公里，交通十分方便。度假村规划面积2000亩，其中陆地面积680亩，沙滩320亩，海面面积1000亩。整个度假村将由六大功能区组成：中心接待区、康体运动区、海滨休闲区、海洋美食区、古炮台游赏观光区和行政办公管理区。中心接待区将建设旅馆、餐厅、商务会所；康体运动区将建设配套海滨浴场、游艇观光；海滨休闲区将建设垂钓中心、露营营地、栈桥；海洋美食区将建成海鲜美食城。

〖榕江音乐喷泉〗 主喷188米，为目前国内最高，漂浮台长290米，宽45米，面积为目前世界最大，是中国南方最有影响力的大型高科技水景。它以“水上莲花”为主体形象，以“莲花道情”、“激荡天宇”和“踏浪放歌”三个篇章、20多种泉形喷式，表现榕江儿女创造时代伟业的壮志雄心。

榕江水上大型音乐喷泉

〖大北山森林公园京明度假村〗 是由深圳安远控股集团有限公司投资兴建。于2001年经广东省林业局批准建立。位于素有“群山环拱、碧水泱泱”之誉的揭西县南山镇，集观光旅游、休闲探险、科普教育及革命传统教育于一体的森林公园旅游度假村。

度假村位于北回归线北部边缘、揭西县城东北部，总面积3401公顷。属南亚热带季风气候区，年平均气温18～20℃，冬无严寒，夏无酷暑。年降雨量2400～2800毫米，雨季多集中在4～9月，春、秋季节较长。生态环境质量优良，空气负氧离子含量在1000～9520个/cm^3，对人体健康非常有益，噪声在35.2分贝以下，优于国家森林公园噪声40分贝的建设标准。森林覆盖率在85%以上。植物景观资源十分丰富，国内常见植物148科700多种，其中福建柏（国家二级珍稀濒危保护植物）约70公顷、大头茶（黄牛檀）林1933公顷、原始自然林1149公顷、毛竹林67公顷；野生动物种类繁多，哺乳类、鸟类、爬行类野生动物资源相当丰富，其中有国家二类保护动物穿山甲、三类保护动物大灵猫、蟒蛇等。大北山森林公园地质古老，属莲花山余脉，平均海拔700多米。园内山青水秀，山水和谐，美态撩人，著名景观有十八湾瀑布、龙潭崆瀑布、九县岽、天子壁和贼营石壁凿诗、北山日出、北山枫林以及毛竹园、茶园风光等。

〖南岩古寺玉佛国文化风景区〗 座落于普宁市南溪镇登峰村的飞凤岭，是著名的佛教“岭南禅宗”圣地。“南岩远眺”为普宁古八景之一。目前，南岩古寺主体已修葺一新，钟鼓楼、万佛塔、四面佛亭、飞凤亭、甘泉亭、洒甘露观音亭、金刚圣母殿、济公殿、伯公宫等一批景点已相继建成。拥有缅甸玉石雕像、佛像、菩萨像、诸天、罗汉等201尊，另有万佛塔佛像浮雕20008尊，巨幅九龙壁，玉狮、玉象等一批，素有“千年南岩寺，东方玉佛国”之称。

〖盘龙湾温泉度假村〗 位于广东省普宁市梅林盘龙自然风景保护区内，毗邻粤东最大的朝佛圣地——盘龙阁寺。项目依山傍水、空气清新、风景秀丽、景色宜人，距离普宁市区16公里。市内有专线公交车直达。项目结合第四代温泉设计理念进行整体规划，保持原生态自然风貌，合理开发的地热资源，是集商务接待、休闲度假、观光游览、健康养生、沐浴礼佛为一体的超大规模、综合型旅游度假胜地。

盘龙湾温泉度假村是普宁市政府旅游发展规划的重点项目，计划总投资8亿元人民币，总体占地面积80万平方米。规划有温泉度假中心、五星级酒店及会议中心、度假别墅山庄、水上游乐园、生态农庄、高尔夫球练习场的运动健身区六大功能区，分3期建成。首期开发项目有：日式温泉度假酒店、VIP商务别墅、农家风味餐厅、咖啡厅、休息厅、保健理疗、养生泡浴区等。其中以温泉养生泡浴作为目前主导产品，园内设有强身健体中药浴、娱乐天地童乐泉、美肤“亲亲鱼”、温泉SPA、温泉石板浴、温泉泡蛋池、瀑布池和景观池等40多个特色项目。此外还设有精彩的水上舞台节目表演，使人们置身于温泉中，又能享受精妙绝伦的节目表演，使人心旷神怡，别有情趣。

〖揭东县万竹园生态旅游景区〗　位于曲埔路段和汕梅高速揭东埔田出口处，距揭东县城4公里。揭东万竹园农业生态园有限责任公司，从2006年开始投资建设埔田万竹园旅游景区，万竹生态园中以竹文化生态自然为主题，保持原始生态自然景观，让游客从中领略生态自然带来的乐趣，整个景区规划占地1000多亩，规划投资8600万元，将建成为粤东地区具有特色生态旅游景区。首期建设500多亩，投资2300万元。目前已建成一期工程有：八骏奔腾、云翠长廊、童趣园、犀牛雕像、风车转轮、金龙滑车、冲气城堡、情侣小道、浴牛图、水上乐园、珠帘情话、脚踏水车、九曲回廊、喂鱼长廊、环湖茶苑、环秀亭、环湖路、红叶文化广场、万竹旅游观赏区等项目。

〖揭西黄满磜瀑布〗　位于揭西县京溪园镇粗坑村。千米河段上有多级瀑布，其中飞虹瀑布落差约60米，宽度约80米。银河瀑布高度约120米，集束奔流。还有三叠瀑、长寿瀑等，飞珠溅玉，声震山谷，享有“岭南第一瀑”的美誉。

黄满磜瀑布

【旅游扶贫工作】　2007年，揭阳市市、县（市、区）两级旅游局把旅游扶贫工作做为全市旅游资源开发、建设社会主义新农村的重要工作来抓，积极做好项目的筛选、推荐以及与上级有关部门的沟通、协调等工作。普宁南岩古寺旅游区、揭西大北山森林公园、最美乡村粗坑村、大南山侨区八国文化风情园4个项目被省确定为旅游扶贫项目，安排旅游扶贫专项资金240万元。

【中国优秀旅游城市和广东省旅游强县建设】　2007年，揭阳市认真做好创优的前期准备工作。市委、市政府印发了《揭阳市创建中国优秀旅游城市的工作方案》，并于7月下发《关于调整揭阳市创建中国优秀旅游城市领导小组成员的通知》，对领导小组进行了调整。还结合揭阳市实际，参考其他市做法，详细地制定创优任务分解方案。

揭西县创旅游强县工作正在紧张有序推进。5月13～14日，省旅游局局长郑通扬莅临揭调研，对揭西县创旅游强县给予了充分肯定，并表示将大力支持揭阳市的创优工作。

旅游行业管理

【旅游市场监督管理】　2007年，揭阳市旅游局利用3·15消费者权益保护日，在市区东风广场开展旅游咨询服务活动，针对旅游的有关法律法规、旅游投诉以及旅游中经常出现的一些问题，向公众进行广泛的宣传介绍，使市民开开心心旅游，明明白白消费。年内，市旅游质监部分重点做好的工作包括：积极开展旅游市场的整顿和规范，打击超范围经营、无证经营等现象，规范旅游用车；督促星级饭店加强保安队伍建设，推动巡查、保卫、应急、安全措施的落实；建立了假日旅游联动机制。市旅游、公安、交通、物价、质监、安监、卫生、消防、文广新局和日报社、宣传部等职能部门建立了假日旅游联动机制，各司其职，落实措施，有效地促进了全市旅游市场繁荣、平安、有序；加强旅游黄金周和重点时段旅游市场的监控。继续开展“重质量、守信用”先进单位评选活动和诚信旅游创建活动，引导诚信单位和从业人员成为“守法经营、诚信服务”的主导力量。

【旅游安全管理】　2007年，揭阳市旅游局坚持“属地管理”和“谁主管，谁负责”的原则，贯彻“安全第一、预防为主”的方针，树立“没有安全就没有旅游”的观念。全年共先后制订、印发了《旅游行业应急管理工作计划》、《安全生产应急预案》、《安全生产专项督查工作方案》、《企业安全生产主体责任工作方案》等文件，黄金周前召开全市旅游安全工作会议并成立检查领导小组，联合旅游联动机制相关部门进行专项检查；开展2007年“全国安全月”活动，要求各单位认真总结经验，制订活动方案，突出“综合治理、保障平安”

的主题，积极开展宣传教育活动，强化安全意识，推动全市旅游安全生产稳定健康发展；经常深入旅游运输企业，邀请专业人士为司机上安全辅导课，督促落实安全生产宣传栏的设置，转发省旅游局关于加强旅游交通运输安全的通知，要求车队加强对旅游用车的检查和监管工作。全年共组织安全检查7次，出动人员148人次，发出整改通知书7份，落实安全整改项目48个，实现了全市旅游安全无事故，有效地促进了旅游业的健康发展。

【旅行社管理】 揭阳市为进一步提高全市旅行社抓质量、创品牌、树形象的积极性，4月中旬召开了旅行社经理会议，研究探讨旅行社业务的拓展和规范经营等问题。结合省旅游局开展旅行社资质等级评定的工作要求，于7月16日成立旅行社资质等级评定委员会，敦促并指导企业积极筹备，抓好服务质量，争创品牌，树立良好的企业形象。严格执行旅行社年检制度，于12月份开始进行业务年检，全市除1家暂缓通过外，全部通过年审。积极帮助企业申报旅行社的设立，严格按照规定进行申报材料的审核和初检工作，全年共批准设立3家旅行社，分别是揭西县霖都旅行社、揭西棉湖新世纪旅行社和普宁美林旅行社。

【导游员管理】 2007年，揭阳市旅游局结合导游员年审工作，举办了导游（领队）人员年审培训班，邀请有关专家为导游人员上现场课。不断完善旅行社导游人员学习培训和流动管理制度。

【旅游饭店管理】 2007年，揭阳市开展对星级饭店的复核，加强了饭店星评的力度，促进了全市酒店业的发展。12月初，国家旅游局专程莅揭对榕江大酒店进行评审，评定该酒店为五星级饭店。积极引导星级饭店完善内部管理，培养有知识、懂管理、会服务的人力资源队伍。4月份，开展全市星级饭店管理人员业务考核，共10家星级酒店参加考核，其中揭阳的特美思大酒店和惠来宾馆，揭东的金叶酒店和普宁金叶大厦等4家酒店考核成绩名列前茅，顺利通过考核工作，有效促进了企业管理水平的提高和服务人员业务技能的提升。协助做好特美思大酒店改制的平稳过渡，有效提升了旅游接待水平和旅游饭店的整体形象。

精神文明建设与旅游教育培训

【精神文明建设】 组织全市旅游系统开展《中国公民出国（境）旅游文明行为指南》和《中国公民国内旅游文明公约》等一系列专题学习，进一步提高思想，增强旅游系统广大干部职工服务游客、奉献旅游的主人翁责任感。涌现了一批先进集体和个人以更加高昂的热情投身于建设揭阳经济建设的实践中，为构建富民强市、和谐文明新揭阳作出了应有的贡献。市旅游局副局长杨金河获得“全国旅游系统先进工作者”，揭阳市青年旅行社有限公司荣获“全国青年文明号”，光辉国际旅行社有限公司获得全省旅游系统“窗口之星”等殊荣，榕江大酒店获得“广东省服务明星企业”称号。

【加强旅游行风建设】 开展纪律教育学习月活动、机关作风整顿活动，进一步转变机关作风，强化机关服务意识，提高机关工作效能，提高党员干部反腐保廉能力，为打造一支“想干事、敢干事、会干事、善共事、不出事、干成事”的高素质旅游队伍打下了坚实基础；开展行风热线和民声热线，开展旅游行业不正当交易行为活动，组织学习《反不正当竞争法》、《公民道德建设实施纲要》等，有效地促进了旅游政风行风建设，以诚信促进全市旅游业健康发展。

【组织全国导游人员资格考试】 根据省旅游局关于做好2007年度第一、二次全国导游人员资格考试工作意见的通知精神，组织全市旅行社和学院学生以及有志于旅游业的社会青年积极报名参加全国导游资格考试。对照报考条件和要求对考生应报材料进行严格把关，经政审，揭阳市共有55人参加考试，17人考试合格取得导游资格证书，为揭阳市旅行社增加了后备力量。

【举办全市导游人员培训班】 4月9～13日，举办全市持证导游人员培训班，主要学习导游职业道德，服务程序及学习《广东省旅游管理条理》等旅游政策法规，激发了广大导游员的敬业爱岗，无私奉献精神。为配合举办广东（揭西）第二届生态旅游文化节，分别于11月2～4日和16～18日举办全市导游人员（讲解员）培训班。

【积极做好省旅游职业技术学校粤东校区招生工作】 加大宣传力度，深入各县（市）招生办及各有关学校，积极做好省旅游职业技术学校粤东校区招生工作。经努力，全年共有52人就读省旅游学校粤东校区，同时还有部分直接往省旅游学校就读。

【组织饭店总经理和部门经理岗位证书培训班】 积极组织市内星级旅游饭店总经理，客房部经理，人事部经理参加省局举办饭店总经理和部门经理岗位证书培训班，成绩全部合格。

（吴舜锋）

潮州市

综 述

【总体情况】 2007年，潮州市旅游业围绕打造“国内有影响力的历史文化名城”作为发展战略，整合旅游资源，开发旅游产品，组织精品旅游线路，加强旅游宣传推介，大力引客入潮，推动了潮州古城文化游、工业文化游和乡村特色游的同步发展。全年接待过夜旅游者216.41万人次，比上年增长13.98%；旅游总收入30.86亿元，比上年增长12.97%。

【第二届文化旅游节】 6月18～19日，潮州市委市政府举办第二届文化旅游节。文化旅游节以“古桥焕彩，名称增辉”为主题，展现了潮州深厚的文化底蕴和民俗风情，展示了潮州的经济实力、文化环境和经济建设成就。18日，潮州市先后举行了广济桥修复庆典仪式、潮州汽车客运枢纽中心动工仪式、潮州万豪高尔夫豪园奠基暨动工仪式、首届龙舟赛以及“同乐五洲——相聚潮州”大型文艺晚会。19日，潮州市在淡浮院举办明清档案展览开幕仪式和潮州文化研讨会以及美食展销、中国瓷都潮州陶瓷艺术作品展、奇石盆景展览、潮州“两桥”个性化邮票首发式等活动。

旅游接待与收入

【入境旅游】 2007年，潮州市接待入境旅游者23.59万人次，比上年增长13.14%；旅游外汇收入6923.17万美元，比上年增长13.21%，占旅游总收入的13.1%。平均停留天数为2.49天。

【国内旅游】 2007年，潮州市国内旅游市场发展态势平稳上升。全市接待国内旅游者192.82万人次，比上年增长14.09%；实现国内旅游收入25.58亿元，比上年增长14.00%，占全市旅游总收入的82%。平均停留天数为2天。

【出境旅游】 2007年，潮州市各旅行社组团出境游旅客为1.28万人次，比上年增长8.69%。其中香港游0.56万人次，比上年增长8.55%；澳门游0.26万人次，比上年增长9.80%；出国游0.47万人次，比上年增长8.25%。

【假日旅游接待与收入】 春节黄金周期间，全市景区（点）接待游客60.9万人次；接待海内外游客18.6万人次；“五一”黄金周，全市景区（点）接待游客40.3万人次，接待海内外游客15.5万人次；“十一”黄金周，全市景区（点）接待游客57 .9万人次，接待海内外游客23.1万人次。

旅游宣传促销与节庆活动

【旅游促销方法新效果好】 2007年，潮州市旅游局在面对旅游宣传促销经费一直末列入本级财政预算、宣传经费短缺的情况下，善于突出重点，创新方式，扩大了旅游宣传促销的效果。一方面，充分发挥“国家历史文化名城”、“中国优秀旅游城市”、“中国瓷都”、“中国婚纱晚礼服名城”等品牌优势，把富有特色的地域历史文化、陶瓷婚纱等工业文化同绿色生态的乡村文化相结合，尤其抓住广济桥修复的有利时机，把广济桥作为潮州古城的新地标，从而增加了潮州旅游宣传推介的新亮点。潮州市以广济桥为主题，重点宣传并组团参加海峡两岸旅游博览会，与粤东四市联合举办推介会，邀请江苏、福建、广州、珠三角等地旅游界和新闻界考察团来潮考察以及赴湖南长沙参加中国旅游精品推介，邀请德国黑森州电视台来潮采访，参加2007广东国际旅游文化节等一系列宣传推介活动，目的是将把广济桥推向全国、推向世界，使潮州的整体形象得到提升。另一方面，创新方式，借力发展，多渠道宣传潮州旅游。借助各大型旅游交易会等平台，大力宣传潮州市委、市政府实施“一名城两基地”战略的发展动态，促进提高了城市整体形象。借助民营企业的资金和技术平台，建设“潮州市旅游数字视频公共信息系统”，在城市各个对外窗口和公众聚集场所设立液晶视频机，播放潮州旅游信息。创办“潮州旅游电子杂志”，再版“潮州旅游指南”，改版“潮州旅游”网站，增加英文版，更新充实内容，成为潮州旅游三大信息系统，成为游客了解潮州的窗口，政府公众网旅游栏目发布的信息量排列全市第二位。

【跨区域宣传促销共创双赢】 2007年，潮州市为发展潮州短线游、周末游产品，重点突出“广东东大门”的区位优势，致力推动闽粤赣十三市旅游企业之间的合作和区域间旅游线路的对接。“五一”黄金周前夕，市旅游局组织全市旅游企业前往梅州、大埔、丰顺以及福建龙岩、泉州、厦门、福州等地采线，促进合作区域串点成线，组织省际旅游新线路，使合作区域各地互为目的地和客源地。“五一”黄金周期间，潮州市旅游局通过与大埔县政府合作，组织自驾车友赴大埔开展“客家文化之旅”，开辟了“和谐城乡游”的新线路，并以此为中轴线，向西北连接梅州、河源，向东北连接龙岩、三明，形成新的周末游旅圈。在潮州市第二届文化旅游节以及“十一”黄金周期间，市旅游局联合各地美食企业通过市场运作的方式，成功举办了两场美食交流会，吸引了国内各地、台湾地区近70家美食单位参展。这一举措既弘扬了潮州美食文化，又推动合作区域内饮食等旅游相关行业的深入合作与联系，也为地方财政节约了大量资金，更新了本地美食企业的经营观念。

旅游行业管理

【旅游安全生产管理】 潮州市旅游管理部门始终把旅游安全放在第一位，督促各旅游企业进一步建立和完善防火灾、重大交通事故、群体事物中毒、急性传染病、水上活动安全、公共突发事件等安全应急预案，并适时加强演练。6月开展安全月活动，组织安全生产大检查，共检查旅游经营单位50多个（次），勒令限期整改的企业有4个。加强旅游安全生产宣传教育，组织企业上街举办宣传活动，发放宣传资料、“旅游安全小册子”上万份。开通旅游旅游安全知识咨询电话，为市民和游客提供一个旅游安全知识咨询服务。全年全市实现旅游安全无事故，无旅游质量投诉案件。

【旅游社管理】 2007年，潮州市旅游局加大对旅行社的监管力度，重点督查旅行社依法经营情况，严厉查处“黑马”旅行社、严禁超范围发布旅游广告以及无证导游、无证旅游车，整顿违规行为。先后出动执法大检查6次，查处违规导游人员2人次，违规旅行社2个（次）。通过加强监督检查，有效防止和纠正了违规经营，既教育了旅游经营者和从业人员，又维护了旅游行业的正常经营秩序。强化旅行社年检管理，全市有21家旅行社通过年检，1家旅行社暂缓通过年检。

【导游员管理】 2007年共组织全国导游人员资格考试二次，报考人数152人，通过50人。4月，分三期对全市持卡的初级导游员进行再教育培训，培训导游员241人。

【旅游饭店管理】 6月至9月，潮州市星评委对全市星级饭店进行复核和重新评定，对评定时间满五年的3家饭店进行评定性复核，对9家饭店进行年度复核。全市12家星级饭店全部通过复核。

旅游资源开发和景区（点）建设

【旅游景区（点）与基础设施建设】 推动景区景点参加星级评定，促进景区景点重质量，上档次。指导东山湖旅游度假区创建国家4A级旅游景区，已通过省评审组初检，并报国家评委会审批。指导绿岛山庄完善配套设施，增强休闲、度假功能，使绿岛山庄由原纯观光景点逐渐过渡为集观光、度假功能于一体的旅游景区，新落成的度假别墅供不应求。

【古城文化旅游区建设】 2007年潮州市旅游局针对广济桥和金山大桥竣工、牌坊街已动工建设、古城文化旅游区初具雏形的实际，积极发挥职能部门的作用，加大了对古城文化旅游区旅游资源整合，推动古城文化旅游区旅游功能配套建设；编制完成了韩江水上旅游线路规划、游船规划及导游词，初步编制古城文化旅游区的旅游线路；调研并规划古城文化旅游区停车场；强化对古城文化旅游区旅游配套设施建设的调研工作，指导企业整合资源，完善旅游配套设施，把陈培臣木雕美术馆、市工艺美术研究院、艺葩木雕厂、湘桥区民居文化展览馆、民间艺术陈列馆等整合成为旅游参观点并正式纳入古城文化旅游区线路，成为我市古城文化旅游区的新亮点，充实了古城文化旅游区的文化内涵。

【广济桥修复情况】 8月，广济桥修复工程全面竣工，全桥灯光等配套设施已全面完成，但梭船连接仍需候待省有关部门批准。为切实加强对这一全国重点文物保护单位的保护和管理，成立了潮州广济桥文物管理所，并配备了相关管理人

广济桥十八梭船

员。广济桥西段开放头两个月，免费接待游客近 10 万人次。

【和谐城乡游】 2007 年，潮州市旅游局以统筹城乡发展为指导，围绕国家旅游局提出的“中国和谐乡村游”主题，抓住机遇进一步大力发展乡村旅游，推动“和谐城乡游”的发展。如借助高校力量，与韩山师院合作完成《归湖镇旅游发展规划》，努力推动统筹城乡发展，促进人与自然和谐发展。

【旅游扶贫】 2007 年，潮州市旅游局和财政局联合推荐绿岛山庄、潮安县三叠泉旅游区为级旅游重点扶贫点，创新旅游扶贫方式，以免费编制规划方式开展旅游扶贫。

【创建旅游强县】 潮州市开展创建旅游强县、旅游特色镇和旅游特色村活动。全市有 2 个县、6 个镇、1 个村入选广东省旅游特色县、镇、村行列，分别是潮安县（潮人首邑）、饶平县（农业生态海滨）、潮安凤凰镇（名茶之乡）、龙湖镇（潮文化典橱）、沙溪镇（华侨之乡）、归湖镇（凤南丛林）、饶平钱东镇（农业生态）、湘桥区意溪镇（宗教文化）和饶平南联村（民俗民居）。饶平南国冰臼公园入选广东省第二届自驾车旅游十佳景点，饶平绿岛山庄、潮安东山湖温泉度假村入选广东省第二届自驾车旅游特色景点。同时，针对饶平县接待能力差的弱点，重点扶持、指导饭店建设工作，使饶平大酒店经扩建、装修申报评星，已验收合格成为饶平县第一家三星级饭店，从而促进乡村旅游点面结合全面发展。全市乡村生态旅游发展取得可喜成绩，由国家旅游局、农业部组成的国家乡村旅游专题调研组专程到潮州调研，对潮州市发展乡村旅游的成效，以及“低成本投入、面向大众、滚动发展”的“绿岛发展模式”给予高度肯定。

旅游教育培训和精神文明建设

【精神文明建设】 潮州市旅游局被评为“2007 年度市文明单位”，潮州迎宾馆吴映鹏总经理被评为全国“巾帼建功标兵”。

【旅游教育培训】 潮州市结合具体实际，积极实施旅游人才战略，大力加强旅游队伍建设，开展多形式、多层次的培训教育活动，建立起一个比较完善的旅游教育培训网络，培养了一批能够满足不同层次需求的旅游人才。抓好导游的强化教育和景区讲解员的培训，4 月举办三期持卡初级导游员再教育培训班，共培训导游 241 人；7 月举办二期景区讲解员培训班，培训讲解员 50 人；同时做好旅游企业中、高层管理人员的培训教育工作。

（沈建中）

云浮市

综述

【总体情况】 2007年，云浮市旅游系统以创建中国优秀旅游城市为抓手，确立政府主导型旅游发展战略，有效地整合旅游资源，进一步完善城市旅游功能，强化行业管理，总体接待水平得到提升。先后举办了首届云浮旅游文化美食节、首届旅游服务技能大赛和“两广十市”区域旅游合作（云浮）联席会议等多项重大旅游活动。全市接待旅游者390.84万人次，比上年增长27.03%；旅游总收入31.03亿元，比上年增长25.44%，相当于全市GDP的10.67%，

【旅游行业规模】 截至2007年底，云浮市共有旅行社9家，其中国际社1家，国内社8家；拥有星级饭店19家，其中四星级3家，三星级5家，二星级11家。绿色饭店18家；有各类景区（点）36个，其中3A级景区3家，2A级景区3家；导游人员75人；旅游从业人员9732人；全市当年旅游业固定资产投资6.52亿元。

【“两广十市”区域旅游合作（云浮）联席会议】 10月21～23日，以“‘两广十市’共携手 推动和谐城乡游”为主题的“两广十市”区域旅游合作（云浮）联席会议在云浮市云城区召开。会议由广东省旅游局、广西壮族自治区旅游局和云浮市人民政府共同主办，云浮市、茂名市、阳江市、湛江市、钦州市、北海市、防城港市、贵港市、玉林市、来宾市10个市旅游局共同承办。两广省区旅游局、“两广十市”政府和旅游局的领导、旅游企业负责人以及特邀嘉宾、新闻媒体共150多人参加本届联席会议。云浮市副市长崔逢池主持会议，省旅游局副局长曾维炳、广西壮族自治区旅游局的领导和云浮市市长欧真志分别讲话。中山大学地球环境与地球资源研究中心主任周永章教授围绕大会主题作专题讲座。“两广十市”的旅游局领导共同签订《两广十市和谐城乡游联合推广行动宣言》。会议期间，还安排了与会人员参加第四届中国（云浮）国际石材科技展览会、云浮市首届旅游文化美食节以及参观考察云浮主要旅游景区等活动。

“两广十市”区域旅游合作（云浮）联席会议

【首届旅游服务技能大赛】 9月12～13日，云浮市首届旅游服务技能大赛分别在云城区群众艺术馆和凯旋酒店举办。来自全市各县（市、区）17家酒店共210名选手参加比赛。技能大赛包括：仪容仪表服饰表演、中餐摆台、中式铺床、艺术插花、食品雕刻、前台知识问答6大项目。参赛酒店中大多为星级酒店，代表了全市旅游星级饭店的整体素质和服务水平。大赛的成功举办将全面提升云浮市餐饮业的服务技能。

旅游接待与收入

【入境旅游】 2007年，云浮市接待入境旅游者5.05万人次，比上年增长21.86%，旅游外汇收入1768.72万美元，比上年增长38.04%。

【国内旅游】 2007年，云浮市接待国内旅游者288.67万人次，比上年增长26.13%；国内旅游收入29.69万元，比上年增长25.16%。

【出境旅游】 2007年，云浮市旅行社组团出境旅游者877人次，其中出国游89人次，香港游615人次，澳门173人次。

【黄金周假日旅游】 2007年春节黄金周期间，全市接待过夜旅游者49.97人次；主要旅游景区（点）接待游客27.14万人次；旅游总收入8.03亿元，同比增长30.95%。

“五一”黄金周期间，全市接待过夜旅游者28.11万人次；主要旅游景区（点）接待游客15.58万人次；旅游总收入7.42亿元，同比增长33.03%。

“十一”黄金周期间，全市接待过夜旅游者33.95万人次；主要旅游景区（点）接待游客15.88万人次；旅游总收入11.53亿元，同比增长27.69%。

旅游宣传促销与节庆活动

【旅游宣传促销活动】 2007年，云浮市以“引客入云”为目标，组织开展了主要旅游宣传促销活动。包括：云浮市旅游局与肇庆青旅联合举办“2007粤西欢乐之约”旅游推介会，云浮市旅游局与广州电视移动频道、芒果网联合在广州举办“云浮•金水台温泉自驾游启动仪式”，参加了中国（广州）国际旅游交易会和中国网上旅游博览会，中国（成都）第十届海峡两岸联谊会，中国（苏州）国内旅游交易会和第17届西南经济区市长（茂名）联席会议暨旅游精品线路推介会等等。参与或承办的重大节庆（庆典）活动包括：1月29日，举办新兴国恩寺舍利子出土新闻发布会；3月24日，韩国釜山梵鱼寺住持率信众参拜东土禅宗祖庭国恩寺交流访问活动；4月18日，参加“百年大公看广东之走进云浮”启动仪式；8月，举办了郁南无核黄皮旅游文化节；9月20日，举行2007云浮首届旅游服务技能大赛和2007首届云浮旅游文化美食节等。

【运用媒体宣传促销】 云浮市在2007年度通过报刊杂志、电视、网络等媒体累计投放宣传资金共130多万元。《中国改革报》、《中国旅游报》、《南方日报》、《广州日报》、《亚太经济时报》、《香港商报》等报刊对云浮的创优工作、风土人情、美食购物和特色旅游作了专题宣传报道；中央电视台《走近科学》栏目摄制组实地拍摄以介绍新兴龙山国恩寺舍利子为主要内容的电视片；广东珠江台以《美食特工之罗定篇》为专题宣传罗定市旅游发展变化；以“六祖惠能”为体裁的音乐剧在新兴县六祖广场盛大公演获游客好评；广东省旅游文化传播委员会暨《岭南百景》编委会成员李存修等3人到云浮采风；中国旅游出版社编印的《中国旅游节庆大辞典》用两个版面的编幅刊发云浮旅游概况；广州电视台拍摄制作了《9+2旅游大放送魅力云浮》旅游专辑；广东社科院旅游经济研究所组织专家编撰了《感悟云浮》一书；印制《走进云浮》、《云浮一日游之各县线路》、《两广十市自驾游指南》折页等宣传品共22000多份分发给游客。9月18日，开通了云浮旅游网站，开设了“两广十市”自驾游栏目。全市配套建设了3家旅游咨询服务中心。

采取“走出去、请进来”的办法，云浮市旅游局积极同其他市旅游局、旅行社和新闻媒体联合推介云浮旅游产品与线路。1月份，邀请广州、肇庆等珠三角地区的旅行社共160多人到云浮市和新兴县等地踩线；2月份，广东省中旅集团有限公司组织韩国禅宗文化交流考察团分两批共80多人到新兴龙山国恩寺参观考察；8月份，中山市旅游界、新闻界一行8人来云浮市踩线，会同广东南湖国际旅行社有限责任公司共同策划“千人游云浮”活动。

【参加广东国际旅游文化节活动】 云浮市作为2008广东国际旅游文化节暨泛珠三角旅游推介大会参办单位，举办了第四届中国（云浮）国际石材科技展览会和云浮市首届旅游美食节暨饭店业技能大赛两项活动。11月24日，云浮市派出由副市长崔逢池为团长的50多人组成的代表团参加了在广州主会场举办的各项活动，其中包括开幕式晚会、旅游招商会、广东国际旅游大促销等活动。展销会上共设展位5个，设计制作1辆花车参与巡游，共投入资金近30万元。旅游文化节展示和推介了“六祖故里、云石之都”的城市形象，较好地打造“青山绿水云浮游、六祖故里石乡行”的旅游品牌。

【首届旅游文化美食节】 10月21～28日，云浮市首届旅游文化美食节在英东体育馆隆重举行。本届美食节由云浮市人民政府主办、云浮市旅游局承办，云浮日报社和云浮市广播电视台协办，广州健顺文化传播有限公司策划。美食节作为2007广东国际旅游文化节系列活动之一，对弘扬云浮的饮食文化，推动云浮旅游服务产业的发展，提高云浮国内外知名度具有积极意义。本届美食节集美食展示、美食品尝和节庆游乐于一体，从10月21日开始，一连8天举办

2007云浮旅游文化美食节

了云浮名菜、名点展示和中外美食嘉年华，形成了规模较大的美食盛会。主要活动内容包括：美食大展销、美食精品文化展、十大金牌名菜名点评比、云浮美食征文比赛、旅游特产展、啤酒狂欢节、文艺汇演等。

【区域旅游合作】 2月9日和11月2日，云浮市分别参加广西梧州龙母文化节和桂东粤西6市区域旅游合作座谈会，签订了相关旅游合作协议；9月1～4日，参加“两广十市”区域旅游合作（玉林）联席会议；10月21日，云浮成功举办了“两广十市”区域旅游合作（云浮）联席会议，签署了“两广十市共携手，推动和谐城乡游”的合作协议。

旅游行业管理

【旅游安全管理】 2007年，云浮市加强对各县（市、区）、各旅游企业的业务指导，做好旅游安全管理工作。配合相关部门对全市旅游行业特别是景区、旅行社、旅游汽车公司、旅游饭店及公共聚集场所开展安全大检查，对安全隐患和不符合行业要求、消防要求等问题提出整改意见，并督促整改。旅游质监所加强对全市的旅游市场整治工作，检查了导游人员、旅游汽车的证照和资格证书等，对旅游市场及经营场所做到齐抓共管，维护了旅游市场良好的秩序。2007年，全市无发生重大旅游安全事故。

【旅行社管理】 2007年，云浮市对全市9家旅行社（1家国际，8家国内社）开展业务年检，均获通过。

【旅游饭店管理】 2007年，云浮市旅游局按要求推行旅游行业标准，抓好旅游饭店、旅游厕所的星级评定工作。加强了旅游饭店的管理，做好星级评定和复核工作。至2007年底，全市拥有19家星级饭店，18家绿色饭店，评定星级旅游厕所7间。

旅游资源开发和景区(点)建设

【旅游规划】 云浮市加大旅游编制规划力度，旅游管理部门积极做好协调工作，请有旅游规划资质的单位进行规划设计。至2007年底，郁南县大湾南江古民居文化旅游区、新兴县神仙谷景区、云安卧龙湖生态旅游区、云城区安塘现代农业生态旅游区等多个景区的《旅游发展总体规划》均已编制完成。

【旅游区（点）与基础设施建设】 2007年，云浮市完善了龙山温泉和蟠龙洞两个省级景区的停车场、游客服务中心、星级旅游公厕及指示牌、景点解说牌和各种公共信息图形符号的建设。至12月初，全市有6个景区被评定为国家A级景区，其中六祖故里旅游度假区、蟠龙洞景区和龙湾生态旅游区被评定为国家3A级景区；郁南大湾南江古民居文化旅游区、罗镜蔡廷锴将军故居和东山公园被评定为国家2A级景区。在广东省旅游局开展的广东省旅游特色县镇村评选活动中，新兴县作为“广东省旅游特色县”的六祖文化和温泉文化被列入其中；新兴县六祖镇，罗定连州镇、龙湾镇，郁南县连滩镇、建城镇，云安县南盛镇，云城区安塘镇7个镇被评为“广东省旅游特色镇”；新兴龙山塘村，罗定龙岩村、中安村、南充村，郁南五星村、云城水东村、云安大枧村7条村被评为“广东省旅游特色村”。

【旅游扶贫工程】 2007年，云浮市共申报5个旅游扶贫重点项目，其中罗定市名茶大观园旅游区、新兴县神仙谷景区、郁南县大王山国家森林公园、云安县骆驼山观光旅游区4个项目被列入广东省旅游扶贫重点项目，获旅游扶贫资金240万元。对2006年度4个旅游扶贫重点项目的200万元扶贫资金的使用情况开展全程监督和指导，努力提高旅游扶贫资金的使用效率，其中龙湾景区、大湾古民居文化景区游客服务中心已建成，各景区的指示牌、图形标识已初步设置完善。云安卧龙湖生态旅游区、新兴神仙谷景区、罗定罗镜旅游度假区、云城区安塘现代农业生态旅游区等景区接待设施正加紧建设。协助有关部门解决交通瓶颈有7处达40公里，进出景区的道路基本实现水泥硬底化。旅游扶贫项目的开发建设，为当地村民增加直接就业162人，间接就业3783人。当地农副产品得于畅销，农村卫生状况得到改善。旅游扶贫项目设施的不断配套完善，吸引了大批珠三角游客来云浮观光旅游，特别是自驾车游客日益增加，带旺了餐饮、旅业等服务业的发展，带动了整个社会资金对旅游资源开发、景区（点）基础设施建设的投入。全市吸引的旅游投资总量（包括景区、酒店、旅游购物商场、基础设施等）日益增加。

【旅游强县工作】 2007年，云浮市旅游管理部门按照创建广东省旅游强县的标准，指导各地开展创强资料的收集和硬件的建设、城区的环境整治等工作，并定期开展督查。新兴县申报工作于2007年12月通过市云浮的初审。经广东省旅游强县验收组的全面验收，新兴县以高分通过省创强领导工作小组的验收，成为云浮市第一个“广东省旅游强县”。

【旅游信息化建设】 为了推动云浮市旅游业的发展，市委、市政府采取有力措施，加强旅游信息化建设。云浮市旅游目的地营销系统（DMS）（“云浮旅游网”）于2007年9月18日开通运行。系统（DMS）包含商务和政务两部分，商务部分可实现宣传促销和网上交易，满足旅游企业和旅游者对宣传促销以及网上交易的需求；政务部分有利于政务公开和政务工作的简化。云浮市旅游目的地营销系统（DMS）是云浮旅游业对外宣传窗口，为全市旅游业的宣传促销提供了新的平台。

【旅游商品】 云浮市独具地方特色的旅游商品主要有新兴凉果、果脯、不锈钢制品和石材工艺品，多为私营业主经营。如：新兴马林食品有限公司年生产凉果总产值在1800万元以上，旅游产品占总产值比重达50%，产品销售率在95%以上，税收总额130万元；广东凌丰集团有限公司年工业总产值76000万元以上，税收总额4200万元，产品销售率达98%以上，旅游产品占生产总值比重30%。总体来看，云浮旅游商品开发较滞后、起步较迟，紧贴主题的旅游纪念品少之又少；旅游商品品种花式更新慢，新产品开发乏力；旅游商品的包装不够重视，许多商品包装简陋，与旅游商品价值不相称；旅游商品销售点少，布局不合理；旅游商品生产规模不大等特点。

【新评定的景区介绍】

〖**蟠龙洞省级风景名胜区**〗 3A级旅游景区，位于云浮市云城区，距广州市160公里，是喀斯特（岩溶）地貌的自然生态风景区。1993年5月，广东省人民政府批准其为省级风景名胜区。

蟠龙洞景区规划面积21.36平方公里，主景区蟠龙洞是一个经历了一亿七千多万年逐渐形成的次生溶洞，发育于石灰岩变质的大理岩中，洞内次生化学沉积物千姿百态，栩栩如生，洞体迂回曲折，形若蛟龙，洞分三层（上层天堂通天洞，下层龙泉地下河，中层九曲长廊），层层相连，洞内石花高挂，钟乳低垂，石笋如林，一步一景，五步换形，景若天成，景景皆奇。最为奇特的是其洞内的石花——石头开花，在洞内的岩壁上长出的簇簇石花，见气成石、变幻无穷，石花玲珑剔透，晶莹如玉，洁白无暇，形态万千。其生长不受重力所约，不按重力方向生长，而向四周节节开花。蟠龙洞在1987年的《国际洞穴年会》上被世界洞穴协会誉为《世界三大石花洞》之一。据洞穴专家用碳十四同位素年龄法测定，其开始形成于约35万年前并以每100年长1厘米的速度生长。它是由三种洞穴化学沉积物——方解石、文石和卷曲石以花卉状组合而构成，其典型的组合结构以钟乳石为干，文石为枝、花，卷曲石为节、皮、蕾。

〖**龙山温泉省级旅游度假区**〗 3A级旅游景区，省级旅游度假区。位于新兴县六祖镇，度假区总面积8.71平方公里，以中国佛教禅宗三大祖庭之一的国恩寺及省内独一无二的硫氢化物泉而闻名海外。区内建有一座座集古典风味、现代特色与欧陆风情于一体的新颖别致的宾馆别墅。郁郁葱葱的山林景色，赏心悦目的田园风光，构成度假区独特的风韵，是旅游观光、朝拜圣贤、度假疗养和商务会议的首选之地。国家政协副主席叶选平曾欣然为之题词：龙山圣地。1994年6月被广东省人民政府评为省级旅游度假区。

度假区内的龙山温泉泉口出水温度高达72.8℃，泉水含硫磺、氡、二氢化纳等20多种对人体健康有益的微量元素，有解毒脱敏、舒筋活络、消除疲劳和强身健体的特殊功效；对皮肤病、风湿关节炎、糖尿病、心血管系统疾病等具有显著疗效。区内建有露天浴场总面积6000平方米，大、中、小浴池10多个，可同时供500多人浸浴。区内有宾馆17家，客房760多间，床位1700多个，会议室23个，功能配套，设施齐全，集会议、食宿、娱乐、保健、观光、朝圣、购物于一体，是省内著名的疗养度假胜地。

省旅游局局长郑通扬检查指导旅游景区建设

〖**罗定龙湾生态旅游区**〗 3A级旅游景区。位于罗定市龙湾镇南充村龙湾次生原始森林内，山地属云开大山山脉，山势险峻，地形复杂。海拔高度在300～1251.5米之间，地形切割深，多形成“V”形谷，山坡坡度达30°～70°，总落差为900多米。北线谷地一道落差高达300米、宽20多米的飞瀑沿着石壁倾泻直下，蔚为壮观，流水终年不竭，称为“天河飞瀑”。景区还以小高原气候、红枫林和珍稀野生动植物为主要特色。景区内山峰奇巧，云雾缭绕，湖若明镜，瀑如玉带，怪石峥嵘，古木参天，步步是景，处处含情。春日，红苞怒放，灿若云霞；夏临，青峰沐水，花木繁茂；秋至，金枫迎宾，漫山红艳；冬来，群峰峭拔，时迎霜雪。无论阴晴云雾，季节交替，均各具神态。景区内野生资源及农土特产非常丰富，同属2亿多年前的侏罗纪恐龙时代的“孑遗生物”一动一静，相影成趣。龙湾生态旅游区集大自然的雄、奇、险、秀、幽、奥、野于一体。景区内现存有原始耕作时代的农家遗址和手工作坊时代的染坊遗址，流连其间，可亲身体验刀耕火种、自给自足的“农家乐”乐趣，充分领略返璞归真的真谛。

〖**罗镜历史文化旅游区**〗 2A级旅游景区。位于云浮罗定市罗镜镇，距离广州市市区270公里，是集游览、禅宗、观光、爱国主义教育基地、休闲和度假为一体的综合型文化旅游景区。2002年立项引资建设，2004年向社会开放。

历史文化旅游区整体规划面积13平方公里，核心区以罗镜圩为中心8.5平方公里，以抗日名将蔡廷锴将军故居，区寿年将军故居，叶少泉和陈福初故居以及天主教堂、东山祖庙、东山湖、云沙温泉、金桃坪生态村、帝瓮飞瀑为景点核心。“核心区”内集自然景观和名人故居建筑风采以及文化旅游资源的精华，体现历史文化旅游区的主体功能。“特色区”主要包括自然生态村、东南一景帝瓮飞瀑、云沙温泉、东山湖风光、天主教堂、东山庙等。

〖**蔡廷锴将军故里**〗 2A级旅游景区。位于广东云浮罗定市罗镜龙岩村双轮角。将军故里龙岩村山清水秀，有广东南粤百景之称的龙岩曲涧和抗日名将十九路军军长蔡廷锴将军故居。这里田园风光秀丽，将军幼时游玩的帝瓮飞瀑，坐落在群山环抱之间，一条曲折回旋的溪流，颇有气势，从数丈高的山涧飞流直下，连击三瓮，每瓮数丈宽，水深数尺，水天一色，宛如三个群山烘托的圆形天然泳池，周围绿树成阴，山花烂漫，凉风习习，实属避暑胜地。蔡将军生前在帝瓮山涧修建避暑亭，名为“退避贤庐”，抗日战争时曾回“退避贤庐”养伤，并在帝瓮正面岩石上题书石刻“东南一景”抒发他对帝瓮风光的情怀和家乡的恋念。其故居是一座具有粤西典型农户带有客家特色大屋，属省级文物保护单位，大屋为三进院落式布局，“富”字型青砖瓦木结构，占地面积7000平方米。1991年省、市、县政府拨款修缮主屋两进，将其作为蔡廷锴将军故居纪念馆开放供游客参观。故居正面大门由全广东省委书记吴南生题书匾额，故居内布置展出将军生平事迹，“一·二八”淞沪抗战重要史料图片、照片、实物等，分六个部分陈列十九路军抗日英雄事迹。将军故里是云浮市、罗定市革命史和爱国主义教育基地，广东红色旅游景点之一。

〖**大湾古民居建筑群**〗 2A级旅游景区。广东省文物保护单位。位于广东省云浮市郁南县大湾镇五星村。它是展示岭南古代建筑艺术特色和粤西民族风格的艺术精品。古民居建筑群景区面积2平方公里，保存完好的古宅有46座，其中古民居大屋27座，祠堂19座，庙宇1座，有14座于2002年7月17日被列为“省级文物保护单位”。这些古民居经岁月的洗礼，至今依然散发出迷人的风采，大屋、祠堂和庙宇设计独特，造型美观，辉煌壮丽，深具岭南特色。各座建筑巧饰石雕、楹联、匾额、锅耳等，雕梁画栋，龙脊飞檐，工艺十分精巧，惟妙惟肖，将绘画、雕塑和建筑三种艺术因子共冶一炉，交相辉映。祺波大屋、峻峰李公祠、其昌大屋、李氏大宗祠、芳裕家塾、狮子名山（关帝庙）等数十座古建筑皆结构独特，造工精美，皆属文化和艺术精品。

精神文明建设与旅游教育培训

【**开展诚信旅游活动**】 2007年，云浮市积极开展诚信旅游活动，推进建设景区（点）、旅行社、饭店和导游人员的“诚信信息库”；引导旅游企业和从业人员“守法经营、诚信服务”，游客理性消费；加强行业精神文明建设，积极组织旅游经营单位和从业人员参加各种“评先”、“创优”活动，提升全市旅游服务业的水平。

【**旅游教育培训**】 2007年，云浮市先后举办了2期共400多人参加的中、高级旅游管理人员培训班，还与市劳动保障局联合举办1期120多人参加的旅游从业人员培训班；与市质监局联合举办了由50多家旅游经营单位参加的旅游标准化知识和标志用信息图形符号培训班；通过完善旅游教育培训体系，确保全市80%以上的旅游从业人员接受专业培训，不断提高从业人员的思想道德素质和业务水平。

纪　事

9月12～13日 云浮市首届旅游服务技能大赛在云城举行。

9月18日 云浮市旅游目的地营销系统（DMS）平台即云浮旅游网开通。

10月21～23日 两广十市区域旅游（云浮）联席会议在云城召开。

10月21～28日 首届旅游文化美食节在云城英东体育馆广场举行。

12月27～29日 广东省旅游强县工作评审小组派出初审组对新兴县创建广东省旅游强县工作进行了初审。

（叶金波）

旅游行业管理

2007年度广东省旅行社业务年检工作概述

【旅行社业务年检结果】 截至2007年底，广东省经批准设立并领取《旅行社业务经营许可证》的旅行社有983家（国际社199家，国内社784家），其中完成工商注册登记手续的有961家（国际社198家，国内社763家）。实际参加年检的旅行社有943家（国际社196家，国内社747家），占应年检数的98.13%。有2家国际旅行社和16家国内旅行社因歇业、内部体制改革或没有开展经营活动等原因没有参加年检。年检结果是：同意924家旅行社（国际社192家，国内社769家）通过年检，合格率为96.15%；暂缓通过年检的旅行社34家（国际社6家，国内社28家）；不予通过年检的旅行社3家（国内社）。

【旅行社行业规模】 2007年，全省完成工商注册的旅行社961家，新增32家，同比增长3.44%。其中，国际社增加8家，同比增长4.21%；国内社增加24家，同比增长3.25%。全省旅行社资产总额为74.06亿元，同比增13.08%；负债总额为49.33亿元，同比增长15.86%；所有者权益为24.73亿元，同比增7.93%。注册资本金为17.19亿元，同比增3.89%。旅行社直接从业人员为32406人，同比增10.48%。其中，管理人员5905人，导游人员6750人，领队人员4549人，会计人员2457人，其他人员12745人。

【经营规模和效益】 根据943家旅行社（国际社196家，国内社747家）的有效数据统计，2007年全省旅行社营业收入总额为246.60亿元，同比增长22.57%；旅游业务收入总额为236.47亿元，同比增长23.32%；利润总额为2.50亿元，同比增长38.39%；毛利润总额为20.49亿元，同比增长18.30%；旅游业务毛利润为16.53亿元，同比增长25.43%；实缴税金总额为2.04亿元，同比增长18%；外汇结汇为0.92亿美元，同比增长18.05%；全年促销费支出1.40亿元，同比增长13.53%。

【入境旅游业务】 2007年，全省旅行社入境旅游业务营业收入为24.22亿元，同比增长9.7%，占全省旅行社旅游业务营业收入总量的10.24%；入境旅游业务毛利润额为1.88亿元，同比增长8.8%，占全省旅行社旅游业务毛利润总额的11.38%，入境旅游业务毛利率为7.76%。全省旅行社入境外联371.53万人次，同比增长24.90%，其中外国人84.52万人次，同比增长10.21%；外联人天数为852.47万，同比增长21.61%，其中外国人241.60万人天，同比增长9.23%；接待入境旅游者441.65万人次，同比增长20.38%，其中外国人107.48万人次，同比增长3.21%；接待入境旅游者人天数为927.26万，同比增长12.45%，其中接待外国人272.01万人天，同比增长3.32%。

【国内旅游业务】 2007年，全省旅行社国内旅游业务收入为149.13亿元，同比增长8.2%，占全省旅行社旅游业务营业收入总量的63.07%；国内旅游业务毛利润额为10.72亿元，同比增长8.1%，占全省旅行社旅游业务毛利润总量的64.89%。全省旅行社国内旅游组织人次1724.78万，同比增长18.36%，共4046.99万人天，同比增长20.66%；接待人次1849.92万，同比增长13.48%，共2948.45万人天，同比增长14.77%。

【出境旅游业务】 2007年，全省旅行社出境旅游业务营业收入63.10亿元，同比增长7.4%，占全省旅行社旅游业务营业收入总量的26.68%；出境旅游业务毛利润额为3.91亿元，同比增长7.3%，占全省旅行社旅游业务毛利润总额的23.67%，出境游业务毛利润率为6.20%。2007年全省旅行社组织出境游103.38万人次，同比增长22.68%，共548.99万人天，同比增长29.83%，其中港澳游276.11万人次，同比增长53.09%，共556.84万人天，同比增长43.42%。

【旅行社类别经营状况】 2007年，全省国际旅行社营业收入总额199.27亿元，占全省总量的80.81%；利润总额2.24亿元，占全省总量的89.49%；旅游收入总额189.60亿元，占全省总量的80.18%；旅游毛利润总额13.27亿元，占全省总量的80.30%；全年促销费支出1.20亿元，占全省总量的86.07%；营业利润率1.12%，旅游业务毛利润率7%。

全省国内旅行社营业收入总额47.33亿元，占全省总量的19.19%；利润总额2626.83万元，占全省总量的10.51%；旅游收入总额46.87亿元，占全省总量的19.82%；旅游毛利润额3.26亿元，占全省总量的19.70%。

全年促销费支出1949.40万元，占总量的13.93%；营业利润率0.55%，旅游业务毛利润率6.96%。

【旅行社总体结构】 2007年，全省旅行社数量排在前五位的地级市依次为：广州（185家）、深圳（162家）、珠海（76家）、汕头（58家）、佛山（58家）。五市旅行社总量占全省总量的56.09%。

经对全省21个地级市旅行社经营的旅游业务营业收入、旅游业务毛利润、实缴税金、外汇结汇、入境外联人天、入境接待人天、国内组织人天、国内接待人天8项指标进行综合排名，前五名地级市依次为：广州、深圳、佛山、珠海、中山。

【旅行社类别结构】 2007年，广东国际旅行社数量占全省总量的20.60%，人员占全省总量的63.74%，资产总额占全省总量的81.89%，旅游业务收入占全省总量的80.18%，旅游毛利润占全省总量的80.30%，实缴税金占全省总量的83.90%。国内旅行社数量占全省总量的79.40%，人员占全省总量的36.26%，资产总额占全省总量的18.11%，旅游业务收入占全省总量的19.82%，旅游毛利润占全省总量的19.70%，实缴税金占全省总量的16.10%；

【旅行社所有制结构】 2007年，全省旅行社中国有独资企业占16.23%，其中国际旅行社占4.99%，国内旅行社占11.24%；集体所有制企业占2.19%，其中国际旅行社占0.20%，国内旅行社占1.98%；股份制企业占0.42%（国际社）；有限公司企业占20.70%，其中国际旅行社占10.30%，国内旅行社占10.40%；私营企业占59.94%，其中国际旅行社占4.16%，国内旅行社占55.78%；外资合资、独资企业占0.52%（国际社）。

【旅行社遵纪守法情况】 全省旅行社行业广泛推进旅游诚信体系建设，深入开展旅游诚信活动，旅行社的经营行为及旅游市场秩序得到进一步的规范，法制观念、诚信经营和市场竞争意识不断增强，做到守法经营，按章纳税。旅行社责任险投保率达99.79%，质量保证金足额缴交率达99.37%，全年未出现重大的和恶性的旅游质量投诉案件，未发生重大安全责任事故。

旅游饭店星级评定与复核

【总体情况】 2007年，广东旅游饭店业继续保持快速增长的态势，星级饭店规模不断扩大，星级饭店影响力逐渐增强，饭店业与国际接轨的步伐明显加快。全球著名酒店管理集团纷纷进驻广东，如香格里拉大酒店、威斯汀大酒店、丽湾酒店、百合酒店、博林诺富特酒店和东方银座酒店先后开业。饭店软件建设不断强化，行业整体水平得到提升。

【旅游饭店规模】 截至2007年底，广东省饭店总数达8000家，客房35万间，从业人员70万人。全年评定61家星级饭店，其中白金五星级1家，五星级11家，四星级12家，三星级30家，一、二星级共7家。全省拥有星级饭店总量为1177家，其中白金五星级1家，五星级57家，四星级166家，三星级583家，二星级344家，一星级26家。全省高星级饭店数量、营业收入等各项主要指标稳居全国前列。

【星级饭店复核工作】 2007年，广东省旅游局继续加大对星级饭店复核工作力度，共对全省991家星级饭店进行复核，其中年度复核717家，评定性复核274家，取消星级酒店63家。深圳景轩酒店成为广东第一家被取消资格的五星级饭店，在行业和社会上产生积极的反响。复核以《星级饭店访查规范》为依据，重点对星级饭店的管理和服务等软件设施进行检查，强化饭店的服务意识和星级意识，维护星级标准的权威性和品牌形象，同时进一步健全饭店星级复核制度，通过复核机制指导饭店企业深入理解星级标准对饭店服务的要求，完善功能设施，提高管理水平，带动全行业规范经营、良性竞争、和谐发展。

创建绿色饭店

【绿色饭店创建工作】 2007年，为贯彻党中央、国务院建设资源节约型和环境友好型社会，大力开展节能减排，节约能源，保护生态环境，保持可持续发展战略的精神，省旅游局按照商务部、发展改革委、国资委、国家环保总局、国家旅游局、国家标准委六部委《关于开展创建绿色饭店活动的通知》和全国星评委下发的《关于大力推进绿色旅游饭店创建和评定工作的通知》，成立了广东省旅游局创建绿色饭店领导小组，召开全省创建绿色饭店工作会议，学习贯彻《绿色旅游饭店行业标准LB/T007-2006》，定期举办各类专业技术培训班和讲座，组织引导全省饭店行业全面开展创建绿色饭店工作。同时要求在饭店星级评定工作中推动环保节能，倡导绿色消费，进一步完善创建、评审和后续管理制度，注重发挥绿色饭店的示范效应，把环保理念落实到饭店建设、经营、销售的各个环节。对于配备环保节能措施的饭店，在星级评定中给予适当加分，引导饭店企业改善硬件设施，加强软件管理，如：客房内配置环保型冰箱，对床上用品的再次使用设有征询客人意见牌，客房卫生间配置循环使用的洗发液、沐浴液及餐厅、吧室不使用一次性筷子、湿毛巾和塑料桌布等。各地星评委和旅游饭店企业积极响应，广泛动员，全面发动，采取措施大力推进，并取得良好的效果。至年底，全省共评定绿色旅游饭店45家，绿色饭店总数达到865家。

【绿色饭店创建产生积极效应】 绿色理念全面提升：通过创建引导饭店行业增强环保意识，把可持续发展的理念贯穿在经营管理的始终，制定企业环境管理目标，把环保指标纳入绩效考核体系，不仅加大对节能技术改造和环保设施的资金投入，还把节约的费用重新投入到环保节能改造之中。饭店的管理层充分认识到，创建绿色饭店不仅不会降低服务档次，也不会与星级服务标准相抵触，而且有助于提升饭店形象，增强竞争能力。为促使环保技术广泛应用，广东省旅游局提出提升饭店行业高科技含量的四点措施：中央空调风管系统的清洗和净化消毒、酒店网络营销、酒店宽带上网和安装管道纯净水系统。随着创建绿色饭店活动的深入，饭店企业以《绿色旅游饭店行业标准LB/T007-2006》为指南，更广泛应用节能环保技术成果，并多渠道地开展加强对工程技术人员和员工的培训。目前，除节能灯、感应龙头、锅炉冷凝水回收、空调变频等技术的应用外，太阳能、真空玻璃、客房智能钥匙卡、余热回收装置、高效节能泵等材料和设备也开始广泛使用，部分饭店还安装员工浴室节水智能IC卡系统。通过应用新技术进行设施设备改造，不利于环保的设备被逐步淘汰，创建绿色饭店的层次和水平大大提升。绿色管理日趋成熟主要体现在能源的管理与使用以及生产过程的管理与控制两个方面。能源管理使用方面，饭店企业通过创建活动按要求完善了能源消耗的统计与分析、能源指标的定额定量、责任落实和奖惩等制度，如通过采用变频装置来提高电力资源的使用效率，通过加装分区水表来节约水资源，通过建立无纸化办公系统来减少纸张用品的使用数量等，不少企业还引入ISO14000标准认证体系，建立了有效的环境管理机制。生产过程方面，从物料的采购、储存、搬运、加工、排放到对客服务的消费环节都做到了有措施、有控制、有考核、有奖惩。如餐厅中提倡不食用野生保护动物，客房中减少了塑料包装，改用布制洗衣袋、床单一客一换等措施得到消费者的理解、支持和认可，对整个服务行业的环境保护起到了很大的促进作用。

旅游安全管理

【总体情况】 2007年，全省旅游系统将旅游生产管理作为提升产业素质的重要工作，贯穿于各项工作的始终。一年来，广东省旅游局认真贯彻落实科学发展观，按照国家法律法规和省政府关于安全生产的决策部署，从讲政治、讲大局、对广大游客生命财产安全高度负责的高度，把旅游安全工作列入重要议事日程。各级旅游管理部门、各旅游企业、旅游从业人员不断提高对旅游安全重要性的认识，层层落实安全监管责任，深入开展旅游黄金周安全生产大检查、专项检查、安全隐患排查治理、“安全生产月”等活动，积极推动旅游安全制度化、规范化、程序化建设，不断健全旅游安全应急处置体制机制，预防和控制旅游安全事故，确保旅游安全生产形势良好稳定。

【落实安全管理责任制度】 2007年初，省旅游局与各地市旅游部门签订安全监管责任书，各市、县旅游局与相关旅游企业也相应签订责任书。在落实旅游安全监管责任方面，重点抓好的工作包括：健全和完善旅游安全监管责任制度。明确旅游企业安全生产主体责任和各级旅游管理部门的监管责任，并通过专项检查、旅游黄金周大检查等形式督促落实；推动旅游安全检查制度制度化、常规化和程序化。以旅游黄金周为重点，组织各市开展旅游安全大检查，派出工作组进行督查，并推行假日期间24小时值班制度和领导现场巡查制度，有效处置突发公共安全事故；提高旅游安全应急管理水平。建立了旅游突发公共事件应急预案，督促企业建立各类旅游安全事故应急预案，力争形成“纵向到底、横向到边”的预案体系并抓好演练；突出旅游安全生产“一票否决”制度，并将作为违规记录归入企业信誉档案。在旅游行业管理工作中体现安全第一，凡安全生产责任制不落实、安全生产条件不达标，未经公安、消防、工商、卫生等部门认可的企业，一律不予审批或者评定；推进旅游安全标准化建设。研究制定旅行社、星级酒店和海滨泳场的安全标准，逐步将旅游安全标准范围覆盖到各种旅游活动中，形成《旅游质量与安全规范》系列地方标准，指导旅游企业更有针对性地落实安全防范措施;加强旅游安全宣传教育。开展“安全生产月”活动，加强特种从业人员的安全培训、注册安全主任培训等，督促旅游企业通过健全安全生产档案，强化旅游安全责任意识，提高安全生产管理水平和防范事故的能力。

【假日旅游安全保障工作】 2007年，在每个黄金周前夕及期间，省旅游局进行全面部署，局领导亲自率领工作组前往旅游热点地区，督促检查当地假日旅游各项安全措施落实情况。各地依托假日旅游协调机制，开展地毯式、拉网式的安全大检查。在旅游企业自查、各市检查的基础上，广东省旅游局派出工作组深入旅游企业，采取现场听取汇报、查看资料和现场抽查相结合，明查与暗访相结合的办法开展督查。全年共派出4批23个工作组45人次进行旅游安全督查，抽查98家旅行社、104家星级酒店和94家旅游景区。

在旅游安全大检查、专项检查、日常巡查和督查工作中，根据分类指导原则，对不同类型的企业提出了相应的要求。旅行社企业以防范道路交通安全事故为重点，严格遵守旅游汽车租赁制度，严禁租赁没有旅游包车牌照的车辆接待旅游团队；旅游运输车队要抓好司机的教育培训，严禁开超速车、疲劳车、超载车、带病车以及酒后车。完善旅行社保险制度，除旅行社责任险外，向参团游客推荐购买旅游意外险；星级饭店要以消防安全为重点，建立消防安全监督管理机制，制定消防规章制度和操作规程，完善紧急疏散和应急救援预案，确保消防器材、队伍、管理等各方面到位，要在食品卫生、特种设备、车辆管理等各方面层层落实安全监管责任制，彻底排查整治事故隐患；旅游景区要根据自身特点，制定和落实切实可行的防范措施。山岳型景区必须监控登山步道、防护栏等设施，在危险路段设置明显的警示标志；索道、缆车、游乐设施等必须持有技监部门颁发的合格证书和年检证明。海滩、湖泊型景区必须抓好水上安全，游船、水上娱乐项目等必须持有海事部门颁发的各类证书。部分游客密集的景区，必须采取分流疏导措施，并加派人手现场巡查引导。

【完善旅游安全管理保障体系】 根据《突发事件应对法》和《国家突发事件总体应急预案》的要求，广东省旅游局及时颁布《旅游突发公共事件应急预案》，建立包括预警信息收集、预警评估和预警发布等内容的旅游安全预警机制。制定《出境旅游突发事件应急预案》，把涉外旅游安全纳入管理体系，逐步建立符合实际、衔接良好的旅游应急预案体系；推动旅游安全标准化建设，联合标准化研究院，对旅行社、星级酒店、旅游景区的安全工作规程进行研究，对自驾游、自助游、探险游等需要的配套安全保障措施开展调查，制定切实有效的地方标准。

【旅游安全教育】 一方面，抓好导游等一线服务人员的培训和教育，导游员培训包括消防安全等安全知识，酒店服务员要全部掌握“一畅两会”知识、景区要设立急救医疗点并配备医护人员等；另一方面注重对旅游者的宣传，提高广大游客的安全意识和防范能力，不到危险地区旅游。引导旅游企业加强安全生产工作。在旅行社星评工作中，实行安全生产一票否决制度，督促各旅行社建立完善的安全质量保障机制，为游客提供安全优质的服务。在创建广东省旅游强县工作中，积极引导当地政府加大人力、物力和财力投入，健全旅游配套设施的安全功能，提高旅游安全监管水平。省旅游局还利用网络、简报、杂志等宣传安全生产方针政策和法律法规，推广安全、优质的区域旅游路线，建立旅游投诉和安全事故应急处理绿色通道。

整顿和规范旅游市场秩序

【治理“零负团费”专项行动】 5月11日，国家旅游局下发《治理整顿“零负团费”专项行动工作方案》；6月4日召开全国旅游市场整顿规范专项行动电视电话会议，专门部署开展治理“零负团费”专项行动。广东省旅游局按照“点面结合、标本兼治、规范整顿与培育发展并重”原则，在全省范围内开展治理“零负团费”专项行动，成立了治理“零负团费”专项行动领导小组，由主要领导亲自挂帅，分管领导负责组织、检查、督办，有关处室共同抓好落实。一是制定了《广东省治理整顿“零负团费”专项行动工作方案》，召集各市旅游部门、大型旅行社和旅行社行业协会开会布置，要求层层落实责任，并结合各地实际，建立和健全专项行动组织机构，制定切实可行的工作方案，设立了举报投诉热线电话，形成省市联动、部门联动的工作机制和打防结合、联合执法、各级监督的整治态势，促进旅游市场秩序好转和产业素质提升，以优异成绩迎接十七大的胜利召开。二是突出重点、深入检查。采取明查与暗访结合、行业检查与部门联动结合的方式，从旅游线路报价、广告、合同签订、价格包含的服务项目、自费项目和成本核算等各方面入手，对可能存在“零负团费”的重点环节坚持高密度反复清查；对超范围经营、非法转让许可证、低于成本促销、价格欺诈、社会旅馆商务中心非法招徕游客等行为也加强监管。如开展旅游合同专项检查，查处旅行社不与游客签订规范的合同，隐瞒旅游购物、自费项目等行为；开展旅游广告专项检查，查处低于成本报价、欺诈宣传、超范围经营和使用模糊性、攀附性、误导性语言的违规广告，遏制实际操作与广告宣传不一致现象；开展旅游购物商店、观光、娱乐自费项目专项检查，查处旅游目的地、游客集散地、土特产店、社会餐馆违规收授回扣的行为；开展旅行社业务档案专项检查，查处组团社与地接社低价操作，委托非旅行社机构接团、向导游卖团、收取人头费等违规行为；开展旅行社门市部专项检查，查处违反四统一规定，放任门市部违规组团，个人私自经营组团业务的行为；开展导游执业专项检查，查处导游、领队人员诱迫旅游者购物、参加自费景点和项目、私自收受回扣、擅自更改旅游行程或降低服务标准的行为。三是文明宣传、正确引导。在治理零负团费专项行动中，认真做好宣传教育工作，督促企业扭转“重经营、轻安全、重效益、轻质量、重宣传、轻管理”认识误区，引导群众文明出游、理性消费、依法维权的意识，营造生动活泼、良性互动的舆论监督氛围。通过多种手段和途径，提示游客要选择诚信的旅行社出游，培养理性消费和品质旅游观念。广州市旅游局、旅行社协会先后在珠江夜游码头、北京路步行街、天河城广场等地散发30万份《旅游消费警示》，让群众了解旅游消费知识。深圳市旅游局在主流媒体刊登广告公开聘请社会监督员，印制了10万份《旅游消费指南》手册摆放在全市各个旅游咨询点，在世界之窗等现场开展旅游报名咨询活动，多管齐下地宣传零负团费危害，调动全社会力量维护旅游市场秩序。在民声热线活动中，省旅游局领导现场解答群众投诉、咨询，通过现场连线各地旅游局、旅行社，解决群众所反映的各种损害旅游者合法权益的问题，对游客普遍关心的问题，如“相同的旅游线路为什么有不同的报价”、“如何选择旅行社参团”作出详细说明，引导广大游客“明明白白消费”，积极监督旅游市场秩序，共同抵制、举报和打击零负团费等违规行为。四是开拓思路、创新工作。针对旅游市场存在的问题，因时制宜、因地制宜，创新治理零负团费的工作思路，完善旅游质量监督明查暗访制度，打击与建设并举、整顿与规范并重，促进旅游环境不断好转。研究制定《旅行社资质等级划分与评定试行标准》，对旅行社企业实行星级管理，从企业管理、市场营销、服务质量、游客满意率等多方面进行综合测评，并定期向社会公布。联合香港旅游业界开展“优质诚信香港游”主题活动，通过新闻发布会、组织两地旅行社签订“优质诚信香港游”和“联合抵制零负团费不正当竞争”公约等，并确定了旅行社操作四原则：“阳光作业、公开合同、公平条款、透明行程”，对香港游实行明码标价，自觉接受社会监督，打造“活力珠三角、诚信粤港澳”旅游区，受到两地旅游业界的广泛好评，维护了“活力广东”的良好形象。

开展旅游强县工作

【总体情况】 广东是全国旅游大省，但旅游经济集中在珠三角地区，东西两翼和粤北山区旅游发展水平相对落后。如何发展乡村旅游和县域经济，促进我省旅游业区域协调发展，是重要而紧迫的任务。与此同时，在各县（市）区划中，涌现出一批旅游资源丰富、发展水平领先、特色鲜明、远近闻名的旅游大县，迫切希望通过创建广东省旅游强县，实施政府主导型发展战略，把旅游培育成支柱产业和新的经济增长点，带动当地经济社会快速发展。在这种背景下，省旅游局全面启动旅游创强工作。自 2004 ～ 2007 年底，清新、梅县、东源、阳山、阳东、连州、新兴、德庆、龙门 9 个县（市）先后被评定为广东省旅游强县，并在全省旅游工作会议上由省领导亲自颁授牌匾。其中清新、梅县还被国家旅游局评定为中国旅游强县。通过创强工作，省旅游局加强对各县发展旅游业的指导，以旅游功能配套为导向，突出县域旅游特色和城乡之间的协调统一，鼓励发展县域旅游经济的积极性，又突出环境保护、文化保护和适度发展原则，推动旅游业综合素质的全面提高。参加创建的有关地方领导高度重视，加快交通、安全、卫生、环保、宾馆、餐饮等配套设施建设，改善旅游接待服务配套功能，提高旅游产业地位，优化旅游发展环境，带动招商引资、劳动就业和环境保护，促进县域经济和社会主义新农村建设，构建了“党政主导、部门联动、全民参与、实惠百姓”的创强机制，营造了全社会重视旅游、支持旅游的良好氛围。

【基本经验】 一是政府主导是开展工作的前提。东西两翼和粤北山区旅游经济基础薄弱、缺乏管理专业人才，在旅游开发未形成良性循环之前，政府的前期主导和协调非常重要。依靠党委、政府解决旅游业发展中的深层次问题，加强交通、水电、环境、通讯等公共基础设施建设，加强对旅游产业相关要素的整合，促进市场机制的形成。二是精心策划是做好工作的基础。围绕建设社会主义新农村主题，把发展旅游与带动农民脱贫致富相结合，处理好旅游资源开发、改善乡村居住生活环境、乡土文化与民俗风情传承、农村精神文明建设等方面关系。如：旅游景区开发中要同步考虑餐饮、住宿、土特产加工销售、旅游商品制造等系列环节，延长旅游产业链。三是招商引资是取得成效的关键。创建旅游强县，加快山区旅游发展，要以面向市场招商引资为主体，形成政府投资、招商引资、民间集资、资源入股结合的多元化旅游投资体系。政府提供良好的引导服务，推动以旅引商、以旅聚商、以旅留商，积极承接珠三角资金转移，形成侨资、外资、民资等向旅游业的洼地效应。四是依靠群众是实现目标的根本。在创强工作中，把改善农村交通环境、发展农副产品、提高村民综合素质等列入重点，把空气污染指数、居民饮用水质、生活垃圾无害化处理等与群众的生产生活息息相关的事情解决好，让老百姓从发展旅游中切实地得到实惠，自觉提高综合素质，营造全民参与发展旅游的良好氛围。五是注重特色是持续发展的动力。深入挖掘乡村旅游文化的原生的民俗文化、独特建筑、古老的音乐、歌谣和舞蹈、传统耕作方法等文化元素，设计一些具有浓厚乡土气息又令游客尽兴的乡村旅游项目，从而提高旅游产品竞争力，形成特色品牌，真正体现强县水平。

广东省旅行社资质等级评定

【总体情况】 2007 年，省旅游局通过制定和实施旅行社资质等级评定标准，从而进一步发挥旅游主管部门的引导、服务与监督职能，树立旅行社在市场中的资质等级形象，为消费者和经营者提供直观、可信的旅行社服务质量和信誉等级标识；促使旅行社提高经营管理水平和服务质量，优化旅行社产业结构，促进旅行社行业健康、持续、稳定的发展。成立了以郑通扬局长为组长，曾维炳、杨荣森、谢宏治副局长为副组长的广东省旅行社资质等级评定工作领导小组。下设旅行社资质等级评定委员会，杨荣森任评定委员会主任。评定委员会副主任及其成员由省旅游局机关和广东省旅行社协会、旅游行业的专家、学者派人参加。各地级以上市设立市级旅行社资质等级评定委员会。旅游强县设立县级旅行社资质等级评定委员会。参加旅行社资质等级评定的旅行社设立一名内审员。

【旅行社等级评定标准的内容】 (1) 旅行社的资质等级划分和等级标志。根据标准规定，旅行社资质等级分为3星级、4星级和5星级三个等级，星的数量越多，等级越高。资质等级以☆为符号来表示，用三个☆表示3星级、四个☆表示4星级、五个☆表示5星级。(2) 评定权限划分。省旅游局按照属地管理、分级负责原则，由广东省旅行社资质等级评定委员会授权“中国优秀旅游城市”的地级以上市旅行社资质等级评定委员会负责本地区3星级、4星级旅行社等级评定和复核工作，并承担推荐5星级旅行社的责任；非中国优秀旅游城市的地（市）级旅行社资质等级评定委员会和县级旅游强县城市旅行社资质等级评定委员会负责本地区3星级旅行社等级评定和复核工作，并向上推荐4星级、5星级旅行社；5星级旅行社资质等级评定和复核工作由广东省旅行社资质等级评定委员会负责。(3) 参评旅行社的基本要求。参评企业必须具备独立法人资格。分设在不同区域的旅行社经营部门和非独立法人实体不能单独参加等级评定。(4) 旅行社资质等级评定的依据和条件。旅行社资质等级的划分以旅行社的基本条件、经营业绩、营业条件、服务项目、管理机制、财务管理、营销管理、商业信用和社会声誉为依据，设立了8个一级子项目。除特殊说明外，对3星级至5星级旅行社均适用。总分为650分。在标准中分别就三个等级旅行社所应该具备的基本条件进行了明确的规定，并在附录中规定了旅行社等级评分标准和计分表、旅行社服务质量暗访制度及评分表以及旅行社服务质量顾客调查制度及调查问卷。

【旅行社资质等级评定工作原则】 (1) 政府主导的原则。省旅游局大力推行《旅行社资质等级评定》标准的实施工作，发挥旅游主管部门的引导、服务与监督职能，引导旅行社提升行业整体素质，全面提高服务质量，从而带动产业升级。(2) 企业自愿的原则。在全省推出的《旅行社资质等级评定》地方标准，旅行社本着自愿的原则积极参与，通过参评，树立旅行社在市场中的资质等级形象，提升旅行社行业的整体素质，为旅游消费者和经营者提供直观、可信的旅行社服务质量和信誉等级信息。(3) 公正、公平、公开的原则。旅行社资质等级评定由企业自行申报，旅行社资质等级评定委员会依据标准中3星、4星、5星级等级旅行社所应该具备的条件和规定的附录A（旅行社等级评分标准）、附录B（旅行社服务质量顾客调查问卷）及附录C（旅行社服务质量暗访情况）等程序，进行受理、检查、评审和批复。(4) 社会监督的原则。旅行社资质等级评定将坚持社会监督的原则，采取游客暗访、新闻媒体监督等方式。

（邹飞祥）

2007年广东省旅游质量监督管理工作

【概述】 2007年，全省旅游质监系统坚持以科学发展观为指导，以规范旅游市场秩序、开展和谐旅游为目的，努力探索旅游质监工作的新思路，发挥旅游质监工作在服务游客、维护旅游企业合法利益等方面的作用，有效地推动全省旅游服务质量上水平，以促进全省旅游业的健康发展。

【整顿旅游市场秩序】 2007年，全省旅游质监系统以查处严重扰乱旅游市场违规行为作为重点，有效地遏制了无证、无照非法经营旅游业务和旅行社超范围经营等违规行为；加强了对导游IC卡的检查，着力在检查工作的制度化、规范化方面下功夫，全面提升导游员的整体素质和服务水平；转变执法观念，推进旅游质监工作变事后处理为事前规范，由市场整治转变为市场引导。根据不同时期、不同热点线路反映出来的热点问题，采取统一检查与个案处理、突击检查与日常巡查相结合等形式开展执法检查，其中包括对零负团费、导游持证上岗、导游IC卡、国内游的集散地、旅行社营业部、港澳游服务质量、漂流服务质量、温泉服务质量等专项检查，搜集第一手资料，及时把握旅游质监工作的新动态。省旅游质量监督管理所还对旅游广告实施专人负责及监控处理，要求旅游企业严格按照《广告法》发布旅游广告，纠正了出境游市场存在对游客误导的倾向。据统计：全省全年旅游质监系统依法共受理58件，依法没收非法所得87次、物品18件，没收违法收入2.81万元，作出罚款决定45次，共计6.06万元。市场检查中共查处非法经营旅游业务61件，查处超范围经营旅行社业务30件，查处无证领队8人，查处违法旅游广告21宗，查处违法购物点1处，查处违规旅游景点3处，查处其他违法行为11件。

【处理旅游维权】 全省旅游质监部门本着“为游客服务，为企业服务，为广东旅游服务”的原则，坚持以人为本，认真受理旅游维权诉求，依法依规做好旅游投诉处理工作，妥善解决处理好每一宗投诉和旅游纠纷。2007年，全省旅游质监系统共接到各类旅游诉投939宗，受理782宗，为4663名游客追回补偿金额114.17万元。其中省旅游质量监督管理所共接到旅游维权诉求130宗，受理64宗，赔付金额9.15万元。全年未出现一宗因游客不服处理而向上申诉的案例。

【黄金周旅游质监工作】 2007年旅游黄金周，全省旅游质监系统认真落实“高度重视、加强领导、精心组织、周密安排、注重沟通、落实责任”的工作方针，认真履行职责，一是做好旅游维权热线24小时的值班，努力化解矛盾和纠纷，营造和谐的旅游大环境；二是做好节前、节中、节后旅游市场的检查，维护好旅游市场秩序；三是做好港澳游预警信息通报工作，确保粤港澳旅游市场井然有序。春节黄金周期间，出现个别旅行社推出以“一元线路”为诱饵欺骗旅游消费者的宣传广告，省旅游执法部门深入调研，摸清情况，分析原因，制定了严格的旅游广告发布监管机制，有效地维护了旅游消费者利益和旅游市场经营秩序。由于措施得力，全省黄金周旅游市场实现了“安全、秩序、质量、效益”四统一。

【配合“民声热线”工作】 2007年8月，省旅游质量监督管理所根据省政府纠风办和省旅游局的工作安排，参与了省旅游局“民声热线”第三期主题为“明白消费，理性维权”上线节目，从维护广大旅游消费者权益和常见的旅游投诉案例等方面为听众释疑解惑，并及时处理上线期间游客投诉的旅游质量问题。在整个“民声热线”节目中，全省旅游局质监部门共处理投诉22起，办结22起，办结率为100%。达到了“倾听百姓心声，接受社会监督，促进作风建设，展示旅游质监形象”的预期效果。

【旅游服务质量测评】 2007年6月，省旅游质量监督管理所与省质量协会联合开展测评旅游服务的调查，调查以广州地区的省中旅、广东国旅、省青旅、广之旅等10家旅行社作为评测的切入点，通过现场问卷，网上调查、企业调研等形式，进行纵向、横向对比，测评旅行社的服务质量、产品线路设计、游客满意度等相关信息，并在一定范围内公布。通过调查促进了旅游企业积极开发推广“诚信优质游”，引导游客树立理性消费的观念。为促进全省旅游企业的诚信建设，省旅游质量监督管理所与省工商局合作，在全省旅行社中开展“守合同　重信用”的公示活动。广东省中国旅行社被评为全国“守合同　重信用”的单位，7家旅行社获得了由广东省工商局颁发的广东省“守合同　重信用”单位的匾牌。

【创新旅游质监工作】 2007年，进一步完善旅游质监工作的规章制度，对《黄金周投诉统计办法》和《黄金周旅游投诉和市场检查统计报表》作出相应的调整与修改，使之更加合理，清晰明了。省旅游质量监督管理所建立了全省旅游投诉情况半年通报制度，科学发挥通报制度的宣传、教育、引导作用，进一步规范旅游企业的经营活动。同时加强了对全省质监队伍的建设，先后在中山、珠海等市举办旅游质监工作业务培训班，加强对旅游投诉处理和旅游市场执法的政策法规、受理程序、业务技能、工作方法等方面知识的学习培训。

【召开全省旅游质监工作会议】 2007年9月18日，全省旅游质监工作会议在广州市召开，各地级以上市旅游局分管副局长、质监所所长，省旅游强县负责人，全省31家旅行社主管质监工作的副总经理参加了会议。省旅游局副局长杨荣森出席会议并讲话。会议以科学发展观统领全局，总结了一年多来全省旅游质监工作情况，分析所面临的形势和任务，研究部署下一阶段的工作任务。会议要求进一步解放思想，开创旅游质监工作新局面，并对今后工作提出了“五个坚持”的新要求。会议采取以会代训的办法进行，由领导讲课，代表之间相互交流，共同启发思路，为旅游管理部门、旅游企业搭建了很好的平台，为做好今后全省旅游质监工作指明了方向。

【全省旅游投诉的分析及特点】 2007年，全省各级旅游质监所共接到各类旅游投诉939件，受理782件，结案752件，结案率为96%，同比增长25%，共为旅游消费者理赔金额114.16万元，同比下降4.3%。从正式受理的782件旅游投诉情况看，投诉出境游的有186件，占23.8%，比上年增长8.6%；投诉入境游的有4件，占0.51%，与上年持平；投诉国内游的有592件，占75.7%，比上年增长6.8%。被投诉对象的包括：投诉旅行社515件，占65.9%，同比减少50件，下降8.9%；投诉饭店71件，占13.8%，同比增加21件，增长29.6%；投诉景点81件，占15.7%，同比增加30件，增长37%；投诉交通19件，占3.7%，同比增加5件，增长26.3%；投诉购物34件，占6.6%，同比增加6件，增长17.6%；投诉餐饮5件，占1%，同比增加1件，增长25%；其他方面投诉57件，占11.1%，同比增加43件，增长75.4%。投诉的主要问题有：投诉降低合同标准120件，占投诉总数的15.3%，同比减少54件，下降45%；投诉擅自增减项目84件，占投诉总数的10.7%，同比增加32件，增长38.1%；投诉导游未尽职责121件，占投诉总数的15.5%，同比增加32件，增长26.5%；投诉延误变更日程74件，占投诉总数的9.5%，同比增加18件，增长24.3%；其他方面投诉383件，占投诉总数的50%，同比增加28件，增长7.3%。

2007年投诉呈现出的主要特点：一是投诉件数较往年相比有所增长。一方面是旅游消费者增强维权意识有关，另一方面旅游企业在实际经营过程中还是不同程度地存在着降低服务标准、擅自增减旅游项目、收取不合理费用、旅游合同未履行、导游未尽职责、客运司机服务态度差、景点管理不规范、工作人员服务态度差、宾馆饭店缺乏安全保障等问题，有待于在今后的工作中认真研究，加以改进，不断提升旅游服务质量。二是国内游占三大旅游市场的绝对份额，其中省内游的投诉占了国内游投诉56.1%的份额。省外游的投诉主要集中在海南、湖南、云南、四川、广西等传统旅游热点线路。三是饭店、景区（点）投诉所占比例有所上升。主要原因是个别酒店安全管理不到位，缺乏必要的安全保障设施，导致游客入住酒店时发生财产丢失或被盗、客房天花板脱落伤人、浴室玻璃门因破损游客手指被割伤、洗手间地面无防滑设施而摔伤等安全事故。四是酒店、景区（点）个别从业人员服务水平低也是引发游客投诉的主要原因。例如客人已预定的房间被酒店擅自取消，酒店的违约行为是不诚信经营的体现，也是酒店从业人员对违约行为的严重性认识不够；还有某些旅游景区服务人员的服务态度差，缺乏人性化服务引导。五是老年游客投诉呈上升趋势，约占投诉受理人数的20%。随着社会日益老龄化，老年人具备了旅游时间及经济消费能力，越来越多的老年游客参与旅游活动。由于旅行社的不正当竞争对老年消费者的不公平待遇，损害了老年消费者的合法权益。如在旅游线路的报价中，老年群体被旅行社认为没有较强的购物能力而被要求增加团费，引起老年游客的不满。

（符常青）

2007广东省出境游组团社名单表

（共131家，截至2007年底）

地区	序号	旅行社名称	许可证号码
广州（56家）	1	广东国旅国际旅行社股份有限公司	L-GD-GJ00001
	2	广东省中国旅行社股份有限公司	L-GD-GJ00002
	3	广东省中国青年旅行社	L-GD-GJ00003
	4	广州广之旅国际旅行社股份有限公司	L-GD-GJ00004
	5	广东铁青国际旅行社有限责任公司	L-GD-DJ00009
	6	广州东方国际旅行社有限公司	L-GD-GJ00011
	7	广州招商国际旅游公司	L-GD-GJ00022
	8	广东省香江旅游公司	L-GD-GJ00037
	9	广东熊猫国际旅游有限公司	L-GD-GJ00053
	10	广东粤侨国际旅行社有限公司	L-GD-GJ00055
	11	广州交易会国际旅行社有限公司	L-GD-GJ00056
	12	广州市番禺旅游总公司	L-GD-GJ00062
	13	广州番禺中国旅行社	L-GD-GJ00063
	14	广东省天马国际旅行社有限公司	L-GD-GJ00112
	15	广州市丽景国际旅行社	L-GD-GJ00113
	16	广东中妇旅国际旅行社有限责任公司	L-GD-GJ00114
	17	广东中信国际旅行社有限公司	L-GD-GJ00115
	18	广东和平国际旅行社有限公司	L-GD-GJ00117
	19	广东南湖国际旅行社有限责任公司	L-GD-GJ00128
	20	中青旅广州国际旅行社有限公司	L-GD-GJ00135
	21	广东羊城之旅国际旅行社有限公司	L-GD-GJ00144
	22	广东省南方国际航空旅游公司	L-GD-GJ00145
	23	广州花园国际旅行社	L-GD-GJ00164
	24	广东自游商旅国际旅行服务有限公司	L-GD-GJ00180
	25	广东时尚国际旅行社有限公司	L-GD-GJ00184
	26	广东风光国际旅行社有限公司	L-GD-GJ00187
	27	广州康辉国际旅行社有限公司	L-GD-GJ00188
	28	广州市领航国际旅行社有限公司	L-GD-GJ00209
	29	广州市良辰美景国际旅行社有限公司	L-GD-GJ00210
	30	广州教育国际旅行社有限公司	L-GD-GJ00218
	31	广东南方传媒国际旅行社有限公司	L-GD-GJ00221
	32	广州市汇粤国际旅行社有限公司	L-GD-GJ00223

续表

广州（56家）	33	广州西敏国际旅行社有限公司	L-GD-GJ00224
	34	广东天天假期国际旅行社有限公司	L-GD-GJ00226
	35	广州国之旅国际旅行社有限公司	L-GD-GJ00216
	36	广州成功之路国际旅行社有限公司	L-GD-GJ00238
深圳（27家）	37	深圳市深旅国际旅行社有限公司	L-GD-GJ00007
	38	深圳中国国际旅行社有限公司	L-GD-GJ00010
	39	深圳招商国际旅游有限公司	L-GD-GJ00018
	40	深圳市口岸中国旅行社有限公司	L-GD-GJ00023
	41	深圳市中国旅行社有限公司	L-GD-GJ00025
	42	深圳市深华国际旅行社有限责任公司	L-GD-GJ00028
	43	深圳特区华侨城中国旅行社	L-GD-GJ00031
	44	中青旅深圳国际旅行社有限公司	L-GD-GJ00034
	45	深圳市鹏运国际旅行社有限公司	L-GD-GJ00048
	46	深圳市九洲国际旅行社有限公司	L-GD-GJ00049
	47	深圳机场国际旅行社有限公司	L-GD-GJ00051
	48	深圳市巨邦国际旅行社有限公司	L-GD-GJ00052
	49	深圳市宝安中国旅行社有限公司	L-GD-GJ00119
	50	深圳市罗湖国际旅行社有限公司	L-GD-GJ00129
	51	深圳市海外国际旅行社有限公司	L-GD-GJ00131
	52	深圳市东星国际旅行社有限公司	L-GD-GJ00133
	53	深圳市职工国际旅行社有限公司	L-GD-GJ00136
	54	深圳市中侨国际旅行社有限公司	L-GD-GJ00156
	55	广东核电国际旅行社有限公司	L-GD-GJ00170
	56	深圳市航空国际旅行社有限公司	L-GD-GJ00178
	57	深圳市广铁青国际旅行社有限公司	L-GD-GJ00196
	58	深圳市鹏城康辉旅行社有限公司	L-GD-GJ00198
	59	深圳市鹏之旅国际旅行社有限公司	L-GD-GJ00229
	60	深圳市世纪假日国际旅行社有限公司	L-GD-GJ00177
	61	深圳市建南国际旅行社有限公司	L-GD-GJ00227
	62	深圳市特色国际旅行社有限公司	L-GD-GJ00228
	63	港中旅京华国际旅行社（深圳）有限公司	L-GD-GJ00245
珠海（9家）	64	珠海海外旅游有限公司	L-GD-GJ00006
	65	广东省拱北口岸中国旅行社有限公司	L-GD-GJ00042
	66	珠海市旅游有限公司	L-GD-GJ00047
	67	珠海航空国际旅行社有限公司	L-GD-GJ00050
	68	珠海中国国际旅行社有限公司	L-GD-GJ00083
	69	珠海市君悦国际旅行社有限公司	L-GD-GJ00166
	70	珠海国际度假旅行社	L-GD-GJ00169
	71	珠海里程国际旅行社有限公司	L-GD-GJ00193
	72	珠海海天国际旅行社有限公司	L-GD-GJ00202

续表

汕头（4家）	73	汕头市旅游总公司	L-GD-GJ00005
	74	中国康辉汕头旅行社有限公司	L-GD-GJ00020
	75	汕头市中国旅行社有限公司	L-GD-GJ00041
	76	汕头天驰国际旅行社有限公司	L-GD-GJ00181
韶关（1家）	77	韶关市中国旅行社有限责任公司	L-GD-GJ00143
河源（1家）	78	河源市旅游总公司	L-GD-GJ00090
梅州（3家）	79	梅州市旅游总公司	L-GD-GJ00084
	80	梅州市中国旅行社有限公司	L-GD-GJ00085
	81	梅县中国旅行社	L-GD-GJ00140
惠州（3家）	82	惠州环宇国际旅行社有限公司	L-GD-GJ00030
	83	惠州市中国旅行社	L-GD-GJ00098
	84	惠州市青年国际旅行社有限公司	L-GD-GJ00203
汕尾（2家）	85	汕尾市旅游总公司	L-GD-GJ00086
	86	汕尾市中国旅行社	L-GD-GJ00122
东莞（5家）	87	东莞市国际旅行社有限公司	L-GD-GJ00065
	88	东莞市中国旅行社有限公司	L-GD-GJ00066
	89	广东国泰国际旅行社有限公司	L-GD-GJ00189
	90	东莞康辉国际旅行社有限公司	L-GD-GJ00190
	91	东莞市腾龙假日国际旅行社有限公司	L-GD-GJ00205
中山（7家）	92	中山市海外旅游有限公司	L-GD-GJ00012
	93	中山中国国际旅行社有限公司	L-GD-GJ00026
	94	中山中国旅行社	L-GD-GJ00027
	95	中山温泉国际旅行社有限公司	L-GD-GJ00076
	96	中山市菊城假期国际旅行社有限公司	L-GD-GJ00078
	97	中山市青年国际旅行社有限公司	L-GD-GJ00186
	98	中山市职工国际旅行社有限公司	L-GD-GJ00225
江门（4家）	99	江门市大方旅游国际旅行社有限公司	L-GD-GJ00014
	100	江门市中国旅行社有限公司	L-GD-DJ00040
	101	台山市旅游公司	L-GD-GJ00106
	102	台山中国旅行社	L-GD-GJ00139
	103	江门市国旅国际旅行社有限公司	L-GD-GJ00152
佛山（14家）	104	佛山市禅之旅国际旅行社有限公司	L-GD-GJ00013
	105	广东顺之旅国际旅行社有限公司	L-GD-GJ00029
	106	佛山市南海中旅国际旅行社有限公司	L-GD-GJ00036
	107	佛山国旅国际旅行社有限公司	L-GD-GJ00038
	108	佛山市中旅国际旅行社有限公司	L-GD-GJ00039
	109	佛山市顺德区中旅国际旅行社有限公司	L-GD-GJ00093
	110	佛山市三水中旅集团有限公司国际旅行社	L-GD-GJ00094
	111	佛山海外国际旅行社有限公司	L-GD-GJ00095
	112	佛山市口岸国际旅行社有限公司	L-GD-GJ00160

续表

佛山（14家）	113	佛山市康辉国际旅行社有限公司	L-GD-GJ00174
	114	佛山市天宁国际旅行社有限公司	L-GD-GJ00206
	115	佛山明媚假期国际旅行社有限公司	L-GD-GJ00208
	116	佛山市顺德广之旅国际旅行社有限公司	L-GD-GJ00201
	117	佛山市上游国际旅行社有限公司	L-GD-GJ00204
阳江（1家）	118	阳江市国旅国际旅行社有限公司	L-GD-GJ00124
湛江（1家）	119	湛江市旅游总公司	L-GD-GJ00017
茂名（3家）	120	湛江市中国旅行社有限公司	L-GD-GJ00088
	121	茂名市国旅国际旅行社有限公司	L-GD-GJ00123
	122	茂名市中国旅行社	L-GD-GJ00153
肇庆（2家）	123	肇庆市中国旅行社有限公司	L-GD-GJ00033
	124	肇庆星湖国际旅行社	L-GD-GJ00080
清远（1家）	125	清远市中旅国际旅行社有限公司	L-GD-GJ00101
潮州（3家）	126	潮州市中国旅行社有限公司	L-GD-GJ00067
	127	潮州中国国际旅行社	L-GD-GJ00068
	128	潮州风光国际旅行社有限公司	L-GD-GJ00212
揭阳（2家）	129	揭阳市中国旅行社	L-GD-GJ00071
	130	揭阳市旅总国际旅行社	L-GD-GJ00182
云浮（1家）	131	云浮市中国旅行社有限公司	L-GD-GJ00082
港澳游组团社（2家）	132	广州康泰国际旅行社有限公司	L-GD-GJ00171
	133	广东永安国际旅行社有限公司	L-GD-GJ00179

2007年度广东省进入全国国内旅行社100强名单

序号	许可证编号	旅行社名称	名次
1	L-GD-GN00586	东莞市景鸿旅行社有限公司	14
2	L-GD-GN00481	东莞市四海旅行社有限公司	27
3	L-GD-GN00240	东莞市青年旅行社有限公司	30
4	L-GD-GN00757	佛山市南湖旅行社有限公司	51
5	L-GD-GN00388	广州市假日通旅行社有限公司	57
6	L-GD-GN00063	阳江市海陵岛闸坡旅游公司	62
7	L-GD-GN00688	广州幸运旅行社有限公司	64
8	L-GD-GN00025	广州市职工旅行社	72
9	L-GD-GN00473	清远市星辉旅行社有限公司	76
10	L-GD-GN00852	深圳新景界商务旅行社有限公司	78
11	L-GD-GN00414	东莞市南北旅行社有限公司	85
12	L-GD-GN00179	东莞市阳光旅行社有限公司	92
13	L-GD-GN00585	广州空港之旅旅行社有限公司	95
14	L-GD-GN00790	中山市南湖旅行社有限公司	100

2007年度广东省进入全国国际旅行社100强名单

序号	许可证编号	旅行社名称	名次
1	L-GD-GJ00002	广东省中国旅行社股份有限公司	8
2	L-GD-GJ00004	广州广之旅国际旅行社股份有限公司	13
3	L-GD-GJ00010	深圳中国国际旅行社有限公司	32
4	L-GD-GJ00042	广东省拱北口岸中国旅行社有限公司	38
5	L-GD-GJ00131	深圳市海外国际旅行社有限公司	40
6	L-GD-GJ00031	深圳特区华侨城中国旅行社	43
7	L-GD-GJ00023	深圳市口岸中国旅行社有限公司	45
8	L-GD-GJ00018	深圳招商国际旅游有限公司	47
9	L-GD-GJ00128	广东南湖国际旅行社有限责任公司	54
10	L-GD-GJ00001	广东国旅国际旅行社股份有限公司	55
11	L-GD-GJ00026	中山中国国际旅行社有限公司	57
12	L-GD-GJ00009	广东铁青国际旅行社有限责任公司	60
13	L-GD-GJ00178	深圳市航空国际旅行社有限公司	61
14	L-GD-GJ00007	深圳市深旅国际旅行社有限公司	71
15	L-GD-GJ00013	佛山市禅之旅国际旅行社有限公司	75
16	L-GD-GJ00039	佛山市中旅国际旅行社有限公司	77
17	L-GD-GJ00049	深圳市九洲国际旅行社有限公司	83
18	L-GD-GJ00036	佛山市南海中旅假日国际旅行社有限公司	84
19	L-GD-GJ00003	广东省中国青年旅行社	88
20	L-GD-GJ00119	深圳市宝安中国旅行社有限公司	89
21	L-GD-GJ00029	广东顺之旅国际旅行社有限公司	93
22	L-GD-GJ00169	珠海国际度假旅行社	97

2007年度入选全国双百强旅行社排序标准

一、入选全国旅行社双百强的条件

1.通过旅行社业务年检。

2.自觉遵守国家和行业法规，未受过任何处分。

3.无重大安全、质量责任事故和重大投诉。

4.已经所在省、自治区、直辖市旅游局核实。

二、全国国际旅行社百强排序办法

1.入境旅游外联人天、接待人天两项指标之和进入全国国际旅行社前300名。

2.在以上300家旅行社中，以旅游业务营业收入、旅游业务毛利润、入境旅游外联人天、入境旅游接待人天、实缴税金、外汇结汇六项指标进行排序，将以上六项指标位次之和由小到大选取前100名旅行社。其中在旅游业务营业收入、旅游业务毛利润、实缴税金、外汇结汇四项指标中任何一项未进入单项排序前300名的旅行社都被排除。

3.当旅行社名次相同时，以旅游业务营业收入名次的先后为准，决定其最后排序的位次。

三、全国国内旅行社百强排序办法

1.国内旅游组织人天、接待人天两项指标之和进入全国国内旅行社前800名。

2.在以上800家旅行社中，以旅游业务营业收入、旅游业务毛利润、国内旅游组织人天、国内旅游接待人天、实缴税金五项指标进行排序，将以上五项指标位次之和由小到大选取前100名旅行社。其中在旅游业务营业收入、旅游业务毛利润、实缴税金三项指标中任何一项未进入单项排序前800名的旅行社都被排除。

3.当旅行社名次相同时，以旅游业务营业收入名次的先后为准，决定其最后排序位次。

旅行社年检结果

2007年度广东通过年检的国际旅行社名单

（共192家）

序号	许可证编号	旅行社名称
1	L-GD-GJ00001	广东国旅国际旅行社股份有限公司
2	L-GD-GJ00002	广东省中国旅行社股份有限公司
3	L-GD-GJ00003	广东省中国青年旅行社
4	L-GD-GJ00004	广州广之旅国际旅行社股份有限公司
5	L-GD-GJ00005	汕头市旅游总公司

续表

序号	许可证编号	旅行社名称
6	L-GD-GJ00006	珠海海外旅游有限公司
7	L-GD-GJ00007	深圳市深旅国际旅行社有限公司
8	L-GD-GJ00009	广东铁青国际旅行社有限责任公司
9	L-GD-GJ00010	深圳中国国际旅行社有限公司
10	L-GD-GJ00011	广州东方国际旅行社有限公司
11	L-GD-GJ00012	中山市海外旅游有限公司
12	L-GD-GJ00013	佛山市禅之旅国际旅行社有限公司
13	L-GD-GJ00014	江门市大方旅游国际旅行社有限公司
14	L-GD-GJ00017	湛江市旅游总公司
15	L-GD-GJ00018	深圳招商国际旅游有限公司
16	L-GD-GJ00020	中国康辉汕头旅行社有限公司
17	L-GD-GJ00022	广州招商国际旅游公司
18	L-GD-GJ00023	深圳市口岸中国旅行社有限公司
19	L-GD-GJ00025	深圳市中国旅行社有限公司
20	L-GD-GJ00026	中山中国国际旅行社有限公司
21	L-GD-GJ00027	中山中国旅行社
22	L-GD-GJ00028	深圳市深华国际旅行社有限责任公司
23	L-GD-GJ00029	广东顺之旅国际旅行社有限公司
24	L-GD-GJ00030	惠州环宇国际旅行社有限公司
25	L-GD-GJ00031	深圳特区华侨城中国旅行社
26	L-GD-GJ00033	肇庆市中国旅行社有限公司
27	L-GD-GJ00034	中青旅深圳国际旅行社有限公司
28	L-GD-GJ00036	佛山市南海中旅假日国际旅行社有限公司
29	L-GD-GJ00037	广东省香江旅游公司
30	L-GD-GJ00038	佛山国旅国际旅行社有限公司
31	L-GD-GJ00039	佛山市中旅国际旅行社有限公司
32	L-GD-GJ00040	江门市中国旅行社有限公司
33	L-GD-GJ00041	汕头市中国旅行社有限公司
34	L-GD-GJ00042	广东省拱北口岸中国旅行社有限公司
35	L-GD-GJ00044	广州天马国际旅行社有限公司
36	L-GD-GJ00045	深圳市报业国际旅行社有限公司
37	L-GD-GJ00046	广东省三茂铁路国际旅行社
38	L-GD-GJ00047	珠海市旅游有限公司
39	L-GD-GJ00048	深圳市鹏运国际旅行社有限公司
40	L-GD-GJ00049	深圳市九洲国际旅行社有限公司

续表

序号	许可证编号	旅行社名称
41	L-GD-GJ00050	珠海航空国际旅行社有限公司
42	L-GD-GJ00051	深圳机场国际旅行社有限公司
43	L-GD-GJ00052	深圳市巨邦国际旅行社有限公司
44	L-GD-GJ00054	广东省从化温泉中国国际旅行社
45	L-GD-GJ00055	广东粤侨国际旅行社有限公司
46	L-GD-GJ00056	广州交易会国际旅行社有限公司
47	L-GD-GJ00057	广东金色国际旅行社有限公司
48	L-GD-GJ00060	增城市安达国际旅行社
49	L-GD-GJ00062	广州市番禺旅游总公司
50	L-GD-GJ00063	广州番禺中国旅行社
51	L-GD-GJ00064	广州市花都国际旅行社有限公司
52	L-GD-GJ00065	东莞市国际旅行社有限公司
53	L-GD-GJ00066	东莞市中国旅行社有限公司
54	L-GD-GJ00067	潮州市中国旅行社有限公司
55	L-GD-GJ00068	潮州中国国际旅行社
56	L-GD-GJ00069	汕头中国国际旅行社
57	L-GD-GJ00071	揭阳市中国旅行社
58	L-GD-GJ00076	中山温泉国际旅行社有限公司
59	L-GD-GJ00077	中山市东方国际旅行社有限公司
60	L-GD-GJ00078	中山菊城假期国际旅行社有限公司
61	L-GD-GJ00080	肇庆星湖国际旅行社
62	L-GD-GJ00082	云浮市中国旅行社有限公司
63	L-GD-GJ00083	珠海中国国际旅行社有限公司
64	L-GD-GJ00084	梅州市旅游总公司
65	L-GD-GJ00085	梅州市中国旅行社有限公司
66	L-GD-GJ00086	汕尾市旅游总公司
67	L-GD-GJ00087	湛江中国国际旅行社有限公司
68	L-GD-GJ00088	湛江市中国旅行社有限公司
69	L-GD-GJ00090	河源市旅游总公司
70	L-GD-GJ00091	河源市中国旅行社
71	L-GD-GJ00092	佛山市金马旅游（集团）公司
72	L-GD-GJ00093	佛山市顺德区中旅国际旅行社有限公司
73	L-GD-GJ00094	佛山市三水中旅集团有限公司国际旅行社
74	L-GD-GJ00095	佛山海外国际旅行社有限公司
75	L-GD-GJ00096	佛山市高明区旅游公司

续表

序号	许可证编号	旅行社名称
76	L-GD-GJ00097	佛山市高明区中国旅行社
77	L-GD-GJ00100	清远市国旅国际旅行社有限责任公司
78	L-GD-GJ00101	清远市中旅国际旅行社有限公司
79	L-GD-GJ00106	台山市旅游公司
80	L-GD-GJ00108	鹤山市中国旅行社
81	L-GD-GJ00109	广东省珠江国际旅行社
82	L-GD-GJ00111	广东省国际体育旅游公司
83	L-GD-GJ00112	广东省天马国际旅行社有限公司
84	L-GD-GJ00113	广州市丽景国际旅行社
85	L-GD-GJ00114	广东中妇旅国际旅行社有限责任公司
86	L-GD-GJ00115	广东中信国际旅行社有限公司
87	L-GD-GJ00116	广东省职工国际旅行社
88	L-GD-GJ00117	广东和平国际旅行社有限公司
89	L-GD-GJ00119	深圳市宝安中国旅行社有限公司
90	L-GD-GJ00122	汕尾市中国旅行社
91	L-GD-GJ00123	茂名市国旅国际旅行社有限公司
92	L-GD-GJ00124	阳江市国旅国际旅行社有限公司
93	L-GD-GJ00125	阳江市中国旅行社有限公司
94	L-GD-GJ00126	江门市新会区海外旅游公司
95	L-GD-GJ00127	佛山市三水之旅国际旅行社有限公司
96	L-GD-GJ00128	广东南湖国际旅行社有限责任公司
97	L-GD-GJ00129	深圳市罗湖国际旅行社有限公司
98	L-GD-GJ00130	深圳市南油国际旅行社有限公司
99	L-GD-GJ00131	深圳市海外国际旅行社有限公司
100	0L-GD-GJ00132	深圳市南山国际旅行社有限公司
101	1L-GD-GJ00133	深圳市东星国际旅行社有限公司
102	2L-GD-GJ00135	中青旅广州国际旅行社有限公司
103	3L-GD-GJ00136	深圳市职工国际旅行社有限公司
104	4L-GD-GJ00137	珠海国际金融旅行社有限公司
105	5L-GD-GJ00139	台山中国旅行社
106	6L-GD-GJ00140	梅县中国旅行社
107	7L-GD-GJ00143	韶关市中国旅行社有限责任公司
108	8L-GD-GJ00144	广东羊城之旅国际旅行社有限公司
109	9L-GD-GJ00146	广州快达国际旅行社
110	0L-GD-GJ00148	广东粤新国际旅行社有限公司

续表

序号	许可证编号	旅行社名称
111	1L-GD-GJ00149	广东活力环球旅行社有限责任公司
112	2L-GD-GJ00151	揭阳市光辉国际旅行社有限公司
113	3L-GD-GJ00152	江门市国旅国际旅行社有限公司
114	4L-GD-GJ00153	茂名市中国旅行社
115	5L-GD-GJ00154	广东绿色国际旅行社
116	6L-GD-GJ00156	深圳市中侨国际旅行社有限公司
117	7L-GD-GJ00157	广东省羊城铁路国际旅行社
118	8L-GD-GJ00158	珠海神州国际旅行社
119	9L-GD-GJ00159	佛山市华银国际旅行社有限公司
120	0L-GD-GJ00160	佛山市口岸国际旅行社有限公司
121	1L-GD-GJ00161	从化市华夏国际旅行社
122	2L-GD-GJ00162	深圳市广深铁路国际旅行社有限公司
123	3L-GD-GJ00164	广州花园国际旅行社
124	4L-GD-GJ00166	珠海市君悦国际旅行社有限公司
125	5L-GD-GJ00167	珠海市澳国旅国际旅行社有限公司
126	6L-GD-GJ00168	珠海石景山国际旅行社有限公司
127	7L-GD-GJ00169	珠海国际度假旅行社
128	8L-GD-GJ00170	广东核电国际旅行社有限公司
129	9L-GD-GJ00171	广州康泰国际旅行社有限公司
130	0L-GD-GJ00173	广州南沙国际旅行社
131	1L-GD-GJ00174	佛山市康辉国际旅行社有限公司
132	2L-GD-GJ00175	开平市广旅国际旅行社
133	3L-GD-GJ00177	深圳市世纪假日国际旅行社有限公司
134	4L-GD-GJ00178	深圳市航空国际旅行社有限公司
135	5L-GD-GJ00179	广东永安国际旅行社有限公司
136	6L-GD-GJ00180	广东自游商旅国际旅行服务有限公司
137	7L-GD-GJ00181	汕头天驰国际旅行社有限公司
138	8L-GD-GJ00182	揭阳市旅总国际旅行社
139	9L-GD-GJ00184	广东时尚国际旅行社有限公司
140	0L-GD-GJ00186	中山市青年国际旅行社有限公司
141	1L-GD-GJ00187	广东风光国际旅行社有限公司
142	2L-GD-GJ00188	广州康辉国际旅行社有限公司
143	3L-GD-GJ00189	广东国泰国际旅行社有限公司
144	4L-GD-GJ00190	东莞康辉国际旅行社有限公司
145	5L-GD-GJ00191	广州花都国都国际旅行社有限公司

续表

序号	许可证编号	旅行社名称
146	6L-GD-GJ00192	广州岭南国际旅行社有限公司
147	7L-GD-GJ00193	珠海里程国际旅行社有限公司
148	8L-GD-GJ00194	潮州市潮之旅国际旅行社有限公司
149	9L-GD-GJ00195	深圳市鹏翔国际旅行社有限公司
150	0L-GD-GJ00196	深圳市广铁青国际旅行社有限公司
151	1L-GD-GJ00197	深圳顺风旅行社有限公司
152	2L-GD-GJ00198	深圳市鹏城康辉旅行社有限公司
153	3L-GD-GJ00199	深圳市南方国际旅行社有限公司
154	4L-GD-GJ00200	珠海九洲国际旅行社
155	5L-GD-GJ00201	佛山市顺德广之旅国际旅行社有限公司
156	6L-GD-GJ00202	珠海海天国际旅行社有限公司
157	7L-GD-GJ00203	惠州市青年国际旅行社有限公司
158	8L-GD-GJ00204	佛山市上游国际旅行社有限公司
159	9L-GD-GJ00205	东莞市腾龙假日国际旅行社有限公司
160	0L-GD-GJ00206	佛山市天宁国际旅行社有限公司
161	1L-GD-GJ00208	佛山明媚假期国际旅行社有限公司
162	2L-GD-GJ00209	广州市领航国际旅行社有限公司
163	3L-GD-GJ00210	广州市良辰美景国际旅行社有限公司
164	4L-GD-GJ00212	潮州市风光国际旅行社有限公司
165	5L-GD-GJ00215	珠海阳光国际旅行社有限公司
166	6L-GD-GJ00216	广州国之旅国际旅行社有限公司
167	7L-GD-GJ00217	广州大都市国际旅行社有限公司
168	8L-GD-GJ00218	广州教育国际旅行社有限公司
169	9L-GD-GJ00219	广州美联国际商务旅行社有限公司
170	0L-GD-GJ00220	胜景旅游(广东)有限公司
171	1L-GD-GJ00221	广东南方传媒国际旅行社有限公司
172	2L-GD-GJ00222	广东省广弘中旅国际旅行社
173	3L-GD-GJ00223	广州市汇粤国际旅行社有限公司
174	4L-GD-GJ00224	广州西敏国际旅行社有限公司
175	5L-GD-GJ00225	中山市职工国际旅行社有限公司
176	6L-GD-GJ00226	广东天天假期国际旅行社有限公司
177	7L-GD-GJ00227	深圳市建南国际旅行社有限公司
178	8L-GD-GJ00228	深圳市特色国际旅行社有限公司
179	9L-GD-GJ00229	深圳市鹏之旅国际旅行社有限公司
180	0L-GD-GJ00230	深圳市捷旅国际旅行社有限公司

续表

序号	许可证编号	旅行社名称
181	1L-GD-GJ00231	康泰国际旅行社（深圳）有限公司
182	L-GD-GJ00232	深圳市国贸国际旅行社有限公司
183	L-GD-GJ00233	深圳市金冠国际旅行社有限公司
184	L-GD-GJ00234	佛山市康健国际旅行社有限公司
185	L-GD-GJ00235	广州携程国际旅行社有限公司
186	L-GD-GJ00236	深圳市沙头角旅游有限公司
187	L-GD-GJ00237	深圳市深联国际旅行社有限公司
188	L-GD-GJ00238	广州成功之路国际旅行社有限公司
189	L-GD-GJ00239	深圳市海韵国际旅行社有限公司
190	L-GD-GJ00240	汕头市乐观国际旅行社有限公司
191	L-GD-GJ00241	肇庆市活力国际旅行社有限公司
192	L-GD-GJ00244	佛山广之旅国际旅行社有限公司

2007年度广东进入全国利税十强国际旅行社名单

（共2家）

序号	许可证编号	旅行社名称
1	L-GD-GJ00002	广东省中国旅行社股份有限公司
2	L-GD-GJ00009	广东铁青国际旅行社有限责任公司

旅游资源与市场开发

2007年广东旅游市场宣传促销

【概况】 2007年，广东旅游客源市场稳步发展，入境游、国内游和出境游三大市场均有良好表现。在入境游方面：重点加大对东北亚日韩和澳洲市场以及欧美市场的宣传促销，加强了彼此间的合作与沟通，以稳固客源，确保持续健康发展。同时积极开拓、培育新兴市场，中东、印度客源市场增长迅速。在国内游方面：紧扣城乡游主题，积极开发新的城乡旅游产品，在引导旅游方式和旅游消费方面作出了新的尝试。在出境游方面：进一步规范市场，积极引导，使出境旅游增速大幅提升。

【拓展境外旅游市场】 2007年，省旅游局结合广东旅游资源的特点，为拓展境外客源旅游市场，有针对性地加大对外旅游宣传促销力度。积极参加由国家旅游局组织的境外促销活动，包括印度旅游展、德国柏林展、日本JATA及东京展、香港国际旅游博览会、PATA（亚太旅游协会）年会等，不仅提升了广东旅游在国际上的知名度，也让更多的国外旅游批发商和游客了解广东旅游资源和旅游产品；组织省内旅游业界和游客参加了国家旅游局在美国、日本、澳大利亚等入境客源市场开展的宣传促销活动；组织全省大型旅游企业赴欧洲、日韩和东南亚等主要入境客源市场出境考察与交流，为全省旅游企业搭建平台，拓宽旅游产品销售渠道，学习先进营销手段和经验；赴非洲、中东等新兴旅游市场深入调研，为今后的合作和交流奠定了良好的发展基础。省旅游局还组织广东旅游分团，借助省领导出访的大好契机，先后多次组织省内骨干旅行社负责人参加省委、省政府组织的经贸旅游代表团赴东南亚、非洲等友好国家的旅游交流和考察活动，签署了客源互换、信息互通等合作协议，拓宽了双方的旅游市场和业务合作领域。

【国内旅游宣传促销】 2007年，省旅游局积极组织省内旅游企业参与国际旅游交易会、中国国内旅游交易会、北京国际旅游博览会、宁波投洽会等活动，增进了国内旅游业界对广东旅游资源的认识和了解，宣传了广东旅游形象，吸引了更多国内游客来广东旅游。组团赴云南、湖南、广西、四川等兄弟省区开展旅游交流和考察活动，签署了客源互换、信息互通等合作协议，拓宽了双方的旅游市场和业务合作领域。

【网上旅游宣传和促销】 2007年，省旅游局着手建设粤港澳旅游信息平台三期工程，重点建设多语言网站、旅游在线摄像系统、专业旅游搜索引擎等，进一步加强平台的应用功能，充分发挥互联网对旅游的宣传和促销作用，提升全省旅游业信息化水平。2007年11月1日，省旅游局协助国家旅游局成功举办了2007中国国际旅游网上博览会暨旅游信息化高峰论坛，并与中国移动通信集团广东有限公司合作，共同打造“活力广东·动力100”品牌形象。

【中日旅游交流年闭幕式】 3月16～17日，由国家旅游局、日本国土交通省联合主办，广东省旅游局承办的中日旅游交流年闭幕式和中日旅游洽谈会在广州市举行。国家旅游局局长邵琪伟、副局长顾朝曦，广东省副省长雷于蓝，日本国土交通省大臣东柴铁三，泛珠三角省区旅游部门领导以及中日旅游业界逾千名嘉宾及代表参加。闭幕式晚会于3月17日在广州中山纪念堂举行，标志着历时一年的中日旅游交流年活动落下帷幕。

【旅游民间外交活动】 2007年，按照国家旅游局和省委、省政府的工作部署，省旅游局积极开展国际旅游交流与互动，充分发挥旅游的民间外交作用，推动了广东省与国际间的经贸旅游交流与合作。先后成功组织举办了悉尼华人春节大巡游、中日旅游交流年闭幕式、俄罗斯“中国年”系列活动、中非经贸交流活动、“中日邦交正常化35周年”广东宣传月等一系列活动。

【2007广东赴日开展旅游交流活动】 2007年是中日邦交正常化35周年和中日文化体育交流年。省旅游局根据国家旅游局和省委、省政府的指示，于2007年9月9日至10月9日先后在日本大阪、神户、京都等多个城市举行了为期一个月的“中日邦交正常化35周年”广东宣传月活动。省旅游局成立了赴日旅游交流活动工作小组，由郑通扬局长任组长，曾维炳副局长和杨荣森副局长任副组长。广州、深圳、珠海、汕头、佛山、中山、江门市旅游局以及广东国旅、广东中旅、广东青旅、广东铁青、广之旅、南湖国旅等主要出境游大社共组织各类旅游交流团143批，共计5103人。其中促销团5批，共210人；专业交流团7批，共415人；

普通游客团131批，共4478人。

9月28～29日，由广东各地旅游局及旅游企业代表共100多人组成的广东旅游促销团，在省旅游局副局长曾维炳的带领下分别在大阪举办了广东省观光说明会以及在神户举办了广东省—兵库县观光交流会。大阪府活力创造部观光交流局局长斋藤康彦，兵库县产业劳动部部长兼观光参事表具喜治出席活动。活动期间，广州市旅游局在东京举办了专场旅游推介会。9月9～16日，中山、珠海、澳门三地联合在日本大阪、名古屋等地开展了一系列友好交流活动。在JATA（日本国际旅游展览会）的中珠澳联合旅游展位上，中珠澳的旅游形象及旅游产品得到很好的展示。代表团一行还在中山华侨聚居较多的神户、横滨与当地华侨开展侨务联谊活动。

一个月来，在与日本多个地方开展的旅游交流活动中，广东交流团形成了大规模和高质量的旅游文化之旅，高尔夫、温泉、美食等旅游产品给当地华人华侨和日本国民留下深刻印象。广东宣传月活动也得到了广东各地旅游局和各大旅行社的积极响应，广东国旅组织的老年日本友好交流团和广州大学生友好交流团，广东青旅组织的桥梁与道路建设考察交流团、北海道新农村建设考察交流团、遗传学工程学交流团、福冈青少年学生文化交流团，广之旅组织的访日健美操友好交流团均达到预期效果。

日本广播新闻媒体NHK、朝日新闻，以及神户新闻、北海道等地方报纸对广东团的防日活动进行了追踪报道。日本观光协会，大阪、京都、神户的旅游观光协会和北海道观光联盟、日本东北部观光联盟以及日本最大的旅行商JTB等都与广东旅游交流团的代表们进行了深入交流，表达了加大双方客源互动良好愿望。

组团参加2007悉尼华人春节大巡游

2007年2月9～16日，省旅游局应中国驻澳大利亚大使馆和悉尼市政府的邀请，根据国家旅游局和省委、省政府的指示，组织广州、深圳、珠海、佛山、中山、东莞等市旅游企业及游客代表，南方日报社、羊城晚报社、广州日报社、信息时报社、南方网、新浪网、广东电视台、南方电视台等新闻媒体代表，广东电视台部分演职人员共1000多人组成的广东旅游代表团赴悉尼参加2007年悉尼华人春节大巡游活动。同时还举办了2007年中国广东－悉尼旅游推介会。

中国广东省与澳大利亚新南威尔士州是友好省州，广州市与悉尼市已结成姐妹城市。为全力筹备大巡游活动，省政府成立了以汤炳权常务副省长为组长，刘友君副秘书长为副组长，省旅游局郑通扬局长为执行副组长的2007悉尼华人春节大巡游活动领导班子。省旅游局、外办、侨办、文化厅、广东电视台以及广州、深圳、珠海、佛山、中山、东莞市旅游局的负责人共同组织成立了活动总指挥部，并设立总指挥部党小组，党小组组长由郑通扬局长兼任。活动现场及各市分团也相应成立了临时党组织。确定了活动安全责任人和安全直接责任人。

省旅游局加强了与省直有关部门和相关市以及广东国旅、广东中旅、广东铁青、南湖国旅、广之旅、羊城之旅、东方国旅7家旅行社的分工协作。参加悉尼华人春节大巡游活动人员大都来自街道社区老人文艺团体、珠三角农民传统文艺表演队、企业厂矿文艺队、中小学校鼓乐队以及普通游客的自由组合。佛山市“黄飞鸿武术队”、中山市长洲村民“醉龙队”，东莞市清溪镇村民“麒麟队”，珠海市街道夕阳红艺术团等民间文艺演出团体也争相报名参团。广东游客分别组成了330人的合唱团和750人的方阵表演队，大巡游活动文艺表演的总导演、总监均由2005、2006广东国际旅游文化节开幕式的原班人马担任。巡游队伍沿路高唱《友谊地久天长》、《我的中国心》、《剪羊毛》（澳大利亚民歌）等歌曲，为观众献上富有广东地方民族特色的醉龙、麒麟、太极、武术、流行音乐、客家舞蹈、百越神、活动陶瓷、百合仙子、新春贺岁等节目。10多万名悉尼市民、游客前来驻足观看，中国驻澳大利亚特命全权大使傅莹、驻悉尼总领馆总领事邱绍芳、新南威尔士州州长伊曼、悉尼市市长摩雅、新南威尔士州上议院议员曾筱龙等当地官员与市民一起观看。这次广东省组团赴澳大利亚参加悉尼华人春节大巡游共分37批，分别由广之旅、广东国旅、广东中旅、广东铁青、南湖国旅、羊城之旅、东方国旅6家广州市旅行社组团。其规模之大、人数之多、线路之长和分布之广是广东旅游史上的第一次。

（白登亮）

旅游项目招商引资

【总体情况】 广东是中国旅游投资大省，拥有较多实力雄厚的旅游投资商、良好的旅游投融资环境和丰富且极具投资潜力的旅游资源。截至2007年底，广东省重点旅游投资项目投资总额达550亿元，已投入金额约为150亿元，约占总投资数额的28%。在所有旅游项目投资中，投资金额超过5亿元的项目有15个，投资数额达到或超过25亿元的超大型旅游投资项目有7个。其中，惠州惠东巽寮金融街旅游项目投资金额最大，拟投资120亿元；由西班牙东方太平洋公司投资开发的江门川岛旅游投资开发项目，拟投入金额约为10亿欧元（折合成104亿元人民币）。

【广东参加中国旅游投资洽谈会】 2007年11月15日，全国性旅游投资交易平台——2007年中国旅游投资洽谈会在浙江宁波举行。在本届旅洽会上，广东共有33个项目签约，其中，上台签约的旅游投资项目有13个，投资总额达300亿元；项目签约性质为意向的有4个，投资总额为18亿元；签约性质为协议的有11个，投资总额为90亿元；签约性质为合同的有18个，投资总额为192亿元。广东旅游投资金额成为本届旅洽会上签约金额最大的省市。

旅游规划与管理

【做好旅游规划设计单位的管理】 根据《旅游发展规划管理办法》和《旅游规划设计单位资质等级认定管理办法》，广东省旅游局加强对旅游规划设计单位资质的审核报批工作，2007年，深圳市麟德旅游规划顾问有限公司和广东新空间旅游发展有限公司被国家旅游局批准为甲级资质旅游设计单位，暨南大学和梅州嘉应学院旅游研究所分别被国家旅游局批准为乙级、丙级资质旅游设计单位。截至2007年底，广东省共有资质等级旅游规划设计单位24家，占全国旅游规划设计单位总数的11.4%。其中甲级资质4家，乙级资质13家，丙级资质7家。

【附：广东省旅游规划资质单位】

甲级：
广东省旅游发展研究中心
中大旅游规划设计有限公司
深圳市麟德旅游规划顾问有限公司
广东新空间旅游发展有限公司
乙级：
广州地理研究所
广州旅游规划中心
深圳市榜样旅游项目设计有限公司
深圳市华侨城旅游策划顾问有限公司
深圳市多彩旅游策划顾问有限公司
广州市智景旅游策划设计咨询服务有限公司
广州市城市规划勘探设计研究院
广州市海森旅游策划设计有限公司
深圳市汉沙国际工程咨询有限公司
深圳市美亚丽景旅游景观设计有限公司
中山市规划设计院
广州市谊华旅游规划设计有限公司
暨南大学
丙级：
深圳市银光彩旅游商品咨询有限公司
广州市精旅策划服务有限公司
广州市常邦景观园艺开发有限公司
佛山技术学院旅游开发与规划研究中心
梅州市城市规划设计院
广州大学中法旅游学院
梅州嘉应学院旅游研究所

【认真做好旅游规划编制工作】 2007年，广东省旅游局积极推动全省旅游规划编制工作，对重点旅游规划做好前期调研工作。全面启动了粤东区域旅游规划、全省滨海旅游发展规划和粤西区域旅游发展规划的编制工作。各地级以上市按照广东省"十一五"旅游发展规划的要求抓紧做好本地旅游规划。已出台的旅游发展规划包括：《珠海市旅游发展总体规划（2007-2020年）》、《佛山市旅游发展规划（调整）（2006-2020年）》、《阳江市旅游发展总体规划（2007-2020年）》和《汕头市旅游业发展十年专项规划（2007-2016年）》。

【发展滨海旅游被列入重点提案】 2007年致公党广东省委会提出的《合理规划广东省沿海旅游资源，促其科学发展》提案（以下简称"提案"），被省政协定为本年度五个重点提案之一。"提案"由省旅游局会同省国土资源厅、财政厅、海洋与渔业局和环保局共同办理。根据"提案"所提到的滨海旅游发展存在问题和相关建议，省旅游局联合省海洋与渔业局等4个会办单位组成两个调研组，分别赴惠州－汕尾、茂名－阳江等滨海地区开展专题调研。提案办理结果得到省政协主席会议和提案人的充分肯定与认可，被评为本年度政协优秀提案，省旅游局被评为"优秀提案办理单位"。

（一）相关部门进一步提高了对发展滨海旅游业的认识

通过提案办理，滨海地区市政府进一步认识到发展滨海旅游的重要性，把发展滨海旅游业作为贯彻落实科学发展观、构建和谐社会的重要工程；作为推动滨海城市又好又快发展的新动力；作为推动新一轮经济发展的重要抓手；作为推动新一轮改革开放的新动力；作为打造滨海城市整体竞争力的重要举措。把滨海旅游发展列入市"十一五"发展规划之中，积极发挥政府主导作用，从政策、资金、规划、基础设施建设、后勤保障等方面予以大力支持，推动滨海旅游业可持续发展。通过办理该重点提案，省直、市直相关部门也充分认识到要统筹规划、重点开发滨海旅游资源，加强沟通、通力合作，为滨海旅游发展营造良好外部环境，促进滨海旅游业可持续发展。

（二）启动广东省滨海旅游发展总体规划编制工作

省国土资源厅、省海洋与渔业局和省旅游局都非常重视滨海旅游的发展，在未系统编制全省滨海旅游发展总体规划之前，省国土资源厅在省部合作试点开展的"广东省国土规划"项目研究专题《海岸带和海洋资源合理开发利用与保护研究》中提出将"充分挖掘海洋旅游资源内涵，开展滨海、生态、休闲度假旅游，提高旅游品质"作为全省海洋资源开发的八大重点领域和任务之一，并建议"建立和完善科学高效的海洋综合管理体制，强化海洋综合管理，建立海洋综合执法机构"。在全省海洋经济发展"十一五"规划中，海洋与渔业局已将滨海旅游列入规划，积极促进发展游艇旅游、海岛休闲探险旅游、风能发电观光和垂钓等特色旅游，推动红树林、珊瑚礁、海草床等热带海洋风光旅游发展，力争在2010年，把广东建设成为"海洋休闲美食度假"、"海洋文化旅游"和"海洋生态旅游"胜地。省旅游局也把滨海旅游开发列入旅游业"十一五"规划之中，提出调整市场定位，形成主题，以人为本，营造度假环境，加强资源环境保护，以度假酒店建设为突破口，力争"十一五"滨海旅游实现品牌性的发展。重点开发阳江海陵岛、湛江雷州半岛、深圳大鹏湾、惠州大亚湾、汕头青澳湾、汕尾红海湾、江门川岛、茂名放鸡岛等滨海旅游度假区建设。

广东省的海岸线漫长，旅游资源空间分布广，客观上存在着地域的差异，各滨海区旅游开发的目标、定位、开发重点不尽相同。为了更好地指导全省滨海旅游资源的开发，确保滨海旅游资源有计划、有秩序和有重点地开发和利用，避免滨海旅游资源低水平、无序开发，省旅游局在年初向省财政厅上报全省区域旅游规划专项经费上，就提出要编制全省滨海旅游发展总体规划。经与省财政厅多次沟通和协商，省财政已同意拨付150万用于编制《广东省滨海旅游发展总体规划》（以下简称"总体规划"）。目前，该"总体规划"正进入公开招标阶段。在全省滨海旅游发展总体规划编制完成后，省旅游局将督促滨海城市自行编制滨海旅游区开发的详细规划，对景区的开发主题定位、开发重点、开发步骤等作出合理安排。

（三）各部门通力合作，共同保护海洋生态环境

省国土资源厅在土地开发整理复垦工作中，禁止在风景名胜区、自然保护区、地质遗迹保护区、森林公园、文物保护单位等区域内开垦耕地，禁止围湖造地或者侵占江河滩地开垦耕地，保护有限的滨海旅游资源。同时，认真做好沿海地质遗迹保护与开发利用的监督管理工作，保障滨海资源的永续利用。

近年来，海洋与渔业局加强了海洋环境整治和生态建设，海洋环境保护迈上了新台阶。主要实施了《关于建设人工鱼礁保护海洋资源环境》的议案，目前建成和在建礁区26座，累计达42万空立方米；建设了海洋与试产自然保护区72个，保护区数量、面积和保护种类居全国首位。同时，还编制实施了《广东省海洋环境保护规划》，建立了重大海洋灾害监测预警机制；强化了重点海洋生态功能区的监测、保护和监督，连续6年发布了全省海洋环境质量公报；全面启动了908专项工作，海洋资源基础调查工作稳步开展。

省环保局根据《中华人民共和国海洋环境保护法》，加大力度开展陆源污染物防治工作和加强了海岸工程建设项目对海洋污染损害的监督和调查工作。为保护好滨海旅游区环境质量，省环保局严格执行《海洋环境保护法》、《水污染防治法》，认真组织实施环境保护规划，全面推进水污染综合

治理工作，大力削减陆源污染物排放入海总量。严把滨海建设项目环保审批关，从源头上控制污染，严厉打击违法排污、破坏滨海旅游区环境质量的行为，并加强宣传教育，提高对旅游区的环境保护意识。

滨海旅游赖以生存和发展的基础是滨海地区的自然环境。发展滨海旅游和保护海洋环境之间是相辅相成、共同促进的关系。近年来，全省各级旅游管理部门逐渐意识到保护滨海旅游资源的重要性，对新开发的滨海旅游度假区进行严格的管理和监控，加大对滨海旅游度假区管理和从业人员的培训力度，并加大对滨海地区广大人民群众资源保护意识的宣传教育，努力保护当地海洋资源不受进一步的破坏。省旅游局多年来也一直倡导滨海旅游区的开发要做好对滨海资源的保护，并将其作为滨海旅游景区质量等级评定工作的重要考核内容。

（四）推动滨海旅游业与渔业相结合，大力发展休闲渔业

省海洋与渔业局非常重视休闲渔业的发展，通过旅游观光与现代渔业相结合发展休闲渔业，以休闲娱乐为目的，利用渔船和渔场，提供参观、体验渔业生产和渔民生活等服务。为加强休闲渔业管理，省政府于 2007 年 3 月出台了《广东省休闲渔业管理试行办法》，进一步规范休闲渔业经营管理，促进休闲渔业健康发展；通过加强人工鱼礁、渔港建设，促进海上游钓业发展；通过举办南海开渔业等多种形式的活动丰富沿海旅游内容。省旅游局也非常重视把旅游与渔业相结合，借此丰富滨海旅游内涵，增加滨海旅游的参与性和体验性。一是包装策划和宣传渔家乐项目，吸引更多的游客参与休闲渔业活动；二是指导滨海旅游区开发吃海鲜、买海味、享渔趣等特色旅游项目，丰富滨海旅游内容；三是与省海洋与渔业局合作，策划和开展大型宣传推广活动，打造休闲渔业品牌。

（五）积极推动滨海旅游招商引资

第一，在 2007 广东国际旅游文化节暨泛珠三角旅游推介大会的一个重要项目——旅游招商会上，省旅游局将重点推出一批滨海旅游重点开发项目，作为 2007 广东国际旅游文化节旅游招商会上的重点招商项目。同时，省旅游局将把具有较大发展潜力和发展前景的滨海旅游项目列入省旅游重点招商项目，在 2007 中国（宁波）旅洽会、第五届泛珠三角区域经贸合作洽谈会旅游业专题推介会上进行宣传。第二，省旅游局将在 2007 旅游大促销暨广东国际旅游展览会上，以优惠价格安排展台让滨海旅游景区进行宣传推广，同时，为滨海旅游景区宣传企业形象和开展大型活动提供大促销舞台。第三，省旅游局将在境内外宣传推广活动和国际国内展销会上积极派发滨海旅游项目招商资料和推介滨海旅游产品。第四，为拓宽滨海旅游项目资金筹集渠道，省旅游局将于近期组织有大型项目投资能力的投资商到滨海地区考察，鼓励多种所有制经济共同参与滨海旅游区开发，积极引导国内外资金特别是民间资本参与滨海旅游区开发。

区域旅游合作

【粤港澳区域旅游合作】 2007 年，省旅游局积极抢抓 CEPA 先机，在推动个人游政策、整合旅游资源、实现优势互补、开展联合促销、促进客流互动、打造旅游信息平台等方面有了新的突破，共同打造“一江珠水、三颗明珠”旅游品牌。为保障港澳个人游的健康发展，三地旅游部门不断完善定期会晤制度，强化信息通报、预警和协调机制，在旅游黄金周期间及时公布口岸出入境人数、酒店开房率及平均房价等信息，协调边检、海关、口岸等部门采取便利措施，改善通关环境。截至 2007 年底，全省共办理个人赴港澳旅游签注 4417 万人次，其中香港 2376 万人次，澳门 2041 万人次，有力推动了港澳旅游业的稳定繁荣。粤港两地联合开展了“优质诚信香港游”主题活动，打造“活力珠三角、诚信粤港澳”旅游区。除参加粤港澳旅游推广机构会议和粤港经贸旅游合作交流会外，还联合港澳参加了印度旅游展、德国柏林展、日本 JATA 及东京展、香港国际旅游博览会、广州国际旅游展销会等，合力打造粤港澳国际旅游品牌。粤港澳旅游部门经常联合组织业界、媒体互访活动，整合包装粤港澳旅游精品线路向三地游客推出，以此推动粤港澳客源互动，繁荣大珠三角旅游业。在联合发展新邮轮行程、推广“一程多站”精品线路方面，加强了与福建、海南、广西等省区的合作，大力推广邮轮旅游的陆上旅程。

【泛珠区域旅游合作】 2007 年，广东旅游代表团积极参加第四届泛珠三角区域合作洽谈会、中国国际旅游交易会（昆明）、南宁东盟博览会、海峡旅游博览会等泛珠三角其他省区举办的旅游展览会或节庆活动，宣传展示了广东旅游形

象，增进了泛珠三角旅游业界对广东旅游资源的认识和了解，吸引了更多泛珠三角游客来广东旅游。贵州、江西、四川、广西、云南等省区在广东举办大型的旅游推介会或交流会，省旅游局在活动安排、媒体报道、后勤保障、协助邀请广东旅游业界和媒体代表等方面为泛珠三角各省区提供了便利和支持，为旅游业界合作交流搭建平台。为推进泛珠三角无障碍旅游区建设，广东省加强了与广西、四川等地旅游管理部门的协调，在旅行社经营、服务质量监管、诚信体系建设等方面取得了多方面共识。积极引导大型旅行社在深耕传统组团业务的同时，率先进行旅游服务供应商的角色转变，与其他各省区的旅游企业签订互送客源、共同包机、包专列、组织自驾游等协议，推出方便游客的各种配套旅游项目，使无障碍旅游落到实处。

【区域合作发展邮轮旅游】 邮轮旅游市场是新兴快速增长的市场，广东具有巨大的发展潜力，加强与香港及周边省区的合作，有利于发展广东邮轮旅游市场。2007 年 6 月 14 日，香港特区旅游事务署组织召开了发展邮轮旅游事务推广及发展计划的专题会议，国家旅游局及广东、福建、海南旅游局负责人受邀参加。会议研究了香港旅游发展局提出的《邮轮旅游事务推广及发展计划——中国内地沿海省份 / 城市和香港加强合作推广建议书》，达成了共同加强邮轮旅游事务推广及发展的相关共识。结合《建议书》的相关内容，省旅游局就邮轮海外业务推广、建立信息交流平台、联合发展新邮轮行程等方面，拟定了合作方案，并将联合香港、广西、海南、福建等省区旅游管理部门参加 2008 年在美国迈阿密举行的世界邮轮博览会。在建立信息交流平台方面，拟借助“活力广东”网络平台，实现与香港、内地其他沿海城市邮轮旅游信息的交换；在联合发展新邮轮行程，推广“一程多站”陆上行程方面，将加强与内地其他沿海省区，如福建、海南、广西等省区的合作，大力推广邮轮旅游前后的陆上旅程（即“一程多站”行程）。广州南沙、深圳蛇口就邮轮旅游进行了有关研究规划设计工作。

【附：旅游合作协议】

〖闽粤赣区域八市红色旅游合作协议书〗 闽粤赣区域龙岩、三明、漳州、广州、梅州、惠州、汕尾、赣州八市拥有丰富的红色旅游资源，红色旅游产品各具特色，异彩纷呈。其中龙岩市的古田会议旧址、才溪乡调查纪念馆、苏维埃旧址、红四军司令部、政治部旧址、瞿秋白烈士纪念碑等，三明市的红军医院旧址、长征集结出发地、北山革命纪念园、红军街、红一方面军总司令部、总前委、总政治部旧址，漳州市的毛主席率领红军攻克漳州陈列馆，广州市的毛泽东同志主办农民运动讲习所旧址、广州起义纪念馆和烈士陵园，梅州市的叶剑英元帅纪念馆，惠州市的叶挺纪念馆，赣州市的中华苏维埃临时中央政府旧址、红军长征出发地，已于 2005 年 4 月被列为全国红色旅游经典景区。赣州的瑞金、于都、会昌被列为全国 30 条“红色旅游精品线路”，兴国是著名的将军县、苏区模范县。汕尾市的红宫红场也被列为全国重点文物保护单位、彭湃故居被列为省级重点文物保护单位。这些红色旅游景区景点独具魅力，具有良好的互补性和广阔的交流合作前景。为充分发挥各自的红色旅游资源和品牌优势，进一步加强红色旅游交流合作，本着“资源共享、优势互补、互惠互利、共同发展”的原则，经八市旅游部门共同协商，现就开展红色旅游合作事宜达成如下协议：

一、加强红色旅游宣传促销合作

（一）八市旅游局在各自旅游网站开辟交流协作栏目，建立信息发布制度，及时提供和更新上网的各种红色旅游宣传资料，互通信息，互相宣传，大力推介八市区域内的红色旅游产品及红色旅游线路。

（二）加强八市旅游管理部门和旅游企业之间的业务合作，积极创造条件，联合开展红色旅游专题对外宣传促销活动，做到信息互通、宣传互帮、促销互助、客源互送和市场互动。

（三）八市中城市相互举办红色旅游专题推介会、展销会或其他宣传促销活动，所在地的市旅游局予以支持配合。

（四）各市举办大型红色旅游活动，举办方通知其他市旅游局。各市旅游局要积极组织有关人员踊跃参加，做到相互支持，密切配合，互动宣传，共同推介。

二、共同打造红色旅游品牌和旅游线路

（一）八市旅游局在编印、制作各种旅游宣传品中，应标明红色景区景点的区位、名称并加配文字介绍。同时研究、设计八市红色旅游对外宣传整体形象和统一品牌。在海内外实施的各种旅游宣传促销活动中，通过图文展示、播放录像、派发资料等形式，把八市红色旅游产品推向海内外旅游市场，充分展现八市红色旅游景区的风貌和魅力，共同打响八市红色旅游品牌。

（二）在深入开发红色旅游资源和红色景区方面，八市旅游局互相学习，交流经验，取长补短。围绕“红色之旅”主题，把军事游戏、军事迷宫、军事体验、模拟影视战争等参与性、教育性和娱乐性的项目融入产品开发之中，让静态红色旅游产品与动态红色旅游产品紧密结合，以增强八市红色旅游品牌的亲和力、感召力与吸引力。

（三）八市旅游局共同对“红色之旅”线路进行整合包装，使之成为综合型、复合型、常规型的特色旅游线路。结合建党、建军、建国等重大纪念活动和每年的春节及“五一”、“十一”黄金周，适时推出“红色之旅”线路，吸引更多游客参与“红色之旅”活动，以红色旅游激活八市旅游市场。

（四）签订本协议后，八市旅游局结合实际、主动组织策划所在地旅行社陆续推出“闽西、闽西北、粤东、赣南红色经典连线六天游”、“广州、惠州、梅州全国红色经典景区四天游”、“闽西南、赣南红色之旅四天游”、“梅州、汕尾红色之旅连线三天游”等特色线路，以红色旅游线路为依托，大力开发和带旺客源市场，促进八市旅游业持续和谐发展。

三、设立无障碍红色旅游区

（一）协议签订生效之日起，正式设立闽粤赣区域八市无障碍红色旅游区。允许旅行社不需经地接社和配备地陪对“红色之旅”旅游团队实行组团、接待一条龙服务。对八市区域内往来及互访的“红色之旅”团队实施优惠政策，在红色景区景点门票、酒店房价、餐饮消费和健身娱乐方面给予特别优惠。

（二）八市旅游局引入公开、公平、公正的竞争机制，允许旅游企业通过投资、合资、合作、参股等方式在八市区域内落户并参与红色旅游产品的开发经营，以各种优惠政策扶持和保障“红色旅游企业”的生存与发展。

（三）八市旅游局应通过政府协调交通、公安等相关部门，对来往红色景区景点的旅游团队及广大自驾车旅游者提供“绿色通道”，给予切实支持和提供方便。

四、构建规范有序的红色旅游市场体系

（一）八市旅游局共同构建和谐统一、公平竞争、规范有序的红色旅游市场体系，彻底消除地区封锁和人为垄断等地方保护主义现象，进一步相互开放旅游市场，八市旅行社相互接受对方的旅游安全、质量监管，建立投诉处理相互认可制度。按职能分工、各负其责和齐抓共管的原则，切实抓好各自旅游市场的整治和规范工作，重点解决红色旅游的服务质量问题、红色旅游经营秩序问题和严重影响红色旅游良性发展的综合环境问题。

（二）进一步规范各类红色旅游经营单位和从业人员的经营服务行为，共同打击“黑导”、“黑社”、“黑车”、无证上岗、强买强卖、欺客宰客等违规行为，切实保护“红色之旅”团队和广大游客的合法消费权益。同时，将八市红色旅游产品纳入各自导游员年审培训内容。

五、推动红色旅游交流合作进程

为推动八市区域的红色旅游交流合作进程，各市旅游界要加强互访，交流经验，增进友谊。由各市轮流主持，每年举行一次八市旅游局负责人联席例会，解决问题，共商红色旅游交流合作的新举措、新路子和区域红色旅游发展大计。各市旅游局指定专人负责联络工作，确保八市的红色旅游合作步入日常化、制度化和规范化轨道。

六、未尽事宜，由各方另行协商解决

本协议书由各市旅游局代表签字后各执一份备存。

（2007年5月13日于梅州市）

〖中国滨海旅游海陵岛宣言〗 在党的十七大刚刚闭幕，全国人民欢欣鼓舞之时，由中国旅游报社、广东省旅游局、阳江市人民政府发起，广东广西十城市的政府及旅游管理部门领导，全国有关专家学者、滨海旅游休闲度假企业代表和新闻媒体记者，聚首广东省阳江市海陵岛的大角湾旅游度假区，共商滨海旅游休闲度假议题，探讨“南海Ⅰ号”旅游文化，并就滨海旅游休闲与政府、企业、专家学者的责任取得共识，形成《中国滨海旅游休闲海陵岛宣言》。

——全面落实科学发展观，促进可持续发展是中国滨海旅游发展的根本指导思想。我们要努力转型升级，创造新一代滨海旅游产品。

——随着全球化发展和中国的工业化进程，建设“海洋中国”已经成为国家战略。从历史上看，农耕民族躲避海洋，游牧民族不知海洋，海洋民族驰骋海洋，现代民族发展海洋。由此，培育民族的海洋意识应从滨海旅游开始，形成海洋发展战略应从近海开始，建设海洋大国应从海洋产业开始，这是滨海旅游发展对国家的贡献。

——旅游休闲是人类共同的需求，是以人为本精神的体现和社会发展与文明程度的显著标志。休闲已成为世界经济舞台上的重要组成部分。滨海旅游的本质是体验新型的生活方式，追求快乐的享受，以人为本必然成为发展的核心。

——在我国，伴随着社会经济的快速发展，旅游消费需求和旅游产品正面临升级换代的趋势，中国滨海旅游休闲的张力已开始显现并快速膨胀，以其所独有的魅力吸引着越来越多的国际游客。

——中国滨海旅游休闲还处在起步阶段，存在诸多不足。政府有责任通过建设好的环境，创造新型的滨海发展模式，使发展成果为人民共享，突出个性化，追求差异化，形成品牌化发展。由此，必须大力注入滨海旅游的文化元素，形成有中国特色的滨海发展模式。

——企业有责任积极进行旅游休闲产品的建设，突出特色，提升档次，满足人民群众日益增长的休闲度假需求。

——滨海旅游必须科学发展，专家学者有责任汲取国际经验，结合各地实际，在学术研究、规划设计等方面深入开展。

——通过积极开展滨海旅游区域间的合作，积极塑造滨海旅游休闲品牌，共同推动我国滨海休闲旅游实现又好又快的发展，为我国旅游业由旅游大国向旅游强国迈进作出应有的贡献，为构建和谐社会而努力。

（2007年10月23日于阳江市）

旅游扶贫与城乡游

2007年广东省旅游扶贫工作概述

2007年是广东省旅游扶贫工程实施的第六年。全省旅游扶贫工作继续深入，加大了旅游扶贫工作的调研力度，拓宽了工作思路，并实施了相应的针对性举措。全省旅游扶贫工作新进展主要体现在以下几方面：做好了2007年旅游扶贫重点项目的遴选；完成了2006年度旅游扶贫专项资金使用绩效评价工作；举办了山区旅游人才扶贫培训班；举办了广东旅游扶贫成就展；召开了全省旅游扶贫工作会议。

2007年，在延续旅游扶贫政策的基础上，省委、省政府加大了旅游扶贫力度，年度投放旅游扶贫资金增加到5000万元。根据各地的旅游扶贫申报材料，省旅游局加强了对全省51个贫困山区县特别是第六批101个旅游扶贫申报项目的调研力度。结合实际调研情况，经过认真的论证并报经省政府批准，2007年12月，南澳县南澳岛生态旅游区等70个项目被确定为广东省第六批旅游扶贫重点项目。截至2007年底，全省共确定191个旅游扶贫重点项目，投入旅游扶贫资金2亿元，资金投向以山区县为主，覆盖63个县（市、区）。

旅游扶贫工作产生了良好的经济效益和社会效益，为推动山区发展和社会主义新农村建设作出了积极贡献，已成为广东省山区发展经济、脱贫致富的重要举措。据不完全统计，2002年以来，旅游扶贫项目已经直接带动各地投入配套旅游建设资金25亿元，扶贫项目直接招商引资总额合同资金达85.9亿元，到位资金20.1亿元，旅游扶贫项目所在县（市、区）吸纳旅游在建项目资金与合同意向资金总额达215.1亿元。广东旅游扶贫工作促进了山区旅游的大发展，以农村生活、民俗风情和田园风光为特色的乡村旅游在全省迅速发展，新丰、陆河、紫金、连山、翁源、和平、饶平等县的旅游景区开发实现了零的突破，一大批酒店、度假村、景区正在如火如荼地建设之中，一批新的乡村游产品脱颖而出，一些地市周边形成了乡村旅游休闲度假带，一些地方的乡村游正成为当地经济的特色产业。如河源的苏家围、清远的千年瑶寨、惠州的南昆山、肇庆怀集的桥头镇等一大批旅游乡镇和旅游村，以旅游致富的形式促使当地众多农民摆脱了贫困，过上了宽裕生活。

在旅游扶贫的带动下，省内各山区地市掀起了山区旅游开发热潮，山区旅游市场开始向以观光、康体、休闲、度假、娱乐等为一体的综合型方向发展。例如，潮州是国家历史文化名城，素以古城文化游闻名，近年来，他们抓住全省实施旅游扶贫战略机遇，充分利用农村的旅游资源优势，大力发展具有生态自然、休闲度假特色的乡村游，收到了较好效果，使全市旅游业从单一的古城文化游逐步形成古城文化游与乡村生态游并举的新格局。信宜市自2003年开发天马山景区以来，走出了一条“乡村参与式”旅游开发新模式。开发商和当地群众同坐“一条船”，风险同担，利益同享，由投资商提供资金，参与当地景区、乡村公路、水电基础设施、文化教育和社区建设；当地村民则以土地、森林、人文资源入股，与开发商合作进行旅游开发，可在景区就业、以景区主人身份参与景区建设、享受资源股份的分红、开办家庭旅馆、参与景区管理等。2005年，茂名天马山生态旅游区被评为国家3A级旅游区。惠州市龙门县，由于南昆山景区的旅游扶贫开发带动了当地餐旅业的兴起，村民自发地将住房改建成家庭旅馆。地方政府因势利导，投资完善了供水、供电、通讯等基础设施，保证家庭旅馆合理布点、开发的要求；对家庭旅馆的服务体系进行完善，并请专家专门规划；加强技术指导、人才培训和市场宣传力度。截至2007年底，南昆山有宾馆酒店125家，接待床位4589张，其中特色度假村8家，家庭旅馆51家，接待床位1930张，全年平均开房率38%以上；景区接待餐位2800多个，解决就业1180多人，直接带来经济收益达4800多万元。德庆金林水乡是一个岭南古村群落，从2003年开发乡村游，当地120多户村民在自家门前做起了土特产和手工艺生意，当年他们村通过旅游的开发创收20多万元，经济增幅排在全县前列，摘掉了贫困的帽子，同时也带动了全村精神文明建设，被国家司法部、民政部授予“全国民主法治示范村”荣誉称号，被省政府、环保局评为“生态文明村”。此外，肇庆以500公里连接全市5个县区的环市公路沿线乡村旅游景点为基础，大力构筑“千里旅游走廊”，启动“走进大自然，负离子洗肺、好山水提神”活动。清远市积极打造“珠三角的后花园”，被授予全国第一个“漂流之乡”称号，等等。广东省通过旅游扶贫为全省乡村游的开发模式进行了有益的探索。

举办2007年广东旅游扶贫成就展

为了广泛宣传省委、省政府旅游扶贫战略决策，充分展示广东旅游扶贫工作成效，争取社会各界更广泛的关注与支持。按照2007年广东国际旅游文化节暨泛珠三角旅游推介大会组委会工作安排，广东旅游扶贫成就展于2007年11月24～26日在广州天河体育中心南广场举办，共设展台20个，其中核心展位6个，内容包括概况、心声、决策、开拓、成效、展望等部分。展览通过喷画、模型、服饰、旅游商品等形式，充分展现了广东省旅游扶贫工作开展6年来取得的辉煌成就。旅游扶贫成就展代表广东山区旅游新亮点的旅游扶贫重点项目共14个，各项目根据各自不同的地方特色，充分展示了当地独特的旅游资源、旅游商品和土特产，让游客深深感受到当地的旅游特色，起到了良好的市场宣传效果。

广东旅游扶贫成就展

山区旅游人才扶贫培训班开班

为进一步推动广东省山区旅游扶贫工作的开展，提高山区旅游从业人员的整体素质，2007月10月，广东省启动了山区县旅游局长培训班。参加培训班人员来自全省15个市、61个县的共146名旅游局长、财政局长，培训班采取授课与现场考察，理论研讨与成果展示相结合等形式，学员从中学习并借鉴了发展“农家乐”、景区资源开发、管理及服务等先进经验。

作为加快山区人才培养的重要举措，培训班搭建了各地共同学习旅游管理专业知识、探索旅游管理途径的平台，着力打造了一支热爱家乡、热爱旅游事业、有志于改变山区落后面貌、懂旅游管理的干部队伍，对促进全社会参与、各部门协调配合、旅游部门真抓实干的局面，为推动全省广大山区旅游经济的发展具有重要意义。

山区旅游人才扶贫培训班

2007年广东和谐城乡游概况

【广东和谐城乡游】 2007年，国家旅游局将旅游宣传主题确定为“2007和谐城乡游”，其宣传口号是“魅力乡村、活力城市、和谐中国”，旨在推动城市和农村实现旅游资源共享、客源互动、优势互补和共同繁荣，促进城乡交流和协调发展。广东是率先在全国开展城乡游较早的地区之一，为推动乡村旅游主题活动的深入开展，省旅游局积极做好调查研究、组织动员、工作指导、服务协调、政策研究、规范管理以及典型推广等工作，各地旅游局积极响应，举办了形式多样的启动仪式。广州市旅游局将“休闲乡村，活力都市，和谐旅游”作为城乡游主题，2月3日，以“春节黄金周广州旅游好去处全接触暨2007广州和谐城乡游启动仪式”拉开了城乡游序幕。7月24日，广州市旅游局与市农业局、从化市人民政府联合主办“广州特色乡村游从化采风活动”。3月17日，佛山市旅游局、体育局、珠江时报社在佛山世纪莲体育中心共同举办“佛山和谐城乡游”系列活动首发式，有近4000人参加活动。1月26日，韶关市旅游协会与《家庭》、《旅游界》杂志联合在广州市举行“百万家庭游韶关”新闻发布会。4月20日，江门市旅游局在锦江温泉举行“迎世界文化遗产2007江门和谐城乡游启动仪式暨锦江温泉五周年志庆”活动，吸引了内地及粤港澳等地的130多家旅游社和40多家媒体。1月1日，湛江市旅游局与市委农办等单位联合举办“农民喜游新港城——2007湛江和谐城乡游”启动仪式，组织了2000多名农民群众游览市内主要景点。

【广东乡村旅游发展现状】 改革开放以来，广东依靠独特的地缘和侨乡人文优势，社会、经济等各个方面得到了全面发展，已成为全国的旅游大省和全国最主要的旅游客源市场。广东乡村旅游也随之得到充分的发展，形成具有广东特色的乡村旅游发展模式，截至2007年底，全省已拥有各类农业旅游区（点）近300处，其中全国农业旅游示范点有26家。全年接待游客达到1500万人次，旅游收入30亿元。

广东乡村旅游大体分三个阶段：第一阶段，20世纪80年代。农村改革率先突破，特别是乡镇企业异军突起，珠江三角洲城市化、工业化的推进，开辟了农村由单一农业向农、工、商、游多元化发展的道路，广东农业旅游开始崭露头角，最典型的是深圳、东莞、佛山、中山等地作为农村工作的先进典型，如深圳的南岭村、东莞长安镇等，接待了大量的国内外各方人士，甚至境外团队。第二阶段：20世纪90年代。越来越多的农业资源得到开发利用，村镇得以扬名，农民从中得益，企业利润增长，旅游规模逐渐壮大，一些村镇开始兴办旅游企业。1999年，为突破西方国家对中国实行的全面制裁而导致入境游人数骤减，省旅游局和省农业厅联合开展农业生态旅游座谈会以及在“广东人游广东”活动的推动下，兴建旅游星级饭店，投资开发农村风貌、农事活动、农俗节庆等农业资源，招徕国内各地游客，并逐步形成了如梅县雁南飞茶田度假村、惠州南昆山、茂名根子镇等乡村产品。随着农业规模化和高科技农业出现，又出现了珠海农科奇观、顺德花卉世界、深圳光明农场等一批观光农业园（场）。第三阶段：进入21世纪以来。农村发展的外部环境、农业生产经营方式、农村经济社会结构、农民就业和收入结构等都发生了重大而深刻的变化，农村的发展进入了一个新的阶段。国家旅游局开展创建全国工农业旅游示范点工作。从此农业旅游产品在我国得以正名，正式列为旅游产业一部分。全国农业旅游示范点在广东的数量迅速增加，从原先单纯观光型向参与、休闲、特色技艺型等为一体的综合型方向发展。涌现出了河源苏家围乡村旅游区、顺德长鹿环保度假农庄、佛山蔼雯教育农庄、肇庆金林水乡和广州水果世界等一批农业旅游示范点。

2002年，广东在全国率先启动“旅游扶贫”工程，对广东乡村旅游产生巨大的推动力，由政府主导旅游的发展战略，改变了广东乡村旅游集聚珠三角的格局，乡村旅游逐步成为全省次发达地区重要的旅游产品，发挥了旅游产业的综合带动效应，促进了区域旅游的协调发展。至2007年底，广东旅游扶贫已投入专项资金2亿元，确定262个“旅游扶贫”重点项目，覆盖了以乡村为主的63个县市，促进了广大乡村旅游基础设施和公共服务设施的建设，增强了投资商对乡村旅游资源开发的信心，加速了整体投资环境的改善，在广大乡村掀起了新一轮旅游开发热潮。据不完全统计，地方和其他部门投入配套资金25亿元，旅游扶贫项目所在县吸引旅游投资总额达215亿元，解决了31000多人的直接就业，交通和公路部门协助解决旅游扶贫项目所在地旅游交通瓶颈道路180多条共计3600多公里。广东旅游扶贫工作促进了乡村旅游的大发展，以农村生活、民俗风情和田园风光为特色的乡村旅游在全省迅速发展，一批新的乡村游产品脱颖而出，一些地市周边形成了乡村旅游休闲度假带，一些地方的乡村游正成为当地经济的特色产业。

在旅游扶贫的带动下，省内各乡村地市掀起了乡村旅游开发热潮，乡村旅游市场开始向以观光、参与、康体、休闲、度假、娱乐等为一体的综合型方向发展，形成了各具特色的发展模式。如信宜市在建设天马山景区的实践中，走出了一条“乡村参与式”旅游开发新模式。在惠州市龙门县，随着南昆山景区的旅游开发带动了当地餐旅业的兴起，当地居民自发地将住房改建成家庭旅馆；地方政府投资完善了供水、供电、通讯等基础设施，从长远出发就家庭旅馆发展做出专门的规划以及加大技术指导、人才培训和市场宣传力度。德庆金林水乡是一个岭南古村群落，从2003年开发乡村游，当地的120多户村民在自家的旅游道上做起了土特产和手工艺生意，当年他们村通过旅游的开发就创收20多万元，经济增幅排在全县前列。

广东乡村旅游发展总体上还处于初级发展阶段，发展模式较粗放，与国内外先进的乡村旅游发展相比，还存在相当的距离。具体体现在发展认识不到位，乡村发展理论政策体系不足，等、靠、要的被动情况依旧存在，缺乏整体发展规划指引，旅游产品配套体系有待提高，市场化的推广体系和机制有待提升，从业队伍旅游素质不适应产业发展，地方特色不够鲜明，旅游产品功能、档次等有待升级，产业化融合机制尚不明确，资源环境文化保护有待加强，旅游行业管理尚需提高和加强等。

2007年广东省旅游扶贫重点项目名录

（共70个）

一、汕头市（2个）

1. 南澳县南澳岛生态旅游区
2. 潮阳区海门莲花峰观海长廊

二、韶关市（7个）

1. 丹霞山景区
2. 曲江区大宝山工业旅游项目
3. 乐昌市杨东山十二渡水生态旅游区
4. 南雄市珠玑古巷景区
5. 仁化县高坪省级自然保护区
6. 新丰县皇龙寨
7. 乳源瑶族自治区云门寺佛教文化生态保护区

三、河源市（7个）

1. 万绿湖生态旅游区
2. 恐龙化石展览馆
3. 河源市游客服务中心
4. 东源县万绿谷休闲度假风景区
5. 龙川县霍山旅游风景区
6. 紫金县孙中山入粤始祖开基地旅游区
7. 连平县九连山原始森林度假村

四、梅州市（8个）

1. 洞天湖生态旅游度假区
2. 梅江区客天下旅游产业园
3. 平远县南台山大佛景区
4. 平远县五指石景区
5. 蕉岭县谢晋元故居
6. 大埔县泰安楼客家民居奇观旅游区
7. 丰顺县虎头山旅游区
8. 五华县益塘旅游景区

五、惠州市（4个）

1. 惠阳区崇林世居
2. 惠东县平海双月湾游客服务中心
3. 博罗县罗浮山中国客家文化村
4. 龙门县蓝田瑶族风情园

六、汕尾市（3个）

1. 陆丰市金厢滩黄金海岸红色旅游区
2. 海丰县鲘门自驾车旅游驿站
3. 陆河县广东生宝生态农业科技示范园

七、江门市（2个）

1. 新会市葵艺工艺品制作培训项目
2. 恩平市凤凰生态乐园

八、阳江市（3个）

1. 阳西县红树林生态旅游区
2. 海陵岛香江旅游休闲园
3. 阳春市合水平比“百里画廊、水墨阳春”

九、湛江市（8个）

1. 东海岛省级旅游度假区旅游商品购物街
2. 霞山区特呈岛生态旅游区
3. 麻章区红树林风景区
4. 坡头区炭之家乡村休闲旅游度假山庄
5. 雷州市天成台旅游度假村
6. 廉江市仙人峰旅游区
7. 遂溪县孔园旅游区
8. 徐闻县包宅生态旅游村

十、茂名市（4个）

1. 信宜市大仁山风景旅游区
2. 高州市平云山自然风景旅游区
3. 电白县热水温泉生态旅游区
4. 电白县冼太夫人故里景区

十一、肇庆市（8个）

1. 鼎湖区七星岩风景区
2. 四会市邓村“中国民间古法造纸第一村”
3. 广宁县螺壳山风景区

4. 德庆县黄龙盆地休闲旅游度假区
5. 封开县广信驿站
6. 封开县千层峰景区
7. 怀集县岳山温泉休闲度假区
8. 怀集县世外桃园

十二、清远市（4个）

1. 英德市彭家古堡景区
2. 佛冈县洛洞南国红色乡村景区
3. 连南瑶族自治县南岗千年瑶寨
4. 阳山县神笔洞旅游度假区

十三、潮州市（2个）

1. 潮安县三叠泉旅游驿站
2. 饶平县闽粤旅游驿站

十四、揭阳市（4个）

1. 大南山华侨南华生态农业文化科技园
2. 普宁市南岩古寺玉佛国文化风景区
3. 揭西县大北山省级森林公园
4. 揭西粗坑村最美乡村

十五、云浮市（4个）

1. 罗定市名茶大观园旅游区
2. 新兴县神仙谷景区
3. 郁南县大王山国家森林公园
4. 云安县骆驼山观光旅游区扶贫建设

广东省旅游特色县镇村名单

（共198个）

一、广东省旅游特色县（16个）

1. 汕头南澳县（最美岛屿）
2. 韶关乳源县（民俗风情）
3. 韶关仁化县（自然风光）
4. 河源和平县（温泉）
5. 梅州梅县（旅游强县）
6. 惠州龙门县（森林温泉农民画）
7. 汕尾海丰县（广东历史文化名城）
8. 湛江徐闻县（农业生态）
9. 茂名电白县（潜水，冼太文化）
10. 肇庆广宁县（竹之旅）
11. 肇庆德庆县（龙母民俗文化）
12. 清远连南瑶族自治县（瑶族风情）
13. 揭阳揭西县（生态游）
14. 潮州潮安县（潮人首邑）
15. 潮州饶平县（农业生态海滨）
16. 云浮新兴县（六祖文化温泉）

二、广东省旅游特色镇（78个）

（一）广州(6个)

1. 番禺沙湾镇（醒狮飘色）
2. 黄埔长洲街（近代革命史迹）
3. 花都梯面镇（原生态）
4. 南沙万顷沙镇（葵园湿地）
5. 从化温泉镇（温泉荔枝）
6. 增城派潭镇（瀑布漂流）

（二）珠海（5个）

1. 平沙镇（海洋温泉）
2. 万山镇（丽岛银滩）
3. 横琴镇（望海品蚝）
4. 南屏镇（容闳故里）
5. 斗门镇（秀山名泉）

（三）汕头（4个）

1. 潮阳铜盂镇（灵山古迹）
2. 潮南仙城镇（湖光生态）
3. 南澳深澳镇（渔家乐）
4. 澄海莲华镇（民俗胜地）

（四）佛山（3个）

1. 南海区西樵镇（黄飞鸿故里）
2. 顺德区大良街道（餐饮名镇）
3. 三水区芦苞镇（三江海鲜）

（五）韶关（7个）

1. 乳源必背镇（民俗风情）
2. 曲江小坑镇（森林）
3. 曲江枫湾镇（温泉）
4. 南雄珠玑镇（民俗风情）
5. 乐昌九峰镇（果园山林）
6. 翁源江尾兰花专业镇（兰花）
7. 新丰黄礤镇（樱花）

（六）河源（2个）

1. 和平热水镇（温泉）
2. 东源新港镇（湖泊）

（七）梅州（2个）

1. 梅县雁洋镇（旅游专业镇）
2. 蕉岭长潭镇（客家风情）

（八）惠州（2个）

1. 龙门永汉镇（温泉）
2. 惠东平海镇（古城镇温泉）

（九）汕尾（3个）

1. 海丰后门镇（滨海高尔夫）
2. 陆丰碣石镇（玄武山元山寺）
3. 红海湾遮浪镇（海上运动基地）

（十）东莞（6个）

1. 常平镇（餐饮名镇）
2. 横沥镇（红荔风情）
3. 虎门镇（时尚缤纷英雄地）
4. 桥头镇（南国赏荷胜地）
5. 石排镇（人文和谐）
6. 樟木头镇（缤纷小香港）

（十一）中山（3个）

1. 南朗镇（锦绣山水）
2. 三乡镇（人文荟萃）
3. 民众镇（水乡生态）

（十二）江门(4个)
1. 新会古井镇（宋元古战场）
2. 开平赤坎镇（欧陆风情）
3. 台山川岛镇（海岛沙滩）
4. 新会崖门镇（蔡李佛始祖古兜温泉）
（十三）阳江（4个）
1. 阳春春湾镇（溶洞）
2. 阳春马水镇（温泉柑桔）
3. 海陵闸坡镇（渔业滨海）
4. 阳东东平镇（渔港特色）
（十四）湛江（3个）
1. 东海岛硇洲镇（渔家风情）
2. 吴川吴阳镇（状元文化）、
3. 廉江河唇镇（杨桃沟）
（十五）茂名（2个）
1. 高州根子镇（荔枝生态）
2. 北界镇（温泉生态）
（十六）肇庆（4个）
1. 德庆官圩镇（森林水世界）
2. 怀集桥头镇（燕岩）
3. 鼎湖凤凰镇（森林探险）
4. 封开河儿口镇（地貌奇观）
（十七）清远（5个）
1. 清城石角镇（生态）
2. 清新太和镇（生态度假）
3. 英德九龙镇（峰林）
4. 英德黄花镇（峰林）
5. 佛冈汤塘镇（温泉度假）
（十八）潮州（6个）
1. 潮安凤凰镇（名茶之乡）
2. 龙湖镇（潮文化典橱）
3. 沙溪镇（华侨之乡）
4. 归湖镇（风南丛林）
5. 饶平钱东镇（农业生态）
6. 湘桥区意溪镇（宗教文化）
（十九）云浮（7个）
1. 新兴六祖镇（六祖文化温泉）
2. 罗定连州镇（茶文化）
3. 龙湾镇（森林瀑布）
4. 郁南连滩镇（民俗文化）
5. 郁南建城镇（无核黄皮）
6. 云安南盛镇（万亩柑桔）
7. 云城安塘镇（花卉苗木）

三、广东省旅游特色村（104个）

（一）广州（5个）
1. 番禺大岭村（书香世家）
2. 从化钱岗古村（广裕祠古村）
3. 海珠小洲村（水乡古寨）
4. 从化溪头村（流溪河源头）
5. 增城西镜村（万亩冬瓜）
（二）深圳（2个）
1. 福田区沙头街道下沙村（社区）（民俗风情）
2. 龙岗区布吉街道大芬村（社区）（油画）
（三）珠海（6个）
1. 北山村（古村宗祠）
2. 莲江村（古朴村落）
3. 灯笼村（沙田文化）
4. 南门村（传奇古村）
5. 庙湾村（梦幻之岛）
6. 桂海村（渔家乐）
（四）汕头（5个）
1. 澄海前美村（潮汕民居）
2. 南澳黄花山村（海岛森林）
3. 濠江珠浦社区（奇峰巨石）
4. 澄海西浦村（写生基地）、
5. 潮阳芦塘村（杨梅橄榄）
（五）佛山（3个）
1. 禅城区黎冲村（一井两状元）
2. 顺德区碧江村（古宅金辉）
3. 三水区大旗头村（清代岭南民居）
（六）韶关（7个）
1. 翁源三华村（果园）
2. 乐昌横坑村（果园）
3. 南雄梅岭村（梅花）
4. 新丰张田村（饼印）
5. 新丰秋洞村（佛手瓜）
6. 始兴满堂村（围屋）
7. 乳源必背口村（民俗风情）
（七）河源（2个）
1. 东源上下蓝村（畲族风情）
2. 东源苏围村（古村落）
（八）梅州（5个）
1. 梅县桥乡村（客家古村）
2. 梅县桥溪村（古民居）
3. 平远官仁村（油茶旅游园）
4. 大埔汇城村（最早中山纪念堂）

5. 丰顺黄花村（院士文化）

（九）惠州（7个）

1. 龙门乌坭村（自然风光）
2. 下坪村（自然风光）
3. 热水锅村（温泉）
4. 功武村（古堡）
5. 嘉义庄村（农民画）
6. 惠东中洞村（革命老区）
7. 博罗酥醪村（森林古观）

（十）汕尾（5个）

1. 海丰虎噉村（农业生态）
2. 海丰百安村（滨海度假）
3. 陆丰乌坎村（滨海旅游）
4. 陆河长坑村（漂流）
5. 城区小岛村（海湖渔村）

（十一）东莞（2个）

1. 南社村（明清古建筑群）
2. 塘尾村（爱莲神韵古村落）

（十二）中山（6个）

1. 翠亨村（伟人故里）
2. 崖口村（滨海公社）
3. 新伦村（大沙田）
4. 石军村（革命老区）
5. 北台村（航空之乡）
6. 长洲社区（特色文化）

（十三）江门（7个）

1. 恩平歇马村（举人文化）
2. 鹤山双桥村（南国水乡）
3. 新会天马村（鸟的天堂）
4. 开平自力村（世遗碉楼）
5. 台山五丰村（归侨风情）
6. 开平马降龙村（世遗碉楼）
7. 恩平石头村（石头探秘）

（十四）阳江（5个）

1. 江城那蓬村委会-果园村（名人文化）
2. 阳东大澳渔村（渔家特色）
3. 阳东芦山村（荔枝生态）
4. 阳春平北村（马兰风光）
5. 阳春石忽村（溶洞奇葩）

（十五）湛江（6个）

1. 霞山特呈岛（生态旅游）
2. 东海岛金家东村（果林生态）
3. 徐闻包宅村（包公文化）
4. 遂溪马六良村（农业循环经济）
5. 雷州坡正湾村（白鹭天堂）
6. 吴川蛤岭村（国家级文明村）

（十六）茂名（4个）

1. 信宜旺将村（天马山生态）
2. 东闸村（甲门峡漂流）
3. 云丽村（龙玄峡漂流）
4. 化州名教村（拓展训练）

（十七）肇庆（6个）

1. 端州白石村（端砚文化）
2. 封开杨池古村（古村落）
3. 广宁上林村（红色之旅）
4. 高要黎槎“八卦村”（奇特民居）
5. 四会邓村（古法造纸）
6. 德庆金林村（山区水乡）

（十八）清远（10个）

1. 阳山鱼水村（生态）
2. 连州黄村（古村落）
3. 连州潭岭村（森林生态）
4. 英德溪村（峰林走廊）
5. 佛冈洛洞村（温泉特色）
6. 佛冈上岳村（特色乡村）
7. 青城江埗村委会秀田螺村（生态休闲）
8. 清新大陂村（温泉）
9. 连南山溪村（排瑶特色）
10. 连山福安村（壮族风情）

（十九）揭阳（3个）

1. 揭阳阳美村（亚洲玉都）
2. 揭西粗坑村（瀑布生态）
3. 普宁泥沟村（英歌舞）

（二十）潮州（1个）

饶平南联村（民俗民居）

（二十一）云浮（7个）

1. 新兴龙山塘村（六祖文化）
2. 罗定龙岩村（山水历史文化）
3. 中安村（肉仔鱼塘）
4. 南充村(森林瀑布)
5. 郁南五星村（古民居）
6. 云城水东村（明清古建筑）
7. 云安大枧村（农家乐果园）

广东旅游强县风采录

创建广东省旅游强县　做大做强特色旅游业

新兴县人民政府

近年来，我县深入实施“三化一游”发展战略，坚持工业立县、项目兴县、旅游旺县，坚持产业带动、特色驱动，大力发展特色经济，实现了特色工业、特色农业和特色旅游业的齐头并进、协调发展，先后荣获“全国农业产业化先进单位”、“中国果品加工之乡”等多项殊荣。自创建广东省旅游强县以来，新兴县委、县政府本着“政府主导、市场运作、整合资源、打造品牌”的指导思想，大力打造“禅宗六祖文化”旅游品牌，全县旅游产业快速发展。2007年，全县共接待游客187.2万人次，比上年增长20%；社会旅游总收入13.1亿元，比上年增长22%。旅游业已成为新兴县第三产业的支柱产业，成为新的重要经济增长点。2008年初，新兴县创强工作高分通过验收。主要做法体现在“五个加强”上狠下功夫。

一、加强领导，确保创强工作有序开展

一是设立领导机构。县委、县政府专门成立了以县委书记任总指挥、县长为组长、县相关领导为副组长的创建广东省旅游强县领导小组，由分管旅游工作的常委兼办公室主任，全力推动创强工作顺利开展。我县拨出1000万元专项经费，确保创强工作机构、人员、经费、场所“四落实”。

二是明确责任。为确保创强各项工作任务的落实，我县制定了新兴县创强工作方案和目标责任分解表，并与全县38个责任单位签订目标责任书。在创强过程中，我们严格执行“谁主管，谁负责”的工作纪律，实行“谁失分，追究谁，谁高分，奖励谁”的责任机制，真正做到创强8大项中94个小项工作“人人身上有指标、个个肩上有担子，件件事有人落实”。

三是加大宣传力度。创强期间，我们通过电台、电视台、旅展会、书报刊等形式，大力宣传和组织发动群众参与。全县共投入创强宣传经费300多万元，举办了创强专题文艺晚会30多场，印制和发放宣传资料3万多册、宣传单张15万张，在广播电视台播放宣传口号1.5万次，悬挂宣传标语、横幅1500多条次，制作旅游专题片和一批宣传明信片，确保了创建工作有序进行。

二、加强规划，高标准定位

县委、县政府聘请高层专家编制了《新兴县旅游总体规划》和《龙山温泉旅游度假区总体规划》等一系列规划。明确提出“坚持以龙山温泉度假区为龙头，将县内的国恩寺、新兴新八景、金水台温泉、青山绿水温泉、藏佛坑、神仙谷等景区景点整合成一条精品线路，致力将我县建设成为省内外知名的休闲度假旅游基地。”

三、加强资金投入，完善配套建设

县委、县政府不断加大对旅游基础设施的投入，不断增强城市旅游功能，优化发展环境。近年来全县累计投入旅游硬件设施建设资金10多亿元。其中，投入3.9亿元按一级公路标准完成省道S113线建设；投入1.26亿元完成六祖大道建设；投入1.2亿元完成金水台温泉首期建设；投入8000多万元完成青山绿水温泉建设；投入3600多万元完成了龙山温泉旅游度假区六祖广场的主体工程建设；投入195万元完成了龙山温泉旅游度假区的游客服务中心和四星级旅游公厕建设；完成了环城南路、果园路、较场路及建设南路等一批市政工程的改造建设等。

四、加强服务引导，进一步提高旅游产业素质

在创强过程中，我县加大了对旅游资源的保护与开发力度，积极申报国恩寺为国家级重点文物保护单位，积极筹建国恩寺新佛事区、扩建龙山露天温泉等景区景点。建立健全人力资源的开发与管理机制，大力开展各种专业培训，提高旅游从业人员整体素质；宣传贯彻国家标准和行业标准，推动旅游企业标准化工作，规范旅游经营行为；抓好酒店的星评工作，建立比较完整科学的旅游统计制度；抓好旅游安全

生产与行风建设，改善和提高我县旅游业的服务质量，全县旅游的品位档次和接待能力有了明显的提升。

五、加强旅游营销，不断扩展客源市场

创强工作中，我们进一步加强旅游促销工作力度，积极举办“佛荔节”、“六祖文化节”等一系列旅游促销活动，在广东卫视、南方卫视、《南方日报》、《中国旅游报》等各大主流媒体大力宣传营销新兴旅游，打响“禅宗六祖文化”品牌。同时，加强对旅游项目的招商引资。2004 ～ 2007 年，全县共引进旅游项目 9 个，计划投资总额 8.2 亿元，已完成投资 4.5 亿元。青山绿水温泉、金水台温泉、翔顺大酒店等项目的相继建成，给新兴旅游带来了新的发展热潮。

总的来说，通过三年多时间的创强工作，我县旅游业实现了又好又快发展，有效促进了新兴经济社会的快速健康发展。2007 年我县实现地区生产总值 74.85 亿元，比创强前的 2004 增加 1.5 倍；以旅游为龙头的第三产业实现增加值 24.58 亿元，占全县 GDP 的 33%，比 2004 年提高 7 个百分点；地方财政一般预算收入突破 3 亿元大关，比 2004 年增加 1.5 亿元，翻了一番。

创强成功标志着我县旅游业发展达到了一个新的高度，同时也是一个新的起点。我们将以创强成功为契机，以打造“禅宗六祖文化”品牌为核心，不断配套完善六祖故里旅游度假区的服务功能，致力将我县的“禅宗六祖文化”旅游品牌打造成影响省内外、辐射东南亚的知名旅游品牌。

以创建广东省旅游强县为抓手 推动县域旅游经济又好又快发展

德庆县人民政府

为了进一步促进旅游业的发展，拉动县域经济腾飞，更好地建设社会主义新农村和构建和谐社会，我县于2006年全面启动了创建广东省旅游强县工作。在创强过程中，我县党政积极主导、部门协调联动、全民齐齐参与、行业单位全力配合，推动创强工作全方位落实。经过两年的不懈努力，今年年初，我县顺利通过了省旅游强县评定委员会的检查验收，荣获广东省旅游强县称号。通过创强，我县进一步健全了旅游管理工作机制，优化了旅游发展环境，逐步完善了旅游配套设施体系，提升了旅游接待服务水平，增强了旅游产业综合实力。2007年，全县共接待游客263.3万人次，旅游总收入14.88亿元，占全县GDP的比重达38.3%，旅游税收达4595.4万元，占全县财政收入的21.2%，旅游经济占全县经济的比重位居全省山区县前列，旅游业已成为德庆县的经济支柱产业。

一、党政主导，全面推动创强工作

2006年，我县成立了以县委书记为创强委员会主任、县长为常务副主任、主管旅游工作的副县长为执行副主任的一把手为成员的"创建广东省旅游强县工作委员会"，并多次召开会议进行专题研究部署。按照创强有关标准，我县重点抓部门联动，县政府与38个直属部门和13个镇（街道）签订创建责任书，并将创建工作任务列入各单位年终考核评分，各单位任务明确、工作到位、责任到人。我县将创旅游强县工作与社会主义新农村建设工作以及解决"三农"问题、发展农业和农民增收相结合，充分发挥旅游对农村经济发展的促进作用，大力发展乡村旅游。同时，我县广泛发动全县人民参与旅游创强工作，大力加强农家旅馆、社会旅馆和餐馆等旅游要素设施建设，让更多的人民群众关注旅游、关心旅游，积极参与到旅游开发建设和接待服务中来，在全县营造一个协调联动、人人参与创旅游强县的氛围。

在全县上下互相配合、积极主动开展创强活动的同时，我县也多次组织工作人员到兄弟省市学习成功经验，并邀请国内知名的旅游专家对全县旅游资源开发、旅游景区建设和旅游品牌包装宣传等进行策划、论证，确保高质量地推进创强工作。

二、加大投入，全面提升综合配套设施

近年来，我县旅游配套设施建设投入高达10亿多元，全面提升了德庆旅游的品位和档次。一是狠抓旅游景区建设和配套完善。我县引入南湖国旅投资1.2亿元开发扩大盘龙峡景区，重点打造了"盘龙天堂"，并对景区进行了全面的升级改造和配套。二是大力实施精品旅游城市工程。近年来，我县实施精品旅游城市工程，累计投入3000多万元资金对县城区的主要街道路面进行了升级改造。目前，我县正投资5000万元加快建设县城通津中路商业步行街，计划投资1.2亿元建设县城污水处理厂。三是加快推进旅游基础配套建设。重点抓好旅游交通网络和旅游食住、旅游购物等配套设施建设。县委、县政府出台了建设高星级酒店的优惠措施，如在德庆投资建设五星级酒店，县政府负责提供建设用地；建设四星级酒店，负责提供70%建设用地等。

三、关注民生，积极实施旅游扶贫开发

我县将创强工作与旅游扶贫结合，并把它作为解决"三农"问题的重要举措来抓。在省旅游局和上级党委、政府的大力关心和支持下，我县坚持"突出主题、凸显特色、高起点规划、高标准建设"的原则，按照"先易后难、边规划、边建设、边经营、边引导农民走旅游致富路，以旅游养旅游、以旅游促乡村发展"的理念，通过财政拨款、金融机构借款、招商引资等形式累计投入2.8亿元，先后建设了金林水乡、花世界、盘龙村等乡村旅游景区（点）。乡村旅游推动了当地经济社会的空前发展，大大地提高了村民的经济收入水平。

四、创新旅游体制，大力推进产业升级转型

为使德庆旅游得以持续、快速、健康发展，近年来，我

县积极探索旅游经营管理体制改革。2005 年 9 月，我县将盘龙峡和金林水乡两景区的经营权租赁给南湖国旅；2006 年 9 月，又将悦城龙母祖庙、德庆孔庙和三元塔三个景区第一道大门票的经营权承包给南湖国旅，通过一系列“强强联合、优势互补、互利双赢”措施，共同打造德庆旅游品牌。德庆县与南湖国旅的合作，有效地整合了德庆旅游资源，实现了与旅游产品与市场的直接对接，使我县旅游业实现了由原来政府投资、经营、管理转变为企业化经营、市场化运作的转型，从根本上解决了政企不分、发展后劲不足的问题，全面带动了德庆旅游业的全面兴旺。这一举措得到了旅游界人士和省、市有关领导的充分肯定和高度评价。

五、强化宣传，以品牌拓展客源市场

为打造德庆旅游特色品牌，我县每年投入 500 多万元进行城市形象宣传和旅游宣传营销工作，同时联合南湖国旅，在客源市场上对德庆旅游进行“立体式”的宣传推介，大力开展专题宣传营销。如通过组织全省摄影家现场拍摄、香港小姐大赛外景拍摄等现场活动，大大地提升了德庆旅游的知名度和美誉度。近年来，德庆在香港、澳门的知名度越来越高，到德庆旅游的港、澳游客也越来越多。

六、转变职能，以创新模式提升服务水平

为了进一步适应旅游市场经济发展需要，我县旅游部门着重建设“服务型机关”，努力提升旅游服务水平，推行“旅游优质服务计划”，并实行年检制度；严格实行持证上岗制度，定期举办导游培训、旅游饭店部门经理岗位资格证书培训等专业知识技能培训班和技能大赛。我们成立了“德庆旅游行业综合督查小组”，督促全行业全面提升旅游服务水平。

我县将以创强成功为新的起点，认真学习贯彻全省旅游工作会议精神，巩固成果、创新机制、推动工作、再创辉煌，推动旅游经济又好又快发展，促进山区各项建设事业全面进步。

以创建旅游强县为契机
全力打造“珠三角生态后花园”

龙门县人民政府

龙门县位于广东省中部偏东，地处珠江三角洲边缘，总面积为2295平方公里，总人口有32万。境内丘陵、盆地、水域兼备，森林覆盖率达74.5%，南昆山森林覆盖率为97.8%，具备了得天独厚的自然生态条件和十分丰富的动植物资源。全县旅游资源丰富，有山、水（温泉）、泉、湖、瀑、洞等自然旅游资源和民俗风情、文物古迹等16类旅游资源，极具游览价值。近年来，龙门县利用灵美秀丽的自然景观和得天独厚的生态环境，大力发展旅游事业，倾力打造旅游强县，形成了以森林度假和温泉度假为龙头的旅游产业链群。

一、领导重视，真抓实干，是创建省旅游强县的组织保证

县委、县政府一直以来把创建设游强县作为中心工作来抓。切实加强了对创强工作的组织领导，成立了以县委书记为组委会主任、县长为组委会执行主任的创强组委会。2007年，新一届领导班子把发展旅游作为全县经济社会发展的突破口，把创建旅游强县工作摆到了前所未有的高度。针对创强工作关键年的要求和存在的问题，县委、县政府多次召开会议研究解决，主要领导亲自过问，亲自抓，并从资金、人力、物力等各个方面予以保障。在我县创强期间，市委、市政府主要领导经常关心过问我县创强工作进展，市旅游局在关键时期派驻工作组进行检查指导。各级领导的重视、关心和支持，以及各部门齐抓共管，为创强营造了良好工作导向，为创强工作任务的顺利完成奠定了重要基础。

二、责任明确，全力协作，是创建省旅游强县的基本前提

县创强组委会在调查研究的基础上，结合龙门旅游产业发展的实际状况，制定了《龙门县创建广东省旅游强县工作方案》和《龙门县创建广东省旅游强县工作方案分工表》。按照目标管理办法，县与49个责任单位签订了《创建广东省旅游强县工作责任书》，并将8大项94个小项共1000分的任务逐项分解，对于部分难点项目、重要协调项目的具体内容、措施要求、完成时间均作了明确规定。创强办工作人员从县各部门、各单位抽调精兵强将参加，并分成资料组、宣传组、督查组和现场组。对创强工作的难点、重点问题，组委会按成员单位的职能，实行分工责任制，并强化督办。科学的方案，明确的责任分工，使有关部门均有明确的工作目标和任务，从而保证了创强各项任务真正落实到基层，落到实处。县委、县政府各有关部门及各责任单位高度重视，全力投身于创强工作，特别是宣传、文化、档案、公路、交通、劳动、规划建设、公安、消防、经贸、卫生、林业、工商、技监、电信、移动、邮政等部门及各有关乡镇为创强做了大量的工作。

三、宣传深入，全民参与，是创建省旅游强县的根本保证

为营造浓厚的创强氛围，县委、县政府通过各种形式和途径，宣传创强活动。为了使广大干部群众熟悉创强的内容和标准，充分调动全社会参与创建的积极性和主动性，全县印制发送了1万多份创强知识宣传品和3万多份旅游宣传资料。在重大旅游活动期间，县出资在主要景点、繁华路段设置大型的固定创强宣传广告牌，在交通车张贴公益广告，大张旗鼓进行宣传。同时，我县还借助电视台、电台、报纸、互联网等新闻传媒，为创建工作造势。创强期间，互联网共刊发消息450多条；各类报纸设专栏15期，发稿300多篇；电视播放新闻120篇次。通过广泛深入地宣传，我县创强工作家喻户晓，全县上下充分认识到“旅游强县”是推动地方旅游产业和全县社会经济发展的重要性，也充分认识到创强的过程实际上就是塑造龙门地方形象、提高龙门知名度的过程，从而提高了参与创强活动的自觉性和主动性，形成了全民参与的良好氛围。

四、攻坚克难，重点突破，是创建省旅游强县的必要措施

创强伊始，我们就根据我县实际情况对创建项目的难易

程度进行了分析，确立了“抓住重点，攻克难点，打造亮点”的工作思路。“创强”资料是反映创强成果的一项重要工作，也是检查验收的重要依据。我们一直高度重视这项工作，按照“创强”检查标准8大项94条具体评分内容，逐项加以完善，逐条分门别类，把创强资料档案完整地建立起来，确保台帐资料正确严谨、有说服力，并按时完成相关文字、图片、声像等资料的收集整理工作，保证创强内容的翔实、完整、规范。在迎检工作的短短10多天时间里，创强办资料组的全体同志连续加班加点，元旦期间没有休息，每天工作到深夜。据了解其他县创强办要用3个月的时间，我县仅用了12天就高质量地完成了150多卷的创强资料收集整理工作，受到省检查验收组好评。景区创建A级景区是创建旅游强县的重要内容，为提高旅游产品档次，我县积极动员并指导有条件的景区做好申报工作。南昆山生态旅游区、南昆山温泉大观园和龙门温泉在迎接创建国家4A级景区检查验收期间，县委县政府主要领导认真分析，找准主攻方向，积极做好各项协调和基础性工作，确保三个景区成功获得国家4A景区称号。几年来，全县上下迎难而上，攻坚克难，对照创建项目，逐个击破，使创强工作迈出坚实的步伐，取得了破记录的工作成果。

五、整体推进，施惠于民，是创建省旅游强县的重要内容

县委、县政府充分认识到“创强”的出发点和落脚点是提升旅游业整体竞争力，推动县城经济发展和实现惠民目标。我们重点通过抓引进、抓营销和抓富民来实现这个目的。抓引进，我县采用“项目择商”等办法，加强资金投向引导，提高项目的综合效益，增加旅游投入。近来年，我们先后引进并投入一批实力强、开发理念好、市场脉搏把握准、具有一定规模的项目，旅游招商成效显著。抓营销，旅游产品的市场营销贵在品牌，品牌重在营销。县委县政府挤出资金，成功举办了三届生态旅游文化节，大大提高了龙门县的知名度。2007年，与广之旅的成功签约，元旦期间举行“千车万人游龙门”系列活动，有力推进了旅游产品的市场营销。同时，充分发挥旅游协会的作用，采取“政府搭台、企业唱戏、集中资金、同一平台、资源同享、整体推介、利益共享”的宣传战略，打大会战、持久战，积极组织旅游企业参加国家和省旅游局举办的各种国际国内旅游交易会。抓富民，县委、县政府将增加农民收入、提高农民生活质量和水平作为发展旅游业的重要任务来抓。首先是通过政策引导，树立典型来营造声势；其次是通过运用市场经济的规律，发挥项目带动作用来创造环境；再次是通过加强与农业、文化等产业的结合，形成互补联动，不断延长旅游产业链，使旅游产业成为具有较强带动作用的“龙头企业”，成为广大群众增加收入、解决就业和改善生活的有效载体。几年来，全县广大群众也切实从旅游业的发展中享受到了实惠。

在新的一年里，我们将以创强为起点，不断巩固和发展创强的成果，在县委、县政府的正确领导和省、市旅游主管部门的支持下，龙门县旅游行业全体同仁将群策群力，以“创强”为动力，抓好旅游规划的落实，强化旅游行业的管理，推动旅游环境的改善和旅游营销，继续擦亮“广东省旅游强县”金字招牌，力争把龙门打造成南中国最具地方特色的森林度假和温泉养生旅游胜地，将其建设成为“珠三角生态后花园”。

政策法规

地方法规及规范性文件

珠海市人民政府
关于进一步加快珠海市旅游业发展的实施意见

珠府〔2007〕72号

为贯彻落实市第六次党代会精神，进一步加快我市旅游业发展，结合当前我市旅游业发展实际，现提出以下实施意见：

一、总体思路和发展目标

（一）总体思路

坚持以科学发展观统揽全市旅游工作，以国际化、市场化和专业化为导向，坚持政府主导、市场运作、社会参与、部门联动的原则，按照“营造大环境，发展大旅游，开拓大市场，形成大产业”的要求，以大型旅游项目为抓手，进一步整合旅游资源，做大做强休闲度假、都市旅游、海洋生态、商务会展四大主导旅游产品，提高旅游经济发展的规模和质量，加快我市区域性旅游目的地建设进程，争创“中国最佳旅游城市”，实现旅游经济跨越式发展。

（二）发展目标

到2011年，全年接待过夜游客人数突破1500万人次，年均增长15.50%；旅游总收入达到320亿元，年均增长18.15%。将海泉湾度假城打造成为中国旅游休闲度假示范区，争创2个国家5A级、4个国家4A级旅游景区，把香洲区、金湾区、斗门区建设成为广东省旅游强区，使珠海成为粤港澳地区重要游客集散地和主要旅游目的地。

二、打造旅游精品

（三）加快发展休闲度假旅游

重点打造温泉、海岛、高尔夫特色旅游品牌产品。依托海泉湾和御温泉两大特色温泉，不断提高我市温泉度假旅游的服务质量和水平，加快温泉度假旅游向目的地型方向发展。加大高尔夫旅游的战略推广及宣传力度，积极开拓东南亚及日、韩市场，充分发挥高尔夫球会的作用，鼓励引进国际赛事在珠海举办，完善配套设施，提升“预订、出行、运动、住宿、美食、购物、娱乐”一条龙服务水平，打造珠海高尔夫国际时尚之旅特色品牌。依托九洲港、香洲港及东部海岛、横琴、平沙、淇澳等地优良的港湾条件，加快游艇俱乐部及游艇基地的规划建设，引导游艇旅游高起点发展。

（四）大力发展海洋生态旅游

充分发挥我市海洋资源优势，大力推动海岛旅游业发展。按照“整岛规划、分步开发” 的原则，重点加快东澳岛、九洲岛等海岛旅游项目建设，积极开发海洋观光、潜水及游艇垂钓等海洋生态旅游产品。加大海岛基础设施的投入，增加上岛船只运力，努力改善海岛供水、供电及电讯等设施，降低海岛水、电成本。采取置换用地或租赁等多种形式，加强海岛土地资源整合。注重发挥国有资本在海岛旅游开发中的先导作用，积极鼓励国内外大型旅游企业参与海岛旅游开发建设。对投资5亿元以上的项目，优先安排水、电、交通、通讯等基础设施配套。充分发挥市海岛开发领导小组作用，加强与相关部门的沟通，推进我市海岛开放开发，促进海岛旅游业发展。

（五）提升发展都市旅游

重点整合都市观光、休闲、购物、娱乐、文化、体育等现代都市旅游资源，着力开发一日/两日都市游系列产品。加大对现有景点的改造提升力度，在原有城市风貌及圆明新园等景点的基础上进行深度开发。落实“135”行动计划，加快建设一批标志性公共建筑，精心雕琢前山河一河两岸景观，打造吉大“城市之心”、海滨新浴场，推进“两岛一路”旅游综合开发。充分挖掘珠海历史人文资源，加大对唐家古镇、斗门镇古街、绿漪堂、杨氏大宗祠、淇澳白石街等文化旅游资源的保护性开发。发展生态旅游，加快凤凰山森林公园、黄杨山森林公园、淇澳红树林湿地生态园等自然景区建设。依托格力、麒麟啤酒、威丝曼、中国移动珠海分公司等大型企业，发展工业旅游。发挥农、渔业旅游资源优势，推进农科中心、农家乐及渔家乐观光游等休闲观光项目。发展影视旅游，吸引国内外影视机构前来珠海拍摄制作。

（六）培育发展会展旅游

抓住航空航天展、国际赛车会和游艇展三大精品，积极举办专业会展、博览交易、文艺演出、体育赛事、科技交流及重大节庆等活动，推进旅游会展业发展。重点办好国际航空航天博览会、国际赛车、中国国际游艇及水上用品博览会、沙滩音乐派对等活动，大力推动横琴会展项目建设，打造会展品牌，提高会展规模和专业化水平。加大对国内外会议会展招商力度，鼓励支持国际性、全国性大型会展到我市举办，对从国内外引进我市进行市场化运作的大型会展旅游节庆活动，视其规模和效益给予引进者、组织者奖励。

三、推进旅游配套设施建设

（七）进一步完善旅游交通条件

完善机场、港口、城际快速轨道及高速公路等立体交通体系建设，发展旅游交通换乘和观光巴士营运网络，加快旅游景区、景点的道路、停车场等设施建设。按照国际惯例，在机场、车站、码头、高速公路入口处等城市窗口加快建设旅游集散中心、旅游咨询服务中心，完善城市旅游公共信息标志标识，在主要公路及通往重点景点的道路设置国际化标准的中英文交通指示牌，确保旅游交通快捷畅通。

（八）加强旅游宾馆饭店建设

加快建设一批高星级和假日经济型酒店，提升珠海旅游酒店的接待能力，力争到2011年全市达到15家五星级酒店的规模。大力吸引世界品牌酒店集团参与我市旅游酒店的经营管理，对来我市投资建设国际连锁酒店的企业，在土地、报建等方面给予优惠政策。积极引导现有旅游宾馆饭店走集团化、集约化发展道路，提高整体管理和服务水平。

（九）加快旅游信息化建设

把旅游信息化建设列入“数字珠海”规划，构建面向海内外市场的旅游电子商务系统和旅游网络营销系统，形成功能先进、资源共享、互连互通的网上旅游市场体系。积极推进珠海旅游网与国内外主要客源地城市旅游网站的互联，实现信息互通、资源共享。

（十）积极开发特色旅游商品

深入挖掘珠海特有的海洋、文化资源，做好旅游商品的开发和升级，推出一批具有地方特色、富有新意、工艺精致、游客喜爱的旅游商品，提升旅游商品的质量和档次。结合“135”行动计划，建设特色商业步行街，打造拱北、吉大商业中心，加快西部地区大型商贸设施建设。从2008年起，定期举行特色旅游商品的征集和展示展销活动，对新开发的旅游产品在技术改造方面给予贴息扶持。

四、拓展旅游区域合作

（十一）加强珠港澳旅游合作

充分发挥毗邻港澳的区位优势，抓住港珠澳大桥建设和横琴开发的契机，加强与港澳旅游部门的沟通联系，形成珠港澳旅游联动的格局。充分利用港澳的国际地位和海外推广能力，共同制作宣传资料，在国内外及珠海和港澳本地推介，打造珠港澳旅游品牌。开通九洲港码头与香港机场、澳门机场的航线，做好境外旅游团队旅游线路延伸工作。深化“个人港澳游服务”，进一步改善通关环境，加快通关速度，为珠港澳三地的过境游客提供更为便利的服务。

（十二）推进珠三角旅游合作

加强与广州、深圳等国内主要旅游城市的旅游交流与合作，建立旅游资源、网络、信息、市场等共享机制。继续办好“精彩广深珠”旅游品牌，联合中山、澳门打造大香山旅游精品线路。依托机场资源，支持珠海机场开发新的航线，大力发展航空旅游，拓展珠海旅游市场。

（十三）加大国际旅游市场开拓力度

实施国际化发展战略，充分发挥口岸城市的优势，加强与世界主要旅游客源地国家和地区的旅游交流活动，发展出入境游市场，提升珠海旅游的国际知名度。鼓励国际旅行社加强境外促销，打造出入境游集散地。鼓励和支持国际旅行社组织境外旅行商、主流媒体来珠海考察和宣传珠海旅游。

（十四）加快旅游发展市场化步伐

按照旅游产业链培育一批规模化经营、集约化发展的旅游企业，壮大市旅游集团有限公司实力，积极引导和鼓励有实力的民营和外资企业，通过独资、合资、合作等形式参与我市旅游资源开发、旅游商品生产及旅游配套设施的建设和经营，形成旅游投入多元化格局。积极引进国内外经营规范、有实力的旅行社到我市开办合资或独资旅行社，吸引世界品牌酒店集团到我市发展国际连锁酒店。积极引进具有国际水平的管理专家、团队参与珠海旅游业管理，提升珠海旅游业发展水平。

五、加大引导和扶持力度

（十五）加大引导和扶持力度

把旅游业作为全市新兴支柱产业加以培育，在年度基本建设计划中优先安排旅游重点基础设施项目，在国债贴息资金项目中优先推荐旅游重点项目。把海泉湾度假城、横琴会展、东澳岛综合开发等一批重大旅游项目列入全市重点建设项目计划。对符合珠海城市总体规划和土地利用总体规划、符合国家供地政策并通过《珠海市旅游项目招商工作规程》的旅游项目，优先安排土地利用年度计划指标。加强城市景观设计，对城市公共建筑、大型建筑等项目建设，要统筹考虑强化其旅游功能，充分挖掘旅游景观价值。

（十六）增加旅游发展专项资金

“十一五”期间，除按照珠字〔2002〕5号文的要求，市财政每年安排旅游发展专项资金外，应根据旅游宣传促销、旅游规划编制、重大旅游项目策划、重点旅游项目引进、重大旅游活动举办的需要增加必要的经费。旅游发展专项资金的安排应坚持积极引导、突出重点、公开透明的原则。各区也要结合本地区实际，加大对旅游业发展的投入。

（十七）鼓励旅游企业上规模、上水平

对被新评为全国百强的国际、国内旅行社及市十佳旅行社的给予奖励，对被新评定为五星级、四星级酒店及市年度十佳酒店的给予奖励，对被新评定为国家4A级以上旅游景区及国家级工业、农业旅游示范点的给予奖励；鼓励旅行社吸引国内外游客到珠海，对接待过夜游客的旅行社给予奖励；对引进大型旅游投资项目的企业或个人给予奖励。奖金从旅游发展专项资金中支出，具体奖励办法由市旅游局制定。

六、加强组织协调

（十八）加强组织领导

强化市旅游发展委员会职能，建立市旅游发展委员会例会制度，定期研究、协调解决旅游业发展中的重大问题。各级党委、政府要把加快旅游业发展列入重要议事日程，纳入重大工作事项的督查范围，列入各级政府的目标考核。市旅游行政管理部门要加强对旅游业发展的组织、协调、落实，及时对全市重大旅游开发项目进行协调、审查、监督和服务，强化对旅游景点的管理。各区（功能区）要建立健全旅游行业管理机构，及时解决旅游业发展过程中出现的困难、矛盾和问题。各有关部门要相互支持，密切配合，形成加快旅游产业发展的合力。

（十九）强化旅游规划的权威性和严肃性

坚持先规划后建设和严格保护、合理开发、永续利用的原则，加强旅游产业发展规划与经济、社会、城市规划的相互统筹、相互衔接，防止盲目开发、低水平重复建设。严格实施旅游规划，加强对旅游规划实施的监督。加强旅游景区生态环境保护，严禁破坏生态环境与景观行为。

（二十）加强旅游产品宣传推介

强化对珠海旅游整体形象的策划、包装和宣传，着力打造“浪漫之城-中国珠海”的品牌形象。宣传、旅游、文化、外事等部门要相互配合，合力推介珠海旅游整体形象。要充分利用影视、报刊、互联网等宣传媒体，开辟旅游宣传专栏，提高旅游宣传覆盖面，增强宣传实效。报纸、电视台、电台每月在重要版面、黄金时段高频率播报旅游公益广告，在户外广告中规划出一批旅游公益广告位，用于珠海城市旅游整体形象宣传。

（二十一）加强旅游从业人员队伍建设

积极探索适应旅游产业发展要求的选人用人机制，营造旅游经营管理者健康成长的社会环境。加强中高级旅游专业人才的引进和培养，将旅游专业人才培养纳入市“十一五”人才规划发展战略。支持中山大学、吉林大学等驻珠高校办好旅游院系，支持市职业高中办好旅游专业。加大对导游队伍的教育培训力度，严格实行持证上岗。加快培育发展旅游人才市场，促进旅游人才合理流动。

（二十二）强化旅游行业管理

加强旅游法制建设，依法促进旅游业发展，维护旅游者和旅游经营者的合法权益。推进旅游行业协会建设，发挥行业协会自我管理、自我服务、自我约束作用。建立健全旅游行业服务标准体系，促进旅游行业管理规范化、标准化、法制化。加强旅游执法队伍建设，强化旅游市场监管，规范旅游市场行为。建立处置旅游突发事件的快速反应机制，完善安全管理制度，落实安全管理责任制。加强旅游行业的诚信建设和职业道德教育，提高旅游管理水平和服务质量。

（2007年7月9日）

中共韶关市委　韶关市人民政府
关于进一步加快旅游产业发展的若干意见

韶市联〔2007〕13号

为深入贯彻落实省、市第十次党代会精神，加快建设旅游休闲基地，推动我市从旅游资源大市向旅游经济强市转变目标的实现，根据中央和省的有关文件精神，结合韶关实际，特就如何进一步加快我市旅游产业发展，提出如下意见。

一、加快旅游产业发展的重要意义、指导思想和奋斗目标

（一）重要意义

旅游产业作为现代服务业的重要组成部分，具有很强的关联性和带动性，是极具发展潜力的朝阳产业。中央提出要把“旅游业培育成为中国国民经济的重要产业”。从我市的实际出发，进一步加快旅游业发展，有利于发挥旅游业在服务业中的综合、关联和拉动作用，促进经济结构调整优化；有利于扩大税收总量，优化税源结构，增加地方财政收入；有利于宣传韶关、介绍韶关、展示韶关形象，提高知名度；有利于改善投资环境，扩大对外开放，推动人流、物流、资金流和信息流的聚集；有利于形成节约资源、保护环境的生产和消费方式，促进资源节约型和环境友好型社会建设，促进经济社会的全面协调可持续发展。同时，进一步加快旅游业发展，既可以直接增加就业，又能更好地满足广大人民群众日益增长的精神文化需求，促进物质文明、政治文明和精神文明建设的整体推进。因此，各级各有关部门要充分认识加快旅游业发展的重要意义，切实加强领导，采取有效措施，推动旅游业加快发展。

（二）指导思想

坚持以科学发展观为指导，按照“政府主导、企业主体、行业自律、部门配合、社会参与”的原则，把旅游业作为第三产业的龙头，摆在优先发展的地位。充分把握国际国内旅游发展方向，树立大旅游观念，加强旅游基础设施建设，把我市建设成为环境良好、设施完善、交通便捷、旅游景观独特、旅游商品丰富、综合接待能力较强、服务水平优良的大区级旅游胜地。深化旅游体制改革，加强旅游资源开发，加快旅游的市场化、大型化和国际化进程，把我市打造成为集观光、休闲、度假、会议、科学考察、宗教、寻根等多种旅游方式于一体的复合型旅游目的地，推动我市旅游由观光型向观光休闲型转变。以扩大旅游经济总量，提高旅游经济效益为中心，通过发挥“世界地质公园”丹霞山和“禅宗祖庭”南华寺的“品牌效应”，延伸旅游产业链条，带动配套产业加快发展，促进旅游产业结构优化升级，整体提升旅游产业水平，推动我市由旅游资源大市向旅游经济强市转变。

（三）发展目标

按照旅游经济发展速度高于全市国民经济增长速度和高于全省旅游经济增长速度的要求，我市旅游经济必须保持20%以上的增长速度，到2010年，全市接待游客达到1200万以上人次；旅游总收入达到100亿元，在服务业中的比重超过30%，在全市生产总值中的比重超过10%，在全市国民经济发展中发挥超前带动作用。

二、优化旅游产业结构，提高旅游综合经济效益

（四）建立旅游产业核心平台

韶关市区既是中国优秀旅游城市，又是连接我国南北的陆路交通主枢纽城市。要充分发挥市区作为省际通道的区位特点和拥有湖光山色的环境优势，加强城市规划、建设和管理，创建设施完善、功能齐全、生态良好、特色鲜明的观光休闲城市和最适宜人居住的山水园林城市，使之不仅成为璀璨夺目的粤北绿色明珠，而且成为整个粤北地区的旅游组织和旅游服务核心平台，在全市及其周边地区的旅游活动中起到辐射带动作用和桥梁纽带作用。

（五）优化整合旅游资源

以“绿色生态环境与禅宗文化交相辉映”为主题，突

出抓好“世界地质公园”丹霞山和“禅宗祖庭”南华寺两大龙头景区的开发与建设，盘活全市旅游整盘棋。特别是要尽快启动大丹霞旅游区开发工作，借助“世界地质公园”的国际影响力，引进有实力的战略投资者投资开发丹霞山，做大做强“丹霞地貌”命名地品牌，发展成为21世纪广东最重要的国际旅游目的地。同时，对重点景区和成名品牌进行深度开发或统一经营，精心打造五大特色旅游品牌，全面提升韶关旅游形象，把韶关打造成国内一流、世界知名的观光休闲旅游胜地。一是把车八岭、莲花山、小坑等森林公园与丹霞山连接起来，构成大丹霞生态旅游品牌；二是把大峡谷、南岭国家森林公园连接起来，构成南岭生态旅游品牌；三是以南华禅寺为核心，将各大主要寺庙连接起来，构成宗教文化旅游品牌；四是把“韶乐”文化与马坝人遗址、梅关古道、珠玑古巷连接起来，构成文化旅游品牌；五是把金鸡岭与九泷十八滩漂流、龙王潭连接起来，构成红色旅游品牌。

（六）开发旅游文化精品

文化是旅游的灵魂。要充分挖掘我市丰富历史文化内涵，在突出抓好与西安“唐乐”、杭州“宋乐”齐名的国宝级“韶乐”文化开发的同时，努力挖掘和形成以丹霞山为代表的地质文化，以三个国家森林公园和五个自然保护区为主题的生态文化，以南华禅寺为主的禅宗佛教文化，与马坝人和石峡文化相联系的历史文化，与珠玑古巷和梅关古道相联系的珠玑文化，与满堂客家大围、东湖坪相符的客属文化，与瑶族风情相一致的民俗文化以及以六祖惠能、张九龄、余靖等为代表的名人文化，打造展现韶关厚重久远文化底蕴的旅游精品，提高旅游产品的文化品位，促进旅游产业做大做强，不断扩大韶关旅游的影响力和知名度。

三、加强旅游基础设施建设，提升产业服务功能

（七）加快旅游重点项目建设

我市在“十一五”时期共安排旅游资源开发重点项目22项，项目涵盖范围包括景区景点资源开发、旅游专项设施建设、生态环境建设、文化保护与建设、酒店餐饮配套服务业等多个领域，总投资79亿元，其中列入省规划建设的项目有丹霞山和南华寺两个开发项目。必须大力抓好重点项目建设的各项前期准备工作，确保重点建设项目按要求顺利实施，为我市旅游业的加快发展创造良好的环境和条件。

（八）加快旅游交通网络建设

以韶关市区为中心，规划建设到各主要景区景点的放射状高等级旅游交通道路，并开辟旅游专线车，构建旅游交通网络主骨架；规划建设各主要景区之间的高等级旅游交通干道，总体呈环状与旅游交通主骨架交叉连接，初步形成“伞状”旅游交通主干网，为合理设计安排旅游线路、构建完善的多层次旅游网络体系创造条件，推动全市旅游上规模、上档次，步入良性大发展的轨道。

（九）加强旅游配套设施建设

合理布局高中低档接待设施，市区、重点景区和各县城要运用市场机制，加快建设一批旅游酒店，满足各层次游客的需求。抓紧完善旅游服务功能，强力推进“大丹霞”、“大南华”两大旅游综合项目建设，加快建设美食街、购物中心、步行商业街等一批精品街、休闲街、特色街，打造旅游休闲中心，满足旅客多层次需求。加快建设集旅游信息咨询、餐饮、购物、娱乐为一体的游客服务中心。完善与旅游景区配套的道路、码头、停车场、给排水、公厕、垃圾及污水处理、供电、通信、消防、安全防护等基础设施。

（十）推进旅游标准化建设

指导和督促各类旅游企业积极采用旅游国际标准，严格执行国家标准和行业标准，分类制定和实施符合韶关实际的旅行社、导游、景区（点）、度假村、乡村旅游、旅游车船和旅游接待等服务规范和质量标准。严格执行市场准入和市场退出机制，并将企业质量等级与旅游对外推介和线路组合进行挂钩。在市内交通要道、口岸、码头、城区及主要景区景点设置规范的、中外文对照的各类旅游标识牌。

（十一）加快旅游信息化建设

加快推进“数字韶关”建设，进一步完善市旅游信息中心网络，积极与国家旅游信息网及珠三角区域旅游网络实现对接。加快旅游电子商务建设，把韶关旅游网打造成有较高知名度的旅游电子商务交易平台。建立包含全市各景区（点）、星级宾馆、旅行社在内的旅游资源数据库，形成联网互通、实景监测、资源共享的全市旅游网络体系。旅游、统计部门建立旅游产业统计监测体系，为政府决策和社会需要提供科学准确的数据信息。

四、深化旅游体制改革，强化旅游产业经营管理

（十二）深化旅游管理体制改革

各县（市、区）要成立与市相对应的旅游发展委员会，切实加强对旅游行业的规划、管理和协调。大型宾馆、酒店、旅游购物场所、客运站场等重大旅游相关项目的建设，各级旅游发展委员会办公室要组织相关成员单位集中研究，为旅游业加快发展提供优质、高效服务。加强旅游资源开发项目管理，旅游景区景点的建设按基本建设

程序对项目进行建设和管理，并区分投资主体、资金来源和项目性质，分别实行审批制、核准制、备案制，并报市旅游管理部门备案。

（十三）深化旅游经营体制改革

将部分目前仍属事业单位性质的景区景点全部转制为企业。在此基础上，对国有景区景点全部进行所有权与经营权分离，其所有权全部交由同级政府管理，经营权可以通过拍卖、招标、租赁等形式向社会公开转让。对经营权的转让，有关部门不得视同出售不动产和无形资产征收税费；经营权转让时进行企业名称变更、不动产变更登记和工商注册登记需要收取的费用，有关部门按现行收费标准的下限收取。景区景点经营权转让费上缴同级政府财政，主要用作原有景区景点职工的分流安置。

（十四）加快外向型旅游产业发展

充分发挥我市旅游资源丰富的优势，进一步加大招商引资力度。鼓励有实力的国际国内外客商以独资、合资、合作、租赁等形式投资开发景区景点和兴办宾馆酒店、文化娱乐、购物商场、旅游交通运输等旅游项目。对以旅游资源作价与外商合作兴办的旅游项目，可实行先让利、后按投资比例参与分配。

（十五）依法规范旅游市场

加强旅游行业法制建设，完善旅游行业规则。健全旅游行政执法体系，建立反应灵敏、办事高效的旅游投诉处理机构。加强旅游行业协会建设，充分发挥他们在旅游服务、行业管理、行业自律、品牌打造等方面的重要作用；建立健全诚信激励和失信惩戒制度，在旅游行业中形成诚信经营和诚信服务的良好环境。增强旅游行业商标意识，加大知识产权保护力度，维护公平竞争和旅游市场秩序。重点旅游景区（点）门票定价要实行听证制度，广泛听取社会意见。

五、进一步加强领导，优化旅游产业发展环境

（十六）加强旅游目标管理

把旅游经济发展纳入县域经济考核的重要内容。鼓励和支持各县（市）开展“中国优秀旅游城市”、“中国旅游强县”创建活动，对创建成功的县（市），市委、市政府给予表彰奖励。对旅行社、旅游酒店、宾馆、景区景点和旅游运输企业等实行动态目标管理。在旅游行业开展优质服务活动，每年底，由市旅游局牵头，会同市直各有关部门，对各类旅游企业的服务设施、服务质量、守法经营和经营效益进行综合评定，然后根据综合评定结果进行表彰奖励。

（十七）科学编制旅游发展实施规划

坚持把规划摆在首位，按照前瞻、科学、合理的原则，依据国家和省的有关旅游发展政策，在全市旅游发展总体规划和旅游产业发展规划的指导下，高起点、高标准编制旅游景区景点建设的实施规划，合理确定景区景点的开发时序和空间布局。针对我市旅游景区景点丰富但形象不够鲜明的实际，在编制实施规划过程中，要适应国际国内旅游形势发展要求，跳出传统的观光型旅游的思维局限，站在战略的高度，加强现代旅游发展战略研究，突破低层次旅游发展模式，引进新理念，提高规划层次，对全市各级各类景区景点进行重新设计和包装，注入新创意，塑造新形象，使韶关旅游以全新的面貌展示在世人面前。同时，认真编制旅游基础设施建设、相关产业发展和生态环境保护等配套实施规划。在此基础上，严格做好景区景点建设实施规划的论证审批工作，并刚化规划约束，抓好组织实施，确保规划落到实处，真正发挥规划对旅游业发展应有的指导作用。

（十八）加强政策扶持

用水方面，对接待游客10万人次以上或3A级以上的景区景点，三星级以上的旅游涉外酒店、宾馆，当年缴纳的营业税（不含房地产销售缴纳的营业税）和企业所得税地方留成部分超过100万元的各类旅游企业，实行一般工业企业同等的用水价格。

用电方面，对四星级以上的旅游涉外酒店、宾馆，4A级以上的旅游景区，实行一般工业企业同等的用电价格，差价部分由税收受益地政府补贴。

用地方面，对投资者兴办的旅游项目，项目用地实行公开交易。非新增建设用地实行以缴纳年地租的方式取得土地使用权，租约期最长可为20年。新增建设用地指标由市、县统一调剂。对投资额1亿元以上的旅游建设项目，投资者用地一次性付款有困难的，政府可先将拟公开交易土地划入旅游项目控制规划范围，实行逐步征用和公开交易。

税收方面，加大对本土特色旅游纪念品、土特产品和工业产品研究开发的扶持力度，对旅游产品生产企业生产旅游产品部分产生的所得税，按《关于进一步优化投资环境的若干意见》（韶市联〔2006〕18号）有关优惠政策执行。特别是对在2011年底之前建成投入使用，并通过国家评定的五星级饭店，从投入使用之日起，连续五年将其上缴的企业所得税地方留成部分全部返还给企业。

有线电视费方面，从明年起，四星级以上星级饭店的有线电视费按60%计收，三星级以下星级饭店的有线电视费按75%计收。

（十九）优化旅游发展环境

各级党委、政府和各有关部门要强化为大旅游发展的服务意识，加强配合，努力营造有利于促进旅游业大发展的良好社会环境。交警、交通、城监、工商、卫生、环保、质监等执法部门，要做到文明礼貌执法，特别是对外地旅游者车辆因不熟悉情况而发生轻微的交通违章行为，要在实行“不罚款、不扣证、不拖车”的同时，热情耐心地向外地客人提供交通导游服务。公安机关对景区景点、宾馆饭店、娱乐场所实施治安管理，必须文明执法，热情服务，所有的执法行为必须严格依照法律、法规的规定进行，对旅游企业经营过程中的轻微违规行为，应以教育为主，对屡教不改或顶风违规者，则依法依规采取相应的处罚措施，并通报有关主管部门。

（二十）加大旅游投入

加大财政对旅游业的投入，按照市场方式运作，充分发挥财政资金的引导作用。市、县（市、区）财政每年拿出一定数量的专项资金，对具有新增长点的景区景点和重点旅游企业在起步阶段给予适当的引导性投资，以扶持其做大做强。金融部门要加大对我市旅游业发展的扶持力度，对投资者在我市兴办的景区景点和相关的旅游项目，优先给予贷款支持。对某些景区景点遗留的历史债务，可以采取“贷改投”或短期贷款转为长期贷款，抵押贷款转变成为按揭贷款等多种变通办法处理，扶持旅游企业发展壮大，互惠互利，共同发展，实现“双赢”。

（二十一）加强旅游宣传促销

市和各县（市、区）财政每年要专门预算安排旅游市场开发促销经费。市财政安排的旅游市场开发促销经费，以2007年预算安排的200万元为基数，并保持适度增长。各县（市、区）每年要安排30万元以上的旅游宣传促销经费。从今年起，各类全国、全省性的旅游参展活动和旅游宣传促销活动，都由市统一组团参加，作为一个整体参展单位，搭建统一的参展平台，树立统一的旅游形象。《韶关日报》、韶关电视台、韶关电台等本市的新闻媒体对旅游公益宣传应免费刊播；对旅游企业的宣传促销广告，如不限于宣传单个企业而带有宣传韶关旅游的内容，应减半收取广告费用。要努力营造良好的城市旅游的宣传氛围，在市区主要街道、繁华路段、公园广场等人流密集的地方，有关管理部门要根据需要免费提供场地用于设立旅游宣传栏、指示牌、大型旅游公益宣传广告牌以及旅游咨询中心的设立等。

（二十二）加强旅游人才队伍建设

充分发挥韶关学院旅游系和市旅游学校的作用，加强旅游专业人才的教育培训。进一步提高旅游企业管理人员的持证上岗率，提高旅游企业管理水平。加强宾馆酒店、景区景点服务人员和旅游车队、出租车司机的业务培训和职业道德教育，提高服务质量和服务水平，树立良好的旅游形象。加强对导游人员的培训，提高导游人员的综合素质，努力建设一支有良好职业道德和过硬专业知识的导游队伍。市旅游局每年要定期对全市导游人员进行评优评奖，举办导游人员技能大赛。对在韶关从事导游工作达到一定年限的导游人员要给予特殊奖励津贴。

（二十三）本《意见》根据国际国内旅游形势的变化和本市旅游经济发展态势，每二年修订一次，以进一步增强《意见》的适用性和可操作性。

（二十四）本《意见》自颁发之日起施行

各县（市、区）、各部门要认真贯彻落实，并结合实际制定具体的实施办法。

（2007年11月12日）

中共河源市委　河源市人民政府
关于加快旅游业发展建设旅游强市的意见

河委发〔2007〕18号

旅游业是产业关联度高、就业安置空间大、资源消耗和污染排放少的朝阳产业，有着巨大的市场潜力和广阔的发展前景，在国民经济发展中具有十分重要的地位。我市生态环境优良，历史文化积淀深厚，拥有类型多样、特色鲜明的旅游资源，具有加快发展、做大做强旅游业的基础和条件。近年来，我市旅游业快速发展，但是，目前全市旅游开发水平未能与旅游发展潜力和日趋激烈的市场竞争形势相适应：一是旅游景区景点开发散、小、弱的问题比较突出，拳头旅游产品和精品旅游线路少，旅游产品以游览观光型为主，休闲度假型的产品少；二是行、游、住、食、购、娱旅游产业体系不完善，部门支持旅游业的合力不够；三是重产品开发，轻市场营销，知名品牌不多；四是旅游企业规模小、实力弱，竞争力不强。为切实加快我市旅游业的发展，充分发挥我市比较优势，优化产业结构，建设生态河源，培育新的经济增长点，市委、市政府决定实施“旅游强市”战略。现提出如下意见：

一、明确总体思路和主要目标

（一）总体思路

按照“政府主导、统筹规划、市场运作、政策扶持”的原则，突出“客家古邑·万绿河源”城市形象；坚持以市场为导向，以环保为前提，以产品为基础，以万绿湖为龙头，以提升竞争力为核心，做足山水文章；扩规模、塑精品、增特色、上水平、出效益，着眼大区域，形成大产业，促进大发展；全力推进我市旅游业转型升级，实现由粗放开发向规模集约开发，由单一开发向配套综合开发，由观光旅游为主向休闲度假旅游为主，由面向珠三角市场向面向国内外市场，由“旅游旺市”向“旅游强市”的战略转变。

（二）主要目标

力争实现旅游业的发展速度高于全市国民经济的发展速度。到2011年，实现旅游入市人数、旅游总收入、旅游业产生的税收和提供的就业岗位年均递增20%以上；旅游总收入占全市GDP比重达10%以上，旅游业成为我市的支柱产业；力争2个以上的县通过创建国家、省旅游强县、特色县的验收，将我市建设成旅游产业发达、设施完善、服务优良、特色鲜明的旅游强市，成为“泛珠三角”客家文化、恐龙文化生态保护基地和人们回归自然的休闲度假胜地、中国山水生态旅游名城。

二、加快打造旅游精品步伐

（三）规划先行

充分发挥规划在旅游开发管理中的龙头作用，按照先规划后建设和严格保护、合理开发、永续利用的原则，坚持科学规划，防止盲目开发、低水平重复建设和破坏生态环境与自然景观。市旅游行政管理部门要完善市旅游发展规划，编制特色专项旅游规划和旅游区域合作规划。各县区要依据全市旅游发展总体规划，编制、完善本地区的旅游发展规划，并按规定报市旅游行政主管部门审核后组织实施。重点抓好万绿湖、恐龙公园等重点景区景点规划编制和实施，推进重点景区景点综合开发。新建、改建、扩建旅游景区（点）项目、旅游饭店及其他旅游设施，应当符合旅游发展规划。有关部门对旅游资源开发建设项目进行审批时，应当首先征求旅游行政管理部门意见。

（四）打造旅游精品

要充分发挥我市山、河、湖、泉、林、龙（恐龙）、史等旅游资源丰富的优势，以积极创建国家和广东省旅游强县、特色县为载体，以发展休闲度假游为重点，集约开发旅游资源，打造旅游精品。重点建设以万绿湖国际会议度假中心为重点的湖滨休闲度假基地，以九连山黄牛石风景区等为重点的森林休闲度假基地，以龙源、御临门和热龙等温泉为重点的温泉保健休闲度假基地，以苏家围等东江沿岸客家乡村旅游区为重点的客家风情休闲度假基地，以恐龙文化和赵佗文化为重点的历史人文旅游基地，以市区“两江四岸”黄金水道为重点的水上娱乐休闲基地。形成“山水休闲、生态野趣、温泉保健、客家风情、恐龙奇观、漂流赏水”等特色旅游产品，打造出“客家古邑、万绿河源、温泉之都、恐龙故乡”特色品牌。

（五）开发特色乡村旅游

实行农业开发与旅游观光相结合，旅游发展与新农村建设相结合，引导城市居民到乡村寻根忆祖、吃农家饭、住农家屋、干农家活、享农家乐，回归田园生活，体验农耕文明。乡村游不搞大而全、小而全，要搞特而专，引导农民和企业创办专项特色餐饮、特色住宿、特色观光、特色休闲、特色商品、特色娱乐，防止盲目追求高档、贪大求洋，杜绝毁农造景、农村景观城市化。鼓励农民以旅游资源、土地承包经营权等多种形式入股，用股份合作的方式兴办乡村旅游，使其享有薪金、股金、租金等稳定长期的收益回报，繁荣农村经济，促进农民富裕奔康。

（六）培育高效旅游

适应旅游业融合性、专业性发展的新趋势，大力培育会议旅游、博展旅游、修学旅游、康健旅游、购物旅游、商务旅游、节庆旅游等高效益型旅游业。

（七）严格保护生态环境

遵循旅游设施建设与自然景观相协调、与生态环境承载能力相适应的原则。旅游景区景点要坚持在保护生态环境的前提下适度开发，健全防污排污和垃圾处理设施，实现环保达标。进一步建立健全森林防火行政领导负责制和目标管理责任制，切实加强森林资源的保护管理，对国道、省道、通向旅游区的道路及景区周围荒山优先植树造林，不断提高森林覆盖率。突出做好万绿湖水面养殖整治和周边水土流失治理工作，加强重点旅游区和重要旅游线路沿线的农村生态环境建设。

三、完善旅游设施，提高服务质量

（八）完善城市旅游功能

城市规划建设要与旅游发展相结合，围绕旅游“行、游、住、食、购、娱”六要素，不断完善城市旅游配套设施。强化规划建设的旅游意识，按照“中国山水生态旅游名城”和“休闲度假胜地”的定位，加快市区“两江四岸”的景观建设，努力把每一个街区每一栋公共建筑打造成旅游景观；强化城市规划的产业发展和旅游配套意识，促进产业集聚，完善旅游产业体系。规划建设客家美食一条街（或美食城）、酒吧一条街、旅游购物一条街（或旅游购物中心）、文化娱乐及客家风情一条街等特色街区，力求城区形成一街一主业、一街一特色、一街一景观。加强城市交通、卫生、环保、治安的综合治理，规范管理出租车、公共汽车，不断提高城市管理水平。加强城乡规划，保护好古村落，在乡村新建、改建房屋时倡导建设客家风格的民居，继承和弘扬客家建筑文化。

（九）完善景区景点服务设施

不断改善各旅游景区景点的道路、供水、供电、通信、绿化、卫生等条件，完善住宿、餐饮、购物、游览、娱乐、停车场和游客服务中心等配套设施功能。道路建设主管部门要适当优先安排旅游景区（点）至城区、交通枢纽地区的道路建设，会同有关部门合理设置停车站以及交通指示牌等旅游配套设施，改善旅游交通客运条件。

（十）大力开发特色旅游商品

加强我市旅游商品的研发工作，开发客家文化系列、竹木工艺系列、土特产品系列、风景美术系列等多类型的旅游商品和纪念品。定期举行优秀旅游商品的征集、评比和展示展销活动，不断提升旅游商品的质量和档次。加快培育旅游商品市场、购物中心和特色街区，大力发展购物旅游。

（十一）提升旅游的文化含量

发掘整理客家民俗、地方戏、客家山歌、民间技艺、民间传说等非物质文化遗产，鼓励景区景点设立演艺和展示场所。把保护和利用非物质文化遗产与发展旅游结合起来，提升旅游的文化含量。利用城区广场开展丰富多彩的群众文化活动，形成城市一道文化旅游风景线。

（十二）加强旅游市场管理

旅游景区（点）门票价格及周边停车场等服务设施的收费标准，根据其对社会公众生活的重要程度，实行政府定价或政府指导价。价格主管部门在确定收费标准时，应当征求旅游行政管理部门的意见。整顿和规范旅游市场秩序，设立旅游投诉热线，严厉查处旅行社“零团费”、“负团费”拉客及旅游区（点）乱提价、乱收费，服务货不对板，欺诈购物，收受回扣等扰乱市场秩序的行为。

四、加大对旅游业的扶持力度

（十三）发挥政府主导作用

各级政府要把旅游业作为支柱产业和第三产业的龙头产业予以高度重视，营造浓厚的支持旅游业发展的氛围。市、县区政府要设立旅游发展专项资金，重点用于旅游宣传促销、旅游发展规划、旅游教育培训、旅游基础设施、重点项目引导、考核奖励等专项开支。各级政府和相关部门要优先支持重点旅游区的交通道路、供电供水、广播电视通讯等重要基础设施建设。

（十四）鼓励旅游项目开发

市旅游行政管理部门要根据市旅游发展规划，会同有关部门制定重点旅游建设项目目录，经市政府批准后，向社会公开招商。鼓励境内外企业、其他组织和个人采取多种形式投资旅游业。保护投资者的合法权益。实行旅游区景（点）开发（产权式酒店、城区宾馆酒店除外）与工业同等待遇的投资政策。加大旅游招商引资力度，引进有实力的企业开发景区景点和酒店等重点旅游项目，加快建设一批较高档次的旅游服务设施和休闲度假娱乐场所。

（十五）保障旅游项目用地需求

在城市国土资源利用总体规划和控制性详细规划中要留足酒店、旅游区（点）、停车场等旅游发展土地资源的空间。在解决旅游项目用地方面，每年预留一定的用地指标作为旅游项目用地。根据旅游发展总体规划，搞好旅游项目用地储备，保障旅游产业建设用地需求。

（十六）加强旅游从业人员队伍建设

将旅游高级人才需求纳入全市人才引进和培训计划。建立健全旅游人才和从业人员教育、培训体系，整合旅游教育培训资源，充分利用导游管理培训机构和市内外各大中专院校，加快培育中、高级旅游管理服务人才和实用人才。通过举办培训班、研讨班及有计划地选送旅游系统优秀干部到高校或国外旅游机构深造，重点培养规划开发、行业管理、市场营销等高素质旅游管理人才。加强旅游从业人员思想道德、诚信建设，加强业务培训。健全表彰激励机制，在全市旅游行业中广泛开展“明星”（饭店服务明星）、“名企”（知名旅游企业）、“名导”（知名导游员）等争先创优活动，形成人人争当排头兵的氛围，不断提高服务水平。

五、推进旅游体制机制创新

（十七）加快旅游企业改革

深化以产权为核心的国有旅游企业改革，推动民营资本、外来资本进入国有旅游企业，通过收购、兼并、资产重组、参股等形式实现产权多元化，让国有旅游企业摆脱体制上的束缚，增强发展活力。大力引进并吸收国内外知名旅游服务机构及企业进驻河源，以带动产业经营理念和管理水平的提高，提升市场竞争力。

（十八）创新旅游经营机制

引导旅游企业建立现代企业制度。完善激励、约束和监督机制，鼓励资源、客源、品牌、技术、管理等旅游要素参与收益分配。鼓励专业管理公司经营管理宾馆酒店业。按照旅游资源所有权、管理权与经营权分离的原则，以特许、托管、承包、租赁等方式，鼓励有实力的旅行社及其他旅游企业合作经营旅游区（点），积极吸引社会资金参与旅游资源的开发和建设，整合资源，组建旅游集团，增强竞争力。

六、强化旅游市场营销

（十九）加大旅游宣传促销力度

在稳定和发展省内客源市场的同时，重点开拓省外客源市场。建立和完善政府牵头、旅游企业为主、部门协同、上下互动、形式多样的宣传促销机制。各级政府和宣传、外事、旅游、文化、新闻媒体等单位要把旅游宣传作为对内、对外宣传工作的重要组成部分。各新闻单位要开辟旅游专栏、专题，扩大旅游宣传报道容量，并积极与省内外传媒交流河源旅游宣传节目，宣传我市发展旅游业的重大举措和有重大影响的旅游活动，提高我市旅游的知名度。继续办好客家文化旅游节，使之成为河源地方特色的节庆品牌。积极参加国内外旅游交易会和各种促销活动。加强与周边城市合作，统一整合旅游产品和对外宣传促销，实现客源互流。通过多渠道多形式的宣传促销活动，进一步提升“客家古邑•万绿河源”整体旅游形象。

（二十）积极推进旅游信息化建设

推进旅游网络宣传。加快“河源旅游网”的建设完善和旅游目的地营销系统建设，大力发展旅游电子商务，健全旅游统计体系、旅游信息调查体系和假日旅游预订体系。开通旅游咨询电话，完善旅游咨询服务中心。游客集中的车站、旅馆、酒店、定点餐馆、娱乐场所、餐饮购物街区都要设置规范的公共信息图形符号，有条件的要设置电脑触摸屏，为游客提供方便的旅游信息服务。

七、加强领导，强化协作

（二十一）加强领导

各级党委、政府要把实施“旅游强市”战略列入重要议事日程，坚持主要领导亲自抓，分管领导具体抓，职能部门共同抓，确保领导到位、责任到位、措施到位、工作到位。要建立部门间协调会议制度，定期研究和解决旅游发展中的政策和问题。对县区政府和市有关部门的旅游工作实行目标考核和奖励。

（二十二）强化协作

发改、财政、规划建设、交通、公安、城管、工商、税务、文化、质监、林业、物价、卫生、海事、安监等相关部门要树立大旅游意识，各司其职，加强协作，形成合力，共同推进旅游业发展。各级旅游行政主管部门要加强对旅游业发展的综合协调，履行好产业规划、行业管理、形象推介、市场监管、行政执法和规范服务的职能，主动与相关部门协调，加强专业指导，发挥好牵头作用。文化、工业、农业、林业、水务等相关部门要依托行业资源优势，积极开发文博旅游、工业旅游、农业旅游、森林旅游、水利旅游、红色旅游等专项旅游产品。

（2007年10月18日）

中共阳江市委　阳江市人民政府
关于进一步加快旅游业发展的决定

阳发〔2007〕10号

为充分发挥我市旅游资源优势，深入推进旅游强市战略，全面提升旅游业发展水平，现作出如下决定。

一、充分认识加快发展旅游业的重要意义

1. 明确旅游业在经济社会发展中的地位和作用

旅游业是21世纪的朝阳产业，是第三产业的重要组成部分。建市以来，我市旅游业保持了较快的发展势头，在国民经济和社会发展中的地位和作用越来越明显。但是，由于我市旅游业起步晚，基础差，投入少，总体水平还比较低，这与我市独具特色的资源优势和区位优势很不相称。我市旅游资源丰富，种类多，品位高，生态好，发展旅游业潜力大。当前，随着人民群众生活水平的提高和居民消费结构的不断升级，加快旅游业发展正逢其时。各级党委、政府和有关部门要深刻认识旅游业在国民经济和社会发展中的重要地位和作用，认识旅游业是一项产业关联性强、带动性大、投入产出率高的综合产业。认识到加快发展旅游业，是调整优化经济结构，实现经济又好又快发展的重要举措；是充分发挥我市资源优势，做大做强特色经济的有力抓手；是扩大就业，提高人民生活水平的有效途径；是促进对外开放与交流，提升城市品位的重要手段；是贯彻落实科学发展观，转变经济增长方式的根本要求。要提高认识，统一思想，真正把旅游业作为一大新兴产业，作为我市国民经济新的增长点来培植，努力把旅游业办成我市重要的经济支柱产业，促进旅游业发展跃上新的台阶。

二、加快旅游业发展的指导思想和总体目标

2. 指导思想

以建设国内外知名旅游休闲度假基地为目标，按照政府主导、市场运作、企业经营的原则，突出抓好旅游资源的优化整合，做到科学规划、高起点建设、综合配套、精心管理、高品质服务、打响国际化品牌，实现从观光型旅游向休闲度假型旅游转变，从旅游过境地向旅游目的地转变，促使阳江旅游走出广东、走向世界，成为国际性区域旅游胜地。

3. 总体目标

到2011年，全市旅游接待总人数达到950万人次，年均增长15%；旅游总收入达到60亿元，年均增长19%。

三、加快旅游业发展的工作重点

4. 抓好旅游规划

统筹规划全市旅游业发展，按照旅游强市战略目标的要求和重点发展“东、西、南、北、中”五个板块的总体思路，促进旅游规划与市、县（市、区）城镇体系规划和城市（镇）规划相衔接，搞好市、县（市、区）旅游总体规划修编，搞好重点旅游资源及周边的控制性详细规划，并严格组织实施。加强旅游资源的开发管理，对全市旅游资源进行普查和分类评价，按类别确定旅游资源开发的管理权属关系和审批程序。旅游饭店、旅游景区（点）、主题公园、大型游乐园等旅游项目建设立项前，需征求当地旅游行政管理部门的意见。

5. 打造旅游精品

大力培育旅游精品景区景点，重点发展“东、西、南、北、中”五大旅游板块：一是以阳江涛景度假村为龙头，加快东湖星岛旅游区的开发，完善阳江温泉度假村配套设施，打造东部健康娱乐、休闲度假旅游板块；二是以阳西东湖咸水矿温泉度假山庄为龙头，加快东方月亮湾旅游度假区、大垌山旅游风景区等的建设，打造西部医疗保健、生态休闲旅游板块；三是以广东海上丝绸之路博物馆为龙头，加快三山岛国际综合旅游度假区、马尾岛国际休闲旅游度假区等的建设，打造南部历史文化、滨海休闲旅游板块；四是以凌霄岩国家地质公园为龙头，加快鹅凰嶂风景区等旅游资源的开发，打造北部奇峰异洞、乡村农家游、温泉养生旅游板块；五是以市区五大公园为龙头，加快东方海湾大酒店、碧桂园凤凰酒店、利福泰大酒店等五星级酒店和世纪公园、碑林等的建设，

打造中部商贸娱乐、城市风情旅游板块。

6. 丰富旅游文化内涵

注重挖掘开发海上丝绸之路文化、风筝文化、疍家文化、刀剪文化、名人文化、楹联文化、山歌文化、根雕文化等特色文化，促进特色文化与景区（点）、城市建设等有机结合，不断提高我市旅游的文化品位。围绕“南海Ⅰ号”和海上丝绸之路的主题和品牌，挖掘历史文化内涵，配套创作歌、舞、剧、影、视作品，出版系列书刊，培植文化产业链。优化旅游线路，将景区（点）游览与本地民俗民情体验串联起来，丰富阳江旅游的文化内涵。

7. 完善旅游基础设施

加快城市公共交通和各主要景区交通网络建设，加强旅游区和旅游交通沿线指示牌、通信、银行、医疗、公厕、供水供电、宾馆餐饮、生态环保以及城市公共信息网络等配套设施建设。下大力气改善旅游接待硬件设施，合理布局城市中心区高中低档酒店旅馆，加快五星级宾馆建设，改造升级一批宾馆酒店。发展大型购物商场和文化娱乐设施，建设特色酒吧街、饮食街、旅游购物步行街，满足游客的多元化消费需求。

8. 搞好营销推介

一是塑造品牌。按照打造“山海温情、贵地阳江”区域旅游品牌的总目标，近期可依托“南海Ⅰ号”沉船整体打捞和海上丝绸之路博物馆建设的新闻效应，以“南海Ⅰ号”、海岛风情、阳春山水和温泉体验为重点，精心策划，塑造鲜明的阳江旅游形象，通过电视、互联网、报刊、户外广告等多渠道广泛宣传。二是加强旅游宣传促销活动。精选黄金旅游线路，积极参加国家、省组织的旅游推介活动，不断扩大阳江的宣传影响；同时自行组织有针对性的旅游推介活动，开拓客源市场。三是办好节庆活动。按照“政府指导、市场运作”的原则，办好中国刀博会、南海开渔节、旅游文化节、旅游美食节等活动，在全市营造“月月有活动、季季有节庆”的旅游氛围，充分利用主题活动和节庆活动推介阳江旅游。四是加强旅游区域合作。积极参与泛珠三角旅游区域合作，扩大无障碍旅游区域合作范围，促进优势互补，客源共享。五是建立旅游信息网络平台。建立阳江旅游目的地网络信息营销系统，在游客集中的地方逐步设立多媒体触摸电脑资讯终端，提供多语种旅游信息咨询服务。六是推行旅游邮资门票。借鉴先进地区宣传推广旅游景点的成功经验，加强与邮政、税务等单位的合作，推出印制精美的旅游邮资门票，扩大阳江旅游的宣传推介。

9. 抓好旅游商品（纪念品）开发

一是由市旅游服务指导中心牵头，开发一批融纪念性、艺术性、实用性于一体，独具特色的专利旅游商品，近期要重点抓好“南海Ⅰ号”系列旅游商品（纪念品）开发。二是扶持一批集设计、开发、生产和销售于一体，有一定经营规模和市场开拓能力的旅游商品重点企业，促进旅游产品的开发、生产和创新。三是建设一批经营规范、信誉良好的旅游购物场所，开辟旅游商品一条街。四是实行旅游购物“阳江旅游优质产品”标识制度和旅游商品退换承诺机制。由旅游行政管理部门牵头与卫生、工商、质监等有关部门在经核定的旅游商品上加贴“阳江旅游优质产品”标识图标，以促进我市旅游商品质量的提高。游客购买贴有“阳江旅游优质产品”标识图标的商品，按有关规定可在规定的时间内由旅游行政管理部门授权的服务机构无条件办理退换或退款。

10. 提高旅游从业人员素质

一是加快发展旅游教育。继续办好办强阳江市旅游学校（牌子挂在哪所学校，根据办学条件、办学规模、师资力量、办学质量定）。积极争取省的旅游院校在阳江设立分校或与阳江本地院校合办旅游专业，扶持阳江职业技术学院、阳江电大、阳江市第一职业高级中学、阳江市技工学校办好旅游专业，扩大招生规模，推动企业与学校建立供需合作关系，增加旅游人才供给。二是加大业务培训力度。劳动保障和旅游行政管理部门要密切配合，加大力度，抓好旅游企业经营者和从业人员的业务培训和考核，切实提高旅游从业人员的素质。三是建立旅游从业人员诚信管理机制。由市旅游局会同市人事局、市劳动和社会保障局建立旅游从业人员诚信服务档案，定期在媒体公布，以加强对旅游从业人员的监督，促进旅游从业人员的自律。四是开展行业创优活动。组织开展技能竞赛、评选先进、行风评议等活动，不断增强旅游从业人员的服务意识，营造“三优一满意”（优质服务、优良秩序、优美环境、游客满意）的旅游环境，进一步提高旅游行业的服务质量和水平。

四、加大对旅游业发展的扶持力度

11. 加强财政资金扶持

2008年至2011年，市财政按当年实际情况，对旅游业发展提供四项资金扶持：一是市财政每年安排专项经费，用于旅游宣传促销，并根据财力逐年增加，纳入地方年度财政预算，各县（市、区）政府也要结合实际安排相应旅游宣传促销经费；二是市财政每年安排专项经费，用于特色旅游商品（纪念品）研发；三是市财政每年安排专项经费，用于旅游人才培训工作；四是市财政每年安排专项经费，用于旅游规划和旅游扶贫。通过发挥财政资金扶持的导向作用，引导和带动各类资金不断增加对旅游基础设施和配套设施的投入。

12. 加强政策扶持

一是设立旅游贡献奖，具体奖励办法另行制定。二是政策优惠。景区、景点开发建设（不包含酒店建设），享受市、县制定的招商引资优惠政策。三是水电价格优惠。按照国家对有关旅游企业用电、用水价格的优惠政策，落实和调整旅游企业用电、用水价格。四是解决外地生源户口问题。在阳江本地院校毕业、获得旅游资质认定证书、并在阳江旅游企业连续工作两年以上者，本人申请并经用人单位推荐和旅游行政管理部门核实后，报公安部门批准，可在服务单位所在地入户，享受阳江本地城镇户口人员同等政策待遇。

五、优化旅游业发展环境

13. 完善旅游管理体制

加强对旅游业的协调和领导，成立市旅游业专家咨询小组，注重发挥市旅游发展工作委员会和市旅游业专家咨询小组在旅游业发展中的作用。市旅游业发展工作委员会要加强对全市旅游业的统筹和协调，及时研究解决旅游业发展中遇到的重大问题，督促检查旅游业发展规划和有关方针政策的贯彻落实；旅游发展规划的制定、调整和重大旅游发展项目的上马建设，要征求专家咨询小组的意见，切实提高对旅游业发展的科学决策水平。县（市、区）要根据机构改革情况和实际，逐步强化旅游行政管理职能。市、县（市、区）旅游行政管理部门要强化旅游综合协调管理和服务职能，把工作重点转移到宏观调控、宣传促销、市场监管、行业督导、环境营造等方面，尽快形成职责明晰、运作规范、调控有力、精简高效的旅游行政管理新机制。鼓励成立旅游综合性和专业性行业协会，完善旅游中介组织机构，充分发挥协会和中介机构的指导、服务和监督功能。

14. 推进投融资体制多元化

一是通过加强银企合作，积极探索利用景区门票收费权质押贷款等方式争取银信部门的资金支持，加大旅游建设项目投入，加快旅游景区景点建设。二是大力吸引外商和广泛动员民间资本参与旅游开发。三是用足用活国家和省对扶持旅游业发展的优惠政策和措施，积极争取上级对基础性项目、公益性项目给予专项资金支持。

15. 规范旅游市场秩序

一是规范经营行为。坚决打击“黑社”、“黑导”、“黑车”，依法查处购物欺诈、假冒伪劣、强买强卖、无证经营等行为，进一步规范旅行社的经营与服务。二是强化旅游安全管理。按照“谁主管、谁负责”和属地原则，落实安全责任制，完善突发事件应急预案，建立市、县、企业三级“旅游安全救援指挥系统”，指挥协调旅游重大安全事故和旅游安全突发事件的救援工作。加大安全质量监督检查力度，切实保障游客生命财产安全。三是改善交通执法。对违反交通规则的外来旅游车辆要多教育、多引导、多解释，做到少罚款、少扣证、少拖车，树立阳江良好形象。

16. 规范宾馆酒店的治安管理

派出所及县（市、区）公安局（分局）治安部门对辖区内的宾馆、酒店开展日常治安检查工作；对有群众举报、重大警情或者严重违法犯罪行为的星级以上宾馆、酒店，需出警查处的县（市、区）公安局（分局）职能部门要报局长批准，市公安局职能部门需出警查处的要报主管副局长批准；市公安局治安部门对星级以上宾馆、酒店的涉黄、涉赌违法犯罪行为进行查处的，报主管副局长批准。

（2007年9月24日）

中共清远市委 清远市人民政府
关于进一步加快旅游业发展的若干规定

清发［2007］12号

为优化组合全市旅游资源，加大对旅游的扶持力度，营造良好的旅游发展大环境，把旅游业培育成为我市的支柱产业和第三产业的龙头，加快实施工业化、城市化、市场化和“后花园”的发展战略，根据国务院《关于进一步加快旅游业发展的通知》和省有关文件精神，结合我市的实际情况，就进一步加快旅游业的发展作出如下若干规定。

一、实行重点扶持政策

对年接待游客30万人次和3A级以上的景区景点，三星级以上的旅游酒店、宾馆（其中清城区、清新县五星级以上，连州市、佛冈县、阳山县四星级以上，连山县、连南县三星级以上），建筑面积3万平方米以上的旅游购物商场，从事旅游纪念品开发企业，当年缴纳入库的营业税（不含销售住宅楼房地产缴纳的营业税）和企业所得税的地方留成部分（扣除财税部门查补征收往年应缴税款入地方库部分）超过100万元以上，且从2008年起逐年增长幅度超过20%以上的，均可享受以下优惠政策（如同一开发商在同一地点开发两个以上项目的，只能合并为一个项目享受以下优惠政策）：

1. 行政事业性规费优惠

凡属我市范围内务部门（包括中央、省驻清单位）收取的各项行政事业性规费（除按规定上缴国家、省部分和工本费外），一律按现行收费标准的50%计收。行政事业性规费项目参照清发［2005］4号文，但堤围防护费、水资源费和河道堤防占用费均依照清发［2004］1号文的规定定额征收。

2. 财政奖励优惠

(1) 新办旅游企业当年缴纳入库的营业税（不合销售住宅楼房地产缴纳的营业税）和企业所得税地方留成部分（扣除财税部门查补征收往年应缴税款入地方库部分）首次超过100万元以上的新增部分，或再次超过100万元，且从2003年起逐年增长幅度达到20%以上的新增部分，以上年为基数（达不到100万元的也按100万元为基数），财政部门按地方留成新增部分（扣除财税部门查补征收往年应缴税款入地方库部分）奖励50%给企业。

(2) 上述企业如发现有违反法律法规行为、拖欠职工工资、发生重大生产安全事故、职工多次上访、违反计划生育政策之一的，不得申报和享受奖励，已领取的奖励金一律予以收缴。

(3) 凡符合享受财政奖励条件的企业必须在次年1月1日至1月31日向财政等有关部门申报，逾期不予办理。奖励的资金除文件明确规定外，其他由财政负担的市直、清城区、清新县按清府［2003］77号执行。具体的考核计算办法由市财政局另行制定。

二、加大财政对旅游的投入

实行积极的财政政策，市、县（市、区）财政每年拿出一定数量的专项资金，对具有新增长点的景区景点和重点旅游项目在起步阶段给予适当的引导性投资，以扶持其加快上规模、上档次、上水平、出效益。政府的投入主要用于外部环境的改善和引导性的投资，以及旅游资源的优化整合、旅游规划的修编和旅游的整体推介。同时，对重点旅游景区景点还应通过多种渠道，积极争取中央、省和对口扶持单位的支持，以促进旅游业的发展。

三、加大金融部门的扶持力度

对投资者在我市依法投资兴办的景区景点和相关旅游项目，金融部门优先给予贷款支持。对某些景区景点遗留的历史债务，可采取短期贷款转为长期贷款，抵押贷款转变成按揭贷款等灵活变通办法处理，减轻企业的债务负担。鼓励银企合作和金融服务创新，鼓励各地探索旅游企业解决融资难的途径和办法。

四、加大旅游整体推介力度

政府搭台，企业唱戏。组织大推介，树立大形象，要从单一企业推介转向政府和企业联手推介、从分散推介转向整合推介、从落后推介转向先进推介，运用组节办会，强势媒体、网络等现代传播工具，提升清远旅游整体形象。在坚持合法和企业自愿的前提下，政府和企业联手搭建活动平台。要利用“开心清远”这一活动平台，加大旅游整体推介力度，整体推介经费主要采取“取之于旅游、用之于旅游”的筹资方式解决，“开心清远”活动方案由当年的市政府常务会议批准后组织实施。

积极争取省财政旅游景点建设专项资金对我市“开心清远”活动的支持，争取到的资金用于整体推介，并由市财政局监督使用。

原清发［2005］12号文中规定的“几个一点”的筹资办法由市委、市政府研究后另行发文明确。

五、对旅游酒店、宾馆、景区景点实行动态管理

在旅游行业开展优质旅游服务活动，并由市旅游局牵头，会同市公安局、工商局、卫生局、质监局、物价局、经贸局、外经贸局、财政局、国税局、地税局、消防局、安监局、宣传部等单位，对我市星级旅游酒店、宾馆和景区景点的服务设施、服务质量、守法经营等力面进行综合评定，评选出若干家优质旅游服务酒店、宾馆和景区景点作为动态管理单位。对被评为优质旅游服务的单位未经县级以上主管政法工作的领导批准或受其委托的公安机关一把手批准，任何部门和个人不得乱查房、乱扣人和乱罚款，违者追究部门领导的责任。对评定优质旅游服务单位的旅游企业，旅游行政主管部门及相关部门要加强监督检查，发现有欺客宰客、重大投诉、环保不合格、环境卫生差及存在重大安全隐患的，由相关职能部门严肃查处，限期整改。

完善星级酒店、景点景区、旅行社、旅游公司、旅游购物商场的诚信管理和质量监督；完善对旅游企业的礼仪培训，导游人员的业务培训，90%以上的导游经培训达到持证上岗的要求。加强诚信服务建设，建立健全诚信评价与奖励制度，每两年对旅游企业、导游人员、旅游从业人员进行综合性考评，评出“十佳旅游景区、十佳旅游酒店、十佳旅行社、十佳导游员、十佳服务员”等，由市旅游局、市旅游协会授予荣誉证书，并给予表彰奖励。

加强市县两级旅游协会的建设，建立健全行业自律机制，引导公平竞争，共同发展，打击虚假广告。

六、营造旅游大发展的良好环境

各级党委、政府、各部门要通力协作，积极配合，为营造清远大旅游创造良好的发展环境，交警、交通、城监、工商、卫生、环保、质监等执法部门，要切实做到文明礼貌执法。对违反交通规则的外来旅游车辆要多教育、多引导、多解释，做到少罚款、少扣证、少拖车，以树立清远的良好形象。

加快景区交通、道路、旅游服务中心、公共卫生、商场、酒店的配套建设。交通部门对重点景区要优先安排开通旅游专线车。市县交警部门在“春节”、“五一”、“国庆”黄金周要增派警力疏通主要旅游交通道路。对测速区域、路段要有明显标志，引导车辆遵规行驶。

七、实施品牌战略，打造旅游热线

在加快旅游资源的开发建设中，必须树立品牌意识，不断提高景区景点及旅游项目的档次水平，打造具有特色品牌的旅游产品。根据目前景区景点的分布及旅游交通、酒店宾馆的状况，策划培育以下五条旅游热线，并着力实施打响五大旅游品牌战略。

1. 中心区自然生态热线

景点包括：清新温矿泉、笔架山漂流探险、清新大和古洞旅游风景区、广州后花园、碧桂园故乡里、清远市银盏温泉旅游度假区、新银盏温泉度假村、银盏谷黄龙峡漂流、清新田园牧歌、黄腾峡漂流、牛鱼嘴风景区、玄真漂流、古龙峡漂流、五星漂流、桃花湖燕子岩风景区、薰衣草世界、红不让农科大观园等，统一打中心区品牌。

2. 飞霞古迹风光热线

景点包括：飞霞古洞、飞来寺、飞霞三峡、飞来峡水利风景区、飞来峡漂流、黎溪天骄影视基地等，统一打飞霞品牌。

3. 英佛休闲度假热线

景点包括：英德宝晶宫、仙桥地下河、茶趣园、长湖、大草原、大峡谷、九洲驿站、英德溶洞温泉、仙湖温泉度假区、羊角山水度假世界、佛冈黄花湖、聚龙湾温泉度假村、王山寺、金龟泉温泉、斑龙生态科技园等，统一打英佛品牌。

4. 英西百里峰林热线

景点包括：英西峰林、桃源生态旅游区、清新金龙洞、英西彭家祠、英西穿天岩、英西暗河漂流、英西竹排等，统一打英西品牌。

5. 连阳民族风情热线

景点包括： 阳山广东第一峰、赞令山、石螺森林温泉、阳山四驱车越野基地、连南三排瑶寨、盘王文化园、南岗千年古寨、瑶族篝火晚会、连州地下河、湟川三峡、福山寺、大东山温泉度假区、连山大旭山瀑布、鹰扬关、连南瑶族温矿泉度假村等，统一打连阳品牌。

以上五大旅游热线和五大区域旅游品牌安排的天数、食宿等，由市旅游局具体策划对外宣传推介。

八、切实加强旅游招商引资工作

1. 引进大企业，促进大发展

对新开发的亿元以上项目，4A级以上景区、四星级以上酒店、10000平方米以上购物商场，国家级和国际级旅游品牌项目，以及原投资亿元以上旅游景区，增添新景点、延长产业链条、提升企业品牌而增加投入，其新增资产部分达8000万元以上的扩建项目实行“优先纳入开发计划，优先安排建设用地，优先安排融资，特事特办”的办法，做到早立项，早建设，早出效益。除按规定上缴国家、省部分和工本费外，项目建设过程中一切行政事业性规费一律按最低限减半收取。通过上大扶大、扶优扶强，到2011年全市4A以上景区、四星级以上酒店、10000平方米以上的购物商场分别达到10个以上。

2. 加快旅游招商

充分发挥旅游资源优势，进一步加大旅游招商引资的力度，探索景区所有权与经营权分离、经营权流转的新办法，吸引外资民资参与国有景区产权改革，提高资源配置效率。积极鼓励外地客商以独资、合资、合作、租赁等形式开发旅游资源，兴办景区景点、酒店、宾馆、商场、文化娱乐等旅游项目。对以本地旅游资源作价与外商合作兴办的旅游项目，可采取先让利外商，后双方按合同比例参与分配。

3. 激活民资，发展农家乐

我市的农家乐、乡村游资源非常丰富，要结合社会主义新农村建设加快开发和利用。新开发建设的农家乐、乡村游项目，达到本规定扶持条件的一视同仁给予扶持；经营面积达到5万平方米以上的，在争取省的旅游扶贫专项资金和旅游景点建设专项资金支持时，给予优先申报，作为开发农家乐项目的扶持资金。

本《规定》从2007年8月1日起执行，至2011年12月31日止。2011年12月31日前投产的企业可享受本规定的优惠政策。原清发［2005］12号文废止。

（2007年8月27日）

广东省旅行社资质等级评定

广东省旅行社资质等级评分标准和计分表

A1　评分说明

A1.1　旅行社资质等级评分表（满分650分）。

A1.2　评分表分为基本条件、经营业绩、企业管理、服务项目、营业场所、产品创新、市场营销和商业信用与社会声誉等8个项目。除特殊说明外，对3星级至5星级旅行社均适用。

A2　最低总分要求

各资质等级旅行社最低总分要求：

3星级旅行社：260分以上（含260分）

4星级旅行社：400分以上（含400分）

5星级旅行社：540分以上（含540分）

A3　评分标准

旅行社资质等级评分标准见附录A：广东省旅行社资质等级计分表（“分档得分二”为选择得分项目）。

广东省旅行社资质等级评定标准

为了全面贯彻落实科学发展观，切实维护和保障旅游者和经营者权益，提高旅行社经营管理水平和服务质量，优化旅行社产业结构，促进广东省旅游市场健康、持续和稳定发展，根据《旅行社管理条例》、《导游人员管理条例》和国家标准化管理的相关规定，制定本标准。

1.范围

本标准规定了旅行社资质等级的等级标志、基本要求、等级的评定依据、等级的评定条件和等级的评定。

本标准适用于开展旅游业务的旅行社的资质等级评定与复核。

2.规范性引用文件

下列文件中的条款通过本标准的引用而成为本标准的条款。凡是注日期的引用文件，其随后所有的修改单（不包括勘误的内容）或修订版均不适用于本标准，然而，鼓励根据本标准达成协议的各方研究是否可使用这些文件的最新版本。凡是不注日期的引用文件，其最新版本适用于本标准。

GB/T 10001.1 标志用公共信息图形符号第1部分：通用符号（GB/T 10001.1-2000.neg ISO 7001:1990）

GB/T 10001.2 标志用公共信息图形符号第2部分：旅游设施与服务符号（GB/T 10001.2-2002.neg ISO 7001:1990）

LB/T 15971-1995 导游服务质量

LB/T 004-1997 旅行社国内旅游服务质量要求

《旅行社管理条例》，国务院于 2001 年 12 月 11 日颁布；

《导游人员管理条例》，国家旅游局于 1999 年 5 月 14 日颁布；

《旅行社出境旅游服务质量》，国家旅游局于 2002 年 7 月 27 日颁发。

3.术语和定义

下列术语和定义适用于本标准。

3.1

旅行社 Travel Service

指取得《旅行社业务经营许可证》，以营利为目的，从事招徕、组织、接待旅游者，为旅游者提供团队旅游服务和非团队旅游服务等旅行社业务的企业。

3.2

旅游业务 Travel Business

团队旅游服务，是指旅行社根据市场需求，自主编制旅游线路，确认或者安排旅游线路中的交通、食宿和游览行程，以及导游、领队等服务，组合后整体提供给旅游者的服务。

非团队旅游服务，是指旅行社向旅游者提供的一项或者其中多项服务的组合：

（一）确认或者安排交通服务；

（二）安排住宿服务；

（三）安排餐饮服务；

（四）安排景点游览服务；

（五）接受旅游者的委托，提供导游服务；

（六）其他旅游服务。

3.3

旅行社门市部 Travel Service Outlet

指旅行社在注册地的城市或者城镇行政区划范围内设立的，不具有法人资格、为设立营业部的旅行社招徕旅游者，提供旅游咨询服务、以设立社的名义与旅游者签订旅游合同的收客网点。

3.4

导游人员 Tour Guide

指依照国务院《导游人员管理条例》的规定取得导游证，接受旅行社委派，为旅游者提供向导、讲解及相关旅游服务的人员。

3.5

旅游产品 Tourism Product

指旅行社向旅游者提供的团队包价旅游线路、散客包价旅游线路和各种单项委托业务。

3.6

五险一金 Insurance and Housing Fund

指现行养老保险、医疗保险、失业保险、工伤保险、生育保险和住房公积金。

4.等级标志

星级 star-rating

旅行社等级分为3星级、4星级和5星级三个等级，星的数量越多，等级越高。等级以☆为符号来表示，用三个☆表示3星级、四个☆表示4星级、五个☆表示5星级。

5.基本要求

5.1 参评企业必须是独立法人。分设在不同区域的旅行社经营部门和非独立法人实体不能单独参加等级评定。

5.2 旅行社的办公和营业场所、附属设施、服务项目和运行管理应符合安全、消防、卫生、文化、环境保护等现行的国家法律、地方法规和标准。

6.资质等级的评定依据

6.1 旅行社等级分为3星、4星和5星三个等级，星的数量越多等级越高。

6.2 等级的评定以旅行社的基本条件、经营业绩、营业条件、服务项目、管理机制、财务管理、营销管理、商业信用和社会声誉为依据。

6.3 等级的评定遵照本标准及附录A（广东省旅行社资质等级计分表）、附录B（旅行社服务质量顾客调查表）、附录C（旅行社服务质量暗访评分表）的规定。

第7章“资质等级的评定条件”规定申报的旅行社必须具备相应资质等级的所有条件后，并遵照附录A、附录B和附录C的规定参加评定，最后由旅行社资质等级评定委员会综合评定。

7.资质等级的评定条件

7.1 3星级 ☆☆☆

7.1.1 **基本条件**

a）正式成立并营业两年以上(提供旅行社营业执照、经营许可证复印件)；

b）近两年均参加并通过旅行社业务年检和工商年检（提供通过年检的证明材料）；

c）近两年内未受到旅游行政管理部门的行政处罚（旅行社所在地旅游质监部门提供证明材料）。

7.1.2 **经营业绩**

d）近两年年平均组织和接待旅游者4万人次以上（提供符合条件的旅行社年检数据材料）；

e）近两年年平均营业收入3000万元人民币以上（提供符合条件的旅行社年检数据材料）。

7.1.3 营业条件

a) 有与旅行社规模和等级相适应的独立产权或两年以上租赁合同的营业场所，营业场所的使用面积总和不低于250m^2（提供房产证、房屋租赁合同的复印件，营业场所含门市部、营业部、分社等）；

b) 营业场所提供本社的服务项目宣传品、旅游线路价目表、与本社业务有关的旅游目的地介绍和旅游交通图、主要交通工具时刻表以及由旅游行政管理部门指定发放的宣传品，以备顾客查阅（提供上述材料的样本或复印件，提供材料查阅地点的照片）；

c) 旅行社营业场所设有咨询与接待设施，相关装饰和标志有规范的中英文说明（提供所有营业场所咨询与接待设施的照片和文字说明材料）；

d) 接待人员统一着装，并佩戴企业标识或岗位标牌（提供照片和文字说明材料）；

e) 接待人员在工作日和节假日每天以普通话提供咨询、接待、签订合同、付款等项服务，且服务时间不少于八个小时（提供照片和文字说明材料，评审时查看营业场所）；

f) 有电话、传真、互联网等通讯工具，顾客可以通过电话、传真、电子邮件等方式向旅行社咨询和预订旅游产品（提供旅行社设备目录和文字说明材料，评审时查看营业场所）；

g) 旅行社应使用并与旅游者签订旅游合同，出境游用国家版本旅游合同，国内游用广东省版本旅游合同（提供合同文本样本）；

h) 营业区域设有顾客休息场所（提供照片和文字说明材料）。

7.1.4 服务项目

a) 提供普通话、至少两种以上主要方言或两种以上外语的导游服务（提供普通话、外语导游人员的导游证复印件）；

b) 提供两种以上旅游交通票务代理服务（提供代理证书、授权证书等证明材料的复印件）；

c) 提供餐饮、娱乐、购物、景区门票、机场接送等两种以上委托代办服务（提供旅行社服务项目的宣传品及文字说明）；

d) 提供常规旅游团队、散客的旅游线路预订或接待服务（提供出团、接团记录）。

7.1.5 管理机制

7.1.5.1 人力资源管理

a) 应与导游人员签订劳动合同，劳动合同用广东省劳动厅版本（提供劳动合同样本）；

b) 应为与旅行社签订劳动合同的导游人员提供基本工资和“五险一金”，未拖欠导游人员和领队工资，未要求导游人员和领队垫付团款，未向导游人员和领队收取“人头费”、“保证金”等与法律法规相违背的不合理费用（提供旅行社导游管理制度及文字说明）；

c) 负责旅行社运营的高级管理人员有三年以上旅行社管理经验（高级管理人员包括总经理、副总、营运总监等，提供履历表）；

d) 中层管理人员中具有大学本科以上学历者所占比例不低于40%（中层管理人员包括部门经理等，提供履历表和学历证书）；

e) 制定并执行业务培训制度以及管理培训制度，且有固定的培训经费预算保证，旅行社职员按照要求参加由旅游行政管理部门举办的培训活动，并通过考核（提供业务培训制度和管理培训制度，文字说明材料）。

7.1.5.2 财务管理

a) 至少有两名具有初级以上级别职称的财务人员，其中至少一名具有中级以上级别职称（提供初级、中级以上级别职称财务人员简历和会计证复印件）；

b) 具有符合国家规定的财务制度（提供旅行社财务制度）。

7.1.5.3 营销管理

a) 拥有本企业独立的网站（提供企业网站的网址及主页截图）；

b) 拥有完善的数字化办公系统（提供文字说明）；

c) 拥有客户档案库（提供文字说明）；

d) 拥有企业形象识别系统（提供文字说明和照片）；

e）旅行社设立的从事旅游业务的非独立法人机构应与总部实行联网销售，并实行“统一管理、统一财务、统一招徕、统一接待”（提供“四统一”的管理制度和文字说明）。

7.1.5.4 危机管理

a）制订危机事件处理预案，具备危机事件处理机制，并有培训记录（提供危机事件处理预案、处理机制、培训记录等材料）；

b）具有重大事项报告制度（提供重大事项报告制度资料）。

7.1.6　商业信用和社会声誉

a）制定并执行周期性的顾客意见反馈制度（提供顾客意见反馈制度、顾客意见反馈表等材料）；

b）每半年对顾客满意度进行评价，近两年每年顾客抽样调查平均满意率不低于85%（提供两年来顾客抽样调查满意率调查报告）；

c）近两年中，旅游行政管理部门每年接到对该旅行社的有效投诉不超过当年组织和接待人次的万分之二（旅行社所在地旅游质监部门提供证明材料）；

d）与旅游者签订旅游合同，合同签订率达到100%（提供文字说明材料）；

e）与供应商和同业客户签订合同，并按约定的期限和付款条件履约（提供与供应商和同业客户签订合同的复印件、文字说明材料）。

7.2　4星级　☆☆☆☆

7.2.1　基本条件

a）正式成立并营业三年以上（提供旅行社营业执照、经营许可证复印件）；

b）近三年均参加并通过旅行社业务年检和工商年检（提供通过年检的证明材料）；

c）近三年内未受到旅游行政管理部门的行政处罚（旅行社所在地旅游质监部门提供证明材料）；

d）有员工手册和接待服务流程标准化文件（提供员工手册、旅行社业务流程、岗位职责等材料）；

e）在境内拥有五家以上全资、绝对控股或相对控股的子公司、分公司和旅行社门市部。外商独资和中外合资旅行社不作要求（提供营业执照、经营许可证或商业登记证明的复印件）。

7.2.2　经营业绩

a）近两年年平均组织和接待旅游者10万人次以上（提供符合条件的旅行社年检数据材料）；

b）近两年年平均营业收入8000万元人民币以上（提供符合条件的旅行社年检数据材料）；

c）近两年所缴税金均居广东省旅行社前150名（提供符合条件的旅行社年检数据材料）。

7.2.3　营业条件

a）有与旅行社规模和等级相适应的独立产权或五年以上租赁合同的营业场所，营业场所的使用面积总和不低于800 m^2（提供房产证、房屋租赁合同的复印件，营业场所含门市部、营业部、分社等）；

b）营业场所提供本社的服务项目宣传品、旅游线路价目表、与本社业务有关的旅游目的地介绍和旅游交通图、主要交通工具时刻表以及由旅游行政管理部门指定发放的宣传品，以备顾客查阅（提供上述材料的样本或复印件，提供材料查阅地点的照片）；

c）旅行社营业场所设有咨询与接待设施，相关装饰和标志有规范的中英文说明（提供所有营业场所咨询与接待设施的照片和文字说明材料）；

d）接待人员统一着装，并佩戴企业标志和岗位标牌，且不同岗位应有明显区别（提供照片和文字说明材料）；

e）接待人员在工作日和节假日每天以普通话和一种以上外语向顾客提供咨询、接待、签订合同、付款等项服务，且服务时间不少于八个小时（提供照片和文字说明材料，评审时查看营业场所）；

f）有电话、传真、互联网通讯工具，顾客可以通过电话、传真、电子邮件等方式向旅行社咨询和预订旅游产品（提供旅行社设备目录和文字说明材料，评审时现场查看营业场所）；

g）旅行社应使用并与旅游者签订旅游合同，出境游用国家版本旅游合同，国内游用广东省版本旅游合同（提供合同文本样本）；

h）门市部服务符合LB/T 004-1997的规定（提供文字说明材料）；

i）营业区域设有顾客休息场所（提供照片、文字说明材料）。

7.2.4 服务项目

a）提供普通话、至少两种主要方言和／或五种外语的导游服务（提供普通话、外语导游人员的导游证复印件）；

b）提供两种以上旅游交通票务代理服务（提供代理证书、授权证书等证明材料的复印件）；

c）提供餐饮、娱乐、购物、景区门票、机场接送等五种以上委托代办服务（提供旅行社服务项目的宣传品及文字说明）；

d）提供常规旅游团队、散客的旅游线路预订与接待服务（提供出团、接团记录）；

e）提供按照顾客要求而定制的旅游团队、散客的旅游线路预订与接待服务（提供旅游线路宣传单、文字说明材料）；

f）有专门的部门或人员提供紧急救援服务，或者与有关国际救援组织签订合作协议（提供文字说明材料、合作协议）。

7.2.5 管理机制

7.2.5.1 人力资源管理

a）应与不少于15名的导游人员签订劳动合同，或与20名以上导游人员签订稳定的兼职用工协议（提供劳动合同样本、导游花名册）；

b）应为与旅行社签订半年以上劳动合同的导游人员提供基本工资和“五险一金”，未拖欠导游人员和领队工资，未要求导游人员和领队垫付团款，未向导游人员和领队收取“人头费”、“保证金”等与法律法规相违背的不合理费用（提供旅行社导游管理制度及文字说明）；

c）负责旅行社运营的高级管理人员有五年以上旅行社管理经验（高级管理人员包括总经理、副总、营运总监等，提供履历表）；

d）中层管理人员中具有大学本科以上学历者所占比例不低于60%（中层管理人员包括部门经理等，提供履历表和学历证书）；

e）制定并执行业务培训制度以及管理培训制度，且有固定的培训经费预算保证，旅行社职员按照要求参加由旅游行政管理部门举办的培训活动，并通过考核（提供业务培训制度和管理培训制度培训记录、文字说明材料）。

7.2.5.2 财务管理

a）至少有两名具有中级或中级以上级别职称的财务人员（提供中级或以上级别职称财务人员简历和会计证复印件）；

b）具有符合国家规定的财务制度（提供旅行社财务制度）；

c）具有业务人员能够及时付款、按时报账的管理制度（提供旅行社财务付款、报账管理制度）；

d）建立并执行坏账准备金制度（提供旅行社坏账准备金制度）；

e）具有财务分析制度（提供文字说明、往年度的财务分析报告）。

7.2.5.3 营销管理

a）拥有本企业独立的网站，并可以接受顾客的网上预订（提供企业网站的网址及主页截图）；

b）拥有健全的管理信息系统（提供文字说明和照片）；

c）建立并执行规范的销售渠道管理制度（提供文字说明、销售管理制度）；

d）拥有客户档案库（提供文字说明和档案资料）；

e）顾客可以通过电话、传真、电子邮件等方式向旅行社预订旅游产品（提供文字说明材料）；

f）拥有本旅行社的企业形象识别系统，并在所有全资、绝对控股和相对控股的子公司、分公司和门市部统一使用（提供文字说明和照片）；

g）旅行社设立的从事旅游业务的非独立法人机构应与总部实行联网销售，并实行“统一管理、统一财务、统一招徕、统一接待”（提供“四统一”的管理制度和文字说明）；

h）拥有两项以上自主产品品牌（提供文字说明材料）；

i）近三年每年推出五项以上新线路或专项旅游产品（提供文字说明材料）。

7.2.5.4 危机管理

a）制订危机事件处理预案，具备危机事件处理机制，并有培训记录（提供危机事件处理预案、处理机制、培训记录等材料）；

b）具有重大事项报告制度（提供重大事项报告制度资料）。

7.2.6 商业信用和社会声誉

a）制定并执行周期性顾客意见反馈制度，对顾客反馈信息和处理结果有详实的记录（提供顾客意见反馈制度、顾客意见反馈表、处理结果等材料）；

b）每季度对顾客满意度进行评价，近三年每年顾客抽样调查平均满意率不低于90%（提供近三年季度顾客抽样调查满意率调查报告）；

c）近三年中，旅游行政管理部门每年接到对该旅行社的有效投诉不超过当年组织和接待人次的万分之一（旅行社所在地旅游质监部门提供证明材料）；

d）与顾客签订旅游合同，合同签订率达到100%（提供文字说明材料）；

e）与供应商和同业客户签订合同，并按约定的期限和付款条件履约（提供与供应商和同业客户签订合同的复印件、文字说明材料）；

f）每年参加两项以上社会公益活动（提供文字说明和照片）。

7.3 5星级 ☆☆☆☆☆

7.3.1 基本条件

a）正式成立并营业五年以上(提供旅行社营业执照、经营许可证复印件)；

b）近五年均参加并通过旅行社业务年检和工商年检（提供通过年检的证明材料）；

c）近五年内未受到旅游行政管理部门的行政处罚（旅行社所在地旅游质监部门提供证明材料）；

d）具有完整的员工手册、部门化运作规范，以及服务和专业技术人员岗位工作说明书（提供员工手册、旅行社业务流程、岗位职责说明书等材料）；

e）在境内外拥有15家以上全资、绝对控股或相对控股子公司、分公司和旅行社门市部，其中至少有3家分布在广东省以外区域，并且至少有一家分布在境外（含驻外办事处）。外商独资和中外合资旅行社不作要求（提供营业执照、经营许可证或商业登记证明的复印件）。

7.3.2 经营业绩

a）近两年年平均组织和接待旅游者30万人次以上（提供符合条件的旅行社年检数据材料）；

b）近两年年平均营业收入2亿元人民币以上（提供符合条件的旅行社年检数据材料）；

c）近两年所缴税金均居于广东省旅行社业前50名（提供符合条件的旅行社年检数据材料）。

7.3.3 营业条件

a）有与本社规模和等级相适应的独立产权的营业场所，营业场所的使用面积总和不低于2000m^2（提供房产证的复印件，营业场所含门市部、营业部、分社等）；

b）营业场所提供本社的服务项目宣传品、旅游线路价目表、与本社业务有关的旅游目的地介绍和旅游交通图、主要交通工具时刻表以及由旅游行政管理部门指定发放的宣传品，以备顾客查阅（提供上述材料的样本或复印件，提供材料查阅地点的照片）；

c）有供顾客使用的旅游电子信息查询系统，提供本社的旅游线路和委托代办服务的产品介绍和价格、交通时刻表、旅游目的地主要景点信息（提供照片、文字说明资料）；

d）旅行社营业场所设有咨询与接待设施，并有统一装饰和统一标志，有规范的中英文说明（提供所有营业场所咨询与接待设施的照片和文字说明材料）；

e）接待人员统一着装，并佩戴企业标志和岗位标牌，不同岗位应有明显区别（提供照片和文字说明材料）；

f）接待人员在工作日和节假日每天以普通话和一种以上外语向顾客提供咨询、接待、签订合同、付款等项服务，且服务时间不少于十个小时（提供照片和文字说明材料,评审时查看营业场所）；

g）外联接待人员在工作日和节假日每天以普通话和至少两种外语向旅游批发商和旅游代理商客户提供咨询、接待、签订合同、付款等项服务，且服务时间不少于八个小时（提供照片和文字说明材料,评审时查看营业场所）；

h）门市部服务符合LB/T 004的规定（提供文字说明材料）；

i）有电话、传真、互联网等通讯工具，顾客可以通过电话、传真、电子邮件等方式向旅行社咨询和预订旅游产品（提供旅行社设备目录和文字说明材料,评审时现场查看营业场所）；

j）旅行社应使用并与旅游者签订旅游合同（提供合同文本样本）；

k）营业区域设有顾客休息场所，并提供必要的饮水、阅读、信息查询等设备或物品（提供照片和文字说明材料，评审时查看营业场所）；

l）设有固定的24小时旅游投诉热线电话，并向顾客明示（提供旅游投诉热线电话号码、文字说明材料）。

7.3.4 服务项目

a）提供普通话、至少两种主要方言和／或10种以上外语导游服务（提供普通话、外语导游人员的导游证复印件）；

b）提供包括飞机、火车、汽车、游船、客轮等五种以上旅游交通代理服务（提供代理证书、授权证书等证明材料的复印件）；

c）提供餐饮、演出票务、娱乐、景区门票、机场接送等10种以上委托代办服务（提供旅行社服务项目的宣传品及文字说明）；

d）提供常规旅游团队、散客的旅游线路预订与接待服务（提供出团、接团记录）；

e）提供按照顾客要求而定制的旅游团队、散客的旅游线路预订与接待（提供旅游线路宣传单、文字说明材料）；

f）提供会议、奖励、展览、教育等专项旅游服务（提供旅行社专项旅游服务的宣传品及文字说明）；

g）有专门的部门或人员提供紧急救援服务，或者与有关国际救援组织签订合作协议（提供文字说明材料、合作协议）；

h）有免费的咨询和预订电话（提供咨询和预订电话号码、文字说明资料）。

7.3.5 管理机制

7.3.5.1 人力资源管理

a）应与不少于30名专职导游人员签订劳动合同，建立固定的劳动雇佣关系（提供劳动合同样本、导游花名册）；

b）应为与旅行社签订三个月以上劳动合同的导游人员提供基本工资和“五险一金”，未拖欠导游人员和领队工资，未要求导游人员和领队垫付团款，未向导游人员和领队收取“人头费”、“保证金”等与法律法规相违背的不合理费用（提供旅行社导游管理制度及文字说明）；

c）负责旅行社运营的高级管理人员有八年以上旅行社管理经验，且无政府部门认定的不良记录（高级管理人员包括总经理、副总、营运总监等，提供履历表）；

d）中层管理人员中具有大学本科以上学历者所占比例不低于80%（中层管理人员包括部门经理等，提供履历表和学历证书）；

e）制定并执行全员培训制度，且有固定的培训经费预算保证，旅行社职员按照要求参加由旅游行政管理部门举办的培训活动，并通过考核（提供业务培训制度和管理培训制度，培训记录、文字说明材料）；

f）高级管理人员无行政处罚记录和不良信用记录（提供文字说明材料）。

7.3.5.2 财务管理

a）至少有五名具有中级或者中级以上职称的财务人员，或者至少有五名具有10年以上旅行社从业经验的财务人员，其中至少两名拥有高级职称或中国注册会计师从业资格（提供中级或以上级别职称财务人员简历和会计证复印件）；

b）具有符合国家规定的财务制度（提供旅行社财务制度）；

c）具有业务人员能够及时付款、按时报账的管理制度（提供旅行社财务付款、报账管理制度）；

d）建立并执行坏账准备金制度（提供旅行社坏账准备金制度）；

e）具有财务分析制度和定期的财务审计制度，并有完好记录（提供文字说明、往年度的财务分析报告、审计报告等资料）。

7.3.5.3 营销管理

a）拥有本企业独立的网站，可以接受顾客的网上预订和网上支付（提供企业网站的网址及主页截图）；

b）拥有健全的管理信息系统和客户关系管理系统，并与预订系统互联互通（提供文字说明材料、操作流程）；

c）建立并执行规范的销售渠道管理制度（提供文字说明、销售管理制度）；

d）拥有经营数据库（提供文字说明和档案资料）；

e）与全球分销系统（GDS）或其他国际旅游分销预订系统互联互通（提供文字说明材料、操作流程）；

f）拥有本旅行社的企业形象识别系统，并在所有全资、绝对控股和相对控股的子公司、分公司和门市部统一使用（提供文字说明材料和照片）；

g）旅行社设立的从事旅游业务的非独立法人机构应与总部实行联网销售，并实行“统一管理、统一财务、统一招徕、统一接待”（提供“四统一”的管理制度和文字说明）；

h）拥有五项以上旅行社自有产品品牌，且具备吸收其他旅行社品牌加盟的能力（提供文字说明材料）；

i）近两年自主创新的旅游产品数量每年达到10%的递增（提供文字说明材料）。

7.3.5.4 危机管理

a）制订危机事件处理预案，具备危机事件处理机制，并有培训记录（提供危机事件处理预案、处理机制、培训记录等材料）；

b）具有重大事项报告制度（提供重大事项报告制度资料）。

7.3.6　商业信用和社会声誉

a）制定并执行周期性顾客意见反馈制度，由专门的部门或人员负责顾客回访，对顾客反馈信息和处理结果等有详实的记录（提供顾客意见反馈制度、顾客意见反馈表、处理结果等材料）；

b）每月对顾客进行适当规模的问卷调查，近三年每年顾客抽样调查平均满意率不低于95%（提供近三年顾客抽样调查满意率调查报告）；

c）近五年未受过行政处罚、未出现重大安全事故、未发生造成恶劣社会影响的群体性纠纷（提供文字说明材料，星评初审后进行公告，以公告结果为准）；

d）近三年中，旅游行政管理部门每年接到对该旅行社的有效投诉不超过当年组织和接待人次的五万分之一（旅行社所在地旅游质监部门提供证明材料）；

e）近五年内有两次以上获得“全国旅行社100强”称号（提供文字说明材料）；

f）旅行社应使用并与旅游者签订旅游合同，出境游用国家版本旅游合同，国内游用广东省版本旅游合同，合同签订率达到100%（提供文字说明材料）；

g）与供应商和同业客户签订合同，并按约定的期限和付款条件履约（提供与供应商和同业客户签订合同的复印件、文字说明材料）；

h）每年参加五项以上社会公益活动（提供文字说明和照片）。

8　资质等级的评定

8.1　资质等级评定的组织

8.1.1　旅行社资质等级评定工作由广东省旅行社资质等级评定委员会统筹负责，其责任是制订等级评定的实施办法、检查细则和检查员选择、确定和派遣，授权并督导地级以上市，旅游强县城市旅行社资质等级评定委员会开展旅行社资质等级评定工作，组织实施5星级旅行社的评定和复核工作，保有对地级以上市、旅游强县城市旅行社资质等级评定委员会所评旅行社等级的否决权。旅行社资质等级评定委员会下设办公室负责日常工作。按照广东省旅行社资质等级评定委员会的授权和督导，“中国优秀旅游城市”的地级市旅行社资质等级评定委员会负责本地区3星级、4星级旅行社申请等级评定和复核工作，并承担推荐5星级旅行社的责任；非中国优秀旅游城市的地（市）级旅行社资质等级评定委员会和县级旅游强县城市旅行社资质等级评定委员会负责本地区3星级旅行社申请等级评定和复核工作，并向上推荐4星级、5星级旅行社。

8.1.2　旅行社资质等级评定委员会由旅游行政管理部门和旅游行业协会等有关人员组成。

8.1.3　旅行社资质等级评定检查员由旅行社资质等级评定委员会选聘。

8.2　资质等级的申请

8.2.1　旅行社申请等资质级，应向当地市级旅行社资质等级评定委员会递交申请材料。申请5星级的旅行社，应按属地原则逐级递交申请材料。申请材料包括：旅行社等级申请报各，自查自评情况说明，由会计师事务所出具的相关财务审计报各，以及其它必要的文字、图片和音像9资料。

8.2.2　“中国优秀旅游城市”的地级市旅行社资质等级评定委员会负责本地区3星级，4星级旅行社申请资质等级评定和复核工作，并承担推荐5星级旅行社的责任；非中国优秀旅游城市的地（市）级旅行社资质等级评定委员会和县级旅游强县城市旅行社资质等级评定委员会负责本区3星级旅行社申请等级评定和复核工作，并向上推荐4星级、5星级旅行社；5星旅行社申请资质等级评定和复核工作由广东省旅行社资质等级评定委员会负责。

8.2.3　提供虚假材料者一经查实将不予受理，且该旅行社在三年内不得申请资质等级评定。

8.3　资质等级的评定规程

8.3.1　受理接到旅行社等级申请报告后，相应评定权限的旅行社资质等级评定委员会应在核实材料的基础上，于30个工作日内做出是否同意受理的答复.

8.3.2　检查受理申请报告后，相应评定权限的旅行社资质等级评定委员会应在一个月内以明查和暗访的方式派遣检查员进行评定检查，并提交检查报告。对检查不合格的旅行社，旅行社资质等级评定委员会应予以告知，进行指导，并于6个月内再次安排评定检查。两次检查不合格的旅行社，自收到正式通知之日起一年以内不得再次申报同等级及以上等级。

8.3.3　评审接到检查报告后一个月内，旅行社资质等级评定委员会应根据检查员的意见对申 请资质等级的旅行社进行评审。评审的主要内容包括：审定申请资格；核实申请报告；认定本标准的达标情兄；检查违规及事故、投诉的处理情况等。

8.3.4　批复对于评审通过的旅行社，旅行社资质等级评定委员会应给予评定等级的批复，由省级旅行社资质等级评定委员会授予相应的等级标志和证书。对于经评审认定达不到标准的旅行社，旅行社等级评定委员会应予以告知。

8.4　标志管理

8.4.1　等级标志使用期限为四年。

8.4.2　品牌加盟和代理机构不得使用其等级标志。

8.4.3　已取得等级的旋行社，如发生重大安全事故，造成恶劣影响，旅行社资质等级评定委员会应在广东省旅游行政管理部门认定后做出降低或取消等级的处理。

8.4.4　对已经评定资质等级的旅行社，旅行社资质等级评定委员会应遵照本标准及附录A的规定每两年复核一次。

8.4.5　复核工作由旅行社对照本标准自查自纠，并将自查结果报旅行社等级评定委员会，由旅行社等级评定委员会以明查或暗访的形式安排抽查验收。

8.4.6　对于复核达不到本标准相应等级的旅行社，按以下办法处理：

a）旅行社资质等级评定委员会根据情节轻重给予签发警告通知书，降低和取消等级的处理。

b）接到警告通知书的旅行社逾期未整改或在整改后未达标者，旅行社等级评定委员会应降低或取消其等级，并向社会公布。

c）被降低或取消等级的旅行社，自降低或取消等级之日起一年内．不予恢复或重新评定等级：一年之后方再次申请等级。

8.4.7　旅行社接到警告通知书和降低等级的通知后，必须认真整改并在规定期限内将整改情况向旅行社等级评定委员会报告。

8.4.8　提升、降低或取消等级的旅行社，应立即将原等级标志和证书交还旅行社等级评定委员会。

8.5　资质等级的标志和证书

8.5.1　旅行社资质等级的标牌，证书和证书副本由广东省旅行社资质等级评定委员会统一制作、核发。旅行社资质等级标牌应置于旅行社主要营业场所的明显位置。

相关附件：

附录A：　广东省旅行社资质等级计分表

附录B：　旅行社服务质量顾客调查表

附录C：　旅行社服务质量暗访制度及评分表

附录D：　广东省旅行社资质等级评定申报程序

附录A

广东省旅行社资质等级计分表

序　号	项　目	评分标准	最高得分	分档得分	
				一	二
1	基本条件(94)				
1.1	企业规模	(查阅旅行社年检资料，查阅银行验资报告)	20		
1.1.1	注册资本金	注册资本金3000万元以上(含3000万元)			5
		注册资本金1500万元以上			3
		注册资本金300万元以上			1
1.1.2	固定资产	固定资产≥2000万元			5
		1000万元≤固定资产＜2000万元			3
		500万元≤固定资产＜1000万元			1
1.1.3	流动资产	流动资产≥3000万元			5
		2000万元≤流动资产＜3000万元			3
		1000万元≤流动资产＜2000万元			1
1.1.4	人数	人数≥150人			5
		100≤人数＜150			3
		50≤人数＜100			1
1.2	开业时间	(查阅营业执照)	5		
		正式成立并营业5年以上（含5年）			5
		正式成立并营业3年至5年（含3年）			3
		正式成立并营业2年至3年（含2年）			1
1.3	经营网络	(查阅相关证明文件，暗访)	24		
1.3.1	境外经营网络	在境外有全资公司(含驻外办事处)		6	
		在境外有控股公司		4	
		在境外有参股公司		3	
1.3.2	境内经营网络	在省外拥有10家以上全资或控股旅行社（含10家）			6
		在省外拥有5至9家全资或控股旅行社			4
		在省外拥有1至4家全资或控股旅行社			3
1.3.3	广东省经营网络	在省内拥有10个以上门市部（含10个）			5
		在省内拥有5至9个门市部			3
		在省内拥有1至4个门市部			1
1.4	从业人员		28		
1.4.1	管理人员	(查阅学历证书、资格证书、聘用合同、用工协议等证明文件)			
1.4.1.1	管理人员资历	负责旅行社运营的高级管理人员有8年以上旅行社管理经验			5
		负责旅行社运营的高级管理人员有5年以上旅行社管理经验			3
		负责旅行社运营的高级管理人员有3年以上旅行社管理经验			1
1.4.1.2	管理人员学历	80%以上的中层管理人员具有大学本科以上学历			5
		60%以上的中层管理人员具有大学本科以上学历			3
		40%以上的中层管理人员具有大学本科以上学历			1
1.4.2	财务人员				
1.4.2.1	从业时间	拥有2名以上（含2名）从业8年以上的财务人员			5
		拥有2名以上（含2名）从业5年以上的财务人员			3

续表

序　号	项　目	评分标准	最高得分	分档得分	
				一	二
		拥有2名以上（含2名）从业3年以上的财务人员			1
1.4.2.2	注册会计师资格	拥有注册会计师资格的财务人员不少于2名			3
		拥有1名有注册会计师资格的财务人员			1
1.4.3	导游人员和领队				
1.4.3.1	聘用关系	与不少于20名专职导游人员签订聘用合同，并提供基本工资和“五险一金”，未让导游人员和领队垫付团款			5
		与10名至19名专职导游人员签订聘用合同，并提供基本工资和“五险一金”，未让导游人员和领队垫付团款			3
		与1名至9名专职导游人员签订聘用合同，并提供基本工资和“五险一金”，未让导游人员和领队垫付团款			1
1.4.3.2	协议关系	与15名以上导游人员签订用工协议			5
		与10名至14名导游人员签订用工协议			3
		与5名至9名导游人员签订用工协议			1
1.5	业务年检和工商年检		5		
		最近5年每年通过旅行社业务年检和工商年检			5
		最近3年每年通过旅行社业务年检和工商年检			3
		最近1年通过旅行社业务年检和工商年检			1
1.6	参加行业组织情况		12		
1.6.1	参加国内组织	是广东省旅游行业协会会员		6	
1.6.2	参加国际组织	加入3家以上国际旅游与旅行服务组织（含3个）			6
		加入2家国际旅游与旅行服务组织			5
		加入1家国际旅游与旅行服务组织			4
2	**经营业绩（47）**				
2.1	近两年年平均业务量				
2.1.1	入境旅游		12		
2.1.1.1	入境旅游外联人天	入境旅游外联人天≥50万人天			6
		20万人天≤入境旅游外联人天＜50万人天			4
		10万人天≤入境旅游外联人天＜20万人天			2
2.1.1.2	入境旅游接待人天	入境旅游接待人天≥40万人天			6
		20万人天≤入境旅游接待人天＜40万人天			4
		10万人天≤入境旅游接待人天＜15万人天			2
2.1.2	国内旅游		10		
2.1.2.1	国内旅游组织人天	国内旅游组织人天≥20万人天			5
		10万人天≤国内旅游组织人天＜20万人天			3
		5万人天≤国内旅游组织人天＜10万人天			1
2.1.2.2	国内旅游接待人天	国内旅游接待人天≥30万人天			5
		15万人天≤国内旅游接待人天＜30万人天			3
		10万人天≤国内旅游接待人天＜15万人天			1
2.1.3	出境旅游		5		
2.1.3.1	出境旅游组织人天	出境旅游组织人天≥30万人天			5
		15万人天≤出境旅游组织人天＜30万人天			3
		5万人天≤出境旅游组织人天＜15万人天			1
2.2	近两年年平均旅游业务营业收入		5		

续表

序　号	项　目	评分标准	最高得分	分档得分	
				一	二
		旅游业务营业收入≥10亿元			5
		5亿元≤旅游业务营业收入<10亿元			3
		1亿元≤旅游业务营业收入<5亿元			1
2.3	近两年年平均利润总额		5		
		利润总额≥2000万元			5
		1000万元≤利润总额<2000万元			3
		300万元≤利润总额<1000万元			1
2.4	近两年年平均实缴税金		10		
		实缴税金≥1000万元			10
		500万元≤实缴税金<1000万元			6
		100万元≤实缴税金<500万元			2
3	**企业管理(166)**	**(查阅制度文本和相关文字资料、文字记录、影像资料等)**			
3.1	财务管理		26		
3.1.1	管理部门	有独立的财务部门		3	
3.1.2	管理制度	具有符合国家规定的财务制度		3	
3.1.3	报账及时性	以旅游团队、散客为单位受理导游人员报账			5
		以月份为单位受理导游人员报账			4
3.1.4	坏账控制	有坏账准备制度		3	
		有应收账款催收制度		3	
		坏账损失率低于3%		3	
3.1.5	财务分析	具有财务分析制度		3	
3.1.6	财务审计	具有定期的财务审计制度		3	
3.2	人力资源管理		22		
3.2.1	管理部门	有独立的人力资源管理部门		3	
3.2.2	培训				
3.2.2.1	培训制度	有新员工培训制度		2	
		有淡季培训制度		2	
		有日常培训制度		2	
3.2.2.2	培训内容				
3.2.2.2.1	职业技能培训	有职业技能培训计划		1	
		有职业技能培训内容		1	
		对职业技能培训进行考核		1	
3.2.2.2.2	职业道德培训	有职业道德培训计划		1	
		有职业道德培训内容		1	
		对职业道德培训进行考核		1	
3.2.2.2.3	政策与法规培训	有政策与法规培训计划		1	
		有政策与法规培训内容		1	
		对政策与法规培训进行考核		1	
3.2.2.3	参加外部培训	中高级管理人员参加广东省旅游行政管理部门举办的培训活动		2	
3.2.3	职业设计	制定并执行科学合理的职业设计制度		1	
3.2.4	激励制度	制定并执行科学合理的薪酬福利制度		1	
3.3	流程管理		10		
3.3.1	业务流程的规范性	有服务流程图		2	

续表

序号	项目	评分标准	最高得分	分档得分	
				一	二
		有服务流程说明		2	
		有明确的责任分工		2	
3.3.2	流程的管理与控制	设置服务流程督导职位		2	
		有流程修订制度		2	
3.4	品牌管理		27		
3.4.1	品牌建设				
3.4.1.1	企业品牌	有企业注册商标		2	
		有企业品牌		2	
3.4.1.2	产品品牌	有产品系列品牌		2	
		有单项产品品牌		2	
3.4.2	品牌宣传				
3.4.2.1	执行部门	有专门机构负责		2	
3.4.2.2	年度宣传计划	有年度宣传目标		2	
		有年度宣传活动		2	
		进行媒体选择		2	
		有年度宣传预算		2	
		有年度宣传结果监测		2	
3.4.3	品牌使用	用于企业形象建设		2	
		用于产品宣传促销		2	
3.4.4	驰名(著名)商标	拥有国家级驰名商标			3
		拥有省级著名商标			2
		拥有市级著名商标			1
3.5	企业形象建设		30		
3.5.1	企业形象系统				
3.5.1.1	视觉形象	有旅行社社徽		2	
		有旅行社旗帜		2	
		统一名片格式		2	
		统一员工制服		2	
		员工佩戴统一标志		2	
		使用标准色		2	
		使用标准字		2	
		使用公共信息图像标志		2	
3.5.1.2	行为形象	有赞助公益事业制度		2	
		有参加义务服务制度		2	
		有参加慈善活动制度		2	
		有内部刊物或报纸		2	
3.5.1.3	理念形象	有明确的企业宗旨		2	
		有企业形象口号		2	
		有企业价值体系箴言		2	
3.6	安全管理		10		
		设置安全监控机构		2	
		有紧急救助预案		2	

续表

序　号	项　目	评分标准	最高得分	分档得分	
				一	二
		参加国际救援组织		2	
		购买旅行社责任保险		2	
		协助客人购买其他保险险种		2	
3.7	投诉管理		16		
3.7.1	投诉受理渠道	受理信件投诉		2	
		受理电话投诉		2	
		受理电子邮件投诉		2	
3.7.2	投诉受理程序	投诉受理		2	
		投诉分类		2	
		投诉调查		2	
		投诉结论		2	
		投诉处理		2	
3.8	危机管理		10		
		有危机事件认定标准		2	
		有明确的负责人		2	
		有危机事件处理步骤		2	
		有媒体公关预案		2	
		有能力在24小时内做出反应		2	
3.9	管理文件		10		
		有规范的企业章程		2	
		有员工手册		2	
		有部门运作规范		2	
		有服务岗位工作说明书		2	
		有专业技术人员岗位工作说明书		2	
3.10	质量体系认证	通过ISO9001质量体系认证并获得认证证书	5	5	
4	**服务项目（45）**				
4.1	包价旅游线路	**（查阅证明材料，暗访）**	16		
4.1.1	常规包价旅游线路				
4.1.1.1	常规包价旅游线路的销售	向团队提供常规旅游线路的预订服务		2	
		向团队提供常规旅游线路的接待服务		2	
4.1.1.2	常规包价旅游线路的接待	向散客提供常规旅游线路的预订服务		2	
		向散客提供常规旅游线路的接待服务		2	
4.1.2	定制包价旅游线路				
4.1.2.1	定制包价旅游线路的设计	为团队设计定制包价旅游线路		2	
		为散客设计定制包价旅游线路		2	
4.1.2.2	定制包价旅游线路的接待	向团队提供定制包价旅游线路的接待服务		2	
		向散客提供定制包价旅游线路的接待服务		2	
4.2	专项旅游服务		10		
		会议		2	
		奖励		2	
		展览		2	
		教育		2	

续表

序　号	项　目	评分标准	最高得分	分档得分	
				一	二
		其他		2	
4.3	委托代办		10		
4.3.1	票务	提供3种以上交通票务代理服务			5
		提供2种交通票务代理服务			3
		提供1种交通票务代理服务			1
4.3.2	其他	提供5种以上委托代办服务(包括订餐、订房、租车、导游、接送等单项服务种类)			5
		提供3种以上委托代办服务			3
		提供2种以上委托代办服务			1
4.4	导游服务		9		
4.4.1	外语导游服务	提供10种以上外语导游服务			5
		提供5种外语导游服务			4
		提供2种外语导游服务			3
4.4.2	方言导游服务	提供2种方言服务			3
		提供1种方言服务			2
4.4.3	普通话导游服务	提供普通话导游服务		1	
5	**营业场所(64)**	**(查阅证明材料，暗访。营业场所指旅行社门市部等前台服务场所)**			
5.1	稳定性		7		
		完全产权			7
		租赁期限为10年以上（含10年）			5
		租赁期限为5年至9年			4
		租赁期限为2年至4年			3
		租赁期限为1年以上，但不足2年			2
		租赁期限为半年以上，但不足1年			1
5.2	使用面积		5		
		营业场所的使用面积总和不低于2000 m^2			5
		营业场所的使用面积总和不低于800 m^2			3
		营业场所的使用面积总和不低于200 m^2			1
5.3	服务区域		31		
5.3.1	区域划分				
5.3.1.1	分区	营业场所内有明显的区域划分		2	
5.3.1.2	标志	各服务区域有醒目、准确、美观的中文标志		2	
		各服务区域有醒目、准确、美观的英文标志		2	
		各服务区域有醒目、准确、美观的其他种类文字标志		2	
5.3.2	咨询与接待区域	为顾客与员工提供舒适交流空间		2	
		使用面积与接待座席数经过测算符合高峰期需求		2	
5.3.3	信息资料提供区域				
5.3.3.1	区域布局	布局美观整洁		1	
		适合顾客取阅		1	
5.3.3.2	提供资料	服务项目宣传品		1	
		旅游线路价目表		1	

续表

序　号	项　目	评分标准	最高得分	分档得分 一	分档得分 二
		与本社业务有关的旅游目的地介绍		1	
		与本社业务有关的旅游交通图		1	
		交通工具时刻表		1	
		旅游行政管理部门指定发放的宣传品		1	
5.3.3.3	电子查询系统	有供顾客使用的旅游电子信息查询系统		3	
5.3.4	顾客休息等待区域	为顾客提供适量休息座椅		2	
		为顾客提供饮用水		2	
		为顾客提供阅读材料		2	
		为顾客提供视听材料		2	
5.4	服务要求		21		
5.4.1	服务时间				
5.4.1.1	假日服务	法定节假日照常提供服务		2	
5.4.1.2	服务时段	营业时间至20：00			5
		营业时间至19：00			4
		营业时间至18：00			3
5.4.2	服务语种	提供2种以上（含2种）外语及普通话服务			5
		提供1种外语及普通话服务			3
		只提供普通话服务			1
5.4.3	服务礼仪	有员工服务礼仪规范		3	
		员工主动与顾客打招呼，询问需求，提供帮助		2	
		员工服务时使用礼貌用语		2	
		员工在顾客能够看到、听到的区域保持工作状态，不打闹，不谈论与工作无关的事情，不接听私人电话		2	
6	**产品创新(66)**	**(查阅制度文本，查阅产品宣传手册，查阅广告内容，查阅相关文字资料和证明材料)**			
6.1	产品研发组织		15		
6.1.1	产品研发机构	有专门机构负责产品研发			5
		各业务部门有专门职位负责产品研发			3
6.1.2	产品研发计划	旅行社有完整的5年以上（含5年）产品研发规划			5
		旅行社有完整的年度产品研发计划			3
6.1.3	产品研发经费	每年按照一定比例从营业收入中提取产品研发经费			5
		每年有固定数额产品研发经费			3
		每年按需提取产品研发经费			1
6.2	新产品创意来源		21		
6.2.1	旅游者建议				
6.2.1.1	旅游者调查制度	有定期进行旅游者调查制度，征求旅游者建议			5
		不定期进行旅游者调查，征求旅游者建议			3
6.2.1.2	旅游者建议渠道	提供电子邮件地址		2	
		提供客户服务电话或直接访谈		2	
6.2.2	竞争者调查	有竞争者产品信息收集制度		2	
		有竞争者产品信息分析制度		2	
6.2.3	合作者建议	能够根据合作者要求开发新产品		2	

续表

序　号	项　目	评分标准	最高得分	分档得分	
				一	二
6.2.4	员工建议	定期或不定期召集服务部门员工会议，征求员工建议		2	
		设立员工建议箱、电子邮箱等渠道		2	
		建立员工建议奖励制度		2	
6.3	产品创新成果		30		
6.3.1	旅游目的地创新	(这里的旅游目的地指城镇级的目的地)			
		近两年新增了不少于20个境内外旅游目的地			5
		近两年新增了10至19个境内外旅游目的地			4
		近两年新增了5至9个境内外旅游目的地			3
6.3.2	旅游线路创新				
6.3.2.1	完全创新	(完全创新指同行从未推出过的线路)			
		近两年开发完全创新旅游线路不少于5条			5
		近两年开发完全创新旅游线路3至4条			3
		近两年开发完全创新旅游线路1至2条			1
6.3.2.2	修改创新	(修改创新指在本社现有产品基础上进行修改的线路)			
		近一年开发修改创新旅游线路不少于10条			5
		近一年开发修改创新旅游线路6至9条			3
		近一年开发修改创新旅游线路3至5条			1
6.3.2.3	仿制创新	(仿制创新指本旅行社新推出的、但在市场已经存在的线路)			
		近一年开发仿制创新旅游线路不少于15条			5
		近一年开发仿制创新旅游线路10至14条			3
		近一年开发仿制创新旅游线路5至9条			1
6.3.3	专项旅游产品创新				
		近一年成功组织新专项旅游产品不少于10项			5
		近一年成功组织新专项旅游产品6至9项			3
		近一年成功组织新专项旅游产品3至5项			1
6.3.4	单项服务创新	(包括具体的服务项目，如新增3家餐厅的订餐服务，算作3项新增单项服务)			
		近一年新增单项服务不少于20项			5
		近一年新增单项服务15至19项			3
		近一年新增单项服务10至14项			1
7	市场营销(103)	(查阅制度文本，查阅产品宣传手册，查阅广告内容，查阅相关文字资料和证明材料)			
7.1	营销渠道		38		
7.1.1	人员渠道	有一定数量的业务人员负责团队旅游线路的销售		2	
		有一定数量的业务人员负责专项旅游产品的销售		2	
7.1.2	电话渠道	有呼叫中心（电话客服中心）			7
		有免费电话			5
		有普通咨询与预订电话			1
7.1.3	计算机网络渠道	有企业自建产品信息与销售网站		6	
		有企业自建门户网站		4	
		企业有用来传递经营数据的内联网		4	
7.1.4	第三方渠道	加入第三方计算机预订系统		5	

续表

序　号	项　目	评分标准	最高得分	分档得分	
				一	二
		加入第三方网站		3	
		有固定下游分销渠道		2	
7.1.5	销售控制	有完善的总部销售控制制度		3	
7.2	广告与促销		20		
7.2.1	执行机构	有专门机构负责			5
		各业务部门有专人负责			2
7.2.2	广告与促销计划				
7.2.2.1	年度计划	详尽，可操作性较强			3
		粗略			1
7.2.2.2	单项计划	详尽，可操作性较强			5
		粗略			1
7.2.3	广告与促销经费	每年按照一定比例从营业收入中提取广告与促销经费			5
		每年有固定数额广告与促销经费			3
		每年按需提取广告与促销经费			1
7.2.4	广告与促销效果监测	有广告与促销效果监测制度		2	
7.3	公共关系		20		
7.3.1	执行机构	有专门机构负责			5
		各业务部门有专人负责			3
7.3.2	公关计划				
7.3.2.1	年度计划	详尽，可操作性较强			3
		粗略			1
7.3.2.2	单项计划	详尽，可操作性较强			5
		粗略			1
7.3.3	公关经费	每年按照一定比例从营业收入中提取公关活动经费			5
		每年有固定数额公关活动经费			3
		每年按需提取公关活动经费			1
7.3.4	公关关系监测	有公共关系监测制度		2	
7.4	客户服务	**（客户指旅行社有消费记录，并能够保持联系的消费者，既包括企业，也包括个人）**	25		
7.4.1	客户调查制度	有定期进行客户情况调查制度			5
		不定期进行客户情况调查			3
7.4.2	客户数据库管理				
7.4.2.1	数据库系统	应用客户数据库计算机应用软件			7
		利用计算机办公软件自建客户数据库			5
		有完整客户消费记录（非数据库形式）			3
7.4.2.2	数据录入	在岗位职责中明确客户数据录入责任		3	
7.4.2.3	数据使用	有客户消费数据分析制度		2	
		有客户消费数据保密制度		2	
7.4.3	客户关系管理	成立会员俱乐部等形式的客户组织		3	
		制定并执行积分制度鼓励重复消费		3	
8	**商业信用与社会声誉(65)**	**（查阅合同文本，查阅账目往来记录，查阅文字资料）**			
8.1	与供应商关系		8		

续表

序　号	项　目	评分标准	最高得分	分档得分 一	分档得分 二
		与供应商签订采购合同		3	
		能够按约定的期限和付款条件履约		3	
		定期进行供应商满意度调查		2	
8.2	与同业关系		11		
		与同业客户签订合同		3	
		能够按照约定提供服务		3	
		按时与服务合作供方结清有关款项，资信良好，决不拖欠(查阅到期应付款项等记录)		5	
8.3	与顾客关系		27		
8.3.1	服务合同	与顾客签订的旅游合同100%		3	
		能够按照约定提供服务		3	
8.3.2	顾客意见反馈	制定并执行顾客意见反馈制度		2	
		由专职部门或人员负责顾客回访		2	
		对顾客反馈信息有详实的记录		2	
8.3.3	顾客满意度调查				
8.3.3.1	调查周期	每周对顾客进行适当规模的问卷调查			5
		每月对顾客满意度进行评价			3
		每半年对顾客满意度进行评价			1
8.3.3.2	调查结果	近三年每年顾客抽样调查平均满意率不低于95%			5
		近三年每年顾客抽样调查平均满意率不低于90%			3
		近三年每年顾客抽样调查平均满意率不低于85%			1
8.3.4	有效投诉	近三年中，旅游行政管理部门每年接到对该旅行社的有效投诉(含消委会投诉)不超过组织和接待人数的五万分之一			5
		近三年中，旅游行政管理部门每年接到对该旅行社的有效投诉(含消委会投诉)不超过组织和接待人数的万分之一			3
		近三年中，旅游行政管理部门每年接到对该旅行社的有效投诉(含消委会投诉)不超过组织和接待人数的万分之二			1
8.4	与公众关系		5		
		每年参加两项以上社会公益活动		3	
		近五年未出现造成恶劣社会影响的群体纠纷		2	
8.5	安全事故	近五年未出现重大安全事故	5	5	
8.6	社会评价		9		
8.6.1	受到奖励情况	近五年内两次以上获得“全国旅行社100强”称号		5	
		近两年内获得过省级以上政府部门或行业协会颁发的其他奖励		2	
8.6.2	受到处罚情况	近五年内未受过行政处罚		2	
		合　计	650		

附录B

旅行社服务质量顾客调查

调查说明：

1. 调查问卷满分180分。

2. 调查问卷分为信息咨询、交通、住宿、餐饮、导游员、售后、产品安排和总体等8个大项，共36个小项。除特殊说明外，对3星级至5星级旅行社均适用。

3. “满意”指每份调查问卷得分140分以上。满意率＝调查结果为“满意”的问卷数/有效问卷数×100%。各等级旅行社最低调查取样和达标满意率要求：

3星级旅行社：调查取样不低于500份，满意率不低于85%

4星级旅行社：调查取样不低于800份，满意率不低于90%

5星级旅行社：调查取样不低于1000份，满意率不低于95%

4. 调查标准

旅行社服务质量顾客调查问卷如下：

旅行社服务质量顾客调查问卷

尊敬的顾客：

为了提高广东省旅行社的整体服务水平，根据广东省旅行社资质等级评定的地方标准，旅行社资质等级评定委员会于2007年起开始对旅行社进行等级评定。您本次旅行的宝贵意见，将是本项评定工作的重要影响因素。

您只需在相应的评分项中打“√”。分值越高，表示您对旅行社提供的该项服务越满意。5分为非常满意、4分为满意、3分为一般、2分为不满意、1分为非常不满意。

谢谢您的支持！

旅行社资质等级评定委员会

旅行社服务质量顾客调查表

项目	序号	评分标准	项目分值				
			5	4	3	2	1
信息咨询	1	可方便地从该旅行社网站获得旅游信息					
	2	可从该旅行社网站获得及时、准确的旅游信息					
	3	该旅行社的广告设计有吸引力					
	4	可方便地通过电话咨询、预订					
	5	服务人员具备相应的产品知识，能为顾客提供快速、有效、热情的服务					
	6	服务人员的技能、礼貌让顾客产生信任感和安全感					
交通	7	对所选航班（车次）的时间满意					
	8	对所选航班（车次）的价格满意					
	9	对所选航班（车次）的服务满意					
	10	所选旅游车辆安全可靠					
	11	所选旅游车辆干净清洁					
	12	所选旅游车辆设施良好					
	13	司机驾驶安全、熟悉线路					

续表

项目	序号	评分标准	项目分值				
			5	4	3	2	1
住宿	14	所选饭店具有干净的住宿环境					
	15	所选饭店具有良好的设备					
	16	所选饭店的等级安排适当					
	17	所选饭店能提供便利性服务					
餐饮	18	所选餐馆提供了足量的饭菜					
	19	所选餐馆提供了干净的饭菜					
	20	所选餐馆提供了可口的饭菜					
	21	所选餐馆的地点、风格适当					
导游员	22	导游员有良好的解说能力					
	23	导游员有良好的沟通协调能力					
	24	导游员能为顾客着想，有责任心					
	25	导游员具有良好的带团技巧，较高的专业化水平					
	26	导游员具有较高的应变能力，必要时能适时采取补救措施					
售后	27	旅行社产品售后服务、工作处理做得及时到位					
	28	旅行社能加强和已参团顾客的联系					
产品安排	29	旅游线路游览时间安排合理					
	30	购物次数、购物停留时间安排适度					
	31	自选项目活动安排合理					
	32	线路景点的安排有吸引力					
	33	产品质价相符					
总体	34	我满足旅行社此次服务安排					
	35	该旅行社具有可靠地、准确地履行服务承诺的能力					
	36	如果下次出行，我很愿意选择该旅行社提供服务					

您的其他意见或建议：

____

____

您的基本情况（评定单位有义务为您保密）

1. 您的性别：

（1）男　（2）女

2. 您的年龄：

（1）18岁以下　（2）18～29岁　（3）30～44岁　（4）45～64岁　（5）65岁以上

3. 您的学历：

（1）大学本科及以上　（2）大学专科　（3）中专或高中以下

4. 您的职业：

（1）公务员　（2）企事业管理人员　（3）专业/文教技术人员　（4）服务销售商贸人员

（5）工人　（6）农民　（7）军人　（8）离退休人员　（9）学生　（10）其他

5. 您的家庭人均月收入：

（1）800元及以下　（2）800～1600元　（3）1600～2500元（含2500元）　（4）2500～4000元（含4000元）

（5）4000～6000元（含6000元）　（6）6000元以上

旅行社服务质量暗访制度及评分表

旅行社服务质量暗访是指具备检查资格的专业人员受旅行社资质等级评定委员会的委派，以普通客人身份体验旅行社提供的各种服务，针对申报等级的旅行社的服务质量进行暗访的检查活动。检查的结果可以体现出旅行社服务质量的真实情况，其结果对旅行社等级评定有决定性影响。

1.制定旅行社服务质量暗访评分表的目的

1.1　作为旅行社资质等级评定标准的必要补充。

旅行社服务质量暗访评分表是广东省旅行社资质等级评定的必要补充，是评定旅行社等级的重要依据之一。

1.2　促进旅行社严格按照本标准参与评定，消除旅行社突击参评的做法。

暗访在不明示检查人员身份的情况下进行，更有利于促使旅行社以真实的状态参与等级评定。

1.3　强化旅行社的服务意识，提升广东省旅行社行业的整体质量。

旅行社提供的核心产品是服务，通过对旅行社的服务质量进行暗访，可以督促广东省旅行社提高服务质量，提升行业服务水平。

2.旅行社暗访制度的实施

2.1　每家申请等级评定的旅行社必须接受三至五名检查员的暗访。

2.2　检查员接受旅行社等级评定委员会的委派，以普通客人的身份接受参评旅行社的服务，重点针对旅行社的服务质量进行暗访并打分。

2.3　检查员对旅行社进行暗访检查时不得暴露真实身份，不得通知旅行社。

2.4　暗访结束时，检查员向旅行社出示旅行社等级评定委员会签发的《暗访通知书》和本人的“旅行社等级评定检查证”，由被检查的旅行社负责报销与本次检查直接相关的费用。

2.5　暗访结束后，检查员在五个工作日以内整理暗访评分情况，做出检查报告，向旅行社等级评定委员会报告暗访情况。

3.检查结果的处理

旅行社等级评定委员会应在接到所有暗访报告后15个工作日内，对参评旅行社的服务质量做出评定。

4.评分说明

4.1　评分表满分64分。

4.2　评分表分为合同管理、导游人员素质、导游服务、突发事件处理、安全防范和售后服务等6个一级子项目，共9个二级子项目和19个三级子项目。除特殊说明外，对3星级至5星级旅行社均适用。

4.3　各等级旅行社最低达标分数要求：

3星级旅行社：50分以上（含50分）

4星级旅行社：55分以上（含55分）

5星级旅行社：60分以上（含60分）

5.评分标准

评分标准见旅行社服务质量暗访评分表附录C。

附录C

旅行社服务质量暗访评分表

序　号	项　目	评分标准	达 到	未达到
1	合同管理			
		旅行社应严格执行规范旅游组接团合同，严格按合同规定提供服务	1	0
		因客观原因旅行社和旅游者变更合同内容的，应建立在与对方当事人意见一致的基础上协商解决	1	0
2	导游人员素质			
2.1	基本素质			
2.1.1	爱国主义意识	导游人员在服务过程中能维护国家和民族的利益	1	0
2.1.2	法律意识	导游人员在服务过程中能遵纪守法	1	0
2.1.3	职业道德	导游人员在服务过程中能遵守社会公德，维护旅游者的合法利益	1	0
2.2	仪容仪表	导游人员着装整洁得体	1	0
		导游人员举止大方，表情自然诚恳，没有不合礼仪的生活习惯	1	0
		导游人员上团时应佩戴导游证	1	0
2.3	业务水平			
2.3.1	语言	导游人员语言准确、生动、形象，富有表达力	1	0
		导游人员在服务过程中能够使用礼貌用语	1	0
2.3.2	知识	导游人员具有较广泛的政治、经济、历史、地理以及国情、风土习俗等方面的知识，能够正确向旅游者解说	1	0
3	导游服务			
3.1	全陪服务			
3.1.1	首站接团	全陪提前半小时到接待地点迎候旅游团队、散客	1	0
		全陪代表组团社和个人向旅游团队、散客致欢迎辞，主要包括表示欢迎、自我介绍、表示提供服务的真诚愿望、预祝旅行愉快等内容	1	0
3.1.2	进住饭店	全陪主动协调领取办理旅游团的住店手续，并协助有关人员处理旅游者进店过程中可能出现的问题	1	0
3.1.3	离站服务	全陪协助领队和地陪妥善办理离店事宜，使旅游团队、散客安全、顺利地搭乘交通工具	1	0
3.1.4	途中服务	乘坐交通工具向异地移动途中，全陪应提醒旅游者注意人身和财物的安全	1	0
		全陪应协助安排好饮食和休息	1	0
3.1.5	末站服务	全陪提醒旅游者带好自己的物品和证件	1	0
		全陪征求旅游者对接待工作的意见和建议	1	0
		对旅途中的合作表示感谢，并欢迎再次光临	1	0
3.1.6	各站服务的衔接性	全陪的各站服务之间有机衔接，使旅游活动全面、顺利地开展	1	0
3.2	地陪服务			
3.2.1	接站服务	提前半小时到达接站地点	1	0
		地陪在旅游团队、散客出站前持接站标志，站立在出站口醒目位置热情迎接旅游者	1	0
		在旅游者上车时，地陪恭候在车门旁	1	0
		旅游者上车后，地陪协助旅游者就座，礼貌地清点人数	1	0
		行车过程中，地陪向旅游团队、散客致欢迎辞并介绍本地情况	1	0

续表

序　号	项　目	评分标准	达到	未达到
3.2.2	入店服务	地陪在抵达饭店途中向旅游者简单介绍饭店情况，以及入店、住店的注意事项	1	0
		旅游团队、散客抵达饭店后，地陪引导旅游者到指定地点办理入店手续	1	0
		旅游者进入房间前，地陪向旅游者介绍在饭店内就餐的形式、时间、地点，并告知有关活动的时间安排	1	0
3.2.3	游览过程中的导游讲解			
		地陪应将本地的节目安排及时通知每一位旅游者	1	0
3.2.3.1	出发前	地陪提前10分钟到达集合地点	1	0
		地陪请旅游者及时上车，上车后清点人数	1	0
3.2.3.2	抵景点途中	地陪向旅游者介绍本地的风土人情、自然景观以及游览景点的简要情况，并回答旅游者提出的问题	1	0
		抵达景点时，地陪应告知旅游者在景点停留的时间，以及游览结束后集合的时间和地点	1	0
		地陪应向旅游者讲明游览过程中的注意事项	1	0
3.2.3.3	景点导游、讲解	讲解内容包括该景点的历史背景、特色、地位、价值等方面的内容	1	0
		讲解语言生动、富有表达力	1	0
		在计划的时间和费用内做到讲解和指导游览相结合，使旅游者能充分游览	1	0
		对老、弱、病、残、孕的旅游者能给予特别关照	1	0
		在景点导游过程中，地陪始终与旅游者一起活动	1	0
		地陪应随时清点人数	1	0
3.2.4	旅游团队、散客就餐	介绍餐馆和菜肴的特色，介绍餐馆的有关设施	1	0
		引导旅游者到餐厅入座	1	0
		向旅游者说明酒水的类别	1	0
		解答旅游者用餐过程中的提问，解决出现的问题	1	0
3.2.5	旅游团队、散客购物	向旅游者介绍本地商品的特色	1	0
		按旅游者的需要在购物过程中提供翻译、介绍托运手续等相关服务	1	0
3.2.6	观看文娱节目	简单介绍节目内容和特点	1	0
		引导旅游者就座	1	0
		在旅游者观看节目时，地陪应始终坚守岗位	1	0
3.2.7	结束当日活动	旅游团队、散客结束在本地的参观游览后，地陪应询问旅游者对当日活动安排的反应，并宣布次日的活动日程、出发时间和注意事项	1	0
3.2.8	送站服务	在旅游团队、散客离站的前一天，地陪应通知旅游者移交行李和与饭店结账的时间	1	0
		地陪应诚恳征求旅游者对接待工作的意见和建议，并祝旅游者旅途愉快	1	0
		地陪应在旅游团队、散客乘坐的交通工具起动后方可离开	1	0
4	突发事件处理			
4.1	路线或日程变更	旅游团队、散客在旅游过程中提出变更路线或日程要求时，导游人员原则上按合同执行，特殊情况报组团社	1	0
		在旅游过程中因客观原因需要变更路线和日程时，导游人员应向旅游团队、散客做好解释工作	1	0
4.2	丢失物品	在旅游者丢失物品时，导游人员能详细了解丢失情况并协助查找	1	0

续表

序　号	项　目	评分标准	达到	未达到
4.3	旅游者伤病	旅游者发生意外受伤或患病时，导游人员能陪同患者前往医院就诊并及时探视	1	0
4.4	其他问题	如遇上述之外的问题，导游人员应在合理和可能的前提下积极协助有关人员妥善处理	1	0
5	安全防范			
		旅行社应按国家有关规定办理旅行社责任保险	1	0
		旅行社应根据游客要求，协助游客办理人身意外伤害保险等	1	0
		导游人员不应带领游客到没有安全保障的区域游览参观	1	0
6	售后服务			
		旅行社有专人负责旅游服务质量监督和投诉处理工作	1	0
		旅行社投诉受理人员能够耐心倾听游客投诉，并及时核查事实，做出处理意见，对游客做出满意的答复	1	0
		合　计	64	

附录D

广东省旅行社资质等级评定申报程序

（一）申请

旅行社申请资质等级，应向当地市级旅游局递交申请材料。申请5星级的旅行社，应按属地原则逐级递交申请材料。

申请材料包括：

1. 旅行社资质等级申请报告；

2. 旅行社资质等级评定标准中必备条件的证明材料；

3. 广东省旅行社资质等级计分表、自查自评情况说明（计分表中每个得分点自评得分的证明材料），由会计师事务所出具的相关财务审计报告，以及其他必要的文字、图片和音像资料；

4. 旅行社服务质量顾客调查表及调查报告；

5. 申请5星级的旅行社，由地级市旅行社资质等级评定委员会递交推荐报告。

（二）受理

接到旅行社等级申请报告后，相应评定权限的旅行社资质等级评定委员会应在核实材料的基础上，于20个工作日内做出是否同意受理的答复。

（三）检查

受理申请报告后，相应评定权限的旅行社资质等级评定委员会应在一个月内以明查和暗访的方式派遣检查员进行评定检查，并提交检查报告。对检查不合格的旅行社，旅行社资质等级评定委员会应予以告知，进行指导，并于6个月内再次安排评定检查。两次检查不合格的旅行社，自收到正式通知之日起一年以内不得再次申报同等级及以上等级。

（四）评审

接到检查报告后一个月内，旅行社资质等级评定委员会应根据检查员的意见对申请资质等级的旅行社进行评审。评审的主要内容包括：审定申请资格；核实申请报告；认定本标准达标情况；检查违规及事故、投诉的处理情况等。

（五）公示、公告

对通过初评的5星级的旅行社在媒体进行为期一周的公示。

（六）批复

对于评审通过的旅行社，旅行社资质等级评定委员会应给予评定等级的批复，由省级旅行社资质等级评定委员会授予相应的等级标志和证书。对于经评审认定达不到标准的旅行社，旅行社等级评定委员会应予以告知。

广东省绿色饭店评定标准

前　　言

由于全球生态环境的日益恶化，保护环境、保障人类健康日益受到人们的关注。各国、各地区都制定相应的法律、法规，出台了各种政策、措施，许多行业制定了相应的行业准则以约束并促进组织的环境行为。因此，各类组织越来越重视自身的活动、产品和服务对环境的影响。

旅游业的发展依赖当地的环境状况，饭店业作为旅游业的支柱产业，对环境保护和合理利用资源所做的努力直接关系到旅游业的发展并影响到社会的可持续发展。所以，饭店的环境管理工作被提上议事日程，而创建"绿色饭店"是环境管理的重要环节。

绿色饭店是一种新的理念，它要求饭店将环境管理融入饭店经营管理之中，以环境保护为出发点，调整饭店的发展战略、经营理念、管理模式、服务方式，实施清洁生产，提供符合人体安全、健康要求的产品，并引导社会公众的节约和环境意识、改变传统的消费观念、倡导绿色消费。它的实质是为饭店宾客提供符合环保要求的、高质量的产品，同时，在经营过程中节约能源、资源，减少排放，预防环境污染，不断提高产品质量。绿色饭店是一种方向和目标，是一个不断发展的概念，为指导现阶段的实践，本标准把绿色饭店定义为：以可持续发展为理念，坚持清洁生产，倡导绿色消费，保护生态环境的饭店。其核心就是在生产经营过程中加强对环境的保护和资源的合理利用。

绿色饭店的创建、实施与保持是一个不断发展的过程，在实施过程中应与饭店其他管理体系的运行相协调，是一个与饭店各方面的发展相互促进的过程。

饭店建成的年代有长短、经营的范围有大小、建筑的形式各不同，设备设施技术性能也有差别，因此在创建、实施过程中，需要根据饭店各自的实际情况采取不同的措施，并积极引入先进的环保技术和设备，获得环境绩效的持续改进。

本标准专为创建绿色饭店、实施环境管理提供指南。本标准对创建绿色饭店、实施和加强环境管理提供切实可行的建议。

由于环境保护技术的发展、对环境问题研究的深入以及饭店环境管理水平的提高和环境绩效的改善，本标准将根据实际情况不断修订和完善。

绿色饭店

1. **范围**

本标准为创建绿色饭店、实施和改进环境管理提供指导。

本标准适用于任何要求创建绿色饭店、实施和改进环境管理的旅游饭店，无论其性质、规模、类型或成熟度如何。

2. **规范性引用文件**

下列文件中的条款通过本标准的引用而成为本标准的条款。凡是注日期的引用文件，其随后所有的修改单（不包括勘误的内容）或修订版均不适用于本标准，然而，鼓励根据本标准达成协议的各方研究是否可使用这些文件的最新版本。凡是不注日期的引用文件，其最新版本适用于本标准。

GB 12941　景观娱乐用水水质标准

GB 3095　环境空气质量标准

GB 3096　城市区域环境噪声标准

GB 8928　污水综合排放标准

GB 5749　　生活饮用水卫生标准
GB/T 12455 宾馆、饭店合理用电
GB 13271　　锅炉大气污染物排放标准
GB/T 24004 环境管理体系原则、体系和支持技术通用指南

3.　**定义**

本标准采用下列定义：

3.1　绿色饭店：以可持续发展为理念，坚持清洁生产（见3.2）、倡导绿色消费（见3.3），保护生态环境和合理使用资源的饭店。

3.2　清洁生产：是指使用更清洁的原料、采用更清洁的生产过程、生产更清洁的产品或提供更清洁的服务的一个动态向前、不断改进的过程。

"清洁"是指对环境有益。

3.3　绿色消费：指人们在购买物品和消费时，关注商品在生产、使用和废弃后对环境的影响问题，并在消费过程中关注环境保护的问题。

3.4　绿色客房：指无建筑、装修、噪音污染，室内环境符合人体健康要求的客房；客房内所有物品、用具及对它们的使用都符合环保要求。

3.5　绿色食品：指遵循可持续发展原则，按照特定的要求进行生产，经专业机构认定、许可使用绿色食品标志的无污染、安全、优质、营养的食品。

3.6　环境标准：又称为绿色标准或生态标准。环境标准是所在或贴在产品或其包装上宣传环境品质或特征的用语或象征符合。环境标准标明产品从生产、使用以及回收处置的整个过程符合环保要求，对生态环境无害或损害极小，有利于资源再生和回收利用。

3.7　绿色照明：安全、高效、紧凑型的节电、保护环境为原则而设计的科学、有益健康的照明器具。

3.8　绿色服务：是指在服务过程中使用环保型的设备、设施、用具，并倡导绿色消费（见3.3）的服务。

3.9　环境方针：一个组织对其全部环境表现的意图与原则的陈述，它为组织行为及环境目标和指标的建立提供了一个框架。

3.10　环境绩效：组织基于其环境方针、目标和指标，对其环境问题进行控制所取得的可测量的管理结果。

4.　**基本原则**

4.1　减量化原则：饭店在不影响产品及服务质量的前提下，尽量用较少的原料和能源投入。通过减小产品体积、减轻产品重量、简化产品包装，以达到降低成本、减少垃圾的目的，从而实现既定的经济效益和环境效益目标。

4.2　再使用原则：在确保不降低饭店的设施和服务的标准的前提下，物品要尽可能地变一次性使用为多次使用或调剂使用，不要轻易丢弃，减少一次性用品的使用范围和用量。

4.3　再循环原则：物品在使用后，将其回收，把它变成可利用的再生资源。

4.4　替代原则：为了节约资源、减少污染，饭店使用无污染的物品或再生物品，作为某些物品的替代。

5.　**基本要求**

5.1　饭店最高管理者承诺持续改进环境绩效和污染预防，并遵守有关环保、节能、卫生、防疫、规划等法律法规和其他要求。

5.2　最高管理者指定一名管理者分管绿色饭店的创建、实施与运行，各部门设有负责环境管理的分管人员，形成管理网络，创造能使员工充分参与创建绿色饭店的内部环境。

5.3　饭店应制订环境方针，明确"创绿"目标和指标，建立并实施有关节能、环保和倡导绿色消费的规章制度。

5.4　各级管理者要定期检查饭店各部门的运行情况，有记录、有整改的措施，并有成效。

5.5　饭店主要公共场所和部门应有体现保护环境、注重生态的装饰，有倡导绿色消费的告示和文字说明，有相关的报刊展示。

5.6　应对饭店全体员工进行全面的环境意识的培训和教育，使培训与实施办法同步进行。特别是对环境可能发生重大影响的工作岗位的员工要进行相应的技术培训。

6. 能源管理

6.1 基础管理。

6.1.1 建立耗能设备分类与计量仪表台账。

6.1.2 按部门或系统安装水、电、汽计量仪表，并设立计量仪表的数量、分布台账。

6.1.3 建立能源统计工作制度，有比较、建议、分析报告。

6.1.4 建立能耗定额、考核制度及奖惩办法。

6.1.5 管理者掌握饭店用能详细情况，问题清楚，目标明确，节能措施可行有效。

6.2 主要用能设备运行效率应遵照附录B的规定。

6.3 积极应用节能新技术。

6.4 积极采用多种节水措施。

7. 环境保护

7.1 污染控制。

7.1.1 污水处理设施完备。

7.1.2 污水排放符合GB 8928的要求。

7.1.3 锅炉烟尘排放符合GB 13271或使用集中供热。

7.1.4 废热、废气排放符合《大气污染物综合排放标准》。

7.1.5 厨房大气污染物排放符合《大气污染物综合排放标准》。

7.1.6 噪音排放符合GB 3096要求。

7.1.7 固体废弃物处理符合国家有关法律法规的规定。

7.1.8 自备车辆使用无铅汽油，尾气排放符合相关标准。

7.2 积极采用环保型设备、用品和材料。

7.2.1 使用溴化锂吸收式冷水机组。

7.2.2 使用环保型空调。

7.2.3 使用环保型冰箱。

7.2.4 不使用哈龙(F1211)灭火器。

7.3 室内环境。

7.3.1 室内空气质量符合GB 3095标准。

7.3.2 采用有环境标志的装修材料。

7.4 绿化。

7.4.1 搞好室外绿化工作。

7.4.2 搞好室内绿化工作。

8. 降低物资消耗

8.1 物资的使用总要求：饭店有降低及控制各类物品使用的措施，尽量做到减量使用、多次使用和替代使用。

8.2 降低客房物资消耗。

8.2.1 减少客房各类棉织品洗涤次数。

8.2.2 一次性用品多次使用。

8.2.3 取消、改变或简化客房生活、卫生用品的包装。

8.3 降低餐饮物资用品消耗。

8.3.1 不使用一次性餐具、清洁用品。

8.3.2 尽量利用食品加工中的边角料。

8.4 节约各类消耗品。

8.4.1 节约用纸。

8.4.2 按规定量使用清洁剂。

8.4.3 节约其他各类物资。

9. **提供绿色产品**

9.1 提供绿色客房。

9.1.1 设有无烟客房楼层或无烟小楼。

9.1.2 客房楼层有新风系统。

9.1.3 积极采取措施降低客房物资用品耗量。

9.1.4 服务指南中有相关说明，服务程序或岗位职责中有具体规范要求。

9.1.5 配备空气清洁设备。

9.1.6 供应洁净饮用水。

9.1.7 放置对人体有益的绿色植物。

9.2 餐厅提供绿色服务。

9.2.1 有绿色服务规范。

9.2.2 积极提供绿色食品。

9.2.3 设有无烟区。

9.2.4 提供安全食品。

9.2.5 不以野生保护动物为食品原料。

10. **社会环境经济效益**

10.1 社会环境效益。

10.1.1 有系统的宣传措施。

10.1.2 得到社会的良好反应（有各种报道）。

10.1.3 得到客人的支持和赞同（有反馈信函）。

10.1.4 客人对饭店环境的满意程度达到80%以上（根据征求意见表统计）。

10.1.5 绿色客房出租率呈上升趋势，或绿色客房平均出租率超过饭店平均出租率。

10.2 经济效益。

10.2.1 年能耗（电、水、燃料的数量）比上年下降或达到先进指标。

10.2.2 消耗品费用比上年下降或达到先进指标。

11. **绿色饭店的评定**

11.1 参加评定资格：广东省范围内，正式开业一年以上。

11.2 评定机构和权限。

11.2.1 广东省绿色饭店认定委员会全面负责全省绿色饭店认定的组织、领导、认定工作，认定委员会应吸收有关部门代表参加，并接受省旅游局、省质量技术监督局监督。

11.2.2 各市旅游饭店协会（组织）或相应机构，在省绿色饭店认定委员会的指导下，负责本地区绿色饭店的初评和推荐工作。

11.3 程序。

11.3.1 宾馆、饭店提交绿色饭店评定申请报告及有关表单。

11.3.2 所在地区相应机构（见11.2.2）进行初评。

11.3.3 初评合格后，由所在市相应机构向省旅游饭店协会推荐。

11.3.4 由省绿色饭店认定委员会组织认定。

11.3.5 认定后，予以公告。

11.4 人员素质。

11.4.1 熟悉旅游、质量技术监督和相关行业的法律、法规和政策，精通环境管理基本知识。

11.4.2 思想品德好，能做到严格要求，认真负责，秉公办事，不谋私利。

11.4.3 熟悉业务，具有较丰富的工作或行业管理经验。

11.4.4 具有较强的分析、研究能力，有一定的协调组织能力和口头、文字表达能力。

11.5 标志管理。

11.5.1　标志实行自愿申请，强制管理制度。

11.5.2　经认定的绿色饭店授予相应等级的标志，并颁发证书。

11.5.3　绿色饭店标志标牌由省绿色饭店认定委员会统一制作、核发，任何单位或个人未经省绿色饭店认定委员会授权或认可，不得擅用。

11.5.4　经认定的绿色饭店，由绿色饭店认定委员会及相应机构每年进行一次复核。

11.5.5　标志的有效期为三年(自颁发证书之日起计算)。到期必须重新申请、认定。

11.5.6　企业在使用标志期间，一经发现与标准不符或给消费者带来直接的、间接的利益损害的行为即予以取消标志的使用权，并且在有关媒体予以曝光。

11.5.7　凡标志使用有效期满而不继续申请，视为自然淘汰，不得继续使用标志。

附录A（规范性附录）

“绿色饭店”认定申请资料

A.1申请“绿色饭店”认定企业必须填写下列表格：

表A1　企业基础信息

申请单位		星级标准		总经理	
单位地址				邮政编码	
饭店Email				电子信箱	
建筑面积	m^2	占地面积	亩	建筑形式	
建成/改造日期	年　月	总投资（RMB）	万元	固定资产现值	万元
客房总数(折标准间)	间	主要娱乐设施名称及规模			
餐位总数	个				
上一年营业收入	万元	上一年利润	万元	上一年12月在册人数	人
上一年经营费用	万元	上一年能耗费用	万元	能耗费用/营业收入	%
创绿活动负责人		电　话		传　真	
工程部负责人		电　话		传　真	

表A2　饭店工程概况

1.饭店占地面积	亩
2.饭店建筑总面积	m^2
其中：地上主体建筑面积	m^2

续表

地下建筑面积				m^2
群房建筑面积				m^2
辅助用房建筑面积				m^2
使用空调建筑面积				m^2
3.主体建筑檐高				m
其中:层数	地上	层,	地下	层
层高	首层	m,	标准层	m
开间×进深		m×		m
4.客房自然间数				间
客房总面积		m^2	占总面积	%
5.餐厅餐位数				座
其中：餐厅厨房总面积		m^2	占总面积	%
厨房总面积		m^2	占餐饮面积	%
6.娱乐部面积		m^2	占总面积	%
7.大堂面积×层高＝体积		m^2×m＝		m^3
8.其他				
9. 总投资(RMB)				万元
其中:设备投资				万元
10. 固定资产现值				万元
其中:设备现值				万元
备注				

表A3 饭店主要用能设备分类台账

设备名称		型号规格	数量	单台额定容量	总容量	配用电机（功率：KW）			
供水系统	水 泵			扬程 m，流量 m^3/h					
	水 泵			扬程 m，流量 m^3/h					
	水 泵			扬程 m，流量 m^3/h					
供热系统	锅 炉			压力 mPa，出力 t/h	t/h				
	锅 炉			压力 mPa，出力 t/h					
	锅炉给水泵			扬程 m，流量 m^3/h					
	锅炉输油泵								
制冷系统	冷水机组			制冷量 万kcal	万kcal				
	冷水机组			制冷量 万kcal					
	冷水机组			制冷量 万kcal					
	冷水机组			制冷量 万kcal					
	热 泵			KW					
	冷却水循环水泵			扬程 m，流量 m^3/h					
	冷冻水循环水泵			扬程 m，流量 m^3/h					
	空调热水循环水泵			扬程 m，流量 m^3/h					
	系统增压泵			扬程 m，流量 m^3/h					
运送系统	电 梯			载重量 kg，额定速度 m/s					
	电 梯			载重量 kg，额定速度 m/s					
	电 梯			载重量 kg，额定速度 m/s					

续表A3

系统	设备名称	型号规格	数量	单台额定容量	总容量	配用电机（功率：KW）			
空调通风系统	风柜			额定风量 m^3/h					
	风柜			额定风量 m^3/h					
	风柜			额定风量 m^3/h					
	新风柜			额定风量 m^3/h					
	新风柜			额定风量 m^3/h					
	风机盘管			额定风量 m^3/h					
	排风机								
冷藏库	冷藏库			冷藏量 t	t				
	冷藏库			冷藏量 t					
	冷藏库			冷藏量 t					
照明系统	轮 廓 灯			合计 KW	KW	非照明用电	总装机容量		
	非节能灯			合计 KW			动力设备装机容量		
	节 能 灯			合计 KW			其中：空调装机容量		
供电系统	变压器			电压 KV/ KV, KVA	KVA	供配电方式：			
	变压器			电压 KV/ KV, KVA					
	变压器			电压 KV/ KV, KVA		功率因素补偿方式：			

注：1.各饭店按实际情况增减各系统设备的种类，将实际拥有的设备填上；2.设备名称要补全，例如：螺杆式冷水机组，干式变压器。

表A4 上年度经营情况报告

月份	平均气温	总人天数	开房率%	总营业额（万元）	总费用（万元）	洗涤费（万元）	消耗品（万元）	排污费（万元）	能耗费（万元）	能源消耗							
										水（吨）		电（万度）		煤/油（吨）		燃气（m^3）	
										指标	实耗	指标	实耗	指标	实耗	指标	实耗
1																	
2																	
3																	
4																	
5																	
6																	
7																	
8																	
9																	
10																	
11																	
12																	
全年																	

A. 2 上一年节能降耗业绩报告（ 要求阐明具体项目、技改措施、投资金额等）；

A. 3 上一年提供绿色产品、绿色服务情况（包括宣传培训，活动计划、总结）；

A. 4 社会环境效益（各种报道、社会各界反应、宾客表扬和建议）。

附录B（规范性附录）

绿色饭店认定细则

		各大项得分汇总栏	各分项得分汇总栏	各次分项得分汇总栏	各小项得分汇总栏	市级绿色饭店认定委员会	省绿色饭店认定委员会
1	必备条件						
1.1	参加创建“绿色饭店”活动，有分管领导，设立“创绿”管理机构；各部门设有负责“创绿”的分管人员，形成管理网络						
1.2	制订环境管理方针，明确“创绿”目标指标，建立健全有关节能、环保和降耗的规章制度。能按要求准确、及时地填报各有关报表						
1.3	分管领导每季度定期检查“创绿”活动中存在的问题，有记录，有整改措施，并有成效						
1.4	自觉遵守国家各项有关节能、环保、卫生、防疫、规划等法律法规						
1.5	饭店主要公共场所和部门有“创建绿色饭店活动”的气氛，有倡导绿色消费的告示和文字说明，有相关的报纸、杂志展示						
1.6	无重大火灾、环境污染等事故，无重大客人投诉						
2	节能管理	55					
2.1	能源管理		25				
2.1.1	建立能耗设备分类台账，能耗计量仪表台账			5			
2.1.2	按部门或系统安装水、电、汽计量仪表			8			
	其中：a. 供电系统的动力用电和照明用电应按区域分别计量，50kW以上电动机要单独安装电表（未装分表不得分，局部安装得1～3分，全部安装得4分）				4		
	b. 饭店的独立建筑和重要用水部门（锅炉房、洗衣房、客房等）应安装水表未装分表不得分，局部安装得1分，全部安装得2分				2		
	c. 蒸汽锅炉应装有蒸汽流量表未装表不得分，安装总表得1分，全部安装得2分				2		
2.1.3	有能源统计工作制度，每月有能耗比较、分析、建议报告			6			
	其中：a. 有饭店总的电耗比较、分析、建议报告得1分同时还有各部门的电耗比较、分析、建议报告得2分				2		
	b. 有饭店总的水耗比较、分析、建议报告得1分同时还有各部门的水耗比较、分析、建议报告得2分				2		
	c. 有煤（油、燃气）耗量比较、分析、建议报告得1分有各部门蒸汽耗量比较、分析、建议报告得2分				2		
2.1.4	饭店及各部门有能耗定额、考核制度及奖惩办法			6			
2.2	主要用能设备运行效率		9				
2.2.1	供配电系统			2			
	其中：a. 变压器负载率>30%				1		
	b. 功率因素>0.9				1		
2.2.2	供热系统			3			
	其中：a. 工业锅炉四项监测指标抽测合格（每项0.5分）				2		
	b. 供热管网表面温度现场抽查达标				1		
2.2.3	中央空调系统			4			
	其中：a. 饭店主要场所室内温度控制符合标准要求				2		

续表

	b. 制冷机单位轴功率制冷量达到设计要求				2		
2.3	节能新技术应用		14				
2.3.1	中央空调系统			4			
	其中：a. 使用节能型制冷机组或采用智能型控制技术				1		
	b. 流量系统采用变流量调节技术				2		
	c. 空气集中处理机采用变风量调节技术				1		
2.3.2	绿色照明			6			
	其中：a. 50%以上采用高效、节能的新光源得2分，50%以下采用得1分				2		
	b. 采用节能型照明控制系统，50%采用得2分				2		
	c. 采用智能型照明				1		
	d. 无光污染				1		
2.3.4	采用太阳能技术			2			
2.3.5	采取其他各种节能措施（视节能效果 每项0.5～1分，最多2分）			2			
2.4	节水措施		7				
2.4.1	冷凝水回收使用			2			
2.4.2	洗衣废水回收使用			1			
2.4.3	有其他节水措施（每项0.5分，最多2分）			2			
2.4.4	采用中水系统			2			
3	环境保护	33					
3.1	污染控制		14				
3.1.1	污水处理设施完备，水污染物排放达到国家排放标准			3			
	其中：a. 生活污水处理设施完备、有效				1		
	b. 厨房污水处理设施完备、有效				1		
	c. 其他污水处理设施完备、有效				1		
3.1.2	废气处理设施完备，废气污染物排放符合国家排放标准			4			
	其中：a. 锅炉使用清洁燃料，烟气排放符合国家排放标准				2		
	b. 厨房大气污染物排放符合国家排放标准				2		
3.1.3	边界噪声符合环境噪声使用区标准			2			
	其中：a. 环境噪声污染引起书面投诉				-1		
	b. 饭店内部设备设施噪声超标，干扰客房住客				-2		
3.1.4	固体废弃物处理符合国家有关法律法规的规定			4			
	其中：a. 废电池能统一收集				1		
	b. 有危险废弃物专用存放点				1		
	c. 生活垃圾能实施分类收集				2		
3.1.5	自备车使用无铅汽油，尾气排放达标			1			
3.2	采用环保设备和用品		9				

续表

3.2.1	使用溴化锂吸收式冷水机组			2			
3.2.2	使用环保型空调器			1			
3.2.3	使用环保型冰箱			2			
3.2.4	不使用哈龙（F1211）灭火器			2			
3.2.5	使用无磷洗衣粉			2			
3.3	室内环境		4				
3.3.1	室内空气质量（一氧化碳、总悬浮颗粒物、挥发性有机物）符合标准			3			
3.3.2	采用有环境标志的装修材料			1			
3.4	绿化		6				
3.4.1	室外绿化			3			
	其中：a. 室外可绿化地的绿化覆盖率达到100%				3		
	b. 室外可绿化地的绿化覆盖率达到70%以上				1		
3.4.2	室内绿化			3			
	其中：a. 室内绿化与环境相协调并改善室内空气质量				3		
	b. 有室内绿化				1		
4	降低物资消耗	27					
4.1	降低客房物资用品耗量		15				
4.1.1	牙刷、梳子、小香皂、拖鞋等一次性客用品多次使用，有征询客人意见牌尽量减少消耗量（其中部分做到给1分）			2			
4.1.2	毛巾、枕套、床单、浴衣等客用棉织品是否更换有征询客人意见牌有相应的措施，尽量减少洗涤次数			2			
4.1.3	取消或改变一次性包装袋和用品			4			
	其中：a. 取消玻璃杯杯套				0.5		
	b. 不用塑料擦鞋盒				1		
	c. 取消拖鞋、擦鞋纸的塑料封套				0.5		
	d. 简化日用卫生品的外包装（包括采用再生纸作包装纸）				2		
4.1.4	不使用一次性洗衣袋			2			
4.1.5	有降低客房其他消耗品用量的措施（每一项1分，最多5分）			5			
4.2	降低餐饮物资用品耗量		4				
4.2.1	餐厅及外卖等不使用不可降解的泡沫塑料饭盒			1			
4.2.2	餐厅不使用木制一次性筷子			1			
4.2.3	餐厅不使用难以降解的一次性餐具			1			
4.2.4	餐厅不使用一次性（湿）毛巾			1			
4.3	降低其他用品耗量		8				
4.3.1	有降低饭店用纸量的措施			1			
4.3.2	有降低饭店清洁剂用量的措施			2			
4.3.3	有降低饭店其他消耗品用量的措施（每项 1 分，最多5分）			5			
5	提供绿色产品	35					

续表

5.1	提供绿色客房		16				
5.1.1	设有无烟客房楼层或无烟小楼			4			
	其中：a. 有控制客房内抽烟的措施				1		
	b. 有清除客房内烟味的措施				1		
	c. 设置抽烟区域				2		
5.1.2	客房楼层的新风系统			4			
	其中：a. 有完善的送风控制制度及运行记录				4		
	b. 新风系统完善，有送风控制制度但无运行记录				2		
	c. 新风系统完善，但无送风控制制度及运行记录				1		
5.1.3	能积极采取措施降低客房物资用品耗量，并得到客人的配合			2			
5.1.4	服务指南中有相关说明，服务程序或岗位职责中有具体规范要求			2			
5.1.5	客房内特别配备有空气清洁设备和饮用水洁净设备（各1分）			2			
5.1.6	客房及卫生间内放置对人体有益的绿色植物			2			
5.2	餐饮提供绿色服务		19				
5.2.1	有绿色服务规范			2			
5.2.2	服务员在服务过程中能引导客人进行绿色消费（有客人反馈意见书）			2			
5.2.3	自助餐厅、零点餐厅等处有倡导、提醒客人适量用餐的措施			2			
5.2.4	能向客人提供剩余食品打包服务和存酒服务			2			
5.2.5	积极提供绿色食品			3			
	其中：a. 能提供30种以上的绿色食品				3		
	b. 能提供21～30种绿色食品				2		
	c. 能提供10～20种绿色食品				1		
5.2.6	餐厅设有无烟区			2			
5.2.7	提供安全食品			3			
	其中：a. 保证出售检疫合格的肉食品				1		
	b. 提供绿色、有机或无公害蔬菜				1		
	c. 饮用水符合标准				1		
5.2.8	不出售国家禁止销售的野生保护动物			3			
6	社会环境经济效益	40					
6.1	社会环境效益		9				
6.1.1	开展创建绿色饭店活动一年内得到社会的良好反应（有各种报道）			2			
	其中：a. 得到国家级报纸杂志，电视电台报道				1		
	b. 有省级报纸杂志，电视电台报道				0.5		
	c. 有本地报纸杂志，电视电台报道				0.5		
6.1.2	得到客人的支持和赞同（有反馈信涵）			2			
	其中：a. 得到客人表扬信10封以上				1		

续表

	b. 得到客人表扬信5～9封				0.5		
	c. 得到客人表扬信4封以下				0.5		
6.1.3	客人对饭店环境的满意程度达80%以上（根据征求意见表统计）			2	0.5		
6.1.4	绿色客房出租率呈上升趋势或绿色客房平均出租率超过饭店平均出租率			2			
6.1.5	有政府特殊环境保护方面的奖励（一项1分，最多3分）			3			
6.2	经济效益		16				
6.2.1	年能耗（电、水、燃料的数量）比上年下降或达到先进指标			4			
	其中：a. 电能年耗比上年下降或达到先进指标				1		
	b. 用水量比上年下降或达到先进指标				1		
	c. 燃料年耗量比上年下降或达到先进指标				1		
	d. 蒸汽年耗量比上年下降或达到先进指标				1		
6.2.2	消耗品费用比上年下降或达到先进指标			12			
	其中：a. 客房一次性用品费用比上年下降或达到先进指标				2		
	b. 客房针织品洗涤量比上年下降或达到先进指标				2		
	c. 饭店清洁剂耗量比上年下降或达到先进指标				2		
	d. 饭店用纸耗量比上年下降或达到先进指标				2		
	f. 饭店其他消耗用品费用比上年下降或达到先进指标（每一项0.5分，最多2分）				2		
6.3	管理体系的建立		15				
6.3.1	建立绿色管理规范，有实施措施			5			
6.3.2	已建立了质量管理体系，并通过ISO9001标准认证			2			
6.3.3	已建立了环境管理体系，并通过ISO14001标准认证			13			
6.3.4	同时建立了质量/环境管理体系，并通过了ISO9001/ISO14001标准认证			25			
	总　分	190					

旅游发展规划

珠海市旅游发展总体规划（2007—2020年）

（摘要）

第三章　目标与战略

一、发展方向与定位

1. 发展方向

规划期内珠海旅游发展（温泉、高尔夫、3S、海钓等）休闲度假旅游、都市观光旅游、商务会展旅游、（海洋海岛）生态旅游四大主导旅游产品。

2. 定位

(1) 主要旅游职能

国内外著名的特色文化游乐与休闲度假胜地，港珠澳组合型旅游目的地中的交通枢纽节点、旅游服务基地，大珠三角旅游目的地中的游客组织与集散中心、商务住宿基地。

(2) 战略定位

港澳珠、大珠三角组合型国际旅游目的地的重要组成部分：以都市风貌、特色文化和岛海风光为特色，国内外著名的文化游乐、时尚休闲、会展度假（组合型：港澳珠，大珠三角）旅游目的地；国内高端度假旅游产品的示范区和旅游服务国际化率先接轨区；珠三角旅游创新的重要基地。

二、发展目标与建设步骤

1. 总目标

将珠海建设成为我国重要的旅游经济强市、具可持续竞争力的（城市型）旅游目的地，实现珠海旅游由过境地向区域组合型目的地、由观光地向度假地的转变，旅游业成为珠海的主导产业和规划期末的重点支柱产业，珠海旅游资源与环境实现可持续利用。

2. 品牌目标

通过政策引导和调控，珠澳合作，全力将横琴打造成世界级文化游乐旅游精品，以此为核心和龙头，扩展其东（中心城区、唐家湾、淇澳）西（温泉高尔夫和自然山水观光）两翼，并延伸至东南部的海洋海岛，形成“香洲情侣路、海泉湾度假城、横琴欢乐岛、海上‘高尔夫’、万山群岛秀、赛车航空展”六张特色旅游品牌。

国家级旅游品牌的申报目标为：

●中国最佳旅游城市：珠海市

● 5A级旅游区（点）：2～3处（海泉湾度假城、横琴、香洲湾情侣路等）

● 4A级旅游区（新增）：8～10处（梅溪牌坊、横琴蚝生态园、凤凰山风景区、黄杨山景区、淇澳岛、东澳岛、外伶仃岛等）

●国家级旅游度假区：2处（海泉湾度假城、东澳岛旅游度假区）

●国家级生态旅游示范区：2～3处（淇澳红树林湿地公园、担杆岛生态旅游区等）

●国家工农业旅游示范点：3～4处（农科奇观、莲洲基塘生态园、鹤洲北都市农庄等）

●国家级自然保护区——1处（淇澳红树林湿地自然保护区）

●国家级风景名胜区：黄杨山风景名胜区

●国家历史文化名镇名村：斗门镇、会同古村、北山古村

●国家森林公园：尖峰山国家森林公园

●省级风景名胜区：凤凰山一梅溪牌坊

3. 社会目标

发挥旅游产业的重要社会功能，改善珠海的形象，提升珠海的知名度；增强珠海居民的凝聚力和归属感；提高珠海居民的自身素质和生活质量：改变人们的观念意识；创造大量的就业岗位，促进社会文明的进步、和谐珠海的建设。

扩大就业——2005年旅游从业人员约6万人，包括了旅游景区、旅行社、宾馆饭店以及旅游交通、娱乐、购物等服务人员。规划到2020年旅游从业人数达到12万～15万人。

旅游富民——旅游业的发展在提升城市品牌和景观环境质量的同时，将带动东部海域渔民、北部水乡农民从事旅游服务及与旅游关联的生产活动，增加收入来源，并通过对外交往和联系，开拓眼界，更新观念。

4. 文化目标

在继承珠海地方特色文化的基础上，选择性地吸收国内外的先进文化，形成独具特色的珠海优秀文化。

5. 环境目标

通过发展依赖资源环境的旅游业，保持与改善珠海生态环境，使之达到生态良性化，环境宜人化，实现生态环境的

良性循环。

6. 建设步骤

推进阶段（2007～2010年）——充分发挥环境优势，全面推进城市旅游功能的强化和要素项目的整体提升，将珠海建设成为大珠三角地区的主要旅游目的地、区域旅游中心城市。旅游业成为珠海国民经济的主导产业。

突破阶段（2011～2015年）——强化旅游口岸的功能与作用，大力开发旅游主导产品系列及品牌项目，积极推动旅游产品的国际化，将珠海建设成为泛珠三角地区、长三角地区和日、韩、东南亚与我国港澳台地区游客出游的主要旅游目的地；中国知名的休闲度假、观光游览旅游胜地；珠江口西岸的旅游组织与集散中心。旅游业成为珠海国民经济的支柱产业。

提升阶段（2016～2020年）——进一步深化与港澳国际旅游目的地的接轨，完善旅游产品体系与配套项目，提高珠海旅游产品与旅游服务的国际竞争力，将珠海建设成为我国及东亚太区域的主要旅游目的地；国际知名的休闲度假旅游城市；珠三角会展中心城市。旅游业成为珠海的重点支柱产业。

7. 发展指标预测

2010年——全市接待游客总量2740万人次，其中入境游客580万人次，国内游客2160万人次；接待过夜游客1180万人次，其中入境过夜游客340万人次，国内过夜游客840万人次；旅游总收入达到225亿元，国内旅游收入105亿元，旅游外汇收入15.5亿美元。

2020年——全市接待游客总量8400万人次，其中入境游客2000万人次，国内游客6400万人次；接待过夜游客4100万人次，其中入境过夜游客1300万人次，国内过夜游客2800万人次；旅游总收入达到850亿元，国内旅游收入360亿元，旅游外汇收入63亿美元。

三、旅游发展战略

1. 目的地建设战略

旅游吸引物体系——根据旅游产品开发的四原则（资源与环境的垄断性或比较优势、市场需求潜力、产品的可替代性、综合带动效应即经济效益），构建具有较强吸引力的旅游吸引物体系是珠海旅游发展的关键。

旅游形象——突出“海”、“特”、“景”、“泉”四大特质。即珠海作为滨海旅游城市的自然特征、作为经济特区的社会经济特征、作为风景旅游城市的综合环境特征、海上温泉项目的特色卖点。

市场营销系统——注重港澳世界旅游目的地网络化市场营销系统的“搭车”运作，与遍布世界各客源市场的旅游营销、组织资源的进行战略性联合。

可进入性——抓住港珠澳大桥、广珠铁路、广珠轻轨等区域性大型基础设施建设的契机，提高珠海旅游的可进入性。

旅游服务设施配套——包括导引设施（旅游标识系统）、旅游交通网络（快速旅游通道与旅游观光通道）、旅游信息系统、旅游快速救援系统（旅游灾害应急机制）。

旅游环境建设——包括游览环境、生活环境、社会环境和生态环境的建设，其中，游览环境是旅游环境的核心。

2. 区域协作战略

第一层次：与近邻澳门（近期）香港（中远期）之间在功能互补、制度衔接等方面展开合作，与中山市旅游资源的整合和产品的开发合作。

第二层次：与珠三角地区旅游城市之间的线路协作、市场共享与组合营销，尤其是与中山市旅游资源的整合和产品的开发合作。

第三层次：与泛珠三角西部如广西、云南、贵州和四川等省区内重点旅游地之间的市场开拓、品牌营销和线路协作。

其中前两个层次为重中之重。

3. 差异化战略

首先，形成与大珠三角旅游区主要旅游目的地间的差异化旅游精品；其次加大珠海以休闲度假为主导、配套服务为特色的差异化发展步伐；其三，将珠海从大珠三角旅游网络中的端点区变为节点区、枢纽区。

4. 国际化战略

通过建设一批面向同际市场的精品项日、强化珠海旅游咨询服务网络功能、实施城市营销策略、引导具有国际水准、体现国际时尚的休闲度假设施、高星级饭店以及生态旅游设施和商务会展设施建设，推进旅行社国际化发展步伐。

第五章　空间总体布局

一、旅游空间发展的总体思路

1. 构建“一核、两翼、一扇、两带”旅游空间结构（**见表一**）

结合珠海“东延、西拓，强海、优山，美江、活岛”空间发展战略，构筑“以横琴为旅游创新增长极，以中心城区和珠海西部两翼为重要支撑，以陆岛（万山群岛）联动、扇面推进为特色途径，休闲经济沿南部滨海地区和北部山地带状聚集”的动态发展格局。

2. 培育特色旅游吸引物体系

重点发展三大类旅游吸引物：以休闲度假旅游产品（温泉、高尔夫、3s、海钓等）开发及休闲度假环境的国际化标准营造、都市旅游产品（观光、娱乐、特色文化等）及风景旅游城市和现代娱乐之都创意建设、海洋海岛生态旅游产品等为核心的物质性旅游吸引物；以“海洋”、“现代休闲娱乐”

和“体育赛事”为主题的旅游节庆活动;以“特色娱乐”、“特色餐饮”、“特色购物”为重点的旅游要素吸引物。

3. 建设两级旅游集散设施

以中心城区为重点建设服务于全市及周边城市，集旅游交通集散、旅游信息咨询和配套服务的一级旅游集散中心；以海泉湾、横琴为重点建设服务于周边旅游功能区并作为珠海重要旅游接待服务基地的二级旅游集散中心。

4. 建设8个特色旅游城镇

综合整治和建设的八个特色旅游城镇：历史文化旅游城镇——斗门镇、唐家湾镇，南海（渔村）民俗旅游城镇——横琴镇，休闲度假与接待服务型旅游城镇——井岸镇，岭南乡村民俗旅游村镇——莲洲镇，南海渔岛（渔家风情）特色旅游城镇——万山镇，海洋旅游服务基地城镇——桂山镇、担杆镇。

5. 建设多条旅游快速通道与旅游观光带

建设东西向从主城区、横琴至海泉湾、御温泉、黄杨山，淇澳经中心城区（靠山）至横琴，淇澳经凤凰山至黄杨山的陆路旅游快速通道，以及珠海到香港的水路旅游专线。规划淇澳—唐家湾—中心城区—横琴岛沿海陆上观光旅游带和港珠澳大桥三地观光旅游线路；九洲、湾仔沿水路环珠澳，横琴溯江而上至广州，九洲至香港大屿山等水上游览线路。

二、旅游功能分区

1. 功能分区

●北部都市文化休闲旅游区

●中部现代文化游乐旅游区

●西部康体休闲度假旅游区

●东部海洋生态休闲旅游区

三、旅游区(带)开发

根据资源整合和产品开发要求，共划定十六个重点旅游区(带)（见表二）

1. 情侣路休闲游憩带
2. 中心城观光休闲旅游区
3. 唐家湾历史文化休闲旅游区
4. 淇澳岛生态休闲旅游区
5. 南湾文化休闲旅游区
6. 横琴现代休闲旅游区

珠海旅游发展空间构成

表一

名称		范围	特色	支撑内涵
一核		横琴	主打现代游乐牌	游乐、会展、游艇、高尔夫
两翼	北翼	香洲区，高新、横琴、万山除外	主打都市休闲牌	商务会展、赛车节庆、RBD等
	西翼	金湾区、斗门区	主打特色休闲牌	温泉度假、航展、乡村休闲
一扇		万山海洋开发试验区	主打海洋休闲牌	海岛度假、渔家体验、游艇海钓
两带	滨海旅游带	以情侣路为主，南北延伸	滨海游憩	餐饮购物、文化休闲、游憩休闲
	山地旅游带	以凤凰山、黄杨山为轴心	生态游憩	自然观光、运动健身

珠海重点旅游区（带）分布

表二

旅游功能区	重点旅游区（带）	
一、北部都市文化休闲旅游区	1. 情侣路休闲游憩带 2. 中心城观光休闲旅游区 3. 唐家湾历史文化休闲旅游区	4. 淇澳岛生态文化旅游区 5. 南湾文化休闲旅游区
二、中部现代文化娱乐旅游区	6. 横琴现代游乐旅游区	
三、西部康体休闲度假旅游区	7. 平沙海洋温泉度假旅游区 8. 金湾会展旅游区 9. 斗门康体休闲旅游区	10. 斗门水乡风情旅游区 11. 莲洲休闲农业旅游区
四、东部海洋生态休闲旅游区	12. 东澳休闲度假旅游区 13. 万山休闲渔业旅游区 14. 外伶仃娱乐度假旅游区	15. 桂山观光休闲旅游区 16. 担杆海洋生态旅游区

7. 平沙海洋温泉度假旅游区
8. 金湾会展旅游区
9. 斗门康体休闲旅游区
10. 斗门水乡风情旅游区
11. 莲洲休闲农业旅游区
12. 东澳休闲度假旅游区
13. 万山休闲渔业旅游区
14. 外伶仃娱乐度假旅游区
15. 桂山观光休闲旅游区
16. 担杆海洋生态旅游区

第十二章 近期行动计划

一、近期发展目标

近期年限为 2007 ～ 2010 年。

●到 2010 年，将珠海建设成为大珠三角地区复合型旅游日的地中的枢纽与服务型旅游城市，我国海滨休闲度假重要旅游日的地之一，旅游业成为珠海国民经济的支柱产业。

●到 2010 年，接待游客总量达到 2750 万人次，其中国内游客 2160 万人次，入境游客 580 万人次；接待过夜游客 1180 万人次，其中国内过夜游客 840 万人次，入境过夜游客 340 万人次；旅游总收入达到 225 亿元，国内旅游收入 105 亿元，旅游外汇收入 15.5 亿美元。

二、近期重点项目

以休闲度假旅游产品的品牌化和系列化开发为核心，以西部地区休闲度假设施、配套项目建设为重点，开拓休闲度假、商务会议、都市观光购物和文化旅游市场，培育和发展修学旅游、奖励旅游、海洋生态旅游和农业观光旅游市场，将珠海初步打造成为富于吸引力和一定竞争力的旅游目的地。同时，重点加强核心旅游景区标识系统建设，提高旅游服务信息化、规范化与标准化水平。

1. 旅游产品升级行动

(1) 高端度假产品打造

以温泉、高尔夫、海岛和游艇四大主题为核心进行休闲度假旅游产品的精品化开发，同时注重“海洋温泉＋高尔夫”、“海洋温泉＋游艇”、“海岛＋游艇”等组合型度假产品的策划与包装，初步形成珠海以海洋温泉和高尔夫两大品牌为支撑的度假旅游产品，增强对入境游客及国内高端消费群体的吸引力。

(2) 特色休闲游憩项目建设

依托珠海的环境优势与特色，建设具珠海特色的系列化休闲游憩项目，满足当地及周边居民对周末休闲度假产品的消费需求。重点开发四大类型：以海洋资源为主题的生态休闲系列；以历史人文资源及环境依托型特色文化为主题的文化休闲系列；以传统和现代农业资源为主题、聚落风貌为特色的乡村休闲系列；以山海景观和设施为依托的游憩休闲系列。

(3) 传统观光产品提升

珠海旅游的传统产品以主城区城市风貌及圆明新园等景点观光为主体，在国内已建立一定的品牌影响力，应在原有基础上进行深度开发，通过资源与环境的整合与优化，强化地方性、文化性和体验性三大特征。结合情侣路全线综合改造工程，新建珠海渔女主题公园、银坑山地公园、海天公园、香洲旅游码头及海洋风情旅游街、渔人码头、海滨新浴场、休闲沙滩、休闲广场等项目，对圆明新园进行休闲化提升，澳门环岛游包装提升为环珠澳游，以此极大丰富城区的观光休闲内容，营造宜居城市氛围，增强城市的吸引力。同时，推出梅溪牌坊、淇澳红树林湿地公园、横琴蚝生态园、海泉湾神秘岛、凤凰山风景区、黄杨山风景区等一批新的观光景点，使观光旅游产品在线路、活动内容和服务项目等方面焕发新的活力。

(4) 商务会展项目品牌化培育

结合观光产品的提升、休闲度假项目的开发和商务酒店群的形成，重点打造服务品牌化、休闲内容特色化的商务旅游产品。加强政府对珠海会展行业的统一管理，制定珠海会展业管理办法，明确相关部门的协调机制、产业开发政策、行业主体及准入、行业协会的功能与作用、信息交流、办展条件与展览项目审查等内容，为会展业健康发展创造良好的法制环境。同时，依托现有航展项目，结合横琴会展中心项目建设，加强城区会展设施的配套建设。积极与澳方合作，共同推出以旅游装备和文化娱乐为主题的专业展会，促进珠海专业会展品牌项目的形成。鼓励发展以会展旅游、商务旅游为中心的专业化服务公司，提供优质、多样化、个性化和人性化的服务，在不断提高会议及展览规模、数量的基础上使会展业水平和综合效益得到显著提升。

2. 旅游品牌构建行动

(1) 国家 A 级旅游区申报

一个国家 5A 级旅游区申报项目——海泉湾度假城；四个国家 4A 级旅游区申报项目——梅溪牌坊、凤凰山风景区、横琴蚝生态园、淇澳红树林湿地公园。

(2)“中国最佳旅游城市”创建

(3) 休闲度假产品品牌的打造

●宜居珠海休闲之旅：以主城区为依托，融观光、购物、美食、娱乐等为一体。

●珠海高尔夫时尚之旅：以五大高尔夫球场为依托，结合温泉和海岛度假等项目进行精品化打造。

●万山群岛风情之旅：以东澳、万山、内伶仃、桂山等岛屿为重点。

●全国温泉度假旅游最佳服务品牌：御温泉

●全国海洋温泉度假第一城：海泉湾度假城

3. 旅游市场开拓与营销

(1) 三大市场的巩固与开拓

重点发展入境旅游——进一步加大国际产品开发，发展入境旅游。入境旅游发展方针是“立足日韩港澳台，巩固东南亚，拓展欧美，培育澳非”。

全面提升国内旅游——适应我国经济发展阶段变化和消费需求变化的趋势，满足国内居民多样化的旅游需求，进一步体现海洋生态特色和地方乡土文化特色，注重开发各种类型和不同档次的旅游商品和娱乐产品，大力发展商务旅游和休闲度假旅游，进一步重视中远程市场的开发，突破珠三角，及时把各种潜在市场有效转化成现实市场，实现效益型为主的增长方式目标。

规范发展出境旅游——依法规范出境旅游管理，加强出境旅游产品的促销引导和监控，引导珠海市民赴境外旅游的健康消费。在提高质量的基础上，增加出境组团社的数量，增强企业自律行为。启动珠海市民出境旅游目的地安全预警制度，加强旅游安全教育，增强珠海出境旅游者的自我保护意识和应变能力。

(2) 以事件为中心的旅游营销

• 面向2010年上海世博会的事件响应行动

与世博会组委会联合，展开多层面的推广合作。

推出“宜居珠海休闲行”活动。

• 面向2010年广州亚运会的事件响应行动

围绕“动感亚洲、动感世界”主题，挖掘亚运商机，发挥广珠城际轨道等快速交通网络和赛车场、珠海体育中心等设施的作用，大力推动体育赛事特别是国内外重大体育赛事、竞技体育项目的发展，特别是高尔夫、马术及皮划艇、帆船等水上运动等，并策划与亚运赛事紧密关联的旅游产品和线路，将体育盛事同时办成旅游者的盛会。

4. 空间发展重点

(1) 率先建设情侣路城市旅游休闲带

以情侣路为纽带，北至唐家，南至拱北，重点推出提升现代珠海城市品位的大型文化和商业设施，如艺术剧院、科技博物馆、现代购物区、时尚艺术社区等，推动城市游憩商业区呈带状发展，将城市整体风貌、标志性建筑、代表性区域和地段策划包装为现代都市旅游吸引物，丰富和延伸珠海城市旅游的内涵。

(2) 全力打造横琴旅游增长极

充分发挥口岸功能，以良好的自然环境和人文积淀为基础，通过合作开发或世界知名品牌的引进，开发大型主题游乐城、国际会展中心、港湾休闲度假区、运动休闲游憩区、口岸商务游憩区、创意产业园等项目，体现中外“乐”文化主题，成为珠海市旅游发展新的增长极。

(3) 优化提升12个重点旅游区

按照“区域联动、优势互补、资源共享”的原则，以城市为中心，以资源为依托，以项目为支撑，整合全市旅游资源，优化提升和建设12个重点旅游区。

中心城及情侣路观光休闲旅游区。

康家湾历史文化休闲旅游区。

淇澳岛生态文化旅游区。

横琴国际会展旅游区。

横琴南部滨海休闲旅游区。

平沙温泉度假旅游区。

金湾会展旅游区。

斗门康体文化旅游区。

斗门水乡风情旅游区。

莲洲休闲农业旅游区。

东澳—万山休闲度假旅游区。

外伶仃—桂山观光娱乐旅游区。

5. 优先建设项目

(1) 提升情侣路旅游功能

结合情侣路全线综合改造工程（2007～2011年），全面提升珠海城市旅游功能，塑造“浪漫之城、魅力珠海”新形象，为宜居珠海海上与陆上旅游产品的开发创造良好的物质空间基础。从旅游交通考虑，建议沿情侣路预留地铁线路走廊及站口用地，并考虑九洲港、珠海渔女、野孤岛、北堤、银坑、唐家会展中心等处预留地铁站点位置与用地；从旅游功能强化考虑，建议将情侣路按以下五大区段进行完善提升：

情侣路南段——即拱北至九洲港滨海段，以都市商业游憩休闲为主要功能。

九洲洋段——即九洲港至国际会议中心段，以商务会议与海上游乐休闲为主要功能。

香洲湾南段——即珠海渔女至北堤段，以珠海城市特色文化休闲为主要功能。

香洲湾北段——即北堤至银坑段，以滨海运动休闲为主要功能。

唐家湾段——即银坑至唐家湾镇，以城市会展与文化休闲为主要功能。

（2）其他建设项目（略）

6. 旅游服务设施

(1) 旅游交通

重点建设对外与珠三角主要旅游城市直达联系、对内覆盖主要旅游景区的旅游交通服务网络，形成以航空、高速公路和城际轨道交通为主体，城市公共交通和水路紧密衔接的服务体系。

航空口岸——发挥珠海机场的口岸优势，新增或加密至主要客源国的直飞航线或航班，进一步强化与国内其他航空门户城市或重点客源地区之间的空中快速联系。

公路交通——重点发展高等级公路、主城区与主要景区间的旅游专用路以及各类交通枢纽旅游功能的完善配套，在拱北建成1处旅游集散中心，开辟与珠三角重点旅游城市的直达班次。

铁路交通——强化境内各城际轨道站点的旅游服务功能及与其他交通方式的衔接，使之成为城市旅游的客运服务中心。

交通服务设施——完善重要旅游交通沿线、旅游景区的旅游交通标识和服务站点建设，满足散客和自驾车旅游者的需求。

(2) 旅游住宿

以市场为导向，着力建设多样化的旅游住宿设施，优化旅游星级饭店设施的结构、档次与空间分布。大力发展国际品牌连锁酒店和商务型、度假型、观光型、会议型、保健型等特色主题酒店系列，实现酒店业的国际化，引导酒店业在横琴、海泉湾等地区的集群化发展，推进斗门区高星级旅游饭店建设。针对自驾车游客的快速增加，在主要交通干线和重点景区加快发展汽车旅馆。针对散客和学生市场，发展青年旅舍、露营地、家庭旅馆等经济型住宿设施。

(3) 旅行社

重点提高旅行社业的整体素质，包括旅行社品牌、规模、业务专长等，引导旅行社加强会展接待、商务接待等业务的开发，加强国外市场的开拓。

(4) 旅游餐饮与娱乐

充分挖掘珠海的饮食文化内涵，积极开展品牌化、主题化、特色化经营，开发名品佳肴，对旅游团队餐馆实行统一、规范的管理。

结合地方民俗和文化特色，依托城市文化设施和游憩广场开展丰富多彩的文化娱乐活动，进一步提升圆明新园的表演节目。

(5) 旅游商品与购物

充分发挥珠海商业经济发达的优势，加强商旅互动，结合各旅游商业街建设，强化城市购物、观光、休闲等综合服务功能，营造特色购物环境。积极引导开发特色旅游商品，扶持和建立集设计、生产和销售于一体的旅游商品生产基地，推出一批对国内外游客有吸引力的旅游纪念品、土特产品和实用工艺品。

(6) 其他旅游配套设施

大力推进各区旅游信息咨询服务站点建设，重点加强旅游景区在交通集散、导游服务、游程安排和受理投诉等方面的服务功能，与旅游集散中心一道形成网络化的散客服务系统。推广实施旅游厕所星级标准，在重要旅游景区和主要交通沿线新建一批生态化的旅游星级厕所。完成高速公路、一级公路、主要景区交通沿线的旅游标志牌设置工作。建设和完善旅游信息平台，推动旅游目的地营销系统建设，大力发展旅游电子商务、网上咨询和预订服务。

佛山市旅游发展规划(调整)(2006—2020年)

(摘要)

第七章 旅游发展战略

一、战略思想

围绕着建设南粤名城和环境优美的现代化旅游城市的战略目标，依托历史文化名城、中国优秀旅游城市、产业强市、文化名城、现代化大城市、南国商都、著名侨乡、毗邻国际旅游城市广州和广泛的对外经济联系等区域优势，充分利用优越的区位条件、已经形成的基础设施优势和旅游商务发展基础，以城市旅游为主体，策划、开发、建设高品位旅游景点，培育持续旅游吸引，创造旅游市场拓展和旅游业持续发展的良性机制，努力提升佛山旅游的国际化水平，将佛山建成在国内外有较高知名度，集观光度假、康体休闲、商务、会议旅游于一体的直接旅游目的地，以旅游的发展牵动全市相关产业发展，力争在规划期末使旅游业真正成为全市支柱产业。

思想阐释：

一个目标：建设南粤名城 + 环境优美的现代化旅游城市。

三个优势：名城—商都—侨乡等区域优势；区位条件优势；发展基础优势。

两个重点：1）以城市旅游为主体，培育城市整体旅游吸引，建设精品旅游景区，建成多功能旅游目的地；2）发挥旅游的产业带动效应，使旅游业真正成为全市支柱产业。

二、战略模式

(一) 旅游发展模式

根据旅游供给和市场需求趋势分析，佛山市旅游发展拟采取以城市商务旅游和景点观光度假旅游开发并重，带动区域旅游发展的模式。

城市旅游是佛山旅游的主体；而生态型、文化型的观光、度假、宗教旅游以及组织外出旅游是旅游发展的辅助和有效补充；城市旅游的综合市场可为观光、度假旅游共享。

(二) 旅游发展驱动机制

1. 培育城市经济活力商务型都市旅游。城市经济活力是主动因素，具体到佛山，优越的区位、发达的区域经济、已经形成的各类市场、著名的侨乡和已经形成的广泛经济联系既是区域发展条件，又是都市旅游的发展条件，其中以商贸为代表的大流通业是城市活力的核心，也是未来旅游持续发展的主动因素。

2. 重点加强精品景点建设。景点是旅游活动的主要载体，是佛山城市型旅游发展的有效补充和短途旅游的主要吸引。景点建设必须有精品意识，并力求建设几处吸引范围大、生命周期长的高强度旅游点，以保持资源永续利用和旅游持续发展。

3. 坚持实施旅游开发与城市、区域建设一体化。在区域环境、城市景观和市政建设方面，融入旅游和园林意识，实现旅游开发与区域、城市硬件建设一体化；致力于培育区域和城市文化，造就一个社会安定、经济规范、市民文明的旅游发展软环境，实现旅游开发与精神文明建设一体化。这不仅是创建优秀旅游城市和区域旅游发展的需要，也是佛山城市和区域经济社会发展的需要；不仅是营造旅游大环境的需要，也是为佛山人民创造优美生存环境的需要。

因此，佛山旅游发展坚持都市型模式，即以提高经济活力和营造大环境为主，提高城市的综合吸引力，为资源强度不足的区域旅游业提供市场开拓条件和发展机会；同时，积极保护和开发旅游资源，营造精品旅游点，改善服务条件，提高服务水准；利用区位优势，开拓珠三角本地市场和争取共享其外来市场，发展短途观光旅游和休闲度假。另外，对现有环境优美的休闲度假区，可适当发展面对珠三角城市群的旅游房地产。

三、 战略目标

(一) 总目标定位

到规划期末，建成以城市旅游为主体，以观光度假旅游为特色，集商务、会议、博览、观光、度假、美食、购物、娱乐、宗教旅游于一体的，广东一流并在国内外有较大影响的多功能、综合性旅游区和中国旅游强市，全市旅游大环境得到进一步提升，旅游业成长为全市国民经济的支柱产业，并以旅游业的发展促进相关产业和城市经济的总体发展。

(二) 分层次开发目标

1. 资源开发层次以资源保护为基点，整合全市旅游资源，优化旅游产品结构，以提高开发品位、增强区域结构优势为目标，充分发掘地方特色，策划高品位的开发内容，全面提升佛山旅游业的人文内涵和品位，建成一批高吸引力和附加值的风景旅游区，让佛山成为珠三角地区休闲度假、康体健身、商务贸易旅游的有吸引力的目的地。

2. 旅游项目建设层次坚持市场导向、自养力强、维持费低、重游率高、生命周期长的原则，策划建设一批不同量级的多功能旅游项目，开发一批具有较强吸引力的旅游拳头产品。

3. 中心城市建设层次与佛山“五加二”新的城市空间布局规划相适应，遵循精品城市发展取向，保护和包装历史文化名城，依托和改善城区的旅游接待条件，保护和美化城市外围环境，创建中国最佳旅游城市；完善高星级酒店和休闲商务等配套设施，提高服务水平，建设好禅城、南海、顺德、高明、三水商务接待和城市旅游中心。

4. 区域环境营造层次坚持旅游开发与区域建设一体化，重点加强对道路两侧的环境综合保护与治理，逐步实现旅游干道两侧园林化；在全市推广大地园林化，强化佛山在珠三角的环境对比优势，实现工业文明与生态环境可持续性的统一。

5. 市场开拓层次巩固省内市场，积极开拓国内市场；巩固港澳台市场，努力开拓东亚和东南亚市场，争取欧美市场；巩固商务公务旅游市场，多渠道开拓观光度假市场。

四、竞争与合作战略

（一）区域定位

为突出城市的产业定位以及城市的区域地位，又契合未来的城市综合发展目标，可将佛山未来旅游发展的定位确定为：

1. 在珠三角的地位。①珠三角西岸区域性旅游中心；②广佛都市圈休闲基地；③粤港澳旅游圈重点旅游目的地。

2. 在广东省的地位。①与广州构成双星式区域旅游中心；②广东首位地级旅游城市；③依托广州、客源分流型的旅游目的地。

3. 在华南的地位三大基地，两大中心。①短程观光休憩基地；产业观光基地、文化旅游基地。②历史文化旅游中心，商务会议旅游中心。

4. 在中国的地位。①中国旅游强市；②岭南文化名城；③中国最佳旅游城市。

（二）区域协作战略

1. 佛山—广州协作（双子星战略）

佛山的战略选择是：①广州国际化大都市的战略伙伴——依托广州的市场平台与旅游基础设施，强化休闲游憩与商务特色，实施与广州的互补战略，提升区域性旅游中心城市的地位与服务功能。②作为广州辐射粤西旅游腹地的客流过滤器，应在客流出行停留的市区范围和交通节点强化旅游配套服务功能，以留住相应客源。③作为以广州为中心的广佛都市圈的西向、南向的旅游走廊与线路组合的重要节点，应强化“广州—佛山—粤西／中山珠澳”线路组合中，佛山作为必游之地的吸引力，而不仅仅作为一个过境地或中间站。

2. 佛山—珠三角协作

佛山旅游发展应着重于：构筑基于地域文化特征的“佛山旅游板块”，形成具有明确地域分工的“大佛山旅游区”。以差异化战略形成佛山旅游业的核心竞争力。以综合协作战略完善旅游基础设施，营造良好的旅游大环境。以资源—产品互补的空间战略，形成与珠三角大区域互动的开放式旅游区。

3. 佛山—粤港澳协作

随着“珠三角144小时便利措施”的积极实施和完善，内地出境游组团社的扩容，通关手续的进一步简化和过境条件的不断改善，粤港澳旅游区展现出更为广阔的发展前景。佛山要充分利用这一有利时机，充分利用三地两种不同制度不同文化的内在优势，以及客群的组合差异，借助业已形成的良好合作基础和港澳在国际上的巨大旅游吸引力，借船出海，借势发展，通过资源共享、市场共享、信息共享、优势互补，联合推广旅游产品，共同建造“粤港澳旅游信息平台”，参与打造“一江珠水，三颗明珠”的国际旅游品牌，使佛山旅游尽快走向国际。

4. 国际化战略

旅游国际化问题已经成为广东省在新时期旅游发展的重大战略导向，因此佛山要把旅游国际化问题作为规划期内旅游发展的一个重要任务。重点发掘佛山具有国际吸引的旅游资源和各种旅游要素，以全市的资源整合为基础，将佛山旅游尽快融入粤—港—澳大珠三角旅游协作体系，推动佛山旅游的国际化。

佛山祖庙、粤剧博物馆及商务、科技、老商号文化，珠三角水乡生态景观和乡村文化、花卉世界，黄飞鸿、霍元甲、李小龙为代表的佛山名人以及特色民俗文化活动和民间艺术等，是佛山可以开发出面向国际的旅游产品的重要资源；此外还要重视“四大名镇”、“南国陶都”等大品牌以及各种高引力值的非物质资源和社会旅游资源整合，发挥现代经济联系的纽带作用，培育面向国际的整体旅游引力。

（三）竞争策略

1. 产品优化与市场战略。①针对珠三角大都市连绵区与私家车时代的特点，打造“一小时游憩圈产品”，面向以广佛都市圈为核心的粤港澳大三角市场。②优化双休日和节假日期间适宜家庭1～2日休闲度假的、多样化的产品，配套适合家庭不同成员需要的项目，面向珠三角市场和广东市场。③优化为商务、公务客人服务的高尔夫、康疗、森林度假、乡村度假主题产品、商务酒店产品和包价旅游产品，面向粤港澳、省外和国外市场。④优化为求知型、体验型客人服务的陶瓷、武术、美食、粤剧、民俗等文化型旅游产品，以及水乡观光产品，面向北方、海外华人圈和外国人市场。⑤优化为市民服务的水乡田园观光、城市观光、生态旅游、农家乐和大型购物休闲中心，面向广佛都市圈和珠三角市场。

2. 差异化策略。①文化差异化。佛山应立足自身文脉，在旅游开发中大打武术文化、陶瓷文化、粤剧文化、美食文化、产业文化、商业文化、民间艺术文化牌，加大与周边城市的反差，突出自身的特色底蕴。②服务差异化。佛山应在城市旅游信息服务、交通口岸的服务效率、国际化的服务规范、国际化语言环境、市民东道主意识、旅游投诉与危机快速处理等服务内涵方面下足力气，下大功夫精益求精，做到“人无我有，人有我优，人优我特”，从而在激烈竞争中确立自己的位置与比较优势。③营销差异化。佛山应立足产品核心竞争力，瞄准市场开拓目标，在营销思路、营销对象、营销理念、营销活动、营销媒介等方面拉开与竞争对手的距离。④形象差异化。佛山应突出千年古镇、南国陶都、产业王国、岭南水乡、飞鸿故里、粤剧源地、文明卫生安全好客之邦、源远流长的美食名厨之乡、面向世界的现代产业王国、蓬勃发展的产业强市—文化名城—现代化大城市、最具中国特色的旅游大市等具有唯一性、独特性或权威性的形象要素，在市场大潮中彰显自身的亮点和卖点。

3. 互补策略。①与广州的互补。一日游与城际盛事的互动；为广州提供培训、商务接待、会议、奖励旅游基地；为广交会国内外客商提供质优价廉的酒店与度假服务设施。②与珠三角西岸城市互补。历史文化—产业观光—山水观光与肇庆互补；田园风光—城市风貌—美食购物与中山互补；城市主题活动节庆—商贸美食—农科观光—历史文化与珠海互补；温泉度假—购物美食—历史文化—产业观光与江门互补。③与珠三角东岸城市互补。历史文化—现代城市观光、购物—美食—田园风光、产业观光—商务—酒店度假与深圳、东莞互补，温泉—高尔夫度假、广府民俗风情—山水观光与惠州互补。④与港澳的互补。购物旅游—城市旅游—历史文化、短程休闲—修学旅游—田园风光、粤剧陶瓷武术旅游—主题公园—博彩旅游、高尔夫度假—健康养生—美食品尝与港澳互补。

第八章　总体布局规划

一、开发思路

根据旅游资源空间组合结构，面向珠三角都市休闲度假市场和共享外来商务市场，合理选择开发项目，优化产品建设和旅游产品网络，完善旅游配套，建设旅游组织中心，构筑具有强大吸引力的旅游地域系统，最大限度地形成区域旅游综合效益。

二、开发布局原则

（一）适应旅游需求和旅游行为规律，便于组织旅游活动；

（二）因地制宜，充分考虑旅游资源地域组合与结构优势；

（三）扶持龙头，狠抓重点，强化特色，创造名牌；

（四）旅游开发与地方经济发展相结合，少投快产，滚动发展；

（五）坚持超前性、合理性与可操作性统一。

三、总体布局

（一）布局结构

佛山旅游发展总体布局结构为“一心－两廊－三圈层－四组团”。

一个中心：以佛山市中心组团为全局性旅游发展组织辐射中心。

两条风景长廊：美化和改造西江、北江两条风景长廊，串联沿江景点。

三圈层结构：内圈层→中圈层→外圈层。

四大组团：即中部综合性旅游组团，南部产业文化（工商）与水乡旅游组团，北部民俗和休闲度假组团，西部生态旅游组团。

（二）一个组织中心

佛山市中心组团距离广州近，且交通十分便利，顺德、三水和高明等都在广州的一日游辐射范围内，这对于佛山共享广州市场提供了条件；同时也为建设顺德、三水和高明三个节点提供了条件。

（三）两江风景长廊

北江和西江风景长廊的营造主要是结合沿岸地带防护林建设与河道整治进行绿化和美化；在心滩和边滩旅游点以及靠近旅游区的岸段加强岸线环境美化和标识塑造，以起到形象引示作用；在河道串联的沿途旅游点附近建设旅游码头；对客运码头及其外围环境进行适当营造，建设园林化码头；组织旅游船队，开辟水上旅游线。

（四）三个圈层

加强佛山市环都市游憩带的旅游体系构建，形成三圈层结构：

中心组团→内圈层→中圈层→外圈层。

内圈层：中心组团外围的禅城区范围和邻近的南海、顺德小部区域，邻近中心城区，受城市辐射最强，重点发展需要紧密依托城市，但用地需要较大的项目。如会展交易中心、大型市场、观光型主题旅游区、郊区美食园、大型体育场馆、休闲型商务会议场所等等。

中圈层：主要是南海区和顺德北部近中心组团范围。相当于各大组团之间的乡村农田园地保护地带，主要是依托交通网络发展带状、点状特色专业市场，郊区观光、休闲、度假、会议和大型主题公园类项目。

外圈层：主要是外围的顺德大部、高明、三水和南海的西北和西南部，生态环境较好，发展度假区、郊野公园、生态旅游区、观光农业园、乡村民俗旅游区等。

（四）四大组团

根据资源空间组合关系、区位与交通条件、旅游功能层次的地域结构，坚持依托资源、挖掘特色、优化组合、突出重点的原则，建设和强化市区组织中心功能，配套商务旅游项目，提高城市综合发展活力，形成都市型旅游发展的龙头。

拟建成佛山市中心组团为组织中心，以顺德、三水、高明区城区为节点的双层组织系统；以西樵山为龙头景区；美化和改造西江、北江两条风景长廊，串联沿江景点；完善配套西线、北线以自然生态为主题的休闲度假旅游项目，加强南线工业、商务和农业生态旅游特色项目；重点建设和提升佛山古城、南风古灶、南国桃园、皂幕山—大沙水库、南海西岸、三水云东海、顺德东海发展协调区旅游度假区和顺德陈村花卉世界等大型旅游区；最终形成并完善“四大组团”区域旅游总体格局：

1. 中部综合旅游中心组团；

2. 南部产业文化与水乡美食组团；

3. 北部民俗和休闲度假组团；

4. 西部生态旅游组团。

把佛山建成类型多样、功能齐全、结构合理、特色鲜明的综合性旅游目的地。

四、旅游功能系统规划

（一）功能区

根据佛山市旅游资源的空间分布、类型特征、组合结构，结合市场需求，将资源进行功能组织，规划出全市整体的旅游资源功能系统。从宏观地域构成上来看，佛山旅游资源空

佛山市区域旅游功能定位

大区	主体功能	小区	主要功能	特色
禅城片区	商务会议 城市观光 历史文化 综合接待	祖庙历史文化街区	民俗观光、购物、宗教	道教神庙、民间艺术、明清商业文化、名人故居、典型传统建筑景观
		东华里	民俗观光	保存完整的清代典型街道
		梁园	观光	清代文人园林的代表作
		南风古灶	陶都观光、民俗旅游	展示石湾陶艺和民间风情的地方
		东方广场	购物、美食	现代购物休闲中心，佛山最大的高档购物中心
南海片区	观光 休闲	西南部	观光度假、康体休闲、生态科教、宗教旅游	农业生态、自然山水与人文胜迹相结合、人造景观与历史文化相融合的观光、休闲、度假、游乐、朝圣
		中部	观光度假、宗教、娱乐	综合性休闲、会议接待、影视摄制与度假游乐区
顺德片区	商务公务 购物美食 产业观光	北部	农业观光、市场购物	特色市场、花卉生态农业、现代工业旅游，适度发展旅游房地产
		东南	商务、公务、工业、观光、购物、美食、娱乐、宗教	会议、博览、名胜古迹、宗教、园林、现代化工业参观、综合性接待中心
		西南	生态观光、休闲度假、寻根问祖	基塘生态主题公园、休闲度假区、名人故居、河洲游乐区
三水片区	生态观光 休闲度假 美食	北部	观光度假、美食、宗教	山地、河洲水库、寺庙古建筑等景观的观光休闲
		中部	民俗观光、宗教	古建文物的探幽猎奇
		南部	生态观光、美食、宗教	文物古建筑、古文化遗址、宗教旅游与河洲、山地风景相结合的观光度假
高明片区	山水田园 生态休闲 度假	荷城	城市旅游、休闲娱乐	文物古迹、花园城市、休闲度假、生态观光
		南部杨和	生态观光、休闲度假	观光农业、生态休闲、乡村化景观房产和分时度假房产
		中部明城	休闲、科教	农耕文化和历史文化观光，科教旅游
		西部更合	观光、科考	珍稀植物保护区考察、观光，中远期发展康体休闲度假和体育旅游

间分布可分为一个中心、四大区：①佛山中心组团历史文化和综合性接待中心；近郊区：②南海观光、会议、休闲度假和主题公园区；远郊区：③顺德美食、商务、现代工农业综合性旅游区；④三水美食、生态观光休闲区；⑤高明山水田园、生态休闲度假区。

（二）功能类型（见图表）

第十章　重点旅游项目建设规划

一、龙头景点的确定与建设

（一）龙头景点的确定

龙头景点指一个区域最具有垄断性和带头性、最具有开发潜力和效益潜力的高品位旅游点，对区域旅游发展具有不可替代的影响力，是这个区域最具代表性的名牌形象。根据资源综合评价，结合公众评价指标，确定以西樵山为佛山市的龙头景点。

（二）龙头景点建设

①加强山林保护和尽快实施林相改造；②遏制风景区的城市化倾向，山内园林和建筑逐步实施风景园林和乡土化改造；③策划充实适应风景区主题的生态旅游、度假旅游、康体休闲旅游等旅游项目；在外围地带配套高品位的旅游活动区和度假园，充实外围景点；④对现有旅游项目的文化内涵进一步发掘和策划包装，完善观音文化园和黄大仙圣景园宗教园林，丰富景区内涵，从发展宗教观光而不是宗教活动的角度策划旅游文化宣传内容，加强其旅游吸引；⑤对黄飞鸿狮艺武术馆旅游开发进行系统策划和规划，使之形成佛山重要的旅游吸引和拳头产品；⑥风景区率先实施形象工程，以新的形象面对新世纪的市场挑战。

二、 重点旅游区(点)和旅游项目

（一）南国桃园旅游度假区

（二）佛山祖庙及古城风貌旅游区

（三）皂幕山—大沙水库旅游度假区

（四）顺德东海发展协调区旅游度假区

（五）三水云东海综合性旅游区

（六）陈村花卉世界旅游区

（七）西岸旅游度假区

（八）南风古灶旅游区

第十一章　专项旅游产品规划

一、 南国武术旅游规划

（一）规划要点

1. 建设“黄飞鸿”品牌，打造旅游龙头。借助影视作品的宣传，黄飞鸿成为佛山武术甚至中国武术的象征，成为佛山最好的形象品牌。建设“黄飞鸿”品牌是佛山武术文化开发的核心。①立足大佛山，全市一盘棋。将禅城区、南海（如黄飞鸿出生地及家乡）等统筹考虑，集中开发建设“黄飞鸿”武术文化项目，达到整体开发利益最大化。②建设“黄飞鸿”品牌。赎回已被注册的“黄飞鸿”、“飞鸿”、“宝芝林”等商标；在佛山市推广“黄飞鸿”品牌，如选择合适道路、公园更名为飞鸿路、飞鸿公园，强化黄飞鸿品牌的影响力。③规划先行，政府主导。制定“黄飞鸿”武术旅游文化项目规划。政府成立专责领导小组，负责项目的可行性论证、策划、规划、宣传、招商、融资和项目开发建设的招标及工程管理工作。④开发黄飞鸿系列产品。如景点产品（武术名人纪念馆、展览馆、文物古迹、故居等）、武术商品（纪念品、练功器械、狮头扎做、练功服装、武术书籍、音像制品等）、活动产品（表演、比赛、学习、研讨等）、食品药品（药膳美食、膏药、药酒、药丸等）。⑤建设“黄飞鸿”武术文化主题景区。可考虑在禅城区王借岗附近或中央电视台南海影视城建设黄飞鸿主题文化景区。融佛山传统民俗、古镇风情、民间艺术、历史文化于一炉，大手笔、大气魄、高标准、高起点地将景区建成集观光游览、休闲娱乐、学习交流、修学研究、会议度假等多种功能的大型综合性主题公园。

2. 借题发挥，雅俗共赏。借题发挥，抓住武术题材广泛、故事性和情节性强的特点，满足游客求新求异求刺激的心理，增加动感、观赏性和参与性，实现旅游过程中的刚柔结合、动静结合、古今结合、中外结合、虚实结合，使得不同层面的客人各得其所、雅俗共赏，回味无穷。

3. 活动营销，增强吸引。积极开展活动营销，举办形式多样的武术比赛、表演、节庆活动，扩大佛山武术的影响。例如，举办佛山武术文化节，举办全国甚至世界级武术、拳击、相扑、柔道、龙舟、醒狮表演大赛，短期武术培训班，武术教育研讨，创办武术学院等。

4. 广开渠道，融资发展。可以通过政府财政支持、海内外募捐、赞助、上市融资、发行债券等多种方式筹集项目建设的资金来源，并以优惠政策引导、支持、吸引民间资金参与项目的开发。

5. 龙头带动，产业互动。要将“黄飞鸿”武术龙头项目的开发建设作为带动区域经济和其他产业经济发展的重要途径，实现佛山的产业旅游（工业、农业）、家具、家电、中成药、陶瓷、会展和商务活动等的互动联系，从而实现强强联合、优势互补，创造商机，促进经济发展。

二、粤菜美食旅游规划

（一）规划要点

1. 美食之乡营销策略。①多管齐下，宣传造势。通过传媒大力宣传美食好去处、美食名菜名点与美食名家；编辑出版佛山美食书籍；拍摄佛山美食影视剧、旅游专题片，全面提高佛山美食的知名度、美誉度。②验明正身，品牌增值。通过专业、公开的鉴定、评比、认证，明确佛山美食各主打

产品的地位及其相应的系列构成，增加其科学性、权威性与排他性，增加其品牌附加值。③从内在理念、外在形象到宣传方式等方面加强佛山美食包装。根据目标市场的需求与特定客源口味的变化，做到一菜百味，适应变化。开发“美食修学之旅”产品，适应游客体验性要求。④面向市场，活动营销。一是走出去，到目标客源地举行“佛山美食秀”，以现场制作表演展示佛山美食的精华，为打响美食品牌鸣锣开道；二是请进来，以政府的名义举办年度美食节，广邀业界与传媒交流、传播，提高烹饪水平，打响佛山美食之乡品牌。

2. 增加内涵，提高品味。①结合旧城改造与商业更新，建设美食街区，整合休闲、文化、观光与饮食功能，提高美食品味。②营造美食美境。对特色美食进行商业化包装，营造富有文化底蕴的美食环境氛围，全面挖掘美食体验的兴奋点。③倡导原产消费营销，加强传统风味美食中的地方性与原生性元素，使之成为吸引天下食家的独特金字招牌。④增强美食文化内涵。特化与提炼佛山粤菜文化中代表性元素，强化对远程客源市场的旅游吸引。

3. 名店老号，重现光彩。①尊重历史，深入挖掘整理老字号、老品牌、老店面、老技艺、老师傅之精华。②在旧城区的改造中，要抓好饮食街区的整体布局，结合街区传统风貌的恢复建设，集中展示全市老字号和传统美食精髓。③减轻老企业负担，给予用地、用水、用电等方面的价格优惠。④将百年饮食老字号、老招牌食府酒楼整理出来，拿到国内外进行招商，让它们焕发出新光彩。

4. 规范管理，创新机制。①政府引导，专门促销。一是成立佛山美食推广机构，发掘美食资源，宣传弘扬美食之乡，建设美食街区，打造美食品牌；二是拨出美食专项促销经费，出版美食书籍、印制宣传资料，开展促销活动。②加强研究，革新经营。研究制定佛山美食产业振兴计划，导入现代经营管理，抓好菜式的研制和创新，探索佛山美食新的产业化经营之路。③立足实际，创新机制。建立包括菜点创新、技术创新、服务创新、环境创新、机制创新、管理创新、市场创新在内的企业创新体系，加快佛山餐饮业向现代化、产业化和国际化发展的进程。④加强自律，促进发展。充分发挥美食行业协会的作用，一是组织对美食的发掘整理与评比，丰富佛山菜内涵；二是组织烹饪技术大赛，提高专业技术水平；三是促进与世界各地的交流合作，使佛山美食真正走向世界；四是筹备建设佛山美食博物馆。

5. 特色美食线路规划要点。①巧妙组织，合理布局。合理布局定点餐厅，将美食与专业市场、花卉、陶瓷、武术组合，加强专题线路吸引力。②突出各区分工。禅城区突出传统美食、外来菜系；南海区突出海鲜美食、风味美食；顺德区突出粤菜精品、凤城小炒；三水区主打水产河鲜和地方菜；高明区突出野味、农家菜和绿色食品。③采取差异化的线路组织原则。一是在地域上，考虑与广州等周边城市的组合、互补，突出自身个性；二是在档次上，既有阳春白雪，又有下里巴人，满足不同消费层次的需求。④发挥特色，串连精华。发挥各区特色，将分布在全市各区的特色美食串连起来，开展美食旅游活动，开发佛山美食旅游线路，如美食之乡追鱼之旅、南国花乡美色美食之旅、绿野仙踪瓜果菜美食之旅、活色生香陶都美食之旅等。

第十三章 旅游形象塑造

一、形象定位

综上所述，佛山旅游形象的策划要点为：

佛山旅游综合形象1：狮舞岭南，传奇佛山。

佛山旅游综合形象2：古韵新风，逍遥佛山。

定位词：名城古镇新都会，山水田园逍遥情，佛国仙山灵秀地，飞鸿故里展雄风。

二、细分口号

（一）陶都梦，佛山行（主要针对远程客源市场）。

（二）水乡情，南国风（主要针对远程客源市场）。

（三）佛山：最有广东味的城市（主要针对中远程客源市场）。

（四）佛山游：粤腔粤味粤韵，风情风物风光（主要针对中远程客源市场）。

（五）民间艺术之都，活力广东窗口（主要针对中远程客源市场）。

（六）千年古镇，现代商都，南拳之乡，飞鸿故里（主要针对中远程客源市场）。

（七）南国陶都，飞鸿故里（主要针对中程客源市场）。

（八）岭南商都，电器王国，历史名镇，休闲胜地（主要针对短中程客源市场）。

（九）文化古镇，山水家园，休闲之都（主要针对短程客源市场）。

（十）水乡田园情韵，岭南文化故乡（主要针对短程客源市场）。

第二十二章 近期行动计划

一、 思想观念和机制建立

树立大旅游的科学发展观，重视培育大旅游发展的整体动力和发展环境；

强化政府主导机制，为向政策导向型的旅游发展机制转变做好政策准备；

将培育旅游发展的整体动力和营造旅游大环境作为政府主导战略重点；

确立旅游业作为支柱产业的地位和现代化旅游强市的目标，配套产业政策；

确立城市旅游与景区旅游双重驱动，文化旅游与生态旅游并重的发展模式；

确立多层面并进的旅游产业跨越式发展思路，不拘一格地推动产业升级；

培育良性的发展机制，为中远期大旅游的健康发展奠定软环境基础；

近期内基本上完成市场导向的旅游体制改革，优化发展机制。

二、旅游发展目标

实现旅游总收入和旅游外汇收入的双倍增目标。全市旅游总收入达到238.49亿元人民币，年均递增17%；旅游外汇收入8.11亿美元，年均递增20%。

重点对已有的旅游产品进行素质提升、服务提高、大环境营造和结构整合，着力打造一个龙头和八大产品；

积极开发城市旅游产品和社会旅游产品，提升旅游服务产品；

结合文化大市建设，策划商业化操作的大型动态旅游项目；

推动旅游产品由观光型为主向观光、休闲、度假、商务和会议旅游相结合的多元结构转变；由观赏型向参与型和娱乐型转变。

策划建设2～3个多功能旅游项目，形成具有较强吸引力的拳头产品。

新开发5～8处主要旅游资源，建成一批高附加值的休闲度假区。

实施佛山—广州一体化战略，作为双星式综合性中心城市和整体性产品进行打造，培育城市整体旅游发展动力。

坚持旅游开发与区域建设一体化，重点加强对道路两侧的环境综合保护与治理，逐步实现旅游干道两侧绿化美化；禁止沿交通性干道的建筑封闭。

巩固省内市场，积极开拓国内市场；巩固港澳台市场，努力开拓东亚和东南亚市场，争取欧美市场；巩固商务公务旅游市场，多渠道开拓休闲度假市场。

三、旅游产品开发

（一）总体布局

明确和初步构建旅游地域系统框架，启动以禅城—南海桂城为组织中心，以顺德、三水、高明城区为副中心的双层组织系统；

启动西樵山为龙头景区的配套项目，重点开发、优化和提升佛山古城旅游区、南国桃园休闲度假区、南海西岸生态休闲区、三水云东海综合性旅游区、顺德均安旅游度假区、顺德陈村花卉世界和高明大沙生态园、皂幕山等八大重点旅游产品；

整合与培育中部综合旅游中心组团、南部工商和水乡旅游组团、北部民俗和休闲度假组团及西部生态旅游组团，初步形成四大区域性旅游产品体系；

组织中部城市文化和商务旅游线，西线、北线以自然生态为主题的休闲度假旅游线，南线工业、商务和农业生态旅游线。

（二）专项旅游产品

1. 休闲度假旅游产品
2. 历史文化旅游产品
3. 南国武术旅游产品
4. 粤菜美食旅游产品
5. 产业旅游产品
6. 商业会展旅游
7. 节庆活动旅游产品
8. 宗教旅游产品
9. 拓展旅游产品

（三）重点旅游项目

1. 西樵山旅游区
2. 南国桃园旅游度假区
3. 佛山祖庙及旧城风貌旅游区
4. 高明皂幕山—大沙水库观光休闲度假区
5. 顺德东海发展协调区旅游度假区
6. 三水云东海综合性旅游区
7. 陈村花卉世界
8. 西岸旅游度假区
9. 南风古灶旅游区

（四）分区开发重点

1. 中心组团建设
2. 南海观光度假旅游区
3. 顺德商务美食现代工农业观光旅游区
4. 三水生态与民俗旅游区
5. 高明山水田园生态旅游区

四、旅游形象培育和市场营销

（一）旅游形象培育

主题形象：“狮舞岭南，传奇佛山。”

细分口号：

1. 海外市场：“小龙故里，有为佛山”
2. 港澳市场：“千年古镇，飞鸿故乡”
3. 国内市场：“岭南明珠，天下商都”

（二）品牌建设与形象工程

1. 全社会共创佛山旅游新形象
2. 形象的导入和应用
3. 规范行为，展示形象
4. 结合城市建设，彰显佛山个性

（三）重点开拓的市场区和类型

市场定位：国内基本市场是以珠三角为重点的广东市场，拓展市场重点是华东、华北和泛珠三角市场。境外基本市场是港澳台市场，拓展市场是东亚、东南亚、西欧、北美市场。

类型细分：大力拓展以佛山为目的地的近程直接旅游市场；在巩固和提高观光旅游市场地位的同时，重点拓展商务会展旅游、都市近郊游憩、短程度假、城市休闲、文化旅游和高尔夫、美食、购物、民俗等专项旅游市场。

（四）旅游市场开拓目标

“十一五”期间接待过夜旅游者总人数年均递增9%，2010年达到884万人次；其中接待过夜境外旅游者总人数年均递增10%，2010年达到123.37万人次。

（五）旅游市场营销对策

1. 创造更为良好的商务、公务旅游环境，整合会议展览场所，组织多种形式的商务旅游活动或大型会议，确保商务、公务客源的有效增长。

2. 针对目标市场，策划有效的开拓方案：以新的观光点、生态型（健康型）的度假地、乡村美食、购物、农家乐观光度假产品吸引珠三角及广州地区市场。

3. 加大广东尤其是珠三角城市休闲度假市场的宣传促销力度，提高度假型游客在佛山过夜市场构成中的占有份额，推动接待规模有效拓展。

4. 提供方便的措施和有效的途径，引导旅游点共享城市商务游客市场。

5. 加强与珠三角地区的产品整合与区域协作，推出跨区域旅游产品；与国内外主要目标市场区旅行社互建代理宣传招徕合作关系，驻外机构或有关国际旅行社代理境外宣传，拓展境外市场空间。

五、 旅游服务业发展重点

（一）旅游住宿业

预测2010年佛山市过夜游客人天数为1592万人天，需要床位总数5.8万张。

为满足推进现代化大城市建设和优化投资环境的迫切需要，要本着适度规模、分区控制、逐步推进原则，加快建设一批高星级旅游饭店。禅城区可在城区建设的过程中再配套1～2家五星级商务饭店；南海区和顺德区工商业旅游发达，对高档旅游设施需求旺盛，可考虑各建设2～3家五星级商务饭店和高级主题度假饭店；高明区和三水区可结合大型旅游区或度假区建设，配套1～2家五星级度假饭店。同时注意适度发展乡村农家客舍、学生旅馆、汽车度假营地、汽车旅馆等。在区位交通条件较好的度假区，可配套会议、观光、度假等多功能的综合性饭店以及度假别墅、时权酒店或分时度假饭店。

（二）旅行社业

完善政府对旅行社的宏观调控管理，改善旅行社管理运作模式。

重点培育高素质旅行社，取缔不合法的旅行社，处置和转化劣质旅行社。

近期与航空公司、酒店、景区、旅游车船公司、保险公司和其他相关企业合作，加入国际旅游、航空代理人分销系统，加入国际分时度假交换系统。

鼓励旅行社通过各种渠道搞好对外促销和传播工作；鼓励与外地、外国旅行社联合协作；实施旅行社名牌经营战略，组建旅行社集团。

制定积极的人事政策，做好旅游人力资源开发和管理，重视导游和中高级管理人员的培训。

（三）旅游交通业

主动争取和加快佛山—广州交通一体化进程；争取开通广佛旅游穿梭巴士串联佛山旅游网络，并从佛山市各区沿主要旅游线开通旅游专线车。

与有关城市和旅游区合作，将若干旅游线向市外延伸，开通跨市旅游专线车。

在城市主要旅游点和交通要冲设立固定的旅游车站，组织一日游或专线游；与广州合作，开展汽车、火车、飞机与轮船联运服务。

利用三角洲河网优势，开辟水上旅游线，并串联沿途旅游点。

完善交通服务系统，建设规范化的旅游标识系统。

完善网络化的交通信息查询系统，为旅客提供实时信息。

将从事旅游运营的各类交通企业和个体纳入旅游服务质量管理体系。

（四）旅游餐饮业

将佛山特色餐饮发展成为具有较强旅游吸引力的旅游产品。

培育具有佛山美食特色的知名餐饮品牌和饮食集团。

规范市场，将餐饮业纳入旅游服务质量管理体系；强化餐饮的食品安全、环境安全和卫生水平；开发餐饮与地方特色文化、康体、娱乐相结合的综合性项目。

打造永不落幕的佛山美食节，开发具有佛山特色和粤菜特色的、包容全国各大菜系、容纳世界美食的餐饮系列产品，推动佛山成为粤菜美食旅游王国。

培育大型餐饮集团，同时关注中小餐饮的生存状态；培育餐饮经营管理人才，改善社会餐饮摊店的经营环境。

（五）旅游购物业

发掘佛山传统与现代特色产品，编写购物指南或在酒店、旅游点设立购物信息窗，建立电脑购物咨询网络，为消费者提供便利。

扩大购物服务内容，可在经旅游质量认证的购物商场率先推行为旅游者提供优质的、个性化的咨询、包装、配送、邮递等服务。

为旅游购物场所评等定级，进行标准化管理，实行检查与考核制度。

完善购物场所的内外交通、信息与导购、客流组织、休闲活动安排等配套服务。

推进旅游区点特色购物、小商品街特色购物、专营店专项购物、城市游憩商业区休闲购物、大型商场综合购物等五大购物活动。

提倡原产消费与原创消费，加强游客对旅游商品设计、制作、生产过程的体验和参与，从而增强购物旅游的文化性、体验性、参与性和整体吸引力。

（六）旅游娱乐业

建设休闲剧场，提高城市品味，为过夜游客上演代表佛山水平、具有地方特色的精品化的娱乐表演节目。

规范娱乐市场，建立服务标准，加强行业管理。

与历史文化街区、步行街、大型购物中心、五星级高档饭店、城市中心广场、文化中心、武术项目的规划建设相结合，配套适宜的旅游娱乐项目；并根据需求变化和国际趋势创立一些健康化、知识化、大众化的康体娱乐活动。

实施“夜佛山”工程。在历史文化核心街区、中心组团、商业步行街区等重点实施城市夜景设计，安排丰富的娱乐节目，让佛山的夜晚亮起来，让千年古镇动起来，为度假、商务和观光客人提供有吸引力的城市夜生活。

阳江市旅游发展总体规划（2007—2020年）

（摘要）

第五章　区域旅游发展战略

一、阳江区域旅游发展战略

（一）定性（区域旅游地性质）——中国适宜休闲度假的国际化生态海滨旅游城市

休闲度假作为阳江市旅游主导功能，强调发展生态型的旅游产品；生态型海滨城市作为阳江旅游城市的定位，强调营造生态、浪漫、宜人的海滨旅游环境。国际化旅游城市关键在于旅游环境氛围的文化底蕴地方化、旅游服务质量的国际化、接待游客来源的国际多元化、旅游产品供给与体验的国际时尚化。

（二）定量（旅游产业发展主要指标）——全市国民经济的支柱产业，旅游增加值占 GDP 的 5%

二、阳江区域旅游发展战略选择

（一）国际化旅游发展战略

（二）生态温泉发展战略

阳江温泉资源丰富，在目前旅游市场对温泉旅游需要日益旺盛的情况下，通过大力开发温泉资源，带动阳江旅游市场的发展对阳江旅游业的发展极其有利。结合阳江现有的资源结构、当前的温泉旅游市场发展现状及客源结构，阳江市在开发温泉旅游资源时的发展战略应着力塑造阳江温泉的生态特色，打造生态温泉旅游文化，从而树立品牌，吸引游客，使温泉旅游成为阳江旅游业的主力军，创造更大的经济效益。

1. 阳江温泉生态特色

（1）温泉天然生态

阳江地处广州—阳江大断裂带西段，地热资源十分丰富，全市已发现温泉 24 处，类型有氡泉、硫磺泉、偏硅酸泉和石膏泉等优质热矿温泉，其中不少具有较大的旅游开发价值。在目前已开发的温泉中，阳江温泉度假村、阳春春都温泉度假村、阳西咸水矿温泉度假山庄，温泉质量均达到很高水平。阳江温泉为硫磺泉，阳春春都温泉属高热氡温泉，阳西咸水矿温泉顾名思义为咸水矿温泉。相关专家对这些景区的温泉水质的矿物质含量、水温、流量、医疗保健效果均有很高评价。游客在浸泡中一方面能得到休闲放松，另一方面还能使身心得到保健。在世界不少著名温泉景区纷纷爆出以热水代替温泉的“造假”丑闻背景下，阳江绝对天然、原质原温的温泉就是生态的温泉。

（2）景区和谐生态

阳江现有温泉景区在开发中注重景区与周围环境的和谐和对生态环境的保护，景区生态环境优美。阳江温泉度假村通过营造汉唐的园林建筑风格，融合日式温泉浸泡文化，景区园林特色突出，绿化面积大，游客置身其中能体验到一种都市生态休闲温泉文化；春都温泉度假村依山傍水，景区内大量保留山上原有植被，景区内山水石木众多，原汁原味的乡村原生态风光使其号称“中国最大的生态温泉”；阳西咸水矿温泉位于市郊，紧依阳西东湖，山水风光颇具特色，配套文化娱乐设施众多，是城市居民郊野出游体验生态温泉的选择。

（3）设计环保生态

阳江温泉度假村倡导绿色温泉文化，对景区酒店的用品均选取环保用品，自建农庄种养生态食品；春都温泉依山而建，建筑设计依山就势，就地取材，大量使用石头、木材作为建筑原料，温泉水自山顶自流而下，节约了大量的用于抽取温泉的电能；阳西咸水矿温泉依湖而建，在建设中把景区与周围山水相融，三个景区对生态温泉的不同演绎让游客更深入地领会何为生态。

2. 阳江温泉发展方向

（1）以生态理念指导温泉景区开发

要打造阳江生态温泉的品牌，就必须对温泉景区的开发过程中做到从生态角度出发来设计、经营。因此温泉景区在开发中或对景区的完善建设中须善于借景，注意对温泉周边的小环境的营造，尽量依托当地原来的山水草木石，因地制宜，融入自然，杜绝因开发而破坏环境的现象发生，保证景区绿化的质量及空气中负离子含量，创设有特色的生态园林景观。同时在建设中尽量不使用马赛克、瓷砖等类建材，修建浸泡池可改用形态不规划的大石头或鹅卵石，修建附带设施可适当选用古色古香的木材或竹子，营造绿色休闲的生态环境，让人在旅游中彻底放松，享受生命，体验到那种回归自然的感觉。

（2）以生态特色打造温泉旅游文化

（3）以生态品牌开拓客源市场

三、滨海旅游发展战略

（一）具有最优质滨海沙滩

广东滨海沙滩资源十分丰富。全省沙滩有 174 处，长 572.1 公里。总的来说，广东滨海沙滩丰富，质量尚好，但优质沙滩不多。参照美国的评估标准，海陵岛大角湾是广东省境内仅有的三处 A 级沙滩之首，以“沙白、水清、坡缓”闻名，可与美国夏威夷基基湾、海南亚龙湾相媲美。此外，十里银滩（长 7.4 公里，宽 150 米）被上海吉尼斯组织评为世界之最，这些都是阳江发展滨海旅游的最佳物质基础。

（二）拥有最美丽的海岛

广东海岛众多，据调查，全省海岛有 1431 个。2001 年海陵岛被《中国地理杂志》评定为“中国最美丽的十大海岛”之一。此外，南鹏岛面积 1.6 平方公里，岛上野牛、野兔、山羊成群结队，可以作为野外探险的生态旅游岛。

（三）建有中国首家水下考古基地

广东海上丝绸之路博物馆地处海陵岛十里银滩，是中国目前唯一水下考古发展史和展示国家水下文物的专题展馆。该博物馆将打捞起来的宋代古沉船“南海Ⅰ号”存放于馆内水晶宫，游人可通过水晶宫观看古船实物及水下考古情况。“南海Ⅰ号”是迄今为止考古发现的年代最久远、保存最完整、文物储存最多的远洋货船。据初探，整船装载文物约有 5 万～ 8 万件，相当于一个省级博物馆的藏品量。广东海上丝绸之路博物馆将是中国和亚洲第一、世界罕见的水下考古博物馆。

（四）建设国际化滨海旅游城市

阳江市的滨海自然形象是：碧海、蓝天、青山、银沙、白浪。旅游景观展现了空旷、真实、美妙的海滨风光。虽然阳江的滨海城市形象不及深圳、珠海、湛江等城市，但是通过城市可持续发展战略和城市形象工程，整治城市环境、增建公园、建设绿化广场、标志建筑，将把阳江从一个江河城市营造成一个滨海城市。

（五）发展高端海上休闲旅游

邮轮旅游是当今滨海旅游中的高端产品，同时也是旅游活动中的高端产品，因为它倍受世界各国的重视和青睐。2007 年 1 月 2 日首艘国际旅游船“勇士号”成功挂靠阳江港。规划建设阳江港豪华邮轮码头，阳江发展国际豪华邮轮不仅可以拓展境外旅游市场和高消费市场，同时将阳江旅游发展推向国际化。此外，建设雪流湾游艇基地、闸坡渔港休闲渔业基地等休闲旅游产品，把阳江建设成为广东高端的休闲旅游中心。

四、旅游城市发展战略

（一）旅游城市的定位

阳江是广东省西南部的一个沿海城市，拥有 470 公里的海岸线，20 处优质海滨沙滩，为一个魅力十足的海滨城市；阳江市内有众多温泉、瀑布、湖泊、水库等，漠阳江横贯阳江市，为一个美丽的水上城市，应加强开发生态型的旅游产品，强调营造浪漫宜人的海滨旅游环境，建设成为中国适宜休闲度假的国际化生态海滨旅游城市。

（二）阳江市发展旅游城市的战略

1. 旅游城市海滨发展战略

阳江市是一座美丽而充满活力的滨海旅游城市，以迷人的“三 S”（阳光、沙滩、海浪）旅游景观展现空旷、真实、美妙的海滨风光，获得了“中国优秀旅游城市”的殊荣。其中美丽的海陵岛被誉为“南方的北戴河”和“东方的夏威夷”，并被评为“中国十大最美海岛”之一；十里银滩更被列入世界吉尼斯记录大全之中国最大最宽的海滩。从立面上看，海面、城市、远山，形成不同层次、不同高度的城市轮廓线与城市天际线。阳江市海滨旅游城市的发展，可以采取以下两种战略。

①走海滨旅游产品的多样化战略道路

整合阳光、沙滩、海浪“三 S”资源，建设海滨休闲、娱乐、度假设施，如海滨浴场、水上乐园等。还要充分发挥历史文化资源优势，将历史古迹、博物馆、民俗风情、人文景观等纳入海滨度假产品中。除此以外，阳江市还应积极开发专项旅游产品（如沙滩排球赛、高尔夫球赛等）来丰富滨海旅游活动，这些产品可以扩大作为一个海滨旅游城市在世界上的影响力。

②走品牌化战略道路

阳江市的滨海自然形象是：碧海、蓝天、青山、银沙、白浪，但是其知名度远不如海南岛的三亚市，所以吸引力不足。因而必须加强对外的宣传，可通过广告宣传、宣传手册、网站宣传、与电视台联动合作等推广策略，打造具有鲜明的阳江海滨旅游度假品牌。

2. 城市旅游生态化发展战略

生态旅游是以自然环境资源为依托，以保护生态环境和贯彻社会经济可持续发展原则为前提，融观光休闲、科学考察、探险猎奇、自然和人文知识的教育熏陶等为一体的新兴旅游形式。阳江自然资源丰富，拥有海洋、温泉、溶洞、森林等优秀生态旅游资源，具有创建生态旅游城市的优良条件。

生态旅游活动的对象应从自然区域延伸到历史人文景观或社会文化环境独特的区域。阳江旅游应该立足于生态旅游可持续发展观。可持续发展是指：“既满足人类当前需要的发展，又不应剥夺后代满足其自身需要的能力。”可持续发展观强调人与环境和谐相处，“天人合一”的境界，这与生态旅游的宗旨是十分相似的。

①以保护促发展，走生态旅游精品战略

以生态的可持续性发展为主要考量，在控制的基础上注重高收益的旅游产品的开发。以生态景观为特征，全面推进海滨、温泉、湖泊、水库、山地等自然生态景观的保护和建设；因地制宜，从生态角度出发来设计、经营旅游地，如阳春春都温泉依山而建，依山造景，充分利用自然资源，开发成一个优美的生态温泉景区，旅游价值很高。

②利用生态理念经营、管理旅游景区

要使阳江市的旅游生态化，就必须从生态角度出发来开发设计和经营管理各个景区。如对于凌霄岩国家地质公园应当建立有效保护措施，根据不同景区的旅游容量限制旅游进入量，如：改变高峰期的旅游路线，对部分高频率游览的景点适当提高门票价格来限制进入量等，使景区自然资源有适度的恢复时间，把旅游污染破坏控制在生态容量允许之内。对一些历史人文景观，当地旅游单位要及时修复，建立保护系统，减少资源磨损。

3. 旅游城市国际化战略

①城市标识系统国际化

设置完善中心游憩区及城市至主要景区（点）通道中英文双语街名牌、交通指示牌、服务信息标识标牌。各类标牌应突出特色，并融入旅游要素。在机场、公路、铁路、港口等重要公共场所建立旅游向导标志，公厕、公园等公共设施要设置国际通行公共信息图形符号。

②引进国际知名品牌企业进行全方位的国际合作

引进国际知名品牌企业（包括旅行社、商品生产商、交通服务供应商、银行等），进行合作，将阳江逐步引入国际旅游业的主流价值大循环，推动阳江旅游产业全面提升，实现跨越式的发展，并极大地提升城市的整体旅游形象。

③塑造“山海温情，贵地阳江”的国际旅游形象

通过精品旅游产品的打造和经典旅游线路的推出以及在国内外颇具影响力的节庆活动的举办，提高阳江的国际知名度，最终形成阳江的国际化品牌。

4. 城市旅游特色化战略

阳江市的旅游要形成自己的特色才能被世界所知，才能形成巨大的吸引力。

①树立整个城市的旅游形象，包装特色旅游产品

城市旅游形象是城市旅游吸引力强弱的重要体现。城市旅游的充分发展必须全面实施旅游形象战略。阳江市的旅游形象定位为“山海温情，贵地阳江”，必须加强宣传力度，提高社会知名度；特色旅游产品很多，如温泉、滨海沙滩、“阳江三宝”、炒米饼、海鲜、风筝等，这些都必须精心策划与包装，形成有力的旅游吸引物。

②明确不同区域的旅游重点发展方向，建设特色街区

阳江市现有阳江旅游步行购物街、旅游商品纪念品展销中心、市区体育文化商业街、漠江路特色美食街、阳江风筝馆等，成为主城区休闲产业的特色构成部分。主城区未来的发展要继续改造这些购物街，要突出文化和专卖两个特色。同时规划建设休闲娱乐街，有酒吧、茶座、游戏吧、餐吧、夜总会等，作为主城区夜生活大本营和重要的旅游创收点，成为主城区休闲产业的特色构成部分。规划设计中的新区——城南新区，定位为阳江市南部的生态型综合功能生态区，因而在旅游发展上应建成集文化与休闲娱乐为一体的生态型现代化新城，营造滨水、滨江、岭南水乡特色的高品质的旅游环境。重点发展的景观街道在新阳河沿岸和连围河沿岸，即洛东路、洛西路及连围河经过市中心的河畔处，可以建成具有阳江特色的水上休闲街道、特色饮食街、酒吧街等。

5. 山区旅游发展战略

阳江地貌以山地丘陵为主，东北面是天露山，西北面为云雾山，大片山地经过多年封山育林，现已基本实现绿化，山峦叠嶂、林海苍莽，飞瀑流泉，空气清新，是人们回归大自然的最佳场所，而其中山地旅游资源组合条件最为优良的就是阳春市。因此利用阳春丰富的山地旅游资源大力发展阳春旅游业，把其打造为阳江旅游的副中心，是阳江旅游发展战略的重要部分。

① 依托地质公园，提升“水墨阳春”品牌

② 突出生态特色，加快温泉旅游业发展

③ 挖掘人文景观，发展阳春人文旅游

④ 完善各项条件，强化旅游副中心功能

二、规划布局

规划布局是对旅游开发起宏观导向作用。根据旅游景观的特色、空间分布、地域组合和接待设施结构等，按“一个龙头，一条风景带，两个中心，三条交通轴线，五大旅游组团和五条旅游路线”进行规划布局。即以海陵岛为龙头；漠阳江为风景带；以江城为区域旅游组织主中心，春城为副中心；以南北中三条旅游交通干道为轴线；以海陵岛、凌霄岩、八甲、阳东、阳西为五大旅游组团；自主中心向五大旅游组团辐射出五条旅游线。

（一）城市综合服务组织系统

1. 江城旅游组织主中心

2. 春城旅游组织副中心

（二）旅游地域组织系统

从区域结构、旅游资源特色和分布特征以及旅游交通等综合分析，阳江基本形成“南下海陵闹海；北上凌霄游天，八甲观瀑；东到东平赏珠、东湖寻幽；西到沙扒揽月”的旅游地域组织系统。

1. 南部海陵岛海岛风光旅游组团

本组团位于阳江市南部海陵岛，以滨海沙最具特色。十里银滩、大角湾、马尾岛、北洛湾、三山岛组成的五大沙滩，

构成海陵岛南部海岸连绵不断的黄金海岸，是本组团最诱人的旅游景观。除海上丝绸之路博物馆、东方银滩之外，岛上还有红坎头和沙岗新石器时代遗址、那洋宋代瓦窑、张世杰墓及祠堂、北汀村方观寺、闸坡炮台、灵谷庙、娘娘庙等文物古迹可供开发利用。海陵岛是大自然赐予阳江的一处风水宝地，应该顺应自然规律把其保护建设好。为保留海陵岛自然朴素的海岛风光，尽量降低海岛城市化程度，切忌景区城镇化。选择最接近环境保护的旅游业、渔业、观光农业、高新技术产业、商贸业来发展。海陵岛应以海、山体现的自然风貌作景观软质背景；城市建筑体现的风格风貌为景观硬质背景进行规划建设。南部以白云—海水—沙滩—绿树组成的滨海风光，是最迷人的风景名胜资源，是海陵岛的主体旅游景观，已开辟为海滨风景名胜区；北部以村庄—农田—篱笆—水库组成的田园田光，是很有开发潜力的旅游资源，成为海陵岛的辅助旅游景观。因此，海陵岛旅游组团具有海岛度假、渔家游乐、农业观光的旅游功能。

2. 北部凌霄岩溶洞峰林旅游组团

位于阳江市北部，包括凌霄和春湾两大片。本组团区域地质为石炭系石灰岩，岩溶作用异常强烈，经过多次新构造运动的抬升，河水的侵蚀溶蚀，形成了溶洞、峰林、地下河等喀斯特地貌景观。除此之外还有黄村温泉、刘三姐歌台、合岗温泉、河山瀑布等景点。凌霄片的凌霄岩、玉溪三洞、罗阳峰林被列为省级风景名胜区；春湾片主要有龙宫岩、通真岩、通天蜡烛、石林公园等景点。罗阳公路是本组团的旅游基线，连接春湾和凌霄两片，目前路面窄，弯道多，山坡陡，可达性差，规划按二级公路标准建设，逐步完善凌霄镇（规划）和春湾镇的旅游服务设施，形成本组团的旅行的综合服务中心——旅游镇。与此同时，可利用小片的溶蚀洼地发展有特色的观光农业、三高农业，作为本组团的辅助项目，增加旅游的活动内容和停留时间，通过旅游的“引爆”作用带动其他产业的发展，达到振兴当地经济，旅游脱贫的目的。

3. 西北部八甲山水生态旅游组团

位于阳江市的西北部，主要旅游景观有鹅凰嶂自然保护区、八甲白水瀑布、仙家垌水库、八甲温泉、春都温泉、双水喀斯特峰林景观。本组团属贫困山区，旅游资源很具特色，鹅凰嶂保护区有众多的珍稀动植物资源，其中国家级、省级保护植物50种，保护动物250种，是广东四大物种中心的第一中心；区内还拥有壮观的白水瀑布，其总落差达225米，宽10米，分三层飞流直下，其声、形、色给人美的享受；附近还有仙家垌水库和温泉等种类，无论从旅游资源的开发价值还是从实施旅游扶贫、发展山区生态旅游的战略角度来看都具有重要意义，况且八甲镇旅游交通十分方便，三茂铁路、广海中线直达，连通了广州、肇庆等客源地。因此，八甲镇将按旅游镇规划建设，将是本组团的旅游综合服务中心。通过开发山区生态旅游资源，带动西北部山区经济的发展，达到旅游扶贫的目的。

4. 东部阳东湖海风光旅游组团

位于阳江市的东部，邻接珠江三角洲经济区，主要旅游景点有东平珍珠湾旅游区、玉豚山海滨公园、阳江温泉度假村、阳江涛景度假村、仙人井山庄、葛洲钓鱼区、鸳鸯湖公园，以及合山的东湖水库、新洲的沸泉山庄、大沟的海滨浴场等。东平镇被省政府批准设立阳东县东平沿海经济开发区，滨海风光旅游资源很具特色。同时，东平也是著名渔港，无疑将成为本组团的旅游综合服务中心——旅游镇。本组团交通十分发达，西部沿海高速公路从北部通过直接连通广州、珠海等珠江三角洲主要城市；阳江市区至东平也规划建成高等级的公路网，并与对外快速通道相连接。湖海风光和便捷交通是本组团的两大优势。

5. 西部阳西山海风光旅游组团

位于阳江市的西部，主要风景资源有沙扒月亮湾、河北海水浴场、青洲仔海上石林、溪头红树林、儒洞温泉、碧水潭瀑布、大峒山净业寺、阳西咸水矿温泉度假山庄、海天旅游度假村。本组团以长达5.8公里的月亮湾最为迷人，其气势恢宏，沙白坡缓，现已被开发为月亮湾度假中心。沙扒是全国著名渔港，靠近月亮湾，将是本组团的旅游综合服务中心——旅游镇。本组团旅游交通已有一定基础，325国道阳西段已改造为一级公路，广湛高速已建设通车，沙儒2级公路改造建设也列入阳江市交通建设规划，山海风光和快捷畅顺的交通是本组团旅游开发建设的两大优势。

（八）分期规划

风景建设和旅游开发分期规划的原则是突出龙头，带动全面，由高到低，避免重复，先易后难，滚动发展。突出龙头，就是结合当前的经济形势在规划时着重考虑海陵岛闸坡和凌霄岩这两个省级风景名胜区的配套建设，以及发挥江城、春城的接待服务中心的作用，全面带动全市旅游业的开发与发展。由高到低，就是优先安排考虑高质量、高品位的旅游资源的开发，而品位较低的资源在适当时机再开发。对于同类资源，选择高品位资源开发，不搞太多重复建设，如阳春境内的溶洞目前已开发的至少有四处，目前情况下不宜再继续开发新的溶洞，除非有比凌霄岩更具欣赏价值的除外。先易后难，就是对那些开发条件比较成熟的景点优先安排开发，以减少投资，早日取得经济效益。对于交通、通讯、接待等条件仍不成熟，开发时需投入较多资金的景点应放缓开发，等全市旅游业形成大气候，有相当经济实力时再开发。当然，在有外商投资的情况下，一些项目也可提前投入开发。具体项目分期见表6-1。

五、旅游形象策划

旅游形象是根据旅游地的文化特质（文脉）和景观特征

（地脉）等加以高度概括和提炼，富有旅游感染力的、具体生动的景象。具体地说，即旅游主体（旅游者）对旅游客体（旅游景观）和旅游媒体（设施、服务、信息等）的综合认知。旅游形象的策划引入 Cl(Corporate Identity)，按照 Cl 概念，区域旅游形象策划是对区域旅游理念的确定，通过理念的定位，树立起鲜明的形象，在区域内部形成一个有

表6-1 阳江市风景建设和旅游开发分期项目

分区	近期（2006～2010年）	远期（2010～2020年）
海陵岛片	马尾岛国际休闲中心 水下考古基地（海上丝绸之路博物馆） 三山岛国际旅游度假区 草王山休闲区 北洛湾旅游度假区 闸坡中心渔港（休闲渔业基地）	海陵岛海滨高尔夫球场 旧澳湾疍家渔村 大角山海滨森林公园 南鹏列岛海上公园
江城片	完善城市广场建设工程 改造、建设城市旅游景观街道 实施“一河两岸”景观带建设 完善鸳鸯湖风筝场和风筝展览馆 建设阳江港豪华邮轮码头 逐步更替金山公园树种	扩建石觉寺 扩建北山公园 开发平岗温泉 开发北津独石 完善阳江港豪华邮轮码头
凌霄岩片	建设凌霄岩国家地质公园 建设凌霄岩国家级旅游景区 玉溪三洞环境整治 春湾影视外景基地（石林） 配置春湾—凌霄旅游专线车辆 凌霄岩百步阶梯环境整治	修筑凌霄岩西侧登山道、建小亭 打通公路隧道，改善交通条件 凌霄岩东西两洞的开发 春湾峰林综合开发 通真岩刘三姐歌台
春城片	阳春国家自然生态公园 建设黄村温泉春都温泉扩建工程 东湖大酒店（按五星标准） 阳春东湖环境整治 开发岗美温泉生态旅游区 崆峒岩文化旅游区	开发鱼王石景区 开发花滩森林公园 开发合岗温泉 开发百涌自然保护区 开发高流圩旅游区 崆峒岩主体文化住宿区
八甲片	峨凰嶂省级自然保护区 八甲温泉生态度假村 开发白水瀑布 完善春都温泉养生康体休闲区	建设仙家垌水库风景区 开发双水峰林景区 八甲旅游镇建设 大河水库开发
阳东片	建设涛景度假村 高品位开发新洲温泉 建设东湖旅游度假区 完善珍珠湾旅游度假区	东湖旅游度假区环境整治 改善珍珠湾旅游度假环境 完善大澳渔家文化村环境
阳西片	建设月亮湾健康度假中心 建设大峒山风景名胜区 海天旅游度假村 修缮七贤书院 开发东水山风景区 保护程村红树林资源	开发塘口古堡旅游区 完善河北度假村 开发碧水潭瀑布 开发东水田园风景区（古法造纸） 开发龙高山旅游区 开发塘口热水温泉

规范行为准则的旅游“共同体”，外部成为具鲜明视觉识别系统的社会成员。通过明确的理念形象（MI）、正确的行为形象（BI）以及相应的视觉形象（VI）的策划，形成自内至外，从抽象到具体的向社会展示的宣传系统，以良好的旅游形象进行促销，导入市场，形成熟悉、知名、好感、愿意来的旅游区域。

（一）理念识别（MI）策划——山海温情，贵地阳江

理念识别（MI）是企业形象（CI）的灵魂，可以比做企业的“心”。是CI战略的最高决策层，包含着企业的根本思想、价值观、企业精神和企业目标等。正确的理念形象才能保证行为形象和视觉形象有其“灵魂”基础。理念识别是抽象的，往往是将企业的千头万绪高度概括为一句话或几句话。区域旅游的MI策划，不但要涵盖区域的旅游特色，而且能产生强烈的旅游欲望。山海温情，突出阳江四大旅游景观，一是滨海风光，以闸坡湾为代表，以阳光、沙滩、海浪“三S”的旅游景观，展现空旷、真实、美妙的海上景色，突出的是“海”景；二是岩溶地貌，以凌霄岩国家地质公园为代表，以峰林、溶洞、地下河等岩溶地貌，展现一种壮观、飘幻、奇妙的旅游景观，突出的是“山”景；三是温泉资源，以合山、阳西、儒洞、新洲温泉为代表。阳江具有丰富的温泉资源，类型多样，已发现出露温泉23处，具有极高旅游开发价值，目前，合山、阳西已进行规模化开发，温泉将成阳江具发展潜力的重要旅游产品，展现一种生态、温馨、和美的旅游景致，突出的是“温”景；四是民俗风情，以阳江风筝为代表。阳江风筝历史悠久，因制作精湛而享有“北有潍坊，南有阳江”和“南国风筝之乡”的美誉。阳江风筝是美的化身，寄托了人们美好的祝愿，是阳江浓烈民俗风情的代表，展现一种朴实、乡土、动态的人文景观，突出的是“情”景。滨海风光的“海”景，岩溶地貌的“山”景，温泉资源的“温”景，民俗风情的“情”景，高度概括成“山海温情”的旅游体验感知映象。“贵地阳江”取材于“阳江贵地总无忧”这句名谚。阳江旅游资源以自然风光为主，以水优沙净的滨海沙滩为代表，加上阳春旖旎的喀斯特峰林、溶洞风光，以及丰富而优质的温泉群、高山瀑布和森林湖泊，构成了品种齐全、品位较高、空间组合良好的山海风光旅游资源；阳江独特的地理环境和自然景观，悠久的历史和多姿多彩的地方风情，造就了阳江这片土地有史以来自然灾害影响少，疾病流行少，物产丰富，民风淳朴，百姓安居乐业，社会和谐安宁，自古以来就享有“阳江贵地总无忧”之美誉，前来贵地阳江的游客亦能有贵人般的体验。

（二）行为识别（BI）策划——规范管理，优质服务

优质服务是塑造“山海温情”旅游形象，提高旅游知名度的重要法宝。规范服务必须赢得顾客的心。提倡顾客至上、微笑服务，形成热情、温馨、好客的良好服务形象。

（三）视觉识别（VI）策划——旭日东升

视觉形象（VI）是指纯属视觉信息传递的各种识别符号系统，是Cl策略的展开面，可以比做企业的“脸”。

区域旅游视觉形象最基本是区域旅游标志的设计，包括名称、徽标、标准字、标准色等。

1. 标志由“阳江”之汉语拼音声母“yj”为原型，以阳江市著名的国家4A级旅游景区——海陵岛闸坡大角湾的自然景观为形象创意，以太阳、大海、沙滩（3S）和生态园林景观带为设计元素，描绘出一幅日丽风和、碧海金沙、绿树成荫的美丽海滨风景画，突出表现了阳江市最具魅力的滨海旅游特色。

2. 标志宛如一位在天上神游的仙女，向人们挥手致意，祈祝幸福安康，喻指阳江的仙舞、重阳风筝节等深具地方特色的民间文化。同时也展示了阳江人民热情好客、文明礼貌的良好形象和游客畅游阳江，欢乐、舒适、温馨的意境。

3. 标志恰似一位在海滩上游泳、冲浪、尽情玩耍的游客，营造了充满活力、青春浪漫、自由奔放的旅游氛围，给人以美好的视觉享受，体现了返璞归真、回归大自然的现代旅游理念和人们对美好生活的向往和追求。

4. 标志又像一股冲天而起的浪潮，展现阳江人民齐心协力，团结进取，“合力托起明天的太阳”的雄心壮志和阳江各项事业蒸蒸日上、迅猛发展的良好态势。

5. 标志以红、蓝、黄、绿为色彩组合，红色象征吉祥、富贵，寓意阳江旅游事业蓬勃发展，蓝色象征美丽的海滨景观，黄色象征优质的沙滩，绿色象征良好的生态环境以及舒适、安全的旅游服务。将阳光（SUN），沙滩（SAND）、海洋（SEA）、满意（SATIFICATION）、安全（SAFE）、服务（SERVICE）——6S融合到阳江旅游之中，建设“山海温情，贵地阳江”的旅游形象。

6. 标志造型简洁明快，生动亲切，内涵丰富，寓意深刻，充满浪漫情调，具有强烈的视觉冲击力和形象感召力，容易识别和引发联想；标志中蕴含了海景、天景、动景、情景，是“山海温情，贵地阳江”最完美的形象表达。

在具体的应用上，包括办公用品、文件、员工制服、旗帜、名片、交通工具，宣传材料等都应赋予区域旅游标志。与此同时，在旅游产品质量保证下，通过传播媒体（包括报纸、杂志、电视、广播等）或各种旅游展销活动进行宣传促销，形成轰动效应和持续效应，逐步树立良好的阳江旅游形象。

（四）形象宣传口号

确定旅游宣传口号，既有利于整体宣传推介旅游资源，又能突出旅游资源优势和亮点的效果，从而增强宣传效果。

1. 旅游总体形象宣传口号——山海温情，贵地阳江。

2. 阳江旅游专题宣传口号

（1）海上敦煌，贵地阳江（山海温情，浪漫阳江）

（2）山水阳江、海上敦煌、风筝之乡、刀剪之都

（3）山水游、海滨游、温泉游、湖泊游，阳江山水任你游

（4）山泉浴、海水浴、温泉浴、森林浴，到阳江随心所浴

（5）品味阳江、享受生活（尝美食、泡温泉、打高尔夫球、观大海、探幽洞、游山水、放风筝、购刀具）

第七章　旅游发展对策和措施

围绕阳江市委、市人民政府实施“旅游强市”的总体战略目标，“旅游强市”就是要把旅游行业放在更加重要更为突出的位置上，促进发展旅游业这一绿色产业，替代一部分不宜发展的工业项目，使其成为近期和今后我市第三产业中的支柱产业。具体实施旅游强市战略，就是打造国内外知名旅游度假基地。统筹全市旅游资源的规划开发、建设配套和宣传推介，做到科学规划、有序开发、综合配套、整体打造，构建大旅游格局。重点抓好“南海Ⅰ号”广东海上丝绸之路博物馆、三山岛国际旅游度假村等旅游龙头项目建设，提升阳江旅游品牌。突出抓好全市旅游资源的整合，开辟黄金旅游线路，实现从观光型旅游向休闲度假型旅游转变，从旅游过境地向旅游目的地转变，促使阳江旅游走出广东、走向世界。

按照“统筹规划，突出重点，打造精品，优化管理，提升品位，拓展市场”的工作思路，全面推进阳江市旅游工作又好又快发展，着力采取以下对策和措施：

一、统筹规划，充分落实科学发展观（略）

二、突出重点，抓好五大龙头带动五大板块的发展

突出五大龙头旅游完善五大板块，建好十大景区。一是以广东海上丝绸之路博物馆为龙头，加快三山岛国际综合旅游度假区、马尾岛国际休闲旅游度假区等的建设，打造南部历史文化、滨海休闲旅游板块；二是以涛景度假村为龙头，加快东湖星岛旅游区的开发，完善阳江温泉度假村配套设施，打造东部健康娱乐、休闲度假旅游板块；三是以市区五大公园为龙头，加快东方海湾大酒店、碧桂园阳江凤凰酒店、利福泰大酒店等五星级酒店和世纪公园、碑林等的建设，打造中部商贸娱乐、城市风情旅游板块；四是以凌霄岩国家地质公园为龙头，加快鹅凰嶂风景区等旅游资源的开发，打造北部奇峰异洞、乡村农家游、温泉养生旅游板块；五是以阳西东湖咸水矿温泉度假山庄为龙头，加快东方月亮湾旅游度假区、大垌山旅游风景区等的建设，打造西部医疗保健、生态休闲旅游板块。巩固阳江中国优秀旅游城市的基础地位，着力抓好资源整合，完善配套设施，提升阳江山海旅游休闲度假城市的综合竞争力。

三、抓住特色，打造我市旅游文化精品战略

四、营造良好的旅游经营大环境

五、建立与旅游市场相适应的旅游经营管理机制

六、加强旅游宣传力度，大力开拓客源市场

七、强化旅游市场管理，加强旅游人才队伍建设

汕头市旅游业发展十年专项规划（2007—2016年）

（摘要）

一、规划背景（略）

二、汕头市旅游区的发展趋势（略）

三、指导思想、目标

（一）指导思想

坚持以邓小平理论和“三个代表”重要思想为指导，以科学发展观统领旅游工作全局。围绕“三年打基础，五年大变化，十年大发展”的总体部署，加快建设粤东旅游中心城市和构筑东南沿海旅游名城，在更高层次上谋划汕头旅游业的发展。以改革的办法、开放的意识、创新的精神、务实的态度，进一步转变旅游发展观念，创新旅游发展思路，在营造环境、招商引资、宣传推介、提升素质、强化管理、增强旅游发展活力等方面寻求新突破，使我市旅游产业规模迅速扩大，在全市国民经济中的比重不断提高，把旅游业培育成为第三产业的龙头和支柱、国民经济重要的经济增长点，为汕头崛起，建设经济强市、文化大市、和谐社会做出新贡献。

（二）发展目标

力争到2016年，我市旅游业的总体规模、速度有较快增长，质量和效益领先，把汕头建设成为粤东区域具有重要影响力的游客集散地和粤东区域旅游发展的核心带动城市，成为在全国有一定知名度的旅游目的地——特色鲜明的文化型滨海休闲度假旅游城市，成为融汇潮汕侨乡文史特色、现代化港口城市风貌、亚热带海滨风光的旅游名城，使旅游业成为汕头第三产业的重要支柱和国民经济发展重要的经济增长点，推动我市社会主义现代化的建设。

未来十年的主要旅游发展预期性指标：

到2016年，全市新建成大型旅游景区3～5个及一批中小型旅游景区，新建成3～5座五星级酒店、4～5座四星级酒店及一批其他住宿设施，新建成2～3座大型旅游度假村，建成一大批社会旅馆及公寓等。全市住宿设施床位5.8万张以上，接待过夜游客的年接待能力约1200万人次（按人均停留1.8天计）。加上探亲游在居民家住宿，至2016年，接待过夜游客总人数约1300万人次，年均增长10%。到2016年，全市旅游业总收入力争达到223亿元人民币，年均增长15%（考虑CPI年增长5%～6%和大型旅游景区建成开放，游客花费增加因素）。

四、发展重点和区域布局

（一）发展重点：未来十年，我市的旅游业发展将以海湾旅游为核心，以“文化是旅游产品的灵魂”作为指导思想，以注重滨海旅游特色，挖掘潮汕历史文化内涵作为开发原则，大力发展以海洋文化为精髓、以潮汕文化为历史文脉的滨海旅游业，大力开发休闲及生态旅游资源、商贸旅游资源，开发旅游精品，完善产业体系，形成融自然、文化、商贸为一体的文化型海滨休闲旅游城市。

在旅游发展中，我们将把“海”、“休闲（娱乐美食养生）”、“文化”三个旅游理念贯穿其中进行，根据资源分布的地域结构进行深度开发，加快我市旅游资源的整合，以沙滩、海岛等自然景观为基础，以海岸带景观为主体，以海洋科技、海史海战、海洋经济为辅助，加强景点包装、线路组织、市场开发，增加旅游的内涵，把我市建设成为集休闲度假、会议商务、文体旅游、生态旅游、游船旅游、探险旅游等多功能的滨海旅游区域，使海岛、都市休闲、商贸旅游成为我市的旅游新亮点。使旅游者置身心于海，融情感于海，辅以参与的形式，得到美的享受，学到海的知识。在滨海旅游开发中，要重点开发南澳海岛旅游资源，把南澳岛打造成为北回归线穿过的南中国海最美丽的海岛休闲度假旅游胜地，力争建成国家5A级旅游区，重点发展海岛旅游度假和海洋综合旅游娱乐项目，突出强调南澳作为全市旅游体系的副中心地位，将南澳岛打造成为汕头度假旅游和海洋旅游的拳头产品。同时充分发挥濠江区海峡风光特色资源优势，丰富礐石风景名胜区内涵，共同建设成为综合型旅游休闲度假基地，打响滨海旅游品牌，提高旅游景区（点）的品位，以适应竞争日益激烈的现代大旅游的需要。要加强与周边区域的旅游协作、优势互补，共同建设具有区域影响的滨海旅游圈。抓住CAPE实施契机，加强与港澳联手开发本地市场、海外市场，共同包装和推广汕头旅游产品，进一步加快我市滨海旅游业的发展。同时，还要重点开发潮汕美食文化品牌，使汕头成为人们心目中神往的好食好玩好度假的休闲胜地。

阶段重点：

第一步（2007～2009年）：三年打基础

任务与目标：大力开展旅游招商引资，建设有吸引力的旅游项目（蓝水星方特主题公园、碧海蓝天度假项目、后宅镇度假酒店群、"南海二号"古沉船旅游展览馆、环岛景观带、汕头奇趣海洋世界、潮汕美食城、雷岭鹅地温泉度假区、南海岸华夏文化休闲旅游走廊、礐石风景区旅游项目等），树立汕头旅游品牌，夯实旅游发展的基础。

第二步（2010～2012年）：全面提升汕头旅游知名度

任务与目标：借助沿海厦深铁路通车和潮汕机场建成的有利时机，选准将拓展的旅游客源地——沿海铁路经过的大中城市和新机场通达的城市，全面出击开展旅游推介促销，大力开拓旅游市场，迅速增加旅游者数量，扩大旅游产业规模。

第三步（2013～2017年）：旅游业大发展成为支柱产业。

任务与目标：全力提升旅游产品品质，提高旅游业的经济效益和社会效益，建成国内知名旅游目的地，旅游业迅速发展，成为促进汕头社会经济发展的支柱产业。

（二）区域布局

除仍将重点开发南澳旅游（南澳是我市旅游资源富集的区域，要重点开发滨海旅游、海防文化、山水生态等优势旅游资源，重点发展滨海度假旅游）外，重点开发西片市区的旅游资源和建设旅游设施。潮阳将重点发展文化旅游（潮汕文化宗教文化民俗文化旅游）和商务会展两大主要旅游产品；潮南将发挥滨海旅游、红色旅游、温泉旅游优势，重点发展温泉度假旅游、商务会展旅游、红色旅游产品；濠江将发挥滨海旅游、自然观光、生态旅游优势，重点发展滨海度假旅游、商务会展旅游；金平将加大服务业设施尤其是酒店服务业设施的建设。

根据资源分布的地域结构，对各区县深度开发的布局是：

1. 金平区和龙湖区：作为城市主体和新城区发展的依托，坚持旅游开发与城市建设一体化，培育城市综合活力与服务能力；增强城市的整体吸引和组织中心的凝聚力及其对外辐射能力；美化城市景观，优化旅游大环境。初步开发以小公园为代表的老城文化旅游区，形成新的卖点；重点营造环海湾海滨城市景观带；建设蓝水星主题公园；改造建设中山公园；开发牛田洋湿地生态保护区和桑浦山；深入挖掘潮汕美食文化，打造汕头美食旅游知名品牌。

2. 濠江区：作为城区旅游开发的主要拓展空间，开发布局为"两环、一带、一中心"。"两环"是半岛型海岸带环和马蹄型低山丘陵环，"一带"是沿濠江生态型城市景观带；"一中心"是南滨路旅游商务中心区；重点建设好礐石、中信、北山湾、青云岩等旅游区。

3. 潮阳区和潮南区：以宗教旅游为龙头，带动文物古迹和风景资源以及休闲生态资源的开发，布局结构为"三带一区"。"三带"即从海门莲花峰—东山寺庙群—棉城—西岩—大峰—灵山寺—明安里的宗教史迹旅游带、从海门到田心湾的海岸旅游度假带和从河溪湿地鸟类自然保护区—观音山奇石公园（古雪岩）—关埠果园—金灶特色农业的休闲生态旅游观光带；"一区"即南山（仙湖—翠峰古岩—红场）山水风景区。两带交汇的节点海门半岛和东山一带，是区域旅游开发的重点。大峰、灵山寺、仙湖、翠峰岩等景区必须进行深层次开发配套。

4. 澄海区：以"侨"为特色，兼顾自然风光和宗教文化景观，开辟侨文化和潮汕传统文化旅游线。布局结构为"一环两区"。"一环"即澄海城区—郑王故里—程洋岗—陈慈黉故居—樟林古港—塔山风景区构成以华侨文化为主题的旅游线，"两区"即莱芜旅游度假区和综合型休闲农家乐莲华旅游镇（包括莲花山温泉度假村、大自然休闲农庄、德华民俗文化公园）。

5. 南澳县：全岛作为一个综合性旅游区进行开发，要以"海"为龙头，带动全岛旅游资源的综合开发利用。要加强旅游基础设施投入，优化全岛旅游环境，增强大旅游区氛围。加快环岛景观建设步伐，打造南澳岛观景长廊，高起点规划旅游发展项目，吸纳大型度假旅游项目的开发建设。旅游开发布局结构为"一环一线两大区，一个中心四重点"。"一环"即环岛公路和环岛游船旅游线；"一线"即贯穿东西的山岳轴线；"两大区"是东部风景区和西部森林公园；"一个中心"即县城后宅镇综合接待中心，"四重点"是青澳、深澳、云澳和黄花山。

（三）功能分区拟划分为"一、一、三、三、十七"的功能分区，即一区、一名岛、三个功能圈、三条旅游带和十七个综合旅游区。

●一个中心区（老城区要成旅游品牌：成为好吃好玩好休闲——既燃烧激情又轻松浪漫的"娱乐美食休闲旅游区"）：

一个中心区即汕头市中心城区旅游区，是指包括以老市区"小公园"历史文化街区、环时代广场现代商业休闲旅游街区、环汕头湾滨海旅游圈，以及蓝水星方特主题公园、中山公园、龙泉岩在内的市区、濠江区的部分重点旅游区。其发展将以观光、购物、会展（会议）、文化、娱乐、美食、休闲度假为主方向，充分发挥城市中心区的作用，加快打造滨海特色和都市旅游，实施"吃住购玩"旅游系列产品开发战略，提升城市旅游发展水平。其主要功能是作为汕头百载商埠发祥地，海内外游客的集散地，潮汕文化的集中展示地，新特科技娱乐游玩胜地，潮汕美食集中品尝地向游客开放，充分满足游客来汕的精神和物质消费需求。核心旅游区为："小公园"历史文化街区、蓝水星方特主题公园、礐石风景名胜区、规划建设的汕头奇趣海洋世界和潮汕美食城及牛田洋湿地生态保护区、环时代广场现代商业休闲旅游街区、海滨长廊、石炮台、中山公园、北标塔、妈屿岛等。

●一个旅游名岛（南澳要建成闻名全国乃至东南亚的休闲度假旅游名岛）：

指以青澳湾度假区为核心，建成碧海蓝天度假项目、后宅镇度假酒店群、"南海二号"古沉船旅游展览馆、深澳古镇、环岛景观带等。其主要功能是作为闽粤海防史迹展示地，生态旅游胜地（体验绿色海岛森林旅游乐趣，突出健身、保健、回归大自然和保护生态环境等现代意识）、滨海休闲度假名岛。核心旅游区为：青澳湾度假区、碧海蓝天度假区、深澳古镇及总兵府、宋井旅游区、"南海二号"古沉船旅游展览馆、黄花山海岛国家森林公园、雄镇关等。

●三大旅游功能圈：包括潮阳潮南的潮汕历史文化及宗教文化旅游圈、澄海侨文化旅游圈、濠江滨海休闲旅游圈。

潮阳潮南的潮汕历史文化及宗教文化旅游圈：

以灵山寺和莲花峰为核心，包括大峰祖师堂、东西岩、翠峰岩、明安里等。其主要功能是展示潮汕历史文化、民俗文化和宗教文化，展示潮汕民居建筑艺术等。

澄海侨文化旅游圈：

以陈慈黉故居为核心，包括郑王故里、樟林古港（含新兴街、锡庆堂、秦牧故居）等。

濠江滨海休闲旅游圈：

以龙虎滩旅游度假区为核心，包括濠江区的北山湾南山湾龙虎滩及潮阳的海门湾等沿海地区。其功能是地域风情体验和海滨休闲地。

●三条旅游带：即东部蓝色旅游带、西部文化旅游带和中部游玩休闲旅游带。即：东看滨海西看文化中游玩。

东看滨海：东部蓝色旅游带连接潮南田心湾、潮阳海门湾、濠江龙虎湾北山湾、礐石山及汕头湾、妈屿岛、莱芜岛、南澳岛等沿海旅游线。

西看文化：西部文化旅游带即连接灵山寺、莲花峰风景名胜旅游区、大峰祖师堂、东西岩、翠峰岩、潮汕"民俗文化之窗"明安里、达濠青云岩及南海岸华夏文化休闲旅游走廊、礐石汕头开埠历史博物馆、"小公园"历史文化街区、石炮台、北标塔、汕头大学、翁公书院、历史文化名村前美村及陈慈黉故居等以潮汕历史文化宗教文化民俗文化华侨文化建筑艺术文化为主要内容的文化旅游线。

中游玩：中部游玩休闲旅游带以蓝水星方特主题公园、汕头奇趣海洋世界和潮汕美食城为基点，连接雷岭鹅地温泉度假区、莲花山温泉度假村以及北山湾海滨浴场、青澳湾海滨浴场、中信海滨高尔夫球场等的休闲旅游线。

●十七大综合旅游区即各核心旅游区：

"小公园"历史文化街区、青澳湾度假区、碧海蓝天度假区、深澳古镇及总兵府、"南海二号"古沉船旅游展览馆、蓝水星方特主题公园、礐石风景名胜区、汕头奇趣海洋世界、潮汕美食城、历史文化名村前美村及陈慈黉故居、郑王故里主题公园、中信海滨高尔夫度假村、达濠青云岩、南海岸华夏文化休闲旅游走廊、潮汕"民俗文化之窗"明安里、莲花峰风景名胜旅游区、大峰祖师堂。

五、发展思路和对策

（一）抓旅游环境营造

1. 转变观念，完善规划。

2. 健全制度，加强协调。

3. 出台政策，加大扶持。（1）继续实施市政府《关于进一步加快旅游业发展的通知》和市旅游局及市财政局制定的《汕头市奖励旅行社组织游客进入汕头旅游实施办法》。（2）市财政按全市旅游业的产业规模和发展需要，逐年增加拨给市旅游行政部门用于旅游促销的专项促销经费，增加旅游规划、资源保护和开发、旅游扶贫资金投入力度。各区县也应将旅游事业费、旅游促销经费或旅游发展专项资金列入财政预算，用于本地的旅游宣传促销和旅游项目招商引资、配套基础设施建设和项目启动等引导性投资。（3）制订出台更为有力的扶持旅游业发展的政策，推动旅游业加快发展。特别是应建立旅游投资支持政策：逐步落实对旅游企业实行与一般工商企业相同的用电用水价格（尤其是对三星级以上酒店的水电费用实行优惠）；旅游基础设施建设、旅游产业政府营销和具有战略性意义的旅游项目，应保持政府直接投入或通过国有资本引导社会投资；重视旅游交通和旅游环境建设，增加城市道路至旅游景点的通道和景区配套设施的建设力度。借鉴周边城市的优惠政策，协调有关部门，出台扶持旅游车队发展的有关政策，在引导旅行社规范用车的同时解决我市旅游包车紧张的局面。（4）当旅游业受到类似"非典"这样的严重影响时，政府给予应急政策扶持。

4. 完善法制，严格执法。

5. 完善旅游服务功能。包括建立健全游客投诉、紧急救援、旅游咨询、散客服务等旅游服务机制，提升城市旅游形象，完善城市旅游服务功能。

（二）抓旅游产品开发

1. 大力招商引资，建设新的旅游区和服务设施。

2. 提高现有景点景区档次。

3. 发掘特色旅游产品。

（1）观光旅游产品：要提升传统观光产品，将游览和娱乐进一步结合起来，提高观光产品的参与性和吸引力，丰富完善游览方式；要推进城市旅游，在优秀旅游城市的基础上注重城市旅游形象塑造，形成主题与特色，突出核心要素，构筑旅游精品，以形象、活动、设施、景观与环境、氛围、服务提升我市作为粤东中心城市的都市旅游；要发展乡村旅游。根据城镇地域特色，合理规划建设，注重资源环境保护，深入挖掘文化内涵，保持延续历史风貌和民风民俗，配合社会主义新农村建设的深入开展，建设旅游小城镇休闲观光产品系列。

（2）度假旅游产品：大力发展滨海旅游，调整市场定位，形成主题，以人为本，营造度假环境，以度假酒店建设为突破口，力争滨海旅游实现品牌性的发展；重点开发南澳青澳湾、汕头龙虎滩、濠江北山湾等三大海滨旅游度假区建设。开发高尔夫旅游，通过举办高水准的国际性高尔夫球大赛，拓展春、冬季高尔夫旅游市场，加强高尔夫旅游的国际市场促销，将高尔夫旅游与城市旅游、商务旅游、休闲度假旅游相结合，形成主题系列，以提升汕头旅游产品在国际市场的竞争力。组织美食旅游，建设潮汕美食城或美食街，举办“潮汕美食节”，组织美食团队的专项美食游。开发温泉旅游，建设雷岭鹅地、莲花山温泉度假村，引导温泉产品向特色化、主题化发展，增加户外娱乐、健身休闲、养生康体等功能，推动温泉产业建设。

（3）专项旅游产品：建设主题公园。积极开发建设蓝水星方特主题公园，筹建汕头奇趣海洋世界、南海岸华夏文化休闲旅游走廊，积极吸引国际知名旅游品牌进入汕头建设大型旅游景区，建设国内具有影响力吸引力的主题公园旅游精品；开发商务会展旅游。培育以“潮汕美食节”、“食博会”、“玩博会”为龙头的商务会展旅游品牌，争取成为有竞争力的商务旅游目的地。精心组织文化旅游。以“华侨文化海洋文化”为文化主脉络，推出具有潮汕文化特色的旅游演出和文化旅游产品，促进文化大市的建设。尝试体育与康体旅游。与体育产业与事业发展密切联动，依托奥运会火炬传递、十公里水域马拉松赛等国际赛事，大力发展体育旅游；扶持开发红色旅游。重点打造“国共合作”红色旅游主题，建设2条“红色旅游精品线路”和雷岭红场等3个“重点红色旅游景区（点）”；力促发展自驾车旅游。适应汽车大众化和全省高速公路网的发展，在有条件的地区重点规划建设自驾车营地、汽车旅馆、餐馆、影院等娱乐设施，在高速公路沿线配套建设厕所、加油站、服务区，推出若干条精品自驾车旅游线路。

（三）抓旅游服务设施的完善

要按照省委“中心城市要逐步形成以服务业为主的产业结构，强化集聚和辐射功能”的要求，按照“巩固、提升、优化、发展”的思路，加快布局合理、功能配套、特色突出的酒店群建设，加速旅行社集团化和网络化经营建设，配套完善城市的旅游服务设施及功能。

1. 酒店服务业

（1）优化旅游住宿产品结构和区域布局：优化旅游饭店布局。按照不同的区位和旅游者需求，开发建设不同功能类型的旅游饭店，中心城区（包括金平、龙湖、濠江和澄海区部分区域）建成以商务、会议为主要特色的酒店群，西翼（包括潮阳、潮南）建成以娱乐、商务为主要特色的酒店群，东翼（包括南澳、澄海部分区域）建成以休闲、度假为主要特色的酒店群；发展新型旅游住宿设施。包括提供综合服务类和自备餐饮类等不同模式的住宿设施，引导企业开发青年旅馆、汽车旅馆等及各种经济型酒店，以及具有中高档度假型特征的多功能度假营地、高尔夫运动酒店、久住型疗养酒店、生态庄园式酒店、郊野别墅式酒店和各类综合会议中心、迎宾馆、培训中心、公寓等。尤其要引进和推动国家大力扶持的经济型酒店建设，发展这种提供有限服务、有比较高的性价比的资源节约型酒店，丰富我市酒店业的结构类型，满足不同层次游客的需要。

（2）要实施品牌化发展战略

创建酒店业知名品牌。

发展具有雄厚实力的酒店企业。

积极参与国际竞争与合作。

（3）加强酒店业的行业管理和运行的规范化、标准化。

2. 旅行社服务业

期末，争取有3家旅行社进入全国百强旅行社，四、五星级旅行社达到10家。

(1) 引导旅行社专业细分走网络化经营的道路。

(2) 加快电子商务在旅行社行业的应用。

(3) 积极探索多元化发展道路，发展旅行社综合性集团。

（四）抓旅游区域合作

未来十年，汕头市要更广泛地融入泛珠三角大合作中，并以粤东的合作为基础，融入“海西”经济协作圈，加强与珠江三角洲和闽粤赣十三市旅游合作。要以粤东各市为基本协作区，珠三角、闽粤赣十三市为主要协作区，以长三角等为外围协作区，建立常规合作机构，为区域协作提供务实性服务；完善合作的具体内容和形式，制定合作目标和发展规划，配套相应的政策法规，规范各项协作行为；打破行政壁垒，开放旅游市场，改善交通设施，开辟“绿色通道”，打造无障碍旅游区；以旅游线路为依托，加强对旅游产品的统一策划与包装，整合资源，联合推介，尤其要以潮汕三市合作为核心，共同打好潮汕文化这张牌，强化整体形象，提高汕头旅游在本旅游协作区及国际国内大市场中的竞争力。

（五）抓旅游宣传促销

1. 旅游促销策略：以文化型休闲滨海旅游城市的“浪漫海湾美食天堂”主题形象为核心，指导旅游市场促销活动；发挥政府以形象宣传为主导、企业产品宣传为主体、政企携手的市场联合开发优势，发挥闽粤赣旅游区域合作的产品和客源整体优势。完善“走出去”的方式，一是配合省旅游局和市政府重要对外促销招商经贸交流活动，展开相应旅游促销行动；二是对重点市场进行重点促销，参加旅游展销会和组织巡回促销等；三是以大旅行社的产品促销为龙头，结合航空公司、饭店集团和主要旅游景点等各方面进行综合促销;四是创新促销方式，采用多媒体促销、社区性的促销、网络式的促销。

2.我市旅游市场的重点

（1）入境旅游市场。确保亚洲市场，深度开发港澳台市场，积极推进日本、韩国和东南亚市场。

（2）内地旅游市场。一级市场为珠三角、闽西南等有关区域的旅游市场，二级市场为泛珠、长三角、华中、京津塘等区域旅游市场，远期开拓东北、西南、西北等区域旅游市场。

一级客源市场的促销主要措施是：

继续打造以旅游精品组合的线路，发挥汕头海滨、潮汕文化、美食、温泉和主题公园的优势，借助作为粤东旅游中心城市的旅游服务和旅游中转组织地作用，开发城市的商务客源和经济收入较高的城市化农村客源。

针对潮汕人遍布国内各地区创业、生活，人数众多的优势，通过公关关系和专项开发策略，开发亲友探亲型客源。

在营销策略选择方面应多样化和综合化。在重点城市举办针对旅游批发商的专题推介会，推介本市优势产品。与各地区的主流媒体、旅游行政部门、骨干旅游企业一起策划各种大型公关活动，保持较高的广告渗透水平和投入量。

强化与主要客源城市有实力旅行社的专项联络，通过共同策划宣传活动、共同组织旅游线路等方式做大市场，提高经济效益。

二级客源市场的促销主要措施是：

强化与各个二级客源市场的合作关系，采取差异化策略推出旅游产品，形成在这些地区的形象优势。采取向重点城市媒体宣传和向旅游代理商销售等方式营销，结合西部大开发战略、中部崛起和东北老工业区振兴战略，形成互动式的、多侧面的宣传。

3. 旅游促销的手段、途径和方法

（1）宣传城市形象：在中央电视台和省电视台展播汕头作为一个适宜生活、投资、度假的海滨城市、经济特区的形象。（2）争取并支持有关部门申报各种称号，宣传已获得的各种称号：如争取并支持有关部门申报“国家园林城市”、“全国文物保护单位”、“历史文化遗产”等。（3）开展各种推介:请进来、走出去，利用大众传媒和互连网。创作歌曲、拍摄电影、电视剧等。旅游推介与文化、体育、经贸活动相结合。（4）办好节庆活动：如自办或协助有关部门办好美食节、旅游节、潮剧节、民间艺术节、国内外运动会、玩具博览会、国际食品博览会等。(5)加强整体推介:建立旅游标志，编印汕头旅游画册和旅游地图等。(6)加强旅游信息化建设。未来十年，我市将依托电信、互联网等网络推动建设“汕头旅游公众网”、“旅游管理网”、“中国移动旅游通平台”和“旅游 12301”等旅游信息化，利用现代技术手段改进促销方式，整合分散的网络营销、网络预订，建设市场面广、信息充分的营销预订系统。建立旅游目的地营销系统（DMS）。

（六）抓旅游行业管理

1.培养旅游人才

2.从严整顿市场

3.建设行业诚信体系

4.扶持龙头企业

5.理顺管理关系

6.提高机关服务水平

机关作风和旅游行风建设

机关作风建设

【机关作风建设】 2007年，按照省委部署和省直机关工委安排，省旅游局机关开展以“服务基层、服务群众、服务大局，促进社会和谐”为主要内容的“三服务一促进”主题实践活动，制定了《省旅游局开展“三服务一促进”主题实践活动工作方案》。整个活动持续一年，分为学习动员、调研和广泛征求意见、落实整改和总结提高等四个阶段。为深化活动主题，在全局开展了以民情调研行动、春风送暖行动、阳光便民行动、基层维稳行动、和谐创建行动等“五项行动”。在民情调研行动中，重点围绕“各市旅游发展需要解决的问题”、“广大游客最亟待解决的问题”以及全省旅游业在构建和谐社会建设中面临的突出矛盾展开调研，并制定整改措施；在春风送暖行动中，省旅游局机关和直属单位各基层党组织的党员结对帮扶云浮市龙湾镇51名困境儿童，计划在三年内，每年为每个困境儿童资助一定数额的资金用于帮助困境儿童学习生活费；在阳光便民行动中，重点对省旅游质量监督管理所、省旅游服务中心培训部两个“窗口”单位开展优质服务“窗口”建设，加大了对全省旅游旅游投诉受理力度，公开旅游投诉处理的程序和有关法规，维护游客的合法权益，加大了网上办事力度，凡应公开的事宜一律在网上公开；在基层维稳行动中，通过深化诚信旅游体系建设、整治规范旅游市场秩序、着力构建和谐旅游大环境等措施，研究解决了游客在旅游消费中反映强烈的问题，最大限度地解决了游客最关心、最直接、最现实的利益问题，有效地完善旅游投诉渠道和协调处理机制；在和谐创建行动中，以加强学习型机关建设作为全面提升干部职工素质的载体，推动“和谐机关”、“和谐部门”、“和谐党支部”、“和谐班子”的建设，以和谐机关建设推进和谐广东旅游发展。依据评议条件，省旅游质量监督管理所为省直工委表彰的“优质服务排头兵”（服务窗口），监察室（党办）支部为“和谐创建排头兵”。

“爱心父母”党员代表与受助儿童见面

【纪律教育学习月活动】 2007年6月至9月，省旅游局组织开展了纪律教育学习月活动。下发了《关于2007年开展纪律教育学习月活动的通知》，局党组书记、局长郑通扬作了动员讲话，抓好了“三碟一书”（三碟：《底线失守的代价》、《廉洁治家警示录》、《苏共亡党的历史教训》，一书：观看《苏共亡党的历史教育》和老一辈无产阶段革命家倡廉惩腐方面的教育书籍）的学习教育。局机关各支部以不同形式分别召开了专题民主生活会和学习讨论会。

旅游行风建设

【总体情况】 2007年，全省旅游系统开展了以“抓行风、树形象、讲诚信、促发展”为主题的旅游行风建设活动。研究制定《旅行社资质等级划分与评定标准》并正式推行实施，从企业规模、内部管理、市场营销、服务质量、游客满意率等多方面对旅行社进行综合测评，建立促进企业诚信经营的保障机制。省旅游局把诚信测评与创优、创强工作紧密结合起来，将测评权限分级下放，调动了各级对诚信建设的积极性，形成全行业普遍参与、全社会广泛关注诚信旅游建设的良好氛围。

【参加“民声热线”】 根据省委、省政府开展政风行风建设的总体部署，省旅游局于2007年8月14日至9月4日参加了广东“民声热线”上线直播节目，直接回答广大群众和游客关注的旅游热点、难点问题，倾听百姓心声。这次上线分别在珠江经济广播电台粤语、广东卫星广播电台普通话上线直播和珠江经济台以及广东电视台新闻频道、香龙网作同步直播，形成省、市、县（区）三级旅游管理部门联合接听、联合查处的工作机制，达到“三同”（即：同步收听、同步思考、同步解答问题），“三快”（即：反应快、采取措施快、查处快），“三确保”（即：确保联得上、确保说得清、确保有回音）的目标。这次上线共制作4期大主题、8期小专辑直播节目，有3名局领导、20名处长（主任）、4名科长走进“民声热线”直播室，接听公众电话，解答公众问题，处理旅游投诉。全省各地级以上市旅游局和县（市）旅游局领导以及广东中旅、国旅、铁青、广之旅、南湖广东等5大旅行社同步异地参与“民声热线”。每期上线节目直播期间，各市、县（区）局长全线收听广播或收看电视现场直播，接听直播室转接的电话。8月31日，由纠风办、广东电台、省旅游局、江门市委市政府、开平市委市政府共同主办“活力广东”和谐旅游大家谈节目。“民声热线”走进了开平碉楼与村落景区，直接面对面倾听学者、专家和游客的意见建议。“民声热线”上线节目期间，共接受旅游投诉、咨询和建议37个，办结37个，办结率为100%。整个上线工作结束后，省旅游局经网上调查，广东旅游各项工作满意度达91%以上。

省旅游局处以上领导分期分批走进“民声热线”

为社会热心人士颁发“旅游行风监督员”证书

旅游行业精神文明建设

2007年2月14日，省旅游局在春节前后掀起提升旅游文明素质行动的热潮，进一步落实《中国公民出国（境）旅游文明行为指南》和《中国公民国内旅游文明行为公约》。全省各地运用多种形式和宣传载体，在旅行社各门市部、报名点、宾馆饭店、景区景点、餐饮点、购物点和机场、车站、码头等场所张挂指南、公约以及主题标识。广州市把“迎亚运、讲文明、树新风、促和谐”全民行动与“提升中国公民旅游文明素质行动”结合起来，在全市旅游行业开展“百佳餐饮企业”“最佳服务酒店”“诚信旅行社”“金牌导游员”等评选活动。全省旅游行业以实际行动投入到“亿万游客文明行”活动之中，有效地提升全省旅游文明素质。

近年来，全省旅游系统广大干部职工以邓小平理论和“三个代表”重要思想为指导，全面贯彻落实科学发展观，在全面提升旅游服务水平和产业素质提高等方面作出突出贡献，涌现出一大批先进集体和个人。2007年4月20日，人事部、国家旅游局联合作出《关于表彰全国旅游系统先进集体、劳动模范和先进工作者的决定》（国人部发［2007］53号）。广东省中国旅行社股份有限公司、广东长隆集团有限公司、深圳华侨城旅游度假区、珠海市农业科学研究中心（珠海农科奇观）、东莞市塘厦三正半山酒店有限公司等5个单位被评为“全国旅游系统先进集体”；广州广之旅国际旅行社股份有限公司导游培训师黄咏柔（女）、广州白天鹅宾馆驻店经理王勇、深圳青青观光农场有限公司田园餐厅副经理周芳（女）、珠海九洲港务集团公司珠海度假村酒店股份有限公司

2007 年 4 月 9 日，郑通扬局长会见广东第五批援藏导游

公关部主任刘倩倩、佛山市南海区西樵山森林公园旅游开发总公司保安护林部经理林永雄、乐昌市九泷十八滩漂流旅游服务公司副经理文尚荣、广东陆丰市东陆酒店实业有限公司董事长兼总经理邓城、东莞市国旅旅行社导游员陈锦荣、中山中国国家旅行社有限公司出境部高级经理苏清玲（女）、阳春市悦华大酒店饮食娱乐有限公司董事长兼总经理杜远蒲、肇庆市中国旅行社有限公司导游员兼部门经理何小丰、清远市连州爱地旅游发展有限公司总经理焦德强等 12 人被评为全国旅游系统劳动模范；韶关市丹霞山风景区监察大队大队长张文彬、梅州市旅游局局长陈建新、中共德庆县委员会常委刘雪梅（女）、揭阳市旅游局副局长杨金河等 4 人被评为全国旅游系统先进工作者；汕头市中国旅行社华侨大厦前台、珠海航空公司营运部地面服务室值机室、韶关市丹霞山风景名胜区景区售票组等三个青年集体被评为全国青年文明号；在 2007 年全省旅游系统开展的“用户满意服务明星”评选活动中，深圳圣廷苑酒店有限公司总经理辛杰等 4 名同志被评为用户满意杰出管理者；惠州市康帝国际酒店有限公司等 5 个单位被评为用户满意明星企业，韶关市丹霞山旅游投资公司景区管理部环卫队等两个单位被评为用户满意明星班组；海丰县旅游发展总公司经理黎斯凯等 4 名同志被评为“用户满意服务明星”。6 月 25 日，国家旅游局、共青团中央作出《关于命名和认定旅游行业 2006 年度全国青年文明号的决定》，云浮市迎宾馆餐饮部、揭阳市青年旅行社有限公司荣获全国青年文明号光荣称号。在省监察厅、省政府纠风办、省文明办评选表彰“窗口之星”活动中，阳江市海陵岛旅游有限公司护游部、茂名市国旅国际旅行社有限公司导游员肖秋波获“窗口之星”称号。

（李　娜）

旅游教育培训

旅游人力资源开发工作

【概况】 2007年，省旅游局和全省各地市旅游局以及旅游企业结合本地实际，举办形式多样、内容丰富的研讨班和培训班，有力提高了全省旅游从业人员整体素质，为旅游强省建设提供人才支撑和智力支持。在全省各级旅游教育培训部门的共同努力下，全省旅游人才队伍不断壮大，旅游职业教育规模进一步扩大，教育水平不断提升，以市场需求为导向、以培养实践能力为核心的多元化旅游职业教育培训体系基本形成，旅游职业资格考试、考核机制和岗位培训体系日益完善。

【组织全国导游人员资格考试】 2007年，广东省分别于3月和9月举办两次全国导游人员资格考试。全省报名人数17291名，实际参考人数17152名，比上年增长9.3%。通过资格考试人数5759名，通过率33.3%。其中：第一次报名人数8454名，同比增长8.67%，通过资格考试人数2762名，通过率33.3%；第二次报名人数8698人，同比增长10%，通过资格考试人数2997名，通过率34.5%。广东还继续开设英语、日语、朝鲜语、德语、俄语、法语、西班牙语、泰语等8个语种的导游考试。为帮助外语考生备考，于10月9～10日举办了导游人员资格考试英语考前培训班，共有188名英语考生参加培训。

为提高现场考评员素质，省导游人员资格考试办公室于7月中下旬举办了导游现场考试考评员研讨班，全省各考点的271名拟任考评员参加培训。培训班对一部分不合格的考评员予以淘汰，并吸收一部分优秀的旅游从业者进入考评员队伍，确保了考评质量。

【中级导游员等级考核】 2007年，省旅游局通过网络、电话、短信等形式把中级导游人员等级考试信息告知全省符合报考条件的初级导游员。全省共有569名初级导游员报考，其中：中文525人、英语35人、日语5人、法语3人、德语1人。5月18～22日，省旅游服务中心培训部在广州市举办中级导游员等级考试中文考前培训班，共有89名考生参加培训。6月16日，中级导游员等级考试在广州市举行，全省共有422名导游员应考，通过考试人数191人，通过率45.3%。

【举办中高级导游员研讨会】 省旅游局围绕“2007中国和谐城乡游”主题，于5月27日在广州市举办中、高级导游研讨会，全省共有613名中高级导游员参加。研讨会开设的专题讲座包括：活力广东与和谐城乡游、国际国内形势热点分析、导游急救常识等。广东商学院旅游学院院长张伟强教授、广东省委党校杨文教授、中山大学第一附属医院医生杨超等专家学者为学员授课。

【改编导游资格考试教材】 为进一步规范广东省全国导游人员资格考试系列教材，在教材中及时增加反映国家和广东旅游业发展的最新动态，省旅游服务中心培训部于2007年组织省内旅游院校的资深教师以及有丰富经验的旅行社管理者对2004年版教材进行重新修订。在笔试教材方面，改编组在广泛征求全省旅游行政管理部门、旅游教育培训单位、旅游企业等从业人员的意见，并继承原版教材的基本体系、结构和内容的基础上，作了较大的补充和删改，调整了章节，体现了教材的权威性和专业性，力争科学、准确、全面地反映中国和广东旅游现状及发展动态。在现场考试教材方面，编写组根据广东省全国导游人员现场考试的要求，编写了173篇导游词，综合成现场考试教材《广东导游词》，为广大考生和旅游从业人员及旅游爱好者全面地介绍了广东旅游资源等状况。改编后的教材包括《政策法规》、《导游业务》、《全国导游基础知识》、《广东导游基础知识》、《广东导游词》共五册。新教材无论在系统性、实用性、科学性，还是在印刷的精美性上，均比原版教材有新的提高。

【饭店管理人员岗位培训】 2007年6月11～13日，省旅游局在东莞市举办2007年首期饭店管理人员岗位培训班。全省四星级、五星级饭店的289名中高层管理人员（其中总经理班126人）参加了培训。杨荣森副局长为培训班作开班讲话，并与学员共同探讨全省旅游饭店发展中带有前瞻性的问题。培训班特别邀请美国佛罗里达国际大学博士生导师赵金林作题为《现代国际饭店发展新趋势》、上海财经大学博士生导师何建民作题为《中外酒店管理比较》的专题讲座。暨南大学、粤海（国际）酒店管理集团等院校、知名酒店的专家学者和总经理就旅游饭店管理的领导力和执行力、中国本土酒店品牌经营、客房管理标准与经典案例等问题为培训班学员授课。

【山区县旅游局长培训】 2007年10月25～31日，省旅游局举办由旅游扶贫重点县（区）的旅游局局长、财政局局长以及负责旅游扶贫工作的管理人员参加的"广东省山区县级旅游局局长（旅游扶贫工作管理人员）培训班"。来自全省15个旅游扶贫重点市的61个县146位旅游局局长、财政局局长参加了培训。这是自省政府设立旅游扶贫培训专项资金后首次举办的培训班，旨在通过培训改变山区和经济落后地区旅游教育培训相对薄弱的状况。

省旅游局、省财政厅对办好培训十分重视，对举办时间、课程设置等事项作了周密部署。培训地点设在乡村旅游走在全国和本省前列的四川省成都市、广东省清远市。培训班采取专题讲座、经验交流、景区（点）考察相结合等形式进行。省旅游局副局长杨荣森为培训班作开班讲话。在清远市培训期间，广东商学院旅游管理学院院长、旅游管理学科带头人张伟强教授，广东省委党校教员、县域旅游经济发展研究专家朱定祥教授分别作了"广东山区旅游开发突破点"和"广东县域旅游经济发展"的专题讲座；在四川省成都市培训期间，成都市旅游局介绍了四川省政府如何主导乡村旅游发展的情况，成都市锦江区旅游局介绍了成都"五朵金花"知名乡村旅游品牌的发展及经营管理情况。培训班学员还通过实地考察世界遗产——都江堰水利工程以及乐山大佛、峨眉山等景区，吸收和借鉴了四川省开发山区旅游资源、发展乡村旅游以及在景区（点）管理、历史文化遗迹保护等方面的先进经验，开阔了视野、增长了见识。

【举办旅游扶贫导游员培训班】 2007年11月14～20日，省旅游局在惠州市举办旅游扶贫重点市优秀导游员培训班，来自全省14个旅游扶贫重点市的65名优秀导游员参加了培训。这是广东设立旅游扶贫培训专项资金后开设的第一个导游员培训班。培训班以"如何当一名优秀的政务导游员"为主题，开设了省情知识、岭南文化知识、中国民俗知识、政务接待知识、导游讲解技巧等专题讲座，同时还开设了礼貌礼仪、导游急救训练和沿途讲解技巧训练等课程。授课老师均为高等院校的专家学者、导游专业教师、资深高级导游。

【出版酒店英语教材和推行职业英语等级考试】 2007年，省旅游服务中心培训部组织有关专家陆续编辑出版具有广东地方特色的酒店英语教材——《酒店职业英语》（附送光盘）。其中基础级和初级教材已出版，中级和高级教材仍在编写中。培训部还与省职业技能鉴定指导中心合作，联合推行广东省酒店职业英语等级考试，对通过考试的考生颁发《旅游饭店外语等级证书》和《专项职业能力证书》。职业英语等级考试考评员培训、培训师培训、考试标准的制订等工作也在筹备之中。

【组织饭店高管人员赴美培训】 2007年12月12～25日，省旅游局组织全省旅游行政管理部门、星级酒店、旅游院校等单位的9名旅游从业人员前往美国拉斯维加斯酒店进行为期14天的培训和考察。培训的主要内容包括：酒店的创新与变革、酒店的战略管理与品牌建设、酒店市场营销、酒店投资收益、美国酒店业发展的现状与趋势等专题。培训班采用美国密歇根州大学的酒店管理培训课程，培训结束通过考核的学员获得美国密歇根州大学（MSU）的培训证书。学员还先后实地考察了美国多个城市的著名主题酒店，学习交流国际酒店服务质量与运行模式以及酒店业发展最新动态。

【支持云浮市举办岗位培训班】 2007年，为支持云浮市创建中国优秀旅游城市，省旅游服务中心培训部先后分两期对云浮市279名酒店、景区（点）、旅行社等旅游企业的中、高层管理人员进行在职岗位培训。培训班在课程设置、师资派遣、考试安排、论文评改等各个环节均严格按照正规培训的要求进行。参加培训班的学员经考试获得国家旅游局统一印制的岗位职务培训证书。云浮市旅游局对整个培训工作极为重视，全力配合。培训班走活了省市合作培训的新路子。

【赴外省市参观学习】 2007年，省旅游局教育培训部门为开阔视野，吸纳外省市在教育培训方面的经验，先后分期分批派人前往上海、浙江、江苏、四川、云南等旅游发达省市学习考察。这些省市在导游人员资格考试、导游员管理、领队证管理及酒店职业英语等级考试等方面均有值得广东学习借鉴的地方。学习考察工作为全省开展的酒店职业英语教材编写及等级考试推广、导游人员资格考试操作程序的不断完善和创新、导游人员资格考试教材改编等工作的开展提供了很好的思路。

广东旅游院系简介（续）

【广州大学旅游学院（中法旅游学院）】 广州大学旅游学院成立于2002年4月，由原广州大学经济管理学院、理学院、人文学院的旅游相关专业方向整合而成。该学院是广州市政府与法国教育部2001年签署协议、经省政府批准于2002年5月成立的国内首个、也是迄今唯一的中法两国政府间旅游高等教育合作办学项目。该项目每年招生120人，由广州大学与法国昂热大学、尼斯大学共同制订教学计划、提供优质师资，实行中法双语教学，颁发两国本科文凭和学士学位，每年还有30名优秀毕业生赴法继续攻读硕士学位，并享受法国公办高校学生待遇。

广州大学旅游学院与广州大学中法旅游学院实行一套机构、两块牌子的运作模式。学院设“三系一中心”，即旅游与休闲管理系、酒店管理系、会展经济与管理系、旅游研究与规划策划中心；拥有1个旅游管理硕士点和校级重点学科；2个本科专业——旅游管理专业（校级名牌专业）、会展经济与管理专业。2007年，在校本科生达1100多名，硕士研究生13名。学院现有教师44人，其中教授5人、副教授21人，博士（含在读）15人，40岁以下的青年教师均拥有国内外硕士以上学位。2005年以来承担国家和省级科研项目9项，出版国家“十一五”规划教材2部。

学院教学与科研设施先进、完善，已建成旅游管理信息系统、旅游规划、会展等3个实验功能室和高尔夫模拟训练室、导游形体训练室。

学院以中法项目为平台，积极开展对外交流，先后与法国昂热、尼斯、佩皮尼昂大学，美国卡罗来纳滨海大学，澳大利亚库克大学等国外高校和香港理工大学、澳门科技大学、澳门旅游学院等港澳高校，以及法国雅高集团、广州花园酒店、广之旅等近40家国内外知名企业建立了密切的合作关系。

【广东商学院旅游学院】 广东商学院旅游管理专业开办于1986年。开设有旅游管理、会展经济与管理、酒店管理3个本科专业，1个旅游管理硕士点，并拥有1个广东省重点扶持学科。学院现有教职员工34人，其中教师29人，教师队伍中有教授4人，副教授11人，博士7人，绝大部分教师都具有硕士以上学位。1人入选广东省高校第四批“千百十工程”之“千”的校级培养对象；2人入选广东省高校第五批“千百十工程”之“千”的校级培养对象；先后4人成为广东商学院优秀中青年骨干教师培养对象。在校教师大都从事过旅游企业的经营管理工作，有着丰富的教学经验。学院共为广东及华南地区输送了3000多名旅游管理人才，目前在读本科生、研究生900余人。

一直以来，学院积极实施4大发展战略高水平学科发展战略：即重在抢占旅游管理、酒店管理和会展管理学科发展制高点，不断提升学科和专业核心竞争力；高水平队伍建设战略，重在培养、引进高水平学科带头人，建设高水平学术创新团队，建设高水平管理团队；高素质学生培养战略，重在进一步加强人才培养的质量意识，把提高教学水平和教育质量作为坚定不移的中心工作，加大教学与教育方式改革力度，优化课程体系和人才培养模式，创新教学方法，强化实践教学环节，加强实习基地建设，着力培养学生综合素质；高质量服务地方战略，努力把学院建设成区域旅游业发展的“思想库”、“人才库”和“科技库”。

【广州城市职业学院】 广州城市职业学院是广州市政府主办、重点扶持和建设的高等职业院校。2005年3月由4所广州市属高校合并组建，下设6个二级学院，其中旅游管理专业隶属旅游与公共管理学院，是该院重点建设的示范性专业。

旅游管理专业最早创办于1984年，原合并学校之一广州市财贸管理干部学院是当时广州市最先设立旅游专业的三所高等院校之一。1988年，市财贸管理干部学院又与东方宾馆共同创办了东方酒店管理培训中心。多年来，旅游管理专业为广州市旅游企业培养了一大批中高级管理人才。自2005年四校合并至今，该专业借助国家大力发展职业教育和广州市重点发展旅游行业及办“亚运”、建“首善之区”的旅游人才需求契机，成功实现了高职教育的重大转型和跨越式的快速发展。2007年，该院旅游管理专业被广东省教育厅批准为旅游教改示范性专业。

本专业具有一支年轻、高学历、梯队结构合理、双师型的教师队伍。现有12名专任教师，其中40岁以上3名；30岁到39岁6名；30岁以下3名；有高级职称3名，中级职称5名，初级职称4人;11人有硕士研究生学历或硕士学位;60%为“双师”型教师。学院近年来安排年轻教师到香港、澳门、澳大利亚相关旅游院校接受培训，大大增强了本专业教师队伍的实力。还聘请了旅游行业和企业的技术专家5名，校外兼职教师16名。所聘请的兼职教师大都具有很强的实践能力，在各自的行业中颇具影响力，为本专业的建设和教学工作发挥了重要作用。

【广州市旅游职业学校】 广州市旅游职业学校创办于1973年，隶属于广州市教育局，是全国较早开设的旅游中等职业技术教育的学校之一。学校现有在校生近3000人，开设有烹饪、旅游服务与管理、酒店服务与管理、商务外语、文秘等5大专业。每年毕业学生近千名。学校坚持“以学生为本，一切为了学生”的办学宗旨，坚持走特色办学与内涵发展之路，扎根旅游行业，充分发挥旅游人才培训基地的作用。建校以来培养了近2万名中专学历毕业生和5万多名社会培训生。

学校拥有一批高素质的师资队伍，其中高级讲师、高级技师30多人，讲师、技师50多人；拥有众多行业名师，包括中国烹饪大师1人、中国烹饪名师2人、中国粤菜烹饪大师10人、广东烹饪名师近20人；拥有众多“双师型”专业教师：20多名教师获得导游证和出国领队资格，30多名教师被委任为国家职业技能鉴定的考评员和高级考评员。针对职业学生的心理特点和思想基础，学校开展以“自我形象设计”为教育模式的素质教育，帮助学生树立自信、确定成才目标。学校教学设施设备先进，已建成能同时容纳300多名学生操作的烹饪实训室，包括中式烹饪实训室、西式烹饪实训室、面点实训室烘焙、烧烤实训室、调酒室等，建有大型的模拟餐厅、模拟豪华客房、仿真酒吧、茶艺室、文秘实训室、形体训练室等训练场地。学校坚持以学生为本、以技能训练为主的教学方针，培养了学生扎实的专业技能，在各项比赛中屡获殊荣。

【江门职业技术学院】 江门职业技术学院是2004年3月经广东省人民政府批准、国家教育部正式备案成立的公办全日制普通高等学校，由具有20多年办学历史的原江门教育学院、原江门市工业中专学校和原江门财贸学校组建而成，是江门市目前唯一的高等职业技术院校。学院占地1240亩。全日制高职在校生8781人，招生范围遍及广东、广西、湖南、湖北、江西、江苏、河南等省区。

学院现有7个教学系，设有旅游管理等30个专业，酒店经营与管理等50个专业方向。现有教职工460人，其中副高以上职称教师93人，占专任教师比例为29%，硕士研究生及以上学位教师占专任教师比例为37.8%，“双师素质”教师占专业课与专业基础课教师比例为64%。学院还拥有一支由企业（行业）优秀工程技术人员组成的兼职教师队伍。

学院办学条件优良，教学设施完善。建有校内实训室103间，拥有校外实习实训基地130多家，国家职业技能鉴定所1个，省级校企共建生产性实训基地1个，可开展38个工种的技能鉴定或培训；拥有纸质图书41万册，馆藏资源丰富；建立了种类齐全、技术先进的教育信息化应用体系。学院成立4年多来，共培养了全日制大专毕业生3663人，成教大专生1830人，近3年来的毕业生就业率均保持在98%以上。许多毕业生已成为生产、建设、管理、服务一线的骨干。

【中山职业技术学院】 中山职业技术学院是经广东省人民政府批准、国家教育部核准备案、由中山市政府主办，实行省、市共管的公办全日制普通高等学校。学院占地面积600余亩，建筑面积15万平方米。学院秉持“踏实、探索、创新、发展”的办学理念。

中山职业技术学院旅游管理专业于2006年首次招生。现有在校生430余名，分为旅游服务与管理、酒店服务与管理、涉外旅游管理等方向。该专业的专任教师中，副高以上职称的占33.3%，有硕士以上学位的占77.8%，双师型教师占66.7%，是一支年轻富有活力的教师队伍。

旅游管理专业在学生的培养上注重理论与实际紧密结合。学院成立了由旅游行业专家组成的“中山职院旅游管理专业建设指导委员会”，并聘请行业高级管理人员、专家担任兼职教师，参与教学计划的制定、课程教学或作学术讲座。学院建立了多个实训室，如客房操作实训室、前厅实训室、酒吧茶艺实训室、模拟旅行社门市部，导游实训室、旅游电子商务实训室、形体训练室、中西餐饮实训室也正在筹建之中。与中山市多家旅游企业建立了合作关系。“双证”教育已纳入教学计划，鼓励和支持学生参加全国导游员资格证、高级客房服务员、高级调酒师、高级前厅服务员、高级餐厅服务员等职业资格证的考试。

【河源职业技术学院】 2001年经省政府批准，在有着70多年办学历史的广东老隆师范学校的基础上设立的，隶属国家教育部注册、地方政府投资的一所公办全日制高等职业院校。学院占地面积1500亩，校园内教学大楼、图书馆、实训中心等基础设施一应俱全。

学院现有全日制在校生8368人，教职工544人，专任教师341人，其中副高职称以上教师87人，双师素质教师207人。旅游管理专业开设于2003年，是广东省高职高专示范性建设专业，面向省内和安徽省招收高中及具有同等学历的毕业生，目前在校生320人。现有专任教师11名，其中有教授、副教授各1名，研究生学位4名，“双师”素质教师8名。

旅游管理专业积极探索工学结合的人才培养模式。专业开办5年来，探索实施“内外交替、全岗培养”的工学结合人才培养模式。与企业深度融合，将课堂搬到景区、酒店，实现教学过程与岗位工作过程的“零距离对接”，让学生在做中学、在学中做，全方位提高职业能力。该专业建成了能满足旅游管理专业实践教学要求的校内外实训实习基地。建有旅行社操作实训室、前台接待实训室、导游培训室等校内实训室，总面积达320平方米，设备投入60万元。拥有校内生产性实训基地——万绿湖旅行社大学城营业部，与河源万绿湖旅行社等旅游企业联合建立了10家稳定的校外实习基地，确保每个学生有半年以上的时间在企业顶岗实习。

【惠州旅游学校】 前身为惠州供销学校，成立于1964年。是惠州市公办中等专业学校，广东省重点中等职业学校，惠州市旅游协会会长单位。学校坚持“以服务为宗旨，以就业为导向，以质量求生存，以创新谋发展，以特色树品牌，以文化添魅力”的办学理念，以“讲诚信，懂礼仪，会审美，守法规，有修养，身心健康，能写会算，善于驾驭口头与书面语言、基础扎实，业务熟练”为各类培养指标，秉承“诚信、礼仪、励志、创新”的校训和“崇德厚教，为人师表，教书育人，服务育人，管理育人，身教重于言教”的师训。

学校开设了旅游服务与管理、导游与旅行社管理、旅游航空服务、现代酒店管理、旅游商务外语、财务会计、现代物流管理、电子商务、商务秘书、艺术幼师教育等10个专业。目前在校学生近3000人。学校拥有一批师德高尚、业务精湛、乐于奉献、具有创新意识的师资、管理团队，常年聘请专家学者、知名企业家、社会名人兼任客座教授。成立了学校专业教育指导委员会。注重完善实训场馆的建设，现拥有导游、茶艺、餐饮、客房、酒店前厅、会计电算化、网络、商务、形体、语音、舞蹈、声乐实训实验室（堂）等场所与相关设施设备。学校关注校园文化建设，将旅游文化与校园环境建设、专业特点有机地结合起来，成立了艺术团、礼仪队、茶艺社、书法社、文学社等20多个学生社团，着力打造人文和谐校园。

【暨南大学深圳旅游学院】 暨南大学深圳旅游学院原名暨南大学中旅学院，1993年2月经国家教委批准成立，学院实行院长负责制。学院设有旅游管理系、英语系、旅游开发研究中心，规划全日制在校生规模为1200人。开办旅游管理（并设有高尔夫与休闲管理、旅游规划与景观设计两个专业方向）、英语（商务管理）和电子商务本科专业。具有旅游管理专业硕士点，与暨南大学校本部共同承担旅游管理专业博士研究生培养任务。2001年学院通过世界旅游组织旅游教育质量认证，是国内首家通过此项认证的旅游学院。暨南大学师资力量雄厚，学院除了暨大本部的教师来学院授课外，学院目前博士研究生8名、硕士研究生20名、副教授10名、讲师15名。同时，学院还聘请国内外著名旅游企业高层管理者以及国内外知名专家担任学院的兼职教授。该校承担省旅游局组织的各类旅游资格认证考试在深圳的培训工作。（凌丽莉）

【深圳市广播电视大学】 深圳市广播电视大学创办于1980年，是深圳市最早成立的公办高等学校，也是全国44所省级电大之一。毕业证书得到国家承认和国外许多国家认可，国家教育部给予电子注册，经过20多年的发展，已构建起全市规模最大、辐射六区的现代远程开放教育网络。已先后开设专科、中专、本科三个层次的各类专业86个；校本部现有编制109人（其中高级职称30人），其中博士生5人、硕士生12人，外聘教师171人；全市电大系统在编和外聘教师695人（其中高级职称231人）。现有在校生30000余人；同时还培训了在职人员及社会青年10多万人。学校建立了基本VPN城域网的校园网、远程网络教学平台、办公室自动化系统、教务管理服务系统及双向视频教学系统，拥有双向闭路电视教学与监控系统、文字/音像/多媒体电脑阅览室、多媒体课室、多功能阶梯教室，自行开发了远程教育作业批改与管理系统（单机版）、电大历年试题自动查询系统，为教学提供完备的技术支持与服务。学校被教育部电教办和中央电大评为“全国广播电视大学教学现代化先进单位”，被教育部高教司确定为“人才培养模式改革和开放教育试点”的首批省级广播电视大学试点学校。该校承担省旅游局组织的全国导游人员资格考试在深圳市的笔试工作。

【深圳职业技术学院旅游系】 深圳职业技术学院旅游系成立于2002年9月，现有酒店管理、旅游管理、国际导游三个专业，拥有300平方米的餐饮实训室，可以进行面点、中餐、调酒、餐厅等多项实训项目，另有直观教学室供师生在实训室进行现场教学。现有教职工22人，14名专任教师，其中副教授4名、博士1名。该学院办学目标：瞄准世界一流，建成中国示范性职业技术学院。办学理念：以市场需求为导向，以能力培养为中心。

（金 超）

旅游行业协会

广东省旅游协会

【总体情况】 2007年，广东旅游协会围绕省旅游局中心工作和协会章程赋予的任务，在探索改革协会组织运行体系、扶持促进旅游新业态发展、为会员和行业服务、反映行业诉求、开展行业自律、组织参与旅游文化节庆相关工作等方面，做出了卓有成效的工作。

【探索改革协会组织运行体系】 2007年，省民政厅将广东旅游协会的性质类型从“行业性质”界定为“联合性质”，省旅游协会被认定为综合性协会，负责协调与系统内各个行业协会之间的关系，担当发起人的角色，强化对其他旅游行业协会的指导和协调作用。在省旅游协会的指导下，相继成立了广东旅行社行业协会、广东省自驾旅游协会、广东温泉行业协会。各专业旅游协会均为独立法人单位，隶属于省旅游协会，为省旅游协会会员，秘书处均设在省旅游协会，秘书长均通过会员代表大会选举产生。这一架构的确定发挥了省旅游协会的领导与协调作用，调动了各专业协会的积极性，有利于结合自身特点开展工作。

【广东自驾旅游日诞生】 2007年4月，在省旅游局和梅州市共同倡议下设立广东自驾旅游日。省旅游协会开展了前期调研及市场宣传推广工作，经半年筹备与论证，广东自驾旅游日定于每年的12月8日。2007年12月8日，由广东省旅游局、梅州市人民政府、广东省旅游协会共同主办，广东省自驾旅游协会、梅州市旅游局承办的“广东第一个自驾旅游日暨梅州精彩客都自驾旅游周”活动启动仪式在梅州市举行。广东省常务副省长汤炳权，省政府副秘书长刘晓捷，省外经贸厅副厅长朱泽南，省旅游局副局长杨荣森、周开生，以及江西省旅游局、福建省旅游局和广州、深圳、惠州、河源、韶关、汕头、潮州、汕尾、揭阳、梅州、赣州、龙岩、三明等地市旅游局负责人，省内及香港车友代表、海内外新闻媒体记者共480人出席启动仪式。省旅游协会与梅州市旅游局共同制订《广东自驾旅游目的地服务标准》，组织了第二届最优自驾旅游景区评选等一系列活动。广东自驾旅游日一经推出，引起国内旅游界、新闻界的广泛关注，被南方报业网评为2007年影响广东旅游的十大事件之一。省旅游协会以自驾旅游为载体，有力地推动了自驾旅游的健康发展，自驾旅游在广东的兴起，带动了广东省东西两翼和粤北山区的旅游发展。

【举办温泉旅游节】 11月20～22日，由广东省旅游局、清远市人民政府、广东省旅游协会主办，清远市旅游局、清远市旅游协会、广东温泉行业协会承办的“第二届广东国际温泉旅游节暨清远温泉嘉年华”在清远市举办。省旅游局、清远市政府、中国国家旅游协会、省内各地市旅游局、世界温泉及气候养生联合会、台湾地区温泉协会、日本群马县温泉协会、广东各大旅行社、外国驻穗领馆嘉宾、全国上百家温泉企业等单位的负责人及四川、重庆、内蒙古、海南等省、自治区、直辖市的旅游协会代表500多人参加开幕式。省旅游局局长郑通扬、清远市市长陈家记出席大会并讲话。中国旅游协会副秘书长蒋齐康到会祝贺。活动吸引了来自世界各地的温泉组织和官员，世界温泉及气候养生联合会秘书长索利曼教授，意大利卫生部资深温泉质量官员鲁道夫，日本群马温泉协会会长宫崎谨一、主任小林等出席活动并参观考察了广东的温泉。

温泉旅游节期间还举办了温泉学术报告会，台湾地区温泉协会会长陈俊廷、秘书长蔡志升、著名温泉景区设计专家曾玮，日本千叶大学博士王艳平，中国社会科学院博导魏小安，中山大学旅游学院院长保继刚等国内外著名旅游学者出席。会议共同探讨世界温泉前沿话题，就温泉学术研究成果交流、温泉产品的深层次开发等问题进行了深入研讨。开展了广东温泉形象代言人评选、大众温泉摄影与征文比赛、温泉旅游生活展、温泉旅游普及月、《泉在广东》首发式、广东温泉行业协会与世界温泉及气候养生联合会备忘录的签订，以及粤、湘、桂边界三地区域旅游合作协议的签署等活动。世界温泉及气候养生联合会表示愿意吸纳广东温泉协会为会员。

【旅游诚信建设】 2007年，充分发挥协会职能作用，在行业自律建设方面积极开展探讨，与省工商局联合发布《旅游行业诚信经营宣言》，向会员灌输诚信经营理念，营造“诚实经营、信守承诺”良好氛围。向全省旅游企业发布“和谐旅游宣言”、推出“品质旅游白皮书”，推动落实《广东省旅行社高品质产品服务标准》，保障经营者和消费者双方权益。积极协助省物价管理部门出台旅游物价管理规定，约束旅游行业不规范行为。同时，配合中国旅游协会联合兄弟省、直辖市、自治区旅游协会建设跨区域旅游诚信体系建设。2007年7月，广东旅游协会被省纠风办和省民政厅确定为全省四个行业自律示范社会团体之一。

【广东酒店行业协会】

〖**总体情况**〗 广东酒店行业协会成立于2006年5月29日，是在省委、省政府《关于发挥行业协会商会作用的决定》和《广东省行业协会条例》实施后，按照适应社会主义市场经济发展、与国际惯例接轨的要求而成立的社会团体。4月至10月，受省财政厅委托，广东酒店行业协会为对中央和广东省直党政机关工作人员在广东地区出差住宿及会议饭店2009—2010年度定点服务资格的审核单位，并与中标单位签约。中标酒店的服务信息已与国家财政部定点酒店网站链接，从10月1日起开通使用；旅游饭店用电、用气价格过高等问题一直成为制约行业发展的瓶颈。酒店行业协会开展专题调研，并将有关调研情况报送省旅游局，将饭店业多年来希望政府降低电价、气价诉求反映给省政府相关部门研究；3月17日，组织会员单位在中国大酒店参加泛珠三角中日旅游业界交流大会；8月29日，酒店协会在广东美地磁业公司举办酒店投资及发展趋势为主题的专家演讲会。2007年，协会组织了行业内人员赴肯尼亚考察，全面了解国外发达地区在建设生态酒店及海滨森林酒店方面的情况，为本行业多元化发展提供借鉴；与莱茵职业培训学院合作开办酒店管理师培训课程；协助中国旅游饭店业协会，香港理工大学酒店、旅游业管理学院，暨南大学深圳旅游学院举办中国酒店品牌建设国际论坛；召开了2007协会会员年会，省内多家国际知名品牌管理公司高层及星级酒店总经理出席会议。

〖**领导机构组成**〗

会　长：

杨小鹏　原白天鹅宾馆总经理

副会长：

吴　伟　广州如家酒店管理有限公司董事总经理

李进茂　广东省旅游协会副会长、秘书长

沈宜初　广州市堡龙酒店管理有限公司总裁

冼　锋　中国饭店管理有限公司广东公司总经理

郑越东　广州花园酒店总经理

齐　雁　广东国际大酒店总经理

贺邦富　广东省广晟酒店集团有限公司董事长

郑玮玲　粤海（国际）酒店管理集团公司董事总经理

金　阳　深圳市华侨城酒店集团有限公司总裁

李鸿斌　珠海度假村酒店董事总经理

方伟群　汕头经济特区金海湾大酒店总经理

何　滔　韶关市韶华酒店总经理

戴俊明　广东三正集团广东三正国际酒店管理有限公司助理总经理、CEO

吕庆生　中山国际酒店总经理

罗　锋　中山汉威酒店管理有限公司常务副总经理

黎建青　佛山宾馆总经理

杨晓飞　肇庆星湖大酒店

监事会主席：

邝云弘　广州大厦总经理

监　事：

李添彬　深圳晶都酒店总经理

【广东旅行社行业协会】

〖**成立旅行社行业协会**〗 3月26日，省民政厅下发《关于同意成立广东旅行社行业协会的批复》（粤民[2007]20号），省旅行社行业协会正式成为民间社团组织。5月22～23日，广东旅行社行业协会成立暨第一次理事大会在韶关市召开。省旅游协会副会长张植林，韶关市政府副秘书长李书明，全省旅游行业协会理事单位的代表和活力广东网、中国温泉在线网和导游人网等媒体记者共120多人出席大会。广东省中国旅行社股份有限公司董事、副总经理李建奇当选为会长。大会就如何推进广东地区诚信旅行社测评体系建设建言献策，同时为56家诚信旅行社颁发“广东地区旅行社诚信单位”牌匾。大会通过了《广东旅行社行业协会财务预算方案》和《广东旅行社行业协会会员缴纳会费标准》等文件。会上发出“共建旅游诚信体系、努力建设和谐广东”的诚信服务倡议书。

〖**领导机构组成**〗

会　长：

李建奇　广东省中国旅行社股份有限公司董事、总经理

副会长（以下排名不分先后，共14个单位）：

李进茂　广东省旅游协会副会长兼秘书长

郑　烘　广州广之旅国际旅行社股份有限公司董事长、总裁

吴　斌　深圳中国国际旅行社有限公司执行董事兼总经理

陈冀凯　东莞市国际旅行社有限公司总经理

张汉林　汕头市旅游总公司总经理

胡文强　广东省拱北口岸中国旅行社有限公司总经理

杜修远　佛山市禅之旅国际旅行社有限公司总经理

谷训才　广东国旅国际旅行社股份有限公司董事总经理

赵　祁　广东南湖国际旅行社有限公司董事长

张学克　广东省铁青国际旅行社有限责任公司总经理

沈泽朋　潮州市中国旅行社有限公司总经理

刘建进　湛江市中国旅行社有限公司总经理
罗红霞　清远市国旅国际旅行社有限责任公司董事长
王子乐　中山中国国际旅行社总经理
秘书长：
黄绍希　广东省旅游协会副秘书长
广东旅行社行业协会监事会名单
监事会主席：
林栋礼　江门大方旅游国际旅行社有限公司董事长、总经理
监事会成员：
高玲玲　广东中妇旅国际旅行社有限责任公司总经理
李木胜　深圳市海外国际旅行社有限公司总经理

【广东省自驾旅游协会】

〖**成立自驾旅游协会**〗　1月22日，省民政厅民间组织管理局正式批准成立广东省自驾旅游协会。协会是由广东省从事自驾旅游行业的企业和爱好自驾旅游的个人组建而成的非营利性社会组织。4月19日，由广东省旅游局、梅州市人民政府、广东省旅游协会共同主办，广东省自驾旅游协会、梅州市旅游局承办的广东省自驾旅游协会成立大会在梅州市举行。省旅游局局长郑通扬，梅州市委常委、常务副市长李金元，省民政厅、省旅游协会、省自驾旅游协会有关领导，省内外36家媒体记者及旅游界人士共280人出席大会。广东省自驾旅游协会是全国首家成立省级自驾游协会的单位，首创了国内新型自驾旅游服务模式，为旅游业与汽车售后服务及其他相关领域携手合作，搭建了优质自驾旅游服务的平台和窗口。省自驾旅游协会制定的《广东省自驾旅游目的地服务规范》是国内首个地方自驾旅游目的地服务标准。

〖**搭建广东自驾游服务平台**〗　4月20日，“广东自驾旅游网”（www.gdzjly.com.cn）上线。5月20日，协会会员短信发布平台开通，端口号：106573023413 。7月18日，协会专营公司（广东天粤旅游发展有限公司）正式改组，并先后注册成立了惠州、梅州、深圳、东莞、佛山、中山、清远、韶关、阳江、肇庆、珠海等省内各地级以上市的11家分公司。8月20日，《广东自驾游》（内刊）首期正式出版。10月中旬，协会与中国铁通签署合作协议，确定协会全国统一服务热线：4007-007-114（国内免费拨打）。

〖**开展活动情况**〗　4月19日，由广东省旅游局、梅州市政府、省旅游协会联合主办，自驾旅游协会与梅州市旅游局共同承办的“首届广东省旅游经济文化高峰论坛”在梅州市举行。4月20日，由自驾旅游协会主办的“从客都到红都”大型主题自驾游活动正式启程，是自驾旅游协会成立后首个主题自驾游车队，拉开了跨省区自驾游活动的序幕。10月31日，广东省旅游局、梅州市人民政府、广东省旅游协会联合在广州市举行新闻发布会，宣布“广东第一个自驾旅游日暨梅州精彩客都自驾旅游周”活动定于12月8～13日在梅州举行。省旅游局局长郑通扬，梅州市市长李嘉出席并讲话。梅州市委常委、常务副市长李金元通报了自驾旅游日和自驾旅游周筹备情况及活动项目。省旅游协会发布《广东省自驾车旅游目的地服务规范》。省、市、县相关政府部门的领导、旅游界代表，全省主要旅行社和车行负责人等共163人参加新闻发布会。5月26～27日，组织珠三角地区的汽车经销商、俱乐部、媒体代表等一行30多人前往鹤山市和开平市考察，与开平市旅游局签署“广东省开平地区自驾旅游区域合作协议”。8月17～18日，与佛山新协力集团风行4S店联合开展“发现中国MPV第一人”主题自驾游活动，100多位风行车主一起前往台山等地自驾游。8月18～19日，与新快报社联合协办“2007驾控之旅”主题活动，活动集品牌新车试乘试驾、自驾游、媒体推广于一身，开创现代汽车营销的全新模式，15款市场热销的中级车型全程参与赞助，吸引300多位车友参加。9月7～8日，与广东电视台新闻频道联合开展“香必飘——新空气之旅”活动启程前往清远市，以“扶贫助学”为主题的自驾游活动受到70多位车主青睐。12月8日，与粤海地产、番禺丽江花园、援助西藏发展促进会等单位共同主办的“丽江花园第11届艺术节品牌汽车秀”活动在广州市举行，广州本田、东风本田、日产汽车、现代汽车、标致汽车等多家经销商参与活动。12月8～9日，与顺德中旅、艺博文化传播公司等联合策划组织了“顺德百车自驾游活动”，200多名顺德市车友驱车前往清远市羊角山水度假森林，饱览了当地自然风光。12月17日，与东莞市四驱雄风俱乐部联合组织开展“寻找自驾游助学点”主题采风活动，数十位车友驾驶12部越野四驱车穿越南昆山，为惠州市龙门南昆山景区的助学点捐款。2007年，协会已与省内外各主要区域近百家商旅服务单位（含景区景点、宾馆酒店、度假村、餐饮娱乐、特产购物）和汽车后服务品牌（汽车经销商、汽车俱乐部、车友会、维修养护、汽车用品等）联合推出《广东自驾游联盟》行动，为会员及广大自驾游爱好者提供专业、贴心服务。与天安保险股份有限公司广东省分公司（副会长单位）的汽车保险客户共20多万名会员签署服务协议。

〖**广东省自驾旅游协会章程**〗

第一章　总　则

第一条　本协会的名称：广东省自驾旅游协会。（本协会英文译名：Guangdong Drive Travel Association英文缩写：GDTA）

第二条　本协会的性质：由广东省从事自驾旅游行业的企业

及爱好自驾旅游的个人组织而成的非营利性社会组织。

第三条 本协会的宗旨：遵守宪法、法律、法规和国家政策，遵守社会道德风尚，建设广东自驾旅游服务平台，推动自驾旅游事业健康发展，为广东旅游事业作出积极贡献。

第四条 本协会接受广东省旅游局的业务指导和广东省民政厅的监督管理。

第五条 本协会的住所：广东省广州市

第二章 业务范围

第六条 本协会的业务范围：

（一）协助会员单位进行市场、品牌拓展；

（二）建设行业交流互动平台；

（三）组织策划各项大型活动；

（四）制订并实施行业自律公约；

（五）培养行业专业人才。

第三章 会 员

第七条 本协会的会员分团体会员和个人会员两种：团体会员为与自驾旅游相关行业、领域的单位或组织，个人会员为拥有私家汽车、热爱自驾旅游的个人。

第八条 申请加入本协会的会员，必须具备下列条件：

（一）拥护本协会的章程；

（二）有加入本协会的意愿；

（三）在本协会所涉及的行业和相关领域内具有一定的影响；

（四）申请加入本协会的团体会员应持有工商营业执照等相关证件；

（五）申请加入本协会的个人会员应年满 18 周岁。

第九条 会员入会的程序是：

（一）提交入会申请书；

（二）经理事会讨论通过；

（三）由秘书处根据理事会的决定和授权发给会员证。

第十条 会员享有下列权利：

（一）本协会的选举权、被选举权和表决权；

（二）参加本协会的活动；

（三）获得本协会服务的优先权；

（四）对本协会工作的批评建议权和监督权；

（五）入会自愿、退会自由。

第十一条 会员履行下列义务：

（一）执行本协会的决议；

（二）维护本协会合法权益；

（三）遵守本协会章程；

（四）完成本协会交办的工作；

（五）按规定交纳会费：

A.会长单位每年缴纳会费48000元；

B.副会长单位每年缴纳会费28000元；

C.常务理事单位每年缴纳会费12000元；

D.理事单位每年缴纳会费6000元；

E.团体会员单位每年缴纳会费2000元；

F.尊尚个人会员每年缴纳会费2000元；

G.尊贵个人会员每年缴纳会费1000元；

H.VIP个人会员每年缴纳会费300元。

（六）向本会反映情况，提供有关资料。

第十二条 会员退会应书面通知本协会，并交回会员卡。会员1年不交纳会费或不参加本协会活动的，视为自动退会。

第十三条 会员如有严重违反本章程的行为，经理事会或常务理事会表决通过，予以除名。

第四章 组织机构和负责人的产生、罢免

第十四条 本会的最高权力机构是会员代表大会，会员代表大会的职权是：

（一）制订或修改章程；

（二）选举和罢免理事；

（三）审议理事会、监事会的年度工作报告和财务报告；

（四）审议理事会对会员除名的提议；

（五）对协会变更、解散和清算等事项作出决议；

（六）改变或者撤销理事会不适当的决定；

（七）决定终止事宜；

（八）决定其他重大事宜。

第十五条 会员代表大会须有2/3以上的会员代表出席方能召开，其决议须经到会的会员代表半数以上表决通过方能生效。

第十六条 会员代表大会每届五年，因特殊情况需提前或延期换届的，须由理事会表决通过，报经社团登记管理机关批准同意。

第十七条 理事会为会员代表大会的常设机构，在会员代表大会闭会期间，领导本会开展日常工作，对会员代表大会负责。

第十八条 理事会的职权：

（一）执行会员代表大会的决议；

（二）选举和罢免会长、副会长、秘书长；

（三）筹备召开会员代表大会；

（四）向会员代表大会报告工作和财务状况；

（五）决定会员的吸收或除名；

（六）决定设立办事机构、分支机构、代表机构和实体机构；

（七）决定协会副秘书长、各机构主要负责人聘任；

（八）领导本团体各机构开展工作；

（九）决定内部管理制度；

（十）决定其他重大事项。

第十九条 理事会须有2/3以上理事出席方能召开，其决议须经到会理事2/3以上表决通过方能生效。

第二十条 理事会每年至少召开一次会议；情况特殊的，也可采用通讯形式召开。

第二十一条　本会设立常务理事会，常务理事由理事会选举产生，在理事会闭会期间行使第十八条第一、三、五、六、七、八、九项的职权，对理事会负责（常务理事人数不超过理事人数的1/3）。

第二十二条　常务理事会须有2/3以上常务理事出席方能召开，其决议须经到会理事2/3以上表决通过方能生效。

第二十三条　常务理事会至少半年召开一次会议；情况特殊的，也可采用通讯形式召开。

第二十四条　本协会的会长、副会长、秘书长必须具备下列条件：

（一）坚持党的路线、方针、政策，政治素质好；

（二）在本会业务领域内有较大影响；

（三）会长、副会长、秘书长最高任职年龄不得超过70周岁，秘书长为专职；

（四）身体健康，能坚持正常工作；

（五）未受过剥夺政治权利的刑事处罚的；

（六）具有完全民事行为能力。

第二十五条　本协会会长、副会长、秘书长如超过最高任职年龄的，须经理事会表决通过，报广东省旅游局审查并经广东省民政厅民间组织管理局批准同意后，方可任职。

第二十六条　本协会会长、副会长、秘书长任期五年。

第二十七条　本协会会长为本会法定代表人。本会法定代表人不兼任其他团体的法定代表人。

第二十八条　本协会会长行使下列职权：

（一）召集和主持理事会会议；

（二）检查会员代表大会、常务理事会决议的落实情况；

（三）代表本会签署有关重要文件。

第二十九条　本协会秘书长行使下列职权：

（一）主持办事机构开展日常工作，组织实施年度工作计划；

（二）协调各分支机构、代表机构、实体机构开展工作；

（三）提名副秘书长以及各办事机构、分支机构、代表机构和实体机构主要负责人，交理事会或常务理事会决定；

（四）决定办事机构、代表机构、实体机构专职工作人员的聘用；

（五）处理其他日常事务。

第五章　资产管理、使用原则

第三十条　本会经费来源：

（一）会费；

（二）捐赠；

（三）政府资助；

（四）在核准的业务范围内开展活动或服务的收入；

（五）利息；

（六）其他合法收入。

第三十一条　本会按照国家有关规定收取会员会费。

第三十二条　本会经费必须用于本章程规定的业务范围和事业的发展，不得在会员中分配。

第三十三条　本会建立严格的财务管理制度，保证会计资料合法、真实、准确、完整。

第三十四条　本会配备具有专业资格的会计人员。会计不得兼任出纳。会计人员必须进行会计核算，实行会计监督。会计人员调动工作或离职时，必须与接管人员办清交接手续。

第三十五条　本会的资产管理必须执行国家规定的财务管理制度，接受会员代表大会和财政部门的监督。资产来源属于国家拨款或者社会捐赠、资助的，必须接受审计机构的监督，并将有关情况以适当方式向社会公布。

第三十六条　本协会换届或更换法定代表人之前必须接受协会登记管理机关和业务主管单位组织的财务审计。

第三十七条　本协会的资产，任何单位、个人不得侵占、私分和挪用。

第三十八条　本协会专职工作人员的工资和保险、福利待遇，参照国家对事业单位的有关规定执行。

第六章　章程的修改程序

第三十九条　对本协会章程的修改，须经理事会表决通过后报会员代表大会审议。

第四十条　本协会修改的章程，须在会员代表大会通过后15日内，经广东省旅游局审查同意，并报广东省民政厅民间组织管理局核准后生效。

第七章　终止程序及终止后的财产处理

第四十一条　本协会完成宗旨或自行解散或由于分立、合并等原因需要注销的，由理事会或常务理事会提出终止动议。

第四十二条　本协会终止动议须经会员代表大会表决通过，并报业务主管单位审查同意。

第四十三条　本协会终止前，须在业务主管单位及有关机关指导下成立清算组织，清理债权债务，处理善后事宜。清算期间，不开展清算以外的活动。

第四十四条　本协会经社团登记管理机关办理注销登记手续后即为终止。

第四十五条　本协会终止后的剩余财产，在业务主管单位和社团登记管理机关的监督下，按照国家有关规定，用于发展与本协会宗旨相关的事业。

第八章　附则

第四十六条　本章程经2007年1月26日会员代表大会表决通过。

第四十七条　本章程的解释权属本协会的理事会。

第四十八条　本章程自社团登记管理机关核准之日起生效。

【广东温泉行业协会】

〖**成立温泉行业协会**〗 5月17日，广东温泉行业协会成立大会在广州市举行。大会推选出广东温泉行业协会会长、副会长、秘书长、理事、监事会主席、监事等。省旅游局副局长杨荣森出席大会并讲话。港中旅珠海海泉湾度假城总裁王长乐被推选为第一届广东温泉行业协会会长。来自全省52家温泉企业及相关企业的代表出席了大会。广东省民间组织管理局的领导宣读了《关于同意筹备成立广东温泉行业协会的复函》。大会认为广东温泉业近年来发展迅猛，无论是规划、设计、品牌打造、服务质量、经营理念、营业收入等方面都走在全国的前列，温泉旅游已经成为广东三大旅游休闲品牌之一。产业发展亟待成立行业协会来规范、指导、推广。广东温泉行业协会是一级法人单位，由省民政厅批准，充分发挥政府和企业之间的桥梁和纽带作用，在行业自律、维权、为会员服务和行业服务、反映行业诉求等方面发挥作用。

〖**海泉湾度假区获示范区称号**〗 6月16日，香港中旅集团和珠海市政府联合举行揭牌仪式。国家旅游局授予港中旅（珠海）海泉湾度假区为中国第一个“国家旅游休闲度假示范区”称号。全国政协副主席李兆焯、国家旅游局局长邵琪伟、珠海市委书记邓维龙、市长钟世坚、香港中旅集团董事长张学武等领导出席揭牌仪式。

〖**举办首届广东温泉行业协会会议**〗 8月30日，首届广东温泉行业协会第一次会长办公会在珠海市召开。会议由新任会长、珠海海泉湾度假城总裁王长乐主持，省旅游协会副会长张植林应邀参加会议。海泉湾度假城、碧水湾温泉度假村、锦江温泉、帝都温泉、休沐园娱乐服务有限公司、韶关曹溪温泉——假日度假村、聚龙湾温泉旅游度假村、阳江温泉度假村、韶关南雄龙华山温泉度假村、清新温矿泉旅游度假区、古兜温泉等会员单位共20多人出席会议。会议审议通过了广东温泉行业协会财务管理等8项制度。会议还审议通过了2007年度协会预算及会费收取标准、首届广东温泉行业协会工作要点及广东温泉行业协会副秘书长人选。

〖**温泉行业协会机构组成**〗

会　长：

王长乐　港中旅（珠海）海泉湾度假城总裁

副会长　（排名不分先后,共10个单位）：

吴江徽　珠海御温泉度假村总经理

姜忠平　碧水湾温泉度假村总经理

肖成业　中山仙沐园娱乐服务有限公司董事长

梁瑞廉　恩平市锦江温泉董事长

郑坚明　恩平市帝都温泉董事长

韩　明　新会古兜温泉董事长

刘国华　清远清新温矿泉旅游度假区总经理

邓秩兴　阳江温泉度假村董事长

彭大龙　韶关曹溪温泉——假日度假村有限公司总经理

文　飞　佛冈聚龙湾温泉旅游度假村总经理

秘书长：

张建彬　广东省旅游协会副秘书长

监事会主席：

杨富超　韶关市龙华山温泉度假村董事长

〖**广东温泉行业协会章程**〗

第一章　总　则

第一条　本会的名称为广东温泉行业协会，英文名称为Guangdong Hot Spring&SPA Association（简称GDHSA）。

第二条　本协会是由广东省内的温泉企业、大学相关院系及相关行业的社会组织、企事业单位，按照平等自愿的原则结成的全省温泉行业性协会，具有独立的社团法人资格。

第三条　本会的宗旨是遵守宪法、法律、法规和国家政策，遵守社会道德风尚。根据国家和广东省关于发展温泉业、旅游业的方针政策和有关法律、法规，研究探索广东省温泉发展中的有关问题，包括温泉旅游、水疗、香熏、养生等，积极开展广东温泉行业的宣传推广、市场开发、人才培训、经验交流工作，逐步建立广东温泉行业标准，竭力为会员服务，为行业服务，在政府和会员之间发挥桥梁和纽带作用，促进广东温泉产业健康、有序、可持续发展。

第四条　本会接受社团管理机关广东省民政厅的监督管理，接受广东省旅游局的业务指导。

第五条　本会的活动地域为广东省。

第六条　本会会址设在广东省广州市。

第二章　业务范围

第七条　本协会的业务范围是:为行业和会员提供服务，反映行业和会员诉求，规范行业和会员行为；根据需要从事下列活动:

（一）组织旅游市场开拓，发布市场信息，编辑温泉专业刊物，开展行业调查、评估论证、培训、咨询、展览展销等服务，开展国内、国际相关考察、交流活动；

（二）协调会员之间、会员与非会员之间、会员与消费者之间涉及经营活动的争议；

（三）代表温泉行业内相关经济组织提出相关调查或者采取保障措施的申请，协助政府及其部门完成相关调查，组织协调温泉企业参与相应的国际应诉活动；

(四)接受与温泉行业利益有关的政策的论证咨询，提出相关建议，维护会员和行业的合法权益;

(五)参与行业性集体谈判，提出涉及会员和行业利益的意见和建议；
(六)参与温泉行业标准的论证，建立规范行业和会员行为的机制；
(七)加强会员和行业自律，依法开展行业发牌认证、评优评奖，促进会员诚信经营，维护会员和行业公平竞争；
(八)组织会员学习贯彻国家有关旅游业和温泉行业的法律、法规和政策；
(九)开展国家有关法律、法规和政策允许范围内的业务，承办政府及其工作部门授权或者委托的其他工作。

第三章　会　员

第八条　本会的会员为本行业的经济组织和社团单位，本会接纳团体会员，不接纳个人会员。
第九条　申请加入本会的会员，必须具备下列条件：
（一）拥护本会的章程；
（二）有加入本会的意愿；
（三）在本行业领域内具有一定的影响；
（四）应持有工商营业执照等相关证件。
第十条　会员入会的程序是：
（一）提交入会申请书；
（二）经理事会讨论通过；
（三）办理会员登记手续，交纳会费；
（四）由理事会或理事会授权的机构发给会员证。
第十一条　会员享有下列权利：
（一）出席会员大会（或会员代表大会），参加协会活动、接受协会提供的服务；
（二）选举权、被选举权和表决权；
（三）获得本会服务的优先权；
（四）对本会工作的提议案权、建议权和监督权；
（五）当遇到重大困难时，有请求本协会提供帮助（如涉及调解、诉讼等）的权利；
（六）入会自愿、退会自由。
第十二条　会员履行下列义务：
（一）遵守本会章程；
（二）执行本会的决议；
（三）按规定交纳会费；
（四）维护本会及本行业的合法权益；
（五）完成本会交办的工作；
（六）向本会反映情况，提供有关资料；
（七）积极参加协会组织的活动。
（八）接受本会的评议和调解。
第十三条　会员缴纳会费的标准：
（一）会长单位每年缴纳会费 35000 元；
（二）副会长单位每年缴纳会费 20000 元；
（三）理事单位每年缴纳会费 3000 元；
（四）一般会员单位每年缴纳会费 2000 元。
第十四条　会员退会应书面通知本行业协会，并交回会员证。会员1年不交纳会费或不参加本行业协会活动的，视为自动退会。
第十五条　会员如不遵守本行业协会章程，将由本行业协会提出批评、教育；如有严重违反本章程的行为，经会员大会（或会员代表大会）表决通过，予以除名。

第四章　组织机构和负责人的产生、罢免

第十六条　本会由会员组成会员大会（或会员代表大会）。会员大会（或会员代表大会）是本协会的最高权力机构，依照国家法律、法规和本协会章程的规定行使职权。
第十七条　会员大会（或会员代表大会）行使下列职权：
（一）决定协会在法律、法规规定范围内的业务范围和工作职能；
（二）选举或者罢免会长、副会长、秘书长、理事、监事；
（三）审议理事会、监事会的年度工作报告、年度财务预决算方案；
（四）审议理事会对会员除名的提议；
（五）对协会变更、解散和清算等事项作出决议；
（六）改变或者撤销理事会不适当的决定；
（七）制订或修改章程、组织机构的选举办法；
（八）决定终止事宜；
（九）决定其他重大事宜。
第十八条　会员大会（或会员代表大会）每届 3 年。因特殊情况需提前或延期换届的，须由理事会表决通过，报经社团登记管理机关批准同意。但延期换届最长不超过 1 年。会员大会（或会员代表大会）每两年至少召开一次会议，理事会认为有必要或者五分之一以上的会员提议，可以召开临时会员大会（或会员代表大会）。
第十九条　会员大会（或会员代表大会）必须有全体会员（或会员代表）的三分之二以上出席；其决议应当由全体会员（会员代表）的过半数通过。会员大会（或会员代表大会）应当对所议事项的决定作会议纪要，并向会员公告。
第二十条　本会设理事会。理事会为会员大会（或会员代表大会）的常设机构，在会员大会（或会员代表大会）闭会期间，依照会员大会（或会员代表大会）的决议和协会章程的规定履行职责。
第二十一条　理事会的职权是：
（一）筹备和召集会员大会（或会员代表大会），并向会员大会（或会员代表大会）报告工作；
（二）执行会员大会（或会员代表大会）的决议；
（三）决定协会具体的工作业务；
（四）制定协会的年度财务预算方案、决算方案；
（五）制定协会增加或者减少注册资金的方案；

（六）拟定协会变更、解散和清算等事项的方案；
（七）决定协会各内部机构的设置，并领导协会内部各机构开展工作；
（八）决定新申请人的入会和对会员的处分，提议对会员的除名；
（九）根据秘书长提名，聘任或者解聘副秘书长和协会办事机构、分支机构、代表机构主要负责人，决定其报酬事项；
（十）制定协会内部管理制度；
（十一）协会章程规定的其他事项。
第二十二条 理事会每半年至少召开一次会议（情况特殊的，也可采用通讯形式召开）。理事会须有过半数的理事出席方能召开，其决议须经全体理事过半数表决通过方能生效。理事会应当对决议形成会议纪要，并向全体理事公告。
理事会会议由会长召集和主持；会长因特殊原因不能履行职务时，由会长委托副会长或者秘书长召集和主持。三分之一以上理事可以提议召开理事会。
第二十三条 本会设立常务理事会，由理事会选举产生。常务理事会对理事会负责。常务理事会由会长、副会长、常务理事和秘书长组成。常务理事会在理事会闭会期间，经理事会授权可以行使本章程第二十二条规定的部分职权。常务理事会至少三个月召开一次会议；情况特殊的也可采用通讯形式召开。常务理事会作出的决议，必须有半数以上的常务理事通过。常务理事会应当对所议事项的决定作会议记录。
第二十四条 本会设立分支机构、代表机构的规则、程序：
（一）由本行业协会秘书处提出设立分支机构的具体方案；
（二）将具体方案提交会长办公会议讨论通过；
（三）将通过后的具体方案提交理事会审议批准。
（四）报社会团体登记管理机关审批。
第二十五条 本会设立监事会，由会员大会（或会员代表大会）选举产生。监事会任期与理事会任期相同，期满可以连任。会长、副会长、理事、秘书长不得兼任监事。
第二十六条 本会的会长、副会长、秘书长、监事必须具备下列条件：
（一）坚持党的路线、方针、政策，遵守国家法律法规；
（二）在本行业领域内有较大影响；
（三）会长、副会长、秘书长最高任职年龄不得超过70周岁，秘书长为专职；
（四）身体健康，能坚持正常工作；
（五）未受到任何刑事处罚；
（六）具有完全民事行为能力。
第二十七条 本会的秘书长采用聘任制，秘书长和会长不能在同一企业中产生。会长不得兼任秘书长。
第二十八条 本会设会长一人，副会长若干人。会长为本行业协会的法定代表人，本会法定代表人不得兼任其他社会团体的法定代表人。
第二十九条 本会会长、副会长、秘书长每届任期3年，连任不得超过两届。因特殊情况需要延长任期的，须经会员代表大会半数以上会员代表表决通过，经社团登记管理机关批准同意后方可任职。
第三十条 本会会长行使下列职权：
（一）召集和主持理事会（或常务理事会）会议；
（二）检查会员大会（或会员代表大会）、理事会（或常务理事会）决议的落实情况；
（三）代表本协会签署有关重要文件；
（四）监督、指导秘书处开展日常工作；
（五）其他应由会长和法定代表人行使的职权。
第三十一条 本会副会长、秘书长在会长领导下开展工作，秘书长对理事会负责。秘书长为专职，行使下列职权：
（一）主持办事机构开展日常工作，组织实施年度工作计划；
（二）组织制定、实施年度工作计划和预算、决定；
（三）协调各分支机构、代表机构、实体机构开展工作；
（四）提名副秘书长以及各办事机构、分支机构、代表机构和实体机构主要负责人，交理事会或常务理事会决定；
（五）提名办事机构、代表机构、实体机构专职工作人员的聘用，报会长批准；
（六）处理其他日常事务；
（七）定期向会长、副会长、常务理事会报告协会工作情况。
第三十二条 监事会行使下列职权：
（一）对会员大会（或会员代表大会）和理事会的选举、罢免进行监督；
（二）对理事会履行会员大会（或会员代表大会）的决议进行监督；
（三）检查协会财务和会计资料，监督理事会遵守法律和章程的情况；
（四）监事列席理事会、常务理事会会议，监事会主席列席会长办公会议，有权向理事会、常务理事会提出质询和建议，并应当向登记管理机关以及税务、会计主管部门反映情况；
（五）当会长、副会长、理事和秘书长等管理人员的行为损害协会利益时，要求其予以纠正，必要时向会员代表大会或政府相关部门报告。
监事应当遵守有关法律法规和协会章程，忠实履行职责。

第五章 资产管理、使用原则

第三十三条 本会经费来源：
（一）会费；
（二）捐赠；
（三）政府资助；
（四）在核准的业务范围内开展活动或服务的收入；
（五）利息；

（六）其他合法收入。

第三十四条 本会接受捐赠时，应当遵守法律法规，不得以任何形式进行摊派或变相摊派。捐赠人、资助人或单位、会员、监事有权向协会查询捐赠财产的使用、管理情况，并提出意见和建议。对于捐赠人、资助人或单位、会员、监事的查询，协会应及时如实答复。

第三十五条 本会经费必须用于本章程规定的业务范围和事业的发展，财产以及其他收入受法律保护，任何单位、个人不得侵占、私分和挪用。

第三十六条 协会会长、副会长、理事、监事、秘书长以及工作人员私分、侵占、挪用协会财产的，应当退还，并在会员大会（会员代表大会）上进行检讨；构成犯罪的，依法追究刑事责任。

第三十七条 本会执行国家统一的会计制度，依法进行会计核算，建立健全内部会计监督制度，保证会计资料合法、真实、准确、完整。本会接受税务、会计主管部门依法实施的税务监督和会计监督。

第三十八条 本会配备具有专业资格的会计人员。会计不得兼任出纳。会计人员必须进行会计核算，实行会计监督。会计人员调动工作或离职时，必须与接管人员办清交接手续。

第三十九条 本会的资产管理必须执行国家规定的财务管理制度，接受会员大会（或会员代表大会）和财政部门的监督。资产来源属于国家拨款或者社会捐赠、资助的，必须接受审计机关的监督，并将有关情况以适当方式向社会公布。

第四十条 本会进行年度报告、换届、变更法定代表人以及清算，必须接受登记管理机关组织的财务审计。

第四十一条 本会按照《广东省行业协会条例》规定，于每年 3 月底前向登记管理机关报送上一年度活动报告、财务报告和本年度的活动安排。本会建立重大事项报告制度：本会召开大型学术报告会、研讨会、展览会，举办对外交流，与境外民间组织交往，开展业内评比、达标、表彰活动，接受境外及社会捐款等，在活动前向政府相关职能部门和登记管理机关报告并办理相关手续。

第四十二条 本会专职工作人员实行全员聘任制，面向社会公开招聘，并订立劳动合同。其工资和保险、福利待遇，参照国家对事业单位的有关规定执行。

第六章 章程的修改程序

第四十三条 对本会章程的修改，须经理事会表决通过后报会员大会（或会员代表大会）审议。

第四十四条 本会修改的章程，须在会员大会（或会员代表大会）通过后30日内，报登记管理机关核准后生效。

第七章 终止程序及终止后的财产处理

第四十五条 本会有以下情形之一，应当终止，并由理事会或常务理事会提出注销动议：

（一）完成章程规定的宗旨的；

（二）会员大会（或会员代表大会）决议解散的；

（三）协会发生分立、合并的；

（四）无法按照章程规定的宗旨继续开展工作的。

第四十六条 本会终止动议须经会员大会（或会员代表大会）表决通过，并报社团登记管理机关审查同意。

第四十七条 本会终止前，须在社团登记管理机关及有关单位指导下成立清算组织，清理债权债务，处理善后事宜。清算期间，不开展清算以外的活动。协会应在清算结束之日起十五日内到登记管理机关办理注销登记手续。

第四十八条 本会经社团登记管理机关办理注销登记手续后即为终止。

第四十九条 本会终止后的剩余财产，在社团登记管理机关的监督下，按照国家有关规定，用于发展与本协会宗旨相关的事业。

第八章 附则

第五十条 本章程经2007年5月17日会员代表大会表决通过。

第五十一条 本章程的解释权属本会的理事会。

第五十二条 本章程自社团登记管理机关核准之日起生效。

（张建彬）

旅游调查与研究

发展红色旅游　构建和谐广东

广东红色旅游发展情况调查

近年来，在省委、省政府的重视和各级党委、政府的共同努力下，全省“红色旅游”发展已初具规模，逐步成为广东重要的旅游产品之一。发展红色旅游，不仅有利于加强和改进新时期爱国主义教育，有利于保护和利用革命历史文化遗产，有利于带动红色旅游资源所在地尤其是欠发达地区的对外开放和经济社会协调发展，有利于建设具有广东特色的社会主义新农村，有利于建设“文化大省”、“和谐广东”，而且是旅游业本身整合资源、扩展项目、构筑产品体系的需要，更是展示我省率先实现社会主义现代化和社会主义精神文明建设的需要，具有深远的政治、经济和社会意义。

我省非常重视红色旅游产品的开发，严格贯彻中共中央办公厅、国务院办公厅印发《2004～2010年全国红色旅游发展规划纲要》，以及全国发展红色旅游工作会议精神，省旅游局联合省发展改革委员会和省委宣传部等相关单位成立了广东省红色旅游发展领导小组，编制了《广东省红色旅游发展规划纲要》，并对我省红色旅游资源进行了深入的调研和分析，从政策、资金、环境营造等方面推动我省红色旅游的发展。经过多年的努力，我省红色旅游的发展取得了一定的成绩，实现了既定的目标，取得了较好的社会、政治和经济效益，但也存在一些制约我省红色旅游发展的因素。我省发展红色旅游主要归纳有以下几个方面：

一、广东红色旅游资源条件概况

广东是中国新民主主义革命活动较早的策源地之一，革命史迹非常丰富，形成了独具特色的红色旅游资源。广东红色旅游可分为“国共合作、红色政权、东纵风云、解放南粤、英雄伟略”五大红色旅游主题，即以广州、韶关、肇庆、中山等地为主的国共合作旧址，如广州起义烈士陵园、广州毛泽东同志主办农民运动讲习所旧址等;以汕尾、潮州、揭阳、汕头等地为主的红色政权热土,如汕头东征军总指挥部旧址、海丰红宫红场旧址纪念馆及彭湃故居等；以深圳、惠州、东莞、河源等地为主的东纵风云史迹，如惠阳叶挺纪念馆及故居、博罗罗浮山东江纵队纪念馆和珠海唐家镇苏兆征故居等;以珠海、阳江、湛江等地为主的解放南粤遗迹，如珠海桂山岛解放万山群岛登陆点等；以梅州、云浮、江门等地为主的英雄伟略故里，如梅县叶剑英元帅纪念馆及故居，开平周文雍、陈铁军烈士陵园和大埔三河坝“八一”南昌起义军纪念公园等。围绕五大主题,全省推出了8条红色旅游精品线路、28个红色旅游景区（点），并把这些红色旅游线路、景点与山水生态、休闲度假、商务会展等旅游资源相结合，使其成为深受游客欢迎的热点旅游线路。

广东具备了发展红色旅游的良好条件。广东是全国经济最发达的区域之一，旅游产业实力雄厚，已形成较为完备的旅游产业体系，拥有发展红色旅游的良好经济基础和产业条件。广东是我国著名的旅游客源地，居民出游能力强，发展红色旅游市场需求旺盛。2007年广东国内生产总值(GDP)30673.71亿元，比上年增长14.5%，增幅与近五年平均增速持平。2007年全省口岸入境旅游人数1.03亿人次，同比增长2.78%。全省接待过夜国内旅游者1.3亿人次，同比增长19.44%。旅游业总收入2454.07亿元，同比增长15.75%。旅游收入相当于全省GDP的8%，相当于第三产业增加值的18.89%。广东旅游外汇收入继续稳居全国首位，旅游经济总量全国第二位。

二、广东开展红色旅游的主要措施和做法

1. 加强领导，建立红色旅游发展协调机制

为进一步加强对发展红色旅游工作的领导和组织协调，我省成立了由省委宣传部、省发改委、省旅游局牵头，省委组织部、省财政、民政、文化、铁路、航空、党史、文物等部门和单位参加的全省红色旅游领导小组，定期组织召开红色旅游发展会议，研究解决发展红色旅游中存在的重大问题，并检查、督促规划纲要的实施。在全省红色旅游领导小组的指导下，我省大部分地级以上市也建立了红色旅游协调机构。

2. 编制《广东省红色旅游发展规划纲要》，指导发展红色旅游工作

省旅游局联合省委宣传部、省发改委共同编制了《广东省红色旅游发展规划纲要》。《纲要》明确了我省发展红色旅

游的总体思路、基本原则、发展目标、总体布局、工作重点和主要措施等重要内容，包括对全省红色旅游资源进行有效整合，建立省级红色旅游经典景区和精品线路；采取积极措施加强宣传推介，加大对红色旅游形象宣传推介力度；在红色旅游项目建设和经营过程中给予多方扶持；对全省红色旅游重点景区建设予以了政策倾斜、资金扶持和市场开发等指导工作；采取措施加强组织领导、人才培训、文化保护等，对我省红色旅游发展提出了相关指导性意见，推动红色旅游的可持续发展。

3. 加强红色旅游促销，打造红色旅游品牌

利用报纸、电视、电台、网络等媒体，建立红色旅游宣传阵地，加大宣传力度，为发展红色旅游营造良好的舆论氛围。为响应国家旅游局2005年“红色旅游年”的号召，广东省旅游局、省发改委和省委宣传部联合开展了“活力广东红色100”广东红色旅游景点和线路评选活动，掀起了红色旅游发展的热潮。同年，由省旅游局主办的“活力广东”号红色旅游泛珠行火车专列，与湖南、广西、云南、贵州等泛珠省区开展一系列红色旅游友好合作和交流活动。全省各地、各企事业单位也结合2005“红色旅游年”主题活动、抗日战争胜利60周年纪念活动等，展开了形式多样、内容丰富的红色旅游活动，全省各大旅行社也纷纷推出经典红色旅游线路和红色旅游专列等。2006年，围绕乡村旅游年主题，广东省旅游局把红色旅游与乡村旅游相结合，包装和宣传了一批“红绿”结合的旅游线路，并利用旅游扶贫资金，扶持红色旅游景点外部交通和景点内部设施建设，以及协助红色旅游景点做好旅游规划编制。2007年，梅州市以纪念叶剑英同志诞辰110周年为契机，通过隆重举行叶剑英纪念园落成典礼、纪念叶剑英同志诞辰110周年座谈会、全国红色旅游经典景区叶剑英纪念园推介会、叶剑英同志诗词赏析会、东山教育基地剑英校区落成剪彩仪式和大型文艺晚会等一系列规格高、影响大的活动，进一步推动了梅州市红色旅游的大步发展。2007年省委宣传部在“八一”前后举办了为期一个月的“我们的队伍向太阳”大型图片展，吸引了近30万人前往参观，起到很好的宣传教育作用。

4. 加强区域旅游合作，提升红色旅游发展后劲

我省非常重视区域旅游合作，充分利用泛珠区域旅游合作和粤港澳旅游合作平台，以邻近省区合作为重点，发挥广东客源优势，以区域合作共享红色旅游资源与市场，共同促进全国红色旅游事业的发展。省旅游局连续多年参加江西省举办的红色旅游博览会，组织省内相关地市旅游局负责人、红色旅游景区代表赴江西推介我省红色旅游资源，并为双方旅游业界的合作搭建平台。我省韶关、湖南的郴州和江西的赣州建立了“红三角旅游区”，三地在互送客源、联合促销、资源共享等方面开展了卓有成效的合作，推动了三地红色旅游的发展。2007年，省旅游局组织离退休老干部、转业军人、相关处室人员赴井冈山考察，学习江西省在发展红色旅游工作中的成功经验和做法，并与江西省旅游局就加强区域红色旅游合作进行了深入的沟通和交流。同年，福建、广东、江西省旅游局共同签署了《闽粤赣区域八市红色旅游协议书》，省国旅、省中旅、广之旅、铁青、青旅等一批旅行社，联合组团开展宣传促销活动，推出了红都之旅、圣地之旅、山水之旅、客家风情之旅等旅游线路，使三省革命老区红色旅游迅速升温，为三省红色旅游合作营造良好的氛围。

5. 丰富和优化红色旅游产品，提升我省红色旅游产品竞争力和吸引力

一方面，在省委党史研究室的指导和协助下，省旅游局认真收集和整理红色文化史料，积极组织有关专家、学者，对我省丰富的红色文化资源进行深入研究，挖掘历史文化内涵，编写红色旅游解说词、导游词、宣传资料、系列图书等，推动红色旅游服务的专业化、规范化和人性化，优化红色旅游产品。另一方面，我局充分利用我省旅游资源特点和产业市场优势，把自然山水、人文历史资源与红色旅游资源相结合，形成瞻仰访习、观光游览、休闲度假、商务会展的多种复合型旅游产品，满足游客多方面的需求和愿望。

6. 鼓励和引导红色旅游景区把社会效益放在第一位

我省一直倡导红色旅游参观点社会效益放在第一位的原则，鼓励和引导红色旅游景点逐步降低门票收费价格，乃至免费对公众开放，使每一个游客都能接受爱国主义教育，提高人民群众的精神文明素质。另一方面，我们也引导红色旅游景区景点开展各类型的经营性项目，增加游客消费，以维持景点正常经营并为文物保护提供资金保障。目前，我省超过60%的文博院馆和爱国主义教育基地免费对游客和市民开放。全部爱国主义教育基地对特殊人群，如军人、学生、老人、残疾人都给予门票价格优惠。

7. 加强文物保护，推动红色旅游的可持续发展

我省始终坚持“保护为主，合理利用”的原则，加强管理，认真做好重要文物史料特别是革命历史文物的征集、保护和利用工作。通过走访革命前辈、烈士遗属、专家学者、民间收藏人士，深入了解爱国主义教育基地等红色旅游资源的历史沿革，征集文物史料，为红色旅游发展提供丰富的素材。

8. 以人为本，不断完善旅游配套功能，提升红色旅游景区管理水平

我省积极鼓励红色旅游景区参照国家旅游局《旅游景区质量等级评定管理办法》和《旅游景区质量等级的划分与评定》的有关规定搞好旅游景区（点）的游客中心、旅游厕所、停车场、标识标牌、景物介绍牌、遗址恢复维修、文物展示陈列等建设和景区（点）周边环境整治。鼓励红色旅游景区争创国家A级景区，以此提高景区服务质量和景观质量，改进服务设施建设，提升景区经营管理水平。截至2007年底，我省已有广州黄花岗烈士陵园、东莞鸦片战争博物馆两家红色旅游景点成为4A级旅游景区，广州起义烈士陵园和梅州叶剑英纪念园也已开展4A级旅游景区创建工作，已顺利通过省旅游局初评上报国家旅游局。

9. 注重红色旅游人才培养

多年来，我局十分重视加强道德教育和服务技能的培训，把旅游教育培训作为红色旅游基础工程来抓。省旅游局联合省人事厅组织开展了全省红色旅游管理人员、导游和讲解员的专题培训班，积极参加全国红色旅游领导小组办公室组织的相应培训学习活动，近年来培训人员达500多人次；省旅游局联合省委宣传部，组织编写和推广使用专门的红色旅游导游词和解说词，将红色旅游知识纳入导游员考试内容，力求通过培训学习努力提高员工队伍整体素质。

10. 积极招商引资，形成红色旅游开发资金投入的长效机制

资金短缺是制约红色旅游发展的瓶颈之一。为拓宽资金来源渠道，一方面，省财政拨付旅游扶贫资金和旅游景区建设发展资金，对符合条件的红色旅游景点（区）的建设保护予以倾斜支持。省财政资金为革命旧址、故居的维修保护，周边历史环境风貌整治，纪念馆建设、改造、陈列展览和革命文物征集等提供了资金保障，同时扶持了红色旅游参观点和相关基础设施的建设。近3年来，国家财政安排8100万元国债，地方财政投资1.477亿元投入全省红色旅游景区发展建设。另一方面，我局积极实施“走出去、请进来”策略，首先，整合包装我省红色旅游景点在境内外投资洽谈会或招商会上宣传推介；其次，组织有实力的旅游投资商到红色旅游景点考察。在2006年广东国际旅游文化节暨泛珠三角旅游推介大会的重要活动之一——旅游招商会上，我们重点包装和推介了一批具有发展潜力的红色旅游招商项目，吸引有实力的投资商投资红色旅游景点。

11. 省直相关部门密切配合，通力合作，为红色旅游发展营造良好的氛围

省委宣传部积极发挥媒体宣传优势，指导广播、影视、报刊和网络等媒体搞好宣传推广工作，开设红色旅游专题、专栏报道，为发展红色旅游创造良好的社会舆论；省发改委在红色旅游基础设施建设项目立项中予以政策倾斜，积极做好项目投资计划安排；省财政厅安排旅游扶贫资金和景区建设发展资金，为红色旅游相关区域规划编制、宣传推广、人员培训和革命文物保护、展示及场馆管理提供资金保障；交通、铁路、民航部门积极配合红色旅游，做好有关车次、航班的组织调度工作；省文物局加强对相关革命旧址、遗址和名人故居等革命文物保护，并认真做好文物征集、展览陈列和维修设计等方案的制定落实。

经过多年的努力，截至2007年底，我省接待红色旅游游客为780万人次，同比增长13.08%。其中，广州烈士陵园接待游客人数在100万人次以上。全年红色旅游综合收入为20亿元，同比增长8.8%。发展红色旅游解决直接就业人数约为3万人，间接就业人数为10万人。

三、广东开展红色旅游存在的问题

广东红色旅游的发展还存在一些问题和制约因素。主要体现在以下几个方面：第一，筹资渠道单一。在红色旅游开发资金的筹措上，大部分地区还存在依赖政府投入的思想，招商引资力度不够。第二，红色旅游产品知名度不高，宣传力度以及在全国红色旅游发展格局中的地位有待提升。第三，部分红色旅游景区开发仍存在粗放型、较低水平开发情况，景区配套设施建设不足。面对突如其来的红色旅游热潮，各景区吃、住、行、游、购、娱等需要的综合配套服务设施建设的不完善问题不断凸显。第四，红色旅游文化内涵挖掘不够。第五，旅游开发内容单调。红色旅游产品开发仍然处在资源导向阶段，旅游开发活动多为橱窗展示、静态观光内容居多，表现方法比较陈旧，生动性、体验性和参与性不足，市场吸引力有待强化。第六，旅游产品功能单一，产业化水平不高，综合带动作用有限。第七，发展红色旅游配套措施有待具体和深化，尚未充分形成发展红色旅游的整体合力等。

四、加快我省红色旅游发展的主要设想

1. 提高认识，引起重视

相关省直部门和各级政府要高度重视发展红色旅游业，把发展红色旅游业作为贯彻落实科学发展观、构建和谐社会的重要工程；作为推动新一轮经济发展的重要抓手；作为打造整体竞争力的重要举措，把红色旅游发展列入省直部门和各级政府落实“十一五”发展规划的具体计划之中，积极发挥政府主导作用，解放思想，开拓创新，从政策、资金、规划、基础设施建设、后勤保障等方面予以大力支持，探讨符合广东特色和实际的红色旅游可持续发展道路。

2. 发挥政府主导作用，规范红色旅游市场

第一，省旅游局、省发改委和省委宣传部等部门要联合开展红色旅游专题调研，充分了解我省红色旅游发展现状和存在的问题，并在《广东省红色旅游发展规划纲要》的基础上，编制广东省红色旅游发展总体规划。第二，加强宣传，实现红色旅游“政治品牌”向市场品牌的转化。红色旅游地大都有较高的知名度，在旅游市场上有着一般景区难以比拟的推广优势。但那种因意识形态属性而被政府部门广泛宣传所形成的“政治品牌”，并不等同于旅游产业中的“市场品牌”，“红色”知名度也未必能够转化为“红色旅游”知名度。

因此，我们既要充分挖掘和发挥传统“政治品牌”所赋予的种种优势，紧紧围绕传统知名度和资源特色，开发出足以支撑传统品牌内涵的旅游产品，又要正确认识传统“政治品牌”与现代旅游产业“市场品牌”之间的区别和联系，加大营销力度，通过有效的品牌形象整合，构建出市场经济条件下面向大众旅游者的“红色旅游品牌”。第三，加强对红色旅游市场的监督、管理与引导，使红色旅游持续、健康、快速发展。红色旅游是一种特殊的文物古迹类旅游，既具备一般休闲游憩产业的特点，又带有严肃的政治特点。红色旅游资源代表着宝贵的精神遗产和光荣的革命传统，具有不可复制性的特点。因此，革命遗址地开展旅游活动必须经过严格的审查。旅游项目要寓教于乐，但不能歪曲革命历史或过分娱乐化而违背了革命历史教育的初衷。对于扰乱红色旅游市场，提供不健康红色旅游项目或产品的企业，相关部门应根据有关法律法规对其加以严惩，以保持红色旅游的本来面目。

3. 深挖红色旅游内涵，提升红色旅游的魅力

时代的发展，必须要有新的思路和举措来提升红色旅游发展的活力和魅力。一是要把握广大游客尤其是青少年游客的消费特点和需求，将红色旅游文化的挖掘和产品的打造有机地相结合；二是要针对时代特点和市场细分特征，推出不同主题的红色旅游产品组合；三是按旅游消费规律将“红”与“绿”结合得更加紧密，推动珠三角与东西两翼、山区的旅游产业协调发展，发挥广东在温泉、美食、海滨和森林生态旅游的优势。

4. 协调处理好几个关系，积极构建和谐红色旅游发展格局

红色旅游的可持续发展，需要协调处理好几个关系。一是处理好红色旅游景区投资者、当地政府、居民、游客等相关利益群体之间的利益关系。投资者在开发红色旅游景区时，要积极吸收当地居民在景区就业，或为当地居民在景区内售卖土特产、旅游纪念品提供便利和支持。当地政府发展红色旅游要提高居民保护意识；在招徕游客的同时，要加强对游客的宣传教育，提高游客的资源保护意识。二是处理好红色旅游开发与资源保护的关系，在高度城市化、工业化、现代化的发展趋势下确保红色旅游资源科学保护和开发利用。三是处理好政府投资与招商引资的关系，明确政府和投资企业的权利和义务，建立充满活力和生机的红色旅游发展投融资发展机制。

广东滨海旅游发展专题调研报告

省政协滨海旅游重点提案调研组

2007年，省政协《合理规划广东省沿海旅游资源，促其科学发展》提案被列为政协的重点提案，省旅游局为主办单位，省海洋与渔业局、省财政厅、省国土厅和省环保局为会办单位。该提案客观分析了我省发展滨海旅游业的独特优势，以及制约滨海旅游业发展的不利因素，提出了推动我省滨海旅游业可持续发展的可行性建议。提案的针对性强、涉及面广、指导性强，为我省滨海旅游业今后发展指明了方向。

为切实做好重点提案办理答复工作，在省政协领导和致公党广东省委会提案人的大力指导下，我局联合省海洋与渔业局等4个会办单位组成调研组，赴我省滨海地区开展专题调研。一组由省政协提案委员会主任答朝心带队于2007年9月12～14日赴惠州—汕尾调研，另一组由省政协副主席许德立带队于2007年9月17～19日赴茂名—阳江调研。此次调研的重点是进一步摸清我省滨海旅游业发展现状和存在的问题，总结我省发展滨海旅游的经验和做法，提出推动我省滨海旅游业又好又快发展的建议。两个调研组先后前往相关市滨海旅游度假区实地调研并组织召开座谈会，听取相关市市领导或旅游局负责人的汇报，并与当地市政协、市相关部门、滨海旅游景区等负责人进行深入交流和交换了意见。

一、近年来我省滨海旅游发展取得的主要成绩

1. 滨海旅游市场进一步扩大

近年来，我省加大对滨海旅游资源的整合包装和宣传推广力度，促进了滨海旅游市场的繁荣。从2003至2006年间，到我省滨海地区旅游的过夜国际和国内游客人数以年均19.6%和11.17%的速度增长，到滨海地区休闲度假、放松身心成为广大人民群众节假日和黄金周出游的首选，滨海旅游度假产品日益受到广大游客的青睐。我省滨海地区接待的过夜国际和国内游客人数均呈现不断增长的趋势，滨海旅游市场规模进一步扩大（见表1）。

2. 滨海旅游业综合实力显著增强

滨海旅游业以其关联带动性强、收益显著、见效快、创汇多等优势，逐渐成为海洋经济的重要产业之一。从2003年至2006年间，我省滨海各市旅游业总收入和旅游创汇也以年均15.6%和20.38%的速度增长，滨海旅游收入已成为海洋经济的重要收入来源之一，超过传统渔业、石油业、海洋运输业等为海洋经济创造的收入（见表2）。

表1. 2003～2006年间滨海地区接待过夜国际国内游客人数

（单位：人次）

年份	接待过夜国际游客人数	变动率（%）	接待过夜国内游客人数	变动率（%）
2003年	1112.07		6013.94	
2004年	1432.70	28.83%	6964.39	15.80%
2005年	1672.41	16.73%	7605.13	9.2%
2006年	1893.88	13.24%	8253.51	8.5%

表2. 2003～2006年间滨海各市旅游总收入和旅游创汇

（总收入单位：亿元；外汇收入单位：万美元）

年份	滨海各市旅游总收入	变动率（%）	滨海各市旅游外汇收入	变动率（%）
2003年	1175.63		400682.3	
2004年	1436.85	22.22%	501148.9	25.07%
2005年	1621.77	12.87%	591972.3	18.12%
2006年	1811.57	11.70%	698188.9	17.94%

3. 滨海旅游产业结构日臻完善

各级旅游部门积极推进滨海旅游产业、旅游基础设施和配套设施建设，集中力量加快滨海住宿设施和购物、娱乐、餐饮等服务设施的配套建设，促进滨海旅游“行、游、住、食、购、娱”六要素不断改善，提高滨海旅游的综合竞争力。在滨海住宿设施建设方面，为满足不同层次度假游客的需要，各滨海地区建设了如星级饭店、家庭旅馆、假日公寓、乡村客栈、温泉疗养院的住宿设施。在滨海旅游度假区建设方面，不断加大对滨海旅游度假区建设的规划指引和资金支持，目前，全省共有滨海旅游度假区超过35个，具有较大影响力的滨海旅游度假区有深圳大小梅沙旅游中心、珠海海泉湾度

假城、江门上下川岛旅游度假区、惠州大亚湾和巽寮湾、阳江海陵岛等。在饮食、购物和娱乐等配套服务设施开发方面，各地滨海旅游区也陆续推出吃海鲜、买海味、享渔趣等特色旅游项目，为游客提供更多的消费选择。

4. 滨海旅游产品日渐丰富

近年来，我省滨海旅游产品不断丰富，开始形成由海滨浴场、水上运动、文化观光、主题公园、民俗参与项目和专项旅游活动等组成的海滨度假旅游产品体系，力求满足游客休闲度假的消费需求。除海滨浴场外，部分滨海旅游区充分发挥历史文化资源优势，将文物古迹、博物馆、民俗风情、人文景观等纳入海滨度假产品系列；部分滨海度假区还通过策划不同节庆、体育赛事活动，吸引更多的游客前往旅游。珠海海泉湾把滨海度假和主题公园相结合，受到了海滨度假旅游者的欢迎。

5. 滨海旅游资源保护意识不断提高

滨海旅游赖以生存和发展的基础是滨海地区的自然环境。发展滨海旅游和保护海洋环境之间是相辅相成、共同促进的关系。近年来，各级旅游部门逐渐意识到保护滨海旅游资源的重要性，对新开发的滨海旅游度假区进行严格的管理和监控，加大对滨海旅游度假区管理和从业人员的培训力度，并加大对滨海地区广大人民群众资源保护意识的宣传教育，同时，不断加强与交通、渔业、海洋、农业、资源、环境等部门的沟通和合作，共同保护当地海洋资源不受进一步的破坏。目前，我省惠东大亚湾、湛江徐闻西海岸珊瑚自然保护区、湛江红树林自然保护区、海陵湾、水东湾、南澳岛、大小梅沙等在发展滨海旅游的同时，海洋自然资源也得到有效的保护。

6. 滨海旅游区开发形式更为灵活

目前，我省滨海旅游旅游区开发已逐步形成以招商引资为主体，以政府出资、民间集资为补充的多元化旅游投融资体系。对较为贫困的滨海旅游区的交通、水电、通讯等基础设施的建设、规划、启动开发、宣传推广、带公益性及文物古迹旅游景点的修复投入资金，主要由政府部门投入；对自然生态和休闲度假的旅游度假区的开发，主要吸引外资民资投入；对滨海特色文化旅游项目的开发、特色住宿和餐饮设施等主要发动群众集资。在滨海旅游区招商引资方面，我局大力协助滨海旅游区所在市、县旅游部门把具有投资价值和发展潜力的滨海旅游区进行整合包装，在各种类型的旅游招商会和展览会上推介，鼓励引导国内外资金特别是民间资本投资经营滨海旅游业。

7. 发展滨海旅游和休闲渔业成为缓解渔民返贫压力和增加渔民收入的重要手段

近年来，我局加大对滨海贫困地区旅游资源的开发力度，引导渔民发展渔家乐等休闲渔业项目，帮助渔民转产转业。像湛江雷州天成台、吴川吉兆湾、汕头南澳岛、阳东县大澳渔村、徐闻县包宅村等渔村通过发展滨海旅游业，取得了良好的社会和经济效益。在2003年，阳东县依托大澳渔村丰富的旅游资源，将传统的渔民生活与旅游相结合，新建了大澳渔家文化村景区。在2004年，该景区到访游客近20万，门票收入同比增长30%，有力地促进了当地渔民增收和地方特产的销售。当地渔民还利用闲置的生产资料进行旅游开发，目前共有800人找到了新的就业岗位。湛江雷州天成台度假村开业后，近两年年接待游客人数超过15万人次，年营业收入超过1000万元，度假区的发展带动了当地海产品、餐饮、养殖、休闲渔业及农业、运输业的发展，直接或间接解决就业人员1000人以上，有效地缓解了当地渔民转产和社会就业压力。

二、我省滨海旅游发展中存在的主要问题

第一，各市政府和相关部门对滨海旅游认识不足，重视程度不够。第二，缺少指导全省滨海旅游业发展的法规、制度和总体规划，导致我省滨海旅游形象不鲜明，开发定位不明确，产品缺乏特色及低水平重复建设，市场竞争无序等问题。第三，滨海旅游资源开发利用的深度和广度不够，没有把滨海旅游的资源优势有效转换成产品优势、产业优势。第四，产品的老化导致市场的迁徙，特别是早期开发的滨海旅游区，由于缺乏创新，导致游客大量流失，经营陷入困境。第五，滨海旅游产品的文化品位不高。第六，重开发，轻保护；重建设，轻规划，滨海旅游资源保护不力。第七，滨海旅游区管理体制不顺，治理结构不合理制约着滨海旅游业的可持续发展。第八，一些滨海旅游度假区土地产权处于分割状态，居民建设和军事用地影响旅游布局，进而影响到投资者的投资热情，招商引资愿望迫切。第九，滨海旅游的发展没有处理好旅游和渔业、开发建设和环境保护、滨海旅游区开发与房地产开发、滨海旅游区与海滨浴场、地方政府治理与企业化公司治理、相关群体利益分配等关系。

三、我省滨海旅游开发的对策和措施

1. 提高认识，引起重视

滨海地区市委、市政府应高度重视发展滨海旅游业，把发展滨海旅游业作为贯彻落实科学发展观、构建和谐社会的重要工程；作为推动滨海城市又好又快发展的新动力；作为推动新一轮经济发展的重要抓手；作为推动新一轮改革开放的新动力；作为打造滨海城市整体竞争力的重要举措，把滨海旅游发展列入市“十一五”发展规划之中，积极发挥政府主导作用，从政策、资金、规划、基础设施建设、后勤保障等方面予以大力支持，推动滨海旅游业可持续发展。

2. 严格制订有关滨海旅游开发的法规或管理办法

我省的渔业、港口、海监、国土、环保等部门已根据自身管理权限制订了与近岸海域开发或环境保护相关的法规或管理办法，而在滨海旅游开发方面，至今仍没有系统的法规可依。由于各地、各类旅游投资企业对滨海旅游开发的承受能力和生态环境考虑甚少，因此破坏旅游资源的行为时有发生。为此，省旅游局应在参考渔业、港口、国土、环保等相关部门制定的法规或管理办法的基础上，结合我省滨海旅游发展实践，加紧制定滨海旅游开发的相关管理办法，才能够更为有效地指导滨海旅游资源的开发和保护工作。

3. 统筹规划和重点突破，打造广东滨海旅游的强势品牌

我省的海岸线漫长，旅游资源空间分布广，客观上存在着地域的差异，各滨海区旅游开发的目标、定位、开发重点不尽相同。为了更好地指导我省滨海旅游资源的开发，确保滨海旅游资源的有计划、有秩序和有重点的开发和利用，避免滨海旅游资源低水平、无序开发，就必须编制全省滨海旅游发展规划。一方面要从滨海旅游资源的总体出发进行统一规划和合理安排；另一方面要根据各地旅游资源的特色进行分类指导，确定不同类型区域的开发重点和形式，以避免开发的盲目性和重复性。全省滨海旅游规划应指出我省滨海旅游发展的近、中、远期目标、战略和市场定位，提出滨海旅游市场开发策略以及重点开发项目，并对区域旅游合作、滨海文化旅游开发等进行专题研究。滨海城市在进行滨海旅游区开发之前，要自行编制或督促投资商编制滨海旅游区开发的详细规划，对景区的开发主题定位、开发重点、开发步骤等作出合理安排。

4. 明确目标市场，加强旅游形象的塑造和宣传

在目标市场上，广东滨海度假区的主要目标市场是国内客源市场和近程入境旅游市场。国内客源市场以度假区当地居民、“珠三角”地区的游客、“泛珠三角”地区的游客为主；近程入境客源市场以港澳台地区、东南亚和东亚国家和地区为主。在游客特征方面，主要是接待以度假观光为目的的游客为主，但从长期来看，以奖励旅游、会议旅游、度假疗养、宗教朝拜为旅游目的地的游客也是我们需要争取的重要客源。鉴于广东温泉、高尔夫、美食已经在国际上具有一定的影响，要通过大力推广广东温泉、高尔夫、美食旅游带动滨海旅游市场和滨海精品的开发。

5. 保护滨海旅游资源，走可持续发展道路

海洋资源和环境比较脆弱，如不注意保护，很容易遭受破坏。因此，要坚持严格保护、科学管理、合理开发、永续利用的方针，坚持先保护后开发，先规划后开发，谁开发谁保护，谁破坏谁修复的原则，加强对沿海旅游资源开发的宏观管理。建立滨海旅游区的环境质量标准，控制环境容量，促使滨海旅游环境的良性循环发展。要提高滨海旅游项目的策划水平，有效地制止无序开发和破坏性开发。积极倡导生态旅游，调整布局，分流客源，减轻主要滨海景区的接待压力。只有这样才能永久发挥滨海旅游资源的魅力，实现资源的可持续发展和利用。

6. 积极招商引资，形成滨海旅游开发资金投入的长效机制

资金短缺是制约滨海旅游业发展的瓶颈。为此，滨海城市政府要转变观念，更新思维，积极招商引资。一是改革投融资体制，拓宽资金筹集渠道，积极招商，鼓励多种所有制经济共同参与度假区开发，积极引导国内外资金特别是民间资本参与度假区开发。二是创新开发模式。打破传统的由资源所有者和所在地组织开发的格局，实行统一规划下的成片租赁开发、委托开发、招标开发等方式，试行大型企业集团整区、整岛开发的建设模式。通过大型企业集团的高水平、成片开发，打造滨海旅游拳头产品，提高我省滨海旅游度假区的整体开发水平。三是实施“走出去、请进来”策略，一方面积极参加国家旅游局、省委省政府组织的境外投资洽谈会或招商会；另一方面主动邀请联合国开发计划署、世界银行等国际投资机构负责人来我省考察滨海旅游投资情况，力求引入国际重建与发展资金和世界银行贷款等开发度假区。四是各级政府和有关部门要把旅游招商引资纳入正常工作范畴，积极筹建滨海旅游项目招商网，发挥招商引资的主渠道作用，吸引更多的外来资金。五是为滨海旅游招商引资营造良好的政策氛围，出台相关优惠政策或措施鼓励和支持更多企业投资建设滨海旅游区。

7. 把旅游与文化相结合，提升滨海旅游魅力

没有文化的旅游就没有魅力，而没有旅游的文化就没有活力，越有文化内涵的旅游，越有生命力和竞争力。我省滨海旅游的开发要充分发挥广府文化、客家文化、潮州文化和广东美食文化、民俗、民间艺术等岭南文化优势，不断寻求和探索文化和旅游产品的结合点，建设潮汕文化味、雷州文化味、广府文化味的滨海旅游区，努力发展具有南方文化特色的滨海旅游度假胜地，打造体现岭南文化内涵的滨海旅游度假区。

8. 理顺滨海旅游区开发管理体制，营造滨海旅游发展的大环境

滨海旅游资源是一种十分稀缺的资源，往往成为各种利益主体追逐的对象。传统的滨海旅游资源及其管理工作涉及海洋、国土、林业、农业、环保、地矿、建设、文物、旅游、工商、财政等多个管理部门，这种资源的分散性给滨海旅游的有效管理带来很大的困难。单个或少数的利益主体通常无法做到使海滨旅游资源经济效益、社会效益和环境效益的统一。这就需要改革滨海旅游区开发管理体制，建立一个滨海旅游区综合管理机构，使其享有规划、开发、管理滨海旅游资源的权力，并负有保护滨海旅游资源、发挥滨海资源的综合功能和效益的义务。

目前，我省滨海旅游度假区的开发管理体制可分为两类，一类是企业开发的管理体制，即开发商通过地方政府授权，获得滨海旅游区一定年限的开发权，政府分期把滨海旅游区范围内的土地出让给开发商，开发商负责筹集资金并利用转让土地的增值收入，完成旅游区的基础设施建设以及旅游项目的招商引资。政府为了保证旅游区内的各项经济活动纳入政府的统一管理，则直接负责旅游区的行政管理职能。另一类是政府主导的管理体制，即政府通过建立旅游区管委会，独立行使开发建设和管理旅游区的权力。地方政府建立管委会的初衷，是希望通过管委会把分散在不同行政职能部门的土地、财政、建设、公安、规划、工商等管理权限统一由管委会行使。但在实际开发过程中，管委会的发展出现了受权弱化的趋势。管委会往往成为形同虚设的协调机构，不享有土地、财政、建设、公安、规划、工商等综合管理权限，相关权限仍由市直属部门直接管理。在这种情况下，地方政府往往会把管理会和市旅游局合并，实行两块牌子，一套人马。合并后，旅游局作为一个行业主管部门，更没有权力对旅游区实行有效的综合管理。国家成功的滨海旅游度假区的经验表明：必须成立一个专门的机构来开发管理旅游区，不能多头管理，且该机构必须拥有足够的权威和权力，能够在相关部门之间进行高层次的协调工作。我省滨海旅游区开发无论是采取企业开发的管理体制还是采取政府主导的管理模式，其核心都是要建立一个享有充分授权的综合管理机构对旅游区实施有效规划、开发和管理等工作，使其最大限度地发挥滨海资源的综合功能和效益，实现滨海资源的可持续性利用。

9. 协调处理好几个关系，积极构建和谐滨海旅游发展格局

滨海旅游度假区的可持续发展，需要协调处理好几个关系。一是处理好旅游与渔业发展的关系。通过旅游观光与现代渔业的结合发展休闲渔业，利用渔船和渔场，提供参观、体验渔业生产和渔民生活等服务，增加渔民收入，促进旅游与渔业协调发展。二是处理好滨海旅游区投资者、当地政府、居民、游客等相关利益群体之间的利益关系。投资者在开发滨海旅游度假区时，要积极吸收当地居民在景区就业，或为当地居民在景区内售卖土特产、旅游纪念品提供便利和支持。当地政府发展滨海旅游要向当地居民宣传环境保护意识，努力提高群众对滨海旅游资源保护重要性和必要性的认识；在招徕游客的同时，要加强对游客的宣传教育，提高游客的环境保护意识；鼓励当地居民参与滨海旅游的开发，协调好投资者与当地居民的利益关系，使当地居民公平地享受旅游收益或得到利益补偿。三是处理好滨海旅游与海岸线保护（生态用途）、工业及养殖业发展的关系。近岸养殖与大型石化、钢铁等重化工业项目的建设不可避免地对海洋生态环境产生影响，而良好的海洋生态环境是滨海旅游业发展的基础条件。如何处理好滨海旅游业、工业项目建设、海水养殖业的关系，关系到我省滨海旅游业的发展后劲和整体竞争力。四是处理好滨海旅游开发与环境保护的关系。五是处理好滨海旅游开发与滨海浴场、房地产开发的关系。滨海旅游区的开发既不等同于海滨浴场的开发，也不等同于房地产开发，后者可以作为滨海旅游区的开发项目，丰富滨海旅游区度假产品。但滨海旅游区应提供餐饮、酒店住宿、娱乐、购物、运动、文化体验、旅游观光等其他参与性、娱乐性的产品和服务。六是处理好政府管委会管理和企业化公司管理的关系，比较两种管理体制的优劣势，探讨建立滨海旅游区综合管理机构的途径和方法。七是处理好政府投资与招商引资的关系。八是要区分旅游用地与市政景观用地、绿化用地建设和维护的主体。滨海旅游区内的市政景观用地、绿化用地统一由政府部门建设和维护，而旅游区内酒店、餐饮、商业中心、运动设施等投资者需要对自己所辖范围内的用地进行景观建设和维护。

开展旅游扶贫　推进山区旅游

广东省旅游扶贫工作组

一、六年旅游扶贫工作为山区旅游的大发展注入了催化剂

广东“旅游扶贫”工程自2002年启动以来，已经投入专项资金2亿元，确定了262个“旅游扶贫”重点项目，覆盖了以山区为主的63个县市，促进了广大山区旅游基础设施和公共服务设施的建设，增强了投资商对山区旅游资源开发的信心，加速了整体投资环境的改善，在广大山区掀起了新一轮旅游开发热潮。据不完全统计，2002年以来，地方和其他部门投入配套资金25亿元，旅游扶贫项目所在县吸引旅游投资总额达215亿元，解决了31000多人的直接就业，交通和公路部门协助解决旅游扶贫项目所在地旅游交通瓶颈道路180多条共计3600多公里。广东旅游扶贫工作促进了山区旅游的大发展，现在，以农村生活、民俗风情和田园风光为特色的乡村旅游在全省如雨后春笋般迅速发展起来，新丰、陆河、紫金、连山、翁源、和平、饶平等县的旅游景区开发实现了零的突破，一大批酒店、度假村、景区正在如火如荼地建设之中，一批新的乡村游产品脱颖而出，一些地市周边形成了乡村旅游休闲度假带，一些地方的乡村游正成为当地经济的特色产业。如河源的苏家围、清远的千年瑶寨、惠州的南昆山、肇庆怀集的桥头镇等一大批旅游乡镇和旅游村，以旅游致富的形式促使当地众多农民摆脱了贫困，过上了宽裕生活。

在旅游扶贫的带动下，省内各山区地市掀起了山区旅游开发热潮，山区旅游市场开始向以观光、参与、康体、休闲、度假、娱乐等为一体的综合型方向发展。例如，潮州是国家历史文化名城，素以古城文化游闻名，近年来，他们抓住全省实施旅游扶贫战略机遇，切实利用农村的旅游资源优势，大力发展具有生态自然、休闲度假特色的乡村游，收到了较好效果，使全市旅游业从单一的古城文化游逐步形成古城文化游与乡村生态游并举的新格局。信宜市在建设天马山景区的实践中，开拓思路，走出了一条“乡村参与式”旅游开发新模式：开发商和当地群众共坐一条船，风险与共，利益同享，由投资商提供资金，参与当地景区、乡村公路、水电基础设施、文化教育和社区建设；当地村民则以土地、森林、人文资源入股，与开发商合作进行旅游开发，可在景区就业、以景区主人身份参与景区建设、享受资源股份的分红、开办家庭旅馆、参与景区管理。目前，天马山景区已经成功获评3A级景区，取得了令人称颂的市场效果，并在茂名市优秀旅游城市创建过程中得到国家旅游局验收组的充分肯定和表扬。在龙门，南昆山景区的旅游开发刺激餐旅业的兴起，当地居民借势生财，自发地将住房改建成家庭旅馆。地方政府则因势利导，投资完善了供水、供电、通讯等基础设施，保证家庭旅馆合理布点、开发的要求；对家庭旅馆的服务体系进行了完善，从长远出发就家庭旅馆发展作出了专门的规划；加大了技术指导、人才培训和市场宣传力度。目前，南昆山有宾馆酒店125家，接待床位4589个，其中特色度假村8家，家庭旅馆已经发展到51家，接待床位1930个，全年平均开房率38%以上；景区接待餐位2800多个，解决就业1180多人，直接带来经济收益达4800多万元。德庆金林水乡是一个岭南古村群落，从2003年开发乡村游，当地的120多户村民在自家的旅游道上做起了土特产和手工艺生意，当年全村通过旅游的开发就创收了20多万元，经济增幅排在全县前列，摘掉了贫困的帽子，同时也带动了该村精神文明建设，被司法部、民政部授予“全国民主法治示范村”的荣誉称号，也被省政府、环保局评为生态文明村。此外，肇庆以500公里连接全市五个县区的环市公路沿线乡村旅游景点为基础大力构筑“千里旅游走廊”，启动“走进大自然，负离子洗肺、好山水提神”活动；清远积极打造“珠三角的后花园”，获批全国第一个“漂流之乡”称号等，都对乡村游的开发和参与模式进行了有益的探索。

二、开展旅游扶贫、发展山区旅游的若干启示

（一）培育村民旅游意识是发展山区旅游的重要基础

山区发展旅游业，在许多乡村地区还是新生事物。作为传统的农民来讲，他们是非常现实的，在还没有看到实实在在的利益之前，要引导其利用自己的资源优势开发旅游，难度很大。特别是在贫困山区，要改变农民对于旅游的观念和意识，提高乡村游的服务和管理水平，首先要打破农民只靠耕地种田和外出打工为生的传统观念，培育村民旅游意识，

让他们晓得农村发展旅游同样可以创收，晓得如何开发和利用自身特色资源发展乡村旅游。具体工作体现在“五个抓”：一是抓细致的宣传发动。首先争取县、镇一级领导的重视、支持和配合，深入到乡村、农户开展宣传工作，尤其是对那些地处偏僻但有资源优势的山庄，需要不厌其烦地向农户传递发展旅游大有好处的信息，并向他们表达旅游主管部门对扶持发展乡村旅游的积极态度，增强他们的决心和信心。二是抓组织参观学习。分期分批组织一些乡村干部和农民到省内外乡村游先行点进行参观，让农民耳闻目睹发展乡村游的良好变化和创收前景，并学习借鉴别人的先进做法，为当地的旅游开发打下一定基础。三是抓物色组织领头人。通过开展调研，在村委和农户中选择较有学识知识、有创新意识、有组织能力、在农户中威信好的干部和农民，定为发展乡村旅游的领头人，重点培育他们的旅游开发意识和能力，使之成为“种子”，成为发展乡村旅游的主要组织者和实施者。四是抓典型项目。对条件较为成熟的乡村，通过采取各项扶持措施，促进其先行开发旅游，在较短时间内实现收益，起到良性示范作用。五是抓村规民风。制定规则，提倡村民诚信经营、主动与游客打招呼、衣着整齐干净、传唱民歌、传承民俗文化等。

（二）政府主导、示范带动是山区旅游前期开发的有效手段

近年来广东实施旅游扶贫工程的实践证明，广大农村地区基础设施条件较差，经济基础薄弱，缺乏管理和服务专业人才，在乡村游开发还没有形成良性循环之前，政府的前期主导和协调非常重要，具体来讲，主要涉及以下方面：一是交通、水电、环境、通讯、旅游导向和标识等公共基础设施的建设需政府投入；二是示范旅游项目开发的启动资金和配套优惠政策需政府支持或协助；三是乡村旅游所涉及的一些规范性问题需主管部门参与或引导制定，如旅游规划、农家旅馆标准、社区旅游公约、购物街规范等；四是乡村旅游从业人员的教育培训工作需要政府重视和引导；2004 年广东山区旅游教育培训年的启动就是一个很好的尝试，省旅游局成功举办了旅游扶贫景区管理人员培训班、“农家菜”培训班等活动，2007 年又成功举办了山区县旅游局长培训班及山区县市精英导游班，对提高山区旅游从业人员和管理人员的素质起到很大的促进作用；五是旅游项目的招商引资工作需要政府主导；六是客源市场推广和旅游形象宣传工作需要政府部门捆绑在区域旅游发展和宣传工作中进行；七是协调和解决开发中的矛盾问题，包括避免项目雷同和重复建设导致的恶性竞争，协调群众的利益分配等。示范带动是提高乡村游参与积极性的另一直接而有效的手段。成功示范点项目的开发，不仅让当地农民尝到了甜头，同时也起到示范作用，让邻近乡村农民也看到了实实在在的好处，广泛调动积极性，从要我发展到我要发展，激发当地掀起发展乡村旅游的热潮。在广东，像德庆金林水乡学习河源苏家围、封开杨池古村又学习金林水乡，肇庆各县学习怀集“世外桃源”模式引进旅行社参与景区开发，酒作坊学习豆腐作坊开发的成功范例，不胜枚举。同时要清楚地认识到，失败的开发也会产生反面作用，选好开发项目非常关键。

（三）多元化投资渠道与经营模式是山区旅游可持续发展的根本保证

地方财政基础薄弱，旅游投入不足是欠发达地区面临的普遍困难，农村现状又千差万别，多元化投融资与经营是乡村游可持续发展的根本保证。广东立足实际，在实践中不断探索，以面向市场招商引资为主体，逐步形成了政府投资、招商引资、民间集资、资源入股相结合的多元化旅游投融资体系。多元投入即：对基础设施及文物古迹旅游景点的修复投入资金，主要由上级对口部门支持和当地财政投入；对自然生态和休闲度假的景点，主要吸引外资民资投入；对宗教、特色文化的旅游景点，主要发动群众和华侨捐资；对农村旅游示范项目公共服务设施的建设，主要靠旅游扶贫资金的投入。在农村开发旅游，必须建立一个运营管理机构作为载体，实施规范运营，才能促进乡村游的良性发展。根据项目的特色、原有基础、开发主体、招商引资等不同情况，目前广东的乡村游旅游景区开发和经营主要有四种模式，一是由镇或村组建起来的旅游开发公司管理；二是由民营企业投资作为运营主体，实行市场化运作、企业化管理；三是县市旅游局进行前期管理或受委托管理；四是旅行社投资参与景区管理。

（四）原生态是山区旅游产品开发的核心竞争力所在

发展山区旅游，重点在“土”字，保留特色是关键，一个地方的独特之处就是其最大财富，原生态是山区旅游产品开发的核心竞争力所在。从客源需求角度讲，久居城市的人们希望避开拥挤、污染、喧嚣，回归自然，乡村的杂粮、河鲜、小桥流水、植绿、踏青、古民居、古村落、原味的农村风情体验正是城市游客所向往的。从市场竞争的角度来讲，旅游经营者之间为了抢占更多的市场份额，必然根据游客需求，着重选择“自然的山”、“天然的水”以及“原味的广东农村风情”，在此基础上从深层次去挖掘乡村旅游文化的内涵，设计一些不脱离乡土气息又能令游客尽兴的乡村游项目和线路，从而提高旅游行业的产品质量和竞争力。事实证明，原汁原味的乡土线路，最受市民欢迎，如各大旅行社陆续推出的：面向青少年的骑单车乡村动感游“十里走单骑”系列；针对知青策划的“重温过去的日子”系列；避开拥挤的城市旅游景点，到小桥流水、诗情画意的平静乡村去的“乡村古巷游”系列；针对海滨度假的“渔村游”系列；省内“自驾车游”系列等等。因此，对于旅游目的地来讲，乡村游开发一定要保留本地特色，不能盲目跟风，要保持与大自然相协调的山水田园风光、村寨的原始风貌以及当地居民仍有的传统社会风尚、淳朴厚道的自然秉性。一些地方放着自己原生的文化，独特的建筑，古老的音乐、歌谣和舞蹈，传统的耕作方法等民间资源不去用，而是刻意去追求城市化和商业化，大兴人造景观，组建艺术团等，这是舍本求末的做法，把其真实、本质的东西改变了，会使乡村游变味，必然为市场所淘汰。

（五）引进旅行社参与山区旅游景区开发经营是一种有益的新尝试

旅游景区与旅行社是两个相互协作又相对独立的旅游子系统，在多年的市场开发和经营中，二者有着明确的分工。但是，2003 年起，肇庆市在其打造“千里旅游走廊”的实践中突破常规，大胆尝试，以邀请省内知名的南湖国际旅行社共同参与怀集“世外桃源”景区的开发为先导，一发而不可收，逐步创造了省内第一个大规模引进旅行社参与乡村旅游景区经营管理的新模式，取得了意想不到的市场效果。世外桃源景区所在的桥头镇政府被省政府评为了全省唯一的旅游专业镇，在该景区的带动下，县域旅游经济迅速崛起。经营机制的改变，产生了贴近市场、反应快捷、下游产品直接到达终端产品的可喜成效，得到了很大收益，其他景区纷纷筹算仿效。目前，南湖国旅在投资开发怀集“世外桃源”景区、四星级标准海逸国际酒店的基础上，又于 2005 年相继应邀开发德庆盘龙峡、金林水乡景区，再与四会合作开发奇石河景区；广之旅则立足封开，与当地县委县政府共商封开国家地质公园的旅游开发大计，并投资开发了杨池古村景点，策划了到封开过大年等旅游活动；广东中旅开发了四会的“中国古法造纸第一村”景区。一着走好，全盘皆活，“世外桃源”景区经营模式的创新，旅行社和景区的无缝对接，成为了肇庆旅游新一轮创新发展的标识，自然地整合了“千里旅游走廊”的旅游产品，促进了县域旅游经济的发展，推动了两广无障碍旅游区的建设。2005 年，“千里旅游走廊”旅游接待人数高达 200 万人次，肇庆的旅游综合竞争力和旅游收入都取得了前所未有的新突破。肇庆旅游引进旅行社参与景区经营开发的成功，给省内外同行带来了新启示，在 2006 年 2 月召开的全省旅游工作会议上，受到了省政府领导的肯定与表扬，省旅游局也颁予肇庆“千里旅游走廊”产品创新奖。让旅游资源与客源地零距离对接，实现优势资源与强势旅行社合作互补的“世外桃源”现象，是偶然也是必然。目前，旅行社之间的竞争越来越激烈，更加显示了旅行社行业的脆弱，为了规避风险，旅行社有延长经营链条、实现旅游产品捆绑营销的愿望；另一方面，乡村旅游资源看好，但当地经营管理人才缺乏，市场营销“心有余而力不足”，常常存在“守着金碗讨饭吃”的现象，客观上需要外力的介入。从这个意义上讲，旅行社和乡村景区的联合有其必然性，肇庆的实践证明，引进旅行社参与乡村游景区开发经营不失为一种有益的新尝试。

三、注意处理好几个问题

一是要落实贯彻科学发展观，走可持续发展之路。山区旅游不是一时的时髦和流行元素，要借鉴国外乡村旅游发展较快国家的经验，尽快制定乡村旅游质量标准，提高旅游管理水平，增强市场开发的规范性；把握好旅游开发、生态环境保护和可持续发展之间的关系，适度开发、保护资源、注意环保、节约能源；避免乡村地区刻意追求城市化、商业化和少数民族汉化。

二要引导民风，注重培训，提高村民的旅游意识和水平。山区旅游开发初期，常常会遇到群众不配合的现象，要吸取过去乡村游开发的教训，挖掘纯朴的民风闪光点，规范旅游商品销售行为，坚决杜绝村民向游客伸手要钱等现象。这方面，封开杨池古村与广之旅共建生态文明村、签订村规民约，金林水乡铺设游客专用的红砖路、设置无人售货篮等，都是很好的尝试。

三要因地制宜，逐步将山区旅游引入市场化开发之路。山区情况各有不同，要尊重客观条件，务实求真，因地制宜地创建有利于山区旅游良性发展的经营管理模式。如何为旅行社、为市场接受是山区发展旅游的一个新课题，要避免出现政府热、百姓热，旅行社冷的尴尬局面。根据市场需求，既可以做单一的乡村游线路，也可以考虑跳出“农家乐”的局限，在传统线路中融入乡村旅游点；既可以通过旅游扶贫开发乡村游，也可以充分借鉴南湖国旅介入世外桃源景区开发，实现互利双赢模式的经验。

四要避免一哄而起粗制滥造，要推动山区旅游向规范化和品牌化方向发展。现在各地都在搞乡村游，一些地区起步较晚，旅游基础设施不到位，交通、通讯、住宿、餐饮等还存在不少问题，就急功近利、没有规划地盲目开发，将粗制滥造的产品推向市场，将低价游引向乡村游，不但有违新农村建设初衷，反而会因产品开发失败增加百姓负担。鉴此，一定要正确把握乡村游的方向，树立精品意识，对于不具备安全条件，不具备卫生条件的乡村游产品，旅行社不得组团前往，要杜绝无谓的安全事故或者卫生事故发生。

实践证明，发展山区旅游是解决“三农”问题、促进新农村建设、全面建设小康社会的一个新的突破口，是大旅游与大农业的最佳结合点。我们应该以旅游扶贫为契机，在未来的实践中继续贯彻落实党中央、国务院关于“三农”政策的战略部署，以及国家旅游局、广东省委省政府有关精神，不断开拓，把山区旅游的“蛋糕”越做越大，使旅游业在建设社会主义新农村中做出更大贡献。

广东省旅游饭店发展与星级标准修订调研报告

（2007年7月）

饭店业，是广东旅游产业的重要组成部分，其营业收入占了广东旅游总收入的近三分之一，全行业有近50万的从业人员，广东饭店业已经形成具有一定规模的产业。目前，我省共有星级饭店1213家，其中，五星级56家，四星级162家，三星级581家，二星级383家，一星级31家。尤以广州、深圳、东莞、佛山、珠海等珠三角城市居多，2006年全省星级饭店平均客房出租率为59.64%。近年来由于会展经济及亚运会等原因，广州、深圳、东莞等市高星级酒店发展迅猛，特别是国际品牌酒店纷纷进驻广东，据了解，目前我省待评、在建、待建（2007年底前开工）的高星级酒店共有155家，居全国首位。

随着我省经济持续发展，商务会展业逐年升温以及2010年亚运会在广州的举办，近年来我省旅游饭店业发展又迎来一个新高潮，从而吸引国际酒店品牌大量涌入，世界上排名前十位的酒店集团如洲际、雅高、喜达屋、万豪、丽斯•卡尔顿和香格里拉均已进入广东酒店市场，集中在广州、东莞、佛山、深圳、惠州等珠三角城市。经济型连锁酒店在我省的发展也是方兴未艾、后劲十足。面对越来越激烈的市场竞争，星级饭店在不断探索自身发展之路的同时也寄希望于国家和政府的整体宏观调控能为旅游饭店经营提供一个良好的发展环境，同时，饭店经营者们都希望通过新一轮星级标准修订使饭店行业发展更加规范，对标准修订提出了宝贵的意见。现将调研情况汇总如下：

一、国家整体环境及相关产业发展对旅游饭店业的影响

随着我国经济的持续发展，国家整体环境日趋良好、完善，相关产业如环保、交通、信息、会展、商业、贸易的迅速发展，为旅游饭店业带来巨大的商机，特别是我国加入WTO，经济全球化，也使旅游饭店业处于较快的发展阶段。但由于旅游饭店业是高投入、低利润的产业，国家对旅游饭店业发展的优惠政策及支持力度不够。

1. 政府应加大对饭店行业发展的支持力度

在调研中，许多饭店经营者指出，旅游饭店业是发展中的行业，是城市服务业的重要组成部分，在某种程度上也是体现城市综合素质与整体文明的一个窗口，在许多地区更是改善当地投资环境从而促进当地经济发展的“助推器”。然而，我国旅游饭店业发展迄今已有二十多年的历史，但政府对饭店业的支持力度尚嫌不足。不可否认，在改革开放初期，我国旅游饭店业启动伊始主要以接待境外游客为主，高投入，高利润。但近十年来，饭店业已经进入了微利时代，许多饭店均呈现高投入、低利润的局面，市场竞争日趋激烈。但是，多年来，诸如水电气等运营成本过高这些老问题一直困扰着饭店业发展，饭店经营者对用电用水等早日享受“国民待遇”，改商业用电为工业用电的呼吁一直未得到国家相关部门的反响。此外，近年来，国家大力提倡环保节能，饭店实行环保节能已成为大势所趋，旅游主管部门应加大绿色环保饭店建设的指导与培训力度。

2. 政府应加大对旅游饭店业发展的宏观调控力度

目前广东省尤其是广州、东莞等地的饭店数量正在快速上升，饭店增长速度与经济发展速度、客源增长速度是否成正比一直是饭店经营者的困惑。以广州为例，亚运会前全市星级饭店将达到300家，但亚运会之后会不会出现世博会的“昆明效应”令人担忧。因此，当地政府和旅游主管部门应加大对旅游饭店业发展的宏观调控力度，此外，许多饭店在筹建过程中由于没有得到旅游主管部门的专业指导，饭店整体布局及相关的配套设施对应后期的饭店评星和商务饭店定位，要么繁缛要么缺失，浪费了不必要的社会资源。由于政府对旅游饭店建设的宏观调控与监管力度不够，饭店行业的准入标准过于宽松，缺乏对饭店特色和差异化的引导，饭店市场存在大量的重复建设，饭店的同质化现象严重，不利于饭店市场的健康发展。因此呼吁旅游主管部门在当地饭店经营发展中应有一定的“权威”性。

3. 广东旅游饭店客源分布商务客人较多，旅游客人偏少

地区的整体吸引力有待进一步提升。旅游主管部门对城市形象和旅游品牌的整体推广力度尚需加强。以广州为例，虽然是首批优秀旅游城市，但广州作为旅游城市的特征并不

明显。广东旅游从旅游过境地向旅游目的地发展的进程过慢。观光、探亲、休闲度假的旅游客源是广东饭店业客源市场的最好补充。

二、旅游市场需求与旅游饭店发展

目前的旅游消费市场，对非城市风格类型饭店的需求很旺盛，近两年，投资者把目光放在特色项目上，一些主题鲜明、风格独特的酒店正在悄然兴起。

1．商务会展依然是广东旅游市场的主要组成部分。从广交会、电博会、文博会、中小企业博览会到各市的大型主题活动，广东每年的大型活动总计有几百场之多。另一方面，广东的外商投资规模较大，以东莞为例，外资企业达15000多家，所有这些都有力地保证了全省每年数以百万计的商务会展客源稳中有升。随着全省经济的稳步发展和国际航班的不断开拓，当地政府对改善投资环境、改变城乡面貌的愿望日益强烈。商务会展对旅游市场及旅游饭店业发展的影响还将不断加大。

2．旅游业发展至今，传统的以观光为主的旅游基本形态已被打破，具有休闲度假元素的旅游产品逐渐走俏，促成大批休闲度假型酒店的兴起。在广东省，温泉、海洋、高尔夫及新兴的森林度假旅游成为当地旅游的热点。四通八达的城市交通使自驾车旅游成为广东省内游及周边城市旅游的主打品牌。休闲度假旅游环境的日臻完善，设施的配套，城市及景区可进入性的提升为广东饭店业带来大量不同层次的客源。

3．体验经济时代的到来使得旅游者的消费需求发生了新的变化，在选择旅游产品时，游客的“非从众心理”日益增强，个性化产品和服务成为主导。消费者对个性的追求要求旅游饭店能提供体现不同个性的产品和服务，促进旅游饭店从同质化走向差异化。

4．“亚运效应”带动广东特别是广州饭店发展迎来一个新的热潮，国际品牌借此机会大规模进入当地的饭店市场，在市场推动下，各种新兴的饭店业态如经济型连锁酒店、公寓型酒店迅速发展，且规模越来越大。

三、《旅游饭店星级的划分与评定》国家标准的执行情况及其面临的挑战

我国饭店星级标准自1988年正式发布实施以来，经过近20年的不断发展，星级饭店得到了社会的广泛认同，饭店在星级评定过程中由于严格按照此标准规范了饭店硬件、软件的设施配套，完善管理，提高服务水平，保持星级的一致性，使星级饭店更具市场竞争力和影响力。

1. 星评工作一定要坚持公平、公正、公开的评定方法，要积级引导和鼓励饭店评星，饭店在基础建设初期，要积极对饭店的等级定位进行指导，要关注和支持饭店在经营管理中的创新。同时，星评工作应增加电子版打分，一目了然，便于操作。

2. 星评标准应与目前实施的绿色饭店标准相结合，增加饭店节能环保等方面的导向性条款，在排放污染、水质、空气、能耗指标、热能回收等方面应增加分值。取消一些技术落后的评定项目如电报、电传、晾衣绳、暖水瓶等。

3．高档不等于豪华。有些饭店评上五星主要是靠投入，趋向浮华，而文化含量、精品意识不足，过多地追求饭店的豪华甚至奢华，不仅是对绿色环保理念的一种背离，在某种程度上也是对社会资源的浪费。另外，星评标准应考虑地域特色，如三星级以上饭店的西餐厅配置，据我们在汕头调研中发现，经营状况普遍不好，但这又是星评标准中的必备项目，如将西餐厅改为具有汕头地方特色的工夫茶吧则既有地方文化特色，又适应市场需求，为企业增加效益。再如高星级饭店的扒房、客房的迷你吧在饭店的经营中要么生意清淡，要么纯属装饰，在新标准的修订中均应予以改进。

4．星评标准修订应增加软件项目的量化指标，适当减少硬件项目的刚性要求，多增加一些选择项目。就星评标准的软件项目而言，“访查规范”更具操作性，建议在修订中加以参考和补充。此外，星级复核工作中，新饭店和老饭店可否有一定的区别，应适当照顾一些开业时间较长的老饭店，不能一刀切，特别是一些20世纪八十年代初期建设的饭店，在硬件方面整体改造投入较大，对饭店经营造成很大压力。这些饭店的星级复核应侧重其文化含量和精品意识，以是否温馨、舒适、安全、科技含量高为标准。

5. 目前使用的星级饭店标准主要以商务型酒店为主，各地在建设酒店时有很大的局限性，特别是随着饭店业的不断发展，多种类型的饭店不断涌现。如：主题型、度假型、会议型等等，星级标准修订应在必备项目和选择项目中明确各种类型饭店的条件，并对各类型饭店具有突出特色的项目加分。如：高尔夫球场、温泉、水上乐园、具有一定规模的会展中心等。

四、旅游饭店行业管理中的新思路、新举措

旅游主管部门对饭店实施有效管理，主要是从星级评定工作开始的。广东饭店星级评定工作开展20年来，取得了很好的成效。建议：政府职能部门要在国家级星评员、省级星评员、旅游专家中组建一支强有力的专业化队伍，进一步加强对饭店业的指导和服务。今后，政府职能部门对旅游饭店的行业管理工作，应更侧重于服务型的角色，更加注重信息发布、交流；注重行业之间的合作、市场的拓展；注重人才库的建设和培训。

1．为了进一步提高广东饭店业信息化服务水平，运用科技手段提高饭店业的竞争力，省旅游局与广东电信合作，联合在全省范围举办“酒店信息化应用技术讲座”，通过聘请专家讲课和现场观摩等形式，促进了信息网络化产品在全省饭店业经营中的应用和推广，增加了电子类服务项目，大大方便了住客。在调研中，饭店经营者也普遍认为，增加自身的科技含量尤其是提升电子网络在饭店经营中的作用是当务之急。在旅游发达国家，全球预订系统已经被广泛应用于饭店业，网络特别是大型的旅游门户网站已经变成饭店销售的重要平台，是扩大饭店客源和品牌影响力的重要途径。而在国内，目前全国90%以上的饭店都没有加入酒店预订网络，广东省的饭店也不例外，由于历史的原因，单体饭店居大多数，连锁饭店屈指可数，集团化网络经营先输一阵。因此发展电子商务是大势所趋，许多饭店纷纷在信息网络管理经营上增加力度，做足功课。他们认识到，信息网络管理及销售远不止无线上网、综合布线这么简单，还应配置全国乃至全球网络查询预订结算系统，各饭店应开放接口，便于整合全省饭店的整体资源。目前国外品牌酒店的网页介绍多注重功能而国内品牌则注重漂亮，华而不实，这也是广东饭店在网络销售与品牌建设中正在改进的环节。目前，加快饭店订房网络系统的建设、构建企业远程移动信息管理平台及常客管理系统已成为广东旅游饭店经营管理者的共识。一些高星级饭店在完善自身的服务标准、人才储备系统、管理控制体系尤其是宾客销售网络基础上，充分利用网络最大限度地实现企业的资源共享。

2．在饭店的经营中，水电油气的费用在整个饭店经营成本中约占三分之一。近几年，广东许多饭店在省旅游局的指导下纷纷做起了节能降耗这篇大文章，其中，仅将中央空调转变为热水能耗的饭店就有500家。同时，各饭店还普遍在声控、温控、水控的节能方面进行了配套改造，客用毛巾也提倡重复使用。过去，饭店大堂温度一般都控制在20～22℃之间，现在则普遍提升到24～26℃。

3. 经常性地举办饭店行业发展的战略研讨和服务技能竞赛活动。通过邀请国内国际著名的专家学者以及品牌酒店集团到广东，共同探讨饭店行业发展趋势和市场前景，学习先进的管理模式，促进广东饭店业更好地发展。同时，与劳动部门合作，积极开展饭店行业的岗位练兵和服务技能竞赛活动，为参与技能竞赛获奖的选手颁发技术等级证书。

五、旅游饭店经营管理现状、问题及面临的挑战

广东现有星级饭店1213家，年平均开房率为60%左右，与北京、上海相比，广东同等级别饭店特别是高星级饭店的房价偏低甚至过低。与此同时，饭店业人力资源匮乏，流动性大，这在某种程度上制约了广东旅游饭店业自身发展的步伐。就全省饭店经营现状而言，四星以上饭店特别是五星级饭店经营业绩良好，开房率普遍较高，温泉度假型饭店及经济型连锁酒店发展势头迅猛且市场回报率较高，而夹在中间的三星以下饭店经营状况相对欠佳，面临升级改造和市场整合的挑战。广东旅游饭店经营管理面临的主要问题及挑战：

1．人才问题。人力资源匮乏目前已成为广东饭店发展的瓶颈。

原因：

1）由于平均房价及开房率不高等因素，广东旅游饭店业整体工资水平普遍低于全国大部分城市，曾经的工资优势一去不返，吸引人才的能力较弱。

2）绝大多数高校虽均设有旅游及饭店管理专业，但毕业后从事旅游饭店业的人才却不到10%。同时，国际品牌以高工资及成熟管理等突出优势挖走大量人才，使得本来就缺乏人才的本土饭店雪上加霜。

3）“独生子女时代”等方面的影响使在饭店从业的年青员工敬业精神不够，吃苦耐劳精神不足，稍遇挫折便会选择辞职、跳槽，再加上全省出现的饭店发展高潮期，“庙多僧少”，互挖人才，使整个行业人员流动率过高，给酒店的管理和培训工作带来很大困难。

解决办法：

在调研中，饭店经营者及旅游管理部门提出的一些解决办法值得借鉴。

1）由当地旅游学校与饭店合作设立“扶贫班”或“勤工俭学班”，先由学校从贫困地区精心挑选一批品学兼优的生源，在酒店设立课堂配备老师，学生在饭店边工作边学习，既能学到旅游专业知识又可充实饭店基层和一线的工作，得到一定的工作报酬支付学费及贴补家用。学生在三年学习期间可熟悉饭店各部门的基本运作，与饭店及管理者建立工作感情，毕业后选择留在饭店工作并得到一定升职的机会较大。

2）参考美国康奈而大学和瑞士诺桑旅游管理学院，开办一些大专或大学本科层次的专业性较强的旅游培训学院。

3）借鉴香港酒店业、餐饮业的成功经验，扩大就业面，由旅游主管部门牵头，提出理念，集中培训，搞好试点，充分挖掘广东及周边各省30岁至36岁劳动力资源，充实到饭店内勤和餐饮服务等一线岗位。这些人员的特点是敬业精神强，对工作环境、工资待遇满意度高，从而使饭店人员流失现象大大减少。

2．在日趋激烈的市场竞争当中，部分旅游饭店为抢占客源大降房价，导致整个行业恶性竞争。在引导行业健康发展上，政府的整体调控能力和指导能力有待加强。在调研过程中，有经营者提出，在现阶段旅游协会行业指导与自律功

能相对较弱的情况下，建议旅游主管部门可适当参与各星级饭店最低保护价的监管，最低保护价可与星级划分、星级评定标准和每年的星评复核直接挂钩。例如，五星级饭店或新挂五星的饭店本年内客房门市价格低于最低保护价则被予以警告、公示、延缓复核或降低星级的处罚。

3．目前，随着洲际、雅高、喜达屋、万豪、丽斯·卡尔顿和香格里拉国际品牌加速进入广东市场，广东饭店业经营更具挑战性和风险性。这些国际饭店集团顶级品牌的全面进入，势必对广东饭店原有高端客源市场的分配产生重要影响，加剧广东省高档饭店的竞争。这些国际品牌凭借其在网络建设、品牌和技术上的优势加快抢占当地客源，使广东省本土饭店特别是高星级饭店面临着前所未有的挑战。应对办法之一就是加大企业集团化发展与品牌建设，不断提升东方文化情调的营造和积淀，借鉴国际品牌先进的经营管理经验特别是网络预订销售系统，提升硬件和软件的品质，使自身在一片“狼来了”的环境下凭借本土优势立于不败之地。

六、饭店集团化发展与品牌建设

目前广东已有的饭店集团是：岭南国际企业集团、碧桂园凤凰城集团、粤海集团、广晟集团、华侨城集团、名冠金凯悦集团和三正半山集团。这些集团的所有制性质既有国有的民族品牌，又有有限责任股份制和私营企业，其中：

1．岭南国际企业集团资产规模最为雄厚，达 76.48 亿元，目前是继首旅、锦江之后的国内第三大旅游企业集团。集团业务涉及旅游和商业两大部分，集团属下有星级饭店 20 多家，其中白金五星级和五星级各 1 家，四星 1 家，三星级 8 家，其他为二星级以下饭店；星级客房总数是 5000 多间，占广州市星级饭店房间数的 18%，床位 9000 张，餐位数 12000 个。全年的饭店板块收入超过 13 亿，约占广州市饭店业营业总收入的 7%，全年利润为 2.5 亿，占广州市的 14%，其中花园酒店和中国大酒店的利润总额占广州市五星级以上饭店利润总额的近七成。

2．碧桂园凤凰城集团旗下饭店（省内）有五家按五星级标准建设的饭店（其中两家已挂牌）；三家四星级饭店。集团计划在三至五年内在全国兴建 100 家高星饭店。

3． 粤海（国际）酒店管理集团拥有高星级饭店“粤海酒店”和商务快捷连锁饭店“粤海之星”两个品牌系列。目前共持有并管理 31 家饭店，其中，“粤海酒店”25 家，“粤海之星”6 家，遍布于香港、澳门、珠江三角洲、长江三角洲及国内其他地区。

4．广晟酒店集团主要由军转地企业组成，现拥有全资和控股企业 20 多家，总资产 20 多亿元。其中宾馆饭店有广东亚洲国际大酒店、广州凯旋华美达大酒店、广州三寓宾馆、广州五羊城酒店、广东华海大酒店。同时，集团通过品牌输出的方式管理了广东中山国宾酒店、广东湛江金海酒店、广东云浮凯旋酒店、广州番禺利泰乡村俱乐部等饭店。

5．华侨城酒店管理集团旗下拥有按五星级标准建设的饭店 3 家，四星级饭店 1 家，分别是：华侨城洲际大酒店、威尼斯酒店、茵特拉根大酒店、海景大酒店。

6．名冠金凯悦酒店管理集团为东莞民营企业，旗下拥有 2 家五星级饭店和 1 家按五星级标准建设的饭店，1 家四星级饭店，并以品牌输出的形式在台湾、澳门等地管理当地饭店。该集团以东莞为发源地，现已把酒店建设与经营的触角伸向了珠三角其他地区。

7．三正半山酒店管理集团旗下拥有 2 家五星级饭店，1 家四星级饭店。

与国内许多饭店集团一样，广东饭店集团的发展历史较短，市场运作还不够成熟，在很多方面都与国际集团有着较大的差距。尽管如此，本土集团还是在借鉴国外品牌的基础上，积极探索适合其自身发展的饭店集团连锁经营方式。

以岭南国际企业集团为例，企业的集团化发展之路正在起步。在集团化建设过程中主要在以下方面进行了有益尝试：

1）依托品牌，借助资本运营实施有效的扩张。集团通过兼并、收购、参股、控股等，利用多层次品牌，实施纵向一体化和多元化经营战略。集团利用专业化品牌，通过管理合同、委托经营、特许经营等方式，实施低成本扩张的横向一体化战略；通过产业内战略联盟，采用出租—回购、合资、相互参股等方式延伸产业链，建立由饭店、旅行社、旅游交通运输、旅游商贸等企业组成的旅游综合联盟体，真正发挥协同效应，实现共赢。

岭南国际企业集团在合理的区域选择、行业选择和市场进入战略基础上，大力实施跨地区、跨国经营，广泛利用国内外资源分散风险，充分发挥企业拥有的核心资源能力，在较大范围实现集团的资源共享与集团化发展。

2）整合资源，扩张规模，开发市场。根据行业经营特点，岭南国际集团在确立集团发展战略的基础上，实施较大力度的资产重组和资源整合，跨地区、跨国家发展以开发不同地区的相关市场。

3）引进战略投资者、与境外旅游饭店集团合作。通过强强联合、中外联手，优势互补，巩固集团核心产业，迅速提升集团的知名度与竞争实力。

岭南国际集团充分意识到要成为真正意义上的大集团，必然要经过一系列的收购、兼并、联营与合作的过程，这需要大量的资金，而集团的资金有限。为此，集团以让战略投资者参股、持股的形式筹集巨额资金，顺利收购、兼并了一批由于管理不善而陷入困境的中小型饭店，迅速壮大集团规模，增强自身的竞争力。

集团品牌的打造有助于增加集团整体的影响力和知名度，打造集团品牌就是要把“企业做大、品牌做强”，从而增强品牌的价值增值能力以及集团的社会认知。在对品牌做好分类与整合的基础上，岭南国际企业集团大力进行品牌扩张，建立其品牌发展的“联合舰队”，通过促进合理的品牌延伸实现品牌的适度扩张，实现由地方性品牌向世界级品牌的过渡。

应该看到，广东一些饭店集团在建设发展过程中尚有许多环节需要完善，如：管理模式不统一、客源优势及企业内部资源优势不能共享，集团饭店网络查询预订系统不够完善或尚未建立。

七、饭店新兴业态发展现状及趋势

1．经济型饭店的蓬勃发展，逐步成为广东省饭店业的发展热点

广东省目前有四个本土经济型饭店品牌：广州的岭南佳园和“7 天”、深圳的城市客栈和粤海之星。此外，国际的经济型饭店品牌“如家”“速 8”等都已经进入广东市场，主要分布在广州、深圳、东莞、惠州等珠三角城市。经济型饭店的兴起同时抢占高低两端的客源，给星级饭店特别是低星级饭店的经营带来巨大挑战。经济型饭店取代低星级饭店已成为大势所趋。但是，与全国经济型饭店一样，广东省的经济型连锁饭店在发展过程中也存在不少问题：

1）价格不经济。据调查，目前广东省经济型饭店平均房价一直在 200 元上下浮动，所谓经济型饭店并不经济。目前排名较前的经济型饭店品牌关注的仍然是经济型饭店的中高端市场，对低端市场不够重视，价格偏高，偏离了自身的竞争优势。

2）品牌的文化和个性内涵相对缺乏。许多经济型饭店的市场定位相对混乱，经营上面面俱到却没有重点，竞争力不强。

3）欠缺对“经营”与“市场潜力”的深入思考。只看中“价格经济型”所具有的先天优势，忽略了“价格经济”背后所依托的“经营经济型”。经济型饭店降低成本的关键是“品牌”和“连锁”，“品牌”的成熟的经营模式和“连锁”的整体效益才是经济型饭店制胜的样本。

由于目前广东乃至全国经济型连锁酒店“圈地”运动步伐过快，现在某些地区已出现了市场饱和的迹象，酒店房价有所回落，经营风险增大。

2．以“温泉酒店”为代表的度假酒店的兴起

广东是全国现代温泉度假旅游业开发最早、产业发展规模最大的省份。现全省拥有大型温泉度假区超过 70 座，与之相配套的温泉酒店业的发展如火如荼，呈现以下特点：

1）这些温泉度假酒店起点高，均以四星标准或更高星级定位，目前，阳江温泉度假村酒店已成功跻身五星级饭店行列。

2）节假日及旅游旺季酒店客房出租率高，经常出现爆满情况。

3）度假型酒店形态较为明显，设施配套完善，同时，一些大型温泉酒店注重开拓会议客源，收到很好的市场回报。

存在问题：

1）广东的夏季较长，冬季较短，故而使温泉酒店旺季天数相对减少。旺季供不应求，淡季门可罗雀，酒店发展不平衡。

2）由于空气潮湿，水汽过大，维修成本比较高。

3．公寓酒店

由于每年春秋两届广州旅游进出口交易会以及周边城市频繁举办的大型会展的影响，广州乃至珠三角地区的公寓酒店方兴未艾，并呈快速增长之势。许多经营者和投资者在城市会展中心附近，以租赁的形式包下一栋商住楼的一层或几层重新装修改造后，在交易会期间向中外来宾出租。也有更小规模的把家居独立单位改造成酒店公寓出租。

存在的问题主要是安全隐患较大。

综上所述，广东旅游饭店业发展机遇和挑战并存，市场发展空间与经营风险同在，关键是酒店的建设者和经营管理者需不断进取，勇于创新，努力吸收国际品牌酒店的先进管理经验，苦练内功，提升品质，面对困境积极应对，利用自身优势寻找突破口，方能处变不乱，科学健康发展，在日益激烈的市场竞争中立于不败之地。

广东省星级饭店情况一览表

表一：

	饭店数	客房数	床位数	餐位数	员工数	投资总额（万元）
总计	1171	152994	275564	700870	366196	8762979.6

表二：

所有制形式	国有	有限责任、股份制	中外港澳台资 （合作、独资）	集体	私营
总数	332	132	230	200	319
百分比%	27%	11%	19%	17%	26%

全省旅游业统计资料

2007年广东旅游业发展动态分析

男性占60.44%　　女性占39.56%

2007年广东省国内旅游者性别构成

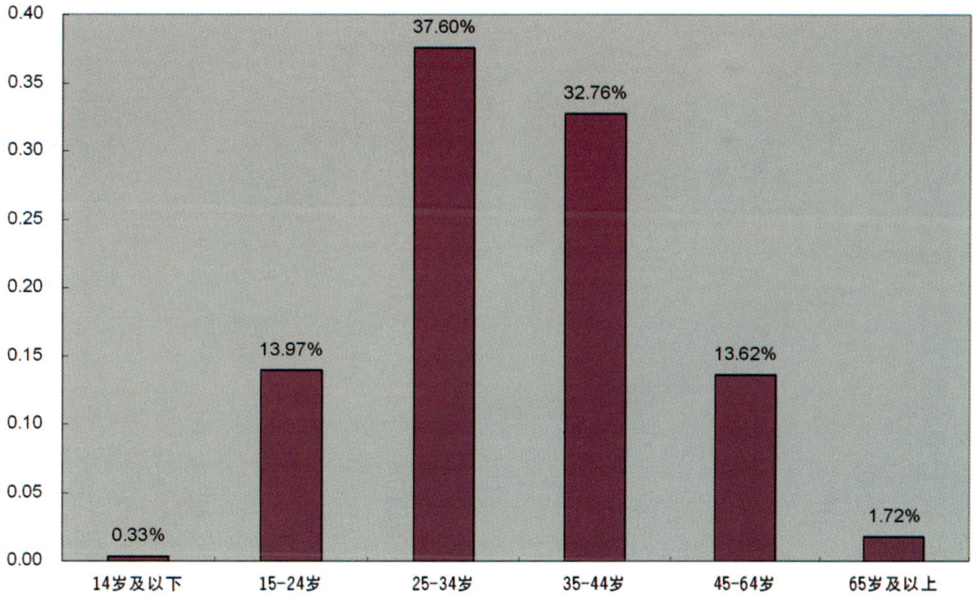

2007年广东省国内旅游者年龄构成

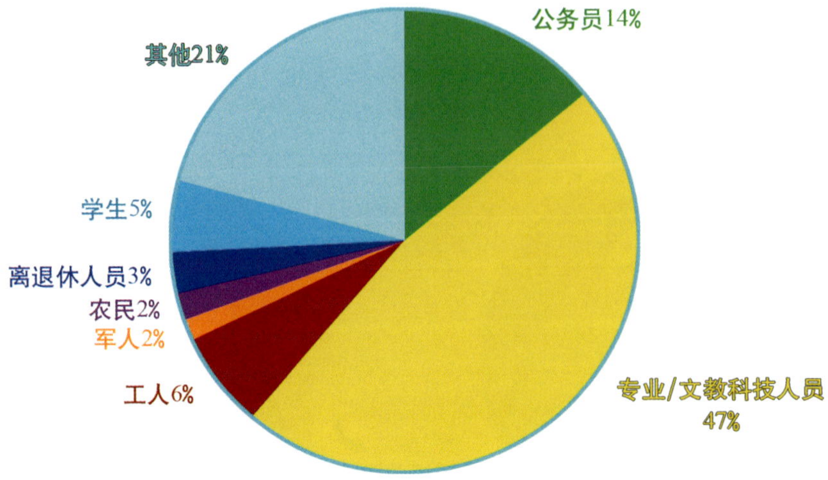

2007年广东省国内旅游者职业构成

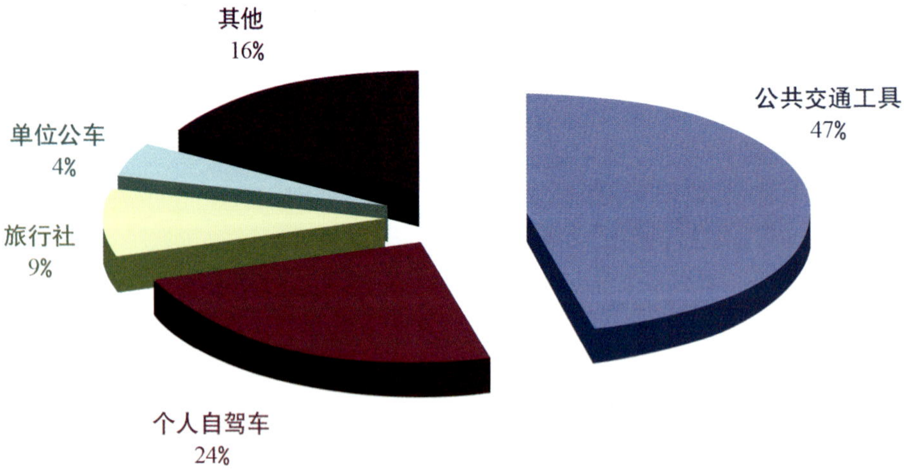

2007年广东省国内旅游者出游方式构成

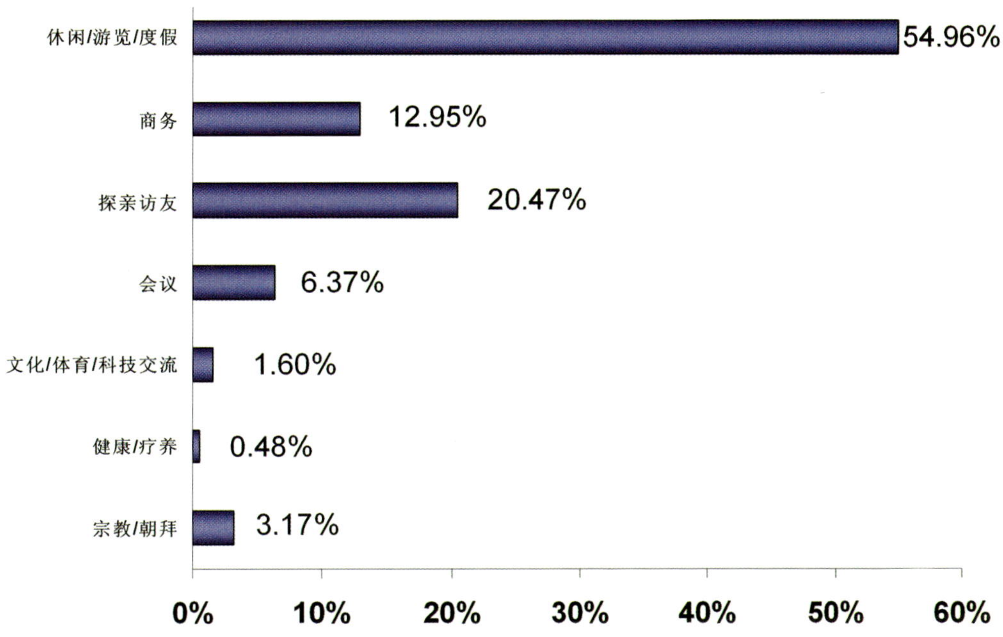

2007年广东省国内旅游者旅游目的地构成

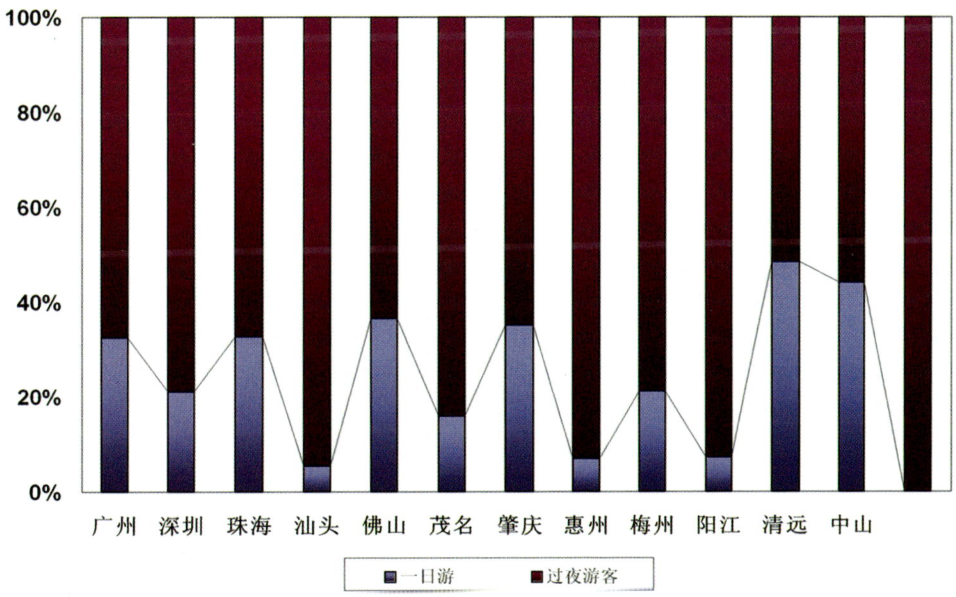

2007年广东省部分市国内旅游者中过夜游客比重

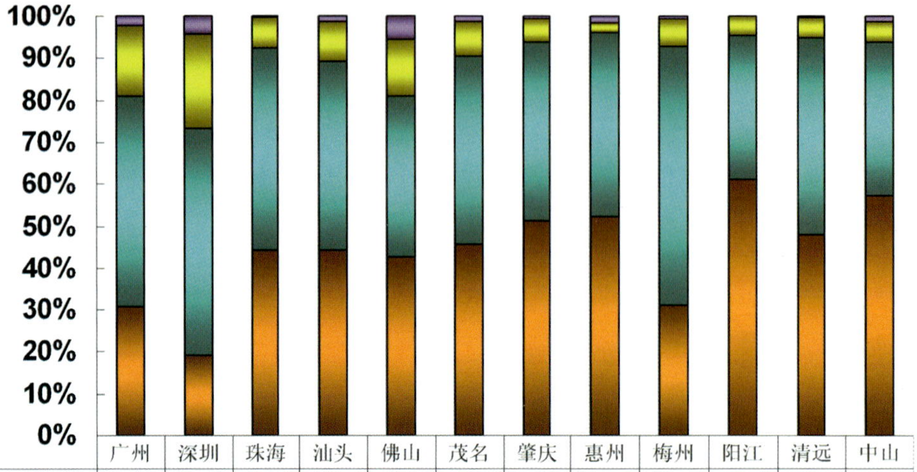

	广州	深圳	珠海	汕头	佛山	茂名	肇庆	惠州	梅州	阳江	清远	中山
8夜以上	2.16	4.20	0.39	1.30	5.50	1.45	0.68	1.50	0.77	0.00	0.40	1.44
4-7夜	17.12	22.46	7.06	9.45	13.50	7.97	5.48	2.50	6.56	4.59	4.82	4.81
2-3夜	50.16	54.34	48.24	44.95	38.50	44.93	42.81	44.00	61.78	34.28	46.99	36.54
1夜	30.56	19.00	44.31	44.30	42.50	45.65	51.03	52.00	30.89	61.13	47.79	57.21

2007年广东省部分市过夜游客停留时间构成

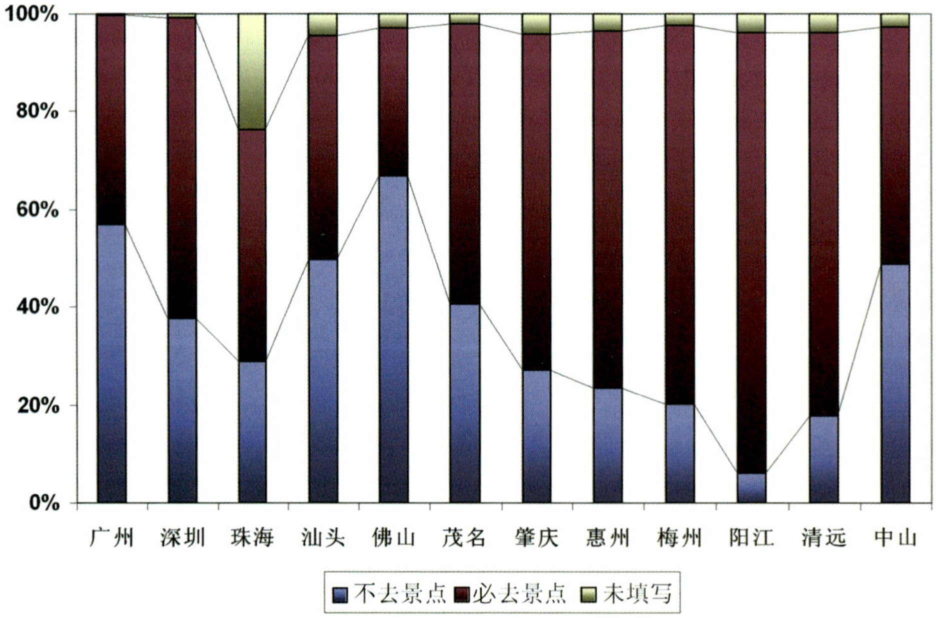

2007年广东省部分市住宿游客到景点游览的比重

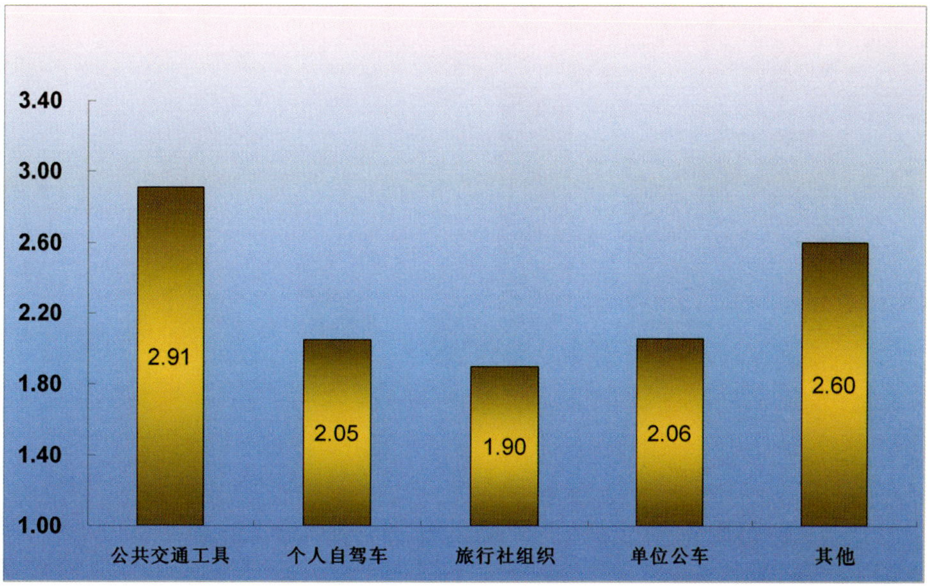

2007年广东省国内旅游者过夜天数(按出游方式分)

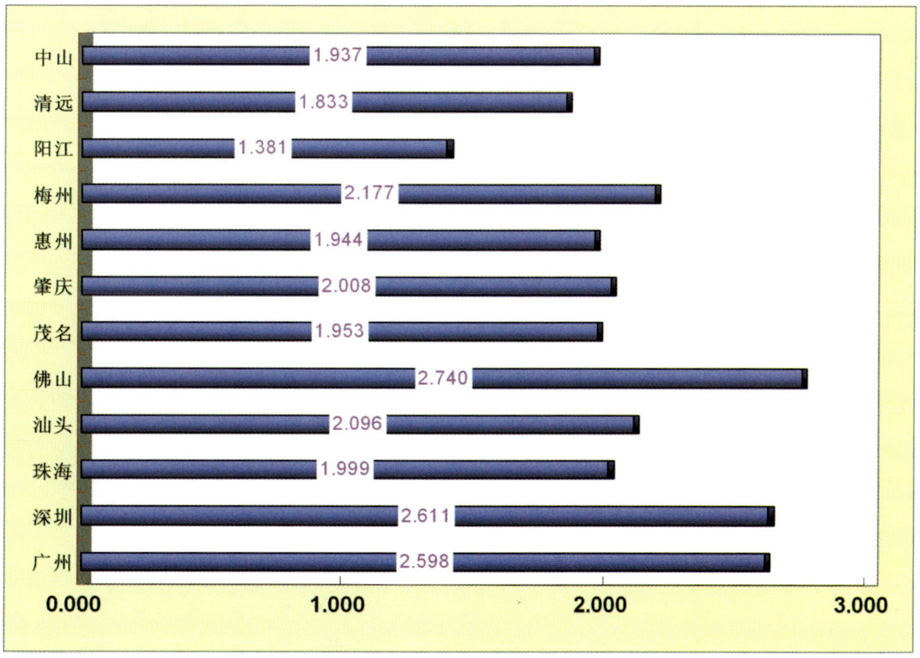

2007年广东省部分市住宿游客人均停留时间

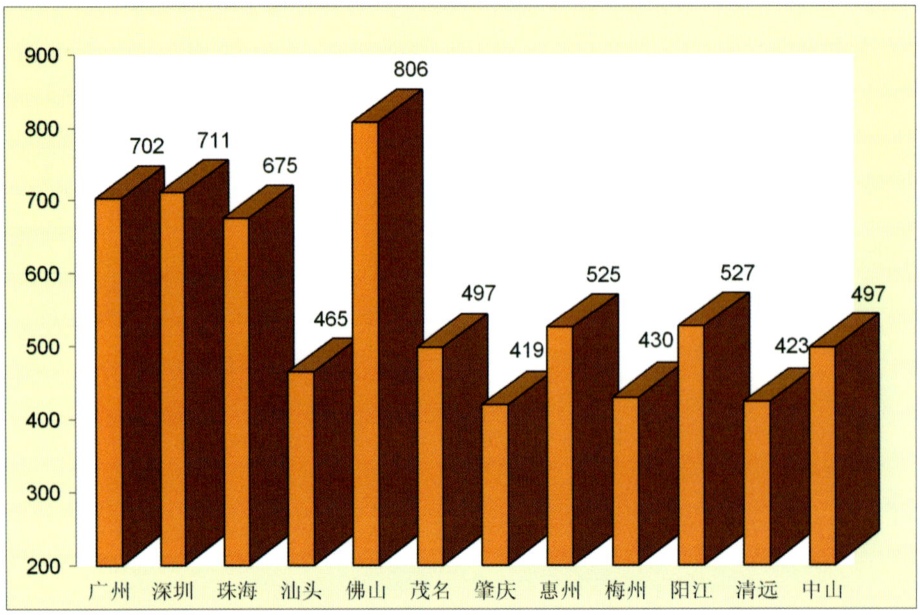

2007年广东省部分市住宿游客人均天花费（单位：元）

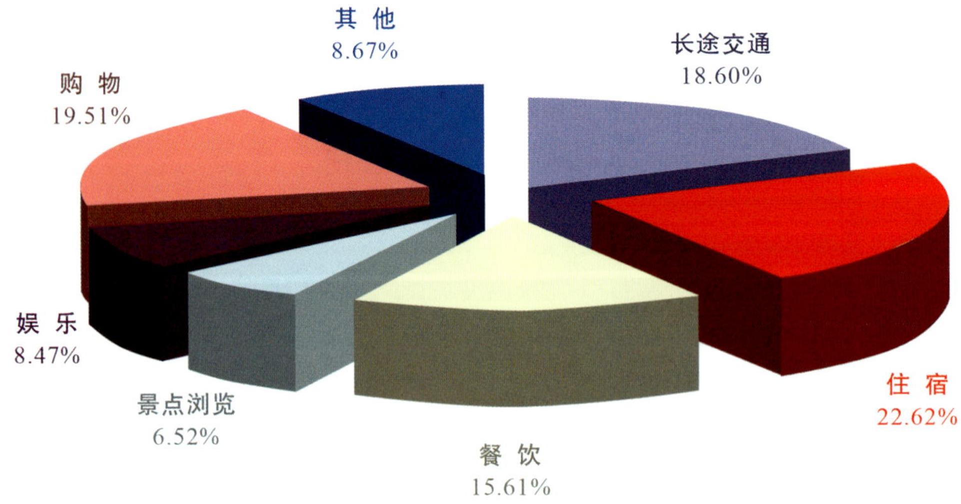

2007年广东省国内旅游者人均花费构成

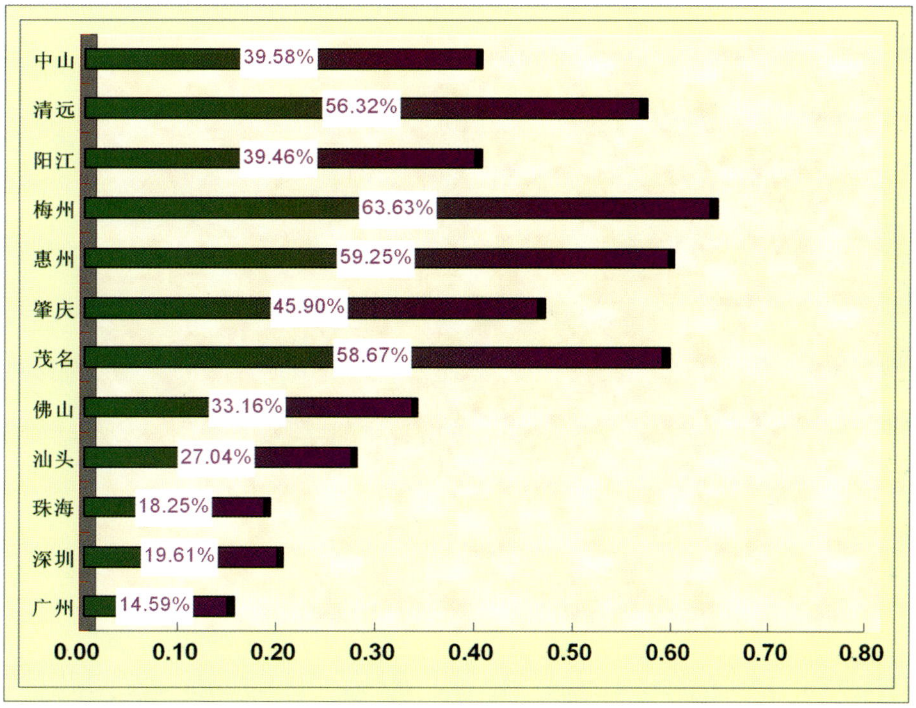

2007年广东省部分市自驾车游客比重

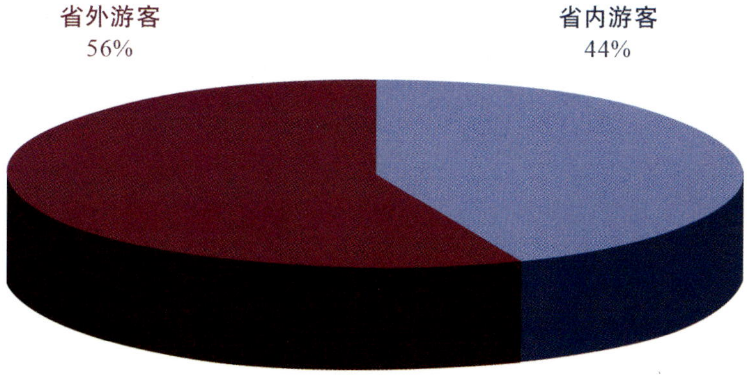

2007年广东省接待省内外游客比重

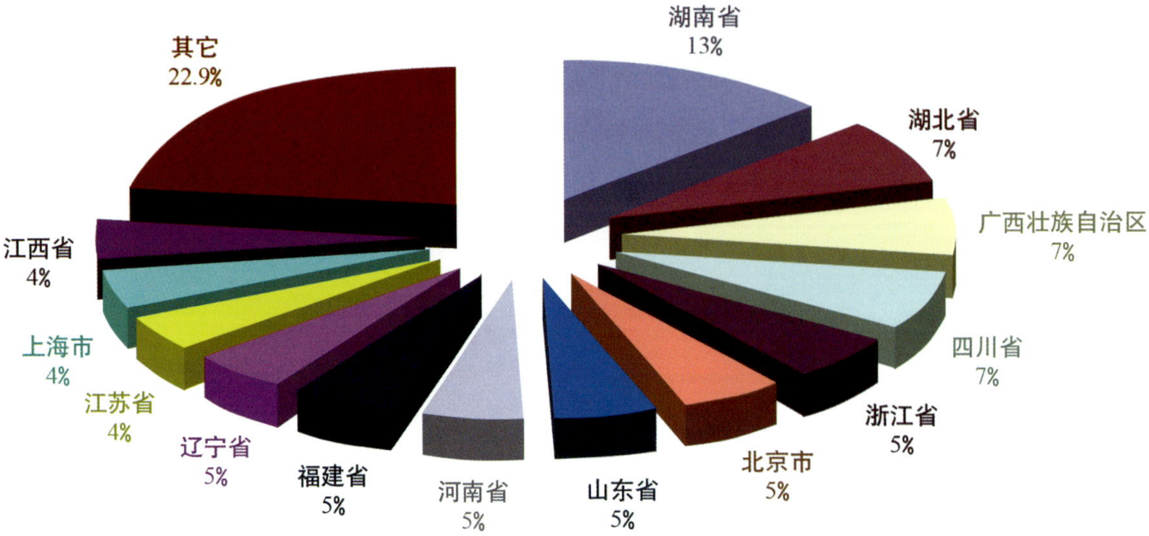

2007年广东省接待省外游客主要客源地比重

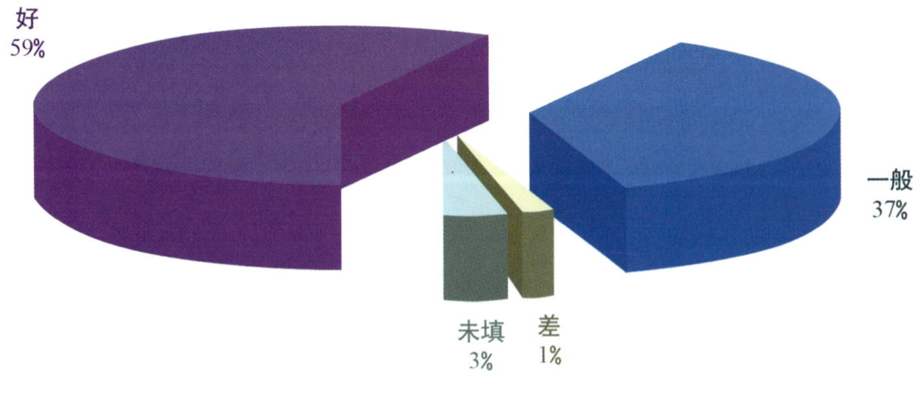

2007年广东省国内旅游者对旅游服务质量的总体评价

（制图：费永红）

2007年广东旅游业主要统计数据综述

【总体情况】 2007年，广东旅游业继续保持平稳较快发展速度。全省旅游外汇收入87亿美元，比上年增长15.55%，国内旅游收入1791.81亿元人民币，比上年增长17.90%，旅游总收入2455.06亿元人民币，比上年增长15.80%。

【入境旅游】 2007年，广东省口岸入境旅游人数10319万人次，比上年增长2.78%，其中外国人672.2万人次，比上年增长13.56%。港澳台游客仍为入境游的主体，约占总数的93.49%。

2007年，全省口岸入境旅游前5名客源国依次为：日本（102万人次），美国（54.4万人次），韩国（45.5万人次），马来西亚（39.4万人次），新加坡（32.1万人次）。

2007年，客源国中入境人数增长最快的依次为：马来西亚（比上年增加13.2万人次），韩国（比上年增加11.2万人次），菲律宾（比上年增加6.2万人次），美国（比上年增加5.2万人次），新加坡（比上年增加4万人次）。从地区增幅看，非洲比上年增长28.5%，南美洲比上年增长22%，增速明显快于其他地区。

【住宿设施接待】 2007年，全省住宿设施接待入境过夜旅游人数2330.3万人次，比上年增长15.25%，其中外国人597.7万人次，比上年增长13.93%；香港同胞1358.5万人次，比上年增长16.56%；澳门同胞119.13万人次，比上年增长28.86%；台湾同胞254.8万人次，比上年增长6.52%。

2007年，全省住宿设施接待过夜国内旅游者人数12218.1万人次，比上年增长13.24%。

【旅行社接待】 2007年，全省旅行社接待入境旅游者448.6万人次，比上年增长11.37%。其中外国人128.4万人次，比上年增长14.74%，港澳同胞285.4万人次，比上年增长12.07%，台湾同胞34.87万人次，比上年减少3.91%。

2007年，全省旅行社组团国内旅游1634.8万人次，比上年增长18.06%。其中组团省外游495.7万人次，比上年增长22.34%；组团省内游1139.1万人次，比上年增长16.29%。

【出境旅游】 2007年，全省出境旅游迅猛发展，为近五年增长之最。全省口岸出境旅游者2715.1万人次，比上年增长20.44%。其中去外国旅游人数176万人，增长14.17%；旅行社组团省内居民出境旅游人数382万人，比上年增长48.97%。其中：香港游154.2万人，比上年增长19.27%；澳门游127.4万人，比上年增长146.05%；出国游100.5万人，比上年增长33.21%。截至2007年底，广东省共签发个人赴港澳旅游签注4417万个，其中：香港游2376万个，澳门游2041万个。

【旅游业产业规模】 至2007年底，全省纳入统计范围的各类旅游企事业单位7718家。其中：旅游管理机构118家，旅游饭店6253家，旅行社964 家，旅游景区（点）383 个。

〖旅游饭店规模〗 2007年，全省纳入统计的旅游饭店6253家，客房41.9万间，床位77.3万张。直接从业人员52.8万人。全省拥有星级饭店共1177家，其中白金五星级1家，五星级57家，四星级166家，三星级583家，二星级344家，一星级26家。

〖旅行社规模〗 2007年，全省共有旅行社964家，其中国际社196家，国内社768家。旅行社从业人员2.8万人（未含兼职导游）。

〖旅游景区（点）〗 2007年，全省纳入统计范围的景区（点）中：国家级旅游度假区1家，省级旅游度假区29家。国家A级旅游景区（点）85家，其中5A级景区2个，4A级景区48个，3A级景区23个，2A级景区12个。全省新增A级景区（点）7家，其中4A级旅游景区5家，3A级旅游景区2家。深圳华侨城、广州长隆旅游度假区评定为5A级旅游景区。

【区域旅游发展情况】 2007年，旅游经济地区间差异缩小，旅游总收入排名前五位的市是：广州市（798.1亿元）、深圳市（511.1亿元）、佛山市（159.8亿元）、珠海市（144.9亿元）、东莞市（118.9亿元）。五市旅游经济总量占全省的70%（2006年占72%，2005年占73%）。

旅游总收入增幅最快的五个市是：韶关市、惠州市、江门市、清远市和梅州市。由于政府主导作用加强，山区市旅游经济增长幅度较大对旅游业发展产生积极作用，山区五市的旅游总收入增幅达到33.2%，远高于珠三角和东西两翼的15.2%、10.9%、10.2%，相当于GDP和第三产业的比重分别为8.4%和25.4%，也高于全省平均比重。开平碉楼与村落被评为世界遗产后，江门市的旅游收入也大幅增长。

（叶志青）

2007年广东省各市旅游业收入情况

ANNUAL RECEIPTS OF TOURISM TRADE BY LOCALITY 2007

单位：亿元人民币 Unit:100 million yuan

市　别 City	收入合计 Total	比上年增　长（%） Growth（%）	其　　中			
			旅游外汇收　入 International Tourism Receipts	比上年增长（%） Growth（%）	国内旅游收　入 Domestic Tourism Receipts	比上年增长（%） Growth（%）
全省合计 Total	2455.06	15.80	663.25	10.47	1791.81	17.90
广　州 Guangzhou	798.15	13.94	243.19	9.08	554.96	16.21
深　圳 Shenzhen	511.12	10.98	199.89	10.71	311.23	11.15
珠　海 Zhuhai	144.88	4.21	68.76	-1.27	76.12	9.72
汕　头 Shantou	61.44	11.52	4.52	-6.86	56.92	13.29
韶　关 Shaoguan	40.64	60.71	2.02	-2.64	38.63	66.36
河　源 Heyuan	26.94	20.76	0.81	16.34	26.13	20.91
梅　州 Meizhou	30.73	27.65	2.05	6.12	28.68	29.53
惠　州 Huizhou	84.26	37.00	21.85	28.60	62.42	40.21
汕　尾 Shanwei	16.65	6.04	0.40	9.55	16.25	6.07
东　莞 Dongguan	118.88	23.82	32.54	23.04	86.34	24.11
中　山 Zhongshan	86.05	14.14	16.52	-4.41	69.53	19.65
江　门 Jiangmen	69.56	32.38	12.56	36.41	57.00	31.52
佛　山 Foshan	159.78	25.22	41.23	24.92	118.55	25.33
阳　江 Yangjiang	28.03	13.06	1.50	97.9	26.53	10.54
湛　江 Zhanjiang	41.25	11.40	1.36	6.39	39.89	11.58
茂　名 Maoming	53.65	7.78	0.75	9.40	52.89	7.76
肇　庆 Zhaoqing	55.30	15.44	3.88	0.04	51.42	16.80
清　远 Qingyuan	47.87	30.72	2.21	70.79	45.66	29.25
潮　州 Chaozhou	30.86	12.97	5.28	8.24	25.58	14.00
揭　阳 Jieyang	17.98	10.21	0.57	11.30	17.41	10.17
云　浮 Yunfu	31.03	25.44	1.35	31.98	29.69	25.16

2007年广东省国际旅游(外汇)收入构成
BREAKDOWN OF INTERNATIONAL TOURISM RECEIPTS 2007

单位：万美元　　Unit:USD 10000

	收入总额 Receipts	结构比例(%) P. C. Tatal(%)
合　　计 Total	870401.84	100.00
一、长途交通费 Long Distance Transportation Fee	213248.45	24.50
1.民航 Air	194099.61	22.30
2.铁路 Rail	6092.81	0.70
3.汽车 Motor	8704.02	1.00
4.轮船 Sea	4352.01	0.50
二、游览 Sightseeing	26112.06	3.00
三、住宿 Accommodation	201933.23	23.20
四、餐饮 Food And Beverage	136653.09	15.70
五、商品销售 Shopping	149709.12	17.20
六、娱乐 Entertainment	64409.74	7.40
七、邮电通讯 Communication	9574.42	1.10
八、市内交通 Local Transportation	23500.85	2.70
九、其他服务 Others	45260.90	5.20

2007年广东省各市国际旅游(外汇)收入

ANNUAL INTERNATIONAL TOURISM RECEIPTS BY LOCALITY 2007

单位：万美元 Unit:USD 10000

市别 City		旅游外汇收入 International Tourism Receipts	比上年增长（%） Growth（%）	占全省比重(%) P. C. Tatal (%)
全省合计	Total	870403.81	15.55	100.00
广州	Guangzhou	319147.08	14.09	36.67
深圳	Shenzhen	262330.19	15.79	30.14
珠海	Zhuhai	90239.53	3.26	10.37
汕头	Shantou	5936.13	-2.58	0.68
韶关	Shaoguan	2646.52	1.83	0.30
河源	Heyuan	1068.26	21.68	0.12
梅州	Meizhou	2694.86	10.99	0.31
惠州	Huizhou	28669.06	34.50	3.29
汕尾	Shanwei	525.18	9.55	0.06
东莞	Dongguan	42701.50	28.69	4.91
中山	Zhongshan	21678.34	-0.02	2.49
江门	Jiangmen	16484.82	42.68	1.89
佛山	Foshan	54112.94	30.66	6.22
阳江	Yangjiang	1975.05	97.94	0.23
湛江	Zhanjiang	1785.38	11.28	0.21
茂名	Maoming	986.00	14.42	0.11
肇庆	Zhaoqing	5091.91	4.64	0.59
清远	Qingyuan	2895.47	78.63	0.33
潮州	Chaozhou	6923.17	13.21	0.80
揭阳	Jieyang	743.69	16.42	0.09
云浮	Yunfu	1768.72	38.04	0.20

注：按折算前同比

2007年接待过夜主要国家旅游者人数

FOREIGN VISITOR ARRIVALS BY NATIONALITY 2007

单位:人次　　　　Unit: person-times

国　别	Nationality	合　计 Total	占总数比重(%) P.C.Tatal(%)	比上年增长(%) Growth(%)
合　计	Total	5977103	100.0	13.92
韩　国	Korea	400764	6.7	51.19
日　本	Japan	1280254	21.4	18.82
菲律宾	Philippines	38668	0.6	7.64
新加坡	Singapore	245643	4.1	20.66
泰　国	Thailand	174074	2.9	1.02
印　尼	Indonesia	161669	2.7	13.56
马来西亚	Malaysia	353167	5.9	37.91
美　国	United States	583172	9.8	22.07
加拿大	Canada	124764	2.1	36.50
英　国	United Kingdom	146172	2.4	12.46
法　国	France	122765	2.1	23.46
德　国	Germany	129050	2.2	-7.30
意大利	Italy	91767	1.5	-54.88
俄罗斯	Russia	41660	0.7	15.72
澳大利亚	Australia	138879	2.3	23.61
新西兰	New Zealand	24789	0.4	33.27
其　他	Others	1919846	32.2	7.52

2007年广东省各市接待过夜旅游者人数

NUMBER OF TOURISTS STAYING OVERNIGHT RECEIVED BY LOCAL CITY 2007

单位：人次 Unit: person-times

市别 City	接待过夜旅游者总人数 Total	比上年增长(%) Growth(%)	其中					
			入境旅游者 Inbound Tourists	比上年增长(%) Growth(%)	外国人 Foreigners	比上年增长(%) Growth(%)	国内旅游者 Domestic Tourists	比上年增长(%) Growth(%)
合计 Total	145483842	13.56	23303181	15.25	5977103	13.93	122180661	13.24
广州 Guangzhou	33387320	12.79	6113319	8.35	2231622	7.53	27274001	13.84
深圳 Shenzhen	25602837	10.49	8313042	16.64	1616415	16.15	17289795	7.76
珠海 Zhuhai	7581307	3.91	2048879	1.03	378056	19.48	5532428	5.02
汕头 Shantou	5568502	11.01	150182	-7.95	79071	-5.31	5418320	11.64
韶关 Shaoguan	5152668	18.84	85926	-2.64	2751	4.52	5066742	19.29
河源 Heyuan	2904866	11.96	41962	4.88	1563	-3.46	2862904	12.07
梅州 Meizhou	3268211	-3.06	84794	9.05	14740	5.00	3183417	-3.35
惠州 Huizhou	7071880	25.78	1212749	20.18	298560	32.35	5859131	27.00
汕尾 Shanwei	1915171	16.61	25523	7.62	270	-7.22	1889648	16.74
东莞 Dongguan	11847982	25.93	2247382	43.36	916200	25.94	9600600	22.45
中山 Zhongshan	5102801	4.00	682562	-1.47	131150	-13.32	4420239	4.90
江门 Jiangmen	6766142	11.54	575890	66.43	61158	20.92	6190252	8.22
佛山 Foshan	7959835	26.84	991913	18.61	172038	14.44	6967922	28.10
阳江 Yangjiang	2449902	0.64	75393	21.84	2383	0.13	2374509	0.09
湛江 Zhanjiang	1452297	-3.66	32253	32.35	16349	37.32	1420044	-4.25
茂名 Maoming	1807830	11.05	16991	18.10	4226	16.16	1790839	10.98
肇庆 Zhaoqing	6100030	10.15	128015	9.41	15040	26.39	5972015	10.16
清远 Qingyuan	3005472	37.03	152705	91.77	6318	212.46	2852767	34.97
潮州 Chaozhou	2164100	13.98	235900	13.14	20700	15.97	1928200	14.09
揭阳 Jieyang	1430488	12.21	37321	25.80	5695	31.37	1393167	11.89
云浮 Yunfu	2937204	26.06	50479	21.86	2798	57.46	2886725	26.13

2007年广东省旅行社组团接待旅游者人数

TOURISTS RECEIVED BY TRAVEL AGENCY 2007

单位：万人次 Unit: 10000 person-times

		2006年 2006	2007年 2007	比上年增长（%） Growth (%)
1. 入境旅游者	Inbound Tourists	402.84	448.64	11.37
#外国人	Foreigners	111.88	128.37	14.74
港澳同胞	Compatriots of Hong Kong and Macao	254.67	285.40	12.07
台湾同胞	Compatriots of Taiwan	36.29	34.87	-3.91
2. 国内旅游者	Domestic Tourists			
其中：组团	By group tour	1384.71	1634.75	18.06
3. 出境旅游者	Outbound Tourist	256.45	382.04	48.97
#香　港	Hong Kong	129.25	154.16	19.27
澳　门	Macao	51.79	127.43	146.05
出　国	Go abroad	75.41	100.45	33.21

2007年广东省接待过夜旅游者人数

NUMBER OF TOURISTS STAYING OVERNIGHT RECEIVED 2007

单位：万人次 Unit: 10000 person-times

		2006年 2006	2007年 2007	比上年增长（%） Growth（%）
合　计	Total	12811.25	14548.38	13.56
1. 入境旅游者	Inbound Tourists	2021.92	2330.32	15.25
# 外国人	Foreigners	524.65	597.71	13.93
港澳同胞	Compatriots of Hong Kong and Macao	1258.04	1477.78	17.47
台湾同胞	Compatriots of Taiwan	239.23	254.83	6.52
2. 国内旅游者	Domestic Tourists	10789.33	12218.06	13.24

2007年旅行社组团国内旅游人数

NUMBER OF DOMESTIC GROUP VISITERS 2007

单位：人次　　Unit: person-times

市别	City	国内游 Domestic	比上年增长(%) Growth(%)	省内游 Within Province	比上年增长(%) Growth(%)	省外游 Outer Province	比上年增长(%) Growth(%)
合计	Total	16347479	18.06	11390572	16.29	4956907	22.34
广 州	Guangzhou	6556436	23.79	4742464	24.29	1813972	22.51
深 圳	Shenzhen	2445047	21.10	1234829	9.16	1210218	36.33
珠 海	Zhuhai	860443	15.19	671803	13.07	188640	23.43
汕 头	Shantou	416952	-8.04	257441	0.37	159511	-19.00
韶 关	Shaoguan	111270	11.69	48345	11.73	62925	11.67
河 源	Heyuan	105837	35.09	62544	14.26	43293	83.40
梅 州	Meizhou	69114	-13.76	33256	-5.80	35858	-20.04
惠 州	Huizhou	427194	14.22	310727	16.23	116467	9.17
汕 尾	Shanwei	17833	56.58	9960	140.00	7873	8.62
东 莞	Dongguan	962356	10.73	732300	5.31	230056	32.38
中 山	Zhongshan	1056720	2.68	904303	1.94	152417	7.33
江 门	Jiangmen	770260	50.89	600434	41.50	169826	97.19
佛 山	Foshan	1327115	8.45	1071541	7.99	255574	10.38
阳 江	Yangjiang	127986	43.07	75474	34.91	52512	56.68
湛 江	Zhanjiang	210607	-6.22	80957	10.06	129650	-14.15
茂 名	Maoming	164253	7.25	98105	23.84	66148	-10.53
肇 庆	Zhaoqing	235645	14.42	174450	16.27	61195	9.46
清 远	Qingyuan	289167	35.89	189941	25.78	99226	60.58
潮 州	Chaozhou	126100	9.84	56200	9.77	69900	9.91
揭 阳	Jieyang	36528	5.15	16674	-0.40	19854	10.32
云 浮	Yunfu	30616	1.88	18824	7.54	11792	-6.02

2007年广东省各市旅行社组团出境游人数

NUMBER OF OUTBOUND GROUP VISITERS BY LOCALITY 2007

单位：人次 Unit: person-times

市别 City		合计 Total	比上年增长(%) Growth(%)	其中					
				香港游 Hong Kong	比上年增长(%) Growth(%)	澳门游 Macao	比上年增长(%) Growth(%)	出国游 Abroad	比上年增长(%) Growth(%)
合计	Total	3820428	48.97	1541630	19.28	1274320	146.03	1004478	33.20
广州	Guangzhou	1981986	70.88	678037	24.64	775109	222.14	528840	40.92
深圳	Shenzhen	953447	34.17	481026	37.61	147861	54.48	324560	22.31
珠海	Zhuhai	222798	46.49	60545	3.51	133423	79.60	28830	49.29
汕头	Shantou	31167	-3.21	19818	3.10	2042	-33.07	9307	-6.24
韶关	Shaoguan	4857	68.30	2243	150.61	1455	68.01	1159	3.02
河源	Heyuan	3535	-63.14	2538	-67.62	529	-66.24	468	150.27
梅州	Meizhou	2380	-43.05	605	-42.87	414	61.72	1361	-52.48
惠州	Huizhou	23556	-9.16	12777	-18.26	4463	-10.53	6316	18.95
汕尾	Shanwei	1195	-68.25	1195	-68.25				
东莞	Dongguan	94119	28.47	31749	-34.57	33680	222.27	28690	100.77
中山	Zhongshan	140790	4.70	95658	5.39	18897	-20.05	26235	30.78
江门	Jiangmen	109721	100.10	34642	-9.78	69679	524.81	5400	2.23
佛山	Foshan	198287	32.43	95140	8.61	68421	97.41	34726	26.40
阳江	Yangjiang	3361	12.11	1284	28.14	1468	-4.43	609	32.39
湛江	Zhanjiang	7010	23.50	3882	22.73	2122	29.08	1006	15.77
茂名	Maoming	4338	-1.00	2378	3.71	1374	4.41	586	-24.19
肇庆	Zhaoqing	16762	13.50	7410	0.50	8171	24.50	1181	41.95
清远	Qingyuan	6469	-25.73	4475	-19.87	1666	-40.84	328	6.15
潮州	Chaozhou	12803	8.69	5546	8.55	2611	9.80	4646	8.25
揭阳	Jieyang	970	44.78	67	-87.50	762	632.69	141	370.00
云浮	Yunfu	877	-57.90	615	-63.13	173	-51.27	89	48.33

2007年广东省出境旅游团体人数（按线路分）

OUTBOUND TOURISTS LEAVING THE COUNTRY THROUGH TRAVEL SERVICE GROUP TOUR 2007

单位：人次 Unit: person-times

市 别 City	合计 Total	香港 Hong Kong	澳门 Macao	港澳 Hong Kong & Macao	泰港澳 Thailand, Hong Kong & Macao	新马泰港 Singapore, Malaysia Thailand & Hong Kong	新马港 Singapore, Malaysia & Hong Kong	泰国 Thailand	泰港 Thailand & Hong Kong	新泰港 Singapore, Thailand & Hong Kong	菲律宾 Philippines	韩国 Korea	韩港 Korea & Hong Kong	澳大利亚 Australia	日本 Japan	越南 Vienan	其他 Others
全省合计 Total	3829803	1437660	1159209	177163	12521	76870	103727	148263	26672	16495	22385	65062	14172	27898	78356	10420	452930
广州 Guangzhou	1981986	653662	748206	51278	576	28932	52494	55632	2878	1474	12200	29413	771	10582	58514	9279	266095
深圳 Shenzhen	953447	399048	118766	93630	5591	25132	37662	63551	17690	8150	4602	17299	8389	10976	4194		138767
珠海 Zhuhai	222798	60545	133423	1135	894	3216	5557	3322	524	615	885	2380	214	508	3030		6550
汕头 Shantou	31167	16210	1226	4495	0	1211	878	2396	0	25	72	1166	11	380	1128	0	1969
韶关 Shaoguan	6955	1671	1252	1976	0	536	331	286	0	0	67	82	0	45	148	0	561
河源 Heyuan	3535	2056	47	964	0	89	0	70	20	0	0	0	0	7	5	0	277
梅州 Meizhou	2380	605	159	414	13	351	86	52	27	35	6	94	0	2	38	3	495
惠州 Huizhou	23556	10975	4463	1802	106	904	671	188	847	150	23	238	674	96			2419
汕尾 Shanwei	1231	1231															
东莞 Dongguan	94119	41177	10561	6127	4211	3598	3096	1014	1868	5642	1918	5443	3114	914	2665	0	2771
中山 Zhongshan	140790	95821	18916	734	2	181	0	4078	337	0	506	2339	139	764	0	0	16973
江门 Jiangmen	116563	39479	70960	675	83	436	1303	512	101	70	48	231	370	28	641	0	1626
佛山 Foshan	198287	95140	38960	2806	30	10870	860	15675	1810	116	1796	5590	305	3484	7771	1070	12004
阳江 Yangjiang	3760	1284	1468	386	15		43	215	84		8	123	8	16	45		65
湛江 Zhanjiang	7010	3882	205	1917	155	199	85	47	40	1	7	97	0	28	13	0	334
茂名 Maoming	4338	1192	559	1979		169	75	89	0		14	52		53	34		122
肇庆 Zhaoqing	16762	7010	7771	835	154	128	126	182	125	117	86	15	45	15	60	68	25
清远 Qingyuan	6469	4249	1443	467		40	98	17			10	37	34		34		40
潮州 Chaozhou	12803	1445	512	5142	691	842	350	890	321	100	125	450	98				1837
揭阳 Jieyang	970	363	139	401		7	12	47				1					
云浮 Yunfu	877	615	173			29					12	12			36		

2007年黄金周旅游接待人数和收入统计

NUMBER OF VISITORS AND TOURISM RECEIPTS IN GOLDEN HOLIDAY WEEK 2007

时　间 Time	接待人数（万人次） Number of Tourists Received (10000 persons)	同比增长(%) Growth(%)	过夜旅游者（万人次） Number Of Tourists Staying Overnight Received (10000 Persons)	同比增长(%) Growth(%)	一日游游客（万人次） Number Of Day Visitors(10000 Persons)	同比增长(%) Growth(%)	旅游收入（万元） Tourism Receipts (10000 yuan)	同比增长(%) Growth(%)
2.18～2.24	2018.90	7.97	521.02	2.32	1497.88	10.09	1029216.60	9.04
5.1～5.7	2001.47	7.59	603.30	3.02	1398.17	9.69	1016000.00	9.20
10.1～10.7	1760.12	13.98	506.75	7.87	1253.37	16.65	964989.00	12.96
合计	5780.49	9.61	1631.07	4.25	4149.42	11.86	3010205.60	10.33

2007年广东省各市旅行社构成
BREAKDOWN OF TRAVEL AGENCIES 2007

单位：家、人 Unit: Number

市别 City		小计 Total	国际社 International Travel Agencies	国内社 Domestic Travel Agencies	旅行社从业人员 Employees of Travel Agencies
合计	Total	964	196	768	28299
广州	Guangzhou	185	61	124	7877
深圳	Shenzhen	164	39	125	5103
珠海	Zhuhai	78	16	62	1545
汕头	Shantou	60	6	54	1057
韶关	Shaoguan	39	1	38	495
河源	Heyuan	28	2	26	355
梅州	Meizhou	30	3	27	393
惠州	Huizhou	35	3	32	411
汕尾	Shanwei	13	2	11	225
东莞	Dongguan	35	5	30	1668
中山	Zhongshan	16	8	8	1224
江门	Jiangmen	44	8	36	741
佛山	Foshan	49	21	28	2273
阳江	Yangjiang	23	2	21	397
湛江	Zhanjiang	24	3	21	1441
茂名	Maoming	15	2	13	731
肇庆	Zhaoqing	39	3	36	1216
清远	Qingyuan	38	3	35	469
潮州	Chaozhou	22	4	18	406
揭阳	Jieyang	18	3	15	195
云浮	Yunfu	9	1	8	77

2007年广东省旅游住宿设施分布情况

BASIC STATISTICS ON TOURIST HOTELS 2007

单位：座 Unit:Number

市别 City		合计 Total	星级宾馆小计 By Star Class	白金五星 Platinum Five-star	五星级 Five Star Class	四星级 Four Star Class	三星级 Three Star Class	二星级 Two Star Class	一星级 One Star Class	无星级宾馆 Star Class Unappraised
合计	Total	6253	1177	1	57	166	583	344	26	5076
广州	Guangzhou	1402	211	1	7	31	103	66	3	1191
深圳	Shenzhen	522	151		10	27	67	46	1	371
珠海	Zhuhai	389	87		6	8	61	10	2	302
汕头	Shantou	48	43		3	7	21	10	2	5
韶关	Shaoguan	626	53		0	6	35	10	2	573
河源	Heyuan	350	37		1	2	13	19	2	313
梅州	Meizhou	34	34		0	2	15	16	1	0
惠州	Huizhou	584	59		2	5	38	14		525
汕尾	Shanwei	58	13			1	10	2		45
东莞	Dongguan	743	99		18	25	33	21	2	644
中山	Zhongshan	113	41		3	4	24	8	2	72
江门	Jiangmen	63	35		2	5	22	6	0	28
佛山	Foshan	144	94		2	16	46	29	1	50
阳江	Yangjiang	39	34		1	3	14	16	0	5
湛江	Zhanjiang	112	42		0	4	26	12	0	70
茂名	Maoming	36	18		0	1	7	10	0	18
肇庆	Zhaoqing	611	36		0	2	16	15	3	575
清远	Qingyuan	325	48		1	6	20	18	3	277
潮州	Chaozhou	17	13			3	6	3	1	4
揭阳	Jieyang	18	10		1	5	1	2	1	8
云浮	Yunfu	19	19			3	5	11		0

2007年广东省各市旅游住宿设施床位分布情况

BREAKDOWN OF TOURIST HOTEL BY LOCALITY 2007

市别 City		座数 Number of Tourist Hotel	客房（间） Number of Room	床位（张） Number of Bed	从业人员（人） Employees
全省合计	Total	6253	418613	773450	527668
广州	Guangzhou	1402	113849	258134	142947
深圳	Shenzhen	522	47973	75408	55930
珠海	Zhuhai	389	36231	60212	60000
汕头	Shantou	48	7243	12495	7362
韶关	Shaoguan	626	17326	32705	6144
河源	Heyuan	350	8695	16969	13389
梅州	Meizhou	34	3016	5647	3332
惠州	Huizhou	584	22987	41244	47136
汕尾	Shanwei	58	4230	8432	9768
东莞	Dongguan	743	69023	106123	70300
中山	Zhongshan	113	8587	16894	14216
江门	Jiangmen	63	10639	18933	8874
佛山	Foshan	144	16128	29836	25766
阳江	Yangjiang	39	3935	7407	5745
湛江	Zhanjiang	112	6434	12288	13473
茂名	Maoming	36	4640	6960	4560
肇庆	Zhaoqing	611	19228	30574	18933
清远	Qingyuan	325	13102	23679	11165
潮州	Chaozhou	17	1526	2730	3252
揭阳	Jieyang	18	2429	4178	3342
云浮	Yunfu	19	1392	2602	2034

（制表：叶志青）

各级旅游管理机构

广东省旅游局

省旅游局领导

广东省旅游局党组书记、局长：
杨荣森　（2008年2月任职）
郑通扬　（2008年3月离任）

广东省旅游局副局长、机关党委书记：
曾维炳　（2004年5月任职）

广东省旅游局副局长：
周开生　（2007年9月任职）

广东省旅游局纪检组长、监察专员：
张振林　（2007年12月任职）
徐代明　（2007年3月离任）

广东省旅游局副巡视员：
王志红　（2007年12月任职）
张植林　（2007年3月离任）

省旅游局机关、直属事业单位负责人

办公室主任：邱招贤
电话：（020）87513611
传真：（020）87513620

质量规范与管理处处长：甘达坚
电话：（020）87513622
传真：（020）87513630

资源与市场开发处处长：毛诚
电话：（020）87513631
传真：（020）87513640

人事处处长：余斌
电话：（020）87513641
传真：（020）87513650

教育培训处处长：李振德
电话：（020）87513612
传真：（020）87513690

机关党委专职副书记、党办主任：梁晖
电话：（020）87513651
传真：（020）87513657

监察室主任：刘益华
电话：（020） 87513625
传真：（020）87513600

政策法规处处长：曾晓峰
电话：（020）87513616
传真：（020）87513551

规划统计处处长：于非己
电话：（020）87513758
传真：（020）87513764

机关工会主席：蔡立斌
电话：（020）87513652
传真：（020）87513657

省旅游质量监督管理所所长：廖国强
电话：（020）87513661
投诉电话：（020）22386699
（020）87513664
传真：（020）87513670

省旅游发展研究中心主任：陈南江
电话：（020）87513711
传真：（020）22220298

省旅游服务中心（培训部）副主任：黄跃珍
电话：（020）87513681
传真：（020）87513690

省旅游服务中心（服务部）副主任：罗美玲
电话：（020）87513672
传真：（020）87513674

机关后勤保障中心主任：林上福
电话：（020）87513691
传真：（020）87513694

省旅游职业技术学校校长：冒超球
地址：广州市同和街同泰路1111号
电话：（020）37247320

广东省旅游局
地址：广州市黄埔大道西463号
电话：（020）87502666
传真：（020）87503222
邮编:510630
网址:http://www.visitgd.com

省旅游局主要职责

广东省旅游局是广东省人民政府授权对全省旅游行业进行行业管理的工作机构。其主要职责是：

一、贯彻执行国家有关旅游业的方针、政策、法规和规划；草拟旅游工作政策和地方性法规，拟订行业管理规章，并组织实施。

二、会同有关部门编制发展旅游事业的中长期规划和年度计划，制订开拓国内、国际客源市场的规划、计划并组织实施；负责旅游行业统计、信息工作。

三、指导旅游景点、旅游度假区的规划和建设；会同有关部门审核、报批限额以上旅游景点建设项目；安排景点建设专项资金的使用。

四、负责旅行社、旅游饭店星级评定的审核、审批、监督旅游服务质量。

五、开拓国内外旅游市场和重大促销宣传工作；拟订调整优化旅游产业结构的方案，组织协调旅游产品（商品）的开发。

六、管理旅游涉外事宜，办理旅游签证和出入境旅游业务。

七、指导旅游行业队伍建设、旅游行业体制改革和精神文明建设。

八、管理直属单位，指导省旅游协会等有关旅游社团组织的工作。

九、承办省人民政府和国家旅游局交办的其他事项。

各市、县（区）旅游局

广州市

广州市旅游局
局党委书记、局长：朱力
地址：广州市东风西路 140 号
13 楼—15 楼
电话：（020）81078200
传真：（020）81078234
邮编：510170
http://www.visigz.com
http://www.gzly.gov.cn

局党委副书记、纪委书记、机关党委书记：唐仕荣
电话：（020）81078200

巡视员：马相承
电话：（020）81078200

副局长：李志新
电话：（020）81078200

副局长：黄小晶
电话：（020）81078200

副巡视员：周泽健
电话：（020）81078200

办公室
电话：（020）81078233
传真：（020）81078234

政策法规处
电话：（020）81078237

国际市场开发处
电话：（020）81078257

资源开发与市场推广处
电话：（020）81078266

行业规范与管理处
电话：（020）81078243

质量监督与执法处
电话：（020）81074230

行业培训指导处
电话：（020）81078242

科技与信息处
电话：（020）81078253

政治处
电话：（020）81078205

工会
电话：（020）80178207

纪委办、监察室
电话：（020）81078229

机关党委
电话：（020）81078210

离退休干部管理处
电话：（020）81078206

广州旅游质量监督管理所
电话：（020）81078277
86666666

紧急救援中心
电话：（020）81078250 86666330

越秀区旅游局
局长：王吉陵
地址：广州市越华路 183 号 10 楼
电话：（020）37662647
传真：（020）37662647
邮编：510030

海珠区经贸局
局长：沈杰
地址：广州市前进路前桂大街 9 号
电话：（020）84446431
传真：（020）84446116
邮编：510230

荔湾区文化广电新闻出版局（旅游局、版权局）
局长：郭泽果
地址：中山七路恩龙北街 5-7 号
电话：（020）81814815
传真：（020）81592861
邮编：510175

白云区经贸局
局长：黄伟元
地址：广州市广源中路 238 号白云区政府 7 楼
电话：（020）86579980
传真：（020）86575757
邮编：510405

黄埔区旅游局
局长：陈文聪
地址：广州市黄埔区大沙东路 333 号 5 楼
电话：(020) 82378773
传真：(020) 82378987
邮编：510700

天河区经济贸易局（旅游局）
局长：林志云
地址：广州市天府路 1 号天河区政府 2 号楼
电话：(020) 38622876
传真：(020) 38622877
邮编：510655

南沙区经贸局（旅游局）
局长：潘玉璋
地址：广州市南沙开发区港前大道 1 号
电话：(020) 84986059
传真：(020) 84986646
邮编：511457

萝岗区旅游局
局长：孙秀清
地址：经济技术开发区管委会大楼西座 5 楼
电话：(020) 82111502
传真：(020) 82111504
邮编：510730

番禺区旅游局
局长：黎德权
地址：番禺区市桥镇清河东路 319 号区行政办公中心东附楼 1 楼
电话：(020) 84640700
传真：(020) 84640744
邮编：511400

花都区旅游局
局长：黄兆祥
地址：花都区迎宾大道交通大楼 14 楼
电话：(020) 36897862
传真：(020) 36898392
邮编：510800

从化市旅游局
局长：曾命泰
地址：从化市街口镇东成路 20 号
电话：(020) 87926150
传真：(020) 87926819
邮编：510900

增城市旅游局
局长：杨伯辉
地址：增城市荔城镇府前路滨海一街海涛居 5-6 栋首层
电话：(020) 82634078
传真：(020) 82664398
邮编：511300

深圳市

深圳市旅游局
局长：李小甘
地址：深圳市福田区福中三路市民中心 C 区 1 楼
电话：(0755) 82003200
传真：(0755) 82003201
邮编：518035
http:www.szta.gov.cn

副局长：岳川江
电话：(0755) 82003268

副局长：易能全
电话：(0755) 82003208

副巡视员：王敏
电话：(0755) 82003182

办公室
电话：(0755) 82003160
传真：(0755) 82003201

行业管理处
电话：(0755) 82003161

资源与市场开发处
电话：(0755) 82003210

旅游质量监督管理所
电话：(0755) 82003178

罗湖区旅游局
局长：王萍
地址：深圳市罗湖区文锦中路罗湖管理中心大厦 21 楼
电话：(0755) 25666620
传真：(0755) 25666630
邮编：518007

福田区旅游局
局长：朱世平
地址：深圳市福田区福民路 123 号福田区委大楼 26 层
电话：(0755) 82918198
传真：(0755) 82918259
邮编：518048

南山区旅游局
局长：周辉
地址：深圳市南山区桃园东路区委大楼 A 座 8 楼
电话：(0755) 26561748
传真：(0755) 26542170
邮编：518059

宝安区旅游局
局长：贝济标
地址：深圳市宝安区 23 区海关大楼
电话：(0755) 27848298
传真：(0755) 27849315
邮编：518101

盐田区旅游局
局长：李枝尧
地址：深圳市盐田区深盐路 2088 号区行政文化中心大楼
电话：(0755) 25228508
传真：(0755) 25226631
邮编：518081

龙岗区旅游局
局长：史大鹏
地址：深圳市龙岗区中心城清林中路海关大厦东座12楼
电话：(0755) 28949662
传真：(0755) 28949660
邮编：518172

珠海市

珠海市旅游局
局长：张梅生
地址：珠海吉大海滨南路旅游大酒店12楼
电话：(0756) 3366901
传真：(0756) 3366902
邮编：519015
http:www.zhtour.gov.cn

副局长：王春剑
电话：(0756) 3334966

副局长：秦风尝
电话：(0756) 3336063

办公室
电话：(0756) 3366901

管理科
电话：(0756) 3336057

市场科
电话：(0756) 3336539

资源科
电话：(0756) 3366904

旅游质监所
电话：(0756) 3346666

旅游协会
电话：(0756) 3355181

香洲区旅游局
局长：刘小满
地址：香洲区人民西路香洲行政中心403室
电话：(0756) 2516428
传真：(0756) 2516483
邮编：519010

金湾区旅游局
局长：吴立波
地址：金湾区办公中心3号楼1楼
电话：(0756) 7799315
传真：(0756) 7263591
邮编：519090

斗门区旅游局
局长：陈夏森
地址：斗门区井岸朝福路436号5楼
电话：(0756) 5551157
传真：(0756) 5551157
邮编：519100

万山海洋开发试验区经济发展局
局长：匡澍
地址：香洲区梅华东路301号2单元4楼413
电话：(0756) 2257044
传真：(0756) 2257044
邮编：519000

横琴区经济发展局
局长：何广汉
地址：横琴区德政路41号3楼
电话：(0756) 8841733
传真：(0756) 8842002
邮编：519031

珠海市高新区社会发展局
局长：周火根
地址：珠海市金鼎金峰中路208号
电话：(0756) 3629815
传真：(0756) 3629810
邮编：519085

汕头市

汕头市旅游局
局长：陈华佳
地址：汕头市跃进路28号4楼
电话：(0754) 88297615
传真：(0754) 88286555
邮编：515037

副局长：于临生
电话：(0754) 88973637

副局长：陈斌
电话：(0754) 88971151

纪检组长：刘向平
电话：(0754) 88976363

调研员：黄燕湖
电话：(0754) 88295611

副调研员：方展荣
电话：(0754) 88975666

办公室
电话：(0754) 88293456
传真：(0754) 88286555

资源与市场开发科
电话：(0754) 88451799

质量规范与管理科
电话：(0754) 88297614

质量监督管理所
电话：(0754) 88297616

导游服务中心
电话：(0754) 88973837

金平区旅游局
局长：汤华新
地址：汕头市金园路12号
电话：(0754) 88604761

传真：(0754) 88626858
邮编：515041

龙湖区旅游局
局长：陈邦哲
地址：汕头市珠江路 23 号珠江楼 6 楼
电话：(0754) 88831051
传真：(0754) 88831096
邮编：515041

澄海区旅游局
局长：陈建伟
地址：澄海区文冠路党政办公楼
电话：(0754) 85861480
传真：(0754) 85850350
邮编：515800

濠江区旅游局
局长：杨育挺
地址：汕头濠江区达濠商业街秀峰路 1 号审计综合楼 2 楼
电话：(0754) 87386933
传真：(0754) 87386966
邮编：515071

潮阳区旅游局
局长：郑立候
地址：潮阳区中山西路 10 号
电话：(0754) 83822059
传真：(0754) 83615871
邮编：515100

潮南区旅游局
局长：陈少华
地址：潮南区峡山商贸城 15 街 629 号
电话：(0754) 87762589
传真：(0754) 87762578
邮编：515141

南澳县旅游局
局长：蔡利逊
地址：南澳县后宅镇光明路老财政楼
电话：(0754) 86806090
传真：(0754) 86803033
邮编：515900

佛山市

佛山市旅游局
局长：朱粤平
地址：佛山市禅城区佛山大道 93 号
电话：(0757) 82984405
传真：(0757) 82981017
邮编：528000
http://www.visitfoshan.com

副局长：陆建生
电话：(0757) 82211736

副局长：谢建华
电话：(0757) 82981346

办公室
电话：(0757) 82981035
传真：(0757) 82981017

行业管理科
电话：(0757) 82981346
传真：(0757) 82212061

资源与市场开发科
电话：(0757) 82963039
传真：(0757) 82963039

旅游质量监督所
电话：(0757) 82212061
传真：(0757) 82212061

禅城区经贸局
副局长（分管旅游）：林宝仪
地址：佛山市禅城区潮安路禅城区政府通济大院 8 楼
电话：(0757) 82340836
传真：(0757) 82340837
邮编：528000

南海区旅游局
局长：黄永坚
地址：南海区桂城南新一路 3 号
电话：(0757) 86222401
传真：(0757) 86286786
邮编：528200

顺德区旅游局
局长：劳志和
地址：顺德区大良镇德民路区政府大楼 2 楼
电话：(0757) 22831379
传真：(0757) 22831375
邮编：528333

高明区旅游局
局长：廖冠明
地址：高明区沧江路 10 号
电话：(0757) 88881287
传真：(0757) 88881112
邮编：528500

三水区旅游局
局长：刘健宇
地址：三水区西南镇沙头大道 1 号
电话：(0757) 87704026
传真：(0757) 87758093
邮编：528100

韶关市

韶关市旅游局
局长：王晓梅
地址：韶关市风度北路市政府大楼 12 楼
电话：(0751) 8885710
传真：(0751) 8916132
邮编：512000
http:www.sgtravel.cn

副局长：蔡福
电话：(0751) 8888650

副局长：陈仲耀
电话：(0751) 8884718

副局长：罗永东
电话：(0751) 8888109

办公室
电话：(0751) 8885710

人事科
电话：(0751) 8891607

管理科
电话：(0751) 8891005

开发科
电话：8916130

质监所
电话：(0751) 8916131

南雄市旅游局
局长：黄志星
地址：南雄市雄州镇永康路 13 号
电话：(0751) 3822010
传真：(0751) 3822909
邮编：512400

曲江区旅游局
局长：梁志勇
地址：曲江区马坝镇文化路口
电话：(0751) 6666003
传真：(0751) 6667088
邮编：512100

乳源县旅游局
局长：卢东华
地址：乳源县鹰峰西路 7 号
电话：(0751) 5384529
传真：(0751) 5387381
邮编：512700

新丰县旅游局
局长：朱卫斌
地址：新丰县政府内
电话：(0751) 2262181
传真：(0751) 2262610
邮编：511100

乐昌市旅游局
局长：梁丽娟
地址：乐昌市政府大院内档案局1 楼
电话：(0751) 5551113
传真：(0751) 5551113
邮编：512200

仁化县旅游局
局长：李世朗
地址：仁化县新城横路 37 号 4 楼
电话：(0751) 6358911
传真：(0751) 6353418
邮编：512300

始兴县旅游局
局长：邓海清
地址：始兴县城墨江桥北路粤兴大厦 3 楼
电话：(0751) 3312828
传真：(0751) 6131999
邮编：512500

翁源县旅游局
局长：黄旭
地址：翁源县龙仙镇文化局新大楼4 楼
电话：(0751) 2860177
传真：(0751) 2860177
邮编：511100

浈江区旅游局
局长：黄建华
地址：浈江区启明路文化中心
电话：(0751) 8311159
传真：(0751) 8311158
邮编：512023

河源市

河源市旅游局
局长：古敏生
地址：河源市新区兴源东路 1 号华怡大厦 2 楼
电话：(0762) 3388793
传真：(0762) 3388285
邮编：517000

副局长：李德标
电话：(0762) 3388865

副局长：张振辉
电话：(0762) 3888235

副局长：杨友平
电话：(0762) 3387021

办公室
电话：(0762) 3388920

人事教育科
电话：(0762) 3388795

质量规范与管理科
电话：(0762) 3388185

资源与市场开发科
电话：(0762) 3387555

质量监督管理所
电话；(0762) 3387777
传真：(0762) 3388285

源城区旅游局
局长：罗伟平
地址：源城区政府大院内
电话：(0762) 3325113
传真：(0762) 3334100
邮编：517000

东源县旅游局
局长：欧文初
地址：东源县政府大院内
电话：(0762) 8833277
传真：(0762) 8831117
邮编：517100

和平县旅游局
局长：黄春彭
地址：和平县政府大院内
电话：(0762) 5641365
传真：(0762) 5641365
邮编：517200

龙川县旅游局
局长：巫资发
地址：龙川县老隆镇东风路 50 号 4 楼
电话：(0762) 6893003
传真：(0762) 6752547
邮编：517300

紫金县旅游局
局长：傅作荣
地址：紫金县党政大楼 0524 号房
电话：(0762) 7838996
传真：(0762) 7838996
邮编：517400

连平县旅游局
局长：罗光明
地址：连平县环城南路县政府招待所 4 楼
电话：(0762) 4326978
传真：(0762) 4337998
邮编：517500

梅州市

梅州市旅游局
局长：陈建新
地址：梅州市嘉应东路 59 号
电话：(0753) 2260389
传真：(0753) 2242728
邮编：514021
http://www.mzta.gov.cn

副局长：杨贵宏
电话：(0753) 2259296

副局长：丘加悦
电话：(0753) 2259199

办公室
电话：(0753) 2279102 2242776

资源开发与管理科
电话：(0753) 2246318

市场促销与管理科
电话：(0753) 2243687

旅行社饭店管理科
电话：(0753) 2259681

旅游质量监督管理科（所）、旅游执法大队
电话：(0753) 2243654

梅县旅游局
局长：杨柏芳
地址：梅县新城行政区
电话：(0753) 2587791
传真：(0753) 2587123
邮编：514700

兴宁市旅游局
局长：钟志坚
地址：兴宁市中山东路 1 号
电话：(0753) 3327258
传真：(0753) 3325298
邮编：514500

丰顺县旅游局
局长：陈国清
地址：丰顺县汤坑镇雄风大道 74 号
电话：(0753) 6689333
传真：(0753) 6689889
邮编：514300

平远县旅游局
局长：肖明羲
地址：平远县平远大道新村商住楼
电话：(0753) 8899878
传真：(0753) 8899878
邮编：514600

梅江区旅游局
局长：李志雄
地址：梅州市仲元路区政府大院
电话：(0753) 2196933
传真：(0753) 2196933
邮编：514011

蕉岭县旅游局
局长：古添强
地址：蕉岭县桂岭大道中 216—1 号
电话：(0753) 7892818
传真：(0753) 7892758
邮编：514100

大埔县旅游局
局长：黄周水
地址：大埔县文化路 27 号
电话：(0753) 5535328
传真：(0753) 5532992
邮编： 514200

五华县旅游局
局长：张茂华
地址：五华县政府大院内
电话：(0753) 4431073
传真：(0753) 4436200
邮编： 514400

惠州市

惠州市旅游局
局长：崔爽
地址：惠州市环城西路 80 号 3 号楼
电话：(0752) 2234273
传真：(0752) 2207428
邮编： 516001
http://www.huizhoutourism.com.cn

党组书记、副局长：吴琦生
电话： (0752) 2208678

副局长：李仕民
电话： (0752) 2210078

副局长：谭跃华
电话：(0752) 2214676

副局长：郭武飘
电话：(0752) 2684138

办公室
电话：(0752) 2230701 2210068
传真：(0752) 2207428

质量规范与管理科
电话：(0752) 2221051 2208232
传真：(0752) 2221051

资源与市场开发科
电话：(0752) 2208430 2661791
传真：(0752) 2661792

旅游质量监督管理所
电话：(0752) 2238354
传真：(0752) 2200806

导游管理中心
电话：(0752) 2225198 2106235

惠城区旅游局
局长：杨鸿辉
地址：惠州市下角寿山路4号1楼
电话：(0752) 2231782
传真：(0752) 2213082
邮编：516001

惠阳区旅游局
局长：张文志
地址：惠阳区淡水金惠大道区政府大楼1楼127室
电话：(0752) 3370048
传真：(0752) 3364631
邮编：516211

惠东县旅游局
局长：陈继祥
地址：惠东县平山镇平深路爱华围5号
电话：(0752) 8865678
传真：(0752) 8894128
邮编：516300

博罗县旅游局
局长：李耀培
地址：博罗县罗阳镇北门路133号3楼
电话：(0752) 6622568
传真：(0752) 6622568
邮编：516100

龙门县旅游局
局长：陈瑞玲
地址：龙门县城西林路42号
电话：(0752) 7781777
传真：(0752) 7781777
邮编：516800

大亚湾旅游局
局长：杨世亮
地址：大亚湾经济技术开发区管委会5楼511室
电话：(0752) 5562291
传真：(0752) 5562290
邮编：516081

汕尾市

汕尾市旅游局
局长：吕以皆
地址：汕尾市公园路西旅游大厦
电话：(0660) 3381891
传真：(0660) 3398800
邮编：516600
http://www.swlyj.com

副局长：林兴文
电话：(0660) 3364802

办公室
电话：(0660) 3364804
传真：(0660) 3398800

质量规范与管理科
电话：(0660) 3398929

资源与市场开发科
电话：(0660) 3396193

旅游质量监督管理所
电话：(0660) 3364163

陆丰市旅游局
副局长：林植章
地址：陆丰东海镇北堤路19号
电话：(0660) 8821137
传真：(0660) 8834672
邮编：516500

海丰县旅游局
局长：罗金泉
地址：海丰县海城农林路39号
电话：(0660) 6603662
传真：(0660) 6600848
邮编：516400

陆河县旅游局
局长：邱伟源
地址：陆河县城朝阳路85号
电话：(0660) 5528551
传真：(0660) 5528551
邮编：516700

汕尾市城区旅游局
局长：许岸悦
地址：汕尾市文明南路209号
电话：(0660) 3356238
传真：(0660) 3356051
邮编：516600

红海湾开发区旅游局
局长：刘文芬
地址：汕尾市红海湾田墘街道南苑小区南阳街6号
电话：(0660) 3438856
传真：(0660) 3438856
邮编：516620

华侨管理区旅游局
局长：庄泽棠
地址：汕尾市华侨管理区办公大楼
电话：(0660) 8251958
传真：(0660) 8253299
邮编：516532

东莞市

东莞市旅游局
局长：蒋小莺
地址：东莞市城区万寿路 76 号
电话：(0769) 22226869
传真：(0769) 22226805
邮编：523003
http://www.dongguan.travel

副局长：李耀辉
电话：(0769) 22226665

副局长：余建民
电话：(0769) 22228286

办公室
电话：(0769) 22226801

质量规范与管理科
电话：(0769) 22226722

资源与市场开发科
电话：(0769) 22226762

旅游质量监督管理所
电话：(0769) 22227160

信息科
电话：(0769) 22226676

中山市

中山市旅游局
局长：车卫
地址：中山市东区起湾道 3 号竹苑广场 7 楼
电话：(0760) 88811825
传真：(0760) 88806615
邮编：528403
http://www.zhongshantour.com.cn

副局长：吴东就
电话：(0760) 88800686

副局长：梁照平
电话：(0760) 88800316

副局长：梁渭林
电话：(0760) 88801089

副调研员：谭桂林
电话：(0760) 88804601

副调研员：欧阳泽生
电话：(0760) 88810078

办公室
电话：(0760) 88811825

行业管理科
电话：(0760) 88818786

市场拓展科
电话：(0760) 88809664

资源开发科
电话：(0760) 88805214

旅游质量监督管理所
电话：(0760) 88801083

江门市

江门市旅游局
局长：周锦新
地址：江门白沙大道 6 号之二
电话：(0750) 3551911
传真：(0750) 3551300
邮编：529000
http://www.jm-tour.com
Email:jmtour@pub.jiangmen.gd.cn

副局长：冯裕聪
电话：(0750) 3551877

副局长：张华
电话：(0750) 3551611

办公室
电话：(0750) 3551911
传真：(0750) 3551300

市场科
电话：(0750) 3530883

质管科
电话：(0750) 3515566
旅游投诉电话：(0750) 3515566

蓬江区旅游局
局长：柯李策
地址：江门市建设二路 18 号 7 楼
电话：(0750) 8222336
传真：(0750) 3221932
邮编：529000

江海区旅游局
局长：李国和
地址：江门市东海路 338 号江海区机关大院 3 号楼 7 楼
电话：(0750) 3861554
传真：(0750) 3861659
邮编：529000

新会区旅游局
局长：胡锦旋
地址：新会圭峰山风景区管委会 A 座
电话：(0750) 6173301
传真：(0750) 6173302
邮编：529100

台山市旅游局
局长：容兆廉
地址：台山环北大道46号2楼
电话：(0750) 5503287
传真：(0750) 5512456
邮编：529200

开平市旅游局
局长：邝积康
地址：开平长沙东路3号
电话：(0750) 2229177
传真：(0750) 2293314
邮编：529300

鹤山市旅游局
党组书记：赵月英
地址：鹤山沙坪镇东升路50号
电话：(0750) 8902286
传真：(0750) 8989649
邮编：529700

恩平市旅游局
局长：吴诗国
地址：恩平沿江路2号
电话：(0750) 7711728
传真：(0750) 7727302
邮编：529400

阳江市

阳江市旅游局
局长：丁锡丰
地址：阳江市东风二路60号行政服务中心3楼
电话：(0662) 3361261
传真：(0662) 3361292
邮编：529500
http://www.visityj.com/

副书记：陈达华
电话：(0662) 3366033

副局长：张开
电话：(0662) 3366381

副局长：柯远平
电话：(0662) 3361969

副调研员：杨江
电话：(0662) 3318816

办公室
电话：(0662) 3361261 3318816
传真：(0662) 3361292

资源与市场开发科
电话：(0662) 3318692

质量规范与管理科
电话：(0662) 3357693

旅游服务指导中心
电话：(0662) 3188777

质量监督管理所
电话：(0662) 3356345

旅游监察大队
电话：(0662) 3188777

江城区旅游管理中心
主任：关秋华
地址：江城区建设路108号
电话：(0662) 3110195
传真：(0662) 3110996
邮编：529500

海陵岛旅游局
局长：邓修来
地址：海陵岛闸坡镇碧涛村5栋4楼
电话：(0662) 3890246
传真：(0662) 3890400
邮编：529536

阳春市旅游局
局长：陈以霜
地址：阳春市南新大道6号
电话：(0662) 7735179
传真：(0662) 7735179
邮编：529600

阳东县旅游管理中心
主任：冯敏
地址：阳东县政府综合楼
电话：(0662) 6611536
传真：(0662) 6632777
邮编：529900

阳西县旅游管理中心
主任：梁道高
地址：阳西县政府综合楼2楼
电话：(0662) 5533329
传真：(0662) 5531732
邮编：529800

湛江市

湛江市旅游局
局长：林红
地址：赤坎区海滨六路3号之三沙湾大厦A座5楼
电话：(0759) 3161921
传真：(0759) 3161178
邮编：524044
http://zjtravel.yinsha.com

副局长：陈振华
电话：(0759) 3162169

副局长：陈龙
电话：(0759) 3161908

办公室
电话：(0759) 3161923 3161303
传真：(0759) 3161178

质量规范与管理科
电话：(0759) 3161962

资源与市场开发科
电话：(0759) 3161963

质量监督管理所
电话：(0759) 3161636 2262444

湛江市旅游服务中心
电话：(0759) 3161136 3161038

霞山区旅游局
局长： 卢河江
地址： 霞山区解放西路 22 号
政府大厦
电话：(0759) 2173899
传真：(0759) 2173899
邮编： 524013

麻章区旅游局
局长：张蓓
地址： 湛江市麻章区政通东路 1 号
电话：(0759) 2732922
传真：(0759) 2732922
邮编： 524094

坡头区旅游局
局长：吕其让
地址：坡头区南调路区府大楼 1 楼
电话：(0759) 3950032
传真：(0759) 3950032
邮编：524057

雷州市旅游局
局长：洪新
地址：雷州市雷城西湖大道 38 号
工商银行 7 楼
电话：(0759) 8815000
传真：(0759) 8808778
邮编：524200

廉江市旅游局
局长：黎法槐
地址：廉江市迎宾一路 7 号
电话：(0759) 6609005
传真：(0759) 6609005
邮编：524400

吴川市旅游局
局长：陈豪
地址：吴川市市府招待所 2 号楼
205 室
电话：(0759) 5608851
传真：(0759) 5613022
邮编：524500

遂溪县旅游局
局长：黄高梅
地址：遂溪县遂城镇中山路 133 号
电话：(0759) 7768413
传真：(0759) 7768413
邮编：524373

徐闻县旅游局
局长：陈北跑
地址：徐闻县政府大楼 1 楼
电话：(0759) 4879770
传真：(0759) 4879772
邮编：524100

东海岛旅游局
局长：李武
地址：东海岛旅游度假区
电话：(0759) 2389365
传真：(0759) 2389381
邮编：524072

茂名市

茂名市旅游局
局长：李宁
地址：茂名市迎宾路 137 号大院
3 号楼
电话：(0668) 2288187
传真：(0668) 2287085
邮编：525000
http://www.mmlyj.com

副局长：陈中波
电话：(0668) 2869767

副局长：车健明
电话：(0668) 2869737

副调研员：黄经豪
电话：(0668) 2891286

办公室
电话：(0668) 2288187
传真：(0668) 2287085

旅行社管理科
电话：(0668) 2285548

管理科
电话：(0668) 2886589

资源与市场开发科
电话：(0668) 2869757

旅游质监所
电话：(0668) 2270544

信宜市旅游局
局长：江柳钦
地址：信宜市政府大院
电话：(0668) 8878665
传真：(0668) 8878665
邮编：525300

高州市旅游局
局长：钟平
地址：高州市中山路 73 号
电话：(0668) 6658383
传真：(0668) 6658282
邮编：525200

化州市旅游局
局长：杨剑
地址：化州市政府大院
电话：(0668) 7360777
传真：(0668) 7360777
邮编：525100

电白县旅游局
局长：肖国忠
地址：电白县政府综合楼 1 楼
电话：(0668) 5115335
传真：(0668) 5115335
邮编：525400

茂南区旅游局
副局长：潘谢斌
地址：茂名市油城三路 319 号
（新安置业广场）2 楼
电话：(0668) 2112122
传真：(0668) 2112122
邮编：525000

茂港区旅游局
局长：马堂
地址：茂名市茂港区政府大楼 3 楼
电话：(0668) 2688128
传真：(0668) 2688128
邮编：525027

肇庆市

肇庆市旅游发展局
局长：郑时广
地址：肇庆市莲湖西路
电话：(0758) 2231081
传真：(0758) 2224054
邮编：526040
http://www.zqtourism.com

副局长：李达标
电话：(0758) 2282316

副局长：房宇文
电话：(0758) 2209022

副局长：郑向平
电话：(0758) 2265568

副局长：张丽文
电话：(0758) 2231081

办公室
电话：(0758) 2231081、2224627

行业管理科
电话：(0758) 2286964
(0758) 2262296（投诉）

市场开发科
电话：(0758) 2266439 2261696

资源规划科
电话：(0758) 2286192

劳动人事科（党办）
电话：(0758) 2224903

财务管理科
电话：(0758) 2224365 2277932

离退休干部管理科
电话：(0758) 2224903

市旅游服务中心
电话：(0758) 2238509

鼎湖区旅游发展局
局长：赖宏升（2008 年 7 月任职）
黄锦成（2008 年 7 月离任）
地址：肇庆市鼎湖坑口区府大院
电话：(0758) 2625260
传真：(0758) 2625260
邮编：526070

端州区旅游局
局长：陈秀萍（2008 年 12 月任职）
邱建华（2008 年 12 月离任）
地址：肇庆市古塔中路 15 号
电话：(0758) 2721364
传真：(0758) 2721364
邮编：526040

封开县旅游发展局
局长：陈　剑（2009 年 1 月任职）
陈春霞（2009 年 1 月离任）
地址：封开县江口封洲二路行政中心
电话：(0758) 6681820
传真：(0758) 6681820
邮编：526500

德庆县旅游发展局
局长：潘子杰（2009 年 1 月任职）
梁景雄（2009 年 1 月离任）
地址：德庆县委大院
电话：(0758) 7781728
传真：(0758) 7781852
邮编：526600

高要市旅游局
局长：谢富文（2008 年 1 月任职）
区楚安（2008 年 1 月离任）
地址：肇庆市人民中路 12 号
侨联大厦
电话：(0758) 2234578
传真：(0758) 2235122
邮政：526040

四会市旅游局
局长：徐达强
地址：四会市汇源路 8 号
电话：(0758) 3368919
传真：(0758) 3368919
邮编：526200

广宁县旅游局
局长：杨淦标（2009 年 2 月任职）
冯活成（2009 年 2 月离任）
地址：广宁县南街镇南东一路 17 号
电话：(0758) 8638388
传真：(0758) 8638388
邮编：526300

怀集县旅游发展局
局长：严耿文（2007 年 7 月任职）
蓝春生（2007 年 7 月离任）
地址：怀集县怀城镇解放中路 78 号
电话：(0758) 5522631
传真：(0758) 5531618
邮编：526400

清远市

清远市旅游局
局长：雷玉春（2008年6月任职）
　　　刘柏洪（2008年6月离任）
地址：清远市新城人民二路18号市国际会展中心5楼
电话：（0763）3360029
邮编：511518
http://www.qyta.gov.cn/

副局长：邹俊
电话：（0763）3363238

副局长：虞卫旗
电话：（0763）3361448

办公室
电话：（0763）3363390
传真：（0763）3366896

资源与市场开发科
电话：（0763）3368636

人事教育科
电话：（0763）3364299

质量规范科
电话：（0763）3363126

旅游质量监督管理所
电话：（0763）3364098

英德市旅游局
局长：邓明华
地址：英德市浈阳路运通大厦9楼
电话：（0763）2231666
传真：（0763）2221111
邮编：513000

连州市旅游局
局长：陈仪宁（2008年4月任职）
　　　唐记南（2008年4月离任）
地址：连州市番禺路128号潭电大厦9楼
电话：（0763）6638118
传真：（0763）6638128
邮编：513400

清新县旅游局
局长：朱小玲
地址：清新县太和镇笔架路3号行政服务中心2楼东面
电话：（0763）5815373
传真：（0763）5833070
邮编：511800

阳山县旅游局
局长：祝翠冰
地址：阳山大道107号2楼
电话：（0763）7886278
传真：（0763）7886282
邮编：513100

连南县旅游局
局长：李建平
地址：连南三江镇县政府大院3楼
电话：（0763）8668003
传真：（0763）8662008
邮编：513300

佛冈县旅游局
局长：黄小云（2008年5月任职）
　　　杨敬慈（2008年5月离任）
地址：佛冈县环城东路61—63号4楼
电话：（0763）4294568
传真：（0763）4294568
邮编：511600

连山县旅游局
局长：蒋振江
地址：连山县鹿鸣东路行政服务中心
电话：（0763）8735287
传真：（0763）8765287
邮编：513200

清城区旅游局
局长：罗婉玲
地址：清城区东城新区行政服务中心大楼4楼
电话：（0763）3939158
传真：（0763）3939158
邮编：511500

潮州市

潮州市旅游局
局长：谢鸿洲
地址：潮州市城新西路交通大厦8楼
电话：（0768）2355899
传真：（0768）2295501
邮编：521000
http://www.chaozhoutour.net

副局长：刘书灿
电话：（0768）2295069

副局长：郑永宁
电话：（0768）2295059

副局长：吴永利
电话：（0768）2355790

副调研员：陈伟忠
电话：（0768）2295578

办公室
电话：（0768）2291733
传真：（0768）2295501

规划业务科
电话：（0768）2295019

市场开发与培训科
电话：（0768）2295032

潮州市旅游质量监督管理所
电话：（0768）2277123

潮州市旅游监察大队
电话：(0768) 2277123

潮州市旅游服务中心
电话：(0768) 2285149

潮安县旅游局
局长：陈钟强
地址：潮安县政府新综合楼 6 楼
电话：(0768) 5816829
传真：(0768) 5816184
邮编：515600

饶平县旅游局
局长：林吉贵
地址：饶平县城西区六号路外经大楼 7 楼
电话：(0768) 7801361
传真：(0768) 7801972
邮编：515700

湘桥区旅游局
局长：黄炎藩
地址：潮州市新洋路区党政办公楼 1 楼
电话：(0768) 2219932
邮编：521000

揭阳市

揭阳市旅游局
局长：谢锐锋
地址：揭阳市东山区卢前路中段民主楼 2 层
电话：(0663) 8292787
传真：(0663) 8292077
邮编：522031

副局长：杨金河
电话：(0663) 8292520

副局长：谢静鸿
电话：(0663) 8292563

副局长：李介兴
电话：(0663) 8292287

办公室
电话：(0633) 8292227

旅游业务管理科
电话：(0663) 8292076

资源与市场开发科
电话：(0633) 8292775

教育培训科
电话：(0663) 8292074

质量监督管理所
电话：(0663) 8292446

普宁市旅游局
局长：张少民
地址：流沙镇长春路联运大楼南栋东梯 5 楼
电话：(0663) 2248753
传真：(0663) 2248752
邮编：515300

揭东县旅游局
局长：许奕鸿
地址：揭东县城金凤路中段县政府后 2 楼 204 室
电话：(0663) 3262893
传真：(0663) 3275989
邮编：515500

揭西县旅游局
局长：彭伟明
地址：揭西县滨江公园侧
电话：(0663) 5527938
传真：(0663) 5527938
邮编：515400

惠来县旅游局
局长：严文水
地址：惠来县惠城镇葵南新路
电话：(0663) 6681071
传真：(0663) 6681071
邮编：515200

云浮市

云浮市旅游局
局长：袁伙月
地址：云浮市玉皇路 78 号
电话：(0766) 8825088
传真：(0766) 8810058
邮编：527300
http:/www.yunfutravel.com

副局长：叶金波（2008 年 7 月任职）
李 树（2008 年 7 月离任）
电话：(0766) 8818099

副局长：岑德洪（2008 年 7 月任职）
黄少强（2008 年 7 月离任）
电话：(0766) 8818093

办公室
电话：(0766) 8816580
传真：(0766) 8810058

人事教育科
电话：(0766) 8813392

资源与市场开发科
电话：(0766) 8839082

行业管理科
电话：(0766) 8822360

罗定市旅游局
局长：吴云锋
地址：罗定市龙园路 131 号
电话：(0766) 3833886
传真：(0766) 3833186
邮编：527200

郁南县旅游局

副局长：林少华（2008 年 1 月任职）
　　　　马龙干（2008 年 1 月离任）
地址：郁南县都城镇中山路 31 号
电话：（0766）7337229
传真：（0766）7337229
邮编：527100

新兴县旅游局

局长：陈子雄（2008 年 1 月任职）
　　　黎卓民（2008 年 1 月离任）
地址：新兴县城中山路 95 号
电话：（0766）2920898
传真：（0766）2882029
邮编：527400

云安县旅游局

局长：冯友强
地址：云安县港城大道 6 号
电话：（0766）8616656
传真：（0766）8613392
邮编：527500

云城区旅游局

局长：黄锦全
地址：云浮市区解放中路 32 号
　　　区府大院
电话：（0766）8813669
传真：（0766）8813669
邮编：527300

（备注：各级旅游管理机构资料截至2008年12月）

名　录

广东省国家级、省级风景名胜区名录

名称	级别	面积（km^2）	区划	地址	管理单位
广州白云山国家级风景名胜区	国家级	20.98	广州白云	广州市广园中路	广州白云山风景名胜区管理局
佛山南海西樵山国家级风景名胜区	国家级	14	佛山南海	南海区西樵登山大道	西樵山风景名胜区管委会
韶关丹霞山国家级风景名胜区	国家级	215	韶关仁化	韶关市丹霞山风景区	丹霞山风景名胜区管委会
惠州西湖国家级风景名胜区	国家级	19.6	惠州惠城	惠州市二环路	惠州市西湖风景名胜区管理局
惠州罗浮山国家级风景名胜区	国家级	214.82	惠州博罗	惠州市罗浮山管委会	罗浮山风景名胜区管委会
湛江湖光岩国家级风景名胜区	国家级	4.7	湛江麻章	湛江市湖光岩风景区	湛江市湖光岩风景区管理局
肇庆星湖国家级风景名胜区	国家级	19.52	肇庆鼎湖	肇庆市牌坊东街	肇庆星湖风景名胜区管理局
番禺莲花山省级风景名胜区	省　级	3	广州番禺	广州市番禺区石楼镇	广州市番禺莲花山旅游区
从化温泉省级风景名胜区	省　级	27.86	广州从化	从化市温泉镇105国道	从化温泉镇人民政府
增城白水寨省级风景名胜区	省　级	200.2	广州增城	增城市荔城街和平路	白水寨风景名胜区筹建办
深圳梧桐山省级风景名胜区	省　级	36	深圳罗湖	深圳市莲塘罗沙路	深圳市梧桐山风景区管理处
汕头礐石省级风景名胜区	省　级	20.77	汕头濠江	汕头市礐石海旁路	汕头市礐石风景名胜区管理局
乐昌金鸡岭省级风景名胜区	省　级	30	韶关乐昌	乐昌市坪石镇金鸡岭	乐昌市金鸡岭风景区管理处
乐昌九泷十八滩省级风景名胜区	省　级	90	韶关乐昌	乐昌市坪石镇金鸡北路	乐昌九泷十八滩旅游服务公司
梅县阴那山省级风景名胜区	省　级	6	梅州梅县	梅县雁洋镇阴那村	梅县阴那山风景名胜区管理处
平远五指石省级风景名胜区	省　级	13.2	梅州平远	平远县差干镇洋坑村	平远县五指石风景名胜区管理处
汕尾玄武山省级风景名胜区	省　级	30	汕尾陆丰	陆丰市碣石玄武山	陆丰碣石玄武山风景区管委会
江门圭峰山省级风景名胜区	省　级	55.1	江门新会	新会区圭峰山管委会	圭峰山风景名胜区管理委员会
封开龙山省级风景名胜区	省　级	25.34	肇庆封开	封开县江口镇红卫路	封开县龙山风景名胜区管理处
怀集燕岩省级风景名胜区	省　级	40.36	肇庆怀集	怀集县桥头镇	怀集县燕岩风景名胜区管理处
阳江凌霄岩省级风景名胜区	省　级	36.7	阳江阳春	阳春市河壤镇	阳春市凌霄风景名胜区管理所
阳江海陵岛海滨省级风景名胜区	省　级	16.94	阳江江城	海陵岛经济开发试验区	海陵岛海滨风景名胜区管委会
清远飞来峡省级风景名胜区	省　级	51.2	清远清城	清远市清城区飞霞山	清远市飞来峡风景区管理处

续表

名 称	级 别	面积（km^2）	区 划	地 址	管理单位
英德宝晶宫省级风景名胜区	省 级	14	清远英德	英德市南郊桥下村	英德宝晶宫风景名胜管理处
潮州西湖省级风景名胜区	省 级	4.6	潮州湘桥	潮州市潮州大道南	潮州市西湖风景名胜区管理处
云浮蟠龙洞省级风景名胜区	省 级	21.36	云浮云城	云浮市蟠龙路	云浮蟠龙洞风景名胜区管理处

备注：截至2007年底，广东省拥有国家级风景名胜7处，面积共508.62公顷；拥有省级风景名胜共19处，面积共722.63公顷。

（资料由广东省建设厅提供）

广东省国家级、省级自然保护区名录

自然保护区名称	级别	保护类型	行政区域	面积(公顷)	建立时间(年)
广东内伶仃福田国家级自然保护区	国家级	湿地生态	深圳市	922	1988
广东南岭国家级自然保护区	国家级	森林生态	韶关市	40494.4	1994
			清远市	17874	
广东车八岭国家级自然保护区	国家级	森林生态	韶关市	7545	1988
广东象头山国家级自然保护区	国家级	森林生态	惠州市	10697	2002
广东湛江红树林国家级自然保护区	国家级	湿地生态	湛江市	20279	1997
惠东港口海龟国家级自然保护区	国家级	海洋水产	惠州市	1400	1992
珠江口中华白海豚国家级自然保护区	国家级	海洋水产	珠海市	46000	2003
徐闻珊瑚礁国家级自然保护区	国家级	海洋水产	湛江市	14378.5	2007
丹霞山国家级自然保护区	国家级	地质遗迹	韶关市	29000	1995
鼎湖山国家级自然保护区	国家级	地质遗迹	肇庆市	1133	1956
广州从化陈禾洞自然保护区	省级	森林生态	广州从化	7054.36	2007
珠海淇澳—担杆岛省级自然保护区	省级	野生动物	珠海市	7363	2004
南澳候鸟省级自然保护区	省级	野生动物	汕头南澳	256	1990
南澎列岛海洋生态省级自然保护区	省级	海洋水产	汕头南澳	61357	2003
粤北华南虎省级自然保护区	省级	野生动物	韶关市	16360.8	1990
乐昌大瑶山省级自然保护区	省级	森林生态	韶关乐昌	7914	2004
乐昌杨东山十二度水省级自然保护区	省级	森林生态	韶关乐昌	11651	1998
曲江罗坑鳄蜥省级自然保护区	省级	野生动物	韶关曲江	18813.6	1998
曲江沙溪自然保护区	省级	森林生态	韶关曲江	9040	2007
乳源大峡谷省级自然保护区	省级	森林生态	韶关乳源	3673	2001
仁化高坪省级自然保护区	省级	森林生态	韶关仁化	3585.5	2001
新丰云髻山省级自然保护区	省级	森林生态	韶关新丰	2700	1990
南雄小流坑—青嶂山自然保护区	省级	森林生态	韶关南雄	7874	2007
始兴南山省级自然保护区	省级	森林生态	韶关始兴	7113	2005
南雄恐龙化石群自然保护区	省级	地质遗产	韶关南雄	42221	2005
东源康禾省级自然保护区	省级	森林生态	河源东源	6670	2001
河源新港省级自然保护区	省级	湿地生态	河源东源	7513	1989
和平黄石坳省级自然保护区	省级	森林生态	河源和平	8097	2004
连平黄牛石省级自然保护区	省级	森林生态	河源连平	4334	2001
龙川枫树坝省级自然保护区	省级	湿地生态	河源龙川	15670	1998
紫金白溪省级自然保护区	省级	森林生态	河源紫金	5652	2001
河源大桂山省级自然保护区	省级	森林生态	河源源城	7505.2	2006
河源恐龙系列化石自然保护区	省级	地质遗迹	河源源城区	1000	2001
大埔丰溪省级自然保护区	省级	森林生态	梅州大埔	10590	1984
蕉岭长潭省级自然保护区	省级	湿地生态	梅州蕉岭	5586	2004

续表

自然保护区名称	级 别	保护类型	行政区域	面积(公顷)	建立时间(年)
梅县阴那山省级自然保护区	省 级	森林生态	梅州梅县	2566	1985
五华七目嶂省级自然保护区	省 级	森林生态	梅州五华	5850	1998
兴宁铁山渡田河省级自然保护区	省 级	森林生态	梅州兴宁	17826.7	2005
平远龙文－黄田自然保护区	省 级	森林生态	梅州平远	8280.1	2007
罗浮山省级自然保护区	省 级	森林生态	惠州博罗	9800	1985
惠东古田省级自然保护区	省 级	森林生态	惠州惠东	2189	1984
惠东莲花山白盆珠省级自然保护区	省 级	湿地生态	惠州惠东	14034	2004
龙门南昆山省级自然保护区	省 级	森林生态	惠州龙门	6666	1984
大亚湾水产资源省级自然保护区	省 级	海洋水产	惠州惠阳	60000	2004
海丰鸟类省级自然保护区	省 级	野生动物	汕尾海丰	11590.5	1998
陆河南万红椎林省级自然保护区	省 级	野生植物	汕尾陆河	2486	2001
江门古兜山省级自然保护区	省 级	森林生态	江门新会	12990	2001
台山上川岛猕猴省级自然保护区	省 级	野生动物	江门台山	2232	1990
恩平七星坑自然保护区	省 级	森林生态	江门恩平	8060.3	2003
江门市大襟岛中华白海豚自然保护区	省 级	海洋水产	江门台山	10800	2007
雷州白蝶贝省级自然保护区	省 级	海洋水产	湛江雷州	47333	2000
阳春百涌省级自然保护区	省 级	森林生态	阳江阳春	4195	1990
阳春鹅凰嶂省级自然保护区	省 级	森林生态	阳江阳春	14621.1	2004
大雾岭省级自然保护区	省 级	森林生态	茂名信宜	3471.3	1996
西江烂柯山省级自然保护区	省 级	森林生态	肇 庆 市	7961	2004
封开黑石顶省级自然保护区	省 级	森林生态	肇庆封开	4200	1995
怀集大稠顶省级自然保护区	省 级	森林生态	肇庆怀集	3761.3	2004
怀集三岳省级自然保护区	省 级	森林生态	肇庆怀集	6762	2004
怀集燕岩候鸟省级自然保护区	省 级	野生动物	肇庆怀集	500	1999
佛冈观音山省级自然保护区	省 级	森林生态	清远佛冈	2817	1985
连南板洞省级自然保护区	省 级	湿地生态	清远连南	11420	2004
连山笔架山省级自然保护区	省 级	森林生态	清远连山	10728	2000
英德石门台省级自然保护区	省 级	森林生态	清远英德	82260	1998
清远连南大鲵省级自然保护区	省 级	海洋水产	清远连南	1493.4	2007
潮安凤凰山省级自然保护区	省 级	湿地生态	潮州潮安	2812	2001
饶平海山海滩岩自然保护区	省 级	地质遗迹	潮州饶平	110	2001
潮安梅林湖海蚀地貌自然保护区	省 级	地质遗迹	潮州潮安	193.3	2004
郁南同乐大山省级自然保护区	省 级	森林生态	云浮郁南	267	1985

备注：截至2007年底，广东省拥有国家级自然保护区10处，面积共189722.9公顷；拥有省级自然保护区58处，面积共659869.46公顷。

（资料由广东省林业局提供）

广东省国家级、省级森林公园名录

森林公园名称	所在地	级 别	面积（公顷）	批建时间（年）
广东流溪河国家森林公园	从化市流溪河林场	国家级	8831.00	1983
广东梧山国家森林公园	深圳市沙头角	国家级	678.00	1989
广东小坑国家森林公园	曲江县小坑镇	国家级	16700.00	1992
广东万有国家森林公园	高要市	国家级	431.80	1992
广东南澳海岛国家森林公园	南澳县	国家级	1373.00	1992
广东南昆山国家森林公园	龙门县	国家级	2000.00	1993
广东南岭国家森林公园	乳源县	国家级	27333.00	1993
广东韶关国家森林公园	韶关市南郊2公里	国家级	2010.00	1993
广东新丰江国家森林公园	河源市东源县	国家级	4479.00	1993
广东东海岛国家森林公园	湛江市东海开发区	国家级	667.00	1993
广东西樵山国家森林公园	佛山市南海区	国家级	1400.00	1994
广东石门国家森林公园	从化市	国家级	2636.00	1995
广东圭峰山国家森林公园	江门市新会区	国家级	3550.00	1997
广东英德国家森林公园	英德市	国家级	107000.00	2000
广宁竹海国家森林公园	广宁县	国家级	8500.00	2004
广东北峰山国家森林公园	台山市	国家级	1161.60	2004
广东大王山国家森林公园	郁南县	国家级	806.00	2004
广东神光山国家森林公园	兴宁市	国家级	674.60	2005
广东御景峰国家森林公园	惠东县梁化林场	国家级	1333.33	2005
广东观音山国家森林公园	东莞市	国家级	657.18	2005
广东三岭山国家森林公园	湛江市	国家级	738.79	2006
广东雁鸣湖国家森林公园	梅县雁洋镇	国家级	769.80	2006
广东亿万森林公园	广州市龙眼洞	省 级	67.00	1992
广东海景森林公园	佛山市南海区	省 级	67.00	1993
广东云勇森林公园	高明市	省 级	1800.00	1993
广东宝山森林公园	东莞市樟木头镇	省 级	1397.00	1993
广东清溪森林公园	东莞市	省 级	1200.00	1993
广东大屏嶂森林公园	东莞市	省 级	1200.00	1993
广东大岭山森林公园	东莞市	省 级	2302.20	1993
广东河排森林公园	恩平市	省 级	3000.00	1993
广东仁化森林公园	韶关市仁化县	省 级	6762.00	1993
广东刘家山森林公园	韶关市始兴县	省 级	4332.00	1993
广东龟顶山森林公园	肇庆市	省 级	131.00	1993
广东红山森林公园	潮安县	省 级	852.00	1993
广东花滩森林公园	阳春市	省 级	4000.00	1993

续表

森林公园名称	所在地	级 别	面积（公顷）	批建时间（年）
广东九龙峰森林公园	惠东县	省 级	2900.00	1994
广东霍山森林公园	龙川县	省 级	1050.00	1994
广东双髻山森林公园	大埔县	省 级	1066.00	1994
广东南山森林公园	云浮市	省 级	264.00	1994
广东火山峰森林公园	陆河县	省 级	1667.00	1994
广东尖峰山森林公园	斗门区	省 级	171.00	1995
广东莲花山森林公园	海丰县	省 级	3200.00	1995
广东丰溪森林公园	大埔县	省 级	2933.00	1996
广东王子山森林公园	广州市花都区	省 级	3867.00	1998
广东黄龙湖森林公园	从化市	省 级	4637.20	1998
广东长潭森林公园	蕉岭县	省 级	842.00	1999
广东茂名森林公园	茂名市	省 级	300.00	1999
广东天湖森林公园	连州市潭岭	省 级	12240.00	2000
广东帽峰山森林公园	广州市白云区	省 级	4095.50	2001
广东金钟山森林公园	高要市	省 级	333.00	2001
广东大北山森林公园	揭西县	省 级	3467.00	2001
广东黄岐山森林公园	揭阳市	省 级	1180.00	2001
广东东山森林公园	博罗县	省 级	182.30	2002
广东天鹅山森林公园	梅州市梅江区	省 级	1667.00	2002
广东笔架山森林公园	清远市清新县	省 级	1821.00	2002
广东羊角山森林公园	清远市佛冈县	省 级	1835.20	2002
广东羚羊峡森林公园	高要市	省 级	3110.00	2003
广东汤泉森林公园	博罗县汤泉林场	省 级	1000.50	2003
广东天井森林公园	省天井山林场(乳源县)	省 级	5593.00	2003
广东宝安森林公园	深圳市宝安区	省 级	564.90	2004
广东分塔山森林公园	龙门县	省 级	218.00	2004
广东潜龙湾森林公园	开平市镇海林场	省 级	2055.80	2004
广东镇山森林公园	蕉岭县	省 级	235.90	2004
广东大南山森林公园	汕头市潮南区	省 级	3677.00	2004
广东东江森林公园	省东江林场(紫金县古竹镇)	省 级	1962.50	2004
广东太和洞森林公园	清新县	省 级	3388.00	2004
广东贤令山森林公园	阳山县	省 级	1563.20	2005
广东大雁山森林公园	江门鹤山市	省 级	320.55	2006
广东油田森林公园	龙门县永汉镇	省 级	730.20	2006
广东象头山森林公园	博罗县泰美镇	省 级	578.20	2006
广东天堂山森林公园	博罗县柏塘镇	省 级	396.80	2006
广东龙山森林公园	博罗县麻陂镇	省 级	1782.47	2006
广东水东陂森林公园	博罗县公庄镇	省 级	1670.58	2006

续表

森林公园名称	所在地	级 别	面积（公顷）	批建时间（年）
广东桂峰山森林公园	龙门县地派镇	省 级	1581.33	2006
广东九龙湖森林公园	肇庆市鼎湖区凤凰镇	省 级	729.40	2006
广东羚羊山森林公园	肇庆市鼎湖区、端州区	省 级	1518.50	2006
广东贞山森林公园	肇庆四会市贞山街道办	省 级	424.80	2006
广东大坑山森林公园	肇庆市怀集县大坑山镇	省 级	712.20	2006
广东状元湖森林公园	肇庆市封开县金装镇	省 级	646.80	2006
广东新岗森林公园	肇庆市怀集县洽水镇	省 级	904.30	2006
广东螺壳山森林公园	肇庆市广宁县北市镇	省 级	736.60	2006
广东南山森林公园	梅州市平远县大柘镇	省 级	2544.10	2007
广东韩山森林公园	梅州市丰顺县丰良镇	省 级	1045.55	2007

备注：截至2007年底，广东省拥有国家级森林公园22处，面积共193730.1公顷；拥有省级森林公园61处，面积共116519.58公顷。

（资料由广东省林业局提供）

广东省全国重点文物保护单位名录

文物保护单位名称	所在地	年 代	类 别
秦代造船遗址、南越国宫署遗址、南越文王墓及南越国木构水闸遗址	广州市中山四路之北、忠佑大街之西侧；解放北路海拔49.71米的象岗山上；越秀区惠福西路光明广场	秦—汉	古遗址
莲花山古采石场	广州市番禺区东面的珠江口狮子洋畔	西汉—清	古遗址
宝镜湾遗址与摩崖石刻画	珠海市南水镇高栏岛	新石器时代—青铜时代	古遗址
石峡遗址和马坝人遗址	韶关市曲江县马坝镇西南2.5公里处、狮子岩	旧石器时代—新石器时代	古遗址
笔架山潮州窑遗址	潮州市城东笔架山西麓	宋	古遗址
南汉二陵	广州市番禺区新造镇北亭村	五代	古墓葬
光孝寺	广州市光孝路	五代—明	古建筑
陈家祠	广州市中山七路恩龙里	清	古建筑
怀圣寺光塔	广州市光塔路	唐	古建筑
六榕寺塔	广州市越秀区六榕路87号	宋	古建筑
广裕祠	广州从化市太平镇钱岗村	明—清	古建筑
大鹏所城	深圳市龙岗区大鹏镇鹏城村	明、清	古建筑
陈芳家宅	珠海市前山街道办梅溪村	清	古建筑
佛山祖庙	佛山市祖庙路	明、清	古建筑
东华里古建筑群	佛山市福贤街	清、民国	古建筑
云龙寺塔	韶关市仁化县董塘镇安岗村	唐	古建筑
三影塔	韶关南雄市雄州镇永康路	北宋	古建筑
满堂围	韶关市始兴县隘子镇满堂村	清	古建筑
南华寺	韶关市曲江县马坝镇宝林山	明、清	古建筑
龟峰塔	河源市源城区城南	宋	古建筑
元山寺	汕尾陆丰市碣石镇玄武山	明、清	古建筑
东莞可园	东莞市城区可园路32号	清	古建筑
南社村和塘尾村古建筑群	东莞市茶山镇南社村、石排镇塘尾村	明—清	古建筑
雷祖祠	湛江雷州市白沙镇、雷城镇西南2.5公里英榜山	明、清	古建筑
梅庵	肇庆市城西梅庵岗	北宋	古建筑
德庆学宫	肇庆市德庆县德城镇朝阳西路北	元	古建筑
肇庆古城墙	肇庆市端州区宋城路	宋—清	古建筑
悦城龙母祖庙	肇庆市德庆县悦城镇	清	古建筑
广济桥	潮州市东门外，横跨韩江	宋—明	古建筑
许驸马府	潮州市中山路葡萄巷东府埕	明	古建筑
潮州开元寺	潮州市湘桥区开元路	唐—清	古建、筑
己略黄公祠	潮州市湘桥区义安路铁巷2号	清	古建筑
慧光塔	清远连州市连州镇	宋	古建筑

续表

文物保护单位名称	所在地	年 代	类 别
道韵楼	潮州市饶平县三饶南联村	明	古建筑
韩文公祠	潮州市市区桥东笔架山	明—清	古建筑
从熙公祠	潮州市潮安县彩塘镇金砂管区	清	古建筑
却金亭碑	东莞市光明路	明	石窟寺及石刻
七星岩摩崖石刻	肇庆市城北七星岩风景区内	唐—近代	石窟寺及石刻
三元里平英团遗址	广州市广园路三元里村北面	1841	近现代重要史迹及代表性建筑
黄花岗七十二烈士墓	广州市先烈中路	1911	近现代重要史迹及代表性建筑
广州农民运动讲习所旧址	广州市中山四路42号	1926	近现代重要史迹及代表性建筑
广州公社旧址	广州市起义路（原维新路）200号之一	1927	近现代重要史迹及代表性建筑
洪秀全故居	广州市花都区新华镇官禄村	清中期	近现代重要史迹及代表性建筑
国民党“一大”旧址（包括革命广场）	广州市文明路215号	1924	近现代重要史迹及代表性建筑
黄埔军校旧址	广州市黄埔区长洲岛	1924—1927	近现代重要史迹及代表性建筑
中华全国总工会旧址	广州市越秀南路93号	1925—1927	近现代重要史迹及代表性建筑
广州沙面建筑群	广州市沙面	清	近现代重要史迹及代表性建筑
广州圣心大教堂	广州市一德路	1888	近现代重要史迹及代表性建筑
广州大元帅府旧址	广州市纺织路东纱街18号	民国	近现代重要史迹及代表性建筑
余荫山房	广州市番禺区南村镇南村	近代	近现代重要史迹及代表性建筑
中山纪念堂	广州市越秀山南麓的东风中路	1931	近现代重要史迹及代表性建筑
粤海关旧址	广州市沿江西路29号	清	近现代重要史迹及代表性建筑
广东咨议局旧址	广州市陵园西路2号大院之二	清—民国	近现代重要史迹及代表性建筑
康有为故居	佛山市南海区丹灶镇苏村	清	近现代重要史迹及代表性建筑
双峰寨	韶关市仁化县石塘镇石塘村	清	近现代重要史迹及代表性建筑
叶剑英故居	梅州市东北30公里处的雁洋镇上虎形村	近代	近现代重要史迹及代表性建筑
丘逢甲故居	梅州市蕉岭县东部	清	近现代重要史迹及代表性建筑
叶挺故居	惠州市惠阳区秋长镇周田村	清	近现代重要史迹及代表性建筑
海丰红宫、红场旧址	汕尾市海丰县海城镇人民南路8号	1927—1928	近现代重要史迹及代表性建筑

续表

文物保护单位名称	所在地	年 代	类 别
林则徐销烟池与虎门炮台旧址	东莞市虎门镇镇口村南面虎门海滩处；珠江出口处虎门两岸	1893	近现代重要史迹及代表性建筑
大岭山抗日根据地旧址	东莞市大岭山镇	1940－1943	近现代重要史迹及代表性建筑
孙中山故居	中山市南朗镇翠亨村	1892	近现代重要史迹及代表性建筑
梁启超故居	江门新会市环城镇茶坑村	清	近现代重要史迹及代表性建筑
开平碉楼	江门开平市分布全市各地	近代	近现代重要史迹及代表性建筑
硇洲灯塔	湛江市硇洲岛	1899	近现代重要史迹及代表性建筑
南风古灶、高灶陶窑	佛山市禅城区石湾高庙路6号	明	其他

备注：截至2007年底，广东省拥有全国重点文物保护单位66处。

（资料由广东省文物局提供）

广东省省级文物保护单位名录

文物保护单位名称	所在地	年 代	类 别
药洲遗址	广州市越秀区教育路80号	南汉	古遗址
龟山建筑遗址	汕头市澄海区广益街道北陇、官湖居委会	汉	古遗址
石燕岩采石遗址	佛山市南海区西樵镇西樵山狮脑峰	明、清	古遗址
银洲贝丘遗址	佛山市三水区白坭镇周村管理区银洲村	新石器时代晚期	古遗址
大岗山窑址	佛山市高明区荷城灵龟公园内	唐	古遗址
鱿鱼岗遗址	佛山市南海区西樵镇鱿鱼岗村	新石器时代	古遗址
西樵山遗址	佛山市南海区丹灶镇西樵山风景区	新石器时代	古遗址
河宕遗址	佛山市禅城区石湾河宕村	新石器时代	古遗址
陈氏大宗祠	佛山市顺德区乐从镇南村	清	古建筑
罗围城堡建筑遗址	韶关市始兴县城西北约5公里太平镇的罗围村	西汉—南朝	古遗址
鲶鱼转遗址	韶关市仁化县周田镇西南面	新石器时代	古遗址
走马岗遗址	韶关市北郊约3公里的浈江区良村	新石器时代	古遗址
坑仔里遗址	河源市龙川县佗城镇	新石器时代	古遗址
黄潭寺遗址	河源市连平县元善镇	新石器时代晚期	古遗址
石峡恐龙蛋化石埋藏地	河源市源城区	白垩纪晚期	古遗址
狮雄山建筑遗址	梅州市华城镇东南塔岗村	西汉	古遗址
银岗古窑场遗址	惠州市博罗县龙溪镇银岗村	先秦	古遗址
燕岭古采石场遗址	东莞市石排镇燕窝村、田边村	明—清	古遗址
村头村遗址	东莞市虎门镇村头村	新石器时代	古遗址
独石仔洞穴遗址	阳江阳春市陂面镇底村岗独石山	旧石器时代晚期	古遗址
铁屎迳铸钱遗址	阳江阳春市石望镇铁屎迳村	南汉	古遗址
罗州故城遗址	湛江市河唇镇龙潮村	唐	古遗址
电白郡、县城旧址	茂名高州市长坡镇旧城村	南朝	古遗址
黄岩洞洞穴遗址	肇庆市河儿口狮子岩山麓	中石器时代	古遗址
塘角嘴遗址	肇庆市杏花镇利宅村塘角嘴山	新石器时代	古遗址
蚬壳洲遗址	肇庆市鼎湖区广利镇龙一村	新石器时代	古遗址
茅岗建筑遗址	肇庆高要市金利镇茅岗村	新石器时代晚期	古遗址
端石老坑洞遗址	肇庆市鼎湖区砚坑村	唐—现代	古遗址
牛栏洞遗址	清远英德市云岭镇	旧石器时代晚期—新石器时代早期	古遗址
史老墩遗址	清远英德市沙口镇清溪村	新石器时代	古遗址
清真先贤之墓	广州市越秀区解放北路901号	唐	古墓葬
湛若水墓	广州增城市永和镇陂头村天蚕山麓	明	古墓葬
屈大均墓	广州市番禺区新造镇思贤村宝珠岗麓	清	古墓葬
黄默堂墓	深圳市福田区莲花山北麓	宋	古墓葬

续表

文物保护单位名称	所在地	年 代	类 别
大颠祖师塔	汕头市潮阳区铜盂镇灵山寺	唐	古墓葬
余靖墓	韶关市武江区甘棠村成家山南坡	北宋	古墓葬
张九龄家族墓地	韶关市武江区西河镇田心村后罗源洞	唐	古墓葬
隋谯国夫人冼氏墓（含娘娘庙）	茂名市电白县电城镇山兜丁村	隋	古墓葬
王大宝墓	潮州市潮安县归湖镇神前村	宋	古墓葬
南海神庙（含浴日亭）	广州市黄埔区庙头村	明—清	古建筑
广州古城墙	广州市越秀区越秀公园内	明	古建筑
琶洲塔	广州市海珠区新港东路琶洲村	明	古建筑
万寿寺	广州增城市荔城镇前进路21号市工人文化宫内	明	古建筑
五仙观及岭南第一楼	广州市越秀区惠福西路西斋巷	明	古建筑
镇海楼	广州市越秀区越秀公园内小蟠龙岗上	明	古建筑
莲花城	广州市番禺区莲花山旅游区山顶北	明、清	古建筑
莲花塔	广州市番禺区莲花山	明、清	古建筑
留耕堂	广州市番禺区沙湾镇北村承坊里	清	古建筑
五岳殿	广州从化市神岗镇	明—清	古建筑
纶生白公祠（含“乐善好施”牌坊）	广州市新滘镇龙潭村	清	古建筑
石井桥	广州市白云区石井镇	清	古建筑
资政大夫祠建筑群（含资政大夫祠、南山书院、亨之徐公祠、衬祠、后楼、水仙古庙）	广州市花都区新华镇三华区三华村内	清	古建筑
南头古城垣	深圳市南山区南头古城	明	古建筑
元勋旧址	深圳市罗湖区笋岗街道笋岗社区	明—清	古建筑
曾氏大宗祠	深圳市沙井街道新桥村	清	古建筑
龙田世居	深圳市坑梓街道田段心村	清	古建筑
鹤湖新居	深圳市龙岗街道罗瑞合村	清	古建筑
大万世居	深圳市坪山街道大万村	清	古建筑
茂盛世居	深圳市横岗街道茂盛村	清	古建筑
杨氏大宗祠	珠海市南屏镇北山村	清	古建筑
梅溪石牌坊	珠海市前山街道办梅溪村	清	古建筑
猎屿铳城	汕头市南澳县深澳镇猎屿岛	明	古建筑
大莱芜炮台	汕头市澄海区莱芜岛	清	古建筑
文光塔	汕头市潮阳区文光街道文光公园内	宋	古建筑
崎碌炮台	汕头市金平区海滨路中段	清	古建筑
北涌亭	佛山市南海区里水镇文化站	明	古建筑
贞女桥	佛山市顺德区龙江镇世埠村	南宋—明	古建筑
曹氏大宗祠	佛山市南海区大沥镇曹边村	明	古建筑
崔氏大宗祠	佛山市南海区沙头镇城区	明	古建筑
梁园	佛山市禅城区松风路先锋古道93号	清	古建筑

续表

文物保护单位名称	所在地	年 代	类 别
灵龟塔	佛山市高明区荷城灵龟公园内	明	古建筑
胥江祖庙	佛山市三水区芦苞镇北郊麦村	明、清	古建筑
清晖园	佛山市顺德区大良街道办	清	古建筑
明远桥	佛山市顺德区杏坛镇逢简村	明	古建筑
青云塔	佛山市顺德区大良镇八坊村神步山顶	明	古建筑
何氏大宗祠	佛山市顺德区乐从镇沙边村	明—清	古建筑
陈氏大宗祠	佛山市顺德区乐从镇南村	明—清	古建筑
大旗头村古建筑群（含民居、祠堂、家庙、裕礼郑公祠、郑氏宗祠、振威将军家庙、尚书第、建威第、文塔、晒坪、广场池塘）	佛山市三水区乐平镇大旗头村	清	古建筑
金楼及古建筑群（含金楼、泥楼、见龙门、慕堂苏公祠、砖雕大照壁、苏三兴大宅）	佛山市顺德区北滘镇碧江村	清	古建筑
林家厅及古民居群（含林家厅附近民居）	佛山市禅城区石湾高庙路6号	清	古建筑
绮亭陈公祠	佛山市南海区西樵镇	清	古建筑
西山庙	佛山市顺德区大良街道办	清	古建筑
黄氏大宗祠	佛山市顺德区杏坛镇石滩村	清—民国	古建筑
澌溪寺塔	韶关市仁化县董塘镇澌溪山瑶族自治村澌溪河畔	唐—宋	古建筑
仙人塔	韶关市曲江区大塘镇新桥杨屋村正南300米	宋	古建筑
珠玑石塔	韶关南雄市珠玑镇珠玑村（珠玑古巷）	元	古建筑
梅关关楼与古道	韶关南雄市梅岭镇梅岭村梅岭顶上	唐	古建筑
华林寺塔	韶关市仁化县闻韶镇下徐村	宋	古建筑
广州会馆	韶关南雄市老城区阜前街	明	古建筑
南雄府城正南门	韶关南雄市雄州镇中山街	明—清	古建筑
雁塔	韶关市新丰县丰城镇东双角村	清	古建筑
应山石桥	韶关乐昌市黄圃镇应山村附近	清乾隆丙戌年	古建筑
正相塔（老塔）	河源市龙川县佗城镇	唐	古建筑
下塔	河源市龙川县田心镇	北宋宣和二年（1120年）	古建筑
灵光寺	梅州市雁洋镇阴那村	明	古建筑
千佛铁塔	梅州市东山千佛塔寺	南汉	古建筑
“丝纶世美”牌坊	梅州市茶阳学前街	明	古建筑
兴宁学宫	梅州市兴城镇司前街	南宋	古建筑
长乐学宫	梅州市华城镇十字街	明	古建筑
狮雄山塔	梅州市华城镇东南狮雄山	明	古建筑
英烈庙	梅州市双华镇大陂村	明	古建筑
元魁塔	梅州市松口镇铜琶村	明	古建筑
节烈坊	梅州市湖寮镇龙岗	清	古建筑

续表

文物保护单位名称	所在地	年 代	类 别
花萼楼	梅州市大东镇联丰	明	古建筑
石寨土楼（含方楼、楼德楼、郭氏宗祠）	梅州市蕉岭县北礤镇石寨村	明	古建筑
桥溪村古民居建筑群（含世德堂、朱氏祖祠、守庆公祠、世德楼、燕怡楼、慎安居、凌云馆、宝善楼、桥溪小学（原称“宝园”）、宝善家塾、渊庆楼、宝庆居、继善楼、逸楼、世安居、祖德居	梅州市雁洋镇桥溪村	明—民国	古建筑
两海会馆	梅州市兴城镇神光路	清	古建筑
南华又庐	梅州市南口镇侨乡村	清	古建筑
泰安楼	梅州市湖寮镇龙岗	清	古建筑
归善学宫	惠州市惠新中街1号	明、清	古建筑
功武村古建筑群（含五宅第、古码头、正街、廖氏宗祠）	惠州市龙门县沙迳镇功武村	清	古建筑
金鳌洲塔	东莞市万江区金泰村	明	古建筑
黎氏大宗祠及古建筑群（含黎氏大宗祠、京卿黎公家庙、荣禄黎公家庙、文阁、古巷门楼、居仁里、诗家坊、文明启迪、奕世文林、凤鸣里）	东莞市中堂镇潢涌村	明—民国	古建筑
康王庙	东莞市石排镇横山村	清	古建筑
镇山宝塔	江门新会市圭峰山玉台寺	元	古建筑
陈白沙祠	江门市西区大道44号	明万历	古建筑
新会学宫	江门新会市会城镇公园路	明—清	古建筑
崖门炮台	江门新会市古井镇崖门村	清	古建筑
司谏进士坊	江门新会市荷塘镇南村	明	古建筑
张将军家庙	江门新会市双水镇豪山村	清	古建筑
周源李公祠	江门新会市荷塘镇篁湾村	清	古建筑
北山石塔	阳江市江城区北山文化公园内	南宋	古建筑
刘氏家塾	阳江阳春市三甲镇三圩石咀	清	古建筑
三元启秀塔	湛江雷州市三元塔公园内	明	古建筑
贵生书院与门前古道	湛江市徐闻县徐城镇贵生路	明	古建筑
新坡村广济桥	湛江市湖光农场新坡	清	古建筑
双峰塔	湛江市吴阳镇塔脚村	明	古建筑
宝光塔	茂名高州市城区宝光路	明	古建筑
化州学宫	茂名化州市河东教育路2号	清	古建筑
高州冼太庙	茂名高州市城区文明路	明	古建筑
崇禧塔	肇庆市塔脚路北侧	明	古建筑
高要学宫	肇庆市端州区正东路42号	明	古建筑
龙山宫	肇庆市德庆县官圩镇	明	古建筑

续表

文物保护单位名称	所在地	年 代	类 别
三元塔	肇庆市德庆县德城镇	明	古建筑
泰新桥	肇庆市平凤镇平岗新村	明	古建筑
文明塔	肇庆高要市南岸镇镇塘岗	明万历	古建筑
大梁宫大殿	肇庆市河儿口镇扶河村旁	明	古建筑
包公井	肇庆市端州区龙顶岗	宋	古建筑
石洞古庙	肇庆市星湖风景名胜区内	明—清	古建筑
蓬莱寺塔	清远英德市浛洸镇	宋	古建筑
凤凰塔（又名涸溪塔）	潮州市市区桥东涸溪	明	古建筑
镇风塔	潮州市饶平县柘林镇	元	古建筑
广济门城楼	潮州市市区东门街	明	古建筑
海阳县儒学宫	潮州市市区昌黎路	明	古建筑
大埕所城（含古戏台、古街道、城隍庙）	潮州市饶平县所城镇	明	古建筑
饶平土楼(含南阳楼、润丰楼、新彩楼、镇福楼)	潮州市饶平县上善永善村、新丰丰联村、饶洋赤棠村、上饶马坑村	明、清	古建筑
城隍庙	揭阳市榕城区城隍庙	宋—明洪武二年（1369）	古建筑
培风塔	揭阳市洪阳镇后坑村	乾隆七年（1742）	古建筑
关帝庙	揭阳市榕城区天福路	明—清	古建筑
陈氏家庙	揭阳市榕城区仙桥镇涂库村	清	古建筑
打铁街作坊群	揭阳市揭西棉湖镇	清	古建筑
国恩寺	云浮市新城南13公里	唐	古建筑
文塔	云浮罗定市塔山路	明	古建筑
菁莪书院	云浮市罗城镇北区道前街	清	古建筑
罗定学宫	云浮市罗城镇北关里	清	古建筑
大湾古民居建筑群（含其昌栈大屋、祺波大屋、李氏大宗祠、锦村李公祠、拨亭李公祠、象翁李公祠、禄村李公祠、峻峰李公祠、诚翁李公祠、介村李公祠、正村李公祠、学充李公祠、芳裕家塾、洁翁李公祠）	云浮市郁南县大湾镇五星村委会大湾寨	清—民国	古建筑
石溪摩崖石刻	珠海市香洲区山场村后山	明	石窟寺及石刻
莲花峰摩崖石刻	汕头市潮阳区海门镇莲花峰公园	宋	石窟寺及石刻
钟鼓岩摩崖石刻	韶关南雄市梅岭镇梅岭村对面山	唐—宋	石窟寺及石刻
云门寺南汉碑	韶关市乳源县乳城镇东6公里处云门寺内	南汉	石窟寺及石刻
罗浮山摩崖石刻	惠州市罗浮山	宋一民国	石窟寺及石刻
《大田洞摩崖石刻平瑶记》石刻	江门恩平市大田石山洞	1353	石窟寺及石刻
紫花岗摩崖石刻	江门台山市南湾镇	清	石窟寺及石刻
崆峒岩摩崖石刻及洞内古建筑	阳江阳春市春城镇河西崆峒岩	明	石窟寺及石刻
通真岩摩崖石刻	阳江阳春市春湾镇铜石岩	宋	石窟寺及石刻

续表

文物保护单位名称	所在地	年 代	类 别
鼎湖山摩崖石刻	肇庆市鼎湖山风景区内	唐—近代	石窟寺及石刻
三洲岩摩崖石刻	肇庆市德庆县九市镇三洲村	宋—清	石窟寺及石刻
华表石摩崖石刻	肇庆市德庆县回龙镇建丰村	明	石窟寺及石刻
贤令山摩崖石刻	清远市阳山县城北面贤令山	唐—清	石窟寺及石刻
南山摩崖石刻	清远英德市郊南山	唐—民国	石窟寺及石刻
碧落洞摩崖石刻	清远英德市英城镇龙头村燕子岩	唐—民国	石窟寺及石刻
大云洞摩崖石刻	清远连州市连州镇城西	宋—民国	石窟寺及石刻
观音岩摩崖石刻	清远英德市英城镇	宋—近代	石窟寺及石刻
巾峰山摩崖石刻	清远连州市连州镇巾峰山	宋—近代	石窟寺及石刻
葫芦山摩崖石刻	潮州市市区西湖公园葫芦山上	宋—清	石窟寺及石刻
龙龛岩摩崖石刻	云浮罗定市萍塘镇村委	唐	石窟寺及石刻
冯云山故居遗址	广州市花都区新华镇村禾落地村	1814—1847	近现代重要史迹及代表性建筑
升平社学旧址（含义勇祠）	广州市白云区石井镇	1841	近现代重要史迹及代表性建筑
“三二九”起义指挥部旧址	广州市越华路小东营15号	1911	近现代重要史迹及代表性建筑
中国共产党广东区委员会旧址	广州市越秀区文明路194号至200号（原为文明路75至81号）	1924—1927	近现代重要史迹及代表性建筑
省港罢工委员会旧址	广州市越秀区东园横路3号	1925—1927	近现代重要史迹及代表性建筑
广东贡院明远楼与中山大学天文台旧址（此两处建筑原包含在国家级文物保护单位“国民党‘一大’旧址”之内）	广州市越秀区文明路215号	1927	近现代重要史迹及代表性建筑
广州起义烈士陵园	广州市越秀区中山三路红花岗	1927	近现代重要史迹及代表性建筑
中国共产党第三次全国代表大会会址	广州市越秀区恤孤院路3号	1923	近现代重要史迹及代表性建筑
广东省农民协会旧址	广州市越秀区中山三路东皋大道礼兴街6号	1925—1927	近现代重要史迹及代表性建筑
周恩来同志主持的中共两广区委军委旧址	广州市万福路190号	1926	近现代重要史迹及代表性建筑
白云楼鲁迅故居	广州市越秀区白云路2号	1927	近现代重要史迹及代表性建筑
仲恺农校旧址	广州市海珠区纺织路东沙街24号	近代	近现代重要史迹及代表性建筑
外国人公墓	广州市长洲镇深井村竹岗	近代	近现代重要史迹及代表性建筑
广雅书院旧址	广州市西湾路1号广雅中学内	1889	近现代重要史迹及代表性建筑
广东邮务管理局旧址	广州市沿江西路43号	1913	近现代重要史迹及代表性建筑
广东财政厅旧址	广州市北京路376号	1915	近现代重要史迹及代表性建筑

续表

文物保护单位名称	所在地	年 代	类 别
康乐园早期建筑群（含岭南大学校舍建筑群“马丁堂、格兰堂”、岭南大学附中建筑群、岭南大学附小建筑群、马岗顶洋教授建筑群、模范村中国教授住宅群、孙中山铜像、七进士牌坊）	广州市新港西路中山大学	1924	近现代重要史迹及代表性建筑
中央银行旧址	广州市沿江中路193号	1925	近现代重要史迹及代表性建筑
十九路军淞沪抗日将士坟园	广州市水荫路113号	1933	近现代重要史迹及代表性建筑
土洋村东江纵队司令部旧址	深圳市葵涌镇土洋村	1945	近现代重要史迹及代表性建筑
中英街界碑	深圳市沙头角镇中英街	清	近现代重要史迹及代表性建筑
苏兆征故居	珠海市唐家湾镇淇澳村	清	近现代重要史迹及代表性建筑
三灶岛“万人坟”遗址（含“千人坟”遗址）	珠海市三灶镇竹沥山	抗日战争时期	近现代重要史迹及代表性建筑
广东东江各属行政委员公署旧址	汕头市金平区外马路129号	1926	近现代重要史迹及代表性建筑
大南山石刻革命标语红宫红场	汕头市潮南区红场镇	1928—1932	近现代重要史迹及代表性建筑
海门“万人冢”遗址	汕头市潮阳区海门镇莲花峰公园	民国	近现代重要史迹及代表性建筑
陈慈黉故居	汕头市澄海区隆都镇前美村	民国	近现代重要史迹及代表性建筑
国民革命东征军总指挥部、总政治部旧址	汕头市金平区外马路207号	1925	近现代重要史迹及代表性建筑
九列故居	佛山市顺德区杏坛镇北水村	清	近现代重要史迹及代表性建筑
简氏别墅	佛山市禅城区人民路臣总里19号	清—民国	近现代重要史迹及代表性建筑
兆祥黄公祠	佛山市禅城区福宁路95号	民国	近现代重要史迹及代表性建筑
北江农军学校旧址	韶关市建国路，原地区粮食局	1925—1927	近现代重要史迹及代表性建筑
阮啸仙故居	河源市东源县义合镇	清	近现代重要史迹及代表性建筑
“八一”起义军三河坝战役烈士纪念碑	梅州市三河镇汇东	1964	近现代重要史迹及代表性建筑
东江第一次工农兵代表大会遗址	梅州市丰顺县八乡山下庄屋坪	近代	近现代重要史迹及代表性建筑
人境庐及古民居建筑（含荣禄第、恩元第）	梅州市东山小溪唇	清	近现代重要史迹及代表性建筑
谢晋元故居	梅州市蕉岭县西部	清	近现代重要史迹及代表性建筑
张弼士故居	梅州市大埔县西河镇车龙村	清	近现代重要史迹及代表性建筑
棣华居	梅州市白宫镇新联村	1918	近现代重要史迹及代表性建筑

续表

文物保护单位名称	所在地	年 代	类 别
联芳楼	梅州市白宫镇新联村	1931	近现代重要史迹及代表性建筑
东江纵队司令部旧址	惠州市罗浮山	清	近现代重要史迹及代表性建筑
邓演达故居	惠州市惠城区三栋镇	1895	近现代重要史迹及代表性建筑
彭湃烈士故居（含得趣书室）	汕尾市海丰县城东镇	清末	近现代重要史迹及代表性建筑
赤山约农会旧址	汕尾市海丰县海城镇龙山乡	现代	近现代重要史迹及代表性建筑
陆丰县总农会旧址	汕尾市陆丰县东海镇六驿村	现代	近现代重要史迹及代表性建筑
蒋光鼐故居	东莞市虎门镇南栅村	1930	近现代重要史迹及代表性建筑
国殇冢	东莞市道滘镇闸口村	1949	近现代重要史迹及代表性建筑
杨殷故居	中山市南朗镇翠亨村	清	近现代重要史迹及代表性建筑
陆皓东故居	中山市南朗镇翠亨村	清	近现代重要史迹及代表性建筑
司徒美堂故居	江门开平市赤坎镇牛路里	清末	近现代重要史迹及代表性建筑
陈少白故居	江门市外海镇南华里1号	清	近现代重要史迹及代表性建筑
陈垣故居	江门新会市棠下镇石头村	清	近现代重要史迹及代表性建筑
赤坎旧镇近代建筑群（含中华西路、堤西路、中华东路、堤东路的近代建筑物）	江门开平市	近代	近现代重要史迹及代表性建筑
台山县政府大楼	江门台山市台城镇中山三巷6号	1933	近现代重要史迹及代表性建筑
汀江圩华侨近代建筑群（共占地30亩，合94幢建筑物）	江门台山市端芬镇六乡村	民国	近现代重要史迹及代表性建筑
陈宜禧故居	江门台山市斗山镇	1922	近现代重要史迹及代表性建筑
风采堂	江门开平市荻海茭荻咀	民国	近现代重要史迹及代表性建筑
广州湾法国公使署旧址	湛江市霞山区海滨一路	1903	近现代重要史迹及代表性建筑
湛江人民抗法斗争旧址（含黄略村人民抗法斗争纪念、抗法斗争南柳人民誓师处、湛江人民抗法斗争麻章营部旧址）	湛江市遂溪县	近代	近现代重要史迹及代表性建筑
张炎故居	湛江吴川市塘缀镇樟山村	近代	近现代重要史迹及代表性建筑
陈兰彬故居	湛江吴川市黄坡镇黄坡村	清	近现代重要史迹及代表性建筑
大洪国王宫旧址	茂名信宜市镇隆镇八坊村文明街	清	近现代重要史迹及代表性建筑

续表

文物保护单位名称	所在地	年 代	类 别
凌十八故居	茂名信宜市钱排镇北内塘坳村	清	近现代重要史迹及代表性建筑
广东省农民协会南路办事处旧址	茂名高州市城区后街40号	1927	近现代重要史迹及代表性建筑
叶挺独立团团部旧址	肇庆市江滨东路阅江楼	明	近现代重要史迹及代表性建筑
周其鉴故居	肇庆市广宁县南街镇新楼村	清	近现代重要史迹及代表性建筑
广宁县农民协会旧址	肇庆市广宁县南街镇江佈村白庙梁家祠	1927	近现代重要史迹及代表性建筑
中国人民解放军粤桂湘边纵队司令部旧址	肇庆市赤坑镇赤坑村交赞村	1949	近现代重要史迹及代表性建筑
冯达飞故居	清远连州市东陂镇东坡街达飞巷	清	近现代重要史迹及代表性建筑
陈可钰故居	清远市清新县石潭镇新民街	1944	近现代重要史迹及代表性建筑
涵碧楼	潮州市市区西湖公园内	民国	近现代重要史迹及代表性建筑
周恩来同志革命活动旧址（即揭阳学宫）	揭阳市榕城韩祠路	宋—清	近现代重要史迹及代表性建筑
“八一”南昌起义南下部队指挥部军事决策会议旧址	揭阳普宁市流沙镇新河东路1号	1927	近现代重要史迹及代表性建筑
邓发故居	云浮市云城区城西石塘村	清光绪	近现代重要史迹及代表性建筑
蔡廷锴故居	云浮罗定市罗镜镇龙岩管理区	近代	近现代重要史迹及代表性建筑
荣睿纪念碑	肇庆市鼎湖山风景名胜区内	现代	其他

备注：截至2007年底，广东省拥有省级文物保护单位252处。

（资料由广东省文物局提供）

广东省第一批国家级非物质文化遗产名录

（共28项）

分类	序号	编号	项目名称	申报地区或单位
一、民间文学(共计31项，广东入选为0项)				
二、民间音乐 (共计72项， 入选5项)	42	Ⅱ—11	梅州客家山歌	广东省梅州市
	43	Ⅱ—12	中山咸水歌	广东省中山市
	80	Ⅱ—49	广东音乐	广东省广州市、台山市
	81	Ⅱ—50	潮州音乐	广东省潮州市、汕头市
	82	Ⅱ—51	广东汉乐	广东省大埔县
三、民间舞蹈 (共计41项， 入选3项)	107	Ⅲ—4	龙舞 (铜梁龙舞、**湛江人龙舞**、**汕尾滚地金龙**、浦江板凳龙、长坛彩龙) 兴百叶龙、奉化布龙、泸州雨	重庆市 **广东省湛江市、汕尾市** 四川省泸县 浙江省浦江县、长兴县奉化市
	108	Ⅲ—5	狮舞 (徐水舞狮、天塔狮舞、黄沙狮子、**广东醒狮**)	河北省徐水县 山西省襄汾县 **广东省佛山市、遂溪县、广州市** 浙江省临海市
	111	Ⅲ—8	英歌(普宁英歌、潮阳英歌)	广东省揭阳市、汕头市
四、传统戏剧 (共计92项， 入选8项)	148	Ⅳ—4	潮剧	广东省汕头市、潮州市
	159	Ⅳ—15	正字戏	广东省陆丰市
	180	Ⅳ—36	粤剧	**广东省文化厅** **广东省广州市、佛山市** 澳门特别行政区文化局 香港特别行政区民政事务局
	191	Ⅳ—47	西秦戏	广东省海丰县
	218	Ⅳ—74	白字戏	广东省海丰县
	219	Ⅳ—75	花朝戏	广东省紫金县
	235	Ⅳ—91	皮影戏 (唐山皮影戏、冀南皮影戏、孝义皮影戏、复州皮影戏、海宁皮影戏、环县道情皮影戏、凌源皮影戏) 华阴老腔、阿宫腔、弦板腔、江汉平原皮影戏、**陆丰皮影戏**	河北省唐山市、邯郸市 山西省孝义市 辽宁省瓦房店市 陕西省华县、浙江省海宁市 湖北省潜江市 辽宁省凌源市 陕西省渭南市、华阴市、富平县 甘肃省环县 **广东省汕尾市**
	236	Ⅳ—92	木偶戏 (泉州提线木偶戏、晋江布袋木偶戏、漳州布袋木偶戏、辽西木偶戏、布袋戏、**高州木偶戏**、**潮州铁枝木偶戏**、临高人偶戏、川北大木偶戏、石阡木偶戏、邵阳提线木偶戏、泰顺药发木偶戏)	福建省泉州市、晋江市、漳州市 辽宁省锦州市 湖南省邵阳市邵阳县 **广东省高州市、潮州市** 海南省临高县 陕西省 贵州省石阡县 四川省
五、曲艺 (共计46项， 入选1项)	267	Ⅴ—31	龙舟说唱	广东省佛山市顺德区

续表

分 类	序 号	编 号	项目名称	申报地区或单位
六、杂技与竞技（共计17项，广东入选为0项）				
七、民间美术（共计51项，入选6项）	308	Ⅶ—9	佛山木版年画	广东省佛山市
	315	Ⅶ—16	剪纸 （蔚县剪纸、丰宁满族剪纸、中阳剪纸、医巫闾山满族剪纸、扬州剪纸、乐清细纹刻纸、**广东剪纸**、傣族剪纸、安塞剪纸）	河北省蔚县、丰宁满族自治县 山西省中阳县 辽宁省锦州市 陕西省安塞县 浙江省乐清市 **广东省佛山市、汕头市、潮州市** 云南省潞西市 江苏省扬州市
	319	Ⅶ—20	粤绣——（广绣、潮绣）	广东省广州市、潮州市
	326	Ⅶ—27	象牙雕刻	**广东省广州市** 北京市崇文区
	339	Ⅶ—40	潮州木雕	广东省潮州市
	349	Ⅶ—50	灯彩 （仙居花灯、硖石灯彩、泉州花灯、**东莞千角灯**、湟源排灯）	浙江省仙居县、海宁市 福建省泉州市 青海省湟源县 **广东省东莞市**
八、传统手工技艺（共计89项，入选3项）	353	Ⅷ—3	石湾陶塑技艺	广东省佛山市
	425	Ⅷ—75	端砚制作技艺	广东省肇庆市
	439	Ⅷ—89	凉茶	澳门特别行政区文化局 香港特别行政区民政事务局 **广东省文化厅**
九、传统医药（共计9项，入选0项）				
十、民俗（共计70项，入选2项）	492	Ⅸ—44	小榄菊花会	广东省中山市
	493	Ⅸ—45	瑶族耍歌堂	广东省清远市

备注：2006年5月20日，国务院公布第一批国家级非物质文化遗产名录共计518项，其中广东省入选28项。

（资料由广东省非物质文化遗产保护中心提供）

广东省第一批省级非物质文化遗产名录

（共78项）

分类（代码）	序号	项目名称	申报地区
民间美术（03）共5项	1	佛山剪纸	佛山市
	2	潮阳民间剪纸	汕头市
	3	潮州剪纸艺术	潮州市
	4	佛山木版年画	佛山市
	5	忠信花灯	河源连平县
民间音乐（04）共10项	6	广东音乐	广州市
	7	潮州音乐	潮州市
	8	客家山歌（梅州）	梅州市
	9	中山咸水歌	中山市
	10	广东汉乐	梅州大埔县
	11	沙田民歌	珠海市
	12	汕尾渔歌	汕尾市
	13	惠东渔歌	惠州惠东县
	14	台山广东音乐	江门台山市
	15	潮阳笛套音乐	汕头市
民间舞蹈（05）共20项	16	普宁英歌	揭阳市
	17	潮阳英歌	汕头市
	18	遂溪醒狮	湛江遂溪县
	19	广东醒狮	佛山南海区
	20	沙坑醒狮	广州市
	21	东莞麒麟舞	东莞市
	22	海丰麒麟舞	汕尾市海丰县
	23	黄阁麒麟舞	广州市
	24	人龙舞	湛江东海岛
	25	滚地金龙	汕尾市
	26	蜈蚣舞	汕头市
	27	舞春牛	韶关市
	28	醉龙	中山市
	29	潮州饶平布马舞	潮州市
	30	沙头角鱼灯舞	深圳市
	31	舞鹰雄	湛江廉江市
	32	平远船灯	梅州平远县
	33	舞火狗	惠州市
	34	化州跳花棚	茂名化州市
	35	钱鼓舞	汕尾市
戏曲（06）共14项	36	粤剧	广州市
	37	粤剧（佛山）	佛山市
	38	潮剧（汕头）	汕头市

续表

分类（代码）	序号	项目名称	申报地区
戏曲（06）共14项	39	潮剧（潮州）	潮州市
	40	广东汉剧	梅州市
	41	正字戏	汕尾市
	42	西秦戏	汕尾海丰县
	43	白字戏	汕尾海丰县
	44	花朝戏	河源紫金
	45	高州木偶戏	茂名高州市
	46	五华提线木偶戏	梅州五华县
	47	潮州铁枝木偶戏	潮州潮安县
	48	陆丰皮影戏	汕尾市
	49	姑娘歌	湛江市
曲艺（07）共1项	50	龙舟说唱	佛山顺德区
民间手工技艺（09）共13项	51	广绣	广州市
	52	潮绣艺术	潮州市
	53	潮州木雕艺术	潮州市
	54	广彩	广州市
	55	潮州大吴泥塑	潮州市
	56	“石湾公仔”陶塑艺术	佛山市
	57	新会葵艺	江门市
	58	广州牙雕	广州市
	59	阳江漆艺	阳江市
	60	端砚制作工艺	肇庆市
	61	英石假山盆景传统工艺	清远市
	62	阳江风筝	阳江市
	63	千角灯	东莞市
岁时节令（13）共5项	64	吴川飘色	湛江吴川市
	65	沙湾飘色	广州市
	66	台山浮石飘色	江门台山市
	67	丰顺埔寨火龙	梅州市
	68	河田高景	汕尾陆河县
民间信仰（14）共2项	69	瑶族“拜盘王”	韶关市
	70	雷州石狗信仰	湛江雷州市
民间知识（15）1项	71	凉茶	广东省文化厅、香港行政区民政事务局、澳门行政区文化局
游艺、传统体育与竞技（16）共1项	72	澄海灯谜	汕头市
文化空间（17）共6项	73	南华诞庙会	韶关市
	74	佛山祖庙北帝诞	佛山市
	75	悦城“龙母诞”庙会	肇庆市
	76	小榄菊花会	中山市
	77	佛山秋色	佛山市
	78	连南排瑶耍歌堂	清远市

备注：2006年5月11日，经广东省人民政府批准，广东省第一批省级非物质文化遗产名录对外公布。

广东省第二批省级非物质文化遗产名录

（共104项）

分类（代码）	序 号	项目名称	申报地区
民间文学（I）共3项	1	五羊传说	广州市
	2	雷州歌	湛江市
	3	泷州歌	云浮市
民间音乐（II）共10项	4	岭南古琴艺术	广州市
	5	佛山十番	佛山市
	6	八音锣鼓	佛山市
	7	九峰山歌	韶关市
	8	连滩山歌	云浮市郁南县连滩镇
	9	南塘吹打乐	汕尾市
	10	白口莲山歌	中山市
	11	客家山歌（石岩客家山歌、松口客家山歌）	深圳市、梅州市梅县
	12	咸水歌	广州市、东莞市沙田镇
	13	潮州音乐	汕头市
民间舞蹈（III）共21项	14	舞貔貅	广州市
	15	鳌鱼舞`	广州市番禺区
	16	鹤舞	珠海市、中山市沙溪镇、揭阳市
	17	竹马舞	梅州市五华县
	18	杯花舞	梅州兴宁市
	19	傩舞	湛江市
	20	雄鸡舞	肇庆市德庆县
	21	龙鱼舞	肇庆市怀集县
	22	瑶族长鼓舞	清远市连南瑶族自治县
	23	闹花灯	清远英德市
	24	舞马鹿	清远连州市
	25	清远市连山壮族瑶族舞	清远市连山壮族瑶族自治县
	26	凤舞	清远市阳山县
	27	禾楼舞	云浮市郁南县连滩镇、茂名市
	28	惠来九鳄舞	揭阳市惠来县
	29	五马巡城	肇庆市封开县
	30	*龙舞（杏坛人龙、龙岗舞龙、荷塘纱龙、花环龙、东莞龙舞、乔林烟花火龙）	佛山市顺德区、深圳市龙岗区、江门市蓬江区、梅州市大埔县、东莞市大朗镇、揭阳市东山区
	31	*英歌舞	汕尾市
	32	*狮舞（醒狮、狮艺、高脚狮、席狮、福永醒狮）	东莞市石排镇、江门鹤山市、茂名市、梅州市梅江区、深圳市
	33	*鲤鱼舞（潮州鲤鱼舞、鲤鱼灯）	潮州市、梅州市
	34	麒麟舞	深圳市、中山市黄圃镇

续表

分类(代码)	序 号	项目名称	申报地区
传统戏剧(Ⅳ)共4项	35	粤北采茶戏	韶关市
	36	贵儿戏	肇庆市怀集县
	37	木偶戏(单人木偶)	茂名市
	38	*潮剧	揭阳市
曲艺(Ⅴ)共2项	39	粤曲星腔	佛山市
	40	潮州歌册	潮州市
杂技与竞技(Ⅵ)共2项	41	蔡李佛拳	江门市新会区
	42	咏春拳	江门鹤山市
民间美术(Ⅶ)共16项	43	灰塑	广州市
	44	玉雕(广州玉雕、阳美翡翠玉雕、肇庆市广宁玉雕、肇庆市四会玉雕)	广州市、揭阳市阳美村、肇庆市广宁县、肇庆四会市
	45	砖雕	广州市
	46	榄雕	广州市
	47	五华石雕	梅州市五华县
	48	阳春根雕	阳江阳春市
	49	佛山彩灯	佛山市
	50	潮州花灯	潮州市
	51	抽纱	汕头市
	52	瑶族刺绣	韶关市
	53	嵌瓷(大寮嵌瓷、普宁嵌瓷)	汕头市、揭阳普宁市
	54	吴川泥塑	湛江吴川市
	55	张田饼印	韶关市
	56	云浮石艺	云浮市
	57	瓶内画	汕头市
	58	*木雕	揭阳市、佛山市、汕头市
传统手工技艺(Ⅷ)共10项	59	广式家具制作技艺	广州市
	60	香云纱染整技艺	佛山市顺德区
	61	龙舟制作技艺	东莞市中堂镇
	62	白沙茅龙笔制作技艺	江门市
	63	枫溪瓷烧制技艺	潮州市枫溪镇
	64	佛山狮头制作技艺	佛山市
	65	麒麟制作	东莞市清溪镇
	66	莞草编织	东莞市厚街镇
	67	安琪广式月饼制作技艺	广东省食品行业协会
	68	古法造纸	肇庆四会市
传统医药(Ⅸ)共3项	69	潘高寿中药文化	广州市
	70	陈李济中药文化	广州市
	71	平乐郭氏正骨医术	深圳市

续表

分类(代码)	序 号	项目名称	申报地区
民俗(X) 共33项	72	春节习俗(揭阳春节习俗、佛山春节习俗)	揭阳市、佛山市
	73	乞巧节	广州市、东莞市望牛墩镇
	74	东坑卖身节	东莞市东坑镇
	75	豆腐节	清远市佛冈县
	76	畲族招兵节	潮州市
	77	迎春花市	广州市
	78	寮步香市	东莞市寮步镇
	79	波罗诞	广州市
	80	康王宝诞	东莞市石排镇
	81	贞仙诞	肇庆市
	82	赛龙舟(礼乐龙舟、赛龙舟、扒龙舟)	江门市江海区、深圳市、广州市
	83	下沙黄氏重阳祭祖习俗	深圳市
	84	大溪宗祠祭典	揭阳市
	85	三山国王祭典	揭阳市揭西县
	86	“辞沙”祭妈祖大典	深圳市
	87	疍家婚俗(疍家人婚俗、疍家渔民婚俗)	深圳市、阳江市
	88	饶平彩青习俗	潮州市饶平县
	89	忠信吊灯习俗	河源市连平县
	90	疍民过年习俗	深圳市
	91	行通济	佛山市
	92	行彩桥	揭阳市
	93	灯会(乐安花灯会、泮村灯会)	佛山市、江门开平市
	94	张公庙会	云浮市郁南县连滩镇
	95	六祖诞庙会	云浮市
	96	锣鼓标旗巡游	揭阳市
	97	大鹏追念英烈习俗	深圳市
	98	斗门水上婚嫁	珠海市斗门区
	99	潮州工夫茶	潮州市
	100	麒麟村爬刀梯	湛江市
	101	舞被狮	清远市佛冈县
	102	东坑地景	汕尾市陆河县
	103	玄武山庙会	汕尾陆丰市
	104	*飘色	中山市南朗镇和黄圃镇、珠海市

备注：1. 2007年6月18日，经广东省人民政府批准，广东省第二批省级非物质文化遗产名录对外公布；
2. 项目名称前面标有*的项目，为第一批省级非物质文化遗产代表作名录项目，本批增加了申报地区。

（资料由广东省非物质文化遗产保护中心提供）

广东省国家级、省级旅游度假区名录

旅游度假区名称	级别	行政区域	批建时间（年 月 日）
广州南湖国家级旅游度假区	国家级	广州市	1992.10.04
深圳湾省级旅游度假区	省 级	深圳市	1994.05.07
丹霞山省级旅游度假区	省 级	韶关市	1994.05.07
肇庆北岭旅游度假区	省 级	肇庆市	1992.05.22
西樵山旅游度假区	省 级	佛山市	1993.08.05
海陵岛省级旅游度假区	省 级	阳江市	1994.05.07
川岛省级旅游度假区	省 级	江门市	1994.05.07
白藤湖省级旅游度假区	省 级	珠海市	1994.05.07
从化温泉省级旅游度假区	省 级	广州市	1994.05.07
潮州省级旅游度假区	省 级	潮州市	1994.05.07
水东湾省级旅游度假区	省 级	茂名市	1994.05.07
吉兆湾省级旅游度假区	省 级	湛江市	1994.05.07
春湾—凌霄岩省级旅游度假区	省 级	阳江市	1994.05.07
丰顺温泉省级旅游度假区	省 级	梅州市	1994.05.07
均安省级旅游度假区	省 级	佛山市	1994.05.07
飞霞—银盏省级旅游度假区	省 级	清远市	1994.05.07
新兴温泉省级旅游度假区	省 级	云浮市	1994.05.07
北山湾省级旅游度假区	省 级	汕头市	1994.05.07
青澳湾省级旅游度假区	省 级	汕头市	1994.05.07
威远岛省级旅游度假区	省 级	东莞市	1994.05.07
仙鹅湖省级旅游度假区	省 级	东莞市	1994.05.07
东海岛省级旅游度假区	省 级	湛江市	1994.05.07
九洲岛省级旅游度假区	省 级	珠海市	1994.05.07
翠亨村省级旅游度假区	省 级	中山市	1994.05.07
芙蓉省级旅游度假区	省 级	广州市	1994.05.07
雁南飞茶田旅游度假区	省 级	梅州市	1999.06.11
龙虎滩旅游度假区	省 级	汕头市	1999.06.11
南国桃园旅游度假区	省 级	佛山市	1999.06.11
金山温泉旅游度假区	省 级	阳江市	1999.06.11
清新温矿泉旅游度假区	省 级	清远市	1999.06.11

备注：自1992年起至1999年止，广东省陆续批建旅游度假区30处，其中国家级旅游度假区1处，省级旅游度假区29处。

广东省国家A级旅游景区（点）质量等级评定名录

旅游景区（点）名称	所在地	级别	评定时间（年）
深圳华侨城旅游度假区	深圳市南山区	AAAAA	2007
广州长隆旅游度假区	广州市番禺区迎宾路	AAAAA	2007
珠海圆明新园	珠海市前山镇	AAAA	2000
肇庆星湖风景名胜区	肇庆市城区	AAAA	2000
深圳观澜湖高尔夫球会	深圳市宝安区观澜镇	AAAA	2000
韶关丹霞山风景名胜区	韶关市仁化县	AAAA	2000
阳江海陵岛大角湾风景名胜区	阳江市海陵岛	AAAA	2000
广州白云山风景名胜区	广州市北部	AAAA	2000
清远清新温矿泉旅游度假区	清远市清新县三坑镇	AAAA	2000
中山孙中山故居	中山市南朗镇	AAAA	2000
佛山西樵山风景名胜区	佛山市南海区	AAAA	2000
梅州雁南飞茶田旅游度假区	梅州市梅县雁洋镇	AAAA	2001
河源新丰江国家森林公园	河源市旅游大道	AAAA	2001
广州中山纪念堂	广州市东风中路	AAAA	2001
广东美术馆	广州市二沙岛烟雨路	AAAA	2001
广州宝墨园	广州市番禺区沙湾镇紫坭村	AAAA	2001
广州莲花山旅游区	广州市番禺区东面	AAAA	2001
汕头中信高尔夫海滨旅游度假区	汕头市濠江区	AAAA	2002
汕头礐石风景名胜区	汕头市南区	AAAA	2002
江门圭峰山风景名胜区	江门市新会区会城镇	AAAA	2002
江门开平立园	开平市塘口区	AAAA	2002
江门金山温泉旅游度假区	恩平市那吉镇那吉墟	AAAA	2002
惠州西湖风景名胜区	惠州市区	AAAA	2003
湛江湖光岩风景名胜区	湛江市西南部	AAAA	2003
东莞鸦片战争博物馆	东莞市虎门镇	AAAA	2003
广州西汉南越王墓博物馆	广州市越秀区解放北路的象岗山	AAAA	2004
汕头南澳生态旅游区	汕头市南澳县	AAAA	2004
广州黄花岗烈士陵园	广州市越秀区先烈中路	AAAA	2004
梅州雁鸣湖旅游度假村	梅州市梅县雁洋镇	AAAA	2004
广州越秀公园	广州市白云区	AAAA	2005
广州从化碧水湾温泉度假村	从化市流溪温泉旅游度假区	AAAA	2005
佛山三水荷花世界	佛山市三水区中部	AAAA	2005
江门新会古兜温泉旅游度假村	江门市新会区崖南	AAAA	2005
清远连州地下河	清远连州市东陂镇	AAAA	2006
佛山市三水森林公园	佛山市三水区	AAAA	2006
江门锦江温泉	恩平市大田镇	AAAA	2006
珠海农科中心	珠海前山镇	AAAA	2006
韶关曹溪温泉	韶关市曲江区	AAAA	2006
中山詹园	中山市南区	AAAA	2007

续表

旅游景区（点）名称	所在地	级别	评定时间（年）
深圳仙湖植物园	深圳市罗湖区	AAAA	2007
佛山清晖园	佛山市顺德区	AAAA	2007
惠州龙门温泉旅游度假区	惠州市龙门县	AAAA	2007
惠州南昆山温泉旅游大观园	惠州市龙门县永汉镇	AAAA	2007
惠州南昆山生态旅游区	惠州市龙门县	AAAA	2007
广东省飞来峡水利枢纽风景区	清远市清新县飞来峡镇	AAAA	2007
清远玄真古洞生态旅游区	清远市清新县城北侧	AAAA	2007
清远黄腾峡生态旅游区	清远市清城区黄腾峡	AAAA	2007
清远碧桂园假日半岛故乡里旅游度假区	清远市清城区石角镇碧桂园假日半岛内	AAAA	2007
湛江蓝月湾温泉度假邨	湛江市海滨三路32号	AAAA	2007
汕尾玄武山旅游区	汕尾陆丰市碣石镇北郊	AAAA	2007
汕头莲花峰旅游区	汕头市潮阳区	AAA	2001
广州抽水蓄能电站旅游区	从化市吕田小杉	AAA	2002
茂名西江温泉度假村	信宜市郊北界西江村	AAA	2005
茂名天马山生态旅游区	信宜市北界镇	AAA	2005
茂名水东湾第一滩旅游度假区	茂名市茂港区	AAA	2005
湛江南亚热带植物园	湛江市西南部	AAA	2005
湛江雷州天成台旅游度假村	雷州市乌石镇乌石港右侧的北海滩	AAA	2005
湛江吴川吉兆湾旅游度假区	吴川市覃巴镇吉兆海滨	AAA	2005
广州洪秀全故居纪念馆	广州市花都区新华街	AAA	2005
广州气象卫星地面站	广州市天河区东莞庄路	AAA	2005
广州十九路军淞沪抗日将士陵园	广州市天河区水荫路	AAA	2005
河源霍山风景区	河源市龙川县田心镇	AAA	2005
潮州韩文公祠	潮州市湘桥区笔架山（韩山）山麓	AAA	2005
梅州五华热矿泥山庄	梅州市五华县转水镇	AAA	2005
梅州五指石风景名胜区	梅州市平远县	AAA	2005
湛江鹤地银湖旅游区	廉江市河唇镇	AAA	2006
清远市太河古洞旅游区	清远市清新县太和镇北郊花尖山	AAA	2006
惠州香溪堡旅游区	惠州市龙门县	AAA	2007
惠州冠和博物馆	惠州市河南岸惠淡路金山湖畔冠和金山龙庭之内	AAA	2007
阳江春湾风景区	阳春市	AAA	2007
云浮罗定龙湾生态旅游区	云浮罗定市	AAA	2007
云浮六祖故里旅游度假区	云浮市新兴县	AAA	2007
云浮蟠龙洞省级风景名胜区	云浮市城区内	AAA	2007
广州九龙潭水上世界度假区	广州市花都区北兴镇	AA	2001
河源水坑生态娱乐旅游区	河源市龙川县	AA	2002
河源新丰江电站大坝旅游区	河源市西南3公里处	AA	2003
湛江市雷州西湖公园	雷州市雷城西湖大道37号	AA	2004
湛江市雷州雷祖祠游览区	雷州市	AA	2004
湛江市雷州三元塔公园	雷州市曲街4号（原雷城“南门头”）东侧	AA	2004
湛江市金鹿园	湛江市湖光镇	AA	2004
东莞市冠和博物馆	东莞市樟木头镇	AA	2006

续表

旅游景区（点）名称	所在地	级别	评定时间（年）
广州市丹水坑风景区	广州市萝岗区南岗镇	AA	2006
云浮市郁南大湾南江古民居文化景区	云浮市郁南县	AA	2007
云浮市罗定罗镜东山公园旅游区	罗定市	AA	2007
云浮市罗定蔡廷锴将军故居旅游区	罗定市罗镜镇龙岩村	AA	2007

备注：截至2007年底，广东省共有国家A级旅游景区（点）85家，其中5A级2家，4A级48家，3A级23家，2A级12家。排名以评定时间为序。

广东省主要革命纪念地名录

纪念地名称	所在地	纪念内容
中山纪念堂	广州市	为纪念孙中山而兴建的纪念堂
孙中山大元帅府纪念馆	广州市	纪念孙中山先生于1917年和1923年两次在此建立大元帅府而设立的遗址性纪念馆
国民党“一大”旧址	广州市	孙中山主持召开的国民党“一大”会址
十九路军淞沪抗日阵亡将士陵园	广州市	纪念国民革命军第十九路军1932年淞沪抗日战役中阵亡的将士
黄花岗公园	广州市	纪念1911年4月27日反清广州起义的烈士
广州农民运动讲习所旧址	广州市	1926年毛泽东在此主办了第六期全国性质的农民运动讲习所
广州起义纪念馆旧址	广州市	以1927年广州起义时建立的苏维埃政府旧址建立的纪念地
广州起义烈士陵园	广州市	纪念1927年党领导的广州起义的革命烈士
中共“三大”会址	广州市	制定党的统一战线政策，实行国共第一次合作
黄埔军校旧址	广州市	1924年由孙中山开办，现已恢复原貌
三元里人民抗英纪念馆	广州市	鸦片战争时期，广州三元里人民在此誓师抗击英国侵略者
三元里纪念碑	广州市	纪念三元里人民抗英纪念碑
洪秀全故居	广州市	洪秀全诞生地
沙基惨案烈士纪念碑	广州市	纪念1925年6月23日沙基惨案的烈士
廖仲恺、何香凝纪念馆	广州市	纪念著名国民党左派人士廖仲恺及其夫人何香凝的纪念馆
鲁迅纪念馆	广州市	原为国民党“一大”会址和原国立中山大学旧址，1959 年在此建鲁迅纪念馆
梅关古道	韶关南雄市	1935至1937年，红军长征后项英、陈毅在此坚持艰苦的游击战争
叶剑英故居	梅州市梅县	叶剑英诞生地、文物、图文资料
叶挺故居	惠州市	叶挺诞生地
罗浮山东江纵队纪念馆	惠州市	纪念东江纵队抗击日伪军纪念馆
惠东中洞革命纪念地	惠州市	纪念工农红军曾在此活动
彭湃故居	汕尾海丰县	彭湃诞生地。彭湃、周恩来、苏联军事顾问鲍罗廷曾在此会面
海丰红宫、红场旧址	汕尾市海丰县	1927年12月1日，彭湃领导的海陆丰农民暴动在此宣布建立全国第一个县级苏维埃政权
海丰赤山约农会旧址	汕尾市	彭湃同志在此主持成立广东第一个农会组织会址
东江特别委员会旧址	汕尾市海丰县	1927年4月东征军在海丰县成立中共东江特委和东江革命军事委员会
陆丰总农会旧址	汕尾市	1923年彭湃领导海陆丰农民运动，在陆丰县东海镇建立陆丰总农会
虎门炮台	东莞市	鸦片战争时沙角和威远等抗英炮台
鸦片战争陈列馆	东莞市	纪念林则徐销烟抗英活动
中山纪念中学	中山市	1931年动工修建的纪念孙中山的中学
孙中山故居	中山市	孙中山诞生地
周文雍陈铁军烈士陵园	江门市	开平纪念周文雍、陈铁军烈士的陵园
叶挺独立团部纪念馆	肇庆市	纪念北伐军叶挺独立团的战斗历程
周恩来革命活动旧址	揭阳市	南昌起义部队南下，周恩来、贺龙、叶挺、郭沫若等曾驻扎庙内，现辟有专门的陈列室供游人参观
涵碧楼	潮州市	周恩来在南昌起义失败后转战来此的地方

广东省主要温泉名录

地 区	温泉名称	温泉地址
广 州	广州从化碧水湾温泉度假村	广州从化市流溪温泉旅游度假区
	广州从化市仙沐园温泉	广州从化市温泉镇温泉东路80号
	广东从化温泉宾馆	广州从化温泉镇温泉东路80号
珠 海	珠海御温泉度假村	珠海市斗门区
	珠海海泉湾度假城	珠海市金湾区平沙镇
汕 头	汕头莲花山温泉度假区	汕头市澄海区莲花镇莲花山南麓
韶 关	韶关曹溪温泉	韶关市曲江区
	韶关青嶂山温泉旅游度假邨	韶关南雄市江头镇
	韶关南雄市龙华山温矿泉度假村	韶关南雄市金安镇
河 源	河源御临门温泉度假村	河源市紫金县九和镇
	河源市龙源温泉	河源市源城区高埔岗龙源大道1号
	河源和平县热龙温泉度假村	河源市和平县热水镇南湖村
	河源和平天上人间温泉	河源市和平县大坝镇汤湖村
梅 州	梅州五华汤湖热矿泥山庄	梅州市五华县华城镇西湖温泉大酒店
	梅州丰顺县凤度温泉	梅州市丰顺县城东山路一号大院
	梅州丰顺千江温泉度假村	梅州市丰顺县雄风大道
惠 州	惠州龙门温泉度假村	惠州市龙门县龙田镇
	惠州大自然温泉度假山庄	惠州市龙门县永汉镇
	惠州龙门南昆山温泉大观园	惠州市龙门县永汉镇
	惠州海滨温泉度假区	惠州市惠东县平海镇鹧鸪洞
	惠州市中信汤泉度假区	惠州惠州大道小金口汤泉
	惠州庄加庄温泉度假村	惠州市龙门县永汉镇
汕 尾	陆河上护温泉	汕尾市陆河县上护镇
	海丰冠峰温泉	汕尾市海丰县莲花山森林公园内
中 山	中山仙沐园温泉	中山市三乡镇
江 门	江门恩平市锦江温泉	恩平市大田镇
	江门恩平市帝都温泉旅游区	恩平市良西镇
	江门新会古兜温泉旅游度假邨	江门市新会区崖南
	江门台山喜运来温泉	台山市三合镇温泉旅游区
	江门台山市富都温泉度假邨	台山市都斛镇
	江门恩平市金山温泉	恩平市那吉镇那吉墟
	江门开平市香江温泉	开平市赤水镇
	江门台山市康桥温泉	台山市白沙镇
佛 山	佛山东方麒麟温泉山庄	佛山市南海罗村桂丹路上柏路段
阳 江	阳江温泉度假村	阳江市阳东县合山镇

续表

地 区	温泉名称	温泉地址
阳 江	阳江阳春春都温泉	阳春市马水镇
	阳江阳西咸水矿温泉度假山庄	阳西县城东湖开发区
湛 江	湛江海滨宾馆蓝月湾温泉	湛江海滨三路32号
茂 名	茂名信宜市西江温泉度假村	信宜市北界西江
清 远	清远清新温矿泉旅游度假区	清远市清新县三坑镇
	清远市银盏温泉旅游度假区	清远市银盏温泉宾馆内
	清远德盈新银盏温泉度假村	清远市银盏温泉
	清远广东第一峰旅游风景区温泉	清远市阳山县秤架瑶族乡
	清远佛冈黄花湖温泉度假区	清远市佛冈县环城中路205号
	清远佛冈颐和温泉度假山庄	清远市佛冈县汤塘黄花湖度假区
揭 阳	揭西京明温泉度假村	揭西县京明溪园镇
潮 州	潮州潮安星湖温泉山庄	潮州市潮安县沙溪镇东山湖
云 浮	云浮新兴龙山温泉	云浮市新兴县龙山旅游区内
	云浮新兴县青山绿水温泉	云浮市新兴县东城镇
	云浮新兴县金水台温泉	云浮新兴县水台镇

备注：截至2007年底，广东省已探明的地热泉点311处，其中温泉点294处，隐伏地热区17处。目前已开发利用的达200处。表中所列举的50家大中型温泉旅游企业仅为其中的一部分。

广东漂流与工农业专项旅游名录

项目与景区名称	所在地	备注
广州抽水蓄能电站旅游度假区	从化市吕田小杉	全国工业旅游示范点
广州花卉博览园	广州芳村区	全国农业旅游示范点
广州百万葵园	番禺新垦镇	全国农业旅游示范点
广州水果世界	广州九佛镇唐下镇	全国农业旅游示范点
广州羊城晚报报业集团印务中心	广州东风东路733号	全国工业旅游示范点
广州市瀛洲生态公园	广州市海珠区新滘镇小洲村	
广州金颖园农科旅游度假区	广州白云区钟落谭镇	
广州珠江啤酒厂	广州海珠区新港路	
深圳光明农场	深圳宝安区	全国农业旅游示范点
深圳西部海上田园旅游发展有限公司	深圳宝安区	全国农业旅游示范点
深圳农科集团公司太空科普园	深圳市福田区香蜜湖路3003号	全国农业旅游示范点
珠海农业科学中心	珠海前山镇	全国农业旅游示范点
汕头农业科学园	汕头市潮汕路	全国农业旅游示范点
佛山蔼雯教育农庄	佛山市高明区	全国农业旅游示范点
佛山陈村花卉世界	佛山市高明区明城镇南中村	全国农业旅游示范点
佛山东鹏陶瓷股份有限公司	佛山市禅城区石湾三路	全国工业旅游示范点
佛山华夏陶瓷博览城	佛山市禅城区南庄镇	全国工业旅游示范点
佛山石湾美术陶瓷厂	佛山市禅城区	全国工业旅游示范点
佛山三水侨鑫高科技农业发展有限公司	佛山市三水区乐平镇南	全国农业旅游示范点
佛山长鹿环保度假农庄	顺德伦教三洲	全国农业旅游示范点
韶关九泷十八滩漂流	韶关乐昌坪石镇	
韶关百丈崖漂流	曲江沙溪镇	
韶关灵溪河漂流	仁化县固田镇	
河源苏家围客家乡村旅游区	河源市东源县	全国农业旅游示范点
河源和平热水漂流	河源和平县	
河源新丰江水电站	河源市	全国工业旅游示范点
梅县雁南飞茶田度假村	梅县雁洋镇	全国农业旅游示范点
梅县雁鸣湖旅游度假村	梅县雁洋镇	全国农业旅游示范点
惠州永记生态园旅游区	惠东县大岭镇桥新区	全国农业旅游示范点
惠州响水河漂流	惠州市博罗县响水镇良村龙花洞旅游区	
惠州南山漂流	惠州市惠东县增光镇长坑村南山	
惠州南昆山川龙峡漂流	惠州市龙门县南昆山生态旅游区内	
中山伊泰莲娜DIY地带	中山市坦洲镇	全国工业旅游示范点

续表

项目与景区名称	所在地	备注
中山咀香园健康食品有限公司	中山市火炬开发区沿江东二路13号	全国工业旅游示范点
惠州雷公峡漂流	博罗县泰美镇森林公园内	
阳江十八子橱具有限公司	阳东东城镇	全国工业旅游示范点
江门新会现代农业基地	新会区天马现代农业基地	全国农业旅游示范点
凤凰峡漂流休闲度假区	台山市端芬镇	
广东国华粤电台山发电有限公司	台山市赤溪镇铜鼓湾	全国工业旅游示范点
湛江南亚热带作物研究所植物园	湖光岩畔	全国农业旅游示范点
湛江金鹿园	湖光岩北	全国农业旅游示范点
茂名根子荔枝文化旅游区	高州市根子镇	全国农业旅游示范点
信宜甲门峡漂流	茂名信宜市池洞镇	
信宜龙玄峡	茂名信宜市洪冠镇	
德庆盘龙峡漂流	德庆市德庆县	
肇庆广新农业生态园	高要市白土镇绿茵大道	全国农业旅游示范点
肇庆金林水乡	德庆官圩镇	全国农业旅游示范点
清远黄腾峡漂流	清远清城区	
清远玄真漂流	清远清新县	
连南南岗千年瑶寨	清远连南县三排镇	
清远广州后花园	清远清城区	全国农业旅游示范点
阳山县四驱越野车主题公园	清远阳山县七拱镇谭村	
潮州绿岛山庄	潮州市饶平县钱东镇	全国农业旅游示范点
潮州南国生态度假村	潮州市饶平县钱东镇	全国农业旅游示范点
潮州中国瓷都陈列馆	潮州市	全国工业旅游示范点
闽粤潮州汽车旅游营地	潮州市饶平县钱东镇	
揭阳京明度假村	揭西县京溪园镇	全国农业旅游示范点
揭西石内河漂流	揭西县坪上镇	
郁南县大湾古民居文化旅游区	云浮市郁南县大湾镇	
备注：截至2007年底，广东省共有37家“全国工农业旅游示范点”，其中，工业点11家，农业点26家。		

广东省主要宗教寺庙名录

寺庙名称	所在地	主要景点与特色
光孝寺	广州市	广东四大佛寺之一，慧能剃度地，内有著名东西铁塔和瘗发塔
六榕寺	广州市	因苏东坡题“六榕”二字得名，现为市佛教协会所在地
三元宫	广州市	著名道观，香火鼎盛
怀圣寺和光塔	广州市	著名伊斯兰寺。始建于唐代，为早期来华的阿拉伯著名教士艾比•宛葛素所建
石室	广州市	天主教圣心大教堂，是我国最大的一座哥特式建筑
南海神庙	广州市	又名“波罗庙”，是我国仅存的一座四海神庙。中外商人临行前常来此祈祷航海平安
弘法寺	深圳市	新建佛寺，规模宏大
灵山寺	汕头市	因其开山祖师与韩愈交往甚笃而闻名
佛山祖庙	佛山市	著名道观，以供奉真武帝著名
南华寺	韶关市	广东四大名寺之一。佛教禅宗南宗祖庭，藏有慧能真身
云门寺	韶关市乳源县	禅宗南宗云门派著名佛寺
别传寺	韶关市仁化县	位于著名丹霞山半山腰
灵光寺	梅州市阴那山	以“生死树”和“菠萝顶”建筑著名
千佛塔寺	梅州市	尼姑寺庙，以千佛塔闻名
冲虚古观	惠州市罗浮山	著名道观，当年东江纵队司令部驻地
黄龙古观	惠州市	供奉三清神
元妙古观	惠州市	供奉护法神，西湖边重要古观
玉台寺	江门市新会	古龙寺庙
元山寺	汕尾陆丰市	佛道合一宗教活动场所
冼太庙	茂名高州市	纪念南朝、隋朝初时致力于国家统一的百越女首领冼夫人
楞严寺	湛江市	佛寺，寺顶上的“湖光岩”三字为宋代丞相李纲亲笔所题
庆云寺	肇庆市	广东四大名寺之一
国恩寺	云浮市新兴县	慧能故居和圆寂之地
龙母庙	肇庆市德庆县	信仰龙母的著名神庙
飞来寺	清远市	著名佛寺，原寺于1997年被泥石流冲毁,后重建
福山古寺	清远连州市	道家天下七十二福地之第四十九福地
开元寺	潮州市	广东四大名寺之一。唐玄宗开元诏令在全国挑选10大州郡所建的寺庙之一
大洞山净业寺	阳江市阳西县	佛的王国，玉佛数量居全国第一，又称“佛城”
石觉寺	阳江市江城区	清代粤西名寺，当地信仰地位较高
崆峒岩	阳江阳春市	明代始建，寺中有洞、洞中有寺，是全国四大崆峒山之一

广东省三星级以上饭店名录

地区	饭店名称	星级	饭店地址	评星时间
广州（白金五星级1家，五星级7家，四星级31家，三星级103家）	**广州花园酒店**	**白金五星**	**广州市环市东路368号**	**2007.06**
	白天鹅宾馆	五	广州市沙面南街1号	1990.02
	中国大酒店	五	广州市流花路	1990.02
	广东国际大酒店	五	广州市环市东路339号	1994.01
	广东亚洲国际大酒店	五	广州市环市东路326号之一	2005.06
	广州碧桂园凤凰城酒店	五	广州市广园东路新塘路段	2006.04
	广州东方宾馆	五	广州市流花路120号	1990.09
	天伦万怡大酒店	**五**	**广州市天河林和中路172号**	**2007.09**
	中央酒店	四	广州市机场路33号	1989.05
	广信江湾大酒店	四	广州市沿江中路298号	1993.09
	广州凯旋华美达大酒店	四	广州市明月一路9号	1994.10
	广州珀丽酒店	四	广州市江南大道中348号	2002.07
	广东迎宾馆	四	广州市解放北路603号	1994.09
	华厦大酒店	四	广州市侨光路8号	1994.09
	广州远洋宾馆	四	广州市环市东路412号	1996.07
	广东胜利宾馆（主楼）	四	广州市沙面北街53号	1996.07
	广州文化假日酒店	四	广州市华侨新村光明路28号	1996.07
	广东大厦	四	广州市东风中路309号	1998.06
	番禺宾馆	四	番禺市桥镇大北路130号	1999.07
	花都新世纪酒店	四	花都区秀全大道43号	1999.07
	增城宾馆	四	增城市荔城雁塔大道	2000.04
	广州大厦	四	广州市北京路374号	2000.12
	百花山庄度假村	四	增城市百花山庄度假村	2000.12
	全球通大酒店	四	广州市越秀南路208号	2001.05
	景星酒店	四	广州市天河区林和西路89号	2001.07
	太阳城大酒店	四	广州增城新塘群星路1号	2002.01
	嘉逸豪庭酒店	四	广州市天河区林和中路148号	2002.04
	白云宾馆	四	广州市环市东路367号	2003.04
	华威达酒店	四	广州市黄埔大道西499号	2003.08
	新港明珠大酒店	四	广州市经济开发区夏港大道721号	2004.09
	东方豪城大酒店	四	广州市大道中618号	2004.01
	皇家国际饭店	四	广州市天河区天河路89号	2005.03
	祁福酒店	四	广州市番禺区市广路	2005.06
	流花宾馆	四	广州市环市西路194号	2005.12
	云山大酒店	四	广州市先烈中路云鹤北8号	2006.09

续表

地区	饭店名称	星级	饭店地址	评星时间
广州	南航明珠大酒店	四	广州新白云国际机场南工作区空港五路	2006.09
	鼎龙国际大酒店	四	广州市广州大道北63号	2006.10
	金桥酒店	四	广州市寺右新马路93号	2006.10
	新珠江大酒店	**四**	**广州市滨江东路795号**	**2007.10**
	华侨酒店	三	广州市站前路90号	1989.05
	爱群大酒店	三	广州市沿江西路113号	1989.05
	广东新大地宾馆	三	广州市站前路108—122号	1989.09
	广州宾馆	三	广州市起义路2号	1989.11
	广东胜利宾馆	三	广州市沙南大街54号	1990.02
	番禺美丽华大酒店	三	番禺市桥清河中路8号	1991.07
	湖天宾馆	三	广州市东风西路156号	1993.03
	湖滨宾馆	三	广州市沿江东路451号	1993.07
	三禺宾馆	三	广州市三育路23号	1993.07
	山西大厦	三	广州市三元里大道	1994.01
	东方丝绸大厦	三	广州市东风东路752号	1994.08
	湛江大厦	三	广州站前路88号	1995.01
	广东华侨友谊酒店	三	广州市天河南二路42—44号	1995.08
	广州总统大酒店	三	广州天河石碑岗顶	1996.12
	广东温泉宾馆	三	广州市从化市温泉镇温泉东路80号	1996.01
	从化华侨大厦	三	从化市街口镇新城路78号	1996.02
	广州白云国际机场宾馆	三	广州白云国际机场	1997.07
	广东艺术中心友谊宾馆	三	广州市人民北路689号	1998.12
	东园宾馆	三	广州经济开发区青年路东园4街8号	1999.11
	远洋大厦	三	广州市天河龙口东路6号	2000.07
	番禺香江大酒店	三	番禺大石迎宾路	2000.08
	丽江度假花园酒店	三	番禺石楼镇	2000.08
	花都丽美大酒店	三	广州市花都区商业大道53号	2000.08
	新世界大酒店	三	广州市人民北路520号	2000.09
	从化温泉正大度假村	三	从化温泉东路106号	2000.11
	金湖酒店	三	花都区建设南路4号	2000.11
	世昌宾馆	三	广州番禺区市桥镇迎宾路富都城侧	2000.11
	广州新好景饮食娱乐中心	三	广深公路新塘路段	2000.12
	天龙大酒店	三	广州广州大道北路118号	2000.12
	莲花山粤海度假村	三	广州番禺莲花山旅游区	2000.12
	双湖酒店	三	广州从化吕田小杉	2000.12
	丽都大酒店	三	广州市北京路182号	2000.12
	京华酒店	三	广州市花都区新华镇云山大道55号	2000.12
	燕岭大厦	三	广州市天河燕岭路29号	2000.12

续表

地区	饭店名称	星级	饭店地址	评星时间
广州	番禺合力大酒店	三	番禺区市桥镇坑口路106-108号	2000.10
	中旅酒店	三	广州市广园中路211号	2000.11
	华海大酒店	三	广州江南大道中232号	2000.12
	新天河宾馆	三	广州市天河路178-188号	2000.12
	广州越秀天安大厦	三	广州市解放北路960号	2001.04
	(广州)珠海特区大酒店	三	广州市海珠北路11-15号	2001.05
	广东邮电大厦	三	广州市中山二路18号	2001.07
	惠福大酒店	三	广州市惠福西路38号	2001.09
	世昌大酒店	三	广州市番禺区市桥繁华路3号	2001.11
	广州民航大酒店	三	广州市机场路276号	2001.10
	新祈福(南沙)酒店	三	广州经济技术开发区进港大道	2001.11
	白云鸿波山庄	三	广州市白云大道白云鸿波山庄	2001.11
	广州五羊城酒店	三	广州市人民中路322号	2001.11
	芙蓉鸿波山庄	三	广州花都区芙蓉度假村芙蓉鸿波山庄	2001.12
	鸿福门酒店	三	广州市黄埔东路3729号	2001.12
	星都大酒店	三	广州市昌岗中路172号	2001.12
	冰花酒店	三	广州市天河区天河北路2号	2001.12
	华金盾大酒店	三	广州市中山大道368号	2001.12
	从化湖光度假山庄	三	广州市从化黄竹塱	2001.12
	龙泉大酒店	三	广州市番禺区大北路99号	2001.12
	广州国际海员俱乐部	三	广州市滨江西路20号	2001.12
	浙江大厦（富春宾馆）	三	广州市先烈中路85号	2001.12
	广东蓄能大厦	三	广州市天河龙口东路32号	2002.01
	广州华茂中心	三	广州市盘福路63号	2002.01
	广州富丽华大酒店	三	广州市长堤大马路316号	2002.01
	广东蓄能电站专家村	三	从化温泉康复路17号	2002.01
	华辉度假村	三	从化桃园镇云星大道	2002.01
	广轩大厦	三	广州市海珠区沥滘振兴大街九号	2002.04
	广州市金来大酒店	三	广州市天河路108号	2002.08
	南方毅源大酒店	三	广州番禺区迎宾大道南大路8号	2002.10
	金苑山庄	三	广州市恒福路117号	2002.12
	广州喜悦度假酒店	三	广州番禺区市桥镇光明北路223号	2002.12
	从化天伦酒店	三	从化市街口镇河溪南路38号	2002.12
	广州石化明珠宾馆	三	广州市黄埔区石化路振兴街18号	2003.02
	东悦酒店	三	广州市麓景路8号	2003.03
	广州长城酒店	三	广州市越秀区寺右新马路19号	2003.04
	花都大酒店	三	广州市花都区新华镇44号	2003.09
	广州雍富大酒店	三	广州市番禺区大岗镇豪岗路3号	2003.10

续表

地区	饭店名称	星级	饭店地址	评星时间
广州	西湖苑宾馆	三	广州市天河区五山华南理工大学	2003.11
	银河大酒店	三	广州市天河区沙太路268号	2004.02
	灿业大酒店	三	广州市大金钟路61号	2004.04
	壹心宾馆	三	广州市白云区三元里大道1299号	2004.04
	广州汇东假日酒店	三	广州市广汕一路1号	2004.06
	中华酒店	三	花都区站前路33号	2004.11
	广武酒店	三	天河区天沙路603号	2005.01
	鼎福休闲酒店	三	天河区大观西路2号	2005.01
	来利大酒店	三	广州白云人和镇人和大街 8 号	2005.03
	广东博斯坦宾馆	三	广州市天河北路76号	2005.03
	怡凯酒店	三	广州市工业大道南石岗路90号	2006.01
	广东南洋长胜酒店	三	广州市天河区天平架兴华路38号	2006.01
	新凤凰酒店	三	广州花都区迎宾大道大华二路38号	2006.06
	丽盈大酒店	三	广州市花都区茶园路9号	2006.06
	龙逸山庄度假村	三	广州市天河区龙洞迎龙路1203号	2006.07
	大华酒店	三	广州市天河路625号天娱广场东塔	2006.08
	神州酒店	三	广州市天平架沙太路1号	2006.09
	景观酒店	三	广州市花都区芙蓉嶂旅游度假区	2006.09
	嘉福利晶酒店	三	广州市天河区长兴路8号	2006.09
	月亮湾酒店	三	广州市广州大道中明月一路18-23	2006.10
	空港酒店	三	广州市白云区人和镇	2006.10
	牡丹大酒店	三	广州市花都区新华街站前路34号	2007.01
	友田酒店	三	广州花都狮岭镇东升路与盘大路交界	2007.01
	融园山庄	三	广州市花都区芙蓉度假村内	2007.01
	悦海酒店	三	广州市黄埔区海员路39号	2007.02
	广东奥体大酒店	三	广州市天河东圃大观路广东奥林匹克体育中心北A4门	2007.08
	金之鼎酒店	三	广州市花都区新华镇天贵南路	2007.09
	合神酒店	三	广州市天河区沙太路陶庄1号	2007.11
	华悦酒店	三	广州市花都区新华街建设北路128号	2007.12
	锦都商务大酒店	三	广州市花都区新华街滨湖路1号	2007.12
	荣威酒店	三	广州市花都区新华镇新都大道13号	2007.12
深圳	南海酒店	五	深圳市蛇口工业区工业一路	1990.09
	阳光酒店	五	深圳市嘉宾路1号	1993.08
	香格里拉大酒店	五	深圳市建设路火车站东侧	1993.08
	富苑酒店	五	深圳市南湖路3018号	1996.02
	富临大酒店	五	深圳市和平路67号	1996.08
	骏豪酒店	五	深圳市宝安区观澜镇高尔夫大道	1997.07
	彭年酒店	五	深圳市罗湖区嘉宾路2002号	2002.06

续表

地区	饭店名称	星级	饭店地址	评星时间
深圳（五星级10家，四星级27家，三星级67家）	圣廷苑酒店	五	深圳市福田区华强北路4002号	2003.01
	威尼斯酒店	五	深圳市深南大道9026号华侨城	2003.01
	恒丰海悦国际酒店	五	深圳宝安区宝城80区新城广场大厦	2006.04
	晶都酒店	四	深圳市红岭南路金融中心	1990.06
	新都酒店	四	深圳市建设路309号	1990.06
	都之都大酒店	四	深圳市宝安区九区	1996.08
	新世纪酒店	四	深圳市福田区华强北路	2000.11
	庐山国际大酒店	四	深圳市春风路66号	2000.11
	东华假日酒店	四	深圳市南山区南油大道东华园	2000.11
	格兰云天大酒店	四	深圳市深南中路3024号	2001.08
	明华国际会议中心	四	深圳市蛇口工业区龟山路8号	2001.08
	廷苑酒店	四	深圳市龙华镇人民北路33号	2001.09
	宝明城花园酒店	四	深圳市宝安区公明镇建设路	2001.09
	中南海滨大酒店	四	深圳市南山区南新路18号	2001.12
	金碧酒店	四	深圳市春风路3002号	2002.09
	宝利来大酒店	四	深圳市宝安区松岗镇楼岗大道2号	2003.01
	雅兰酒店	四	深圳市盐田区大梅沙	2003.01
	华侨城海景酒店	四	深圳市华侨城海景酒店	2003.08
	大梅沙海景酒店	四	深圳市盐田区盐梅路10号	2003.08
	俊园酒店	四	深圳市罗湖区爱国路1001号	2004.03
	圣德堡大酒店	四	深圳龙岗区横岗镇六约村	2004.08
	富丽华大酒店	四	深圳市深南东路2098号	2005.04
	芭堤雅酒店	四	深圳盐田区大梅沙内环路	2005.04
	君逸酒店	四	深圳龙岗区横岗为民路8号	2005.04
	中油大厦酒店	四	深圳市区南山大道1110号	2005.12
	中阁城大酒店	四	深圳松岗镇107国道谭头路口	2005.12
	长丰酒店	四	深圳市宝安区沙井新桥北环路口	2006.08
	华丽城酒店	四	深圳市龙岗区平湖街道华南大道	2006.08
	宝晖商务酒店	**四**	**深圳宝安区45区自由路2号**	**2007.04**
	金晖嘉柏酒店	**四**	**深圳市深南大道国际市长交流中心**	**2007.09**
	东湖宾馆	三	深圳市水库	1990.06
	粤海酒店	三	深圳市深南东路130号	1990.06
	竹园宾馆	三	深圳市东门北路29号	1990.06
	小梅沙大酒店	三	深圳市小梅沙156号	1990.09
	环宇大酒店	三	深圳市红岭中路3号	1991.07
	罗湖大酒店	三	深圳市南湖路3号	1992.11
	迎宾馆	三	深圳市新园路6号	1992.11
	京鹏宾馆	三	深圳市深南东路57号	1992.11

续表

地区	饭店名称	星级	饭店地址	评星时间
深圳	国宾大酒店	三	深圳市深南东路	1993.08
	海燕大酒店	三	深圳市嘉宾路	1994.08
	长城大酒店	三	深圳市红桂路4号	1994.08
	帝豪酒店	三	深圳市宝安北路1号	1995.01
	银湖旅游中心	三	深圳市罗湖区笔架山	1995.01
	友谊酒店	三	深圳市嘉宾路3号	1995.01
	长安大酒店	三	深圳市深南东路文锦路口	1995.10
	丽都酒店	三	深圳市东门南路45号	1995.10
	晶都城酒店	三	深圳市平湖镇平湖大道	1998.03
	国王大酒店	三	深圳市宝安区龙岩路	1999.12
	凯利莱酒店	三	深圳市龙岗区布吉镇布吉路89-4号	1999.12
	鸿波酒店	三	深圳市华侨城侨城西街10号	1999.12
	沙田酒店	三	深圳市滨河路下沙大道	1999.12
	芙蓉宾馆	三	深圳市罗湖区东门南路	2000.07
	丰乐园大酒店	三	深圳市罗湖区布吉路21号	2000.07
	上海宾馆	三	深圳市深南中路46号	2000.07
	名兰苑酒店	三	深圳市南山区蛇口工业八路68号	2000.08
	双溪威大酒店	三	深圳市深圳国际机场路（对面）	2000.08
	凯利宾馆	三	深圳市嘉宾东路2027号	2000.09
	景明达酒店	三	深圳市福田区景田商报东路83号	2000.12
	千富大酒店	三	深圳市宝安区石岩镇老街	2000.12
	潭海酒店	三	深圳市广深公路松岗段44号	2000.12
	南方联合大酒店	三	深圳市深南东路2002号	2000.12
	北方大酒店	三	深南中路北方大厦	2001.08
	上园大酒店	三	深圳市沙井广深公路沙井段473号	2001.11
	金湾酒店	三	深圳市深南大道竹子林福田汽车总站	2001.12
	四川宾馆	三	深圳市红荔路2001号四川大厦	2001.12
	碧海恒诚酒店	三	深圳市金田二区建安1路2号	2001.12
	永通大酒店	三	深圳市人民北路3146号	2002.12
	投资大厦宾馆	三	深圳市福田中心区深南大道4009号	2003.01
	老地方酒店	三	深圳市东门南路1033号食品大厦	2003.08
	文乐酒店	三	深圳市宝安区西乡镇西乡大道601号	2003.08
	国丰大酒店	三	深圳市彩田路12号	2003.08
	云鹏大酒店	三	深圳市红岭南路红岭大厦三座	2003.08
	火车站大酒店	三	深圳市罗湖区建设路火车站大厦	2003.11
	青海大酒店	三	深圳市福田区北环大道7043号青海大厦	2003.12
	实华酒店	三	深圳市北环大道7001号	2003.12
	山水大酒店	三	深圳市福田区上梅林中康路25号	2003.12

续表

地区	饭店名称	星级	饭店地址	评星时间
深圳	南方苑酒店	三	深圳市八卦四路22号	2003.12
	河东宾馆	三	深圳市沿河东路19号人民桥侧	2004.04
	鸿图大酒店	三	深圳罗湖区东门中路2048号	2004.05
	宝安丽晶酒店	三	深圳市宝安区沙井镇万丰第三工业区	2004.06
	泰然宾馆	三	深圳市深南中路车公庙泰然工贸园	2004.10
	金鹏大酒店	三	深圳市宝安区龙华镇人民路	2004.12
	聚豪酒店	三	深圳市宝安区松岗镇	2004.12
	广深宾馆	三	深圳市深南东路广深大厦86号	2004.12
	山水时尚酒店	三	深圳市福田区华发北路1号	2005.04
	沙嘴酒店	三	深圳市福田沙嘴路与福强路交会处	2005.04
	迪富宾馆	三	深圳市福田区振华路111号	2005.06
	三九大酒店	三	深圳市深南东路2号	2005.06
	皇家酒店	三	深圳市罗湖区南庆街汇商名苑新2000广场	2005.06
	吉盛酒店	三	深圳市宝安观澜街道办观澜大道中	2005.12
	航空大酒店	三	深圳市深南东路130号	2005.12
	广深铁路大酒店	三	深圳市罗湖区和平路1023号	2005.12
	蔡屋围大酒店	三	深圳市罗湖区解放西路4058号	2006.04
	湖北宾馆	三	深圳市罗湖区解放路3034号	2006.04
	世纪华源酒店	三	深圳市福田区八卦一路	2006.04
	汉永酒店	三	深圳市宝安区福永街道文化艺术中心侧	2006.08
	梧桐山宾馆	**三**	**深圳市沙头角梧桐路2002号**	**2007.01**
珠海（五星级6家，四星级8家，三星级61家）	银都酒店	五	珠海市拱北粤海东路	1993.06
	海湾大酒店	五	珠海市拱北水湾路	1997.02
	珠海度假村酒店	五	珠海市吉大石花东路	2000.03
	怡景湾大酒店	五	珠海市吉大情侣中路	2000.11
	珠海国际会议中心大酒店	五	珠海市吉大情侣中路	2002.09
	中邦商务酒店	**五**	**珠海市情侣中路33号**	**2007.06**
	珠海宾馆	四	珠海市吉大景山路	1989.00
	君悦来酒店	四	珠海市吉大园林路1号	1994.01
	粤海酒店	四	珠海市拱北粤海东路30号	1999.11
	华骏大酒店	四	珠海市夏湾区侨光西路	2000.10
	御温泉度假村	四	珠海市斗门区斗门镇	2001.01
	骏德会酒店	四	珠海拱北联安路188号9栋	2001.10
	南油大酒店	四	珠海市水湾路368号	2004.04
	珠海市2000年大酒店	四	珠海市香洲人民东路121号	2004.10
	金叶酒店	三	珠海市迎宾大道	1993.11
	步步高大酒店	三	珠海市粤海路2号	1993.12
	华侨宾馆	三	珠海市拱北迎宾大道	1997.07

续表

地区	饭店名称	星级	饭店地址	评星时间
珠海	易乐园度假村	三	珠海市斗门区白藤湖好景区内	2000.09
	碧海酒店	三	珠海市香洲区碧海路1号	2000.09
	红山楼酒店	三	珠海市梅华东路26号	2000.09
	岐关大酒店	三	珠海市拱北昌盛路66号	2000.09
	好世界酒店	三	珠海市拱北莲花路327号	2000.09
	北京酒店	三	珠海市翠前南路1号	2000.09
	飞行员度假酒店	三	珠海市吉大石花西路	2000.09
	旅游大酒店	三	珠海市吉大海滨南路56号	2000.09
	望海楼	三	珠海市海滨北路3号	2000.09
	中苑酒店	三	珠海市人民东路101号	2000.09
	国泰大酒店	三	珠海市拱北侨光路37号	2000.09
	拱北民安酒店	三	珠海市拱北莲花路56号	2000.09
	云海酒店	三	珠海市吉大九洲大道	2001.01
	金凤凰酒店	三	珠海香洲凤凰南路1167号	2001.01
	永通酒店	三	珠海市拱北友谊路219号	2001.04
	福海大酒店	三	珠海市拱北昌盛路1号	2001.04
	鸿都酒店	三	珠海市拱北粤海东路1138号	2001.07
	赋龙酒店	三	珠海市香洲区康宁路70号	2001.08
	昌安酒店	三	珠海市拱北莲花路37号	2001.09
	友谊酒店	三	珠海市拱北友谊路46号	2001.10
	聚龙酒店	三	珠海市唐家商业广场	2001.11
	新昌安酒店	三	珠海市九洲大道中段1023号	2001.11
	侨苑酒店	三	珠海市香洲海滨北路4号	2002.01
	金都酒店	三	珠海市拱北粤海东路1062号	2002.05
	香江酒店	三	珠海市拱北迎宾南路2126号	2002.05
	中天酒店	三	珠海市吉大景山路62号	2002.08
	愉景酒店	三	珠海市香洲康宁路68号	2002.08
	珠海市民安酒店	三	珠海市香洲湖海路52号	2002.09
	海洋大酒店	三	珠海市情侣南路428号	2002.11
	六和商务酒店（中南酒店）	三	珠海市人民东路228号	2003.01
	芙蓉王酒店	三	珠海市拱北粤海中路2007号	2003.10
	金嘉利酒店	三	珠海市拱北粤海中路1039号	2004.03
	濠天度假酒店	三	珠海市湾仔南湾南路5009号	2004.10
	珠海新海利大酒店	三	珠海拱北夏湾粤华路271-277号	2004.10
	东方凯悦酒店	三	珠海市吉大九洲大道东1043号	2004.12
	鑫明园酒店（大明园酒店）	三	珠海建业5路4号	2005.01
	扬名酒店	三	珠海市香洲翠香路227号	2005.01
	南湾国际大酒店	三	珠海市南屏镇环屏路1号	2005.06

续表

地区	饭店名称	星级	饭店地址	评星时间
珠海	满庭湘酒店	三	珠海市前山明珠南路1032号	2005.12
	昌安华策酒店	三	珠海拱北侨光路5号	2006.01
	风景酒店	三	珠海市前山翠仙路211号	2006.01
	伙工殿	三	珠海市拱北北岭侨岭街34号	2006.01
	翡翠宫酒店	三	珠海市香洲区凤凰南路1126号	2006.01
	四海商务酒店	三	珠海拱北粤海中路2300号	2006.01
	九洲湾畔酒店	三	珠海市吉大情侣中路（国会旁）九洲水会	2006.01
	木棉花酒店	三	珠海市拱北侨光路3号边检大院内	2006.07
	豪庭商务酒店	三	珠海市前山逸仙路21号	2006.07
	金色假日酒店	三	珠海市吉大景和街71号	2006.08
	金口岸度假酒店	三	珠海市拱北昌盛路五号	2006.08
	桃园商务酒店	三	珠海市斗门环湖北路8号	2006.09
	金莎度假村	三	珠海市斗门月白藤湖湖滨一区8号	2006.12
	大金山酒店	三	珠海市前山鞍莲路2号	2007.01
	银湖假日酒店	三	珠海市白藤湖湖滨二区75号	2007.02
	迈豪国际酒店	三	珠海市香洲区情侣中路91号	2007.02
	君临酒店	三	珠海市香洲区翠微东路68号	2007.02
	金岸酒店	三	珠海市斗门区井岸镇连桥路38号	2007.04
	晶都酒店	三	珠海市香洲华海路144号	2007.05
	金茂酒店	三	珠海市金湾区金海岸花园中路	2007.01
汕头（五星级3家，四星级7家，三星级21家）	金海湾大酒店	五	汕头市金砂东路	1994.11
	帝豪酒店	五	汕头市金砂东路188号	2000.07
	君华大酒店	五	汕头市金砂东路97号	2006.04
	国际大酒店	四	汕头市金砂东路	1991.07
	龙湖宾馆	四	汕头市迎宾路	1996.08
	潮阳迎宾馆	四	汕头市潮阳区东山大道	1998.04
	澄海花园酒店	四	汕头市澄海区文冠路	2001.07
	中信度假村酒店	四	汕头市河蒲区中信大道	2001.07
	潮阳金佳诚酒店	四	汕头市潮南区广祥路中段	2003.12
	潮南区金城大酒店	四	汕头市广汕公路司马浦西段	2005.11
	潮阳金叶大厦	三	汕头市潮阳区棉新大道	1996.01
	潮阳金苑大酒店	三	汕头市潮阳区峡山镇广祥路	1996.04
	南天大酒店	三	汕头市达豪府前路	1997.09
	舵岛宾馆	三	汕头市金砂路	1999.09
	金海鸥酒店	三	汕头市汕樟路下蓬169号	1999.09
	潮阳南海大酒店	三	汕头市潮阳区峡山广汕路	1999.09
	花园宾馆	三	汕头市汕汾路与衡汕路交界处	2000.05
	华侨大厦	三	汕头市汕樟路41号	2000.05

续表

地区	饭店名称	星级	饭店地址	评星时间
汕头	民航大酒店	三	汕头市珠江路中段	2000.07
	潮阳皇都大酒店	三	潮阳市两英镇环城东路中段	2002.01
	南澳县海湾宾馆	三	汕头市南澳县青澳湾	2002.08
	榆园大厦宾馆	三	汕头市金陵路8号	2003.08
	天马大酒店	三	汕头市潮南区司马浦镇司下公路边	2003.09
	青澳湾度假村酒店	三	南澳县青澳旅游区	2003.11
	南钟天酒店	三	汕头潮南陈店陈沙路口	2004.03
	丰盛发酒店	三	汕头市潮阳区谷饶镇	2004.05
	和平大酒店	三	汕头市潮阳区和平镇和惠新路中段	2004.06
	旅侨大酒店	三	汕头市澄海区中山北路	2005.01
	南海阁大酒店	三	汕头市南澳县后宅镇海滨路	2005.09
	潮阳区东方明珠大酒店	三	汕头市潮阳区城北一路中段	2005.11
	钱澳湾旅游度假村	三	汕头市南澳钱澳湾路	2005.11
韶关（四星级6家，三星级35家）	香榭丽宫酒店（众益福酒店）	四	韶关市韶南大道中8号	2000.11
	韶关市流花宾馆	四	韶关市西河新华北路138号	2005.04
	福苑大酒店	四	韶关市西河松山	2005.06
	方圆民族温矿泉酒店	四	韶关市乳源瑶族自治县城鹰峰西路50号	2006.09
	曹溪温泉假日度假村（酒店）	**四**	**韶关市曲江区马坝镇转溪桥**	**2007.10**
	龙翔大酒店	**四**	**韶关市翁源县**	**2007.10**
	韶华酒店	三	韶关市解放路162号	1992.11
	南雄市珠玑大酒店	三	南雄市建设路12号	1998.01
	粤通大酒店	三	韶关火车站旁	1999.01
	广铁漂流大酒店	三	乐昌市坪石镇群众路三巷	1999.01
	韶关小岛饭店	三	韶关市西堤路27号	2000.06
	乳源小岛饭店	三	韶关市乳源县解放北路2号	2000.06
	丽晶酒店	三	韶关市江区北江路2号	2001.01
	怡东大酒店	三	韶关市始兴县中心坝5号	2001.01
	湖心宾馆	三	韶关市工业东路17号	2001.07
	悦来酒店	三	韶关市火车站广场南侧	2002.03
	丹霞山和景酒店	三	韶关市丹霞山风景区	2002.04
	南雄迎宾馆	三	南雄市建设路6号	2003.01
	北苑宾馆	三	韶关市风度北路122号	2003.04
	新丰交通大酒店	三	新丰县城105国道旁	2003.06
	新丰县迎宾馆	三	新丰县公园内4号	2003.06
	坪石富丽酒店	三	韶关乐昌市坪石岭南路69号	2004.05
	曲江迎宾馆	三	韶关市曲江区府前中路	2004.12
	国林宾馆	三	韶关市浈江区站南路口	2004.12
	新华宾馆	三	始兴县振兴路128号	2004.12

续表

地区	饭店名称	星级	饭店地址	评星时间
韶关	金世纪商务酒店	三	韶关市浈江区北江路28号	2004.12
	河珊酒店	三	韶关市十里亭乌教塘	2004.12
	金源酒店	三	韶关市风采路66号	2005.01
	聚雅轩酒店	三	韶关市北江区解放路126号	2005.04
	翁源县富源大酒店	三	翁源县建设一路368号	2005.09
	君临酒店	三	韶关市浈江南路75号	2005.09
	金雄鹰宾馆	三	南雄市雄中路55号	2005.10
	泉景酒店	三	韶关市环园西路1号	2006.05
	艺苑大酒店	三	韶关市新华南路	2006.05
	星之光大酒店	三	乐昌市解放路51号	2006.06
	南华温泉酒店	三	韶关市曲江区马坝镇马坝大道南	2006.06
	粤源大酒店	三	韶关市翁源县沿江路3号	2006.06
	明珠大酒店	三	韶关市武江区芙蓉新城金洲路1号	2006.09
	金鸡宾馆	三	乐昌市坪石镇金鸡路4号	2006.12
	远东酒店	**三**	**始兴县城兴平路1号**	**2007.02**
	百乐宫大酒店	**三**	**新丰县丰城大道东10号**	**2007.12**
河源（五星级1家，四星级2家，三星级13家）	**翔丰国际酒店**	**五**	**河源市源城区沿江东路1号**	**2007.06**
	新世界酒店	四	河源市长塘路8-1号	2001.08
	假日酒店	四	河源市宝源山庄沿江路10号	2006.07
	明珠银发大酒店	三	河源市河源大道13号	1997.09
	紫金宾馆	三	紫金县紫城镇秋江路36号	2000.11
	华粤大酒店	三	河源市兴源路1号	2001.08
	旺业大酒店	三	河源市沿江路20号	2003.09
	金利大酒店	三	河源市河源大道17号	2003.09
	霍山宾馆	三	龙川县老隆镇老龙大道	2004.01
	南方酒店	三	连平县城官灯公路与105国道交会处侧	2004.04
	龙川县旅游大酒店	三	龙川县经济开发区5号小区	2005.04
	华达大厦	三	河源市河源大道南71号	2005.04
	新江大酒店	三	河源大道北新城汽车站对面	2005.11
	和平世纪大酒店	三	和平县城和平大道88号	2006.06
	连平江都大酒店	三	连平县忠信镇沿江中路忠信人民广场侧	2006.06
	新丽源大酒店	三	河源市新市区红星路与大同路交会处	2006.06
梅州（四星级2家，三星级15家）	千江温泉酒店	四	丰顺县雄风大道金河桥头	2004.08
	金雁富源大酒店	四	梅州市丽都西路	2004.12
	嘉得利酒店	三	梅州市嘉应西路	1997.11
	友谊宾馆	三	梅州市彬芳大道29号	1999.12
	金帆大酒店	三	大埔县城文明路138号	2000.12
	客都大酒店	三	梅州市丽都西路	2002.09

续表

地区	饭店名称	星级	饭店地址	评星时间
梅州	客都宾馆	三	梅州市公园路	2002.12
	梅州栢丽大厦酒店	三	梅州市华侨城宪梓大道	2003.06
	丰顺县风度温泉大酒店	三	丰顺县汤坑镇东山路1号	2004.08
	田园大酒店	三	梅州市江南路35号	2006.03
	太平洋酒店	三	梅州市彬芳大道88号	2006.05
	迎宾楼大酒店	三	梅州市五华县水寨镇华兴中路13号	2006.09
	金叶大酒店	三	兴宁市205国道文生路口	2006.09
	长潭旅游度假村酒店	三	蕉岭县长潭大道2-3号	2007.02
	锦发大酒店	三	梅县丙村镇交通街	2007.03
	逢源温泉酒店	三	丰顺县汤坑镇汤坑路49号	2007.05
	平远迎宾馆	三	平远县城羊甸街31号	2007.11
惠州（五星级2家，四星级5家，三星级38家）	罗浮山宝田国际度假会议中心	五	惠州市博罗县罗浮山风景区	2007.05
	康帝国际酒店	五	惠州市环城西一路渡口所	2007.05
	三阳酒店	四	惠阳市陈江镇仲恺大道118号	2003.01
	惠州宾馆	四	惠州市环城西二路17号	2003.09
	凯旋假日酒店	四	惠州市麦兴路11号	2006.01
	家路国际大酒店	四	惠阳区淡水星河东路	2007.01
	丽景花园酒店	四	惠阳区淡水南门西街	2007.01
	汤泉宾馆	三	汤泉旅游区	1990.06
	西湖宾馆	三	惠州西湖芸华洲	1991.06
	金叶大厦	三	惠州市鹅岭南路3号	1992.05
	龙苑大酒店	三	惠州市鹅岭西路7号	1993.07
	丰湖大酒店	三	惠州市鹅岭北路28号	1994.08
	惠阳金叶大酒店	三	惠阳市淡水镇开城	1998.09
	君豪大酒店	三	惠州市下角南路3号	1999.09
	大亚湾中海酒店	三	大亚湾澳头镇新澳大道1号	1999.09
	惠阳百老汇酒店	三	惠阳市淡水开城	2000.12
	西湖大酒店	三	惠州市环城西二路10-11号	2000.12
	麦科特酒店	三	惠州市麦地路63号	2000.12
	海湖大酒店	三	惠州市南坛路8号	2000.12
	园洲宾馆	三	惠州市博罗县园洲镇兴园二路	2001.03
	中惠大酒店	三	惠阳市淡水镇土湖工业路1号	2001.11
	新丽晶大酒店	三	惠阳市淡水镇开城大道	2002.10
	星旗宾馆	三	惠阳市淡水镇中山二路39号	2003.04
	广成酒店	三	惠阳市淡水镇南门大街1号	2003.04
	玉滩宾馆	三	惠州市鹅岭东路9号	2003.04
	南方大酒店	三	惠州市鹅岭北路12号	2003.04
	麦雅商务酒店	三	惠州市麦地路30号	2004.11

续表

地区	饭店名称	星级	饭店地址	评星时间
惠州	德泽园(嘉柏)假日大酒店	三	惠州市惠东县巽寮松园湾海滨度假区	2004.11
	嘉宾园度假村	三	博罗县福田镇桥东路	2005.01
	广进酒店	三	惠州市惠阳区淡水镇	2005.05
	金鑫酒店	三	惠州市惠城区麦地南东二路2号	2005.08
	一景酒店	三	惠东县平山镇新华路	2005.08
	银城酒店	三	惠东县黄埠镇吉黄路	2005.08
	天外天大酒店	三	惠州市鹅岭南路2号	2005.12
	凯雅酒店	三	惠州市麦地南路11号	2006.06
	京联宾馆	三	惠州市博罗县城博义路3号	2006.01
	金鑫商务酒店	三	惠州市麦地路16号	2006.08
	日华大酒店	三	惠阳淡水开城大道	2006.09
	柏林利商务酒店	三	惠州市惠东县平山镇新华路91号	2006.09
	万汇徕大酒店	三	惠州市惠阳区淡水镇	2006.11
	大富贵酒店	三	惠州市大湖溪广汕路	2006.11
	龙朝大酒店	三	龙门县城太平新路33号	2006.12
	鲁惠大酒店	三	惠阳区淡水镇开城大道21号	2006.12
	月亮宫大酒店	**三**	**惠阳区上塘石园东街118号**	**2007.02**
	鑫都大酒店	**三**	**惠州市惠州大道中段70号**	**2007.11**
汕尾（四星级1家，三星级10家）	**海丰莲花山度假村**	**四**	**海丰县莲花山森林公园**	**2007.01**
	龙山宾馆	三	陆丰市龙山大道18号	1994.03
	汕尾友谊宾馆	三	汕尾市政府办公楼西侧	2000.11
	长讯宾馆	三	海丰县城东二环路东侧	2000.11
	东陆酒店	三	陆丰市东海大道洛州东路3号	2000.12
	美丽华大酒店	三	汕尾市汕尾大道中段	2000.12
	金伯爵广场	三	海丰县城东镇洪围村东二环路东侧	2000.12
	陆丰大酒店	三	陆丰市北堤路11号	2001.01
	红海湾得胜宾馆	三	汕尾市红海湾遮浪办事处	2004.03
	蓝岛假日酒店	三	汕尾市城区通航路128号	2006.08
	瑞龙庄园	**三**	**陆河县上护镇樟河村榜榜响地段**	**2007.01**
东莞（五星级18家，四星级25家，三星级33家）	银城酒店	五	东莞市莞太大道48号	1997.09
	名冠金凯悦大酒店	五	东莞市凤岗镇凤深大道66-68号	2001.03
	三正半山酒店	五	东莞市樟木头镇石新大道	2001.03
	豪门大饭店	五	东莞市虎门镇港口路	2002.01
	龙泉国际大酒店	五	东莞市虎门镇连升路金洲段	2002.01
	丽城假日酒店	五	东莞市常平镇隐贤山庄大道8号	2002.01
	嘉华大酒店	五	东莞市厚街镇家具大道口	2002.09
	御景湾酒店	五	东莞市东城区迎宾路8号	2003.09
	富盈酒店	五	东莞市厚街镇广深高速公路东莞出口	2003.09

续表

地区	饭店名称	星级	饭店地址	评星时间
东莞	东莞长安国际酒店	五	东莞市长安镇锦绣路1号	2004.03
	东莞海悦花园大酒店	五	东莞市长安镇霄边管理区德镇中路129号	2004.03
	长安莲花山庄	五	东莞市长安镇莲花山边	2004.08
	石龙金凯悦大酒店	五	东莞市石龙镇莞龙公路西湖路段	2004.08
	喜来登大酒店	五	东莞市厚街镇S256省道（厚107国道）莞太路	2005.09
	新都会怡景酒店	五	东莞市塘厦镇环市东路6号	2006.04
	太子酒店	五	东莞市黄江镇江北路	2006.11
	三正半山酒店	**五**	**东莞市塘厦镇迎宾大道**	**2007.05**
	汇华国际饭店	**五**	**东莞市常平镇常平大道**	**2007.12**
	寮步金凯悦大酒店	四	东莞市寮步镇教育路1号	1997.09
	文华大酒店	四	东莞市厚街镇莞太路新塘路段	2000.12
	珊瑚大酒店	四	东莞市厚街镇107国道（莞太路段）	2000.12
	江龙大酒店	四	东莞市厚街镇107国道旁	2001.09
	东莞宾馆	四	东莞市城区东正路11号	2001.09
	新都会酒店	四	东莞市樟木头镇维多利商业大道38号	2002.01
	君爵酒店	四	东莞市万江镇石美广深路	2002.03
	汇美大酒店	四	东莞市常平镇中元街9号	2002.04
	宏远酒店	四	东莞市宏远路1号	2002.04
	花园酒店	四	东莞市樟木头镇南城广场	2003.04
	长安酒店	四	东莞市长安镇中心107国道旁	2003.09
	三正莲湖度假村	四	东莞市桥头镇湖滨路	2003.12
	新世纪酒店	四	东莞市常平镇常平大道8号	2004.03
	华翔国际酒店	四	东莞市横沥镇瑞康路	2004.03
	司马假日酒店	四	东莞市常平镇司马管理区1号	2004.03
	梵尔赛酒店	四	东莞市常平镇下墟梵尔赛路	2004.03
	东莞丽池海悦酒店	四	东莞市厚街镇厚街大道东	2004.03
	业丰大酒店	四	东莞市大朗镇莞樟路金朗大道23号	2005.04
	汇源海逸大酒店	四	东莞市虎门镇虎门大道	2005.04
	万盈酒店	四	东莞市麻涌镇麻涌大道	2005.06
	中汇文华大酒店	四	东莞市高埗镇振兴路	2005.06
	华禧酒店	四	东莞市长安镇107国道边上沙路段	2006.05
	半岛酒店	四	东莞市常平镇北环路口	2006.05
	方中假日酒店	四	东莞市茶山镇茶山大道西28号	2006.05
	嘉辉会酒店	**四**	**东莞市凤岗镇官井头嘉辉路**	**2007.08**
	石龙宾馆	三	东莞市石龙镇绿化中路2号	1990.03
	丽晶酒店	三	东莞市城区莞太大道	1991.07
	东方酒店	三	东莞市城区解放路35号	1992.01
	广彩城酒店	三	东莞市莞太大道篁村新基	1994.06

续表

地区	饭店名称	星级	饭店地址	评星时间
东莞	石碣豪华大酒店	三	东莞市石碣镇新城区	1994.06
	金湖酒店	三	东莞市塘厦镇塘厦大道南	1995.03
	莲城酒店	三	东莞市长安镇莲峰路口	1995.03
	乌沙大酒店	三	东莞市长安镇乌沙环东路	1995.12
	黄江假日酒店	三	东莞市黄江镇黄江大道3号	1995.12
	西湖大酒店	三	东莞市篁村西湖乐园	1999.01
	麻涌宾馆	三	东莞市麻涌镇街心公园	2000.11
	明苑度假村	三	东莞市虎门镇龙大道南	2000.11
	篁胜渔村酒店	三	东莞市篁村区胜和体育路11号	2000.12
	盛御酒店	三	东莞市石龙镇西湖大道1号	2000.12
	恒丰酒店	三	东莞市桥头镇恒丰新村2号	2001.09
	宝石大酒店	三	东莞市企石镇振华路1号	2001.09
	西湖酒店	三	东莞市石龙镇西湖区	2001.09
	金岛山庄	三	东莞市塘厦镇128工业区	2001.09
	绿洲酒店	三	东莞市道滘镇振兴路156号	2001.09
	沙头酒店	三	东莞市长安镇107国道沙头路段	2001.12
	华通城大酒店	三	东莞市企石镇东山区湖滨路口	2001.12
	丰田酒店	三	东莞市凤岗镇雁田管理区	2002.07
	丽江酒店	三	东莞市高埗镇捷达工业区十三座	2002.12
	嘉福海港酒店	三	东莞市沙田镇新城中心区	2003.09
	乐怡酒店	三	东莞市厚街镇康乐北路	2004.07
	中明酒店	三	东莞市中堂镇新兴路1号	2004.07
	万江篁胜酒店	三	东莞市万江107国道拨跤窝路段	2004.07
	莱莉雅酒店	三	东莞市凤岗镇永盛商业大街	2005.05
	东逸酒店	三	东莞市长安镇莲峰路103号	2005.09
	鸿茂酒店	三	东莞市常平镇常黄路	2006.01
	四季酒店	三	东莞市望牛墩镇中大道新电城A8座	2006.01
	宏信假日酒店	三	东莞市清溪镇浮岗香芒大道	2006.08
	美景湾酒店	**三**	**东莞市横沥镇沿江路1号**	**2007.03**
中山（五星级3家，四星级4家，三星级24家）	国际酒店	五	中山市中山一路142号	1990.02
	中山古镇国贸大酒店	五	中山市古镇镇中兴大道	2004.03
	香格里拉大酒店	五	中山市起湾道北16号	2007.06
	富华酒店	四	中山市石岐镇富华道1号	1990.02
	小榄旅游大酒店	四	中山市小榄镇文化路	2000.11
	中山温泉宾馆	四	中山市三乡镇雍陌村	2000.11
	中山真善美大酒店	四	中山市三角镇金三大道	2005.06
	京华酒店	三	中山市石岐镇中山三路	1990.02
	富洲酒店	三	中山市石岐富华道131号	1998.03

续表

地区	饭店名称	星级	饭店地址	评星时间
中山	御苑酒店	三	中山市南头镇南头大道中	2000.01
	招商局会所	三	中山市三乡镇雍陌村	2000.01
	金岛酒店	三	中山市东风镇同安会	2000.03
	小榄大酒店	三	中山市小榄海傍路沙口1号	2000.11
	汇昌酒店	三	中山市坦洲镇南坦路245号	2000.11
	南中酒店	三	中山市南头镇永兴路1号	2001.01
	(中山)三乡金煌酒店	三	中山市三乡镇文昌路	2001.11
	银泉酒店	三	中山市古镇新兴大道117号	2001.11
	东悦酒店	三	中山市沙溪镇沙溪南路38号	2002.06
	小榄花城酒店	三	中山市小榄镇新市路89号	2002.12
	仙沐园翠湖度假村	三	中山市南区水台村	2002.11
	乡泉别墅	三	中山市三乡镇	2002.12
	昆仑酒店	三	中山市南朗镇南岐北路8号	2004.01
	菊城宾馆	三	中山市小榄镇红山路46号	2003.08
	莲兴酒店	三	中山市石岐区莲塘东路13号	2003.01
	紫来轩酒店	三	中山市石岐区天门天乐街8-10号	2004.12
	乐天酒店	三	中山市三角镇南三公路旁	2005.09
	金柏酒店	三	中山市西区升华路16号	2005.11
	龙泉酒店	三	中山市古镇横古公路18号	2006.07
	古镇为民酒店	三	中山市古镇新兴大道东13号	2006.09
	好世界酒店	三	中山市神湾镇神湾大道215号	2006.12
	金莎商务酒店	**三**	**中山城区康华路43号**	**2007.06**
江门（五星级2家，四星级5家，三星级22家）	潭江半岛酒店	五	开平市中银路2号	2000.08
	逸豪酒店	五	江门市迎宾大道中118号	2006.12
	鹤山市雁山酒店	四	鹤山市大雁山风景区	1996.12
	丽宫酒店	四	江门市东华二路18号	1999.11
	银晶酒店	四	江门市港口路22号	2000.04
	开平三埠假日酒店	四	开平市长沙港口路10号	2002.12
	龙泉度假酒店	四	江门市新会区圭峰山龙潭景区	2006.01
	冈州宾馆	三	新会市会城圭峰路9号	1991.11
	东胡宾馆	三	江门市港口路15号	1991.11
	北湖宾馆	三	鹤山市沙平镇北湖路1号	1992.12
	侨都大酒店	三	江门市紫茶路18号	2000.12
	开平三埠海景酒店	三	开平市三埠新昌潭江西路15号	2000.12
	王府洲别墅度假村	三	台山市下川王府洲度假村	2001.05
	华安阁酒店	三	鹤山市雅瑶镇	2001.06
	仙鹤湖度假山庄	三	鹤山市仙鹤湖旅游区	2001.06
	江门市京港大酒店	三	江门市建设路36号	2002.01

续表

地区	饭店名称	星级	饭店地址	评星时间
江门	恩平侨联大酒店	三	恩平市恩城镇南堤西路33号	2003.01
	台山富城大酒店	三	台山市台城侨光大道1号	2003.07
	台山下川海湾胜景酒店	三	台山市下川镇王府洲旅游区	2003.07
	台山下川桂园酒店	三	台山市下川镇王府洲旅游区	2003.07
	台山下川帝苑别墅度假村	三	台山市下川镇王府洲旅游区	2003.07
	鹤山叠翠山庄	三	鹤山市大雁山风景旅游区	2003.09
	富尔文华酒店	三	江门市迎宾三路天龙三街25座	2003.12
	海角城大酒店	三	台山市赤溪镇田头铜鼓渔塘湾海角城旅游度假中心	2004.04
	新会区金田大酒店	三	新会区会城中心路15号	2004.08
	园林大酒店	三	江门市荷塘镇瑞丰路11号	2005.09
	君威酒店	三	鹤山市桃源镇325国道旁	2006.01
	锦江大酒店	三	台山市下川岛镇	2006.09
	爱依华酒店	**三**	**江门市新会区会城镇冈州大道西6号**	**2007.07**
佛山（五星级2家，四星级16家，三星级46家）	佛山宾馆	五	佛山市汾江南路75号	2004.02
	华夏新中源大酒店	**五**	**佛山市禅城区西庄镇陶博大道**	**2007.06**
	仙泉酒店	四	佛山市顺德区顺峰山旅游区	1990.01
	金都大酒店	四	佛山市机场路口	1997.12
	云影琼楼酒店	四	南海区西樵山白云洞风景区内	1997.12
	皇家银海大酒店	四	佛山市高明区沿江路29号	1998.04
	恒益大酒店	四	佛山市三水区广海大道中42号	2000.12
	金城大酒店	四	佛山市汾江南路48号	2000.12
	新世界万怡酒店	四	佛山市顺德区大良镇清晖路150号	2001.01
	碧桂园度假村	四	佛山市顺德区北滘镇碧江大桥侧	2001.12
	碧桂花城大酒店	四	佛山市顺德区陈村镇佛陈大桥侧	2003.01
	新君悦酒店	四	佛山市顺德区陈村镇佛陈路口	2003.01
	鹿茵酒店	四	佛山市顺德区桂州大道中1号	2003.01
	佳宁娜（佛山）企业有限公司	四	佛山市祖庙路14号	2003.07
	千叶度假酒店	四	佛山市三水区森林公园内	2003.09
	均安碧桂园大酒店	四	佛山市顺德区均安镇翠湖路1号	2004.04
	福盈酒店	四	佛山市顺德区大良环市北路38号	2004.05
	新阳光酒店	四	佛山市南海区广佛公路盐步平地广佛路段南	2006.03
	西樵山大酒店	三	佛山市南海区西樵山白云洞风景区内	1989.08
	尖东酒店	三	佛山市南海区桂城	1994.01
	禅城酒店	三	佛山市汾江中路103号	1996.07
	三水华厦酒店	三	佛山市三水区新华北路54号	1997.07
	中国城大酒店	三	佛山市南海区九江镇新城区奇山路	1998.03
	金湖酒店	三	佛山市普兰二路23号	1999.09
	南海迎宾馆	三	佛山市南海区桂城南海大道市政府大院内	2000.07

续表

地区	饭店名称	星级	饭店地址	评星时间
佛山	柏斯顿酒店（联兴酒店）	三	佛山市南海区平新路厦西平稳段	2000.09
	顺德皇帝酒店	三	佛山市顺德区大良镇锦龙路118号	2000.11
	石湾宾馆	三	佛山市汾江四路15号	2000.12
	三水君悦酒店	三	佛山市三水区西南镇健力宝南路5号	2000.12
	恒威大酒店	三	佛山市高明区河江工业区	2000.12
	金泉大酒店	三	佛山市南海区西樵樵高路D座1号	2000.12
	旋宫酒店	三	佛山市祖庙路1号	2000.12
	佛山南国大酒店	三	佛山市汾江南路67号	2000.12
	容莲宾馆	三	佛山市顺德区容奇江南大道23号	2001.04
	南海君悦大酒店	三	佛山市南海区九江镇儒林东路口	2001.05
	鸿业酒店	三	佛山市大沥镇广佛高速路口对面芦村路口西侧	2001.05
	柏安大酒店	三	佛山市三水区广海大道西三十号	2001.08
	(佛山)金太阳酒店	三	佛山市三水区西南镇广海大道东西南大桥侧	2001.12
	南海平洲宾馆	三	佛山市平洲区永安路8号	2002.02
	中旅大酒店	三	佛山市顺德区大良镇宜新路28号	2002.05
	鸿南大酒店	三	佛山市三水区新华路23号	2002.09
	辉利大酒店	三	佛山市南海区九江镇儒林西路48号	2002.09
	凤城酒店	三	佛山市顺德区大良区碧鉴路一号	2002.09
	麒麟山庄	三	佛山市南海区桂丹路上柏路段	2003.01
	鸿运酒店	三	佛山市汾江中路5号	2003.11
	力之源大酒店	三	佛山市南海区长堤路5号	2004.01
	顺德高升酒店	三	佛山顺德区北滘镇五长沙18号	2004.06
	时代大厦酒店	三	佛山市顺德区大良新宁路60号	2005.02
	帝庭酒店	三	佛山市顺德区勒流镇银捷路23号	2005.02
	万里来大酒店	三	佛山市顺德区勒流镇政和路10号	2005.02
	金懋大酒店	三	佛山市南海区西樵镇西樵轻纺城广厦路1号	2005.02
	贵都酒店	三	佛山市南海区桂城佛平路车南回路段	2005.07
	蓝澳酒店	三	佛山市季华四路国际陶瓷展览中心B馆1号	2005.12
	长鹿度假酒店	三	佛山市顺德区伦教三洲建设东路	2006.03
	京粤大酒店	三	佛山市南海区黄岐广佛路169号	2006.04
	康颐酒店	三	佛山市南海桂城新佛平路夏西工业区	2006.04
	福裕酒店	三	佛山市南海桂城桂澜路东侧海六路南	2006.04
	皇都酒店	三	佛山市禅城区佛平路19号	2006.04
	金银酒店	三	佛山汾江西路4号	2006.08
	世纪星酒店	三	佛山市高明区荷城街道文华路455号	2006.09
	恒益荷花假日酒店	三	佛山市三水区南丰大道荷花世界侧	2006.12
	华泰大酒店	**三**	**佛山市南海区盐步广佛路平地段78号**	**2007.02**
	新建豪酒店	**三**	**佛山市南海区官窑瑶平路段**	**2007.07**
	明苑迎宾馆	**三**	**佛山市高明区荷城街道文汇路9号**	**2007.07**

续表

地区	饭店名称	星级	饭店地址	评星时间
阳江（五星级1家，四星级3家，三星级14家）	阳江温泉度假村酒店	五	阳江市阳东县合山镇325国道旁	2006.11
	阳江市国际大酒店	四	阳江市东风三路	1998.04
	阳江紫光大酒店	四	阳江市闸坡旅游大道南	2004.11
	悦华大酒店	**四**	**阳春市东湖西路40号之二**	**2007.08**
	阳春金鹏大酒店	三	阳江市城东大道2号	1995.12
	阳江君悦大酒店	三	阳江市建设一路2号	1997.08
	闸坡银波酒店	三	阳江市闸坡旅游大道南	1998.10
	阳江粤海酒店	三	阳江市登峰东路16号	2001.07
	阳春花园酒店	三	阳春市县前路124号	2001.07
	金海利大酒店	三	阳江市海陵岛闸坡镇海滨路23号	2001.07
	阳西西园宾馆	三	阳西县新城三区福星一街	2003.06
	海陵岛小港湾山庄	三	海陵岛闸坡镇	2003.06
	闸坡浪琴湾酒店	三	闸坡镇旅游大道南碧涛村16号	2003.08
	华坚宾馆	三	阳江市了岗路1号	2003.07
	海陆空火锅城大酒店	三	阳江市东风二路7号	2004.08
	粤法酒店	三	阳江市闸坡镇	2004.08
	登宝酒店	三	阳春市春城镇南新大道	2006.08
	富华大酒店	三	阳江市石湾北路143号	2006.09
湛江（四星级4家，三星级26家）	银海酒店	四	湛江市人民大道中52号	1994.04
	湛江海滨宾馆	四	湛江市海滨三路32号	2001.12
	中国城酒店	四	湛江开发区乐山大道中48号	2006.09
	金辉煌酒店	四	湛江市人民大道中15号	2006.09
	南海宾馆	三	湛江市坡头区17号	1989.03
	环球大酒店	三	湛江市赤坎区棋川大道北6号	1992.10
	湛江迎宾馆	三	湛江市赤坎区跃进路3号	1994.09
	新菉都大酒店	三	湛江市霞山区人民大道73号	1995.08
	锦华大酒店	三	湛江市海翔路16号	2000.11
	新新格里拉酒店	三	湛江市霞山解放西路北二巷1号	2000.11
	（廉江）丽波度假村	三	廉江市肉联加工厂内	2002.10
	富丽华大酒店	三	湛江市椹川北路160号	2002.10
	宇兴电力度假村	三	湛江市东海岛东简省级旅游度假区	2002.10
	金海大酒店	三	湛江市赤坎海田路288号	2002.10
	中国园酒店	三	雷州市西湖大道198号	2003.11
	洪都大酒店	三	雷州市西湖大道六横路001号	2003.12
	南油迎宾馆	三	湛江市坡头区南调路	2004.06
	美丽华大酒店	三	湛江市霞山解放西路36号	2004.12
	名都大酒店	三	雷州市西湖大道36号	2004.12
	镇海大酒店	三	湛江市霞山区绿塘路93号	2005.01

续表

地区	饭店名称	星级	饭店地址	评星时间
湛江	园府酒店	三	湛江市赤坎区康顺路19号	2005.04
	运通宾馆	三	湛江市赤坎区椹川大道北99号	2006.04
	怡心大酒店	三	廉江市新风路1号	2006.08
	松源酒店	三	湛江市遂溪县	2006.09
	银塔大酒店	三	湛江市遂溪县城新风路88号	2006.09
	北苑度假村	三	湛江市东海岛涛声北路	2006.09
	康龙度假村	三	湛江市东海岛龙海天涛声南路	2006.09
	南海西部石油伊甸园度假村	三	湛江市坡头区南三镇林场东南海岸	2006.09
	中南酒店	三	湛江市人民大道中29号	2006.10
	聚雅酒店	三	徐闻县徐海路76号	2006.12
茂名（四星级1家，三星级7家）	中英大酒店（花园酒店）	四	茂名市光华南路163号	2004.08
	茂名大厦	三	茂名市油城五路1号	1993.06
	飞龙宾馆	三	化州市下部区乐园路	1998.01
	赛格特酒店	三	茂名市人民南路128号	1999.12
	南国大酒店	三	茂名市光华北路218号	2002.01
	嘉燕大酒店	三	茂名市双山一路89号	2004.01
	西江温泉度假村	三	信宜市北界镇西江河畔	2004.08
	加州旅馆	**三**	**信宜市新兴路**	**2007.10**
肇庆（四星级2家，三星级16家）	星湖大酒店	四	肇庆市端州四路37号	1994.09
	皇朝酒店	四	肇庆端州五路9号	2000.11
	新松涛宾馆有限公司	三	肇庆市七星岩风景区内	1990.06
	肇庆华侨大厦	三	肇庆市天宁北路90号	1990.06
	端州大酒店	三	肇庆市天宁北路77号	1996.12
	荔枝湾度假村	三	四会市东城区四会大道南	2000.08
	四会贞山宾馆	三	四会市贞山旅游区	2000.12
	新时代大酒店	三	德庆县康城大道	2001.04
	新长讯宾馆	三	肇庆市康乐北路38号	2001.12
	波海楼	三	肇庆市星湖西路	2001.12
	腾业大酒店	三	怀集县怀城镇西区	2002.12
	德庆迎宾苑	三	德庆县德城镇青云路	2003.07
	德庆新丽都大酒店	三	德庆县德城镇文兰北路	2003.08
	怀集县新世界大酒店	三	怀集县解放北路	2004.12
	德庆县登云酒店	三	德庆县康城大道东128号	2005.01
	湖滨大酒店	三	肇庆市天宁北路82号	2006.01
	南粤苑度假中心	三	肇庆七星岩万松岗	2006.03
	广宁华侨大酒店	**三**	**广宁县南街镇南东一路37号**	**2007.09**
清远	**碧桂园假日半岛酒店**	**五**	**清远市清城区交界（城郊度假区）**	**2007.05**
	国赋园宾馆	四	清远市新城半环北路	2001.05

续表

地区	饭店名称	星级	饭店地址	评星时间
清远（五星级1家，四星级6家，三星级20家）	清远迎宾馆	四	清远市北江2路	2001.05
	华冠大酒店	四	清远市新城6号区凤鸣路8号	2002.01
	天湖大酒店	四	清远市清城区先锋路8号	2003.03
	嘉华大酒店	四	清远市新城二号区2-9号	2003.07
	连州大厦	四	清远连州市东门中路31号	2003.12
	白云温泉山庄	三	佛冈县汤塘黄花湖度假区	2000.10
	红楼宾馆	三	清远连州市人民路238号	2001.01
	环城步步高酒店	三	清远市环城一路10号	2002.07
	湖滨步步高酒店	三	清远市曙光一路88号	2002.08
	明城大酒店	三	清远市新城西13号	2002.08
	天泉度假村（酒店）	三	阳山县称架镇	2002.09
	龙城大酒店	三	清远市石角镇府前路218号	2003.06
	伟顺酒店	三	清远市新城东24号小区	2003.11
	英州大酒店	三	英德市百花路1号	2003.12
	翠苑宾馆	三	清远市滨江路	2004.01
	鸿都大酒店	三	清远连州市番禺路226-230号	2004.03
	雄风大酒店	三	阳山县陵园路69号	2004.11
	星光大酒店	三	清远市佛冈县	2004.12
	阳山宾馆	三	清远市阳山县电塔路2号	2005.06
	粮香大酒店	三	英德市建设路59号	2006.01
	英德市小岛宾馆	三	英德市英州大道长线街1号	2006.01
	英德市迎宾馆	三	英德市利民路3号	2006.01
	丁香花园酒店	三	清远市北江一路七星岗	2006.07
	卓代花园酒店	三	阳山县城阳山大道北	2006.10
	侨丰宾馆	三	清远市先锋东路1号	2006.10
潮州（四星级3家，三星级6家）	潮州迎宾馆	四	潮州市潮枫路中段	2000.12
	潮州宾馆	四	潮州市潮枫路1号	2006.01
	乐声大酒店	四	潮安县庵埠亨利北路	2006.09
	安南大酒店	三	潮安县城区潮汕路安南路口	2000.04
	金融信托大厦	三	潮州市潮枫路79号	2000.12
	汇侨大酒店	三	潮州市潮枫路中段	2000.12
	金龙宾馆有限公司	三	潮州市环城南路35-37号	2001.05
	凤城宾馆	三	潮州市太平路16号	2004.04
	饶平大酒店	三	饶平大道168号	2007.12

旅游企业形象宣传

广州越秀天安大厦雄踞广州市政治经济中心的越秀区，毗邻广州著名风景区——越秀公园，座拥风景优美的天然园林景色。地处流花商圈，尽享商业繁华。步行 2 分钟即抵达越秀公园地铁口，步行 5 分钟可抵达锦汉会展中心，乘地铁 30 分钟可直达琶洲会展中心，5 分钟车程即抵达广州火车站，尽占地理优势。

广州越秀天安酒店
PARKVIEW SQUARE HOTEL
Hotel · Apartment · Office

- 座拥广州市市区内最大的后花园——越秀山公园。
- 酒店客房和公寓房宽敞简洁，房间内设施一应俱全。
- 大厦写字楼，布局灵活、配套齐全，提供酒店式物业管理服务。
- 多功能会议室、商务中心、停车场及各项商务配套设施，让您的商务之旅更加成功。
- 各类美食餐厅、咖啡厅、酒吧、棋牌室、沐足等休闲娱乐设施，令人足不出户尽享休闲。
- 2009-2010 年度中央和广东省直党政机关工作人员广东地区出差、住宿和会议定点饭店。

地址：广东省广州市越秀区解放北路 960 号
邮编：510040
电话：86-020-86665666
传真：86-020-86671741
网址：http://www.parkviewsquare-hotel.com

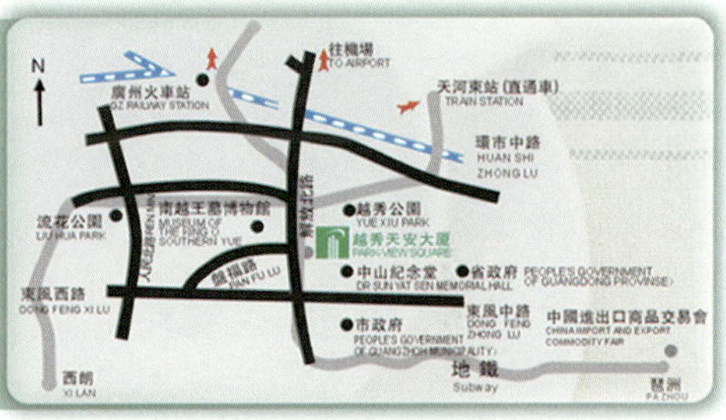

邮电大厦

大堂

玫瑰房

大堂

客房厅

客房

客房床

邮电大厦，位于广州市越秀区中山二路18号，是广东省电信公司的分支机构，所处地段为广州市著名的东山口，地铁一号线在此经过，交通方便，商业繁荣，医疗及教育事业发达，消费、娱乐设施应有尽有，是广州市传统的闹市区，也是商贾汇集的地方。

邮电大厦楼高14层，有相当于四星级水准的客房88间，其中豪华套房16间，商务套间10间，美仑美奂、温馨舒适；酒店设有豪华的中餐大厅及美食街，为宾客提供高素质的饮食服务；另有商务中心及康体娱乐等配套设施，满足宾客的商务及休闲活动之需。邮电大厦既是广东电信的接待基地，又是对外经营的服务单位，她凭借一流的硬件设施、良好的管理、优质的服务，实现四星级以上服务标准。

邮电大厦也是电信广场的附设酒店。电信广场主楼高68层，是集商业、商务办公为一体的综合性、超高层甲级写字楼，也是广东省电信有限公司总部所在地，2005年7月建成后成为广州市的标志性建筑之一。

地址：广州市越秀区中山二路18号
电话：87618888　　传真：87628855
订餐电话：87781828

（广州）珠海特区大酒店

ZHUHAI SPECIAL ECONOMIC ZONE HOTEL

★★★

珠海特区大酒店座落在广州市中山六路西门口地铁站C出口上盖，是一家三星级旅游涉外饭店和中央及广东省直党政机关出差定点接待饭店，酒店隶属于珠海市人民政府驻广州办事处管理。酒店拥有客房170间、中、西式餐厅和会议等功能。自开业以来酒店曾接待过政界要员、商界名流、影视名星。酒店毗邻北京路、上下九步行街，乘地铁可到达广州火车东站、广州火车站、天河客运站、琶洲会展中心等地，交通便利 ，酒店还与五大宗教名胜和旅游景点相连。优质的服务、现代的立体交通网络为顾客的商务、购物、游览提供方便，是理想的旅居首选。

ZHUHAL SPECIAL ECONOMIC ZONE HOTEL(GUANGZHOU) is a three-star international t ourism hotel, which is located above the C exit of Ximenkou Metro Station and subjected to t he People`s Government of Zhuhai. This is a pointed hotel of Party Central Committee and P arty and government organizations. We have 170 rooms, Chinese restaurant ,Western restaurant a nd meeting room. From the establishment, we received many political leading lights, business e lites and famous stars. We are adjacent to Beijing Road Commercial Pedestrian Street and S hangxiajiu Commercial Pedestrian Street, it`s very convenient to go to the Guangzhou Railway S tation, East Railway Station, Tianhe Bus Station and Pazhou Exhibition Hall by subway. We a lso close to resorts of Buddhism, Taoism, Islamism, Christianism, and Catholicism. Good s ervice and modern traffic network will provide you convenience in business, shopping and s ightseeing, it`s the ideal choice for you!

地址：　广州市海珠北路11-15号　　Address：No.11-15,North Haizhu Rd, Guangzhou.
TEL：86-20-61276888　　FAX：86-20-81083542
Email：gzzhsezh@21cn.com　　Http：//www.zh8888.com

新会古兜温泉

新会古兜温泉有广东省最雍容华贵的温泉一有中国温泉第一谷之称，集山、泉、湖、海为一体，风景优美，谷内的温泉是中西合璧：既有唐式、日本式，也有欧陆式。

古兜温泉内建有占地10万平方米，由唐式、欧式、日式三大温泉区和服务配套设施组成的温泉谷。温泉的山泉泳场面积13万平方米，水流日夜不息，此外还含有锂、碘、锶等多种有医疗作用的微量元素，为含氟、偏硅酸及氡的低矿化度温热医疗矿泉。并配套有游乐休憩项目和设施。

古兜温泉还有10000多平方米的可供600人同时烧烤的竹苑烧烤场；五星温泉岛别墅560多间客房，可住1000多人；景湖轩、雍雅轩、怡心阁等餐厅可供1000人同时就餐；国际会议中心可供600人开会，设备一应俱全；康体中心占地6000平方米，有按国家标准建立的网球场、羽毛球场、篮球场各2个，为游客提供锻炼身体的好地方。

地址：广东省江门市新会区崖南古兜温泉度假村　电话：0750-6452222

清新温矿泉旅游渡假区

Qingxin Hot Spring Tourism & Holiday Resort

国家AAAA级旅游渡假区

清远清新温矿泉旅游渡假区有限公司位于广东省清远市清新县三坑镇，距清远市约25公里，离广州市约100公里，是一个集旅游渡假、运动休闲、康体养生、农业观光、民族风情、户外拓展训练、商务会议为一体的大型国家AAAA级旅游景区。

红鹰拓展

高山滑草

卡丁车

渡假区依山傍水，环境自然清新，拥有东方园林式露天温泉，足球训练基地，专业性最强的高山滑草场，设施完善的户外拓展培训基地，以及卡丁车、野战、骑马、攀岩、射箭等各式时尚动感游乐项目。

渡假区内设有8种不同风格的温泉酒店和渡假屋，共七百多间客房、二千余个床位。最新推出的豪华别墅--泉谷，坐拥21幢热带风情的泰式豪华别墅，内设会所，提供中西美食、SPA（香薰水疗按摩）、私家露天温泉池等，人性化的贴心服务和充满异域风情的豪华别墅带给游客全新的尊贵享受。

渡假区还附设有多间特色中、西餐厅，餐位二千余个，以及大、中、小型会议厅多间，可供宴会、会议、展览、培训之用。另外，渡假区的养生中心拥有完善的温泉疗养设施，不论是传统中医理疗按摩或是消除疲劳、身心舒畅的SPA，都是能让游客的全身心得到最彻底的释放。

清新温矿泉完善的配套设施，殷勤、周到的服务，令游客享受到悠闲写意、欢乐无限的清新之旅！

地址：广东省清远市清新县三坑镇　邮编：511855
电话：0763-5862622　传真：0763-5862706
预订电话：0763-5862622转7810或7811
香港办事处 电话：8134656
广州办事处 电话：020-87752266 传真：020-87753722
网址：http//www.qxhotspring.com

河中温泉

《鳄鱼下水》

蓝天翠湖

水天一色

悠悠榕江水，滴滴见真情

广东揭阳市唯一一家国家标准五星级酒店

The only 5-star hotel in Jieyang Guangdong,
let you enjoy the true feeling of Rongjiang Hotel.

榕江大酒店
RONG JIANG HOTEL
★★★★★

中国广东揭阳市东山区岐山大道 邮编：522000
Qishan Avenue, Dongshan District, Jieyang City, Guangdong, PRC. PC: 522000
Tel: (86-663) 8222 888 Fax: (86-663) 8222 318
www.rongjianghotel.com

揭西特美思度假村有限公司

揭西特美思度假村有限公司是由中国烟草总公司深圳市公司、揭西金叶发展公司合资兴建的一家四星级涉外旅游饭店，位于国家生态旅游示范县——揭西县县城，前依清澈的横江河，后靠著名风景区广德洞天，依山傍水，风景秀丽，交通便利。拥有标准双人房、豪华套房109套；中西餐厅、咖啡厅、会议中心、商务中心、康体健身中心一应俱全。是揭阳市规模最大，设施最齐全的酒店之一。

揭西特美思度假村以“创优质服务，达宾客满意”为服务宗旨，注重人性化、个性化服务，力求为顾客创造一个温馨、舒适的家外之家。酒店注重人与自然、人与环境的和谐融洽，节约能源、保护环境、创建绿色饭店是特美思全体员工的不懈追求。

地址：揭阳市揭西县河婆镇河山东新开发区 电话：0663-5588688 邮编：515400

东园大酒店位于茂名市城区中心，交通便利。酒店于08年6月正式通过国家旅游局评定，荣膺四星级旅游饭店。酒店设计突出明清风格主题，在装修、酒店用品、出品等方面不漏细节地贯彻东园大酒店“古典、雍雅、民族精粹”的特色,酒店客房宽敞大气而尚古风雅，设施齐备；融合时尚商务酒店服务，无线网络互联网高速接入服务信号覆盖酒店各个部分，豪华客房配置宽屏液晶电脑；设有酒店自办电视频道，电影、综艺节目用电视遥控器简单操作即可欣赏；配套功能齐全，容纳千人的大型多功能会议厅、容纳280人的课桌式多媒体会议厅、商务中心、中餐、中式风味餐厅、KTV娱乐、棋牌、茶艺、健身会所一应俱全，配备大型停车场，可提供车位两百个以上。

东园大酒店的餐饮宴会服务沿袭了始创自1990年的东园饮食连锁店之强势，拥有茂名地区餐饮老字号的极佳口碑。人才荟萃,出品精益求精，秉承东园作为“中华餐饮名店”的品质追求，东园秘制天香鱼翅粥闻名遐尔，获国家、省、市名流墨客一致好评。酒店多次承接重要接待任务，在粤西地区有较佳的美誉度。

东园秘制天香鱼翅粥闻名遐尔

中国广东省茂名市官山四路33号
No.33 The Fourth Guanshan Road,Maoming City,Guangdong,China
电话(Tel):(86-668)273 7888 273 7889
宴会部(Banquet Department):(86-668)273 7777
传真(Fax):(86-668)273 7788
电邮(E-mail):dongyuanhotel@hotmail.com
网址(Web):www.dongyuanhotel.com.cn
网上订房(Reservation online):www.dongyuanhotel.com.cn/list.php

东园大酒店
DONG YUAN HOTEL
★★★★

农夫山泉广东万绿湖生产基地

农夫山泉广东万绿湖生产基地，于2006年元月18日建成投产，一期投资超过5亿人民币，工厂占地面积约30万平方米，厂房建设总面积为8.9万平方米，是一座规模宏大、装备先进、各项功能配套的现代化、环保型的大型饮料制造基地。主要生产的品种有：农夫果园果蔬汁系列；农夫山泉天然水系列；农夫茶系列及尖叫运动饮料系列。

工厂在建筑设计中融入旅游参观元素，包括厂房大门造型独特、厂区环境优美、建造了独具特色的水文化广场，还设置了参观通道、参观生产车间的透明玻璃墙、影视厅，以及停车场、游客中心等旅游基础设施。

现代化的全自动高科技设备，是工业旅游的核心项目，整条流水线的操作工虽然很少，但其生产全过程的自动化控制、检测、检验：有塑料PET粒子进入到注塑、吹瓶、灌装至成品包装、堆垛完成全流程。

旅游热线：0762-3683281 0762-3681063（传真）

旅游地址：河源市源城区源南镇双下村沿江路南边（即庄田大桥东边桥头）

农夫山泉广东万绿湖生产基地，期待您的到来！

广东风光国际旅行社有限公司

地址：广州市环市东路450号1006房

电话：22263888　　邮编：510075

广东中旅假日旅行社有限公司

地址：广州市环市东路371-375号世贸大厦N2802

电话：87782998　　邮编：510095

广东省珠江国际旅行社

地址：广州市沿江中路195号沿江大厦二楼

电话：83303006　　邮编：510115

广东省香江旅游公司

地址：广州市环市西路183号

电话：86664029　　邮编：510010

广东永安国际旅行社有限公司

地址：广州市西湖路99号民政大厦三楼303

电话：83184883　83368388　邮编：510030

广东熊猫国际旅游有限公司

地址：广州市越秀区东风中路363号国信大厦6楼01-02室

电话：83557913　　邮编：510045

广东和平国际旅行社有限公司

地址：广州市越秀区建设大马路8号逸雅居三楼

电话：83851189　　邮编：510060

广州市中国旅行社

地址：广州市白云区广园中路211号A2

电话：86382165　　邮编：510405

广州广之旅国际旅行社有限公司

地址：广州市机场西路乐嘉路1号

电话：86338880　　邮编：510403

广州市山海天旅行社有限公司

地址：广州市花都区新华街天贵路60号

电话：36809999　　邮编：510800

广州市金榜旅行社有限公司

地址：广州市机场西乐嘉路93号心谊大厦508室

电话：86346768　　邮编：510403

广州凤凰旅行社

地址：广州越秀区新河浦路86号之六2楼

电话：87658088　　邮编：510080

广州鹅潭旅行社

地址：广州市沿江东路466号

电话：83833111　　邮编：510100

广州市申浪旅行社有限公司

地址：东华南路178号湖景华厦11楼

电话：61180353　　邮编：510080

广州市番禺余荫山房旅游服务中心

地址：广州市番禺区南村镇北大街

电话：84768536　　邮编：511442

广州市天人合一百驾游旅行社

地址：广州市广州大道南27号

电话：34030880　　邮编：510310

佛山市禅之旅国际旅行社有限公司

地址：佛山市佛山大道93号
电话：0757-82963080 邮编：528000

佛山市康健国际旅行社有限公司

地址：佛山顺德区大良沿江北路建设大厦3楼
电话：0757-22309988 邮编：528300

佛山市金之旅旅行社有限公司

地址：佛山市机场路口中恒金都酒店内
电话：0757-85538288 邮编：528231

佛山市金华旅行社有限公司

地址：佛山市季华五路28号公交大厦侧铺
电话：0757-83806083 邮编：528000

佛山市和平旅行社有限公司

地址：佛山市禅城区市东下路39号之三首层二层
电话：86128800 邮编：528000

佛山市新之旅旅行社有限公司

地址：佛山市禅城区汾江西路1号之一外贸大厦B座14楼之二
电话：0757-83392183 83392193 邮编：510115
传真：0757-83392130 83809260
网址：www.newswayfs.com.cn

佛山市三水区美丽华旅行社有限公司

地址：佛山市三水区西南街道健力室北路33号
电话：0757-87748388 邮编：528100

佛山市三水中旅集团有限公司国际旅行社

地址：佛上市三水区新华路42号
电话：0757-87738888 邮编：528100

聚龙湾天然温泉度假村

地址：广东省佛冈县汤塘镇
电话：0763-4632888 邮编：511675

清远市新里程旅行社有限公司

地址：清远市新城五号区连江路23幢104金惠旁
电话：3366588 邮编：511515

清远星辉旅行社有限公司

地址：清远小市桥头小市路15号
电话：0763-3855529 邮编511515

佛冈青年旅行社有限公司

地址：佛冈县石角镇环城中路382号
电话：0763-4299333 邮编：511600

清远市口举旅行社有限公司

地址：清远市新城银泉路18号社科中心5楼
电话：0763-3870888 邮编：511518

清远市逸景旅行社有限公司

地址：清远市新城连江路东8号区金典名居101号二楼
电话：386775 邮编：511500

清远市开心假期旅行社有限公司

地址：清远市清城区曙光二路座首二层
电话：0763-3380333 邮编：511501

英德市英之旅旅行社有限公司

地址：英德市峰光路劳动局侧
电话：0763-2281838 邮编：513000